Schauhoff / Mehren
Stiftungsrecht nach der Reform

Stiftungsrecht nach der Reform

Herausgegeben von

Prof. Dr. Stephan Schauhoff

und

Judith Mehren

Bearbeitet von

Prof. Dr. Hans Fleisch, Dr. Mathis Kampermann, Dr. Christian Kirchhain LL. M.,
Dr. Eva-Maria Kraus, Judith Mehren, Prof. Dr. Stephan Schauhoff,
Dr. Tanja Schienke-Ohletz, Dr. Christian von Oertzen, Oliver Rohn,
Dr. Philipp Windeknecht

2022

C.H.BECK

Zitiervorschlag: Schauhoff/Mehren StiftungsR/Bearbeiter Kap. … Rn.…

www.beck.de

ISBN 978-3-406-77358-7

Wilhelmstraße 9, 80801 München
Satz, Druck, Bindung und Umschlaggestaltung:
Druckerei C. H. Beck Nördlingen
(Adresse wie Verlag)

CO_2 neutral
chbeck.de/nachhaltig

Gedruckt auf säurefreiem, alterungsbeständigem Papier
(hergestellt aus chlorfrei gebleichtem Zellstoff)

Vorwort

Ein wesentliches Ziel der vom Bundesverband Deutscher Stiftungen e. V. initiierten, im Jahr 2014 mit der Einsetzung einer Bund-Länder-Arbeitsgruppe „Stiftungsrecht" begonnenen und im Juni 2021 endlich verabschiedeten Reform des Stiftungszivilrechts war die Vereinheitlichung des Stiftungszivilrechts. Bislang ist dieses auf die Regelungen im BGB und die 16 Landesstiftungsgesetze der Bundesländer aufgeteilt. Inwiefern das gestiftete Vermögen dauerhaft zu erhalten ist, welchen Handlungspflichten die Stiftungsorgane unterliegen und unter welchen Voraussetzungen Satzungsänderungen beschlossen werden dürfen, fand sich – mit zum Teil unterschiedlichem Gesetzeswortlaut – in dem für die jeweilige Stiftung geltenden Landesstiftungsgesetz. Wie diese landesgesetzlichen Regelungen unter Berücksichtigung der Vorgaben des BGB auszulegen sind, war im Detail häufig umstritten und damit rechtsunsicher. Dies wurde auch bei der Evaluation des praktisch angewandten Stiftungsrechts durch die Bund-Länder-Arbeitsgruppe festgestellt, ein wesentliches Motiv der Bundesregierung für die Durchführung des Reformprozesses.

Ab 1.7.2023 wird nun endlich für sämtliche Stiftungen des bürgerlichen Rechts – Ewigkeitsstiftungen sowie Verbrauchsstiftungen – bundesweit ein einheitliches Stiftungsrecht gelten, mit dem viele Streitfragen geklärt wurden. Wesentlich war, ist und bleibt für den Rechtsrahmen einer Stiftung der in der Satzung niedergelegte individuelle Wille der jeweiligen Stifterin oder des jeweiligen Stifters. Nicht der aktuelle Wille, sondern der Wille, wie er bei Stiftungserrichtung bestand, zählt. Dieser kann entsprechend den mutmaßlichen Erwägungen des Stifters durchaus fortentwickelt werden. Das geänderte Stiftungsrecht im BGB gibt in Bezug auf die dauerhafte Erhaltung des Grundstockvermögens, die Verantwortlichkeit der Organe und die Zulässigkeit von Satzungsänderungen viele Auslegungshilfen für die individuelle Satzung. Dabei wird differenziert zwischen zwingenden rechtlichen Vorgaben und Gestaltungsmöglichkeiten in der Satzung, der Auslegung typischer Satzungsregelungen und Bereichen, in denen den Stiftungsorganen Ermessenspielräume zustehen.

Hinzu kommt, dass nach jahrzehntelanger Diskussion zum 1.1.2026 ein bundesweites Stiftungsregister mit Publizitätswirkung eingeführt wird. Sämtliche Stiftungen sind ab dann zur Eintragung in das Stiftungsregister anzumelden und haben fortan einen Namenszusatz zu führen. Dies wird den Stiftungen das rechtsgeschäftliche Handeln deutlich erleichtern. Die Aufsichtsbehörden, die bislang in erheblichem Maße mit der Ausstellung von Vertretungsbescheinigungen beschäftigt waren, werden die wesentlichen Aufgaben, die Begleitung der Errichtung oder Strukturänderungen von Stiftungen sowie die Überwachung der Stiftungen, ob diese im Einklang mit dem jeweiligen Stifterwillen verwaltet werden, zeitnäher erledigen können.

Noch ist die Reform nicht abgeschlossen. Bis zum 1.7.2023 haben die Bundesländer Zeit, das jeweilige Landesstiftungsgesetz an die geänderte Gesetzeslage anzupassen, das materielle Stiftungsrecht, welches fortan im BGB abschließend geregelt ist, aus dem Landesgesetz herauszunehmen und sich auf Regelungen zur Anerkennung sowie Aufsicht zu beschränken.

Ungeachtet dessen steht jetzt bereits fest, welchen Bestimmungen eine rechtsfähige Stiftung unterliegt. Da der Bundesgesetzgeber deutlich gemacht hat, dass er im Wesentlichen das aus seiner Sicht bereits geltende Stiftungsrecht kodifizieren wollte, wirkt das neue Recht in Bezug auf wesentliche Themen in der Rechtspraxis bereits jetzt.

Dieses Werk soll Leserinnen und Lesern einen umfassenden und praxisgerechten Einblick in das Stiftungsrecht sowie den rechtlichen Handlungsrahmen für Stiftungen und ihre Organe geben, gegliedert in einzelne Themenbereiche wie aus der Inhaltsübersicht deutlich wird. Das Werk wendet sich an alle, die in Stiftungen tätig sind oder Verantwortung tragen, eine neue Stiftung errichten wollen oder sich in Behörden, bei Gericht oder in der Wissenschaft mit Stiftungen beschäftigen. Bewusst ist es auch für Leserinnen und Leser ohne vertiefte juristische Kenntnisse im Stiftungsrecht verfasst, denn wesentlich für die Qualität des Stiftungsrechts ist nicht nur, was in der jeweiligen Norm steht, sondern dass den jeweiligen Rechtsanwendern der Inhalt des Rechts bewusst ist. Deswegen werden die Fragestellungen nicht als Kommentierung zu den einzelnen Normen, sondern zusammenhängend erörtert.

Da durchweg die Rechtslage dargestellt ist, wie sie zum 1.7.2023 bzw., soweit das Stiftungsregister betroffen ist, zum 1.1.2026 sein wird, sind die zitierten Vorschriften des BGB jeweils in der neuen Fassung zu verstehen. Sofern ausnahmsweise auf (noch) vorher geltendes Recht Bezug genommen wird, ist dies besonders gekennzeichnet. Aus Gründen der besseren Lesbarkeit wurde auf die gleichzeitige Verwendung der Sprachformen männlich, weiblich und divers (m/w/d) verzichtet und überwiegend nur das generische Maskulinum verwendet. Sämtliche Personenbezeichnungen gelten natürlich gleichermaßen für alle Geschlechter.

Herausgegeben wird das Werk in Zusammenarbeit von Flick Gocke Schaumburg Partnerschaft mbB mit Standorten in Bonn, Frankfurt, Berlin, München, Hamburg, Stuttgart und Düsseldorf und dem Bundesverband Deutscher Stiftungen. Stephan Schauhoff hat diese Reform als Vorstand des Bundesverbands Deutscher Stiftungen seit 2011 und aufgrund seiner praktischen Erfahrungen als Rechtsanwalt und Partner von Flick Gocke Schaumburg viele Jahre intensiv begleitet. Auf Seiten des Bundesverbands Deutscher Stiftungen hat u. a. unser Mitautor Oliver Rohn viele Jahre zahlreiche Stiftungen beraten und Impulse zur Verbesserung des Stiftungsrechts gesetzt. Kurz vor Fertigstellung dieses Werks ist er unerwartet verstorben. Wir sind sehr betroffen und danken ihm für sein großes Engagement für das Stiftungswesen.

Wenn auch nicht alle Wünsche des Bundesverbands, der Wissenschaft und Praktiker, auch der Autoren und Herausgeber, für ein modernes Stiftungsrecht wahr geworden sind, so ist die Reform doch ein deutlicher Schritt in die richtige Richtung. Damit kann das Stiftungswesen auch in den nächsten Jahrzehnten weiterhin blühen und gedeihen. Der Bundesverband Deutscher Stiftungen vertritt die Interessen der inzwischen mehr als 24.000 rechtsfähigen Stiftungen in Deutschland gegenüber Politik und Öffentlichkeit, deren Anzahl sich in den letzten zwei Jahrzehnten mehr als verdoppelt hat. Mit über 4.500 Mitgliedern ist er der größte und älteste Stiftungsverband in Europa. Die einzelnen Kapitel wurden durchweg von Autoren verfasst, die sich durch langjährige und umfassende Praxiserfahrungen auf dem Gebiet des Stiftungswesens auszeichnen. Sie sind bzw. waren für den Bundesverband Deutscher Stiftungen oder für Flick Gocke Schaumburg tätig und beraten fortlaufend Stiftungen in sämtlichen Rechtsfragen, insbesondere dem Stiftungs-, Gemeinnützigkeits- und Steuerrecht. Alle Autoren und die Herausgeber haben auf ihre Honorare für die Erstellung dieses Buches zugunsten des Bundesverbands Deutscher Stiftungen verzichtet, damit dieser vielen seiner interessierten Mitglieder und den Aufsichtsbehörden dieses Buch unentgeltlich zur Verfügung stellen kann. Dafür und für das große Engagement, um kurz nach Verabschiedung der Reform bereits diese eingehende Darstellung des erneuerten Stiftungsrechts vorlegen zu können, sei ihnen ausdrücklich gedankt.

Wir hoffen, dass dieser Band allen, die für Entscheidungen in und über Stiftungen Verantwortung tragen, eine nützliche Hilfe sein wird. Für jede Anregung und Kritik sind wir dankbar und nehmen diese gerne entgegen.

Bonn/Berlin, im April 2022 *Stephan Schauhoff und Judith Mehren*

Inhaltsübersicht

Inhaltsverzeichnis

Herausgeberin, Herausgeber, Autorinnen und Autoren

Herausgeberin, Herausgeber

Prof. Dr. Stephan Schauhoff
Rechtsanwalt, Fachanwalt für Steuerrecht
Partner Flick Gocke Schaumburg, Bonn
Vorstand des Bundesverbandes Deutscher Stiftungen e. V.

Judith Mehren
Rechtsanwältin, Fachanwältin für Steuerrecht, Steuerberaterin
Assoziierte Partnerin Flick Gocke Schaumburg, Bonn

in Zusammenarbeit mit dem Bundesverband Deutscher Stiftungen e. V.

Autorinnen und Autoren

Prof. Dr. Hans Fleisch,
Rechtsanwalt
Of Counsel Flick Gocke Schaumburg, Berlin — Kapitel 1

Dr. Mathis Kampermann
Rechtsanwalt
Flick Gocke Schaumburg, Bonn — Kapitel 5

Dr. Christian Kirchhain LL.M.
Rechtsanwalt, Fachanwalt für Steuerrecht, Steuerberater
Partner Flick Gocke Schaumburg, Bonn — Kapitel 9

Dr. Eva-Maria Kraus
Rechtsanwältin, Steuerberaterin
Assoziierte Partnerin Flick Gocke Schaumburg, Bonn — Kapitel 6, F.–G.

Judith Mehren — Kapitel 7

Prof. Dr. Stephan Schauhoff — Kapitel 1

Dr. Tanja Schienke-Ohletz
Rechtsanwältin, Steuerberaterin
Partnerin Flick Gocke Schaumburg, Frankfurt a. M. — Kapitel 3 und 4

Dr. Christian von Oertzen
Rechtsanwalt, Fachanwalt für Steuerrecht
Partner Flick Gocke Schaumburg, Frankfurt a. M. — Kapitel 10

Oliver Rohn †
Rechtsanwalt (Syndikusrechtsanwalt)
Bundesverband Deutscher Stiftungen e. V., Berlin — Kapitel 8

Dr. Philipp Windeknecht
Rechtsanwalt, Steuerberater, Maître en droit
Assoziierter Partner Flick Gocke Schaumburg, Frankfurt a. M. — Kapitel 6, A.–E.

Abkürzungen und Literatur

aA .... Anderer Auffassung
Abs. .... Absatz, Absätze
Abschn. .... Abschnitt
AEAO .... Anwendungserlass zur Abgabenordnung
aF .... alte Fassung
Andrick, Bernd/
Suerbaum, Joachim .. Stiftungsgesetz für das Land Nordrhein-Westfalen: StiftG NRW, 2016
AO .... Abgabenordnung
Art. .... Artikel
Assmann,
Heinz-Dieter/
Schütze, Rolf A./
Buck-Heeb, Petra .... Handbuch des Kapitalanlagerechts, 5. Aufl. 2020
Aufl. .... Auflage

BaFin .... Bundesanstalt für Finanzdienstleistungsaufsicht
Baumbach, Adolf/
Hopt, Klaus J. .... Handelsgesetzbuch, Kommentar, 40. Aufl. 2021
BayStiftG .... Bayerisches Stiftungsgesetz
BB .... Betriebs-Berater
Berndt, Reinhard/
Nordhoff, Frank ..... Rechnungslegung und Prüfung von Stiftungen, 2. Aufl. 2019
BFH .... Bundesfinanzhof
BFHE .... Sammlung der Entscheidungen des BFH
BGH .... Bundesgerichtshof
BGB .... Bürgerliches Gesetzbuch
BGBl. .... Bundesgesetzblatt
Binz, Mark/Sorg,
Martin (Hrsg.) .... Die GmbH & Co. KG, 12. Aufl. 2018
BMF .... Bundesministerium der Finanzen
BMJV .... Bundesministerium der Justiz und für Verbraucherschutz
Brandmüller,
Gerhard/Klinger,
Thomas .... Unternehmensverbundene Stiftungen, 4. Aufl. 2014
BremStiftG .... Bremisches Stiftungsgesetz
bspw. .... beispielsweise
BStBl. .... Bundessteuerblatt
BT-Drs. .... Drucksachen des Deutschen Bundestags
Buchst. .... Buchstabe
Burgard, Ulrich .... Gestaltungsfreiheit im Stiftungsrecht, 2006
BVerwG .... Bundesverwaltungsgericht
BVerwGE .... Entscheidungen des Bundesverwaltungsgerichts
bzw. .... beziehungsweise

Campenhausen, Axel
Freiherr von/Richter,
Andreas (Hrsg.) ...... Stiftungsrechts-Handbuch, 4. Aufl. 2014

DB .... Der Betrieb
DBA .... Doppelbesteuerungsabkommen
ders. .... derselbe
dh .... das heißt

DNotZ	Deutsche Notar-Zeitschrift
DStR	Deutsches Steuerrecht
DStZ	Deutsche Steuer-Zeitung
Dylla, Philip	Die Weisungsfunktion des Stiftungszwecks, 2015
Ebersbach, Harry	Handbuch des deutschen Stiftungsrechts, 1972
EFG	Entscheidungen der Finanzgerichte
EGAO	Einführungsgesetz zur Abgabenordnung
EGBGB	Einführungsgesetz zum Bürgerlichen Gesetzbuche
Grüneberg, Christian (Hrsg.)	Bürgerliches Gesetzbuch, 81. Aufl. 2022
ErbStB	Erbschaftsteuer-Berater
ErbStG	Erbschaftsteuer- und Schenkungsteuergesetz
ErbStR	Erbschaftsteuer-Richtlinien
EStG	Einkommensteuergesetz
EU-ErbVO	Europäische Erbrechtsverordnung
EuGH	Europäischer Gerichtshof
f.	folgender
ff.	folgende
Feick, Martin	Stiftung als Nachfolgeinstrument, 2015
Festschrift für Flume	Festschrift für Werner Flume zum 70. Geburtstag, hrsg. von Ballerstedt/Mann, 1978
Festgabe für Flume	Festgabe für Werner Flume zum 90. Geburtstag, hrsg. von Jakobs/Picker/Wilhelm, 1998
Festschrift für Baums	Festschrift für Theodor Baums zum 70. Geburtstag, hrsg. von Siekmann, 2017
Festschrift für Reuter	Festschrift für Alexander Reuter zum 65. Geburtstag, hrsg. von Compes/Thümmel/Winkler, 2021
Fleischer, Holger/Mock, Sebastian (Hrsg.)	Große Gesellschaftsverträge aus Geschichte und Gegenwart, 2021
FR	Finanz-Rundschau
Franz, Albert K./Liermann, Hans/Helmut zur Nedden, Hans/Freiherr von Pölnitz, Götz (Hrsg.)	Deutsches Stiftungswesen 1948–1966: Wissenschaft und Praxis
Frieling, Melanie	Die Familienstiftung als Gestaltungsinstrument im Rahmen der Unternehmensnachfolge, 2015
Fritz, Stefan	Stifterwille und Stiftungsvermögen, 2009
FVG	Gesetz über die Finanzverwaltung (Finanzverwaltungsgesetz)
GS Walz	Zwischen Markt und Staat: Gedächtnisschrift für Rainer Walz, hrsg. von Kohl/Hübler/Ott, 2008
GewStR	Gewerbesteuer-Richtlinien
ggf.	gegebenenfalls
GmbHR	GmbH-Rundschau
Gollan, Anna K.	Vorstandshaftung in der Stiftung, 2009
Gosch, Dietmar (Hrsg.)	Abgabenordnung, Finanzgerichtsordnung, Kommentar, Loseblatt mit 165. Aktualisierung 2022
grds.	grundsätzlich
GrEStG	Grunderwerbsteuergesetz
Hannes, Frank (Hrsg.)	Formularbuch Vermögens- und Unternehmensnachfolge, 2. Aufl. 2017
HambStiftG	Hamburgisches Stiftungsgesetz
Happ, Annette	Stifterwille und Zweckänderung, 2007
HdB	Handbuch

Henssler, Martin/ Strohn, Lutz (Hrsg.) .	Gesellschaftsrecht, 5. Aufl. 2021
Helios, Marcus/ Friedrich, Till	in Münchener Handbuch des Gesellschaftsrechts Bd. 5, §§ 95 und 96, 5. Aufl. 2021
HessStiftG	Hessisches Stiftungsgesetz
Hof, Hagen/ Bianchini-Hartmann, Maren/Richter, Andreas	Stiftungen, 2. Aufl. 2010
Hüttemann, Rainer ..	Gemeinnützigkeits- und Spendenrecht, 5. Aufl. 2021
Hüttemann, Rainer/ Kötz, Hein/Rawert, Peter/Schmidt, Karsten/Walz, Rainer/Weitemeyer, Birgit (Hrsg.)	Non Profit Law Yearbook, 2000–2017
Hüttemann, Rainer/ Schön, Wolfgang	Die Vermögensverwaltung und Vermögenserhaltung im Stiftungs- und Gemeinnützigkeitsrecht, 2010
Hüttemann, Rainer/ Rawert, Peter	in Staudinger, BGB, Neubearbeitung 2017, Kommentierung zu den §§ 80 ff. BGB
Hüttemann, Rainer/ Richter, Andreas/ Weitmeyer, Birgit (Hrsg.)	Landesstiftungsrecht, 2011
idF	in der Fassung
idR	in der Regel
IDW	Institut der Wirtschaftsprüfer in Deutschland e. V.
ieS	im engeren Sinn
iSv	im Sinne von
iVm	in Verbindung mit
Jakob, Dominique	Schutz der Stiftung, 2006
Jakob, Dominique/ Orelli von, Lukas (Hrsg.)	Der Stifterwille: Ein Phänomen zwischen Vergangenheit, Gegenwart und Ewigkeit, 2014
Kap.	Kapitel
Kindler, Peter	in Münchener Kommentar zum BGB, hrsg. von Säcker/Rixecker/Oetker/Limperg, Band 13, 8. Aufl. 2021, Kommentierung Teil 10. Internationales Handels- und Gesellschaftsrecht [Kaufleute, Juristische Personen und Gesellschaften]
Krauß, Hans-Frieder/ Weise, Stefan (Hrsg.)	Beck'sche Online-Formulare Vertrag, 59. Ed. 2022
Krieger, Gerd/ Schneider, Uwe (Hrsg.)	Handbuch Managerhaftung, 3. Aufl. 2017
KStG	Körperschaftsteuergesetz
LfSt Bayern	Bayerisches Landesamt für Steuern
LG	Landgericht
MDR	Monatsschrift für Deutsches Recht
mE	meines Erachtens

Mecking, Christoph/
Schulte, Martin
(Hrsg.) .... Grenzen der Instrumentalisierung von Stiftungen, 2003
mglw. .... möglicherweise
mwN .... mit weiteren Nachweisen

NJW .... Neue Juristische Wochenschrift
npoR .... Zeitschrift für das Recht der Non Profit Organisationen
Nr. .... Nummer, Nummern
NStiftG .... Niedersächsisches Stiftungsgesetz
NWB-EV .... NWB Erben und Vermögen
NZG .... Neue Zeitschrift für Gesellschaftsrecht

OLG .... Oberlandesgericht
Orelli von, Lukas .... Zur Auslegung des Stifterwillens, 2019
OVG .... Oberverwaltungsgericht

R .... Richtlinie
Rawert, Peter .... Die Genehmigungsfähigkeit der unternehmensverbundenen Stiftung, 1990
RefE .... Referentenentwurf des BMJV für ein Gesetz zur Vereinheitlichung des Stiftungsrechts vom 16. September 2020
RhPfStiftG .... Rheinland-Pfälzisches Stiftungsgesetz
RG .... Reichsgericht
Richter, Andreas
(Hrsg.) .... Stiftungsrecht, 2019
Richter, Andreas/
Wachter, Thomas .... Handbuch des internationalen Stiftungsrechts, 2007
Rn. .... Randnummer, Randnummern

S. .... Seite, Seiten
s. .... siehe
SaarlStiftG .... Saarländisches Stiftungsgesetz
SächsStiftG .... Sächsisches Stiftungsgesetz
Schauhoff, Stephan
(Hrsg.) .... Handbuch der Gemeinnützigkeit, 3. Aufl. 2010
Schauhoff, Stephan/
Ufer, Uwe (Hrsg.) ... Gemeinnützige Unternehmen und Konzerne, 2022
Schick, Julian .... Das Argument des „mutmaßlichen Stifterwillens“, 2021
Schlüter, Andreas/
Stolte, Stefan .... Stiftungsrecht, 3. Aufl. 2016
s. oben .... siehe oben
sog. .... sogenannter, sogenannte, sogenanntes
Söffing, Andreas/
Blusz, Pawel .... in Handbuch der Vermögensverwaltung, hrsg. von Schäfer/Sethe/Lang, 3. Aufl. 2022
Stettner, Rupert ...... Die Stiftung des öffentlichen Rechts, 2012
StGB .... Strafgesetzbuch
StiftG Bbg .... Stiftungsgesetz für das Land Brandenburg
StiftG Bln .... Berliner Stiftungsgesetz
StiftG BW .... Stiftungsgesetz für Baden-Württemberg
StiftG LSA .... Stiftungsgesetz Sachsen-Anhalt
StiftG M-V .... Stiftungsgesetz des Landes Mecklenburg-Vorpommern
StiftG NRW .... Stiftungsgesetz für das Land Nordrhein-Westfalen
StiftG Schl.-Hol. ..... Stiftungsgesetz Schleswig-Holstein
StiftRG .... Stiftungsregistergesetz
Stumpf, Christoph/
Suerbaum, Joachim/
Schulte, Martin/Pauli,
Rudolf .... Stiftungsrecht, 3. Aufl. 2018

ThürStiftG .... Thüringer Stiftungsgesetz
Tipke, Klaus/Kruse, Heinrich Wilhelm .... Abgabenordnung, Finanzgerichtsordnung, Kommentar, Loseblatt mit 168. Aktualisierung 2021
Tz. .... Textziffer

UmwG .... Umwandlungsgesetz
UmwStG .... Umwandlungssteuergesetz
UStAE .... Umsatzsteuer-Anwendungserlass
UStG .... Umsatzsteuergesetz

VG .... Verwaltungsgericht
vgl. .... vergleiche

Wallenhorst, Rolf/ Halacinzky, Raymond .... Die Besteuerung gemeinnütziger und öffentlich-rechtlicher Körperschaften, 7. Aufl. 2017
Weitemeyer, Birgit ... in Münchener Kommentar zum BGB, hrsg. von Säcker/Rixecker/Oetker/ Limperg, Band 1, 9. Aufl. 2021, Kommentierung zu den §§ 80 ff. BGB
Werner, Olaf/Saenger, Ingo/Fischer, Christian (Hrsg.) ..... Die Stiftung, 2. Aufl. 2019
Winheller, Stefan/ Geibel, Stefan J./ Jachmann-Michel, Monika (Hrsg.) .... Gesamtes Gemeinnützigkeitsrecht, 2. Aufl. 2020
WM .... Zeitschrift für Wirtschafts- und Bankrecht

zB .... zum Beispiel
ZErb .... Zeitschrift für die Steuer- und Erbrechtspraxis
ZEV .... Zeitschrift für Erbrecht und Vermögensnachfolge
ZIP .... Zeitschrift für Wirtschaftsrecht
ZRP .... Zeitschrift für Rechtspolitik
ZSt .... Zeitschrift zum Stiftungswesen
ZStV .... Zeitschrift für Stiftungs- und Vereinswesen

Kapitel 1. Reform des Stiftungsrechts

A. Einführung

Am 22.7.2021 wurde das Gesetz zur Vereinheitlichung des Stiftungsrechts verkündet und erstmals eine Definition der Stiftung in § 80 BGB – neu aufgenommen: „*Die Stiftung ist eine mit einem Vermögen zur dauernden und nachhaltigen Erfüllung eines vom Stifter vorgegebenen Zwecks ausgestattete, mitgliederlose juristische Person. Die Stiftung wird in der Regel auf unbestimmte Zeit errichtet, sie kann aber auch auf bestimmte Zeit errichtet werden, innerhalb derer ihr gesamtes Vermögen zur Erfüllung ihres Zwecks zu verbrauchen ist.*“ Aus der Definition ergibt sich, dass der Stifter den Zweck, das Vermögen, die Zeitdauer und die Organisationsstruktur der Stiftung wie auch ihren Namen und Sitz wenigstens für eine wirksame Errichtung festzulegen hat (§ 81 Abs. 1 S. 3 BGB). 1

Das bislang im BGB und in 16 Landesstiftungsgesetzen der Bundesländer enthaltene Stiftungszivilrecht wird künftig im BGB zusammengeführt. Das neue Recht ist der Endpunkt einer über zwanzig Jahre andauernden Reformdiskussion, die letztlich im Wesentlichen dazu geführt hat, dass das schon bislang nach herrschender Auffassung geltende materielle Stiftungsrecht im BGB vereinheitlicht wurde. Das neue Recht tritt zwar erst am 1.7.2023 in Kraft. Ein zweiter Reformschritt, die Einführung des sog. Stiftungsregisters, wird sogar erst zum 1.1.2026 wirksam werden. Ungeachtet dessen sind nach dem Willen des Gesetzgebers im Wesentlichen die bislang schon in den einzelnen Landesstiftungsgesetzen niedergelegten Normen des materiellen Stiftungsrechts, die im Wortlaut mitunter leicht unterschiedlich formuliert waren, im Bedeutungsgehalt aber in erheblichem Masse übereinstimmten, und die schon bislang im BGB enthaltenen Rechtsvorschriften nunmehr in den §§ 80 ff. BGB zusammengeführt worden.[1] Dabei sind Meinungsstreitigkeiten über die Auslegung einzelner stiftungsrechtlicher Bestimmungen vom Gesetzgeber entschieden worden, was aber vielfach klarstellende Bedeutung hat, weil dieser Norminhalt nach Meinung des Gesetzgebers dem bereits geltenden Stiftungsrecht entspricht. Andererseits klärt der Gesetzgeber damit Meinungsunterschiede, bei denen die jeweils zuständigen Stiftungsbehörden bislang unterschiedliche Rechtsauffassungen vertreten haben. Teilweise enthält das neue Recht aber auch Weiterentwicklungen der bestehenden Rechtslage, wie die Regelungen zur Zusammenlegung und Zulegung von Stiftungen oder alle Regelungen im Zusammenhang mit der Einführung des Stiftungsregisters oder unter welchen Voraussetzungen eine sog. Ewigkeitsstiftung in eine Verbrauchsstiftung umgewandelt werden darf. Letztlich kann zu zahlreichen Einzelbestimmungen unter Berücksichtigung der Gesetzesbegründung geprüft werden, inwiefern die jeweilige Norm nur den bestehenden Rechtszustand abbildet oder eine Änderung des materiellen Rechts enthält. Deswegen entfalten die neuen Normen sowohl für bestehende, aber erst recht für ab jetzt neu errichtete Stiftungen erhebliche Wirkung. Stiftungen werden auf Dauer errichtet und müssen mit wechselnden Rechtsordnungen zu Recht kommen. Noch heute bestehen 250 Stiftungen in Deutschland, die älter als 500 Jahre sind und alle möglichen Rechtsordnungen erlebt haben. 92 % aller deutschen Stiftungen verfolgen gemeinnützige Zwecke. Nahezu alle anderen Stiftungen sind Familienstiftungen, bei denen die Erträge aus dem Stiftungsvermögen dazu dienen, Angehörige einer be- 2

[1] Zum Gesetzestext → Anhang.

stimmten Familie zu versorgen. In Deutschland hat sich der Stiftungsbestand seit 2001 auf gegenwärtig knapp 24.000 rechtsfähige Stiftungen mehr als verdoppelt. Ein Großteil der Stiftungen hat ein Stiftungsvermögen von bis zu 1 Mio. EUR, die größten Stiftungen in Deutschland verfügen über ein Vermögen von mehreren Milliarden Euro.[2] Diese wenigen Zahlen belegen, wie vielfältig das Stiftungswesen ist und welch unterschiedlichen Sachverhalten das Stiftungsrecht einen Rechtsrahmen bieten muss.

3 Die Grundlage einer jeden Stiftung bildet nach deutscher Rechtsauffassung der in Stiftungsgeschäft und Satzung zum Ausdruck gekommene Stifterwille.[3] Dessen Auslegung ist von zentraler Bedeutung, um den Handlungsrahmen der Organe zu bestimmen.[4] Allerdings gilt dieser Wille nicht absolut. Der Stifter will im Zweifel nicht die Erstarrung der von ihm errichteten Stiftung, sondern deren Weiterentwicklung, um das dauerhafte Wirken der Stiftung zu ermöglichen. Eine Stärke des neuen Rechts ist, dass in § 85 BGB verschiedene Grade der Änderungsfestigkeit von Satzungsregelungen herausgearbeitet werden, die es deutlich erleichtern, die Genehmigungsfähigkeit von Satzungsänderungen zu beurteilen. Bei der Auslegung des Stifterwillens hilft es, sich die Motivation des Stifters bewusst zu machen und den jeweiligen gesetzlichen Rahmen, der seine Entscheidungen beeinflusst haben kann, zu ergründen. Dies bedeutet nicht, dass dieser Rahmen auf ewig unverändert bestimmend bleiben soll. Vielmehr setzt die Fortexistenz der Stiftung deren Wandlungsfähigkeit ungeachtet sich fortentwickelnder rechtlicher Rahmenbedingungen voraus. Der Entstehungsprozess kann aber Prioritäten des Stifters aufzeigen. Eines der Hauptmotive für die Errichtung einer gemeinnützigen Stiftung ist häufig, dass die Vermögensübertragung nur dann erbschaft- und schenkungssteuerfrei erfolgen kann.[5] Entsprechende Bedeutung hat regelmäßig der Erhalt der Steuerbegünstigung, unabhängig davon wie der Gesetzgeber das Gemeinnützigkeitsrecht im Einzelnen fortentwickelt. Die Freiheit der stifterischen Gestaltung der „eigenen" Stiftung hat der Gesetzgeber durch die Neuregelung des Stiftungsrechts nicht beschränkt, sondern bekräftigt. Dementsprechend regelt das Gesetz in den §§ 80 ff. BGB den rechtlichen Rahmen für Stiftungen, der durch die individuelle stifterische Willensentscheidung ausgefüllt werden muss, wobei es im Ermessen des Stifters liegt, wie detailliert er was regelt. Dementsprechend gibt es kurz gehaltene Satzung, in denen den Entscheidungen der Organe ein breiter Ermessensraum gelassen wird, aber auch detaillierte Vorgaben in Satzungen, mit denen deren Handlungsrahmen bewusst eingeengt wird. Das Stiftungsrecht lässt jede dieser Formen zu. Hat der Stifter keine Regelung zu einem bestimmten Punkt getroffen, ergibt sich im Zweifel aus dem Gesetz, welcher Handlungsspielraum den Organen gegeben ist.

4 Was die Regelungen in der Stiftungssatzung und dem Stiftungsgeschäft im Einzelnen bedeuten, welche Handlungsmöglichkeiten und Handlungspflichten sich daraus für die Organe ergeben und welche Gestaltungsmöglichkeiten für Stiftungen bestehen, soll in diesem Werk in allgemein verständlicher Weise auf Grundlage des reformierten Stiftungs-

---

[2] Bundesverband Deutscher Stiftungen abrufbar unter www.stiftungen.org/fileadmin/stiftungen_org/Verband/Was_wir_tun/Publikationen/Zahlen-Daten-Fakten-zum-deutschen-Stiftungswesen.pdf und unter www.stiftungen.org/stiftungen/zahlen-und-daten/liste-der-groessten-stiftungen.html (Stand: 12.2.2022).

[3] Sie ist keine Familiengesellschaft: zutreffend Rawert ZGR 2018, 835 ff.

[4] → Kap. 5 Rn. 16 ff.

[5] Vgl. § 13 Abs. 1 Nr. 16 Buchst. b ErbStG; zu dieser Motivation für die Errichtung der Alfred-Krupp v. Bohlen und Hallbach-Stiftung als Unternehmensträger der damaligen Krupp-Werke, heute Anteilseigner von Thyssen-Krupp: Schauhoff in Fleischer/Mock Große Gesellschaftsverträge aus Geschichte und Gegenwart, § 17; Sonderheft ZGR 2021 zu Heft 24, 817 ff.; zur Errichtung privatnütziger Stiftungen siehe bereits v. Oertzen/Reich Ubg 2015, 629; Schauhoff in Brinkmann/Butzke, Gesellschaftsrecht in der Diskussion, 2018, S. 83 ff.; v. Oertzen BB 2019, 2647.

rechts dargestellt werden. Stiftungen werden nicht von gesetzlichen Vorgaben, sondern vom Stifterwillen geprägt. Sie sind keine Gesellschaften oder Vereine, bei denen jederzeit nach dem Willen der Gesellschafter oder Mitglieder grundlegende Änderungen beschlossen werden können, sondern existieren nach Maßgabe der Vorgaben des Stifters, auch wenn nicht selten in Stiftungssatzungen die Änderungsvorschrift anderes zu regeln scheint. In Bezug auf die Stiftungstypen[6], den Errichtungsprozess[7], den Stiftungszweck[8], die Stiftungsorganisation[9] und das Stiftungsvermögen[10] sowie die Satzungs- und Strukturänderungen[11] wird in diesem Buch näher dargestellt, welchen Rahmen das Gesetzesrecht setzt und wie die Vorgabe des Stifters oder der Stifterin ermittelt werden kann und als entscheidende Leitlinie im Zusammenspiel mit der gesetzlichen Regelung, überwacht von der Stiftungsaufsicht,[12] die Rahmenbedingungen für die handelnden Organe setzt. Ausdrücklich nicht mehr erlaubt wird beispielsweise die Kombination von Stiftung und Dauertestamentsvollstreckung oder der identitätswahrende Wegzug der Stiftung über die Grenze.[13] Zunächst soll aber der Reformprozess dargestellt und ein Überblick über die gesetzlichen Neuregelungen gegeben werden.

B. Stiftungsrecht nach der Reform

I. Der Reformprozess

1. Reformnotwendigkeit

Seit mindestens zwanzig Jahren wird diskutiert, dass das Stiftungszivilrecht reformbedürftig ist. Ein Problem des bisherigen Rechts ist die Aufteilung des materiellen Stiftungsrechts auf die jeweiligen landesstiftungsgesetzlichen Regelungen und das BGB. Der Umzug einer Stiftung aus einem in ein anderes Bundesland erforderte deren Wiedererrichtung nach Maßgabe des neuen Landesrechts. Die landesrechtlichen Vorschriften sind nicht wortgleich, sodass die Rechtsform der rechtsfähigen Stiftung des bürgerlichen Rechts in den einzelnen Bundesländern verschieden ausgeprägt wurde, wenn auch die Grundsätze übereinstimmten und die Unterschiede im Wortlaut der Norm nicht zwingend zu unterschiedlichen Regelungen führen sollte, sondern das Auslegungsergebnis gleich sein konnte.[14] Dieses Nebeneinander von Bundesrecht und Landesrecht, vor allem aber das unterschiedlich streng am Stifterwillen oder liberal an den jeweiligen zeitgemäßen Erfordernissen orientierte Verständnis der einzelnen Aufsichtsbehörden in den Bundesländern führte immer wieder zu Streitfragen und Rechtsunsicherheiten bei Stiftern und Stiftungen[15]. Der Stifterwille als das die Stiftung prägende Element wurde gleichzeitig als Fluch und Segen empfunden, da dieser einer zeitgemäßen Weiterentwicklung doch zu sehr zu oft im Wege stehe, andererseits aber die Einführung körperschaftlicher Elemente 5

[6] → Kap. 2 Rn. 2 ff.
[7] → Kap. 3 Rn. 28 ff.
[8] → Kap. 5 Rn. 5 ff.
[9] → Kap. 6 Rn. 4 ff.
[10] → Kap. 7 Rn. 3 ff.
[11] → Kap. 9 Rn. 22 ff.
[12] → Kap. 8 Rn. 15 ff.
[13] → Kap. 10 Rn. 9 ff.
[14] Vgl. BT-Drs. 19/28173, 28.
[15] Zur Sicht der Wissenschaft vgl. Arnold/Burgard/Droege/Hüttemann/Jakob/Leuschner/Rawert/Roth/Schauhoff/Segna/Weitemeyer ZIP 2020, S 3; siehe auch Gesetzesbegründung, BT-Drs. 19/28173.

in die Rechtsform Stiftung deren Wesen zu sehr verfälsche.[16] Andere wollten das seit jeher herrschende Stiftungsmodell grundlegend ändern, da der Stiftungsautonomie ein deutlich größerer Spielraum eingeräumt und die Emanzipation vom historischen Stifterwillen ermöglicht werden sollte.[17] Die Reformdebatte drehte sich somit im Wesentlichen darum, wieviel Einfluss dem Stifter auf seine Stiftung dauerhaft eingeräumt werden sollte, wie lange und in welchem Ausmaß die Herrschaft der toten Hand andauern soll.[18] Am Ende haben sich weder diejenigen durchgesetzt, die mutige Änderungen gegenüber dem Status Quo wollten[19] noch diejenigen, die eine strengere Orientierung am Stifterwillen und dessen Erstarrung vertreten haben[20]. Der Stifterwillen ist maßgebend, aber dessen Weiterentwicklung in unterschiedlichem Maße, wie sich insbesondere aus § 85 BGB – neu ergibt, durchaus im Zweifel vom Stifter gewollt und daher zulässig. Auch wenn der bestehende Rechtzustand im Wesentlichen bestätigt wurde, überflüssig ist das Gesetz deswegen nicht[21]. Denn im Detail wird die bestehende unterschiedliche Rechtspraxis durch die Klärung zahlreicher Meinungsstreitigkeiten geklärt und damit verbessert. Wesentlich ist, dass alle nun den ausdiskutierten Rechtsrahmen für das Stiftungswesen, wie ihn die Legislative beschlossen hat, akzeptieren, auch wenn sich der Einzelne andere Ergebnisse in diesem oder jenem Detail gewünscht haben mag und seine bisherige Rechtsmeinung sich nicht durchgesetzt hat.

2. Die Bund-Länder-Kommissionen und der Professorenentwurf

6 Angeregt durch eine Initiative des Bundesverbandes Deutscher Stiftungen beschloss die ständige Konferenz der Innenminister und Senatoren der Länder (IMK) im Juni 2014 daher die Einsetzung einer Bund-Länder-Arbeitsgruppe „Stiftungsrecht“ unter Federführung des Bundesministeriums der Justiz und für Verbraucherschutz (BMJV). Gut zwei Jahre später legte diese Arbeitsgruppe einen umfangreichen Bericht vor, der größeren Reformbedarf aufzeigte und konkrete Formulierungsvorschläge für eine abschließende bundesrechtliche Regelung des Stiftungsrechts unterbreitete.[22] Nach einer grundlegenden Evaluation war die Arbeitsgruppe in einem Bericht von 127 Seiten, in dem zahlreiche Detailfragen abgehandelt wurden, zu dem Ergebnis gekommen, dass sich die Rechtsanwendungspraxis bei den Behörden in Deutschland teilweise deutlich unterscheidet: „Die eingehende Überprüfung des Bundes- und Landesstiftungsrechts unter Berücksichtigung der Praxis der Stiftungsbehörden und der Stellungnahmen der Stiftungsverbände hat gezeigt, dass das Stiftungsrecht in größerem Umfang abschließend bundesrechtlich geregelt werden sollte, um es einfacher zugänglich zu machen, stärker zu vereinheitlichen und zahlreiche Streitfragen im Stiftungsrecht zu klären.“[23] In der Rechtspraxis zeigte sich, dass ungeachtet ähnlicher Normen deren praktische Anwendung vielfach variierte, zumal

[16] Zu dieser Debatte bspw. Burgard npoR 2019, 106 ff.; Rawert ZGR 2018, 835 ff.

[17] Vgl. bspw. Graf Strachwitz ZStV 2020, 161 ff.

[18] Nicht ganz ohne Grund wollte Turgot Stiftungen generell untersagen, da sie nur auf der Eitelkeit der Stifter beruhten, die in ihrem begrenzten Verstand ihr Vermögen auf unnütze und gesellschaftsschädliche Weise für die Ewigkeit festlegen wollten. Menschenwerk sei aber nicht für die Ewigkeit bestimmt: Daire/Ouvres de Turgot, 1844, 299 ff.; ähnlich Immanuel Kant, vgl. Gradenwitz, Der Wille des Stifters, 1904, 179 ff.; K. Schmidt ZHR 166 (2002), 145 ff.

[19] Zu den verpassten Reformgelegenheiten → Rn. 28 ff.

[20] So teilweise die Sichtweise im Referentenentwurf und bei einzelnen Aufsichtsbehörden → 3.

[21] So aber Muscheler ZEV 2019, 1.

[22] Bericht der Bund-Länder-Arbeitsgruppe „Stiftungsrecht“, abrufbar unter https://www.innenministerkonferenz.de/IMK/DE/termine/to-beschluesse/2016-11-29_30/nummer%2026 %20reform %20stiftungsrecht.pdf?__blob=publicationFile&v=2 (Stand 12.2.2022); siehe zu den Beratungen der Arbeitsgruppe insbesondere Winkler, ZStV 2021, 121 ff.

[23] S. 7 des Berichts.

es nur zu wenigen gerichtlichen Klärungen bei Meinungsverschiedenheiten kam, da die meist ehrenamtlich tätigen Stiftungsorgane im Regelfall dafür keine Zeit und Stiftungsgeld investieren wollten. Die Bund-Länder-Arbeitsgruppe, besetzt mit den zuständigen Beamten von Bund und Ländern, wurde daraufhin beauftragt, einen Diskussionsentwurf für ein „Gesetz zur Vereinheitlichung des Stiftungsrechts" einschließlich Begründung vorzulegen, den sie nach einer Expertenanhörung der Wissenschaftler und Verbände unter dem 27.2.2018 veröffentlichte.[24] Der Gesetzentwurf war geprägt von der Sichtweise der Ministerialbürokratie und Stiftungsaufsichtsbehörden. Er war vor allem auf mehr Rechtsklarheit ausgerichtet. Stiftungen sind allerdings höchst individuelle und unterschiedliche Einrichtungen, geprägt vom jeweiligen Stifterwillen, der in vollkommen unterschiedlichen historischen Kontexten, in denen die Stiftung jeweils errichtet worden ist, sich gebildet hat. Eine übermäßige Standardisierung und das Kleben am Wortlaut der Ursprungssatzung, ohne zu berücksichtigen, dass die Stiftung mit jeder Satzungsanpassung fortentwickelt wird,[25] würde dazu führen, dass der freie Stifterwille ohne Not übermäßig beschränkt würde. Diese Kritik an dem Diskussionsentwurf wurde schon bei der Expertenanhörung deutlich.[26] Zwischenzeitlich versuchte eine Gruppe von Wissenschaftlern, BMJV und Bundesregierung durch die Erarbeitung des sog. Professorenentwurfs zu beeinflussen, der insbesondere die Einheit von Vereins- und Stiftungsrecht gewahrt sehen wollte und zu zahlreichen Detailbestimmungen mit überzeugender Begründung weitaus offenere Formulierungen als der Diskussionsentwurf vorschlug.[27]

3. Vom Referentenentwurf zum Gesetzesbeschluss

Nachdem die Regierungsparteien die Umsetzung des Diskussionsentwurfs in den Koalitionsvertrag übernommen hatten, legte nach langer Wartezeit, zusätzlich motiviert durch eine Postkarten Aktion der deutschen Stiftungen auf Initiative des Bundesverbands Deutscher Stiftungen, das BMJV am 28.9.2020 einen Referentenentwurf eines „Gesetzes zur Vereinheitlichung des Stiftungsrechts" vor, der im Wesentlichen trotz aller zwischenzeitlichen Kritik dem Diskussionsentwurf entsprach.[28] Dieser wurde insbesondere wegen der Verschärfungen gegenüber dem geltenden Stiftungsrecht in Bezug auf die Stifterautonomie und auch zahlreiche andere Detailregelungen erheblich kritisiert.[29] Der von der Bundesregierung am 3.2.2021 beschlossene Regierungsentwurf (RegE) berücksichtigte wenigstens einige dieser Kritikpunkte, drohte aber punktuell zum Rückschritt zu führen.[30] Im Anschluss an eine öffentliche Anhörung nahm der Rechtsausschuss des Deutschen Bundestages insbesondere auf Betreiben des Bundesverbands Deutscher Stiftungen noch zahlreiche weitere Detailänderungen am Gesetzentwurf vor[31], um der öffentlichen Kritik zu begegnen. Besonders hingewiesen werden soll auf die wegen dieses intensiven 7

[24] Abrufbar unter https://www.innenministerkonferenz.de/IMK/DE/termine/to-beschluesse/2018-06-08_06/anlage-zu-top-46.pdf?__blob=publicationFile&v=2 (Stand 12.2.2022).

[25] Zutreffend Hüttemann/Rawert ZIP 2021, S 3.

[26] Vgl. Mehren/Lorenz DStR 2020, 2547; Gollan/Richter npoR 2021, 29; Hepperle npoR 2021, 42; mit einer synoptischen Gegenüberstellung von BGB-alt, Referentenentwurf und Professorenentwurf Burgard, npoR 2021, 11.

[27] Arnold/Burgard/Droege/Hüttemann/Jakob/Leuschner/Rawert/Roth/Schauhoff/Segna/Weitemeyer ZIP 2020, S 3; Werner npoR 2020, 106.

[28] Abrufbar unter www.bmjw.de/SharedDocs/Gesetzgebungsverfahren/DE/Stiftungsrecht.-hmtl.12.2.2022.

[29] Vgl. Mehren/Lorenz DStR 2020, 2547; Gollan/Richter npoR 2021, 29; Hepperle npoR 2021, 42; mit einer synoptischen Gegenüberstellung von BGB-alt, Referentenentwurf und Professorenentwurf Burgard npoR 2021, 11.

[30] Gesetzesentwurf der Bundesregierung vom 31.3.2021, BT-Drs. 19/28173, 1.

[31] Siehe Beschlussempfehlungen BT-Drs. 19/30938 und Berichte in BT-Drs. 19/31118.

Diskussionsprozesses außergewöhnlich ausführlichen *Gesetzesbegründungen,* die zum einen von der Bundesregierung[32] auf Grundlage der Erkenntnis der vorgenannten Arbeitsgruppe, zum anderen vom Rechtsausschuss des Deutschen Bundestages[33] nach Diskussion und Sachverständigenanhörung verfasst wurden. Hiermit liegt gleichsam eine Kommentierung zum Inhalt der gesetzlichen Normen vor. Der Gesetzgeber macht damit deutlich, wie er die gesetzlichen Regelungen versteht. In letzter Minute wurde die Stiftungsrechtsreform noch mit aktuellen infektionsschutzrechtlichen Änderungen zu dem „Entwurf eines Gesetzes zur Vereinheitlichung des Stiftungsrechts und zur Änderung des Infektionsschutzgesetzes" (StiftRVG) verbunden. Bundestag und Bundesrat haben diesen Entwurf in ihren Sitzungen am 24. und 25.6.2021 abschließend beraten und beschlossen. Am 22.7.2021 wurde das neue Recht im Bundesgesetzblatt verkündet.[34] Inkrafttreten wird das neue Gesetz allerdings erst zum 1.7.2023, die Regelungen zum Stiftungsregister zum 1.1.2026.[35] Zum einen sollen die Bundesländer Gelegenheit erhalten, bis dahin ihre landesgesetzlichen Regelungen entsprechend anzupassen; zum anderen sollen die bestehenden Stiftungen die Möglichkeit erhalten, sich auf das neue Stiftungszivilrecht einzustellen.[36]

4. Wille des Gesetzgebers für die Gesetzesauslegung

8 In der Gesetzesbegründung[37] hat der Gesetzgeber bekundet, dass mit der Reform keine grundlegende Änderung des bestehenden Stiftungsrechts, das sich bewährt hat, beabsichtigt ist. Vielmehr sollen den Stiftern die Gestaltungsmöglichkeiten deutlicher vor Augen geführt werden, insbesondere für die Möglichkeiten, den Stifterwillen zukunftsoffen zu formulieren, so dass die Stiftung problemlos an sich ändernde Verhältnisse angepasst werden kann. Durch § 85 Abs. 4 BGB sind diese Gestaltungsmöglichkeiten gesetzlich eindeutig geregelt worden, nicht immer im Einklang mit der bisherigen Praxis mancher Aufsichtsbehörde. Offengeblieben ist, was dies für die Anpassung bestehender Satzungen in Bezug auf derartige Änderungsmöglichkeiten bedeutet.[38] Der Gesetzgeber hat bewusst davon abgesehen, nähere Regelungen zur Ausgestaltung des Kapitalerhalts oder zu zulässigen oder unzulässigen Formen der Vermögensanlage zu treffen. Die Stiftungen dürfen die Verwaltung ihres Stiftungsvermögens weitgehend nach ihren individuellen Bedürfnissen ausgestalten.[39] Auch mit Blick auf mögliche Satzungsänderungen oder notwendige Strukturentscheidungen hat der Gesetzgeber anerkannt, dass die Stifter im Grundsatz einer Umgestaltung zu einer Verbrauchsstiftung oder der Zu- oder Zusammenlegung einer Stiftung offen gegenüberstehen, wenn eine Stiftung nicht mehr über ausreichend Mittel verfügt, um den jeweiligen Stiftungszweck dauerhaft erfüllen zu können. Insbesondere in § 85 BGB – neu hat der Gesetzgeber deutlich gemacht, dass nicht jede Veränderung der Zweckbestimmung im Detail eine Änderung des Stiftungszwecks bedeutet.[40] Nur wenn die inhaltliche Ausrichtung der Stiftung in einer für den Stifter zur Zeit der Errichtung der Stiftung unvorhersehbaren Weise gewandelt werden soll, liegt eine Zweckänderung vor, nicht aber wenn nur das Mittel zur Zweckerfüllung modifiziert werden soll. Im Grundsatz besteht der Wille eines Stifters darin, auf ewige

[32] Gesetzesentwurf der Bundesregierung vom 31.3.2021, BT-Drs. 19/28173, 28.

[33] Bericht des Ausschusses für Recht und Verbraucherschutz, BT-Drs. 19/31118, 7.

[34] BGBl. 2021, 2947; Dazu im Einzelnen zum Gesetzgebungsverfahren vgl. Winkler ZStV 2021, 121; siehe auch Hüttemann/Rawert ZIP 2021, S 3; Lorenz/Mehren DStR 2021, 1774.

[35] Art. 11 StiftRVG.

[36] BT-Drs. 19/28173, 107; BT-Drs. 19/31118, 12.

[37] BT-Drs. 19/31118 unter I. Allgemeines.

[38] → Kap. 9 Rn. 43 ff.

[39] → Kap. 7 Rn. 63 ff.

[40] BT-Drs. 19/28173 zu § 85 BGB.

Zeit oder ggf. für die für den Verbrauch bestimmte Zeit festzulegen, dass die Stiftung im Rahmen des von ihm gesetzten Zwecks erfolgreich wirken kann. Dies erlaubt sinnvolle Anpassungen an die jeweiligen Zeitläufte, um die Lebensfähigkeit der Stiftung zu perpetuieren. Stifter sind und waren seit jeher zukunftsoffene Menschen, denn ansonsten hätte ihnen der Mut gefehlt, ein auf ewige Zeit ausgerichtetes Werk zu schaffen. Die Ausrichtung am tatsächlichen oder mutmaßlichen Willen des Stifters erlaubt, so die Gesetzesbegründung, bis auf die Grundfesten einer Stiftung, wie den Zweck und das zu erhaltende Vermögen, oder andere prägende Bestimmungen, wie den Namen oder Sitz der Stiftung, ggfls. eine Anpassung, die im Interesse der Stiftung liegt, denn dies ist als der mutmaßliche Wille des Stifters anzusehen.[41] Dieser Rechtsgedanke gilt ungeachtet der Regelungen im jeweiligen Landesstiftungsgesetz schon heute. Er betrifft einen stiftungsrechtlichen Grundsatz, der schon bislang im BGB verankert war und deswegen ggf. abweichende landesgesetzliche Bestimmungen in der Geltung seit langem verdrängt hat.[42] Auf das Inkrafttreten des neuen Rechts muss in Bezug auf das Grundverständnis des gesetzlichen Rahmens für Stiftungen in derartigen Punkten niemand warten.

5. Notwendige Änderungen der Landesstiftungsgesetze

Ab dem 1.7.2023 werden die landesstiftungsrechtlichen Regelungen, die im Wider- 9
spruch zum BGB stehen, sofern sie bislang überhaupt noch Rechtswirkung hatten[43], außer Kraft treten. Es gilt der Grundsatz, dass das Bundesrecht das Landesrecht bricht. Künftig soll das gesamte Stiftungszivilrecht einheitlich und abschließend im Bürgerlichen Gesetzbuch geregelt werden.[44] Es ist zu erwarten, dass die Landesstiftungsgesetze bis dahin an die neue Rechtslage angepasst werden. Die Landesstiftungsgesetze werden zukünftig sich auf die Regelung der Rechtsaufsicht über sämtlichen rechtsfähigen Stiftungen des bürgerlichen Rechts, gleichgültig ob diese als gemeinnützige oder Familienstiftung oder sonstige privatnützige Stiftung ausgestaltet ist, beschränken. Alle existenten Stiftungen haben einen Anspruch auf staatlichen Schutz, auch gegenüber den eigenen Organen oder dem Stifter selbst.[45] Inaktive, aber existente Stiftungen muss die Aufsicht im Interesse des Stifters wieder zum Wirken bringen. Die bislang in manchen Landesstiftungsgesetzen enthaltene Regelung, dass Familienstiftungen nur einer begrenzten Aufsicht unterliegen, wird daher vermutlich nicht fortbestehen.[46] Wie bislang werden die Landesstiftungsgesetze Abgrenzungen zur kirchlichen Aufsicht über kirchliche Stiftungen und kommunalen Aufsicht über kommunale Stiftungen beachten müssen.[47] Im Wesentlichen sollten die Landesstiftungsgesetze künftig die Maßnahmen der Stiftungsaufsicht und ihre jeweiligen Voraussetzungen, wie Unterrichtung und Prüfung, Beanstandung und Anordnung sowie die Voraussetzungen für die Abberufung von Organmitgliedern aus wichtigem Grund oder die vorübergehende Untersagung der Tätigkeit enthalten.[48] Es wird sich die Frage stellen, unter welchen Voraussetzungen die Stiftungsaufsicht einer Stiftung die Prüfung durch einen Wirtschaftsprüfer mit entspre-

[41] So ausdrücklich BT-Drs. 19/28173, 52.

[42] Dazu Hüttemann/Rawert ZIP 2002, 2019.

[43] Dazu Hüttemann/Rawert ZIP 2002, 2019.

[44] BT-Drs. 19/28173 unter A. I. S. 2.

[45] Hüttemann/Rawert ZIP 2021, S 3; dazu Winkler, FS Renter 2021, 571 (575 ff.).

[46] Hüttemann/Rawert ZIP 2021, S 3.

[47] Zu alldem Hüttemann/Rawert ZIP 2021, S 3; zu kirchlichen Stiftungen und neuem Recht Achilles npoR 2021, 161 ff.; 242 ff. Der bisherige § 80 Abs. 3 BGB gilt praktisch unverändert als § 88 BGB – neu fort (Hüttemann/Rawert ZIP 2021, S 3). Die Kritik von Achilles am Referentenentwurf ist weitgehend überholt.

[48] Eingehend Hüttemann/Rawert ZIP 2021, S 3; zu den Regeln der Stiftungsaufsicht nach geltendem Recht → Kap. 8 Rn. 1 ff.

chenden Kosten auferlegen darf. Jede Aufsichtsmaßnahme steht unter dem Verhältnismäßigkeitsgrundsatz, der auch bei der Auferlegung entsprechender Sonderpflichten beachtet werden muss. Schließlich wird von den Landesgesetzgebern zu entscheiden sein, ob die bestehenden Stiftungsregister beibehalten werden. Diese haben insofern mehr Informationsgehalt als das ab 2026 geplante Stiftungsregister, als sich aus ihnen der Stiftungszweck ergibt. Der Bundesgesetzgeber wird aber ohnehin zur Anpassung der Regelungen an das Geldwäschegesetz in der nächsten Legislaturperiode voraussichtlich das Stiftungsregistergesetz schon wieder ändern und kann dabei auch entscheiden, den Satzungszweck zum eintragungspflichtigen Inhalt zu machen, zumal sich daraus eine Begrenzung der Vertretungsmacht des Vorstands ergeben kann.[49]

6. Inkrafttreten und Vorwirkung

10 Die neuen Vorschriften im BGB treten erst zum 1.7.2023 in Kraft.[50] Von daher könnte erwogen werden, dass diese Vorschriften den Rechtsanwender im Stiftungsrecht vorher auch nicht zu interessieren brauchen. Stattdessen ist allerdings zu berücksichtigen, dass die neuen Vorschriften ausweislich der Gesetzesbegründung das heute schon geltende Stiftungszivilrecht wiedergeben sollen.[51] Schon bislang war streitig, inwiefern aufgrund der vorhandenen Regelungen in den §§ 80ff. BGB die Landesgesetzgeber überhaupt legitimiert waren, in den Landesstiftungsgesetzen abweichende zivilrechtliche Bestimmungen zu treffen[52]. Zudem enthielten die Landesstiftungsgesetze vielfach ähnliche Gesetzesbestimmungen, beispielsweise in Bezug auf die Pflicht zum Kapitalerhalt[53]. Auch wenn der Wortlaut der landesstiftungsgesetzlichen Bestimmungen im Detail mitunter abwich, in der Sache ging es stets um die Auslegung, welche Pflicht eine Stiftung in Bezug auf den Kapitalerhalt trifft oder welche Form der Vermögensanlage erlaubt ist und inwiefern der Wille des Stifters zeitgemäß weiterentwickelt werden darf. Maßgebend ist schließlich meist auch nicht der Wortlaut einer Gesetzesbestimmung, sondern Wortlaut, Historie und systematischer Zusammenhang der jeweiligen Satzungsregelung.[54] Die landesstiftungsgesetzlichen Regelungen können nunmehr unter Berücksichtigung dessen, was nach bundesrechtlich übereinstimmender Meinung der Bedeutungsgehalt der stiftungsrechtlichen Grundprinzipien ist, ausgelegt werden. Von daher entfaltet das neue Stiftungsrecht bereits jetzt eine *Vorwirkung*. Das neue Recht gibt einen Anhaltspunkt, in welcher Weise, der in der Stiftungssatzung zum Ausdruck gekommene Stifterwille interpretiert werden kann und welche Handlungspflichten sich daraus für die Stiftungsorgane ergeben. Nun mag eine Stiftungsbehörde einwenden, dies könne das Landesrecht nicht tangieren, doch sind die stiftungsrechtlichen Grundsätze schon bislang im BGB geregelt, welches das in einem Landesgesetz geregelte Stiftungsrecht in weitem Umfang bestimmt.[55]

11 Eine zentrale Pflicht der Stiftungsorgane bezieht sich beispielsweise darauf, dass das Mitglied eines Stiftungsorgans bei der Führung der Geschäfte der Stiftung die Sorgfalt eines ordentlichen Geschäftsführers einzuhalten hat.[56] Eine Pflichtverletzung liegt nicht

[49] Dafür Hüttemann/Rawert ZIP 2021, S 3; Gollan npoR 2021, 277 (283); zur Begrenzung der Vertretungsmacht auf Rechtsgeschäfte im Einklang mit dem Zweck BGH v. 15.4.2021 – III ZR 139/20 = npoR 2021, 304.

[50] Art. 11 Abs. 2 StiftRVG.

[51] BT-Drs. 19/28173, 29.

[52] Dazu Hüttemann/Rawert ZIP 2002, 2019.

[53] § 4 Abs. 2 Satz 3 Hamburgisches Stiftungsgesetz; § 7 Abs. 2 Satz 1 Rheinland-Pfälzisches Stiftungsgesetz.

[54] Zur Auslegung der Satzung → Kap. 5 Rn. 29ff.

[55] Dazu Hüttemann/Rawert ZIP 2002, 2019.

[56] Vgl. § 84a Abs. 2 Satz 1 BGB.

vor, wenn das Mitglied des Organs bei der Geschäftsführung unter Beachtung der gesetzlichen und satzungsgemäßen Vorgaben vernünftigerweise annehmen durfte, auf der Grundlage angemessener Informationen zum Wohle der Stiftung zu handeln.[57] Auch wenn dies erst mit Wirkung ab 1.7.2023 im Gesetz steht, so gilt diese rechtliche Grundregel, die sogenannte Business Judgement Rule, nach allgemeiner Auffassung bereits heute.[58] Das Stiftungsrecht schreibt damit, anders als dies manche Aufsichtsbehörde meint, schon heute nicht vor, wie riskant oder vorsichtig Vermögen angelegt werden darf oder welche Aktien- oder Anleihen- oder Immobilienquote zulässig ist. Vielmehr müssen die Organe die jeweiligen mit der Vermögensanlage verbundenen Chancen und Risiken sorgfältig prüfen und auf dieser Grundlage eine vertretbare Entscheidung fällen. Ein Umkehrschluss dergestalt, dass das, was bislang nicht im Gesetz geregelt ist, auch nicht gilt, ist daher verfehlt.

Insbesondere sollte das neue Stiftungsrecht bei der *Gestaltung neu zu errichtender* **12**
Stiftungen beachtet werden. Stiftungen werden auf Dauer errichtet und daher auf nicht absehbare Zeit unter dem Regime des neuen Stiftungsrechtes existieren. In § 81 BGB-neu ist detailliert geregelt, welche Bestimmungen das Stiftungsgeschäft zwingend enthalten muss. Allerdings sollten Stiftungsgeschäft und Satzung weitaus mehr als diese Mindestanforderungen regeln. Der Stifter kann festlegen, wie das Grundstockvermögen zu verwalten ist, ob und in welcher Form es zu erhalten ist oder umgeschichtet oder ggf. zur Erfüllung der Stiftungszwecke verbraucht werden darf. Gemäß § 85 Abs. 4 BGB-neu kann der Stifter abweichend von den gesetzlichen Regelungen bestimmen, inwiefern zukünftige Satzungsänderungen durch die Stiftungsorgane möglich oder verboten sein sollen. Schweigt der Stifter in der Satzung, was häufig klug sein kann, da auch er die Zukunft nur begrenzt voraussehen kann, wird das gesetzliche Normalmaß als sein Wille unterstellt. Alle diese Punkte sollten detailliert von Stiftern und ihren Beratern überlegt und diskutiert werden, um dann eine gute Stiftungsverfassung gestalten zu können.

II. Überblick über die Gesetzesänderungen[59]

1. Definition der Stiftung

Stiftungen existieren in dem vom Stifter gesetzten Rahmen. Das Zivilrecht bestimmt **13**
die Mindesterfordernisse für die Errichtung einer Stiftung und was gilt, wenn der Stifter selbst keine Vorgabe in der Stiftungssatzung oder dem Stiftungsgeschäft gemacht hat. Der Stifter kann der Stiftung einen engen Rahmen vorgeben, er kann aber ebenso Entscheidungen über die Vermögensanlage, die einzelnen Maßnahmen der Zweckverwirklichung oder die Ausgestaltung der Organisation in weitem Umfang den Stiftungsorganen überlassen. Ungeachtet aller bei Stiftungsaufsichtsbehörden oder in Handbüchern existierenden Mustern für die Errichtung einer Stiftung sollte jedem, der eine Stiftungserrichtung begleitet, bewusst sein, dass es kein zweites Rechtsinstitut gibt, bei dem es so sehr auf den Willen des Errichtenden im Moment der Errichtung ankommt, wie bei einer Stiftung. Der historische Stifterwille prägt die Stiftung. Nur in Grenzen führen Änderungswünsche der Stiftungsorgane, denen Stifter zu Lebzeiten vielfach angehören, zu einer Satzungsanpassung.[60] Allerdings wäre es eine Fehlinterpretation zu meinen, der Stifter habe stets

---

[57] So jetzt ausdrücklich in § 84a Abs. 2 Satz 2 BGB.

[58] Vgl. dazu Hüttemann/Rawert ZIP 2021, S 3; Arnold npoR 2021, 84 (87).

[59] Mittlerweile gibt es zahlreiche Veröffentlichungen zum neuen Recht, außer den bereits genannten s. zB Schauhoff/Mehren NJW 2021, 2993; Schienke-Ohletz/Morawe BB 2021,1886; Winkler ZStV 2021, 121; Mehren UBG 2021, 541; Pruns ZErB 2021, 301.

[60] → Rn. 22 ff.

ein Klammern an den Wortlaut seiner Satzungsbestimmungen im Detail gewollt. Das Gegenteil kann richtig sein. Im Regelfall soll die Stiftung zukunftsoffen weiterentwickelt werden innerhalb des vom Stifter vorgegebenen Rahmens, was Anpassungen in Bezug auf organisatorische Notwendigkeiten oder der Mittel der Zweckverfolgung ohne weiteres erlaubt, es sei denn der Stifter hätte dies ausdrücklich ausgeschlossen. Was für die einzelne Stiftung gilt, hängt entscheidend von dem jeweiligen Stiftungsgeschäft und der jeweiligen Stiftungssatzung ab. Die Stiftungsorgane unterliegen bei von ihnen gewollten Änderungen einem eingehenden Begründungszwang, wieso diese Änderung im Einklang mit dem mutmaßlichen Stifterwillen steht. Zusammen mit den gesetzlichen Regelungen ergeben sich aus Stiftungsgeschäft, Satzung oder der Begründung früherer Satzungsänderungen vielfach Anhaltspunkte, wie die stifterischen Vorgaben ausgelegt werden müssen. Nicht das gesetzliche oder behördliche Muster, sondern der individuelle ausdrücklich niedergelegte oder mutmaßliche Stifterwille, der die vernünftige Fortentwicklung im Regelfall zulassen will, ist entscheidend.[61]

2. Stifterwille

14 In § 83 Abs. 2 BGB-neu wird festgelegt, dass die Stiftungsorgane und die zuständigen Stiftungsaufsichtsbehörden den bei der Errichtung der Stiftung zum Ausdruck gekommenen Willen, hilfsweise den mutmaßlichen Willen des Stifters zu beachten haben. Es gibt in Deutschland uralte Stiftungen, die seit dem Mittelalter sich ständig wandelnde Rechtssysteme überlebt haben. Natürlich ist der Wortlaut der Satzungen derartiger Stiftungen mit der Zeit immer wieder angepasst worden, damit die Satzung verständlich bleibt. Dessen ungeachtet bleibt der – zum Ausdruck gekommene oder mutmaßliche – Stifterwille das Maß aller Dinge. Im BGB sind nur wenige Regelungen dazu enthalten, wie dieser zu ermitteln ist. Die im Referentenentwurf und Regierungsentwurf noch enthaltene teilweise Anknüpfung an, die vom Stifter vorgegebene „Errichtungssatzung", hat der Rechtsausschuss des Deutschen Bundestags als Reaktion auf die verbreitete Kritik zu Recht wieder aufgegeben.[62] Der Gesetzgeber hat anerkannt, dass die Stifter typischerweise eine Fortentwicklung ihres historischen Ausgangswillens wünschen, damit die Stiftung auch tatsächlich auf Dauer existieren kann. Notwendige Anpassungen an die Zeitläufe sind von ihnen im Regelfall gewollt, weswegen eine strikte Bindung an die historische Ursprungssatzung verfehlt wäre.

15 Ein typisches Beispiel dafür ist, dass bei 92 % der deutschen Stiftungen die Gemeinnützigkeit Teil des stifterischen Willens ist. Ändert der Steuergesetzgeber nun Detailbestimmungen im Gemeinnützigkeitsrecht, wird es regelmäßig dem Stifterwillen entsprechen, die Stiftungsverfassung entsprechend anzupassen, damit die Gemeinnützigkeit weiterhin gegeben ist. Im Einzelfall mag es aber auch so sein, dass die Zweckverfolgung im Vordergrund steht, und dann, wenn sich der ursprüngliche Zweck nicht mehr mit dem Gemeinnützigkeitsrecht vereinbaren lässt, der Ausstieg aus der Gemeinnützigkeit, wenn finanzierbar, gewollt ist. Aus dem Stiftungsgeschäft können sich Anhaltspunkte dafür ergeben, dass der Stifter bestimmte Entwicklungspfade ausgeschlossen und damit auch eine gewisse Gefährdung des Fortbestands einer Stiftung in Kauf genommen hat.[63] Für das Stiftungsrecht wesentlich ist, wie der mutmaßliche Stifterwille ermittelt werden kann.[64]

---

[61] Zur Auslegung des Stifterwillens → Kap. 5 Rn. 16 ff.

[62] Dazu BT-Drucksache 19/31118, 8; zur Kritik Burgard npoR 2021, 1 (2); Gollan/Richter npoR 2021, 29 (30); Uffmann ZIP 2021,1251 (1259).

[63] Zutreffend Hüttemann/Rawert ZIP 2021, S 3.

[64] Dazu eingehend Schick, Das Argument des „mutmaßlichen Stifterwillens", 2021.

Im Zweifel kann davon ausgegangen werden, dass der Stifter eine moderate Fortentwicklung der Stiftungssatzung gewollt hat, um deren Fortwirken auf Dauer sicherzustellen. Zeitgemäße Anpassungen können daher in seinem Sinne sein. Daher sollte die Regelung in § 85 Abs. 4 BGB, wonach der Stifter im Stiftungsgeschäft die Reichweite der Möglichkeit von Satzungsänderungen gegenüber den Vorgaben des § 85 BGB nach Inhalt, Zweck und Ausmaß abweichend gegenüber dem gesetzlichen Normalmaß regeln kann, auch nicht missverstanden werden. Erst durch diese Neuregelung, die am 1.7.2023 in Kraft tritt, wird den Stiftern auferlegt, im Stiftungsgeschäft entsprechende Änderungsmöglichkeiten nach Inhalt, Zweck und Ausmaß festzulegen. Die Aufsichtsbehörden wissen aus ihrer Praxiserfahrung wie rätselnd sie mitunter gemeinsam mit den Organen vor dem dürren Text stehen, weswegen durch § 85 BGB mehr gesetzliche Vorgaben zur Satzungsinterpretation vorgeschrieben werden. Für bereits bestehende Stiftungen ergibt sich durch Auslegung, inwiefern Satzungsanpassungen leichter oder schwerer möglich sind. Eine Pflicht, dies im Stiftungsgeschäft zu regeln, gibt es für bereits bestehende Stiftungen nicht. Auch führt das Inkrafttreten des neuen Rechts nicht dazu, dass dafür gleichsam das Stiftungsgeschäft erneuert werden müsste. Die Änderungsmöglichkeiten bleiben insofern erhalten, wie sie auch derzeit gegeben sind.[65] 16

Zudem erlaubt der Stifter typischerweise natürlich, dass Unklarheiten in der Stiftungssatzung oder Widersprüchlichkeiten zwischen einzelnen Bestimmungen der Satzung aufgelöst werden dürfen. Eine Änderung des Stifterwillens ist in dem Fall von vorneherein nicht gegeben. Den individuellen Stifterwillen bei der Errichtung einer Stiftung zutreffend zu erfassen und nach der Errichtung entsprechend auszulegen und umzusetzen, ist die Schlüsselfrage für die Anwendung des Stiftungsrechts.[66] 17

3. Stiftungszweck

Das Herzstück einer jeden Stiftung ist der Stiftungszweck. Nach deutschem Rechtsverständnis darf die Erhaltung des Vermögens nicht Selbstzweck einer Stiftung sein. Nach § 81 Abs. 1 Nr. 1 lit. a) BGB muss die Satzung einer Stiftung eine Bestimmung über den Zweck der Stiftung enthalten. Welcher Zweck, im Regelfall sind es mehrere Zwecke, mit den Erträgen aus dem Stiftungsvermögen verfolgt werden soll, obliegt grundsätzlich der freien Gestaltung durch den Stifter. Gemeinnützige Stiftungen unterliegen den Regeln des Gemeinnützigkeitsrechts[67]. Dieses schreibt in § 60 AO vor, dass eine gemeinnützige Körperschaft bestimmte Festlegungen treffen muss. Ein gemeinnütziger Zweck ist entsprechend den Vorgaben des § 52 Abs. 2 AO zu definieren und die ausschließliche, unmittelbare und selbstlose Mittelverwendung für gemeinnützige Zwecke in der Satzung niederzulegen. Misslich daran ist, dass das Gemeinnützigkeitsrecht eine andere Vorstellung vom Zweck hat als das Stiftungsrecht. Im Gemeinnützigkeitsrecht wird unterschieden zwischen dem gemeinnützigen Zweck, der in § 52 Abs. 2 AO definiert ist, und der Art und Weise der Zweckverwirklichung, die nach § 60 Abs. 1 AO in der Satzung genauer festgelegt werden muss. Stiftungsrechtlich ergibt sich der Zweck häufig aus einer Zusammenschau der Bestimmungen zum Zweck nach § 52 Abs. 2 AO und zur Art der Zweckverwirklichung. Stiftungsrecht und Gemeinnützigkeitsrecht können daher in Bezug auf die Formulierung des Stiftungszwecks konfligieren.[68] Vor Errichtung einer gemeinnützigen Stiftung ist sorgfältig zu durchdenken, wie der Stiftungszweck gefasst werden soll. Dies gilt insbesondere deswegen, weil vor Anerkennung einer Stiftung als 18

[65] Ebenso anscheinend Hüttemann/Rawert ZIP 2021, S 3; Uffmann ZIP 2021, 1251 (1260); aA Gollan npoR 2021, 277 (283).
[66] Zur Auslegung des Stifterwillens → Kap. 5 Rn. 16 ff.
[67] §§ 52 ff. AO.
[68] Vgl. BT-Drs. 19/28173, 48.

rechtsfähig die Behörde prüft, ob aus den voraussichtlich zu erwartenden Stiftungserträgen die in der Satzung niedergelegten Stiftungszwecke verfolgt werden können. Diese sog. Lebensfähigkeitsprognose ist eine wesentliche Aufgabe der Stiftungsbehörde im Verfahren zur Anerkennung einer Stiftung.[69] Eine spätere Änderung des Stiftungszwecks ist zudem nur dann möglich, wenn der Stiftungszweck nicht mehr dauernd und nachhaltig erfüllt werden kann.[70] Der Stiftungszweck darf eng fokussiert auf eine bestimmte Aufgabe oder weit auf ein ganzes Aufgabengebiet, wie unterschiedliche gemeinnützige Tätigkeiten in einer Region bei den Bürgerstiftungen, ausgestaltet werden. Zulässig sind ganz unterschiedliche stifterische Vorgaben, nur sollte sich das Gewollte klar aus der Satzung ergeben.

4. Kapitalerhalt oder Verbrauch

19 Stiftungen können schon bislang, aber auch zukünftig, entweder auf unbestimmte Zeit bis die Zweckerfüllung erreicht ist, errichtet werden oder auf bestimmte Zeit, innerhalb derer ihr gesamtes Vermögen zur Erfüllung ihres Zwecks zu verbrauchen ist (Verbrauchsstiftung).[71] Dabei ist eine Mindestzeit von 10 Jahren zu beachten.[72] Der Gesetzgeber erkennt damit nur eine bestimmte Form der Stiftung auf Zeit an, nämlich eine Stiftung, bei der das Vermögen innerhalb der bestimmten Zeit vollständig verbraucht wird.[73] Allerdings lässt der Gesetzgeber dem Stifter die Gestaltungsmöglichkeit, welche Angaben er dazu machen möchte, welches Vermögen in welchem Zeitpunkt jeweils verbraucht werden muss. Ein detaillierter Verbrauchsplan wird, entgegen der bisherigen Praxis mancher Aufsichtsbehörde, nicht gefordert.[74]

Die typische Stiftung ist die sog. Ewigkeitsstiftung, bei der das Grundstockvermögen ungeschmälert zu erhalten ist.[75] In § 83b Abs. 1 BGB-neu wird nun erfreulicherweise klar zwischen dem Grundstockvermögen und dem sonstigen Vermögen einer Stiftung unterschieden. Allein das Grundstockvermögen ist ungeschmälert dauerhaft zu erhalten. Das sonstige Vermögen, zu welchem ein Teil des bei Errichtung gewidmeten Vermögens bestimmt werden kann (sog. Teilverbrauchs- oder Hybridstiftung, § 83b Abs. 3 BGB-neu) und welches die Stiftung im Laufe ihrer Existenz bildet, welches aber nicht zum Erhalt des Grundstockvermögens benötigt wird, kann für die Erfüllung des Stiftungszwecks verwendet werden, soweit dies durch die Satzung nicht ausgeschlossen wurde.[76] Die typische Stiftung wird mit Geld ausgestattet, welches dann zur Vermögensanlage genutzt wird. Regelmäßig soll diese Form des Vermögens nicht in Natur erhalten werden, sondern wertmäßig. Das Gesetz gibt nicht vor, inwiefern ein realer oder nominaler Werterhalt geboten ist,[77] dies sollte der Stifter mit der Errichtung festlegen. In der Praxis wird bei der Vielzahl kleinerer Stiftungen davon ausgegangen, dass nur ein nominaler Werterhalt gewollt gewesen ist. Wenn allerdings der Stifter angeordnet hat, dass Rücklagen entsprechend den gemeinnützigkeitsrechtlichen Vorschriften nach § 62 Abs. 1 Nr. 3 AO gebildet werden sollen, ist dies regelmäßig ein Indiz für eine angestrebte reale Werterhaltung. Ob das Grundstockvermögen real erhalten ist, lässt sich nicht aus einer Bilanz ersehen. Der Jahresabschluss folgt dem Nominalwertprinzip, so dass sich der

[69] Hüttemann/Rawert ZIP 2021, S 3.
[70] § 85 Abs. 1 Nr. 1 BGB-neu; → Rn. 6.; eingehend zum Stiftungszweck → Kap. 5 Rn. 5 ff.
[71] § 80 Abs. 1 Satz 2 BGB-neu.
[72] § 82 Satz 2 BGB-neu.
[73] BT-Drs. 19/28173, 46.
[74] BT-Drs. 19/31118, 9.
[75] § 83c Abs. 1 BGB-neu; → Kap. 7 Rn. 46 ff.
[76] BT-Drs. 19/28173, 56.
[77] Vgl. BT-Drs. 19/28173, 57.

Realwerterhalt nur aus einer Nebenrechnung ergeben kann. Da sich das Vermögen einer Stiftung weit mehr erhöhen kann, als dies der Werterhalt des Grundstockvermögens erfordert, erlaubt das Gesetz den Stiftungsorganen selbst zu entscheiden, ob sie das Grundstockvermögen erhöhen möchten über den vom Stifter gesetzten Wert hinaus (§ 83c Abs. 2 Nr. 3 BGB) oder entsprechende Wertsteigerungen zur Zweckerfüllung verwenden wollen (§ 83c Abs. 1 S. 3 BGB), natürlich vorbehaltlich einer abweichenden Anordnung des Stifters und für gemeinnützige Stiftungen der Vorgaben des Grundsatzes der zeitnahen Mittelverwendung.

Der Stiftungszweck ist grundsätzlich mit den Nutzungen des Grundstockvermögens zu erfüllen.[78] Damit knüpft das Gesetz an den Nutzungsbegriff in § 100 BGB an. Nutzungen sind die Früchte einer Sache oder eines Rechts sowie die Vorteile, welche der Gebrauch der Sache oder des Rechts gewährt. Die Neuregelung des § 83c Abs. 1 BGB darf nicht missverstanden werden. Bei Kapitalstiftungen mit einer diversifizierten Vermögensanlage werden typischerweise nicht nur Zinsen und Dividenden, sondern auch die angestrebten Umschichtungsgewinne zum Ertrag gehören, welcher „Nutzung“ iSd § 83c Abs. 1 S. 2 BGB ist und bestimmungsgemäß zur Erfüllung der Stiftungszwecke verwendet werden darf.[79] Nur Vermögen, welches erhalten werden muss, um den Kapitalerhalt zu gewährleisten, ist dann zu thesaurieren.[80] Aber es gibt natürlich viele Stiftungen mit anderer Vermögenszusammensetzung, bei denen anderes gilt. Alle Stiftungen sollten sich ein Kapitalerhaltungskonzept geben, um festzulegen, welches Vermögen nach den Vorgaben der Satzung zu erhalten ist und wie dies im Einzelnen jährlich nachgewiesen wird und wie auf Wertsteigerungen oder Wertminderungen ggf. reagiert werden soll.[81] 20

5. Vermögensanlage und Organhandeln

Bewusst werden im neuen Recht keine Vorgaben dazu gemacht, welche Form der Vermögensanlage zulässig ist.[82] Die in § 84a Abs. 2 BGB enthaltene Pflicht für Stiftungsorgane (dazu oben bereits unter III.1.) gilt auch für die Vermögensanlage.[83] Weder schreibt das Gesetz vor, wie eine ordnungsgemäße diversifizierte Vermögensanlage auszusehen hat, noch kennt das Gesetz eine bestimmte Aktienquote, damit eine sichere Vermögensanlage gegeben ist. Entsprechende Überlegungen von Stiftungsbehörden widersprechen der gesetzlichen Regelung. Eine erfolgreiche und sichere Vermögensanlage erfordert eine Prognose hinsichtlich zukünftiger Entwicklungen, die immer wieder im Hinblick auf aktuelle Entwicklungen und Erkenntnisse überprüft werden muss. Zutreffend wird in der Gesetzesbegründung ausgeführt, dass ein Stiftungsorgan, welches bei der Entscheidung über die Anlage des Stiftungsvermögens vernünftigerweise auf der Grundlage angemessener Informationen annehmen darf, zum Wohle der Stiftung zu handeln, nicht seine Geschäftsführungsverpflichtungen verletzt.[84] Wenn ein Stiftungsorgan sich informiert, welche Form der Vermögensanlage zeitgemäß ist und dann feststellt, dass es dazu ganz unterschiedliche Thesen der professionellen Vermögensverwalter gibt, ist es berechtigt, diese Informationen selbstständig auszuwerten und auf dieser Grundlage eine eigene Entscheidung zu treffen. Zwar mag eine diversifizierte Vermögensanlage eine 21

[78] § 83c Abs. 1 Satz 2 BGB-neu.

[79] Zutreffend Hüttemann/Rawert ZIP 2021, S 3; zum Umschichtungsgewinn ausdrücklich § 83c Abs. 1 Satz 3 BGB-neu; s. auch Lorenz/Mehren DStR 2021, 1774 (1776).

[80] Zutreffend Hüttemann/Rawert ZIP 2021, S 3.

[81] BT-Drs. 19/28173, 57; eingehend zum Kapitalerhalt → Kap. 7 Rn. 46 ff.

[82] BT-Drs. 19/28173, 55.

[83] BT-Drs. 19/28173, 61.

[84] BT-Drs. 19/28173, 61.

höhere Sicherheit bieten, die These aber, dies gelte insbesondere dann, wenn die Aktienanlage beschränkt und durch Anlage in festverzinsliche Wertpapiere ergänzt werde, lässt sich in den Zeiten von Negativzinsen für festverzinsliche Wertpapiere so nicht mehr halten.[85] Auch ein hoch diversifiziertes Aktienportfolio schafft eine erhebliche Sicherheit bei der Vermögensanlage, zumal das Vermögen der jeweiligen Aktiengesellschaft selbst in erheblichem Maße diversifiziert sein kann, und die größten deutschen Stiftungen profitieren meist von der Wertentwicklung der ihnen gestifteten Aktien. Es ist im Kapital – und Immobilienmarkt selbstverständlich, dass erhebliche Unsicherheiten über die zukünftige Entwicklung bestehen. Dies bedeutet aber nicht, dass es Stiftungen verboten wäre, zukunftsgerichtet zu investieren. Wenn mit überwiegender Wahrscheinlichkeit ein Verlust aus einem Investment zu erwarten ist oder tatsächlich keine Erwartungen in Bezug auf einen positiven oder negativen Ausgang gebildet werden können, weil es sich wie beim Roulette um Glücksspiel handelt, hat diese Form der Vermögensanlage natürlich zu unterbleiben.

Das neue Recht enthält eine deutliche Verbesserung in Bezug auf Notmaßnahmen bei fehlenden Organmitgliedern. Die Handlungsfähigkeit mancher Stiftung ist dauerhaft beeinträchtigt, wenn amtierende Organmitglieder keine Nachfolger finden, die das Amt übernehmen wollen. In § 84c BGB sind die Handlungsmöglichkeiten der Stiftungsaufsicht für diesen Fall deutlich erweitert worden. Während bislang beim Fehlen eines Organmitglieds das Amtsgericht auf Antrag der Stiftungsaufsicht oder eines anderen Organmitglieds tätig werden musste, kann nun die Stiftungsaufsicht selbst rascher Maßnahmen ergreifen.[86] Im Übrigen wird auch nach neuem Recht die Klärung der Rechtsfrage, welche Kompetenzen dem Organmitglied im Einzelnen zukommt, der gerichtlichen Klärung in Auslegung der jeweiligen Satzung überlassen. Dazu häufen sich die gerichtlichen Entscheidungen.[87]

6. Satzungsänderungen

22 Der Gesetzgeber hat in § 85 BGB nunmehr klar geregelt, unter welchen Voraussetzungen die Satzung einer Stiftung geändert werden kann. Nicht ausreichend dafür ist, ob in der Stiftungssatzung einem oder mehreren Stiftungsorganen gemeinsam die Befugnis gegeben ist, die Satzung zu ändern. Damit ist das *Verfahren* der Satzungsänderung geregelt. Es widerspricht dem Wesen einer Stiftung, wenn die Organe ohne Rücksichtnahme auf den Willen des Stifters grundlegende Satzungsänderungen durchführen könnten. Deswegen präzisiert § 85 BGB die Befugnisse der Stiftungsorgane zur Satzungsänderung. Der Stiftungszweck darf nur geändert werden, wenn er nicht mehr dauernd und nachhaltig erfüllt werden kann.[88] Dies ist insbesondere dann der Fall, wenn die Stiftung keine ausreichenden Mittel für die nachhaltige Erfüllung des Stiftungszwecks hat und solche Mittel in absehbarer Zeit auch nicht erwerben kann.[89] Dann ist ggf. die Umgestaltung der Stiftung in eine Verbrauchsstiftung angezeigt, worauf nicht wenige Stiftungen warten. Die in § 85 Abs. 1 BGB niedergelegten Möglichkeiten zur Satzungsänderung entsprechen dem geltenden Recht. Auch nach dem geltenden Stiftungszivilrecht kann eine Stiftung, die ihren Zweck nicht mehr erfüllen kann, eine Zweckänderung

[85] Dazu Hüttemann WM 2016, 673.

[86] → Kap. 6 Rn. 40ff.

[87] Zur Stellvertretung im Stiftungsvorstand BVerwG 6.3.2019, 6 B 135/18; BGH 15.4.2021, III ZR 139/20; zum Interorganstreit OLG Frankfurt a.M. 25.9.2018 5 U 130/18; zur satzungswidrigen Umgehung der Höchstdauer der Amtsperiode OLG Köln 2.3.2018, 1 U 50/17. → Kraus, Kap. 6, Rn. 52ff.

[88] § 85 Abs. 1 Satz 1 Nr. 1 BGB → Kap. 9 Rn. 16ff.

[89] § 85 Abs. 1 Satz 2 BGB.

herbeiführen. Auf das Inkrafttreten des neuen Gesetzes muss dafür nicht gewartet werden.

Außer einer Änderung des Stiftungszwecks sind Änderungen anderer prägender Bestimmungen der Stiftungsverfassung dann zulässig, wenn sich die Verhältnisse nach Errichtung der Stiftung insoweit wesentlich verändert haben und eine solche Änderung erforderlich ist, um die Stiftung an die veränderten Verhältnisse anzupassen.[90] Als prägend für eine Stiftung sieht das Gesetz regelmäßig die Bestimmung über den Namen, den Sitz, die Art und Weise der Zweckerfüllung und über die Verwaltung des Grundstückvermögens an. Jeder Stifter kann aber auch andere Vorschriften, bspw. aus der Organisationsverfassung, als prägend festlegen. Im Übrigen ist durch Auslegung der Stiftungssatzung zu ermitteln, ob eine Bestimmung aus Sicht des Stifters eine prägende Vorgabe war, die eben nicht ohne Weiteres geändert werden darf. Hier kommt es auf eine gute Satzungsgestaltung und Auslegung der bestehenden Satzung an. 23

Soweit keine prägende Bestimmung der Stiftungssatzung vorliegt, dürfen die Stiftungsorgane die Bestimmungen der Satzung ändern, wenn dies der Erfüllung der Stiftungszwecke dient.[91] Sie haben darzulegen, was der Hintergrund der angestrebten Satzungsänderung ist, dh ein sachlicher Grund ist dafür anzuführen. Damit würdigt das Gesetz, dass es typischerweise dem Anliegen des Stifters entspricht, die Stiftung zeitgemäß fortzuentwickeln und er es den zuständigen Organen überlassen will zu entscheiden, was dies im Einzelnen bedeutet. Das Stiftungsrecht erlaubt dem einzelnen Stifter in § 85 Abs. 4 BGB, jede dieser Satzungsänderungsmöglichkeiten zu erweitern oder einzuschränken, wobei Inhalt, Zweck und Ausmaß der Änderungsbefugnis in der Satzung selbst niedergelegt werden müssen.[92] Das neue Stiftungsrecht präzisiert erheblich, unter welchen Voraussetzungen welche Satzungsbestimmung geändert werden kann. Alle bestehenden Stiftungen sollten bereits jetzt prüfen, ob sie Änderungsbedarf identifizieren können, auch wenn das Inkrafttreten des neuen Rechts keine Änderungsmöglichkeit abschneiden wird.[93] Auch enthält das neue Recht teilweise terminologische Klarstellungen, wie die Trennung von Grundstockvermögen und sonstigem Vermögen oder Regelungen zu Aufhebung und Auflösung oder was prägende Bestimmungen sind. Das Inkrafttreten des neuen Rechts zwingt nicht, umgehend den eigenen Satzungswortlaut zu ändern.[94] Aber natürlich ist es sinnvoll, die Gesetzesreform zum Anlass zu nehmen, über die eigene Satzung nachzudenken und diese zu verbessern. 24

7. Strukturänderungen

Das neue Recht regelt sehr viel eingehender, als dies bislang in den Landesstiftungsgesetzen der Fall ist, unter welchen Voraussetzungen Strukturänderungen bei einer Stiftung durchgeführt werden dürfen. Umfangreiche Regelungen enthält das Gesetz zur Zusammenlegung und Zulegung von Stiftungen (§§ 86–86h BGB). Vorteil der Neuregelungen ist, dass nunmehr eine *Gesamtrechtsnachfolge* in Bezug auf das Stiftungsvermögen möglich ist.[95] Außer der Zulegung oder Zusammenlegung zählt zu den Strukturänderungen auch die Umgestaltung einer bestehenden Stiftung in eine Verbrauchsstiftung.[96] Im Grundsatz muss die Vermögensstruktur einer „notleidenden Stiftung“, die in eine Verbrauchsstiftung umgewandelt werden soll, zumindest so beschaffen sein, dass über einen 25

[90] § 85 Abs. 2 Satz 1 BGB-neu.
[91] § 85 Abs. 3 BGB-neu.
[92] Vgl. BT-Drs. 19/28173, 68; Lorenz/Mehren DStR 2021, 1774 (1777); → Rn. 16.
[93] → Rn. 16; eingehend zu Satzungsänderungen → Kap. 9 Rn. 43 f.
[94] Dazu oben am Beispiel des § 85 Abs. 4 BGB B. II.2.; evtl. aA Schuck/Medinger npoR 2021, 284.
[95] BT-Drs. 19/28173, 69 (74).
[96] § 85 Abs. 1 Satz 3 BGB-neu.

Zeitraum von mindestens zehn Jahren eine dauernde und nachhaltige Erfüllung des Stiftungszwecks gesichert erscheint.[97] Ungeachtet der Detailkritik an den einzelnen Vorschriften zur Umwandlung in eine Verbrauchsstiftung und zur Zulegung und Zusammenlegung von Stiftungen ist zu begrüßen, dass Stiftungen nicht auf Dauer dazu verurteilt sind, fort zu existieren, obwohl die Erträge nicht ausreichen, um die Stiftungszwecke zu erfüllen. Vielmehr ist es Aufgabe der Stiftungsorgane, dann, wenn strukturelle Probleme bestehen, eine Lösung zu suchen. Diese Lösung besteht in einer Satzungsänderung, durch die entweder die Stiftungszwecke, die verfolgt werden sollen, reduziert werden, oder in der Umwandlung der Stiftung in eine Verbrauchsstiftung oder ihrer Zulegung oder Zusammenlegung mit einer anderen Stiftung. [98]

8. Stiftungsregister und Namenszusatz

26 Stiftungen sind bislang die einzigen juristischen Personen privaten Rechts, die ohne ein Register mit öffentlicher Publizität auskommen müssen. Stiftungsvorstände müssen ihre Legitimität durch eine schriftliche Auskunft der Stiftungsaufsichtsbehörde nachweisen,[99] ein schwerfälliges und wenig Vertrauen erweckendes Verfahren, insbesondere im Ausland. Wer überhaupt einen Rechtsanspruch auf Ausstellung einer Vertretungsbescheinigung hat und wie dieser festzustellen ist, ist rechtlich umstritten.[100] Nach jahrzehntelanger Diskussion ist es nun endlich gelungen, dass mit Wirkung ab 1.1.2026 ein Stiftungsregister mit negativer Publizitätswirkung beim Bundesamt der Justiz eingerichtet wird.[101]

27 Bereits vor dem 1.1.2026 entstandene Stiftungen müssen bis zum 31.12.2026 zur Eintragung in das Register angemeldet werden[102]. Sämtliche Stiftungen müssen ab dann ihren Namen mit einem Rechtsformzusatz führen, und zwar Ewigkeitsstiftungen den Zusatz „eingetragene Stiftung“ oder „e. S.“ und Verbrauchsstiftungen den Zusatz „eingetragene Verbrauchsstiftung“ oder „e. VS.“.[103]. Zukünftig wird für den Rechtsverkehr klar sein, ob tatsächlich eine rechtsfähige Stiftung gegeben ist oder es sich um eine andere Rechtsform handelt. Mitunter bezeichnen sich gemeinnützige GmbHs als Stiftung und eingetragene Vereine als „Stiftung e. V.“. Diese Änderungen in der Namensführung haben noch bis 2026 Zeit.[104]

C. Weitere Reformnotwendigkeiten

I. Verpasste Reformschritte

28 Insgesamt ist es ein großer Fortschritt, dass ein bundeseinheitliches Stiftungsrecht nun im BGB steht. Natürlich gibt es, wie immer, zahlreiche Details, die noch besser hätten geregelt werden können. Andererseits entspricht das neue Gesetz im Wesentlichen dem schon bislang geltenden Stiftungsrecht. Eine Bereitschaft, das Gemeinnützigkeitsrecht

---

[97] BT-Drs. 19/28173, 66.

[98] → Kap. 9 Rn. 75 ff.

[99] BT-Drs. 19/28173, 28.

[100] Siehe OVG Niedersachsen, Beschluss v. 29.6.2021, Az. 8 ME 135/20; → Kap. 4 Rn. 5 ff.

[101] Zur verfassungsrechtlichen Kritik an der Ansiedlung des Registers beim Bundesamt für Justiz Kämmerer/Rawert npoR 2020, 273; Mayen ZHR 184 (2020) 691; Markworth NZG 2021, 100 (108).

[102] § 20 Abs. 1 Satz 1 StiftRG.

[103] § 82c BGB-neu.

[104] → Kap. 4 Rn. 9 ff.

und das Stiftungsrecht besser aufeinander zu beziehen[105] oder Stiftern für neu errichtete Stiftungen die Möglichkeit zu geben, die Satzung später noch an ihre neuen Erfahrungen nach Errichtung der Stiftung anzupassen, hat das BMJV und dem folgend das Parlament trotz der nachhaltig vorgetragenen Forderungen des Bundesverbands deutscher Stiftungen nicht mitgetragen.[106] Das Stiftungsrecht ist insoweit zu starr. Wenigstens ist es gelungen, dass das neue Stiftungsrecht zwei Jahre nach seinem Inkrafttreten, also ab 1.7.2025, von der Bundesregierung evaluiert werden soll.[107]

Ein weiteres Manko des neuen Rechtes ist, dass es immer noch keine *Stiftungsaufsichtsbeschwerde* gibt. Nach geltendem Recht können zwar die Organe einer Stiftung gegen eine Entscheidung der Stiftungsbehörde klagen, wenn sie diese für rechtswidrig halten. Problemtisch ist aber, dass stets ein Mehrheitsbeschluss in einem Organ herbeigeführt werden muss. Das einzelne Organmitglied ist nur klageberechtigt, wenn es persönlich in der eigenen Stellung als Organmitglied betroffen ist. Der Schutz hängt in diesen Fällen allein an der Entscheidung der Stiftungsaufsicht, ohne dass einzelne Organmitglieder oder die Nachkommen des Stifters diese behördliche Entscheidung überprüfen lassen könnten. Die These, dass es in einem modernen Rechtsstaat einer gerichtlichen Überprüfung der Entscheidungen der Stiftungsaufsicht nur unter engen Voraussetzungen bedürfe, überzeugt nicht. [108]Der Schutz des Stifterwillens erfordert umfassendere Klagerechte, um dem strukturellen Risiko bei Stiftungen, dass nachfolgende Stiftungsorgane den Stifterwillen missachten, ohne dass die Stiftungsaufsicht eingreift, besser zu begegnen.[109] Besonders beschäftigt hat den Rechtsausschuss des Deutschen Bundestags das Problem der Wiederanerkennung von insbesondere während des Nationalsozialistischen Regimes, aber auch zu Zeiten der DDR, vernichteten Stiftungen. Bis heute ist kaum eine Stiftung, die von diesen Unrechtsstaaten in ihrer Existenz vernichtet wurde, wieder errichtet worden. Die Akten dazu liegen in Archivbeständen, aber die Stiftungsbehörden empfinden die Aufarbeitung nicht als ihre Aufgabe. Offen ist, ob es insoweit Klagerechte gibt. Jedenfalls hat der Deutsche Bundestag der Bundesregierung aufgegeben, binnen zwei Jahren einen Bericht vorzulegen, welche Möglichkeiten es gibt, diese zu Unrecht aufgelösten Stiftungen wieder zu beleben.[110] **29**

Durch die Stiftungsrechtsreform ist es gelungen, das Thema „Stiftung“ auf die Tagesordnung der Politik zu setzen. Die Stiftungsrechtsreform ist nicht abgeschlossen, sondern es werden in den nächsten Jahren weitere Diskussionen zu den Details, erst recht in Wissenschaft und Praxis, folgen. Dem Stiftungswesen kann das nur guttun. Es ist ein guter Anfang zur Reform des Stiftungsrechts gemacht, der die geltenden Rechtsgrundsätze für Stiftungen bundeseinheitlich zusammenfasst und damit für die Verwaltung von Stiftungen, für deren Fortentwicklung durch Satzungsänderungen oder für notwendige Strukturänderungen weitaus mehr Rechtsklarheit schafft für alle, die in einer Stiftung Verantwortung übernommen haben oder eine neue Stiftung errichten möchten. **30**

---

[105] Dazu bspw. OLG Karlsruhe v. 23.6.2021, 6 U 190/20: es sei stiftungsrechtlich unerheblich, dass das Gemeinnützigkeitsrecht die Möglichkeiten politischer Meinungsäußerungen begrenzt.

[106] Vgl. BT-Drs. 19/28173, 30; bedauernd Hüttemann/Rawert ZIP 2021, S 3; unterstützend Professorenentwurf zu § 87b, Beilage zu ZIP 10/2020, 11; dies begrüßend Muscheler ZEV 2019, 1 (2).

[107] BT-Drs. 19/31118, 8 (Fn. 27).

[108] Dazu eingehend Weitemeyer ZGR 2019, 238 (262).

[109] So auch Beschluss des 72. Deutschen Juristentags unter Ziff. 30; Professorenentwurf, zur weiteren Reformnotwendigkeit auch Orth/Uhl, Stiftungsrechtsreform 2021, S. 9, S. 11; Gollan npoR 2021, 277 (284); dazu Kämmerer/Weitemeyer, Die Zeppelin-Stiftung; FS K. Schmidt, Bd. 1, 2019, 601 ff.

[110] BT-Drs. 19/31118, 8.

II. Ausgestaltung der Stiftungsaufsicht

31 Stiftungen sind mitgliederlose juristische Personen. Es gibt weder Gesellschafter noch Vereinsmitglieder, die aus eigenem Interesse das wirkende Stiftungsorgan kontrollieren. Der Stifter vertraut darauf, dass der Stifterwille, wie er im Stiftungsgeschäft und in der Satzung niedergelegt wurde, befolgt wird. Dies zu überwachen ist Aufgabe und Rechtspflicht der staatlichen Stiftungsaufsichtsbehörden, im Regelfall angesiedelt bei den Bezirksregierungen in den Bundesländern. Die Stiftungsaufsicht ist eine reine Rechtsaufsicht.[111] Zweckmäßigkeitsgesichtspunkte sind von den Stiftungsorganen selbst abzuwägen. Die Behörde beaufsichtigt, dass die Organe entsprechend den Vorgaben in der Stiftungssatzung tätig werden und für den Erhalt des Stiftungsvermögens und die Verfolgung der Stiftungszwecke Sorge tragen. In den Stiftungsgesetzen der 16 Bundesländer ist schon bislang im Einzelnen geregelt, welche Aufsichtsmaßnahmen unter welchen Voraussetzungen ergriffen werden dürfen[112]. Kernpunkt der Aufsicht ist, den Stifterwillen, so wie er im Stiftungsgeschäft und der Stiftungssatzung zum Ausdruck kommt, zu bestimmen und darauf zu achten, dass entsprechend diesem Willen unter Beachtung des vom Stifter den Organen eingeräumten Ermessens Entscheidungen gefällt werden.[113] Die neuen Landesstiftungsgesetze werden sich im Wesentlichen auf die Regelung der einzelnen Aufsichtsmaßnahmen und Voraussetzungen dafür beschränken, denn das materielle Stiftungsrecht steht fortan im BGB.[114]

[111] So auch Fischer in Richter StiftungsR-HdB§ 8 Rn. 52.
[112] Eingehend dazu Hüttemann/Rawert ZIP 2021, S 3.
[113] Vgl. § 83 Abs. 2 BGB.
[114] → Rn. 9.

Kapitel 2. Stiftungstypen

Einleitender Überblick

1 Seit über eintausend Jahren gibt es Stiftungen in unserem Kultur- und Rechtskreis. Im Laufe der Zeit mit ihren unterschiedlichen rechtlichen Rahmenbedingungen entstanden eine Vielzahl von Formen und Typen von Stiftungen. Stiftungen kann man nach unterschiedlichen Kriterien in verschiedene Typen unterteilen: Nach dem primären Zweck (zB Kultur- oder Wissenschaftsstiftungen), nach ihrem Handeln (zB operativ tätige oder Förderstiftungen), nach ihrem Vermögen (zB Unternehmensbeteiligungs- oder sonstige Stiftungen), nach den Stiftenden (zB Bürger- oder Unternehmensstiftungen) oder nach rechtlichen Unterschieden (zB gemeinnützige und Familienstiftungen). In diesem Kapitel werden verschiedene Stiftungstypen dargestellt, bei denen die jeweilige Besonderheit auch rechtlich bedeutsam ist.

A. Rechtsfähige Stiftung

I. Rechtsfähigkeit und „Vorstiftung“

2 Rechtsfähige Stiftungen können als juristische Personen eigenständig am Rechtsverkehr teilnehmen und sind eigenständig Träger von Rechten und Pflichten. Die Rechtsfähigkeit erlangt eine Stiftung gem. § 80 Abs. 2 S. 1 BGB mit der Anerkennung durch die zuständige Landesbehörde. In der Phase zwischen diesem privatrechtlichen Stiftungsgeschäft und dem hoheitlichen Verwaltungsakt existiert nach Rechtsprechung und herrschender Meinung[1] keine zivilrechtliche „Vor-Stiftung“, die selbst Trägerin von Rechten und Pflichten sein kann.

II. Gemeinwohlkonformität und Fremdnützigkeit

3 Eine Stiftung muss nicht gemeinnützig sein. Jedoch setzt die Anerkennung als rechtsfähige Stiftung voraus gem. § 82 S. 1 BGB, dass der Stiftungszweck das Gemeinwohl nicht gefährdet. Eine privatrechtliche Stiftung muss jedoch fremdnützig sein: also entweder der Allgemeinheit dienend oder zum Nutzen anderer – und eben nicht nur der Stiftung selbst. Eine sogenannte Selbstzweckstiftung ist nach ganz überwiegender Ansicht[2] unzulässig (zur „verdeckten Selbstzweckstiftung“ → Rn. 38). Aus der gesetzlichen Normierung des Stiftungsbegriffs in § 80 Abs. 1 S. 1 BGB ergibt sich ferner, dass die „reine Funktionsstiftung“ grds. unzulässig ist.[3]

---

[1] Richter StiftungsR-HdB § 4 Rn. 154 ff. mwN.

[2] Hüttemann/Rawert in: Staudinger BGB Vorb. zu §§ 80 ff. Rn. 8 und 150 ff. mwN.

[3] Hüttemann/Rawert, ZIP 2021 S 3.

III. Gemeinnützige Stiftung

1. Begriff der Gemeinnützigkeit

4 Gemeinnützigkeit geht über die gemäß § 82 S. 1 BGB erforderliche Gemeinwohlkonformität einer Stiftung weit hinaus. Gemeinnützigkeit im Rechtssinne bezeichnet einen steuerlichen Tatbestand. Unter welchen Voraussetzungen er erfüllt ist, regelt die Abgabenordnung AO. Verschiedene Einzelsteuergesetze konkretisieren daran dann anknüpfende konkrete Steuervergünstigungen.

Die Abgabenordnung verwendet den Begriff der Gemeinnützigkeit (nur) im Zusammenhang mit der Definition der Gemeinnützigkeit von bestimmten Zwecken. Gem. § 52 Abs. 1 AO verfolgt eine Körperschaft „gemeinnützige Zwecke, wenn ihre Tätigkeit darauf gerichtet ist, die Allgemeinheit auf materiellem, geistigem oder sittlichem Gebiet zu fördern." Die Abgabenordnung nennt darüber hinaus weitere steuerbegünstigte Zwecke (mildtätige § 53 AO; kirchliche § 54 AO), die demzufolge nicht dem Begriff der Gemeinnützigkeit im engeren Sinne gem. AO unterfallen. Als Oberbegriff für gemeinnützige, mildtätige und kirchliche Zwecke verwendet die Abgabenordnung in §§ 51 ff. den Begriff der „steuerbegünstigten" Zwecke. Im allgemeinen Sprachgebrauch, großen Teilen der juristischen Literatur und der Rechtspraxis werden jedoch auch diese verschiedenen steuerbegünstigten Zwecke als „gemeinnützige" (iwS) bezeichnet, dh die Begriffe „gemeinnützig" und „steuerbegünstigt" werden weithin und auch im Folgenden synonym verwendet.[4]

2. Bedeutung des Gemeinnützigkeitsrechts für die Satzungsauslegung

5 Das Gemeinnützigkeitsrecht setzt andere Maßstäbe als das Stiftungsrecht; eine gemeinnützige Stiftung muss beiden unterschiedlichen Maßstäben gerecht werden. Aus der unterschiedlichen Stoßrichtung der stiftungsrechtlichen und der gemeinnützigkeitsrechtlichen gesetzlichen Normen kann dabei für das konkrete Stiftungshandeln ein schwieriges Spannungsverhältnis erwachsen. In der Konsequenz bedeutet dies, dass bei unklaren Satzungsbestimmungen diese auch im Lichte des Gemeinnützigkeitsrechts auszulegen sind. Auf der anderen Seite heben Erleichterungen durch BMF-Schreiben, die ein Abweichen gemeinnütziger Körperschaften von ihren Satzungsbestimmungen ausnahmsweise gemeinnützigkeitsrechtlich gestatten – wie zB im Zusammenhang mit der Flüchtlings„welle" 2015 oder der Corona-Pandemie –, die stiftungsrechtliche Bindung der Stiftung an ihre Satzung nicht auf.

3. Grundzüge der gemeinnützigen Regelungen

6 Die Legaldefinition der „Gemeinnützigkeit" in § 52 AO setzt sich zusammen aus einer adressatenbezogenen (Allgemeinheit) und einer inhaltlichen Komponente (Förderung auf materiellem, geistigem oder sittlichem Gebiet). Hinzu kommt in anderen Regelungen eine dritte Dimension, die das „Wie" der Tätigkeit, damit es als gemeinnützig anerkannt werden kann, weiter eingrenzt (u. a. selbstlos).

a) Allgemeinheit

7 Die Abgabenordnung grenzt den Begriff der Allgemeinheit negativ ab in § 52 Abs. 1 S. 2 AO: „Eine Förderung der Allgemeinheit ist nicht gegeben, wenn der Kreis der

[4] Hüttemann, GemeinnützigkeitsR, 5. Aufl. 2021, Rn. 1.4 mwN.

Personen, dem die Förderung zugute kommt, fest abgeschlossen ist, zB Zugehörigkeit zu einer Familie oder zur Belegschaft eines Unternehmens, oder infolge seiner Abgrenzung, insbesondere nach räumlichen oder beruflichen Merkmalen, dauernd nur klein sein kann.“

Eine Förderung der Allgemeinheit im Sinne der AO bedeutet nicht Förderung der Mehrheit. Somit ist grundsätzlich auch nicht gemeinnützigkeitsschädlich, den Personenkreis, dem die Förderung zugutekommen kann, zu begrenzen. Entscheidend ist vielmehr erstens gem. § 52 Abs. 1 S. 2 AO, ob „der Kreis der Personen, dem die Förderung zugutekommt, fest abgeschlossen“ und „dauernd nur klein sein kann“; und zweitens ob die Begrenzung auf bestimmte Personengruppen nach hinsichtlich der Stiftungszwecks sachfremden Kriterien vorgenommen ist.[5]

Allgemeinheit ist nicht auf die deutsche Allgemeinheit beschränkt; grundsätzlich können gemeinnützige Zwecke im In- und Ausland verfolgt werden. Allgemeinheit ist insofern global zu verstehen, „die Menschheit insgesamt“[6]. Die AO beschränkt nur die Verwirklichung weniger Gemeinnützigkeitszwecke ausdrücklich auf das Inland (§ 52 Abs. 2 Nr. 8 AO – Natur- und Landschaftsschutz – und § 52 Abs. 2 Nr. 24 – Förderung des demokratischen Staatswesens).

Die Unterstützung gewerblicher Unternehmen einschließlich Gründerzentren etc. ist generell keine Förderung der Allgemeinheit iSd Gemeinnützigkeitsrechts, da dies direkt die eigenwirtschaftlichen Interessen der Betriebe und ihrer Gesellschafter fördert.[7]

Politische Zwecke gehören nicht zur Förderung der Allgemeinheit iSd AO. Jedoch hat der BFH in zwei grundlegenden Entscheidungen (BUND-Urteil[8] und ATTAC-Urteil[9]) hier eine Differenzierung vorgenommen, die gemeinnützigen Organisation einen weiten politischen Handlungsspielraum eröffnet, soweit dies den satzungsmäßigen gemeinnützigen Zwecken der Körperschaft dient.

b) Ausschließlichkeit, Selbstlosigkeit und Unmittelbarkeit

Die Abgabenordnung normiert als grundsätzliche Voraussetzungen der Gemeinnützigkeit in den §§ 51 ff. die allgemeinheitsdienliche Ausschließlichkeit, Selbstlosigkeit und Unmittelbarkeit der Mittelverwendung. Diese Grundsätze müssen bei der gemeinnützigen Stiftung in ihrer Satzung ausdrücklich und verbindlich geregelt sein.[10] 8

aa) Ausschließlichkeit. Gemäß § 56 AO liegt gemeinnützigkeitsrechtliche Ausschließlichkeit vor, „wenn eine Körperschaft nur ihre steuerbegünstigten satzungsmäßigen Zwecke verfolgt.“ Dies bedeutet nicht, dass jede einzelne Tätigkeit isoliert betrachtet per se gemeinnützig sein muss. Zum Beispiel sind administrative Tätigkeiten wie Buchhaltung nicht per se auf die Verwirklichung gemeinnütziger Zwecke gerichtet. Sie können aber für die Verfolgung gemeinnütziger Zwecke erforderlich oder zumindest hilfreich sein; aber nur, wenn und soweit dies der Fall ist, dienen sie den gemeinnützigen Zwecken und sind nur dann nicht ein Verstoß gegen den Grundsatz der Ausschließlichkeit. Damit sind auch zweckdienliche wirtschaftliche Tätigkeiten (zB im Rahmen eines wirtschaftlichen Geschäftsbetriebes zur Mittelbeschaffung) grds. gemeinnützigkeitsunschädlich im Rahmen einer gemeinnützigen Stiftung möglich.[11] 9

---

[5] BLSB, Gemeinnützigkeit, 11. Aufl. 2015, 60.
[6] Schauhoff Gemeinnützigkeits-HdB, 3. Aufl. 2010, § 6 Rn. 29.
[7] Schauhoff Gemeinnützigkeits-HdB, 3. Aufl. 2010, § 6 Rn. 42.
[8] BFH BStBl. 2017 II, 1110.
[9] BFH BStBl. 2019 II, 301.
[10] Schauhoff Gemeinnützigkeits-HdB, 3. Aufl. 2010, § 6 Rn. 101.
[11] Schauhoff Gemeinnützigkeits-HdB, 3. Aufl. 2010, § 9 Rn. 4.

10 **(1) Insbesondere: Verwaltungskosten.** Das Verwenden von Mitteln für Verwaltungskosten (inkl. Spendenwerbung oder allgemeiner, nicht themen- oder projektspezifischer Öffentlichkeitsarbeit zugunsten der Stiftung) darf in der Summe nicht unangemessen hoch sein, da es in dem Maße, wie es eine angemessene Höhe überschreitet, nicht mehr der Zweckverfolgung dienlich ist. Wann Angemessenheit – also ein vernünftiges Verhältnis von Verwaltungskosten zu den Aufwendungen für gemeinnützige Zwecke – vorliegt, ist eine Frage des Einzelfalls; dabei kommt den Stiftungsorganen ein Ermessen zu,[12] das seine Grenze allein in der Vertretbarkeit ihrer Entscheidung findet[13].

Eine generelle prozentuale Grenze für die Höhe der gesamten Verwaltungskosten einer gemeinnützigen Körperschaft ergibt sich somit aus dem Gemeinnützigkeitsrecht nicht. In der Praxis werden von den Stiftungsaufsichts- und Finanzbehörden Summen von bis zu 30 % Verwaltungskosten meist als unkritisch angesehen. In besonderen Phasen, insbesondere für die Aufbauphase der gemeinnützigen Stiftung, können auch Verwaltungskosten von mehr als die Hälfte der Gesamtausgaben ausnahmsweise akzeptabel sein. Die Finanzverwaltung sieht als maximalen Zeitraum für die Aufbauphase vier Jahre.[14]

Neben der Grenze für die Verwaltungsgesamtkosten ist beachtlich, dass gem. § 55 AO auch Einzelausgaben, zB für einzelne Vergütungen, nicht unangemessen hoch sein dürften.[15] Auch für sonstige einzelne Ausgaben gilt, dass gemeinnützigkeitsverträglich jedes wirtschaftlich sinnvolle Ausgabeverhalten ist.[16] Die Stiftungsorgane haben auch insofern einen Ermessensspielraum.[17] Geboten ist danach also nicht die jeweils „billigste" Lösung.

Bei unangemessen hohen Verwaltungsausgaben oder Vergütungen ist die Rechtsfolge, dass die Steuerbegünstigung der Stiftung für den entsprechenden Veranlagungszeitraum verloren gehen kann, § 63 iVm § 60 Abs. 2 AO. Wenn die Stiftung dauerhaft und gravierend gegen gemeinnützigkeitsrechtliche Grenzen verstößt, kann dies zu einer Aberkennung der Gemeinnützigkeit insgesamt und nicht nur für einen bestimmten Veranlagungszeitraum führen.

11 **bb) Selbstlosigkeit.** Selbstlosigkeit bedeutet nach § 55 Abs. 1 S. 1 AO erstens, dass die Körperschaft „nicht in erster Linie eigenwirtschaftliche Zwecke" verfolgt. Dies bedeutet, dass die gesamte Tätigkeit der Stiftung – sei sie ideell oder wirtschaftlich – letztlich immer auf den gemeinnützigen Zweck ausgerichtet sein muss.[18] Auch eine wirtschaftliche Betätigung kann „selbstlos" sein, wenn sie Mittel oder Mittelbeschaffungsinstrument für die Verfolgung des (steuerbegünstigten) Zwecks der gemeinnützigen Stiftung ist. Mit dem zweiten Halbsatz der Definition von Selbstlosigkeit „und wenn die folgenden Voraussetzungen gegeben sind" verweist § 55 Abs. 1 S. 1 AO auf die Vorschriften über die gemeinnützige Mittelverwendung in § 55 Abs. 1 Nr. 1–5, Abs. 2 und Abs. 3 AO. Das Gebot der Selbstlosigkeit enthält somit neben erstens dem Verbot der vorrangigen Verfolgung eigenwirtschaftlicher Zwecke („Selbstlosigkeit im engeren Sinne"[19]) zweitens das Gebot der Beachtung der gemeinnützigkeitsrechtlichen Detailvorgaben zur Mittelverwendung.

Das Verbot der vorrangigen Verfolgung eigenwirtschaftlicher Zwecke bezieht sich auch auf die Personen, die in oder für die gemeinnützige Stiftung tätig sind.

---

[12] Schauhoff Gemeinnützigkeits-HdB, 3. Aufl. 2010, § 9 Rn. 19 mwN.

[13] Hüttemann/Rawert in Staudinger BGB Vorb. zu §§ 80ff. Rn. 130; Hof in v. Campenhausen/Richter, StiftungsR-HdB 4. Aufl. 2014, § 10 Rn. 8, 10, 72f.

[14] AEAO Nr. 20 zu § 55.

[15] AEAO Nr. 20 zu § 55.

[16] BFH BStBl. II 2000, 320; Musil in Hübschmann/Hepp/Spitaler AO § 55 Rn. 140.

[17] BVerwGE 40, 347.

[18] Schauhoff Gemeinnützigkeits-HdB, 3. Aufl. 2010, § 9 Rn. 14.

[19] Hüttemann GemeinnützigkeitsR, 5. Aufl. 2021, Kap. 4 Rn. 119.

(1) Insbesondere: Stifterrente. Für Stiftungen sieht die Abgabenordnung jedoch eine Ausnahme vom Ausschließlichkeit- und Selbstlosigkeitsgebot vor: die so genannte „Stifterrente“ gem. § 58 Nr. 6 AO. Dieser Norm zufolge steht es der Steuervergünstigung bei Stiftungen nicht entgegen, wenn „eine Stiftung einen Teil, jedoch höchstens ein Drittel ihres Einkommens dazu verwendet, um in angemessener Weise den Stifter und seine nächsten Angehörigen zu unterhalten, ihre Gräber zu pflegen und ihr Andenken zu ehren“. Die Finanzverwaltung versteht unter nächsten Angehörigen „Ehegatten und Lebenspartner; Eltern, Großeltern, Kinder, Enkel (auch falls durch Adoption verbunden); Geschwister; Pflegeeltern und Pflegekinder.“[20] Die Grenze der Angemessenheit richtet sich bei der „Stifterrente“ nach dem Einzelfall.[21] 12

Die Ausnahmeregelung des § 58 Nr. 6 AO bezieht sich nach der Rechtsprechung nicht auf den Fall, dass vor oder mit der Stiftungserrichtung bereits eine finanzielle Verpflichtung zugunsten des Stifters oder anderer Personen geregelt wurde; in diesem Fall sei das Vermögen der Stiftung von vornherein um die entsprechende Verpflichtung gemindert gestiftet worden.[22]

(2) Insbesondere: Angemessenheit von Vergütungen. Nach § 55 Nr. 1 sind Gewinnausschüttungen an „Mitglieder“ iSd § 55 AO – mithin auch Stifter, dessen Erben und Organmitglieder sowie diesen nahestehende Personen – nach Maßstab der Selbstlosigkeit untersagt. Ferner schließt diese Norm „sonstige Zuwendungen aus Mitteln“ der gemeinnützigen Stiftung an diese Adressaten aus. Zuwendungen meint aber nicht die Bezahlung von Gegenleistungen; eine Stiftung kann somit angemessene – marktübliche – Gehälter und Vergütungen für Hauptamtliche und, wenn in der Satzung vorgesehen, für die Tätigkeit als Organmitglied bezahlen. Wird ein einzelnes Organmitglied über seine Organpflichten hinaus für die Stiftung aufgrund gesonderter Vereinbarung tätig, kann dies gesondert – marktüblich– vergütet werden.[23] Maßgeblich ist der Fremdvergleich mit Vergütungen für eine vergleichbare Leistung bei auch nicht steuerbegünstigten Einrichtungen.[24] 13

Gemäß § 55 Nr. 3 AO sind unverhältnismäßig hohe Vergütungen gemeinnützigkeitsrechtlich untersagt. Das Verbot umfasst auch überhöhte Vergütungen für Dienstleistungen Dritter und Vergütungen im Rahmen der wirtschaftlichen Geschäftsbetriebe der Stiftung und ihrer Vermögensverwaltung.[25]

(3) Zeitnahe Mittelverwendung. Gemäß § 55 Nr. 5 AO gehört zur Selbstlosigkeit auch das Gebot der zeitnahen Mittelverwendung. 14

Das Gebot der zeitnahen Mittelverwendung verpflichtet eine steuerbegünstigte Körperschaft, ihre sämtlichen Mittel grundsätzlich spätestens 24 Monate nach dem Ende des Kalender- oder Wirtschaftsjahres, in dem der Zufluss erfolgte, für die steuerbegünstigten satzungsmäßigen Zwecke verwendet werden müssen. Nach § 55 Abs. 1 Nr. 5 S. 2 AO werden steuerbegünstigte Körperschaften jedoch von dem Gebot der zeitnahen Mittelverwendung ausgenommen, soweit sie jährliche Einnahmen von nicht mehr als 45.000 EUR haben. Einnahmen im Sinne der Norm sind alle Vermögensmehrungen, die der Körperschaft in einem Jahr zufließen. Dazu zählt die Finanzverwaltung irrigerweise

[20] AEAO zu § 58.

[21] OFD Magdeburg v. 18.5.2004 – S 1900-22.

[22] BFH BStBl. II 1998, 758.

[23] BLSB Gemeinnützigkeit, 11. Aufl. 2015, 160.

[24] Vgl. Leichinger in BLSB Gemeinnützigkeit, 11. Aufl. 2015, 127f.; Schauhoff Gemeinnützigkeits-HdB, 3. Aufl. 2010, § 9 Rn. 21; Hüttemann GemeinnützigkeitsR, 5. Aufl. 2021, Rn. 5.93; Feick ZStV 2007, 152 (154).

[25] BLSB Gemeinnützigkeit, 11. Aufl. 2015, 155.

auch solche Zuflüsse, die eigentlich gar nicht der zeitnahen Mittelverwendung unterliegen, zB Zuwendungen in das Vermögen der Körperschaft.[26]

Verwendung bedeutet nicht unbedingt Verbrauch, also Verausgabung an Dritte: Die Verwendung umfasst auch die Bildung von sog. „nutzungsgebundenem Vermögen" zugunsten der gemeinnützigen Zweckverfolgung, dh die Anschaffung oder Herstellung von Vermögensgegenständen, die satzungsmäßigen Zwecken dienen wie zB Kauf von medizinischen Geräten oÄ.[27]

Das gemeinnützigkeitsrechtliche Gebot der zeitnahen Mittelverwendung steht in einem Spannungsverhältnis zum stiftungsrechtlichen Gebot der Substanzerhaltung der Stiftung. Der Gesetzgeber hat auch darum verschiedene Ausnahmen vom Mittelverwendungsgebot zugelassen. Dabei handelt es sich einerseits um die Bildung von Rücklagen und zweitens um zulässige Zuführung von Mitteln zum Vermögen.

15 **(4) Rücklagen als zulässige Ausnahmen vom Gebot der zeitnahem Mittelverwendung.** In § 62 AO sind die wesentlichen Formen der – als Ausnahme von der zeitnahen Mittelverwendung – zulässigen Rücklagenbildung geregelt: zweckgebundene Rücklage einschließlich Betriebsmittel- und Steuerrücklage, Wiederbeschaffungsrücklage, freie Rücklage, Beteiligungserhaltungsrücklage und Ansparrücklage.

16 **(a) Zweckgebundene Rücklagen.** Als zweckgebundene Rücklage kommt vor allem eine Rücklage für künftige Zweckverwirklichungsvorhaben in Betracht (Projektrücklage, Programmrücklage). Diese Vorhaben müssen jedoch bei der Rücklagenbildung nachweisbar konkretisiert sein.

Zerschlägt sich die Verwirklichung dieses Vorhabens planwidrig, ist die diesbezügliche Rücklage gem. § 62 Abs. 2 AO unverzüglich aufzulösen und die Mittel sind zeitnah (für anderes) zu verwenden; entsprechendes gilt auch für die anderen in § 62 Abs. 1 geregelten Rücklagen. Jedoch ist auch eine Zuführung in eine neue gebundene Rücklage möglich – nicht jedoch die Einstellung in die freie Rücklage, da es sich bei diesen freigewordenen Mitteln dann nicht um Vermögenserträge und „sonstige Einnahmen" iSd § 62 Abs. 1 Nr. 3 handelt.[28]

In die zweckgebundene Rücklage gem. § 62 Abs. 1 Nr. 1 AO können zudem Mittel eingestellt werden, „soweit dies erforderlich ist, um ihre steuerbegünstigten Zwecke nachhaltig zu erfüllen".

Dazu zählt auch die sogenannte Betriebsmittelrücklage für periodisch wiederkehrende Ausgaben für eine angemessene Zeitperiode.[29] Ebenfalls gem. § 62 Abs. 1 Nr. 1 unschädlich ist die vorsorgliche Bildung einer Rücklage zur Bezahlung von Steuern außerhalb eines steuerpflichtigen wirtschaftlichen Geschäftsbetriebs.[30] Gemäß § 62 Abs. 1 Nr. 2 AO ist ferner eine Wiederbeschaffungsrücklage zulässig für Wirtschaftsgüter, die für die zweckverwirklichende Tätigkeit der gemeinnützigen Stiftung erforderlich sind.

17 **(b) Freie Rücklage.** Gemäß § 62 Abs. 1 Nr. 3 AO ist ferner die Bildung einer freien Rücklage gemeinnützigkeitsunschädlich zulässig bis zur Höhe eines Drittels des Überschusses aus der Vermögensverwaltung und zusätzlich 10 % der sonstigen zeitnah zu verwendenden Mittel. Wird diese Höhe in einem Jahr nicht voll ausgeschöpft, kann die unterbliebene Zuführung gem. § 62 Abs. 1 Nr. 3 AO im Laufe der zwei nachfolgenden Jahre nachgeholt werden – zusätzlich zu der in diesen Jahren zulässigen freien Rücklage. Die freie Rücklage bietet in der Tat eine umfangreiche „Freiheit". Sie kann u. a. dem Vermögensstock der Stiftung zugeführt werden und unterliegt (nur) dann dem Gebot der

[26] AEAO Nr. 30 zu § 55.
[27] AEAO Nr. 28 zu § 55.
[28] AEAO Nr. 14 zu § 62.
[29] AEAO Nr. 5 zu § 62.
[30] AEAO Nr. 5 zu § 62.

Substanzerhaltung. Ferner kann sie für die Verwirklichung der satzungsgemäßen Zwecke verwendet werden oder dem Vermögensstock einer anderen gemeinnützigen Stiftung zugewendet werden.

(c) **Beteiligungsrücklage.** Gemäß § 62 Abs. 1 Nr. 4 AO ist es ferner zulässig, dass die gemeinnützige Körperschaft eine Rücklage zum Erhalt einer Beteiligungsquote an stiftungseigenen Kapitalgesellschaften bildet. 18

(d) **Vermögensbildungsrücklage.** § 62 Abs. 4 AO gestattet einer neu gegründeten Stiftung, dass sie im (Kalender-)Jahr ihrer Errichtung sowie in den folgenden drei Kalenderjahren Überschüsse aus der Vermögensverwaltung und die Gewinne aus wirtschaftlichen Geschäftsbetrieben und Zweckbetrieben ganz oder teilweise ihrem Vermögen zuführt. 19

(e) **Weitere Ausnahmen.** Mit § 63 Abs. 3 AO hat der Gesetzgeber bestimmte zugeflossene Mittel der Stiftung grundsätzlich vom Gebot der zeitnahen Mittelverwendung ausgenommen: Zuwendungen von Todes wegen, wenn der Erblasser nicht Verwendung vorgeschrieben hat; Zuwendungen, die ausdrücklich vom Zuwendenden für das Grundstockvermögen bestimmt sind oder die auf Grund eines Spendenaufrufs zur Vermögensaufstockung getätigt werden; Sachzuwendungen, die ihrer Natur nach zum Vermögen gehören[31]; zB eine Mietwohnung oder eine Unternehmensbeteiligung. 20

cc) **Unmittelbarkeit.** Die Steuervergünstigung einer gemeinnützigen Körperschaft setzt voraus gem. § 51 Abs. 1 S. 1 AO, dass die Körperschaft die gemeinnützigen Zwecke unmittelbar verfolgt. § 57 Abs. 1 S. AO bestimmt, dass eine gemeinnützige Körperschaft ihre Zwecke dann unmittelbar verfolgt, wenn sie diese selbst verwirklicht. 21

(1) **Hilfsperson.** Das kann gem. § 57 Abs. 1 S. 2 AO auch durch Hilfspersonen geschehen, wenn nach den Umständen des Falls, insbesondere nach den rechtlichen und tatsächlichen Beziehungen das Wirken der Hilfsperson wie eigenes Wirken der Körperschaft anzusehen ist, also die gemeinnützige Körperschaft die Oberleitung über das Tun der anderen natürlichen oder juristischen Person innehat.[32] 22

(2) **Ausnahmeregelungen.** Nach § 57 Abs. 3 Satz 1 AO verfolgt eine Körperschaft ihre steuerbegünstigten Zwecke auch dann unmittelbar, wenn sie satzungsgemäß durch planmäßiges Zusammenwirken mit mindestens einer weiteren Körperschaft, die im Übrigen die Voraussetzungen des Gemeinnützigkeitsrechts erfüllt, einen steuerbegünstigten Zweck verwirklicht. Nach dem Anwendungserlass AEAO muss diese Form der Zweckverwirklichung in der Satzung vorgesehen sein.[33] 23

§ 57 Abs. 4 AO stellt klar, dass steuerbegünstigte Zwecke auch dann unmittelbar erfüllt werden, wenn die steuerbegünstigte Körperschaft ausschließlich Anteile an steuerbegünstigten Kapitalgesellschaften hält und verwaltet.

Gemäß § 58 Nr. 1 AO ist die Steuerbegünstigung einer Stiftung auch nicht dadurch ausgeschlossen, dass sie einer anderen steuerbegünstigten Körperschaft oder einer juristischen Person des öffentlichen Rechts Mittel für die Verwirklichung von deren steuerbegünstigten Zwecken zuwendet, § 58 Nr. 1 AO („Mittelweitergabe"). Die Stiftungssatzung darf dem nicht entgegenstehen; positiv in der Satzung genannt sein muss die Mittelweitergabe aber nur dann sein, wenn dies die auf den jeweiligen Zweck bezogene ausschließliche Form der Zweckverwirklichung ist; die Satzung muss dann aber nicht die Empfängerorganisationen konkret nennen.[34]

---

[31] AEAO Nr. 16 zu § 62.
[32] Schauhoff Gemeinnützigkeits-HdB, 3. Aufl. 2010, § 9 Rn. 5.
[33] AEAO Nr. 8 zu § 57 Abs. 3.
[34] AEAO Nr. 3 zu § 58.

c) Ausstieg aus der Gemeinnützigkeit?

24 Das Gemeinnützigkeitsrecht kennt keinen „Verzicht" auf Gemeinnützigkeit. Während einem gemeinnützigen Verein oder einer gemeinnützigen Kapitalgesellschaft aber faktisch eine Art Verzicht auf die Gemeinnützigkeit durch entsprechende Satzungsänderung möglich ist und die eigene Satzung grundsätzlich so geändert werden kann, dass die Voraussetzungen der Gemeinnützigkeit entfallen – mit allerdings negativen steuerlichen Folgen –, ist dieser Weg einer gemeinnützigen Stiftung faktisch weitgehend verwehrt. Zwar sind auch einer Stiftung Satzungsänderungen möglich; dabei sind die Hürden gem. § 85 Abs. 1–3 BGB unterschiedlich hoch. An diesen Hürden dürfte eine Satzungsänderung, mit der sich die Stiftung aus der Gemeinnützigkeit verabschieden würde, regelmäßig scheitern. Allerdings gestattet § 85 Abs. 4 S. 2 BGB dem Stifter grundsätzlich, im Stiftungsgeschäft eine spätere Satzungsänderung durch die Stiftungsorgane abweichend von den gesetzlichen Begrenzungen zuzulassen. Die steuerlichen Folgen einer Satzungsänderung, die einen Ausstieg aus der Gemeinnützigkeit impliziert, liefen indes auf eine substantielle Verringerung des Vermögens der Stiftung für nachzuzahlende Steuern hinaus, uU sogar auf totale Vernichtung des Stiftungsvermögens und damit der Stiftung selbst. Dies widerspricht dem Grundgedanken des Stiftungsrechts, wonach das gestiftete Vermögen auf Dauer zu erhalten oder jedenfalls für den Stiftungszweck zu verbrauchen ist. Darum ist zumindest fraglich, ob der Stifter im Stiftungsgeschäft unter Berufung auf § 85 Abs. 4 S. 2 BGB eine Satzungsänderung wirksam zulassen kann, die auf Ausstieg aus der Gemeinnützigkeit einer zunächst gemeinnützigen Stiftung hinausliefe.

IV. Familienstiftung

1. Definition

25 Für Familienstiftungen gelten einige Besonderheiten im Steuerrecht sowie hinsichtlich der staatlichen Stiftungsaufsicht. Jedoch ist der Begriff der Familienstiftung im deutschen Stiftungsrecht nicht eindeutig und einheitlich gesetzlich definiert. Es handelt sich bei diesem Stiftungstypus nicht um eine besondere Rechtsform. Darum erfolgt die Errichtung einer rechtsfähigen Familienstiftung wie bei jeder anderen rechtsfähigen Stiftung bürgerlichen Rechts nach den Regeln der §§ 80 ff. BGB. Eine Familienstiftung im steuerlichen Rechtssinne gibt es nach der Rechtsprechung des BFH nicht in Form einer unselbständigen (Treuhand-)Stiftung;[35] das schließt aber nicht aus, eine Stiftung in Form der unselbständigen (Treuhand-)Stiftung zu errichten, die ansonsten die Merkmale einer Familienstiftung aufweist.

26 Der Begriff der Familienstiftung knüpft daran an, wer von der Stiftung satzungsgemäß profitiert. Im Bundesstiftungszivilrecht kommt der Begriff allerdings überhaupt nicht vor. In Landesstiftungsgesetzen wird der Begriff teilweise und z. T. unterschiedlich definiert.[36] Auch im Steuerrecht wird teilweise der Begriff ohne Definition verwendet. Eine gesetzliche Definition findet sich jedoch im Außensteuerrecht: Nach § 15 Abs. 2 AStG sind Familienstiftungen Stiftungen, bei denen der Stifter, seine Angehörigen und deren Abkömmlinge zu mehr als der Hälfte bezugsberechtigt oder anfallsberechtigt sind. Wenn eine dieser beiden Voraussetzungen vorliegen, geht die Finanzverwaltung regelmäßig von

[35] BFH BStBl. 2018 II, 199.

[36] vgl. beispielsweise einerseits „überwiegend" dem Wohl der Mitglieder einer oder mehrerer bestimmter Familien dienend, § 10 Abs. 1 S. 1 StiftG Bln.; § 2 Abs. 2 StiftG Bbg.; § 21 Abs. 1 StiftG Hess.; § 3 Abs. 2 StiftG RhPf.; § 10 Abs. 3 StiftG Saar; § 19 S. 1 StiftG SchlH; andererseits „ausschließlich" für die Familie § 13 Abs. 2 StiftG BW.

einer Familienstiftung aus[37]; gleichwohl ist der Begriff der Familienstiftung im jeweiligen Regelungszusammenhang spezifisch auszulegen. Insofern kann eine Familienstiftung auch dann vorliegen, wenn nicht die Voraussetzungen des § 15 Abs. 2 AStG vorliegen, und umgekehrt hat das Vorliegen der genannten Voraussetzungen nicht immer zur Folge, dass die Stiftung von besonderen Regelungen, die für Familienstiftungen gelten, profitiert (zB bei der geringeren staatlichen Aufsichtsintensität).

Nach der auf steuerliche Fragen bezogenen Rechtsprechung des BFH liegt eine Familienstiftung vor, wenn die Stiftung wesentlich den Vermögensinteressen einer Familie gewidmet ist.[38]

Unter familiäre Vermögensinteressen fallen alle Vorteile, die die begünstigte Familie aus dem Stiftungsvermögen ziehen kann – also nicht nur Bezugs- und Anfallsrechte.

2. Besteuerung

a) Einkommens- bzw. Körperschaftssteuer bei Errichtung

Für die Besteuerung der Errichtung ist zwischen inländischen und ausländischen Familienstiftungen zu unterscheiden; für letztere gelten Besonderheiten, deren Darstellung den Rahmen dieses Beitrags sprengen würden. Die Übertragung von Privatvermögen auf die Familienstiftung löst auf Ebene des Stiftenden keine Einkommens- oder Körperschaftssteuer aus (aber beim Stiften von Unternehmensbeteiligungen uU Besteuerung von Entnahmegewinnen). 27

b) Schenkungs- bzw. Erbschaftsteuer

Bei inländischen Familienstiftung fällt mit der Zuwendung zum Errichtungsvermögen oder Zustiftungen grds. Schenkungs- bzw. Erbschaftssteuer für die Stiftung an. Für Familienstiftungen, bei denen Betriebsvermögen bzw. Unternehmensbeteiligungen an Kapitalgesellschaften übertragen wird, gelten die allgemeinen Verschonungsregelungen gem. §§ 13a, 13b ErbStG. Darüber kann gem. § 28a ErbStG im Rahmen der sog. Verschonungsbedarfsprüfung die auf das begünstigte Vermögen entfallende Erbschaftsteuer erlassen werden. 28

Auch nachdem die Stiftung errichtet wurde, kann Erbschaft- bzw. Schenkungsteuer entstehen, insbesondere bei Zustiftungen. Zudem lösen bestimmte Satzungsänderungen nach Auffassung der Finanzverwaltungen Schenkungs- bzw. Erbschaftsteuer aus (zB durch Ausweitung des Kreises der Destinatäre).

c) Grunderwerbsteuer

Soweit Grundstücke auf die Familienstiftung übertragen werden, ist jedenfalls die Auflassung ein grunderwerbsteuerbarer Vorgang (§ 1 Abs. 1 Nr. 2 GrEStG). Allerdings ist der Vorgang regelmäßig aufgrund von § 3 Abs. 1 Nr. 2 GrEStG von der Besteuerung ausgenommen, weil es sich in der Regel um einen Grundstückserwerb von Todes wegen oder eine Grundstücksschenkung unter Lebenden handelt. 29

d) Laufende Besteuerung der Familienstiftung

Die Familienstiftung ist eine inländische juristische Person, die gemäß § 1 Abs. 1 Nr. 4 KStG der unbeschränkten Körperschaftsteuerpflicht unterliegt. Die Körperschaftsteuer 30

[37] Frieling, Die Familienstiftung als Gestaltungsinstrument im Rahmen der Unternehmensnachfolge, 1. Aufl. 2015, 11.

[38] BFH BStBl. 1998 II, 114.

bemisst sich nach dem zu versteuernden Einkommen, das anhand der Regelungen des EStG ermittelt wird (§ 7 Abs. 1, 2 KStG).

e) Erbersatzsteuer

31 Familienstiftungen unterliegen der Ersatzerbschaftsteuer im Rhythmus von 30 Jahren gem. § 1 Abs. 1 Nr. 4 ErbStG. Befreiungsvorschriften, bspw. für Unternehmensbeteiligungsvermögen (§ 13a Abs. 11 ErbStG), gelten aber entsprechend. Die Erbersatzsteuer fällt nicht an, wenn die Familienstiftung vor Ablauf der 30 Jahre-Frist ihre Satzung derart ändert, dass sie nicht mehr die Merkmale einer Familienstiftung erfüllt.

Da eine unselbständige (Treuhand-)Stiftung nicht die Merkmale einer Familienstiftung iSd § 1 Abs. 1 Nr. 4 ErbStG erfüllt, unterliegt sie auch nicht der Erbersatzsteuer.[39]

f) Besteuerung der Destinatäre

32 Die satzungsgemäßen Leistungen an Destinatäre einer Familienstiftung sind von diesen zu versteuern; wie, das ist allerdings umstritten;[40] nach Ansicht der Finanzverwaltung regelmäßig auf Grundlage von § 20 Abs. 1 Nr. 9 Satz 1 EStG als Einkünfte aus Kapitalvermögen.

3. Stiftungsrechtliche Gestaltungsgrenzen

33 Hinsichtlich der Gestaltung der Familienstiftung gelten, da es sich nicht um eine besondere Rechtsform handelt, die allgemeinen stiftungsrechtlichen Grenzen. Nach herrschender Meinung ist dementsprechend eine „Stiftung nur für den Stifter" unzulässig.[41]

V. Hybride bzw. gemischte Stiftung

1. Begriffliches

34 Bei der Kombination von privatnützigen und steuerbegünstigten Zwecken innerhalb einer Stiftung wird meist von hybrider oder „gemischter" Stiftung gesprochen.[42]

Gehen die privatnützigen Zwecke über die so genannte Stifterrente gem. § 58 Nr. 6 AO hinaus, ist die gemeinnützigkeitsrechtliche Steuervergünstigung für die gesamte Tätigkeit der Stiftung zu versagen.[43] Diese Kombination von unterschiedlichen Zwecken kann gleichwohl auch steuerlich durchaus attraktiv sein insbesondere für die Nachfolgegestaltung mit Unternehmensbeteiligungsstiftungen.[44]

2. Gestaltung gemischter nicht steuerbegünstigte (Familien-)Stiftungen

35 Für die Gestaltung hybrider Stiftungen gelten die allgemeinen Regeln. Für die Kombination von familienbezogenen mit gemeinnützigen und/oder sonstigen privatnützigen Zwecken gibt es unzählige Varianten. Im Ergebnis ermöglicht die Mischung der Zwecke zusammen mit weiteren Satzungsregelungen, dass mehr als „nächste Angehörige" abgesichert werden können und gleichwohl bei Unternehmensbeteiligungsstiftungen eine

[39] BFH BStBl. II 2018, 199.
[40] Brandmüller/Klinger, Unternehmensverbundene Stiftungen, 4. Aufl. 2014, 133 mwN.
[41] Richter StiftungsR-HdB § 6 Rn. 110 mwN.
[42] Reich DStR 2020, 265.
[43] BFH BStBl. II 1979, 496.
[44] Reich DStR 2020, 268.

Belastung durch Schenkungs- und Erbschafts- als auch Erbersatzsteuer vermieden werden kann.

VI. Doppel-Stiftung

Die Doppelstiftung ist keine eigene Rechtsform und auch keine „doppelte" Stiftung, vielmehr meint der Begriff die Kombination von einer gemeinnützigen – meist rechtsfähigen – Stiftung mit einer Familienstiftung, wobei beide an einem Vermögen, meist der ein Unternehmen tragenden Kapitalgesellschaft, beteiligt sind. Für die Gründung der beiden Stiftungen gilt das zu gemeinnützigen rechtsfähigen Stiftungen und zu Familienstiftungen oben Gesagte. Soweit die gemeinnützige der beiden Stiftungen eine unselbständige (Treuhand-)Stiftung ist, was grundsätzlich möglich ist[45], gelten die dafür einschlägigen allgemeinen Regelungen. Die Errichtung einschließlich Anerkennung jeder der beiden Stiftungen ist ein rechtlich jeweils eigenständiger Vorgang, der nicht jeweils zeitgleich erfolgen muss. 36

Besondere Gestaltungsfragen ergeben sich mit der Doppelstiftung jedoch aus zwei Gründen: Zum einen, weil es sich dabei in der Regel um die Kombination von zwei unternehmensverbundenen Stiftungen handelt und darum die Besonderheiten für solche Stiftungen zu beachten sind; außerdem ergeben sich spezifische Steueroptimierungsmöglichkeiten im Zusammenhang der disproportionalen Verteilung von vermögensbezogenen Rechten zwischen den beiden Stiftungen, die die Doppelstiftung erst attraktiv machen.

VII. Unternehmensverbundene Stiftung

1. Begriff

Unter „unternehmensverbundener Stiftung" wird hier in Übereinstimmung mit der großen Mehrzahl der Stimmen im Schrifttum[46] eine Stiftung verstanden, die entweder maßgeblich an einem Unternehmen – in Form einer Personen- oder Kapitalgesellschaft – beteiligt (Unternehmensbeteiligungsstiftung) oder selbst unmittelbar Rechtsform und Betreiber eines Unternehmens (Unternehmensträgerstiftung) ist. 37

Eine Unternehmensbeteiligungsstiftung vor, wenn die Stiftung aufgrund der Beteiligung einen rechtlich abgesicherten mitentscheidenden Einfluss in Aktionärs- oder Gesellschafterversammlung hat oder die Einnahmen aus der Beteiligung an einem bestimmten Unternehmen eine überragende Bedeutung für die Gesamteinnahmen der Stiftung haben.[47] Während sich Unternehmensbeteiligungsstiftungen wachsender Beliebtheit erfreuen, kommt die Variante Unternehmensträgerstiftung in der Praxis kaum noch vor[48].

Die unternehmensverbundene Stiftung ist keine besondere Rechtsform, sondern eine Variante der Stiftung. Für diese Variante gibt es keine spezifischen stiftungsrechtlichen Regelungen.[49] Es ergeben sich aber Besonderheiten aus der Verbindung zum Unternehmen.

[45] Hüttemann/Rawert in Staudinger BGB Vorb. zu §§ 80 ff. Rn. 35 ff.; Richter StiftungsR-HdB § 10 Rn. 108.

[46] Bandmüller/Klinger Unternehmensverbundene Stiftungen, 4. Aufl. 2014, 8; Hüttemann/Rawert in Staudinger BGB Vorb. zu §§ 80 ff. Rn. 132; Rawert, Die Genehmigungsfähigkeit der unternehmensverbundenen Stiftung, 1990, 24; Bernd/Götz, Stiftung und Unternehmen, 8. Aufl. 2009, 54; Trappe, Unternehmensmitbestimmung und unternehmensverbundene Stiftungen, 2010, 118; Feick Stiftung als Nachfolgeinstrument § 28 Rn. 10; Hof/Bianchini-Hartmann/Richter, Stiftungen 13.

[47] FEKSS Modell unternehmensverbundene Stiftung, 33.

[48] FEKSS Modell unternehmensverbundene Stiftung, 34.

[49] Die politischen Initiativen für entsprechende spezielle Regelungen waren letztlich nicht erfolgreich, dazu Hüttemann/Rawert in Staudinger BGB Vorb. zu §§ 80 ff. Rn. 146 ff.

2. „Verdeckte Selbstzweckstiftung"?

38 Motiv für die Errichtung einer unternehmensverbundenen Stiftung ist regelmäßig, das Unternehmen hinsichtlich der Eigentümerstruktur nachhaltig aufzustellen und vor Erbstreit oder Zerschlagung zu schützen. Aus dem weitgehend anerkannten Verbot der Selbstzweckstiftung ergibt sich jedoch, dass eine Stiftung fremdnützig sein muss, also nicht nur Erhalt und Entwicklung ihres Vermögens – hier: der stiftungseigenen Unternehmensbeteiligung – zum alleinigen Zweck haben darf. Daraus wird teilweise im Schrifttum geschlussfolgert, dass auch eine unternehmensverbundene Stiftung unzulässig sei, die zwar fremdnützige Zwecke in ihrer Satzung aufweist, bei der es faktisch jedoch primär um den Erhalt des stiftungseigenen Unternehmens und seiner Eigenständigkeit gehe – was als sog. „verdeckte" Selbstzweckstiftung unzulässig sei.[50] Diese Argumentation vermischt jedoch Motiv des Stiftenden mit dem davon zu unterscheidenden satzungsmäßigen Zweck der Stiftung. Die Motive des Stiftenden sind grds. kein Maßstab für die Zulässigkeit einer Stiftung, soweit sie nicht gegen die guten Sitten verstoßen.

3. Besteuerung

39 Wird die unternehmensverbundene Stiftung als gemeinnützige errichtet, ist die Einbringung des Unternehmens für die Stiftung grundsätzlich schenkungssteuerfrei. Es kann jedoch uU wegen der Immobilien des Unternehmens Grunderwerbsteuer bei der Stiftung anfallen.

Das Unternehmen selbst unterliegt der laufenden „normalen" Besteuerung auch dann, wenn eine wesentliche Beteiligung in eine gemeinnützige Stiftung eingebracht wurde.

Für den Steuerabzug beim Stifter gelten die allgemeinen Regelungen für die Vermögensausstattung gemeinnütziger Stiftungen; wird die Unternehmensbeteiligung zum Buchwert gestiftet, kann bei einer gemeinnützigen Stiftung die Zuwendungsbestätigung aber auch nur über diesen Betrag ausgestellt werden.

Bei privatnützigen Stiftungen fällt grds. Schenkungssteuer für das Einbringen einer Unternehmensbeteiligung an; jedoch können diese Stiftungen von den Verschonungsregelungen gem. § 13a ErbStG und dem Steuererlass gem. § 28a ErbStG profitieren.

Eine Beteiligung an einer Kapitalgesellschaft ist grundsätzlich der Vermögensverwaltung zuzuordnen,[51] wenn die Stiftung nicht wesentlichen Einfluss auf die operative Geschäftsführung des Unternehmens nimmt. Bei gemeinnützigen unternehmensverbundenen Stiftungen sind Einkünfte aus der Sphäre der Vermögensverwaltung nach § 44a Abs. 4 EStG auch von der Kapitalertragsteuer befreit.

Mit der Beteiligung an einer Personengesellschaft wird auch eine gemeinnützige Stiftung regelmäßig steuerlich Mitunternehmer. Bei entsprechender Beschränkung der Rechte der Stiftung kann aber die Mitunternehmereigenschaft entfallen.[52]

VIII. Anstaltsträgerstiftung

40 Bei Anstalts(träger)stiftungen besteht das Stiftungsvermögen zum wesentlichen Teil aus Sachvermögen, das eine betriebliche Einheit bildet und unmittelbar der Verfolgung

[50] Weitemeyer in MüKoBGB, 7. Aufl. 2015, § 80 Rn. 100.

[51] Vgl. Nr. 3 AEAO zu § 64; v. Campenhausen/Richter StiftungsR-HdB, 4. Aufl. 2014, § 12 Rn. 204 mwN.

[52] v. Campenhausen/Richter StiftungsR-HdB, 4. Aufl. 2014, § 12 Rn. 204 mwN.

des Stiftungszwecks dient.[53] Der Betrieb muss nicht unbedingt eine klassische Anstalt sein; typische Beispiele sind Krankenhäuser, Pflegeheime und Museen.

Zwar bringt die Organisation und laufende operative Verwaltung von Anstaltsträgerstiftungen einige Besonderheiten mit sich (zB im Rechnungswesen[54]); jedoch gibt es für diese Stiftungen keine besonderen gesetzlichen Normen.

IX. Stiftung des öffentlichen Rechts

1. Der Staat als Stifter

41 Die Errichtung von Stiftungen durch den Staat hat seit einigen Jahrzehnten Konjunktur auf Landes- und Bundesebene. Von einer regelrechten „Flucht des Staates in die Stiftung" ist die Rede[55]. Bei einem Teil der staatlich errichteten Stiftungen handelt es sich um gemeinnützige privatrechtliche Stiftungen[56]; für sie gelten, auch wenn sie von einer Behörde verwaltet werden, die allgemeinen stiftungsrechtlichen Regeln. Demgegenüber unterliegen die öffentlich-rechtlichen Stiftungen nicht dem allgemeinen im BGB geregelten Stiftungszivilrecht.[57] Das BGB belässt es insofern bei einer Verweisung hinsichtlich der Haftung der Stiftung für Organverschulden und für den Fall der Insolvenz in § 89 BGB.

2. Begriff der Stiftung des öffentlichen Rechts

42 Der Begriff der öffentlichen-rechtlichen Stiftung ist nicht gleichzusetzen mit einer Stiftung, die „öffentliche Zwecke" verfolgt und darum häufig als „öffentliche Stiftung" bezeichnet wird.[58] Eine Stiftung verfolgt öffentliche Zwecke, wenn die Begünstigten nicht nur eine begrenzte Gruppe von Privatpersonen sind (zB Familienmitglieder oder Betriebsangehörige), sondern der Kreis potenzieller Begünstigter ein offener, prinzipiell jedermann zugänglicher Personenkreis ist.[59]

Der Begriff der öffentlichen-rechtlichen Stiftung ist bundesgesetzlich nicht definiert. Auf landesgesetzlicher Ebene gibt es unterschiedliche Definitionen (z. B. in § 46 SchlH VwG und Art. 1 Abs. 3 des BayStG). Kennzeichnend für eine öffentlich-rechtliche Stiftung ist, dass sie eine dem staatlichen Verwaltungssystem eingegliederte öffentlich-rechtlich ausgestaltete mitgliederlose Institution ist.

3. Errichtung und gesetzlicher Rahmen

43 Stiftungen des öffentlichen Rechts werden regelmäßig durch staatlichen Stiftungsakt (Verwaltungsakt oder Gesetz) errichtet, auch wenn theoretisch auch Privatpersonen ebenfalls öffentlich-rechtliche Stiftungen errichten können.[60] Einige Landesgesetze[61] bestimmen, dass öffentlich-rechtliche Landesstiftungen nur per Gesetz errichtet werden können; entsprechendes folgt für bundesunmittelbare öffentlich-rechtliche Stiftungen aus Art. 87 Abs. 3 GG.

---

[53] https://rp.baden-wuerttemberg.de/themen/stiftung/seiten/erscheinungsformen/.

[54] MRKG Stiftung-HdB 3. Aufl. 2013, Rn. 115.

[55] Kilian in Mecking/Schulte, Grenzen der Instrumentalisierung von Stiftungen, 1. Aufl. 2003, 99.

[56] Stettner, Die Stiftung des öffentlichen Rechts, 1. Aufl. 2012, 19.

[57] Vgl. Entwurf eines Gesetzes zur Vereinheitlichung des Stiftungsrechts vom 31.3.2021 (Drs. 19/28173, 46).

[58] v. Campenhausen/Stumpf in Richter StiftungsR-HdB § 1 Rn. 10.

[59] Hüttemann/Richter/Weitemeyer LandesStiftungsR, Rn. 4.30.

[60] Vgl. Art. 3 Abs. 2 BayStG.

[61] Nachweis bei v. Campenhausen/Stumpf in Richter StiftungsR-HdB § 13 Rn. 39.

Stiftungen des öffentlichen Rechts können als rechtsfähige sowie als nicht rechtsfähige (Treuhand)Stiftungen errichtet werden.[62]Für die Errichtung ist die Kompetenzordnung des Grundgesetzes und insbesondere die Kompetenzverteilung zwischen Bund, Ländern und kommunaler Ebene zu beachten.

Die rechtsfähige öffentlich-rechtliche Stiftung muss eine Stiftungssatzung haben, um ihre Aufgaben erfüllen zu können. Zum Mindestinhalt gibt es keine übergreifenden Regelungen, jedoch dürften insofern die für privatrechtliche Stiftungen gem. § 81 BGB geltenden Mindestanforderungen ebenfalls zwingend zu erfüllen sein.

4. Insbesondere: Autonomie und mittelbare Staatsverwaltung

44 Als zum Bereich der mittelbaren Staatsverwaltung gehörige Institution ist bei Organisation und Handeln der Stiftung des öffentlichen Rechts der Rechtsrahmen des allgemeinen öffentlichen Rechts der jeweiligen staatlichen Ebene zu beachten (Verwaltungs- und Verwaltungsverfahrensrecht, öffentlich-rechtliches Finanzrecht und so fort). Aus der Selbstständigkeit der Stiftung folgt, dass ihr Vermögen von anderen getrennt zu verwalten ist. Im Übrigen ist es für die rechtsfähigen öffentlich-rechtlichen Stiftungen charakteristisch – und dies ist meist das wesentliche Motiv für ihre Errichtung –, dass sie ihre eigenen Aufgaben unabhängig von der Behördenhierarchie des staatlichen Stifters in eigener Verantwortung selbständig erfüllen. Die Aufsicht über die öffentlich-rechtliche Stiftung ist mithin auf die Rechtsaufsicht beschränkt.

5. Aufhebung

45 Für die Aufhebung der öffentlich-rechtlichen Stiftung gilt grds. § 87 BGB entsprechend.[63] In einigen Landesstiftungsgesetzen ist vorgeschrieben, dass es für die Aufhebung von Landesstiftungen eines Gesetzes bedarf. Die Anfallsberechtigung für das bei Aufhebung verbleibende Vermögen richtet sich nach den individuellen stiftungsspezifischen Regelungen.

X. Kirchliche Stiftung

1. Begriff

46 Die meisten Landesstiftungsgesetze legen durch allgemeine Kriterien fest, was als (rechtsfähige) kirchliche Stiftungen gilt.[64] Demnach sind kirchliche Stiftungen solche Stiftungen, deren Zweck es ist, ausschließlich oder überwiegend kirchlichen Aufgaben zu dienen und die eine besondere organisatorische Verbindung zur Kirche haben. Das stiftungsrechtliche Kriterium der kirchlichen Aufgaben ist dabei weiter als der steuerrechtliche Begriff der „kirchlichen Zwecke“ in § 54 AO. Zu kirchlichen werden Stiftungen mit ausschließlich kirchlichen Aufgaben durch die organisatorische Bindung zur Kirche sowie der kirchlichen Anerkennung (neben der staatlichen Anerkennung als Stiftung).[65]

Kirchliche Stiftungen können rechtsfähig oder nichtrechtsfähige sowie privatrechtliche oder öffentlich-rechtliche sein; die jeweilige Einstufung richtet sich nach den allgemeinen Kriterien für die entsprechende Zuordnung.

---

[62] v. Campenhausen/Stumpf in Richter StiftungsR-HdB § 13 Rn. 19.
[63] v. Campenhausen/Stumpf in Richter StiftungsR-HdB § 13 Rn. 46.
[64] Nachweise bei Richter StiftungsR-HdB § 14 Rn. 5.
[65] Stumpf in Richter StiftungsR-HdB § 4 Rn. 27.

2. Anerkennung und Aufsicht

47 Die Errichtung einer kirchlichen Stiftung geschieht grundsätzlich in gleicher Weise wie andere rechtsfähige oder nichtrechtsfähige unselbständige Stiftungen. Die Anerkennung einer rechtsfähigen kirchlichen Stiftung ist jedoch ein zweistufiger Akt, der im Einzelnen je nach Konfession und Landesstiftungsrecht unterschiedlich geregelt ist. Bei rechtsfähigen kirchlichen Stiftungen ist neben der Anerkennung durch die zuständige Stiftungsbehörde ist zusätzlich eine kirchliche Anerkennung oder Zustimmung durch die zuständige kirchliche Behörde vonnöten. Aber auch hiervon gibt es bundeslandspezifisch teilweise Ausnahmen.[66]

Eine nicht unselbständige kirchliche (Treuhand-)Stiftung kann, wie eine nichtkirchliche unselbständige Stiftung errichtet werden.

Die Aufsicht über rechtsfähige kirchliche Stiftungen ist in den einzelnen Bundesländern unterschiedlich geregelt. Bei unselbständigen kirchlichen (Treuhand-)Stiftungen kommt die allgemeine kirchliche Aufsicht über die Vermögens- und Finanzverwaltung eines kirchlichen Treuhänders zum Tragen.

3. Satzungsänderungen und Auflösung

48 Für Satzungsänderungen, die den Zweck betreffen, gelten bei rechtsfähigen kirchlichen Stiftungen die allgemeinen stiftungsrechtlichen Regelungen; hier ist regelmäßig[67] nach Landesstiftungsrecht die staatliche Stiftungsaufsicht zuständig. Für andere Satzungsänderungen ist nach Landesrecht teilweise die kirchliche Stiftungsaufsicht zuständig. [68] Die Auflösung einer rechtsfähigen kirchlichen Stiftung erfolgt in den meisten Bundesländern nach denselben Grundsätzen wie die zweckbezüglichen Satzungsänderungen. Das Vermögen fällt, soweit nichts anderes bestimmt ist, der Kirche zu.[69]

Satzungsänderungen und Auflösung bei unselbständigen kirchlichen Stiftungen sind demgegenüber allein Sache der Kirche.[70]

XI. Kommunale Stiftung

1. Begriff

49 Der Begriff der kommunalen Stiftung ist ein Rechtsbegriff, der in verschiedenen Landesstiftungsgesetzen unterschiedlich definiert wird.[71] Auch welchen Rechtsstatus kommunale Stiftungen haben, ist ebenfalls landesspezifisch unterschiedlich geregelt.[72]

Zu den Kriterien, die eine Einordnung einer Stiftung als kommunale machen, gehören die Zuordnung zu einer kommunalen Körperschaft, ferner dass der Stiftungszweck im Bereich der öffentlichen Aufgaben liegt sowie (meist), dass die Stiftung von kommunalen Organen verwaltet werden. Der Verwaltung von Stiftungen durch kommunale Behörden allein macht diese nicht bereits zu kommunalen Stiftungen, vielmehr können kommunal verwaltete Stiftungen auch ganz „normale" privatrechtliche Stiftungen sein.

---

[66] v. Campenhausen/Stumpf in Richter StiftungsR-HdB § 14 Rn. 57.
[67] Partielle Ausnahme in § 26 Abs. 1 S. 1 BW StiftG.
[68] v. Campenhausen/Stumpf in Richter StiftungsR-HdB § 14 Rn. 57.
[69] v. Campenhausen/Stumpf in Richter StiftungsR-HdB § 14 Rn. 59.
[70] v. Campenhausen/Stumpf in Richter StiftungsR-HdB § 14 Rn. 58.
[71] v. Campenhausen/Stumpf in Richter StiftungsR-HdB § 15 Rn. 4 mwN.
[72] v. Campenhausen/Stumpf in Richter StiftungsR-HdB § 15 Rn. 6 mwN.

2. Errichtung

50 Eine kommunale Stiftung kann grundsätzlich von jeder natürlichen oder juristischen Person errichtet werden, nicht nur von der kommunalen Körperschaft. Sie kann als rechtsfähige oder unselbständige (Treuhand-)Stiftung errichtet werden sowie als privatrechtliche oder öffentlich-rechtliche. Für die Errichtung privatrechtlicher rechtsfähiger kommunaler Stiftungen sind grundsätzlich die allgemeinen stiftungszivilrechtlichen Vorschriften einschlägig. Zusätzlich sind bereits bei der Errichtung kommunalrechtliche Vorschriften zu beachten.

3. Satzung

51 Für die Satzung einer kommunalen Stiftung gelten zum einen grundsätzlich die allgemeinen Regeln; dabei sind aber zusätzlich kommunalrechtliche Regelungen zu beachten. Die Änderung der Satzung gehört nicht zur laufenden Verwaltung und kann darum nur vom Hauptorgan der jeweiligen kommunalen Körperschaft durch Beschluss vorgenommen werden; entsprechendes gilt für die Auflösung der kommunalen Stiftung.

4. Anerkennung und Aufsicht

52 Die Anerkennung der rechtsfähigen kommunalen Stiftung in den meisten Bundesländern der allgemein zuständigen Stiftungsbehörde vorbehalten. Für die Genehmigung von Satzungsänderungen sowie die Genehmigung der Auflösung oder Aufhebung ist in einigen Bundesländern die Kommunalaufsicht, in anderen die allgemeine Stiftungsbehörde zuständig.[73] Die laufende (Rechts-)Aufsicht über die rechtsfähige kommunale Stiftung ist Sache der Kommunalaufsicht.

5. Verwaltung

53 Kommunale Stiftungen und ihr Vermögen werden nach den Normen des Kommunalrechts verwaltet, soweit im Stiftungsgeschäft oder in speziellen Vorschriften nicht ausnahmsweise anderes vorgesehen ist. Das Stiftungsvermögen ist von anderen Vermögen der Kommune getrennt zu verwalten.[74] Auch der allgemeine stiftungsrechtliche Grundsatz, dass Stiftungsmittel nur zur Erfüllung des jeweiligen Stiftungszwecks verwendet werden dürfen, ist für kommunale Stiftungen zu beachten.

XII. Bürgerstiftung

1. Begriff

54 Eine Bürgerstiftung ist eine spezifische Ausprägung einer Gemeinschaftsstiftung mit mehreren Stiftenden. Es gibt unterschiedliche Vorstellungen darüber, was als Bürgerstiftung bezeichnet werden kann.[75] Gemeinsamer Nenner ist, dass es sich dabei um eine gemeinnützige Gemeinschaftsstiftung handelt mit von Anfang an zahlreichen Stiftenden, deren Satzung eine Vielzahl von Zwecken mit aber einer Begrenzung auf ein kommunales oder regionales Gebiet (zB eine Stadt oder ein Landkreis) vorsieht; zudem finden sich in den Satzungen der Bürgerstiftungen meist Rechte der Gemeinschaft der Stiftenden.

---

[73] v. Campenhausen/Stumpf in Richter StiftungsR-HdB § 15 Rn. 57 mwN.

[74] v. Campenhausen/Stumpf in Richter StiftungsR-HdB § 15 Rn. 45.

[75] Bundesverband Deutscher Stiftungen StiftungsReport 2007 S. 36; Hof/Bianchini-Hartmann/Richter, Stiftungen, 227.

Das Bündnis der Bürgerstiftungen unter dem Dach des Bundesverbandes Deutscher Stiftungen nennt weitere Voraussetzungen dafür, dass eine Stiftung die Bezeichnung als Bürgerstiftung „verdient", und dieses Bündnis verleiht Stiftungen, die diese Merkmale nach Einschätzung einer unabhängigen Jury erfüllen, ein entsprechendes „Gütesiegel".[76]

2. Errichtung und Gestaltung

Für die Errichtung einer Bürgerstiftung gelten die allgemeinen rechtlichen Regelungen für gemeinnützige Stiftungen. Typischerweise wird eine Bürgerstiftung als rechtsfähige Stiftung errichtet, sie kann jedoch auch (zunächst) als unselbständige (Treuhand-)Stiftung gestaltet werden. **55**

3. Bedeutung für den Stiftungssektor

In Deutschland gibt es Bürgerstiftungen ieS erst seit 25 Jahren. Mittlerweile gibt es über 400 Bürgerstiftungen, davon 270 mit Gütesiegel, mit insgesamt über 50.000 Mitstiftenden.[77] Die Bürgerstiftungsbewegung, die, unterstützt vor allem von größeren Förderstiftungen, in weiten Teilen Europas und auch international rasch wächst, hat hierzulande zudem zur Popularisierung des Stiftens insgesamt beigetragen. **56**

B. Besonderheiten bei der unselbständigen Stiftung

I. Definition und Überblick

Die unselbständige Stiftung wird meist auch als Treuhandstiftung oder nicht-rechtfähige Stiftung bezeichnet; sie ist eine eigenständige Stiftung, der aber keine eigenständige Rechtsfähigkeit zukommt; sie kann aber eigenständiges Steuersubjekt sein. Die Zahl der Treuhandstiftungen dürfte hierzulande noch höher liegen als die Zahl der bestehenden rechtsfähigen Stiftungen. **57**

Die Treuhandstiftung ist ein durch Rechtsgeschäft begründetes Rechtsverhältnis, mit dem Vermögenswerte an eine natürliche oder juristische Person (das kann auch eine andere rechtsfähige Stiftung sein) mit der Maßgabe übertragen werden, die übertragenen Vermögenswerte als getrenntes Sondervermögen zu verwalten und dauerhaft zur Verwirklichung der vom Stifter festgelegten Zwecke zu verwenden.[78]

II. Errichtung

Für die Entstehung der Treuhandstiftung ist neben dem Stifter der so genannte Treuhänder notwendig. Da es sich um ein Vertragsverhältnis handelt zwischen Stifter und Treuhänder handelt, kommt der Stifter nicht als Treuhänder in Frage.[79] Staatliche Stellen sind an der Entstehung nicht zwingend beteiligt. Es ist idR auch keine staatliche Genehmigung nach § 32 Abs. 1 S. 1 Kreditwesengesetz nötig.[80] **58**

---

[76] www.buergerstiftungen.org/de/buergerstiftungen/10-merkmale/.

[77] www.buergerstiftungen.org/de/buergerstiftungen/zahlen-und-fakten/.

[78] Schlüter/Stolte StiftungsR, 94 Rn. 4 mwN; v. Campenhausen/Richter StiftungsR-HdB-Handbuch, 4. Aufl. 2014, § 36 Rn. 5 mwN.

[79] v. Campenhausen/Richter StiftungsR-HdB, 4. Aufl. 2014, § 36 Rn. 69 mwN.

[80] BaFin-Schreiben 9.6.2011, Schiffer, www.stiftungsrecht-plus.de.

Die Treuhandstiftung ist gesetzlich nicht spezifisch geregelt und ihre Errichtung darum grds. formfrei.[81] Bei einer Gestaltung als Schenkung unter Auflage ist allerdings die Formvorschrift des § 518 Abs. 1 S. 1 BGB, die notarielle Beurkundung vorsieht (aber durch Vollzug kann dieser Formmangel geheilt werden, § 518 Abs. 2 BGB), und bei Errichtung von Todes wegen sind die Formvorschriften für Testamente bzw. Erbverträge zu beachten.

Die Treuhandstiftung kann zu Lebzeiten und von Todes wegen errichtet werden.

Der Treuhandvertrag kann zu Lebzeiten des Stifters entweder als Schenkung unter Auflage gem. §§ 518, 525 BGB oder aber als Treuhandvereinbarung ausgestaltet werden[82], wobei für letztere Variante verschiedene Vertragsarten gewählt werden können (Auftrags-, Geschäftsbesorgungs- oder Dienstvertrag oder ein gemischter Vertrag sui generis). Eine Treuhandstiftung von Todes wegen kann durch Erbeinsetzung des Treuhänders unter Auflage, oder qua Vermächtnis unter Auflage gem. §§ 1940 f., 2192 ff. BGB erfolgen oder den Erben testamentarisch mittels Auflage oder qua Erbvertrag verpflichten, eine Treuhandstiftung zu errichten.

59 Mit dem Treuhandvertrag entstehen für beide Vertragsparteien Rechte und Pflichten. Für den Stifter ergibt sich aus dem Vertrag die schuldrechtliche Verpflichtung zur Übertragung des Vermögens, für den Treuhänder folgen aus der Vereinbarung die Pflichten, das Vermögen getrennt und im Sinne und gegebenenfalls nach besonderen Vorgaben des Stifters zu verwalten sowie, die Erträge zweckentsprechend zu verwenden.

Der Treuhänder erhält mit der Errichtung der Treuhandstiftung zivilrechtlich das Eigentum am Stiftungsvermögen und vertritt diese im Rechtsverkehr.

Der Treuhänder ist an die Treuhandstiftungs-Vereinbarung bzw. die vom Stifter festgelegte Auflage gebunden. In der der Praxis beinhaltet dies regelmäßig, den Vermögensstock zu erhalten und die Erträge für die vom Stifter festgelegten Zwecke zu verwenden;[83] jedoch ists die Gestaltung der Treuhandstiftung nicht an die entsprechenden Regelungen des Stiftungsrechts gebunden.

Denn das Stiftungszivilrecht gilt nur für rechtsfähige Stiftungen. Auch eine nur analoge Anwendung des Rechts für rechtsfähige BGB-Stiftungen wird richtigerweise ganz überwiegend abgelehnt.[84] Damit ist auch die Stiftungsaufsicht nicht für unselbstständige Stiftungen zuständig.

60 Da die Regelungen der §§ 80 ff. BGB nicht einschlägig sind, muss der Stiftende kein eigenständiges Gremium für die unselbstständige Stiftung einrichten; und wenn er ein solches Gremium einrichtet, ist dies kein „Organ", das die unselbständige Stiftung im Rechtsverkehr vertritt; und auch im Übrigen muss das Gremium nicht mit ähnlichen Befugnissen wie der Vorstand einer rechtsfähigen BGB-Stiftung versehen werden. Die unselbstständige Stiftung muss nicht einmal eine eigenständige Satzung bekommen, auch wenn das in der Regel anzuraten ist[85]; jedoch muss zumindest der Treuhandvertrag bzw. die Auflage neben dem Stiftungsvermögen den Zweck ausreichend konkretisieren, weil ohne bestimmten Zweck keine Treuhandstiftung entsteht. Zudem ist eine entsprechend Zweckkonkretisierung für eine Anerkennung als gemeinnützig erforderlich. Auch die stiftungsrechtlichen Vorgaben für eine für die Zweckverwirklichung angemessene Vermögensausstattung sind für die Treuhandstiftung nicht einschlägig; das Gründungsvermögen kann also bei gleichartigem Zweck geringer sein als dies bei einer rechtsfähigen

[81] Schlüter/Stolte StiftungsR, 102 Rn. 28.

[82] v. Campenhausen/Richter StiftungsR-HdB, 4. Aufl. 2014, § 36 Rn. 35.

[83] Schlüter/Stolte StiftungsR, 94 Rn. 5.

[84] Hüttemann/Rawert in Staudinger BGB Vorb. zu §§ 80 ff. Rn. 235 mwN; Schlüter/Stolte StiftungsR, 95 Rn. 8; v. Campenhausen/Richter StiftungsR-HdB, 4. Aufl. 2014, § 36 Rn. 15.

[85] Schlüter/Stolte StiftungsR, 103 Rn. 34.

BGB-Stiftung gem. § 80 BGB erforderlich ist.[86] Ebenso wenig gelten die stiftungsrechtlichen Beschränkungen für Änderungen des Stiftungszwecks; der Stifter kann hierzu aber bei der Treuhandstiftung entsprechende einschränkende Regelungen vorsehen.

Eine Treuhand-Selbstzweckstiftung dürfte aber aus denselben Gründen unzulässig sein wie eine rechtsfähige Selbstzweckstiftung. Zudem können keine sittenwidrigen Treuhandstiftungen errichtet werden; dies ergibt sich bei Treuhandstiftungen aber nicht aus der stiftungsrechtlichen Bestimmung des § 80 BGB, sondern aus den allgemeinen zivilrechtlichen Regelungen.

III. Steuersubjekt

Eine unselbstständige Stiftung kann, auch wenn sie nicht rechtsfähig ist, ein eigen- **61**
ständiges Steuersubjekt sein. Die Voraussetzungen dafür sind gegeben, wenn sie nicht identische Zwecke wie der Treuhänder verfolgt oder wenn eine ausreichende wirtschaftliche Selbständigkeit der Treuhandstiftung gegeben ist.[87] Als Steuersubjekt wird die Treuhandstiftung grundsätzlich steuerlich behandelt wie die rechtsfähige BGB-Stiftung.[88] Eine Ausnahme davon bildet die Regelung der Erbersatzsteuer für Familienstiftungen gem. § 1 Abs. 1 Nr. 4 ErbStG.

Da die unselbstständige Stiftung eigenständiges Steuersubjekt sein kann, kann sie steuerlich auch eine eigenständig als gemeinnützig anerkannte Stiftung sein; in diesem Fall gelten die Regelungen des Gemeinnützigkeitsrechts wie für jede gemeinnützige Körperschaft. Als Steuersubjekt kann zudem für die Vermögensübertragung auf die unselbständige Stiftung grds. auch der Sonderausgabenabzug gem. § 10b Abs. 1a EStG in Anspruch genommen werden.

IV. Änderungen nach Errichtung

Die Treuhandstiftung bzw. ihre Satzung kann – abhängig vom Errichtungsgeschäft – **62**
grds. verändert werden, bei der Errichtung im Wege des Vertrages geschieht dies durch einvernehmliche Vertragsänderung – oder, wenn dies im Stiftungsgeschäft, gegebenenfalls bei Vorliegen bestimmter Voraussetzungen, vorbehalten ist, entsprechend den mit dem Stiftungsgeschäft vorgegebenen Regelungen.

Die „Umwandlung“ einer Treuhandstiftung in eine rechtsfähige Stiftung, so genannte Verselbständigung, ist möglich und in der Praxis auch häufiger Fall. Jedoch ist hierfür das Umwandlungsgesetz nicht einschlägig.[89] Die „Umwandlung“ geschieht vielmehr in der Weise, dass das Vermögen der Treuhandstiftung auf eine vorab neu errichtete rechtsfähige BGB-Stiftung übertragen und die Treuhandstiftung aufgelöst wird.[90]

Bei eingetretener Unmöglichkeit der Zweckverfolgung können die stiftungsrechtlichen Regelungen des BGB und der Landesstiftungsgesetze nicht analog angewendet werden.[91] Abhilfe bietet das Mittel der Vertragsänderung oder -auslegung. Hat der Stifter keine

---

[86] Schlüter/Stolte StiftungsR, 105 Rn. 46.

[87] BLSB Gemeinnützigkeit, 11. Aufl. 2015, 47; die Sondermeinung der OFD Frankfurt 30.8.2012, DB 2012, NWB QAAAE-18132, 204, wonach bei identischen Zwecken ein von Treuhänder komplett getrenntes Gremium über die Verwendung der Erträge entscheiden können muss, damit ein wirtschaftlich eigenständiges Steuersubjekt angenommen werden kann, lässt sich aus den in v. Campenhausen/Richter StiftungsR-HdB, 4. Aufl. 2014, § 673 Rn. 75 f. genannten Gründen nicht halten.

[88] Schlüter/Stolte StiftungsR, 98 Rn. 15 mwN.

[89] Schlüter/Stolte StiftungsR, 112 Rn. 75.

[90] v. Campenhausen/Richter StiftungsR-HdB, 4. Aufl. 2014, § 36 Rn. 212.

[91] Hüttemann/Rawert in Staudinger BGB Vorb. zu §§ 80 ff. Rn. 261 mwN.

Erben, so kann nach seinem Tode der Treuhänder unter Berücksichtigung des Stifterwillens, an den ihn seine Treuepflicht auch nach Versterben des Stifters bindet, bei Unmöglichkeit der Zweckverfolgung ändern. Soweit diese Wege keine Abhilfe bieten, endet die Treuhandstiftung dann bei nachträglich eingetretener Unmöglichkeit der Zweckerfüllung.[92]

Der Wechsel des Treuhänders ist möglich, soweit dies im Stiftungsgeschäft unter bestimmten Voraussetzungen vorgesehen ist und diese Voraussetzungen vorliegen. Zudem kann auch ohne eine entsprechende Regelung vom Treuhänder durch Vertrag der Wechsel erfolgen.

V. Beendigung

63 Fällt der Treuhänder fort, führt dies nicht zur Beendigung der Stiftung; vielmehr gehen seine Verpflichtungen auf den Rechtsnachfolger über,[93] soweit nicht für diesen Fall im Stiftungsgeschäft eine andere Lösung vorgesehen ist. Ist dies nicht geschehen, teilt das Stiftungsvermögen das Schicksal des Vermögens des Treuhänders.[94]

Bei unter Lebenden vertraglich errichteten Treuhandstiftungen kann die Stiftung durch Anfechtung des Vertrages nach allgemeinen Regelungen des BGB (§§ 119 ff., 2078 BGB) ex ante beendet werden. Zudem kann diese Stiftung grds. beendet werden durch Aufhebungsvertrag zwischen Stifter und Treuhänder. Nach dem Tode des Stifters kann ein Aufhebungsvertrag zwischen den Erben des Stifters und dem Treuhänder erfolgen, dies bedarf jedoch uU gem. § 2194 Abs. 2 BGB der behördlichen Zustimmung. Die einseitige Beendigung ist nur begrenzt – abhängig von der Gestaltung des Stiftungsgeschäfts – nach den jeweils einschlägigen allgemeinen zivilrechtlichen Regelungen möglich.[95] Die Beendigung kann auch von vorneherein für den Eintritt bestimmter Bedingungen mit dem Stiftungsgeschäft vorgesehen werden; dazu zählt auch eine im Stiftungsgeschäft vorgesehene Kündigung aus wichtigem Grund. Die Beendigung und Rückgabe des Stiftungsvermögens an den Stifter oder seine Erben hat steuerlich regelmäßig rückwirkend nachteilige Folgen, insbesondere wenn es sich um eine gemeinnützige Treuhandstiftung handelt.

Ist das Vermögen der unselbstständigen Stiftung aufgezehrt, führt dies ebenfalls zu ihrer Beendigung. Gleiches gilt, wenn der Stiftungszweck, wenn er sich auf ein bestimmtes Vorhaben bezieht, final erfüllt ist.[96]

[92] v. Campenhausen/Richter StiftungsR-HdB, 4. Aufl. 2014, § 36 Rn. 209.
[93] Hüttemann/Rawert in Staudinger BGB Vorb. zu §§ 80 ff. Rn. 260.
[94] v. Campenhausen/Richter StiftungsR-HdB, 4. Aufl. 2014, § 36 Rn. 213.
[95] Schlüter/Stolte StiftungsR, 112, Rn. 73.
[96] Richter StiftungsR-HdB § 17 Rn. 153.

Kapitel 3. Errichtung der Stiftung

A. Wesen der Stiftung

I. Stiftungszweck und Stiftungsvermögen

1 § 80 Abs. 1 BGB enthält eine Legaldefinition der rechtsfähigen Stiftung. Danach ist die Stiftung eine mit einem Vermögen zur dauernden und nachhaltigen Erfüllung eines vom Stifter vorgegebenen Zwecks ausgestattete mitgliederlose juristische Person. Mit der Definition wird das bisherige Verständnis über das Rechtsinstitut der Stiftung wiedergegeben.[1] Die Definition enthält die drei wichtigsten Merkmale der Stiftung: Der Stiftungszweck, das Stiftungsvermögen sowie die Stiftungsorganisation als konstitutive Elemente. Nach der Gesetzesbegründung unterscheidet sich die Stiftung als juristische Person des Privatrechts in erster Linie von anderen körperschaftlich organisierten juristischen Personen des Privatrechts wie zB den auch im Gemeinnützigkeitsrecht häufig verwendeten Rechtsformen wie rechtsfähigen Vereinen oder Kapitalgesellschaften dadurch, dass Sie keine Mitglieder hat. Sie besteht daher aus einem Stiftungsvermögen und einem damit verbundenen Stiftungszweck. Daraus ergibt sich die – wie der Gesetzgeber formuliert – typische Verknüpfung von Zweck und Vermögen. Die Stiftung muss in der Lage sein, sich dauerhaft selbst zu tragen.[2]

1. Stiftungszweck

2 In der Satzung der Stiftung muss der Stifter gemäß § 81 Abs. 1 Nr. 1 lit. a BGB den Zweck der Stiftung definieren. Der Stiftungszweck ist das „Herzstück" der Stiftung und damit verpflichtender Inhalt der Stiftungssatzung. Hinsichtlich der Bestimmung des Zwecks ist der Stifter zivilrechtlich frei. Er kann der Stiftung einen weiten oder engen Zweck geben.[3] Dabei ist grundsätzlich jeder Zweck zulässig. Es muss sich nicht notwendiger Weise um einen gemeinnützigen Zweck handeln, wenn nicht in steuerrechtlicher Hinsicht eine Steuerbegünstigung gemäß den §§ 51 ff. AO für die Stiftung angestrebt wird. Lediglich darf der Zweck nicht das Gemeinwohl gefährden. Dabei kann sich der Stifter am Leitbild der gemeinwohlkonformen Allzweckstiftung orientieren.[4] Die Stiftung kann privatnützige Zwecke verfolgen, wie zB im Falle einer Familienstiftung, die der Versorgung einer Familie dient. Unvereinbar mit dem Stiftungsrecht ist lediglich die „Stiftung für den Stifter" oder die Selbstzweckstiftung.[5] Der Zweck der Stiftung muss fremdnützig sein, dh der Stifter darf mit der Errichtung der Stiftung nicht nur sich selbst begünstigen.[6] Das bedeutet in der Praxis, dass der Stifter einer Familienstiftung grds. nicht nur sich selbst als

---

[1] Vgl. dazu auch Hüttemann/Rawert in Staudinger BGB Vorb. zu §§ 80 ff. Rn. 1.

[2] Müller ZStV 2021, 167 (169).

[3] BT-Drs. 19/28173, 47 f.; vgl. → Kap. 5 Rn. 12 ff.

[4] Vgl. dazu auch Hüttemann/Rawert in Staudinger BGB Vorb. zu §§ 80 ff. BGB Rn. 7 und v. Campenhausen/Stumpf in Richter StiftungsR § 21 Rn. 9; Weitemeyer in MüKoBGB § 80 BGB Rn. 3.

[5] Vgl. Kap. 5 Rn. 5.

[6] Hüttemann/Rawert in Staudinger BGB Vorb. zu §§ 80–88 Rn. 8; Weitemeyer in MüKoBGB, § 80 Rn. 126.

Begünstigten benennen darf, sondern darüber hinaus noch einen anderen Personenkreis benennen muss. So ist auch zu berücksichtigen, dass die Stiftung einen Zweck erfüllen muss, der außerhalb der Stiftung liegt. Zweck zur Vermeidung einer Selbstzweckstiftung darf somit nicht die Selbsterhaltung des Stiftungsvermögens sein, sondern der Zweck muss darüber hinausgehen.[7]

3 Durch die Formulierung des Stiftungszwecks kann der Stifter seinem Willen mittels des Rechtsinstituts der Stiftung Ewigkeit verleihen. Der Stiftungszweck sollte vom Stifter auch gut überlegt sein, weil gerade die Änderungsmöglichkeiten hinsichtlich des Stiftungszwecks nur sehr eingeschränkt sind.[8] Dies ist nur möglich, wenn die dauernde und nachhaltige Erfüllung des Stiftungszwecks unmöglich ist oder der Stiftungszweck das Gemeinwohl gefährdet (§ 85 Abs. 1 BGB). Der Gesetzgeber geht davon aus, dass der Stifter nicht zwangsläufig die Art und Weise der Zweckverwirklichung in der Stiftungssatzung vorgeben muss. Das bedeutet, dass es stiftungsrechtlich ausreichend ist, wenn der Stifter zB Kunst oder Musik als Stiftungszweck definiert, aber darüber hinaus keine weitere Konkretisierung vornimmt, wie dieser Zweck erfüllt werden soll.[9] Wenn eine Stiftung den Zweck hat, der nur auf eine bestimmte Weise erfüllt werden kann, dann ist es nicht erforderlich, Maßnahmen zur Art und Weise der Zweckverwirklichung in der Satzung vorzugeben. Zu berücksichtigen ist aber, dass gemeinnützige Stiftungen wiederum hinsichtlich der Satzungsgestaltung bestimmte Vorgaben aus dem Gemeinnützigkeitsrecht erfüllen müssen.[10]

2. Stiftungsvermögen

4 Des Weiteren muss der Stifter im Stiftungsgeschäft eine konkrete Vermögenswidmung vorsehen. Gemäß § 81 Abs. 2 BGB muss das gewidmete Vermögen, das heißt die Vermögensausstattung einer Stiftung so bemessen sein, dass eine positive Lebensfähigkeitsprognose getroffen werden kann. Der Stifter muss der Stiftungsaufsicht gegenüber plausibel darstellen, dass er mit den aus dem vorhandenen Vermögen resultierenden Erträgen in der Lage ist, den vorgegebenen Stiftungszweck zu erfüllen. Das bedeutet, dass die Nutzungen aus dem Vermögen auch ausreichen müssen, um eine dauernde nachhaltige Zweckerfüllung bei der Stiftung zu gewährleisten. Der Gesetzgeber geht davon aus, dass eine Zweckerfüllung nur dann nachhaltig ist, wenn sich das Tätigwerden der Stiftung mit einer gewissen Intensität auswirken kann. Die Zweckerfüllung durch eine Stiftung, die über einen sehr langen Zeitraum bestehen soll (Ewigkeitsstiftung), ist idR wirksamer als die Zweckerfüllung durch eine Verbrauchsstiftung, die nur für eine kürzere Dauer besteht (Verbrauchsstiftung).[11] Daraus leitet der Gesetzgeber auch ab, dass eine nachhaltige Zweckerfüllung umso intensiver vorgenommen werden muss, je kürzer der Zeitraum ist, in dem eine Stiftung besteht. Das würde für die Praxis bedeuten, dass insbesondere bei Verbrauchsstiftungen eine erhöhte Anstrengung aufgrund der begrenzten Zeitdauer der Stiftung erforderlich ist, insbesondere – je kürzer die Stiftungsdauer – ein erhöhter Vermögenseinsatz. Des Weiteren folgt aus der Verknüpfung zwischen Zweck und Vermögen, dass nur ein solcher Zweck bei einer Stiftung in Betracht kommt, der sich aus den Nutzungen des Vermögens auch erfüllen lässt. Dabei werden die relevanten Erträge der Stiftung in Anlehnung an die Begriffe der §§ 99, 100 BGB definiert, dh Früchte und Nutzungen, die sich aus dem Gebrauch des Stiftungsvermögen ergeben.[12] Da sich der

[7] Beuthien in MHdB GesR V § 77 Rn. 31.
[8] Vgl. dazu § 85 Abs. 1 BGB; → Kap. 9 Rn. 16 ff.
[9] BT-Drs. 19/28173, 48.
[10] §§ 52 ff. AO; vgl. dazu Rn. 20.
[11] BT-Drs. 19/28173, 46.
[12] Schwake in MHdB GesR V § 79 Rn. 261.

Zweck der Stiftung mit den Erträgen aus dem Stiftungsvermögen erfüllen lassen muss, darf der Zweck nicht die Erhaltung des eigenen Vermögens sein (Selbstzweckstiftung).[13] Allerdings kann das Verbot der Selbstzweckstiftung nicht dazu führen, dass Zweck der Stiftung nicht die Erhaltung eines historischen Gebäudes sein darf. Vielmehr hat der Gesetzgeber die Stiftungskonzepte im Blick, in denen eine Stiftung lediglich Vermögen ohne einen bestimmten Zweck hält und dieses verwaltet. Selbstverständlich kann die Erhaltung wertvollen Kulturguts oder die Pflege von Denkmälern nach wie vor Stiftungszweck sein, ohne gegen diesen Grundsatz der Selbstzweckstiftung zu verstoßen.[14] In einem solchen Fall ist Zweck der Stiftung vielmehr Kultur oder Denkmalpflege, der durch die Erhaltung des jeweiligen Kulturguts erfüllt wird.

Weiterhin stellt sich die Frage, ob eine Stiftung & Co. KG zulässig sein kann oder 5
nicht, dh der Fall, dass eine Stiftung Komplementärin einer KG ist. Bisher besteht Einigkeit darüber, dass die Stiftung & Co. KG eine zulässige Rechtsform ist[15], auch wenn es immer wieder Kritik an der Rechtsform gab[16] für die Stiftung, deren einziger Zweck die Übernahme der Komplementärfunktion ist. Viele Stiftungsaufsichten haben Stiftungen, die als einziger Komplementär einer KG eingesetzt werden sollten, in der Vergangenheit anerkannt.[17] Auch beim Registergericht ist die Eintragung von Stiftungen als Komplementäre zugelassen worden ist. Die Gesetzesbegründung geht davon aus, dass eine Stiftung, die für die Erfüllung ihres Zwecks das Vermögen nicht nutzen muss, wie zB bei der Übernahme einer Komplementärstellung, nicht zulässig ist.[18] Dennoch ist eine Stiftung & Co. KG nicht per se unzulässig. Stiftungszweck einer Komplementärstiftung ist nicht, persönlich haftender Gesellschafter zu sein, sondern vielmehr das Betreiben eines Handelsgewerbes durch Beteiligung an einer KG.[19] Die Stiftung haftet als Komplementärin für sämtliche Gesellschaftsschulden (§§ 161 Abs. 2, 128 HGB). Sie ist daher nicht zwingend vermögenslos. § 83c Abs. 1 S. 2 BGB bestimmt zudem, dass der Stiftungszweck mit den Nutzungen des Grundstockvermögens zu erfüllen ist. Nutzungen sind nach § 100 BGB u. a. die „*Vorteile, die der Gebrauch der Sache oder des Rechts gewährt*". Eine Stiftung als Komplementärin kann ihren Zweck durch die Nutzungen erfüllen, die sie durch ihre Rechte als Komplementärin innehat.[20] Meines Erachtens ist daher die Stiftung & Co. KG nicht grundsätzlich unzulässig, es darf nur nicht der Zweck der Stiftung auf die Komplementärstellung reduziert sein.

II. Zeitdauer der Stiftung

Es lassen sich zwei Grundformen von Stiftungen anhand der Dauer voneinander 6
unterscheiden. Das ist zum einen die Ewigkeitsstiftung und zum anderen die Verbrauchsstiftung. Die sog. Teilverbrauchsstiftung, die nach § 83b Abs. 3 BGB vorgesehen ist, wird als Dauerstiftung qualifiziert, weil das Grundstockvermögen erhalten werden muss. Von der zeitlichen Komponente unterscheiden sie sich dadurch, dass die Dauerstiftung grundsätzlich für die Ewigkeit gegründet wird. Damit ist nicht zwingend gemeint, dass sie für

[13] BT-Drs. 19/28173, 46.

[14] Vgl. dazu auch Pruns ZErb 2021, 301 (302).

[15] Werkmüller ZEV 2015, 522; Gummert in MHdB GesR V § 82 Rn. 4; Götz INF 2004, 669 (670); Burgard NZG 2002, 697; Schwartz ZEV 2003, 306 (313); Werner ZEV 2006, 539 (540); Richter in Richter StiftungsR-HdB § 12 Rn. 80 ff.

[16] Hüttemann/Rawert in Staudinger BGB Vorb. zu §§ 80–88 Rn. 140.

[17] ZB Lidl Stiftung & Co. KG, Kaufland Stiftung & Co. KG sowie Siemag Weiss Stiftung & Co. KG.

[18] BT-Drs. 19/23173, 46.

[19] Beuthien in MHdB GesR V § 77 Rn. 36.

[20] Pruns ZErb 2021, 301 (302).

die Ewigkeit gegründet wird, aber dennoch sollte sie für eine unbestimmte Zeitdauer existieren und auch vor allem lebensfähig sein.[21] Der Stifter muss die Zeitdauer der Stiftung festlegen. Bei einer Verbrauchsstiftung ist in § 80 Abs. 1 Satz 2 BGB geregelt, dass sie eine Mindestlaufzeit von zehn Jahren haben muss. Dabei wird in § 81 Abs. 2 Nr. 1 BGB präzisiert, dass eine Festlegung *der Zeit* vorgesehen werden muss, für die die Stiftung errichtet wird. Das bedeutet, dass der Stifter sich im Falle einer Verbrauchsstiftung Gedanken darüber machen muss, wie viele Jahre die Verbrauchsstiftung existieren soll und bis wann konkret das zu verbrauchende Vermögen verwendet werden muss. Dabei ist es nicht erforderlich, einen bestimmten Zeitraum zu benennen. Wenn mit einer Verbrauchsstiftung nämlich konkrete Projekte umgesetzt werden sollen, ist es sinnvoller, die Lebensdauer der Verbrauchsstiftung durch die Umschreibung eines bestimmten objektivierbaren Ereignisses zu definieren oder ein bestimmtes Ziel, das mit der Stiftung erreicht werden soll.[22] Ansonsten sollte es dann bei der Mindestlebensdauer von zehn Jahren bleiben. Wenn zB der Stiftungszweck die Renovierung eines bestimmten Museums ist und der Stiftungszweck spätestens mit der Fertigstellung der Renovierungsarbeiten des Museums verwirklicht ist, kann zB an dieses Ereignis zur Regelung der Beendigung der Verbrauchsstiftung angeknüpft werden. Der Stifter verpflichtet damit die Stiftungsorgane zur Beendigung der Stiftung. Dies ist ein Unterschied zum bisherigen Recht, nach dem es zumindest nicht Zulässigkeitsvoraussetzung einer Verbrauchsstiftung war, dass ein konkretes Ende definiert wurde.[23] Dieser Zeitpunkt wird auch zukünftig im Stiftungsregister einzutragen sein (§ 2 Nr. 4 StiftRG), weswegen dieser Zeitpunkt auch dann Publizität hat. Sollte es allerdings nicht möglich sein, dass konkrete Ende der Verbrauchsstiftung an ein Ereignis zu knüpfen, ist es zwingend, einen konkreten Verbrauchsplan vorzusehen. Dieser kann zB so aussehen, dass man in den nächsten 12 Jahren jährlich etwa $^1/_{12}$ des Stiftungsvermögens für die Zwecke verwendet. Man kann dies allerdings auch degressiv ausgestalten, beispielhaftwerden in den ersten fünf Jahren 10 % des Stiftungsvermögens verbraucht, dann jährlich nur noch je 7 %.[24]

7 Grundsätzlich nicht zulässig ist die Stiftung auf Zeit.[25] Bei der Stiftung auf Zeit wird eine Stiftung für einen bestimmten Zeitraum gegründet, in dem der Stifter den Stiftungszweck erfüllen möchte. Das Ende der Stiftung auf Zeit ist allerdings ungewiss und knüpft auch nicht an den Verbrauch des Vermögens an. Diese Form der Stiftung wird als unzulässig angesehen. Grundsätzlich ist dies nicht nachvollziehbar, weil der Stifter auch den Willen äußern kann, dass er sich nicht festlegen möchte, wie lange die Stiftung währt. Meines Erachtens ist dies auch Ausdruck seines Stifterwillens, eine Stiftung nur für einen bestimmten noch nicht definierten Zeitraum gründen zu wollen. Unzulässig dürfte es sein, dass der Stifter ein Vermögen von EUR 20 Mio. als zu verbrauchendes Vermögen definiert, sich aber nicht festlegen möchte, bis wann es verbraucht werden soll, sondern lediglich die Mindestdauer von zehn Jahren in der Satzung festschreibt. Davon zu unterscheiden ist der oben erwähnte Fall, dass die Stiftung einen zeitlich endlichen Zweck fördert, aber noch nicht vorhersehbar ist, wann der Zweck erfüllt sein wird, zB die Beendigung der Stiftung an ein konkretes Ereignis anknüpft, dessen Zeitpunkt sich aber noch nicht sicher vorhersehen lässt. Solche zweckbefristeten Stiftungen sind nach wie vor als Verbrauchsstiftungen zulässig.[26]

---

[21] Schwake in MHdB GesR V § 83 Rn. 14.

[22] Lorenz/Mehren DStR 2021, 1774 (1775).

[23] BT-Drs. 19/28173, 49.

[24] Lorenz/Mehren DStR 2021, 1774 (1775).

[25] Schuck/Medinger ZEV 2021, 289 (299); vgl. dazu Blumers DB 2021, 2243 (2247).

[26] Hüttemann/Rawert in Staudinger BGB § 81 Rn. 54 sowie Hüttemann/Rawert ZIP Beil. 3/2021, 3; Schuck/Medinger ZEV 2021, 289 (299).

III. Stifterwille und Änderungskompetenzen

Oberstes Prinzip des Stiftungsrechts ist die Maßgeblichkeit des Stifterwillens.[27] Bei der Stiftung ist die Besonderheit, dass mit Errichtung der Stiftung sich das Vermögen und damit auch die juristische Person verselbständigt, dh der Stifter grundsätzlich keinen Einfluss mehr hat. Dabei muss er seinen Willen manifestieren, damit dieser losgelöst von seiner Person und seinem Einfluss über Jahre beachtet werden kann. Gemäß § 83 Abs. 2 BGB haben die Stiftungsorgane bei ihrer Tätigkeit für die Stiftung und die zuständigen Behörden bei der Aufsicht über die Stiftung den bei der Errichtung der Stiftung zum Ausdruck gekommenen Willen, hilfsweise den mutmaßlichen Willen des Stifters zu beachten. Dabei geht der Gesetzgeber davon aus, dass zunächst auf den originären Stifterwillen abzustellen ist, dh also den Willen, den der Stifter bei Errichtung der Stiftung zum Ausdruck gebracht hat.[28] Insbesondere hat der Stifterwille eine Bedeutung bei geplanten Satzungsänderungen oder bei Zulegung oder Zusammenlegung von Stiftungen. In einem solchen Fall ist stets zu fragen, ob diese Maßnahme dem Stifterwillen bei der Errichtung der Stiftung entspricht. Grundsätzlich ist darauf abzustellen, welcher Stifterwille bei Errichtung der Stiftung, sowohl in der Satzung als auch im Stiftungsgeschäft, zum Ausdruck gekommen ist.[29] Regelmäßig wird es aber so sein, dass der Stifterwille nicht immer eindeutig in der Gründungssatzung oder in dem zugrundeliegenden Stiftungsgeschäft zum Ausdruck gekommen ist, so dass es Zweifel geben kann. Es können daher auch andere Dokumente, die im Zusammenhang mit der Errichtung der Stiftung erstellt wurden, zur Ermittlung des Stifterwillens herangezogen werden. Allerdings ist zu berücksichtigen, dass Dokumente und anderweitige Schriftstücke neben dem Stiftungsgeschäft und der Stiftungssatzung nur dann relevant für den Stifterwillen sein können, wenn sie auch Gegenstand des Anerkennungsverfahrens gewesen sind.[30] Es ist zB nicht möglich, dass in der Satzung eine bestimmte Höchstdauer der Amtszeit für den Vorstand vorgesehen ist und der Stifter selber dies durch einen „Stifterbrief" oder eine andere Willensbekundung einige Jahre später losgelöst vom Stiftungsgeschäft und im Widerspruch zur Stiftungssatzung ändert.[31] Allerdings kann der Stifter neben dem Stiftungsgeschäft und der Stiftungssatzung zu Lebzeiten zur Konkretisierung seines Stifterwillens ein separates Dokument verfassen, mit dem er seinen Willen oder bzw. bestimmte Auslegungsfragen und Interpretationsfragen in der Satzung näher dokumentiert. Dies sollte mit der Stiftungsaufsicht geteilt werden, so dass diese auch über diesen Willen informiert ist. Daraus muss sich dann allerdings zweifelsfrei ergeben, dass dieser Stifterwille auch im Einklang mit der Satzung steht, also keine Widersprüche beinhaltet. Ist der Stifterwille nicht eindeutig, haben die Stiftungsorgane so zu handeln, wie es dem mutmaßlichen Willen des Stifters entspricht.[32] Definiert wird der mutmaßliche Stifterwille in der Gesetzesbegründung als der Wille, „der dem Interesse der Stiftung entspricht".[33] Grundsätzlich ist der mutmaßliche Wille aus dem Gesamtzusammenhang der Satzung zu ermitteln. Es muss konkrete Anhaltspunkte in der Satzung für den Stifterwillen geben. Die Vorgaben des Gesetzgebers, dass der Stifterwille dem Interesse der Stiftung entsprechen 8

[27] BVerfG v. 11.10.1997 – 2 BvR 209/76, NJW 1978, 581; Schwake in MHdB GesR V BGB § 79 Rn. 15.

[28] Hüttemann/Rawert in Staudinger BGB § 85 Rn. 36; OLG Frankfurt a. M. v. 27.5.2010 – 20 W 165/10, NZG 2010, 1034.

[29] BT- Drs. 19/28173, 52.

[30] OLG Köln v. 2.3.2018 – 1 U 50/17, NZG 2019, 70.

[31] So die Entscheidung des OLG Köln v. 2.3.2018.

[32] Vgl. dazu § 83 Abs. 2 BGB sowie BT-Drs. 19/28173, 52.

[33] BT-Drs. 19/28173, 51.

muss, lässt auch die Auslegung und das Verständnis zu, dass der Stifterwille so zu ermitteln ist, wie es für die künftige Stiftungstätigkeit am sinnvollsten erscheint.[34] Allerdings sollte die Satzung nach objektiven allgemein erkennbaren Gesichtspunkten interpretiert werden.[35] Sollte es keinen mutmaßlichen Willen geben bzw. lässt sich nicht auf irgendeiner Grundlage ein mutmaßlicher Wille des Stifters erkennen, so kann auch eine Änderung der Stiftungssatzung oder eine Zusammenlegung oder Zulegung nicht ohne weiteres vorgenommen werden. Das entscheidende Organ muss den mutmaßlichen Stifterwillen darlegen.[36] Einfacher wird es in den Fällen sein, wenn es sich um notwendige Anpassungen an gemeinnützigkeitsrechtliche Vorgaben handelt. Wollte der Stifter eine gemeinnützige Stiftung gründen, wird er eine stetige Anpassung an die Vorgaben des Gemeinnützigkeitsrechts auch gewollt haben.[37] Auch zeitgemäße Anpassungen an Entwicklungen sind gewollt, damit die Stiftung weiterhin existieren kann. Unklarheiten oder Widersprüche in der Satzung zu ändern, kann auch nur vom Stifter gewollt sein.

1. Prägende Bestimmung

9 Der Gesetzgeber sieht in § 85 BGB Möglichkeiten vor, die Satzung zu ändern. § 85 Abs. 2 Satz 2 BGB nennt Bestimmungen der Stiftungsverfassung, die für eine Stiftung regelmäßig als prägend anzusehen sind und regelt diesbezüglich die Voraussetzungen für eine Satzungsänderung. Es stellt dabei auch schon bei der Satzungsgestaltung für den Stifter die Frage, welche Bestimmungen als prägend anzusehen sind. Nach der Gesetzesbegründung gehören für alle Stiftungen neben dem Stiftungszweck regelmäßig die Bestimmung über den Namen und den Sitz, die Art und Weise der Zweckerfüllung sowie die Bestimmungen über die Zusammensetzung und Aufgabenverteilung zwischen den Organen zu den sogenannten prägenden Bestimmungen. Des Weiteren sollen aber auch Bestimmungen über das Vermögen prägend sein, die zum Erhalt des Grundstockvermögens eine Regelung treffen. Bei Verbrauchsstiftungen soll nach der Gesetzesbegründung die Regeln prägend sein, die die Zeit bestimmen, für die die Stiftung errichtet werden soll. Dies ist dann der Zeitraum, in welchem die Verbrauchsstiftung das Vermögen für gemeinnützige Zwecke verwendet oder aber das konkrete Projekt und das auflösende Ereignis, das die Verbrauchsstiftung zur Beendigung bringt.[38] Dazu soll nach der Gesetzesbegründung auch die Frage gehören, ob die Stiftung gemeinnützig oder eher kirchlich ist. Um spätere Satzungsänderungen zu ermöglichen oder auch zu verhindern, kann der Stifter auch bereits bei der Errichtung der Stiftung bestimmte Vorschriften als prägend festlegen.[39] Häufig wird es so sein, dass nicht eindeutig klar ist, ob eine bestimmte Regelung als prägend anzusehen ist oder nicht. In solchen Fällen muss durch Auslegung der Stiftungssatzung interpretiert werden, ob eine Bestimmung eine prägende Vorgabe war, die dann nur unter den verschärften Voraussetzungen des § 85 Abs. 2 BGB geändert werden kann, dh eine wesentliche Änderung der Verhältnisse vorausgesetzt oder ob erleichterte Bedingungen ausreichen. Daher ist insbesondere bei der Neugründung von Stiftungen darauf zu achten, dass sich der Stifter Gedanken darüber macht, welche Bestimmungen wichtig sind und unter welchen Voraussetzungen geändert werden können. Sind keine prägenden Bestimmungen gegeben, kann eine Änderung der betreffenden Vorschrift erfolgen, wenn dies der Erfüllung der Stiftungszwecke dient (§ 85 Abs. 3 BGB). Dies ist unter erheblich einfacheren Voraussetzungen möglich.

---

[34] → Kap. 5 Rn. 25 ff.
[35] So auch Schauhoff, in Gemeinnützigkeits-HdB § 3 Rn. 77.
[36] Schauhoff, in Gemeinnützigkeits-HdB § 3 Rn. 77.
[37] Schauhoff/Mehren NJW 2021, 2993 (2995).
[38] BT-Drs. 19/28173, 67.
[39] Schauhoff/Mehren NJW 2021, 2993 (2997).

2. Änderungskompetenz in der Satzung

Der Stifter kann nach § 85 Abs. 4 BGB in der Satzung festlegen, dass er von den Regelungen des § 85 Abs. 1–3 BGB abweichen möchte. Das bedeutet, er ist nicht gezwungen, die dreistufige Regelung zur Satzungsänderung des § 85 Abs. 1–3 BGB in die Satzung aufzunehmen. Er kann andere Voraussetzungen für eine Satzungsänderung treffen. Das bedeutet auch, dass er die Voraussetzung für eine Satzungsänderung weitaus leichter gestalten kann. Möchte der Stifter die Änderungsmöglichkeiten erleichtern, muss er gleichwohl die Vorgaben des § 85 Abs. 4 Satz 3 BGB beachten.[40] Danach sind satzungsmäßige Änderungsermächtigungen nur wirksam, wenn der Stifter Inhalt und Umfang von möglichen Satzungsänderungen in der Änderungsermächtigung hinreichend bestimmt und festlegt. Dies würde bedeuten, dass er zB keine Blanko- oder Pauschalermächtigung erteilen darf. Er darf also nicht in der Satzung vorgeben, dass der Vorstand jederzeit ermächtig ist, die Satzung per Mehrheitsbeschluss jederzeit zu ändern. Vielmehr muss er konkret vorgeben, unter welchen Voraussetzungen er sich eine Satzungsänderung vorstellt. Diese Voraussetzungen können dann auch im Verhältnis zum Gesetz leichter zu erfüllen sein. Möchte er weit vom Gesetz abweichen, dh Satzungsänderungen in großem Maße ermöglichen, muss er auch in der Satzung sehr konkret die Vorgaben dazu machen (Leitlinien und Orientierungspunkte für die Satzungsänderung).[41] 10

B. Stiftungsgeschäft

§ 81 BGB regelt die Voraussetzungen und die Einzelheiten des Stiftungsgeschäfts sowie den Inhalt und die Form. Das Stiftungsgeschäft ist die grundlegende Voraussetzung für das Entstehen einer Stiftung. Mit dem Stiftungsgeschäft gibt der Stifter der Stiftung eine Satzung und ein Vermögen zur Erfüllung des festgelegten Zwecks. Das Stiftungsgeschäft muss zwingend Angaben zum Stiftungsvermögen enthalten (§ 81 Abs. 1 Satz 1 Nr. 2 BGB). Bei dem Stiftungsgeschäft ist zwischen dem Stiftungsgeschäft bei einer Gründung zu Lebzeiten und der Stiftungsgründung von Todes wegen zu unterscheiden. 11

I. Stiftungsgeschäft unter Lebenden

Mit dem Stiftungsgeschäft gibt der Stifter der Stiftung eine Satzung und widmet ein Vermögen zur Erfüllung des von ihm in der Satzung festgelegten Zwecks. Bei dem Stiftungsgeschäft unter Lebenden handelt es sich um eine einseitige nicht empfangsbedürftige Willenserklärung, so dass grundsätzlich die Regeln über Rechtsgeschäfte anwendbar sind, dh auch zur Geschäftsfähigkeit, Anfechtung und Stellvertretung.[42] Es handelt sich nicht um einen Vertrag, auch nicht bei mehreren Stiftern. Stifter können grundsätzlich natürliche, aber auch juristische Personen sein sowie auch Personengesellschaften. Nicht stifterfähig ist die Erbengemeinschaft.[43] Das Stiftungsgeschäft kann unter einer Bedingung nach § 158 BGB vorgenommen werden. Dann kommt es allerdings erst mit dem Eintritt der Bedingung zu einer Anerkennung. Schwieriger ist eine auflösende Bedingung, weil diese gegen die Dauerhaftigkeit der Stiftung spricht. Auch bei einer Verbrauchsstiftung ist der Unterschied, dass bei einer auflösenden Bedingung die Stiftung 12

[40] BT-Drs. 19/28173, 68.
[41] Lorenz/Mehren DStR 2021, 1774 (1777).
[42] Schlüter/Stolte StiftungsR, 3. Aufl. 2016, Kap. 2 Rn. 35.
[43] Wackert in BeckOK BGB § 80 Rn. 42.

rückwirkend erlischt, während aber eine Verbrauchsstiftung, die aufgrund eines bestimmten Ereignisses beendet wird, nur für die Zukunft endet. Daher stellt sich meines Erachtens eine auflösende Bedingung als nicht mit dem Stiftungsrecht vereinbar dar. [44]

1. Formerfordernis des Stiftungsgeschäfts

13 Gemäß § 81 Abs. 3 BGB bedarf das Stiftungsgeschäft unter Lebenden der Schriftform, wenn nicht in anderen Vorschriften ausdrücklich eine strengere Form vorgeschrieben ist, oder es muss in einer Verfügung von Todes wegen enthalten sein. Diese Vorgabe war schon im bisherigen BGB enthalten. Die Schriftform sollte für das Stiftungsgeschäft genügen, weil bereits durch die Stiftungsaufsicht die Beurkundungsfunktion ersetzt wurde.[45] Das bedeutet, dass in einem Stiftungsgeschäft, in dem der Stifter die Einbringung eines Grundstücks verspricht oder die Übertragung eines GmbH-Anteils, keine notarielle Beurkundung des Stiftungsgeschäfts als solches erforderlich sein sollte. Insoweit entbehrte die Entscheidung des OLG Köln v. 5.8.2019,[46] die von einer Beurkundungspflicht des Stiftungsgeschäfts für den Fall ausging, dass ein Stifter im Stiftungsgeschäft eine Stiftung mit Grundbesitz ausstatten wollte, einer rechtlichen Grundlage. Dies entsprach schon im bisherigen Recht nicht der Vorschrift des BGB.[47] Gleichwohl muss nach Anerkennung der Stiftung die Übertragung und somit die Erfüllung des Stiftungsgeschäfts nach den Vorschriften für die Übertragung von Grundbesitz bzw. GmbH-Anteilen vorgenommen werden. Bezüglich der GmbH-Anteile ist § 82a Satz 2 BGB zu berücksichtigen. Danach gehen Rechte, zu deren Übertragung eine Abtretung genügt, mit der Anerkennung auf die Stiftung über, sofern sich nicht aus dem Stiftungsgeschäft ein anderer Wille des Stifters ergibt. Wenn der Stifter im Stiftungsgeschäft nichts angeordnet hat und für die Gründung der Stiftung sich zu der Einbringung von Anteilen an einer Kapitalgesellschaft verpflichtet hat, stellt sich die Frage, ob eine notarielle Beurkundung gem. § 15 Abs. 4 GmbHG zur Abtretung erforderlich ist. Nach dem Wortlaut des § 82a Satz 2 BGB dürfte dies nicht der Fall sein, sondern diese gehen automatisch auf die Stiftung über.[48] § 15 Abs. 5 GmbHG geht allerdings vor, wenn die Zustimmung der Mitgesellschafter für die Übertragung der GmbH-Anteile erforderlich sein sollte. In einem solchen Fall ist die Abtretung der Geschäftsanteile nach Abschluss des Stiftungsgeschäfts dennoch notariell zu beurkunden (vgl. dazu § 15 Abs. 3 GmbHG). Bei Grundbesitz besteht Einigkeit darüber, dass das Stiftungsgeschäft nicht beurkundungspflichtig ist. Da aber nach dem Wortlaut des § 82a Satz 2 BGB eine Übertragung des Grundstücks durch Abtretung nicht möglich ist, muss zwingend nach der Anerkennung der Stiftung die erforderliche Auflassung notariell beurkundet werden (§ 925 BGB).[49]

2. Widerruf

14 Da es sich bei der Stiftung um ein einseitiges Rechtsgeschäft handelt, stellt sich die Frage, ob ein Widerruf zulässig ist. Hier ist zu differenzieren, zu welchem Zeitpunkt der Stifter widerrufen möchte. Gemäß § 81a BGB ist bis zur Anerkennung der Stifter zum Widerruf berechtigt. Bevor das Stiftungsgeschäft zur Anerkennung bei der Stiftungsbehörde eingereicht ist, kann der Stifter durch einseitige, nicht empfangsbedürftige Wil-

[44] Vgl. dazu SSSP BGB § 80 Rn. 10.

[45] BT-Drs. 19/28173, 50.

[46] DNotZ 2020, 630.

[47] § 81 Abs. 3 BGB aF, der lautete: Das Stiftungsgeschäft unter Lebenden bedarf der Schriftform.

[48] So auch bereits im bisherigen § 82 Satz 2 BGB; Zimmermann NJW 2011, 2931 (2932); Godron in Richter, StiftungsR-HdB, § 7 Rn. 15; Schwake MHdB GesR V § 79 Rn. 147.

[49] Hüttemann/Rawert in Staudinger BGB § 81 BGB Rn. 17; Schwake in MHdB GesR V § 79 Rn. 146.

lenserklärung jederzeit widerrufen. Die Widerrufserklärung hat auch keine Form. Es reicht dabei aus, dass er seinen Widerrufswillen nach außen dokumentiert, indem er zB die Dokumente vernichtet.[50] Bei mehreren Stiftern kann jeder für sich widerrufen. Ist die Anerkennung bei der zuständigen Behörde beantragt, so ist der Widerruf dieser gegenüber zu erklären (§ 81a Satz 2 BGB). Das bedeutet, dass der Stifter eine amtsempfangsbedürftige Willenserklärung aussprechen muss. Die Folgen können auch mit Wirkung gegen den Stifter voraussetzungslos beseitigt werden, weil vor der Anerkennung durch die zuständige Behörde keine Vermögensübertragungspflicht entstanden ist.[51] In dem Fall, dass der Stifter nach Abschluss des Stiftungsgeschäfts verstirbt, aber vor Erteilung der Anerkennung, handelt es sich um ein Stiftungsgeschäft unter Lebenden. Die Rechte des Stifters gehen nach § 1922 BGB auf seine Erben über.[52] Der Erbe kann das Stiftungsgeschäft nicht mehr widerrufen, wenn der Stifter bei der zuständigen Behörde einen Antrag auf Anerkennung der Rechtsfähigkeit gestellt hat oder den beurkundenden Notar mit der Einreichung betraut hat § 81a S. 3 BGB. Ist dies noch nicht erfolgt, kann der Erbe grundsätzlich noch widerrufen. Dies soll auch dann gelten, wenn eine andere Person durch den Stifter mit der Einreichung des Antrags auf Anerkennung beantragt wurde und diese den Antrag erst nach Tod des Stifters einreicht.[53]

II. Stiftung von Todes wegen

Es kann auch eine Stiftung von Todes wegen errichtet werden. Hier gilt die Fiktion des sog. Städel-Paragraphs (§ 80 Abs. 2 BGB).[54] Wird eine Stiftung unter Lebenden oder von Todes wegen erst nach dem Tode des Stifters anerkannt, gilt sie auch zukünftig zumindest für Zuwendungen des Stifters als schon vor dessen Tod entstanden. Die Fiktion wurde weiterhin ins Gesetz aufgenommen und hat Bedeutung für die Stiftung von Todes wegen, da sie die Erbfähigkeit der noch nicht anerkannten Stiftung gewährleistet.[55] Bei Stiftungen von Todes wegen ist es regelmäßig so, dass in dem Falle, dass der Stifter testamentarisch oder erbvertraglich eine Stiftung nach seinem Tod errichten möchte, die Formvorschriften für die letztwillige Verfügung einhalten muss (§§ 2247 ff.; § 2276 BGB). Des Weiteren ist der Fall davon zu unterscheiden, dass ein Stifter ein Stiftungsgeschäft zu Lebzeiten errichtet hat, dann verstirbt und die Stiftung nach seinem Tod errichtet wird. Nach § 81 Abs. 4 BGB wird eine Pflicht der nach Landesrecht zuständigen Behörde geregelt, die die fehlende oder unvollständige Satzung ergänzen darf, wenn der Stifter aufgrund seines Ablebens dies nicht mehr vollenden kann. Voraussetzung ist, dass der Stifter im Stiftungsgeschäft zumindest den Zweck der Stiftung festgelegt hat und ein Vermögen gewidmet hat. Nichtig bleibt ein Stiftungsgeschäft, in dem der Stifter gar kein Stiftungszweck festgelegt hat. In den Fällen, in denen der Stifter im Stiftungsgeschäft einen Zweck festgelegt und ein Vermögen gewidmet hat, welches aber nicht den sonstigen gesetzlichen Anforderungen entspricht, dh eine unvollständige Satzung enthält, kann von der Stiftungsbehörde unter Berücksichtigung des wirklichen oder mutmaßlichen Stifterwillens die Dokumentation ergänzt werden. Die Behörde muss allerdings zuvor prüfen, ob eine dauernde und nachhaltige Erfüllung des vom Stifter festgelegten Stiftungszwecks gesichert erscheint. Fehlt eine Satzung im Stiftungsgeschäft, kann die zuständige Behörde die Satzung noch erstellen. Die Behörde soll nach § 81 Abs. 4 Satz 1 BGB die Möglichkeit 15

[50] Nuscheler ZSTV 2017, 172 (175); Weitemeyer in MüKoBGB § 81 Rn. 53.
[51] SSSPBGB § 81 Rn. 48 (49); vgl. dazu auch § 81 Abs. 2 BGB aF.
[52] Hüttemann/Rawert in Staudinger BGB § 81 Rn. 87.
[53] Wackert in BeckOK BGB § 81 Rn. 16; Hüttemann/Rawert in Staudinger BGB § 87 Rn. 87.
[54] Vormals § 84 BGB aF.
[55] Hüttemann/Rawert in Staudinger BGB § 84 BGB Rn. 2.

haben, dass sie zB auch eine Stiftungssatzung eines Stifters von Todes wegen so ändern kann, dass die satzungsmäßigen Voraussetzungen für eine Steuerbegünstigung nach § 60a AO möglich sind, wenn dafür bestimmte Umformulierungen der Satzung erforderlich sind.[56]

1. Verhältnis zur Testamentsvollstreckung

16 Es wird ausdrücklich im Wortlaut klargestellt, dass die Stiftung das gewidmete Vermögen „zur eigenen Verfügung" erhalten muss. Damit wird impliziert, dass es ein Verbot der Dauertestamentsvollstreckung gibt. Das bedeutet, dass es hinsichtlich des Vermögens, das eine Stiftung erbt, keine Dauertestamentsvollstreckung geben kann, weil dann der Dauertestamentsvollstrecker das Recht hätte, Einfluss auf das Vermögen zu nehmen, das der Stiftung ausdrücklich zugewiesen ist. Die Streitfrage und Abgrenzungsthematik zwischen Stiftung und Dauertestamentsvollstreckung ist durch eine Entscheidung vom OLG Frankfurt a. M. v. 15.10.2010 aufgekommen.[57] Ein Erblasser hatte eine von Todes wegen errichtete Stiftung als Alleinerbin eingesetzt und verschiedene Vermächtnisse bestimmt. Des Weiteren hatte er auch einer dritten Person ein Nießbrauchvermächtnis am gesamten Nachlass gewährt und gleichzeitig Testamentsvollstreckung über den gesamten Nachlass bis zum Tod dieser begünstigten Person angeordnet. Die Anerkennungsbehörden waren der Auffassung, dass die Verwaltung des Vermögens nicht vollständig in den Händen des Stiftungsvorstandes sei, sondern in den Händen des Testamentsvollstreckers, so dass die Stiftung keine wirksame Vermögensausstattung erhalten würde. Das Gericht versuchte dann eine Lösung dadurch zu erreichen, dass der Begünstigte auf das Nießbrauchrecht verzichtete und stattdessen Geldzahlungen aus dem Vermögensstock der Stiftung erhalten sollte. Damit war zumindest eine wirksame Vermögensübertragung des Nachlasses auf die Stiftung gegeben.[58] In diesem Fall wurde vom OLG Frankfurt a. M. vertreten, dass mit der Stiftung von Todes wegen eine Dauertestamentsvollstreckung über die Verwaltung des Nachlasses nicht vereinbar sei, weil damit das Stiftungsvermögen nicht eigenverantwortlich durch die Stiftung verwaltet werden könne. Zulässig bleibt allerdings eine Abwicklungstestamentsvollstreckung in der Gründungsphase einer Stiftung. Sollte also eine Dauertestamentsvollstreckung angeordnet sein und dadurch die Entstehung der Stiftung gefährden, so ist es sinnvoll, die Anordnung des Erblassers erbrechtlich in eine Abwicklungstestamentsvollstreckung umzudeuten, um den letzten Willen rechtssicher umzusetzen. Teilweise wird das Bedürfnis einer Testamentsvollstreckung auch bzgl. einer Stiftung im Erbfall anerkannt.[59] Die Formulierung, dass die Stiftung Vermögen zu ihrer eigenen Verfügung erhalten soll, führt auch zu der Fragestellung, ob andere Beschränkungen, wie zB Nießbrauchrechte, mit denen das Stiftungsvermögen belastet ist, dann überhaupt noch zulässig sind. Bisher ist anerkannt, dass auch ein Vermögen unter Nießbrauchvorbehalt auf eine Stiftung übertragen werden kann, sofern die Stiftung realistischerweise auch Erträge erzielen kann, dh also im Falle eines zB 50 %-igen Nießbrauchs. Ein 100 %-iges Nießbrauchrecht dürfte hingegen nicht zulässig sein, weil die Stiftung das Vermögen dann gar nicht nutzen darf. Grundsätzlich sollte aber die Einschränkung im Gesetz darauf abzielen, lediglich das Verhältnis zur Dauertestamentsvollstreckung zu klären. Es sollte allerdings nicht generell verhindern, dass eine Stiftung belastetes Vermögen erhalten darf.

---

[56] BT-Drs. 19/28173, 50.
[57] 4 U 134/10, ZEV 2011, 605 mit Anmerkung Reinmann ZStV 2011, 183.
[58] Vgl. zur Thematik Schewe ZEV 2012, 236.
[59] Gollan/Richter npoR 2021, 29 (31).

2. Auslegung des Stiftungsgeschäfts

Das Stiftungsgeschäft wird grundsätzlich nach § 133 BGB ausgelegt, das bedeutet, dass die allgemeinen Vorschriften zur Auslegung einer Willenserklärung anwendbar sind. Bei der Auslegung einer Willenserklärung ist nach § 133 BGB der wirkliche Wille zu erforschen und nicht an dem buchstäblichen Sinne des Ausdrucks zu haften. Wie bei Testamenten ist auch in diesem Falle nicht § 157 BGB anwendbar, der die Auslegung von Verträgen regelt, und damit nochmal eine weitere Auslegungsvorgabe macht. Verträge sind danach so auszulegen wie Treu und Glauben mit Rücksicht auf die Verkehrssitte es erfordern. Damit kommt es nicht darauf an, wie ein verständiger Dritter die Willenserklärung verstehen konnte (sog. objektiver Empfängerhorizont). Dies liegt daran, dass das Stiftungsgeschäft wie ein Testament ein einseitiges Rechtsgeschäft ist und damit gar kein Empfänger hinsichtlich des Inhaltes geschützt werden muss.[60] Es ist daher auch beim Stiftungsgeschäft unter Rückgriff auf alle möglichen Dokumente und Quellen der wirkliche Wille des Stifters herauszufinden, den er im Zeitpunkt der Erstellung des Stiftungsgeschäfts hatte und die er zur Zeit des Anerkennungsverfahrens zum Ausdruck bringen wollte. Es wird damit wie bei Testamenten die Andeutungstheorie anwendbar sein. Der Wille kann danach versteckt, unvollkommen oder durch Andeutung im Stiftungsgeschäft ausgedrückt werden, so dass auch Andeutungen im Stiftungsgeschäft beachtet werden.[61] 17

C. Stiftungssatzung

I. Name und Rechtsformzusatz

Gem. § 82c BGB soll eine Stiftung nach Eintragung in das Stiftungsregister ihren Namen mit dem Zusatz eingetragene Stiftung führen. Es ist dann die Abkürzung „e. S." vorgesehen. Bei Verbrauchsstiftungen gilt eingetragene Verbrauchsstiftung oder die Abkürzung „e. VS." Hintergrund ist, dass diese Namenszusätze Stiftungen des bürgerlichen Rechts von Stiftungen des öffentlichen Rechts und nicht rechtsfähigen Stiftungen unterscheiden soll. Des Weiteren soll auch schon durch den Namenszusatz signalisiert werden, ob es sich um eine Dauerstiftung oder um eine Verbrauchsstiftung, die nur innerhalb einer bestimmten Zeit existiert, handelt. Vorbild des § 82c BGB ist der für eingetragene Vereine geltende § 65 BGB. Es soll wie bei Vereinen der Namenszusatz nicht in der Satzung geführt werden, sondern nur im Rechtsverkehr. Bestandsstiftungen müssen deswegen nicht ihre Satzung ändern, sondern nur künftig mit Einführung des Stiftungsregisters den Namenszusatz verwenden.[62] 18

II. Sitz

Die Satzung muss auch den Sitz der Stiftung bestimmen (§ 81 Abs. 1 Nr. 1 lit. c BGB). 19
Der Sitz der Stiftung ist vor allen Dingen entscheidend für die Frage, welche Stiftungsbehörde örtlich zuständig ist. Aufgrund der bisherigen Rechtszersplitterung und der verschiedenen Auffassungen der Landesstiftungsbehörden, gab es in der Vergangenheit immer eine Art *Forum Shopping* bei Stiftungsgründungen, bei denen der Stifter sich das Bundesland oder die Stiftungsaufsicht ausgewählt hat, bei der er sich die meisten Freiräu-

[60] So auch Hüttemann/Rawert in Staudinger BGB § 81 Rn. 12.
[61] Mecking in MHdB GesR V § 85 Rn. 56 ff.
[62] BT-Drs. 19/28173, 83.

me für die Stiftungsgründung versprochen hatte.[63] Es ist aber grundsätzlich so, dass der Stifter hinsichtlich der Wahl des Stiftungssitzes frei ist. In § 83 BGB verwendet der Gesetzgeber dann allerdings nicht den Begriff des Sitzes, sondern den Begriff des Verwaltungssitzes. Insoweit ist fraglich, ob Rechtssitz und Verwaltungssitz an demselben Ort sind oder ob hier auch ein Auseinanderfallen möglich ist. Zwar ist die Regelung des § 83 Satz 3 BGB aF nicht mehr anwendbar, wonach der Sitz der Stiftung dort war, wo die Verwaltung geführt wurde. Es stellt sich die Frage, ob nunmehr davon auszugehen ist, dass der Stifter bzgl. des Sitzes regeln kann, was der möchte oder ob es einen bestimmten Bezug zum Stiftungssitz geben muss. Es ist davon auszugehen, dass Rechts- und Verwaltungssitz im Zweifel identisch sind und dass dies nicht ohne Weiteres auseinanderfallen soll.[64] Der Stifter ist bei der Wahl des Sitzes nicht völlig frei, sondern die satzungsmäßige Entscheidung, wo sich der Sitz befindet, muss auch einen Bezug zur Tätigkeit der Stiftung haben oder zum Ort der Verwaltung. Dies entspricht auch dem Allgemeininteresse einer effektiven Stiftungsaufsicht.[65] Daher sollte von einem Gleichlauf auszugehen sein und nur in bestimmten Ausnahmefällen ein Auseinanderfallen zulässig sein.

III. Zweck – Gemeinnützigkeitsrechtliche Erfordernisse

20 Bei der Formulierung des Zwecks in der Satzung bei gemeinnützigen Stiftungen ist zu berücksichtigen, dass in steuerrechtlicher Hinsicht lediglich die Angabe eines Zwecks ohne nähere Erläuterung, wie die Verwirklichung des Zwecks erfolgen soll, zur Erlangung der Steuerbegünstigung nach den §§ 51 ff. AO nicht genügt. Soll die Stiftung nach den §§ 51 ff. AO steuerbegünstigt sein, so müssen sich die Formulierungen nach der Mustersatzung der Finanzverwaltung in Anlage 1 zu § 60 AO richten. Nach der Mustersatzung der Finanzverwaltung wird ausdrücklich vorgegeben, dass der Stifter auch die Art und Weise der Zweckverwirklichung angeben muss. Soll eine Stiftung Kunst und Kultur fördern, sollte der Stifter in der Satzung noch zusätzlich ergänzen: *Die Stiftung verfolgt ihren Zweck insbesondere durch die Vergabe von Stipendien an Künstler.* Stiftungsrechtlich ist eine solche Formulierung nicht notwendig. Es sollte gut überlegt sein, welche Formulierungen der Stifter verwendet bzw. wie konkret er die Art und Weise der Zweckverwirklichung definieren möchte, weil die Stiftungsorgane auch daran gebunden sind. Bei der Formulierung des Stiftungszwecks ist auch die Diskrepanz zwischen Steuerrecht und Stiftungsrecht zu berücksichtigen. Stiftungsrechtlich kann jeder gemeinnützige Zweck individuell formuliert werden, zB kann die Stiftung die Förderung von Musik als Zweck definieren. Im Gemeinnützigkeitsrecht muss sich aus der Satzung ergeben, dass die Verfolgung gemeinnütziger Zwecke nicht von vorne rein ausgeschlossen oder zweifelhaft ist und die jeweilige Körperschaft die Allgemeinheit fördert (§ 52 Abs. 1 S. 2 AO). Es muss auch der begünstigte Personenkreis satzungsmäßig festgelegt werden, soweit er sich nicht aus dem Zweck ergibt. Auch die Tatbestandsvoraussetzungen der Ausschließlichkeit und Unmittelbarkeit der Zweckverfolgung müssen sich aus dem Satzungstext ergeben. Es muss allein aufgrund der Satzung schon geprüft werden können, ob die satzungsmäßigen Voraussetzungen für die Steuerbefreiung gegeben sind *(formelle Satzungsmäßigkeit).* Ein formelhafter Hinweis auf die Gesetzeslage oder der Verweis auf die eigene Gemeinnützigkeit reicht nicht aus.[66] Daher ist jedem Stifter zu empfehlen, dass er

[63] Schwake MHdB GesR V § 79 Rn. 156; Teuffel-Werhahn/Siebert ZStV 2018, 132.

[64] Hüttemann/Rawert in Staudinger BGB, § 81 Rn. 41 ff.; Hüttemann/Rawert ZIP 2021, 33 S 3.

[65] Hüttemann/Rawert ZIP Beil. 33/2021, 3.

[66] BFH v. 7.2.2018 – IV B 119/17, NV 2018, 544; BFH v. 31.10.1963 – I 320/61 O, BStBl. III 1964, 20; FG Hamburg v. 8.7.1988 – II 287/85, EFG 1989, 32.

die Formulierungen aus der Mustersatzung möglichst wortgenau übernimmt, selbst wenn eine wortgenaue Übernahme nicht erforderlich ist.[67] Dies beschleunigt den Abstimmungsprozess mit der Finanzverwaltung und verhindert Missverständnisse im Zusammenhang mit der formellen Satzungsmäßigkeit. An die Mustersatzung sind die Gerichte gebunden, weil § 60 Abs. 1 S. 2 AO der Mustersatzung eine Gesetzeskraft verliehen hat.[68]

IV. Rechtsstellung der Destinatäre

1. Grundsätze

Die Stiftung als mitgliederlose Vermögensmasse hat grundsätzlich keine Gesellschafter oder Mitglieder, die Beteiligungsrechte an der Stiftung haben.[69] Aufgrund der Förderung des Stiftungszwecks – unabhängig, ob dieser gemeinnützig oder privatnützig ist – kann es aber auch Begünstigte geben, die von den Leistungen der Stiftung profitieren. Die sog. Bezugsberechtigten einer Stiftung werden Destinatäre genannt. Welche Personen Destinatäre der Stiftung sind, bleibt allein dem Stifter überlassen. Dies kann er in der Satzung als Ausdruck seines Stifterwillens niederlegen.[70] Dabei hat der Stifter Stiftungsautonomie, wen er zu den Bezugsberechtigten der Stiftung bestimmt und wie konkret er den Kreis der Bezugsberechtigten fasst. Häufig ist bei den Destinatären zwischen der gemeinnützigen und der Familienstiftung als privatnützige Stiftung zu unterscheiden. In einer gemeinnützigen Stiftung finden sich normalerweise keine konkreten Destinatäre. Das bedeutet, dass die begünstigten Personen, die durch die Zweckverwirklichung der Stiftung bezugsberechtigt werden, nicht in der Satzung konkret genannt sind. So ist zB eine Stiftung, die den Umweltschutz fördert und dies aber auch durch Weitergabe von Mitteln an andere gemeinnützige Umweltschutzorganisationen verwirklichen möchte, nicht gezwungen, konkret in die Satzung aufzunehmen, welche Empfängerorganisationen sie fördern möchte. Bei gemeinnützigen Stiftungen wird daher häufig der Stiftungsvorstand einen erheblichen Ermessenspielraum haben. Die Begünstigten werden nach allgemeinen Kriterien bestimmt, sodass der Stiftungsvorstand sich nur an die Vorgaben in der Satzung halten muss. So ist es zB bei der Vergabe eines Stipendiums. Der Stifter kann zu der Satzung ergänzend Förderrichtlinien entwerfen und regeln, unter welchen Voraussetzungen ein Bewerber im Rahmen eines Auswahlverfahrens ein Stipendium bekommen kann oder nicht. Ob der Destinatär einen Anspruch auf eine Stiftungsleistung hat oder ob dies allein dem im Ermessen des Vorstandes ist, entscheidet sich nach der Stiftungssatzung und dem dort niedergelegten Willen des Stifters.[71] 21

2. Anspruch auf Stiftungsleistungen?

Es haben sich dabei folgende Grundsätze heraus entwickelt: Es besteht ein klagbarer Anspruch, wenn der Stifter in der Satzung für den Kreis der in Frage kommenden Destinatäre objektive Merkmale aufgestellt hat, durch deren Erfüllung der Destinatär unmittelbar berufen wird und kein weiterer Entscheidungsspielraum für die Stiftungs- 22

---

[67] FG Hessen v. 28.6.2017 – 4 K 917/16, Beck RS 2017, 126701; FG Hessen, Urt. v. 26.2.2020 – 4 K 594/18, Rev. eingelegt, Az. BFH: V R 11/20.

[68] Seer in Tipke/Kruse AO § 62 Rn. 4; FG Düsseldorf v. 20.8.2019 – 6 K 481/19 AO – rkr., DStRE 2020, 77.

[69] Godron in Richter, StiftungsR-HdB, § 6 Rn. 109.

[70] Vgl. zu Stipendienvergabe BGH vom 15.12.2016 – I ZR 63/15, npoR 2017, 119.

[71] BGH vom 16.1.1957 – IV ZR 221/56, NJW 1957, 708; BGH vom 22.1.1987 – III ZR 26/85, NJW 1987, 2364.

organe bleibt.[72] Liegt hingegen kein Anspruch auf eine Stiftungsleistung vor, kann eine Ermessensentscheidung des Vorstandes nur gerichtlich auf ihre Vereinbarkeit mit der Satzung überprüft werden.[73] Die Möglichkeit eines klagbaren Anspruchs hat ihre Grenzen, wenn der Destinatär eine vom Stifterwillen unabhängige Willensbildung gegenüber der Stiftung zum Ausdruck bringen kann.[74] Der Stifter sollte sich daher bei Errichtung der Stiftung genau überlegen, welche Position die Destinatäre erhalten sollten und dies durch die entsprechenden Formulierungen umsetzen. Häufig findet sich in gemeinnützigen oder privatnützigen Satzungen der Hinweis, dass ein Anspruch auf die Stiftungsleistungen nicht besteht.

V. Rechtsstellung des Stifters

23 Grundsätzlich steht der Stifter nach Entstehung der Stiftung wie ein fremder Dritter gegenüber. Ist die Stiftung einmal errichtet, hat er sich dem in der Stiftungssatzung niedergelegten Stifterwillen zu unterwerfen. Er kann auch nicht zu Lebzeiten die Stiftungssatzung ohne Ermächtigung revidieren oder die Stiftung widerrufen.[75] Die Gesetzesbegründung sieht keine besondere Rolle des Stifters vor. Im Rahmen des Gesetzgebungsverfahrens hatte es Bestrebungen gegeben, dem Stifter noch das Recht zu verleihen, nach der Gründung der Stiftung zu seinen Lebzeiten Änderungen vornehmen zu können. Dies hat sich allerdings nicht durchgesetzt. Allerdings – so die Gesetzesbegründung – kann sich der Stifter durch die Satzung bestimmte Rechte in Bezug auf die Stiftung einräumen oder sich die Mitgliedschaft in Stiftungsorganen vorbehalten.[76] Bei der Wahrnehmung solcher satzungsmäßigen Stifterrechte handelt der Stifter als Organ oder Mitglied eines Organes der Stiftung, dh er hat nur die jeweilige Organstellung und keine weitergehenden Rechte. Er muss auch in der Ausübung dieser Organrechte immer den Stifterwillen und die Vorgaben in der Satzung berücksichtigen. Er kann über seinen eigenen Willen nicht mehr disponieren, selbst wenn er zu Lebzeiten seinen Stifterwillen ändern sollte. Teilweise hat der Stifter nach den Landesstiftungsgesetzen noch die Möglichkeit, Änderungen der Stiftungssatzung durch Zustimmungsverweigerung zu verhindern. Dies ist allerdings im BGB nicht mehr vorgesehen.[77] Fraglich ist, ob der Stifter unabhängig von einer Organstellung bestimmte Rechte in der Satzung festschreiben kann. Nach der Gesetzesbegründung sollte dies der Fall sein, weil er sich „Rechte in Bezug auf die Stiftung einräumen lassen kann".[78] So ist es meines Erachtens dann auch zulässig, dass zB der Stifter auf der Grundlage der Satzung auch noch bestimmte Entscheidungen treffen darf, selbst wenn er nicht Organmitglied ist.

VI. Stiftungsvermögen

24 Die Vorgaben zum Stiftungsvermögen müssen nach § 81 Abs. 1 Nr. 2 BGB zwingend im Stiftungsgeschäft geregelt werden. Gemäß dem § 83b und 83c BGB können in der Satzung Regeln zum Stiftungsvermögen und der Verwaltung getroffen werden. Diese müssen aber nicht in der Satzung konkretisiert werden, sondern, wenn der Stifter nichts

[72] Vgl. Backert in BeckOK BGB § 85 Rn. 5.
[73] OLG Hamm v. 17.10.1991 – 22 U 12/91, NJW-RR, 1992, 451.
[74] Hüttemann/Rawert in Staudinger BGB § 85 Rn. 49.
[75] Vgl. Oppel NWB 2021, 122 (128).
[76] BT-Drs. 19/28173, 29.
[77] Widerspruch zum Bundesrecht so auch Weitemeyer in MüKoBGB § 85 Rn. 35.
[78] Vgl. Wortlaut BT-Drs. 19/28173, 29.

Abweichendes regelt, gelten die Vorgaben der §§ 83b, c BGB.[79] Der Stifter kann freiwillig in der Satzung genauere Vorgaben über das Vermögen in der Satzung machen.[80]

VII. Organisation

Die Stiftung braucht zu ihrer Handlungsfähigkeit mindestens ein Organ. Daher ist der Vorstand wie beim Verein das Pflichtorgan. Im Zuge der Reform wurde die bisherige Verweisung auf das Vereinsrecht aufgegeben und bei den Regelungen der Organisation der Stiftung auch eigene Regelungen zu den Stiftungsorganen ergänzt (vgl. §§ 84, 84a, 84b, 84c BGB). Dabei kann der Vorstand auch aus nur einer Person bestehen. Der Stifter ist aber frei, auch mehrere Vorstandsmitglieder zu bestimmen. Der Vorstand ist das Geschäftsführungsorgan. Dies ist allerdings teilweise dispositiv. Das bedeutet, dass die Geschäftsführungsaufgaben auch anderen Organen zugewiesen sein können, wie zB einem Aufsichtsorgan, das im Stiftungsrecht, Stiftungsbeirat, Stiftungsrat oder auch Stiftungskuratorium genannt wird.[81] Die Vertretung der Stiftung erfolgt durch den Vorstand. Dabei können natürliche Personen, aber auch juristische Personen des privaten und öffentlichen Rechts und sonstige rechtsfähige Personenvereinigungen als Vorstand eingesetzt werden. Sind es keine natürlichen Personen handeln diese wiederum durch ihre zuständigen Organe. Die Vertretungsmacht des Vorstands nach außen ist unbegrenzt, kann allerdings in der Satzung wiederum eingeschränkt werden. Ggfs. kann auch durch eine Geschäftsordnung das Innenverhältnis der einzelnen Organmitglieder zueinander geregelt werden. Vorteil einer Geschäftsordnung ist, dass eine Anerkennung durch die Stiftungsbehörde nicht erforderlich ist und damit auch Änderungen jederzeit möglich sind. 25

Des Weiteren sind die Vorstandsmitglieder gemeinschaftlich zur Vertretung berechtigt. 26 Allerdings kann Einzelvertretungsmacht angeordnet sein. Nicht dispositiv ist die passive Vertretungsmacht, dh es reicht aus, dass ein Zugang bei einem Vorstandmitglied bewirkt wurde.[82] § 84 Abs. 3 BGB stellt klar, dass hinsichtlich der Geschäftsführungsaufgaben, mit Ausnahme der Vertretung auch andere Stiftungsorgane mitverantwortlich sein können. Die Vertretungsmacht des Vorstands kann auch gegenüber Dritten beschränkt werden, auch wenn es ein weiteres Organ gibt. Sollte es andere Organe geben, muss die Satzung Vorgaben machen, welche Aufgaben diese Organe haben und wie sie sich zusammensetzen (§ 84 Abs. 4 BGB). In § 84 Abs. 5 BGB wird wiederum auf Regeln für den Verein verwiesen, und zwar die §§ 30, 31 und 42 Abs. 2 BGB. Das bedeutet, dass ein besonderer Vertreter bestellt werden kann, die Haftungsprivilegien nach § 31 BGB auf die Stiftung anwendbar sind sowie die Insolvenzregel des § 42 Abs. 2 BGB. § 84b BGB regelt die Beschlussfassung der Organe und verweist dabei auch auf § 32 BGB. Das bedeutet, dass die Angelegenheiten der Stiftung durch eine Beschlussfassung des Vorstands geregelt werden. Grundsätzlich ist es zulässig, die Beschlussfassung der Stiftung in der Satzung zu regeln und dabei auch vom Gesetz abzuweichen. Der Stimmrechtsausschluss bei Interessenkollisionen gemäß § 84b S. 2 BGB ist zwingend, wenn ein Organmitglied bei der Beschlussfassung über ein Rechtsgeschäft mit sich selbst oder Einleitung oder Erledigung eines Rechtstreits zwischen ihm und der Stiftung tätig wird.[83] Eine weitere Regelung enthält § 84c BGB für Notmaßnahmen beim Fehlen von Vorstandsmitgliedern. Vor der Stiftungsreform war eine Notbestellung durch das Amtsgericht bei

[79] BT-Drs. 19/28173, 47.
[80] → Kap. 7 Rn. 41.
[81] BT-Drs. 19/28173, 59.
[82] BT-Drs. 19/28173, 60.
[83] BT-Drs. 19/28173, 62.

Stiftungen möglich (§§ 86 BGB aF iVm § 29 BGB). Nun sollte aber eine eigene Regelung getroffen werden, die den Bedürfnissen der Stiftung gerecht wird. Zudem sollten für Notfallmaßnahmen gemäß § 84c Abs. 1 S. 1 BGB nicht mehr die Amtsgerichte zuständig sein, sondern die Stiftungsbehörden, weil sie besser beurteilen können, welche Maßnahmen zu treffen sind und welche geeigneten Personen als Notvorstand gefunden werden können. Sie werden dann auf Antrag eines Beteiligten oder von Amts wegen tägig.

VIII. Satzungsänderung, Auflösung, Aufhebung und Vermögensanfall

27 Weiterer Inhalt der Satzung sind zukünftig auch Satzungsregelungen über eine Satzungsänderung, die im § 85 BGB ausführlich vorgesehen sind. Gemäß § 85 Abs. 4 BGB hat allerdings der Stifter die Möglichkeit, von diesen Regelungen abzuweichen, dh er kann auch erleichterte Voraussetzungen regeln.[84] Entsprechend sind auch Regelungen über die Auflösung und die Aufhebung, dh die Beendigung der Stiftung nicht dispositiv. Die Vorschriften zur Beendigung von Stiftungen in §§ 87–87c BGB sind abschließend und zwingend. Der Stifter kann diese nicht erleichtern oder erschweren.[85] Einzig die Anfallsberechtigung bzw. den Vermögensanfall kann der Stifter regeln. Gemäß § 87c BGB fällt das Stiftungsvermögen an die in der Satzung bestimmten Anfallsberechtigten. Durch die Satzung kann vorgesehen werden, dass die Anfallsberechtigten durch ein Stiftungsorgan bestimmt werden. Fehlt es an einer Bestimmung aufgrund der Satzung, fällt das Stiftungsvermögen an den Fiskus des Landes, in dem die Stiftung ihren Sitz hatte. In dem Falle, dass der Fiskus anfallsberechtigt ist, wird auch auf § 46 BGB aus dem Vereinsrecht verwiesen. Ansonsten gelten ebenfalls die §§ 47–53 BGB des Vereinsrechts. Damit gelten auch die Vorschriften zum Liquidationsverfahren, wie auch das Sperrjahr nach § 51 BGB. Der Stifter hat daher in der Satzung die Möglichkeit, die anfallsberechtigte Person bei Beendigung der Stiftung zu benennen. Hier ist auch das Gemeinnützigkeitsrecht zu berücksichtigen. Möchte der Stifter eine steuerbegünstigte Stiftung errichten, so muss er sich auch an der Mustersatzung für gemeinnützige Körperschaften der Finanzverwaltung orientieren. Bei Auflösung oder Aufhebung der Stiftung muss das Vermögen nach § 5 der Mustersatzung entweder an eine konkret bezeichnete juristische Person des öffentlichen Rechts oder eine andere nach den §§ 51 ff. AO steuerbegünstigte Körperschaft fallen, die es unmittelbar und ausschließlich für gemeinnützige, mildtätige oder kirchliche Zwecke zu verwenden hat. Dabei ist zu berücksichtigen, dass eine konkrete, steuerbegünstigte Körperschaft benannt werden muss. Des Weiteren ist die Alternative, dass eine beliebige juristische Person des öffentlichen Rechts oder eine andere steuerbegünstigte Körperschaft anfallsberechtig wird, aber dann die Verpflichtung hat, das Vermögen für einen bestimmten, gemeinnützigen Zweck, der in der Satzung konkret benannt werden muss, zu verwenden.

D. Anerkennungsverfahren

I. Stifterfreiheit und Anerkennung

28 Eine Stiftung muss zu ihrer Errichtung von der Behörde anerkannt werden. Eine Genehmigung ist nicht erforderlich. Dabei ist die Anerkennung nicht ermessensabhängig. Es besteht ein Anspruch darauf, wenn das Stiftungsgeschäft den Anforderungen des § 81

[84] → Kap. 9 Rn. 40.

[85] BT-Drs. 19/28173, 77.

Abs. 3 BGB genügt und die dauernde und nachhaltige Erfüllung des Stiftungszwecks gesichert erscheint. Dies ist dann der Fall, wenn anhand einer Lebensfähigkeitsprognose das gewidmete Vermögen ausreichend ist, um mit den Nutzungen den Stiftungszweck langfristig fördern zu können. Die Behörde verfügt über einen Prognosespielraum.[86] Eine Ausnahme erfolgt nur, wenn eine Gemeinwohlgefährdung vorliegt, dh wenn die Stiftung einen Zweck verfolgen will, der die Interessen der Allgemeinheit gefährdet, oder wenn im Anerkennungsverfahren absehbar ist, dass die Stifter oder die Mitglieder der Organe die Stiftung nutzen wollen, um Rechte zu verletzen, insbesondere rechtswidriges Verhalten zu verschleiern. In einem solchen Fall kann eine Anerkennung verweigert werden, weil die Stiftung ohnehin nach einiger Zeit wieder aufgehoben werden müsste.[87] Die Stiftungserrichtung selbst wird durch Art. 2 Abs. 1 GG geschützt. Das bedeutet der Stifter hat eine grundrechtlich geschützte Stifterfreiheit.[88] Zur Stifterfreiheit gehört nicht nur die Freiheit eine Stiftung zu gründen, sondern die Freiheit der individuellen Vorstellungen, in welcher Form und wie der Stifter eine Stiftung gründen will.[89] Damit geht auch eine Formulierungsfreiheit einher, so dass der Stiftungsaufsicht Grenzen gesetzt werden. Die Stifterfreiheit endet in dem Moment, wo die Anerkennung durch die Stiftungsbehörde erfolgt ist, weil sich die Stiftung dann verselbständigt.[90]

II. Verfahren bei der Aufsichtsbehörde

Die Stiftungsaufsichtsbehörden haben bei der Entstehung der Stiftung die Aufgabe, die Zweck-/ Mittel-Relation der Stiftung zu prüfen, in der Weise, dass gewährleistet sein muss, dass die Stiftung entweder als Dauerstiftung oder als Verbrauchsstiftung die Vorgaben des Gesetzgebers erfüllt und entsprechend dauerhaft existieren kann. Durch die Vereinheitlichung des Stiftungsrechts BGB gibt es nunmehr einige Vorschriften, die dispositiv sind, also der Stifter eine eigene Regelung treffen kann, aber auch solche, die er nicht abweichend vom BGB regeln kann. Die Stiftungsbehörden müssen im Anerkennungsverfahren überprüfen, welche Regeln der Stifter abweichend treffen darf und welche nicht. Bei einer abweichenden Regelung müssen die Stiftungsbehörden zwar einerseits dahinwirken, dem Willen des Stifters gerecht werden aber andererseits auch unwirksame oder unpraktikable Regelungen ggfs. zu vermeiden. Dabei hat die Stiftungsbehörde grundsätzlich darauf hinzuwirken, dass der Stifter im Rahmen seiner Stifterfreiheit eine anerkennungsfähige Stiftung gründen kann. 29

III. Verfahren bei den Finanzbehörden

Möchte der Stifter eine steuerbegünstigte Stiftung gründen, muss er parallel zum Anerkennungsverfahren bei der Stiftungsbehörde die Satzung auch bei der Finanzverwaltung einreichen. Die Finanzbehörden werden anhand der steuerrechtlichen Vorgaben der §§ 51 ff. AO überprüfen, ob die Satzung formell den Anforderungen der Gemeinnützigkeit entspricht. Des Weiteren wird auch überprüft, ob die Regelungen der Mustersatzung in der Stiftungssatzung abgebildet sind. Sowohl beim Verfahren bei der Aufsichtsbehörde als auch beim Verfahren bei den Finanzbehörden hat der Stifter die Möglichkeit jederzeit die Satzung an die Vorgaben der Behörden anzupassen und vor der eigentlichen An- 30

[86] Schlüter in Henssler/Strohn BGB § 80 Rn. 20; Schwarz DStR 2002, 1720.
[87] BT-Drs. 19/28173, 52.
[88] Schwake in MüKoBGB § 79 Rn. 12.
[89] Stumpf in Richter StiftungsR-HdB § 4 Rn. 37.
[90] Burgard npoR 2019, 106 (108).

erkennung eine Stiftungssatzung einzureichen, die auch in jeder Hinsicht anerkennungsfähig ist und – falls erforderlich – auch die Voraussetzungen der Gemeinnützigkeit erfüllt. Bei Gründung einer privatnützigen Stiftung ist eine Vorlage der Stiftungssatzung bei der Finanzbehörde nicht erforderlich. Nach der Anerkennung der Stiftung sollte eine steuerliche Erfassung der Stiftung gemäß den §§ 137, 138 AO erfolgen sowie eine Schenkungsanzeige nach § 30 Abs. 2 ErbStG, falls Vermögen auf die Stiftung übertragen wird.

IV. Entstehung der Stiftung

31 Gemäß § 82a BGB ist nach der Anerkennung der Stifter auch verpflichtet, das gewidmete Vermögen auf die Stiftung zu übertragen. Die Stiftung ist eine juristische Person, die einen schuldrechtlichen Anspruch gegen den Stifter auf Übertragung des zugesicherten Vermögens erlangt hat.[91] Es findet kein Vermögensübergang kraft Gesetzes statt. Es sind für den Vermögenserwerb einzelne Übertragungsakte erforderlich. Dies gilt nicht bei Rechten, zu deren Übertragung ein Abtretungsvertrag genügt (§ 82a S. 2 BGB). Die Stiftung kann insoweit auch nach der Anerkennung den Stifter in Anspruch nehmen und gegen ihn die Ansprüche aus dem Stiftungsgeschäft geltend machen. Ist zB der Stifter der einzige Stiftungsvorstand, so würde die Stiftungsbehörde gemäß § 84c BGB selbst einen Notvorstand einsetzen, um die Ansprüche auf Vermögensübertragung gegen den Stifter notfalls auch klageweise durchzusetzen.[92]

[91] Wackert in BeckOK BGB § 82 Rn. 2.
[92] Weidemeier in MüKoBGB § 82 Rn. 6.

Kapitel 4. Stiftungsregister und stiftungsrechtliche Publizität

A. Gründe für die Einführung eines Stiftungsregisters

I. Praktisches Bedürfnis

1. Stiftungsverzeichnis

Stiftungen haben in ihrer Außenwirkung häufig eine hohe Reputation, insbesondere 1
gemeinnützige Stiftungen sind Gegenstand von weitreichenden steuerlichen Erleichterungen. Allerdings hat die Stiftung weder Mitglieder noch Gesellschafter, wie bei anderen Rechtsformen des privaten Rechts. Da viele Stiftungen öffentliche Zwecke verfolgen, stellt sich auch die Frage nach ihrer Öffentlichkeit. Kontrolliert werden Stiftungen von der Stiftungsaufsicht und gemeinnützige Stiftungen auch von der Finanzbehörde, aber auch durch die eigenen Organe, wie zB dem Stiftungsrat, Stiftungsbeirat oder Stiftungskuratorium. Es gibt allerdings kein öffentliches Register, in das Stiftungen eingetragen werden. Im damaligen Gesetzgebungsverfahren aus dem Jahre 2002 hatte sich die Einführung eines Stiftungsregisters nicht durchsetzen können, weil man die Kosten zu hoch eingeschätzt hat und die Notwendigkeit mangels wirtschaftlicher Tätigkeit von Stiftungen nicht gesehen wurde.[1] Die Bund-Länder Arbeitsgruppe „Stiftungsrecht" hatte das Thema des Stiftungsregisters wieder aufgegriffen und mehr Transparenz für Stiftungen gefordert.[2] In der Praxis führen die Stiftungsaufsichtsbehörden Stiftungsverzeichnisse mit bestimmten Informationen. Verpflichtend müssen der Sitz, der Name, der Zweck und die Anschrift der Stiftung eingetragen werden. Teilweise sehen die Stiftungsaufsichtsbehörden noch weitere Informationen zur Eintragung vor. In einigen Bundesländern müssen Familienstiftungen gar nicht eingetragen werden, wenn diese keiner Stiftungsaufsicht unterliegen. Damit gibt es zumindest für stiftungsrechtliche Zwecke für diese Stiftungen keine Transparenz. Seit 2017 sind die wirtschaftlich Berechtigten von Stiftungen zumindest ins Transparenzregister einzutragen.[3] Die Eintragung der vertretungsberechtigten Organe in ein Stiftungsverzeichnis führt nicht dazu, dass es einen Schutz des guten Glaubens an die Vertretungsmacht gibt. Die Stiftungsverzeichnisse haben keine rechtliche Publizitätswirkung. Das bedeutet, dass auch Vertragspartner einer Stiftung oder andere Außenstehende nicht auf dessen Richtigkeit vertrauen können.[4] Ein fehlendes Stiftungsregister führt in der Rechtsanwendung zu praktischen Schwierigkeiten. Die Vorstände bzw. die Vertretungsorgane der Stiftung müssen sich mittels einer Vertretungsbescheinigung legitimieren, was auch in der Praxis als wenig praktikabel angesehen wird. Der Gesetzgeber möchte mit der Einführung eines Stiftungsregisters, das am 1. Januar 2026 seinen Betrieb aufnehmen soll, diesen praktischen Schwierigkeiten Rechnung tragen.

---

[1] Weitemeyer MüKoBGB § 80 Rn. 85; Hüttemann/Rawert ZIP Beil. 33/2021, 35 zur Rechtshistorie.

[2] Bericht der Bund-Länder-Arbeitsgruppe „Stiftungsrecht" vom 9.9.2016, S. 101 f.; so auch Bundesverband Deutscher Stiftungen e. V., npoR 2017, 113 (117).

[3] RL (EU) 2015/849 des Europäischen Parlaments und des Rates vom 20.52015 zur Verhinderung der Nutzung des Finanzsystems zum Zwecke der Geldwäsche und der Terrorismusfinanzierung, ABl. EU 2015 L 141, 73.

[4] Stolte BB 2021, 1026 (1028).

Nach § 82b Abs. 1 S. 1 BGB soll ein zentrales Stiftungsregister mit Publizitätswirkung geschaffen werden. Die Einzelheiten sollen durch das Stiftungsregistergesetz (StiftRG) geregelt werden[5]. Mit einem Stiftungsregister soll die Transparenz für Stiftungen erhöht werden und der Nachweis der Vertretungsberechtigung der Mitglieder des Vorstands, ihrer besonderen Vertreter und ihrer Liquidatoren erleichtert werden.[6] Dabei wird nicht das Anerkennungsverfahren bei der Stiftungsaufsichtsbehörde ersetzt, sondern lediglich ergänzt. Geplant ist ein deklaratorisches Bundesstiftungsregister[7], das vom Bundesamt für Justiz geführt wird (§ 1 Abs. 1 StiftRG).[8] Der Gesetzgeber geht davon aus, dass bei 23.300 rechtsfähigen Stiftungen eine Verlagerung des Stiftungsregisters beim Bundesamt für Justiz sinnvoll ist, um nicht eine Vielzahl von Landesbehörden oder Gerichten damit zu belasten.[9] Ein zentrales Stiftungsregister wird im Gegensatz zu 16 einzelnen Länderregistern bevorzugt. Schließlich sollte es auch eine Kumulation der Informationen über Stiftungen geben, wenn sie in einem Register zusammengefasst werden.[10]

2. Anwendung von allgemeinen Publizitätsregeln auf Stiftungen

a) Grundbuch

2 Unabhängig vom Bestehen eines Stiftungsregisters unterliegen allerdings Stiftungen allgemeinen nicht stiftungsspezifischen Publizitätsregelungen. ZB kann eine Stiftung als juristische Person Eigentum oder sonstige dingliche Rechte an Grundstücken erwerben. Die Stiftung kann insoweit ins Grundbuch eingetragen werden (§ 873 BGB). Das Grundbuch genießt öffentlichen Glauben (positive Publizität), dh die dingliche Rechtslage soll offenkundig sein.[11]

b) Handelsregister

3 Kaufmännisch tätige Stiftungen sind zur Eintragung ins Handelsregister anzumelden (§ 33 Abs. 1 HGB).[12] Die Stiftung ist für sich betrachtet keine Handelsgesellschaft. Wenn sie aber durch ihre Tätigkeit die allgemeinen Voraussetzungen der §§ 1, 2 HGB erfüllt, ist sie auch Kaufmann iSd. HGB.[13] In diesem Falle werden die Firma, der Sitz der Stiftung, der Gegenstand des Unternehmens, die Mitglieder des Vorstands, etwaige Satzungsregelungen über die Vertretung der Stiftung durch den Vorstand und über die Dauer des Unternehmens in das Handelsregister eingetragen (§ 33 Abs. 2 Satz 2, 3 HGB). Stiftungen können auch Gesellschafter von Personenhandelsgesellschaften sein und aus diesem Grund im Handelsregister eingetragen werden.

c) Rechnungslegungspublizität

4 Grundsätzlich unterliegen Stiftungen auch keiner stiftungsspezifischen Rechnungslegungspublizität. Die Verpflichtungen der §§ 325–329 HGB gelten grds. nur für Kapitalgesellschaften. Damit geht einher die Offenlegung des Jahresabschlusses und des Konzernabschlusses und die weiteren in § 325 HGB genannten Unterlagen, die elektronisch

[5] BT-Drs. 19/28173, 87.
[6] BT-Drs. 19/28173, 81.
[7] Orth BB 2021, 268 (269).
[8] BT-Drs. 19/28173, 81, kritisch dazu auch im Hinblick auf die Zuständigkeit einer Bundesbehörde Arnold npoR 2021, 84 (88); Markwort NZG 2021, 100 (108).
[9] Hüttemann/Rawert ZIP Beil. 33/2021, 36.
[10] BT-Drs. 19/28173, 32, 81.
[11] Spiegel in Richter, StiftungsR-HdB § 20 Rn. 9.
[12] Vgl. Spiegel in Richter StiftungsR-HdB § 20 Rn. 10.
[13] Binz/Sorg, in Binz/Sorg GmbH & Co. KG-HdB, 12. Aufl. 2018, § 23 Rn. 30.

beim Betreiber des elektronischen Bundesanzeigers eingereicht werden müssen. Daher kommt es nur zu einer Verpflichtung zur Rechnungslegungspublizität, wenn Stiftungen die Voraussetzungen für ein Unternehmen oder Mutterunternehmen iSd PublG erfüllen. Die §§ 265, 266, 268 bis 275, 277, 278 284, 285 Nr. 1 bis 4, 7, 13, 15a, 17, 34, 286, 289 HGB gelten für kaufmännisch tätige Stiftungen nach § 5 PublG sinngemäß, sofern ihr Unternehmen (§ 3 Abs. 1 Nr. 4 PublG) bzw. der Konzern mit der Stiftung als Mutterunternehmen (§ 11 PublG) unter den in §§ 1, 2 PublG näher bezeichneten Voraussetzungen zwei der drei folgenden Schwellenwerte überschreitet:[14]

- Bilanzsumme von EUR 65 Mio.
- Umsatzerlöse von EUR 130 Mio.
- 5.000 Arbeitnehmer.

Liegen die Voraussetzungen vor, müssen sie einen Abschlussprüfer benennen und sind zur Offenlegung des Jahresabschlusses verpflichtet (§§ 6, 14, 9, 15 PublG). Des Weiteren können die Landesstiftungsgesetze bestimmte Publizitätspflichten gegenüber der Stiftungsaufsicht vorgeben, zB, dass Stiftungen verpflichtet sind, ihre Jahresrechnung, Vermögensübersicht sowie den Bericht über die Erfüllung des Stiftungszwecks bei der zuständigen behördlichen Stiftungsaufsicht innerhalb der gesetzlichen Vorlagefrist nach Ende eines Geschäftsjahres einzureichen.[15]

II. Vertretungsbescheinigung

Problematisch in der Praxis ist, dass ohne Stiftungsregister das Vertretungsorgan einer Stiftung seine Legitimation nicht ohne Weiteres nachweisen kann und auch die Vertragspartner einer Stiftung nicht auf die Vertretungsberechtigung verlassen können. Dies ist bisher nur möglich nach Vorlage der Vertretungsbescheinigung durch die Stiftungsaufsichtsbehörde, die der Vorstand auch stets vorzeigen muss.[16] Die Legitimation der Vertretungsorgane wird bisher immer mit Vertretungsbescheinigungen hergestellt. Die Stiftungsaufsichtsbehörden haben als Rechtsaufsicht über rechtsfähige Stiftungen diese Bescheinigungen erstellt. Aus diesen ergibt sich, wer laut der Satzung zur Vertretung der Stiftung berechtigt ist. Die Legitimation für die Erteilung einer Vertretungsbescheinigung wird aus der allgemeinen Aufgabenerfüllung der Stiftungsaufsicht für die Stiftungen abgeleitet.[17] Teilweise ergibt sich die Legitimation für die Erteilung aber auch direkt aus dem Stiftungsgesetz des jeweiligen Bundeslandes.[18] Es wird auch vertreten, dass es sich bei der Vertretungsbescheinigung um einen Verwaltungsakt iSd § 35 VwVfG handelt.[19] Von der Außenwirkung haben Vertretungsbescheinigungen die Wirkung einer Vollmachtsurkunde gem. § 172 BGB.[20] Die angezeigte Vertretungsmacht bleibt bestehen, bis die Vollmachtsurkunde zurückgegeben wird oder als kraftlos erklärt wird. Das bedeutet, dass es 5

[14] Spiegel in Richter, StiftungsR-HdB § 19 Rz. 85.

[15] § 12 Abs. 2 Nr. 2 Brem StiftG; § 8 Abs. 1 Nr. 2 StiftG Bln; § 11 Abs. 3 NStiftG; § 9 Abs. 2 Nr. 3 Stiftungsgesetz Baden-Württemberg; Art. 16 Abs. Satz 4 BayStG; § 6 Abs. 2 StiftG Bbg; § 5 Abs. 2 Satz 1 Hamburgisches Stiftungsgesetz; § 11 Abs. 2 Satz 1 Nr. 2 Saarländisches Stiftungsgesetz; § 6 Abs. 2 SächsStiftG; § 8 Abs. 4 ThürStiftG; § 10 Abs. 1 Stiftungsgesetz Schleswig-Holstein; § 7 Nr. 2 HessStiftG; § 9 Abs. 2 Satz 1 Stiftungsgesetz Rheinland-Pfalz; § 4 Abs. 2 Nr. 2 StiftG M-V; § 7 Abs. 1 StiftG NRW; § 7 Abs. 5 StiftG LSA; Vgl. dazu Nordhoff in Berndt/Nordhoff Rechnungslegung Kapitel G Rn. 7ff.

[16] Dörnbrack/Fiala DStR 2009, 2490.

[17] So ausdrücklich OLG Zweibrücken v. 30.10.2010 3 W 177/10; DNotZ 2011, 290.

[18] Z. B. § 12 StiftG NRW, § 11 NStiftG, § 9 Abs. 7 Stiftungsgesetz Rheinland-Pfalz.

[19] Dies vor allem durch die bayerischen Stiftungsaufsichtsbehörden; vgl. dazu kritisch: Suerbaum in SSSP C VI. Rn. 156ff.

[20] Mecking in MHdB GesR V § 90 Rn. 12; Dörnbrack/Fiala DStR 2009, 2490 (2491).

einen Rechtsschein der Vollmachtsurkunde gibt, es sei denn, der Vertragspartner kannte das Erlöschen der Vollmacht bei Vornahme des Rechtsgeschäfts oder hätte es kennen müssen (§ 173 BGB).

III. Transparenzregister

1. Zweck des Transparenzregisters

6 Das GWG wurde in 2017 in wesentlichen Punkten aufgrund der Geldwäscherichtlinie 2015 geändert.[21] Die Zielrichtung der Neuregelungen im Geldwäschegesetz sind die Bekämpfung von Geldwäscheterrorismus und organisierter Kriminalität. Daher wurden insbesondere die §§ 18 ff. GWG zur Einführung eines elektronischen Transparenzregisters geändert, sodass seit dem 1.10.2017 wirtschaftliche Berechtigte von rechtsfähigen Stiftungen ins Transparenzregister einzutragen sind. Das Bundesverwaltungsamt überwacht die bußgeldbewehrte Transparenzpflicht. Auch Stiftungen sind daher grundsätzlich eintragungspflichtig bzw. die wirtschaftlich Berechtigten. Die Mitteilungspflicht betrifft nur rechtsfähige Stiftungen als juristische Personen (§§ 19 Abs. 3, 20 Abs. 1 GWG). Sie müssen Angaben zu den wirtschaftlichen Berechtigten einholen, aufbewahren, auf aktuellem Stand halten und der Register führenden Stelle zur Eintragung melden. In der Zwischenzeit sind weitere Verschärfungen des GWG in Kraft getreten.[22] Das Transparenzregister soll nunmehr zum Vollregister werden, sodass es keine Meldefiktion mehr gibt.[23] Grundsätzlich besteht bei Stiftungen die Meldepflicht zum Transparenzregister neben der Einführung eines Stiftungsregisters. Ab dem 1.1.2026 soll allerdings nach § 20a GWG eine automatischen Eintragung in das Transparenzregister anhand der im Stiftungsregister eingetragenen Daten erfolgen.[24] Eine Mitteilungspflicht für Stiftungen wird aber zukünftig nur entfallen, wenn nur Mitglieder des Vorstands im Transparenzregister einzutragen sind. Müssen aber andere wirtschaftlich Berechtigte nach § 3 GWG eingetragen werden, hat die Stiftung wiederum eine Mitteilungspflicht.[25]

2. Wirtschaftlich Berechtigte

7 Bei Stiftungen stellt sich insbesondere die Frage, wer als wirtschaftlich Berechtigter anzusehen ist. Bei Stiftungen können gemäß § 3 Abs. 3 GWG die folgenden Personen wirtschaftlich Berechtigte sein:

- jede natürliche Person, die Mitglied des Vorstands der Stiftung ist (§ 3 Abs. 3 Nr. 2 GWG);
- jede natürliche Person, die als Begünstigte bestimmt worden ist (§ 3 Abs. 3 Nr. 3 GWG),
- Gruppen von natürlichen Personen, zu deren Gunsten das Vermögen verwaltet oder verteilt werden soll, sofern die natürliche Person, die Begünstigte des verwalteten Vermögens werden soll, noch nicht bestimmt ist (§ 3 Abs. 3 Nr. 4 GWG)
- jede natürliche Person, die auf sonstige Weise unmittelbar oder mittelbar beherrschenden Einfluss auf die Vermögensverwaltung oder Ertragsverteilung der Stiftung ausübt (§ 3 Abs. 3 Nr. 5 GWG) sowie

---

[21] Gesetz vom 26.6.2017 BGBL 2017, 18 (22); RL EU 2015 843 vgl. auch BT-Drs. 18/1155, 88.
[22] Änderungsrichtlinie 2018/843 vgl. Gesetz vom 16.12.2019 BGBl. 2019 I, 2602.
[23] Transparenzregister- und Finanzinformationsgesetz (TraFinG), BGBl. 2021, 2083.
[24] Orth, MDR 2021, 1225 (1231).
[25] Orth, MDR 2021, 1225 (1229).

– jede natürliche Person, die unmittelbar oder mittelbar beherrschenden Einfluss auf eine Vereinigung ausüben kann, die Mitglied des Vorstands der Stiftung ist oder die als Begünstigte der Stiftung bestimmt worden ist (§ 3 Abs. 3 Nr. 6 lit. a) GWG).

In der Regel sind daher bei gemeinnützigen Stiftungen die Vorstandsmitglieder ein- **8**
zutragen, auch wenn sie wirtschaftlich nicht von der Stiftung profitieren.[26] Des Weiteren sind auch Begünstigte einer Stiftung einzutragen. Bei gemeinnützigen Stiftungen stellt sich die Frage, wer begünstigt ist. Natürliche Personen sind in der Regel nicht in der Satzung als Begünstigte benannt, weil die Förderung der Allgemeinheit im Vordergrund steht. Daher ist es nicht praktikabel, einen Destinatär einer gemeinnützigen Zuwendung zu benennen (zB der Stipendiat, der im Rahmen eines Verfahrens von einer gemeinnützigen Stiftung ausgewählt wird). Es sollte aus Gründen der Praktikabilität bei gemeinnützigen Stiftungen kein Destinatär ins Transparenzregister eingetragen werden müssen.[27] Sind begünstigte Körperschaften Empfänger und in der Satzung benannt, sind diese nicht einzutragen, weil es sich nicht um natürliche Personen handelt. Bei Familienstiftungen sind die Destinatäre in der Satzung konkret benannt. Es müssen aber auch Gruppen von natürlichen Personen eingetragen werden, wenn nicht benannt werden kann, wer konkret Begünstigter einer Familienstiftung ist, zB die Personen der Steuerklasse I, oder alle Abkömmlinge des Stifters (§ 3 Abs. 3 Nr. 4 GWG). Bei Personen, die auf sonstige Weise mittelbar oder unmittelbar beherrschenden Einfluss auf die Vermögensverwaltung oder Ertragserteilung einer Stiftung ausüben, stellt sich die Frage, was ein beherrschender Einfluss bedeutet. Dies ist der Fall, wenn nach § 290 Abs. 2 HGB eine Stimmrechtsmehrheit vorliegt oder wenn einer Person mehrheitlich sonstige Rechte zustehen.[28] Dies kann beispielsweise bei Stiftungen der Vorstand sein, aber auch ein anderes Organ, zB der Stiftungsrat. Erforderlich ist allerdings, dass eine Person den beherrschenden Einfluss auf die Vermögensverwaltung und Ertragserteilung ausüben kann (vgl. § 3 Abs. 3 Nr. 5 GWG. Erforderlich ist, dass einzelne Organmitglieder einen beherrschenden Einfluss ausüben können.[29] Des Weiteren werden auch solche wirtschaftlich Berechtigten eingetragen, die unmittelbar oder mittelbar beherrschenden Einfluss auf eine Vereinigung ausüben können, die wiederum Mitglied des Vorstands der Stiftung ist oder die als Begünstigte der Stiftung bestimmt worden ist. Dies ist der Fall, wenn Vorstand der Stiftung selbst eine juristische Person oder eine andere rechtsfähige Verbandspersönlichkeit ist oder eine Vereinigung Begünstigter.[30] Zweck des Transparenzregisters ist nicht der öffentliche Glaube oder die Legitimation einer Vertretungsberechtigung, sondern die Transparenz für Zwecke der Geldwäschebekämpfung. Daher hat das Transparenzregister keinen öffentlichen Glauben.[31] Nach § 59 Abs. 3 GWG kann das Transparenzregister eingesehen werden. Bei den Behörden ist dies uneingeschränkt möglich, auch wenn kein konkreter Anlass gegeben ist. Seit dem 1.1.2020 ist die Einsicht auch für die Öffentlichkeit möglich, allerdings beschränkt auf den Vor- und Nachnamen, Art und Umfang des wirtschaftlichen Interesses, Monat und Jahr der Geburt, Wohnsitzland und Staatsangehörigkeit. Geburtsdatum und Wohnort werden nicht bekannt gegeben. Die registerführende Stelle kann das Einsichtsrecht auf Antrag bei Vorliegen **eines überwiegenden schutzwürdigen Interesses beschränken.** Es muss dafür vorgetragen werden, dass Tatsachen vorliegen, die rechtfertigen, dass die Einsicht-

[26] Weitemeyer in MüKoBGB 9. Aufl. 2021 § 80 BGB Rz. 92; Schwalm, ZStV 2020, 52, 56.

[27] So auch Weitemeyer in MüKoBGB § 80 Rn. 93; vgl. auch FAQ-Stiftungen Frage 4 Satz 3 des Bundesverwaltungsamts; Kotzenberg/Lorenz NZG 2017,1325 (1326).

[28] Schaub DStR 2017, 1438 (1442).

[29] Siehe auch Kotzenburg/Lorenz NZG 2017, 1325 (1326).

[30] Vgl. dazu Schwalm ZStV 2020, 146 (151).

[31] BT-Drs. 18/11555, 125.

nahme die wirtschaftlich berechtigten Personen gefährden oder wenn wirtschaftlich Berechtigte minderjährig oder geschäftsunfähig sind.[32] Dabei ist zu berücksichtigen, dass für eine Einsichtssperre ein schutzwürdiges Interesse dargelegt werden muss. Es kommen aber nur die in § 23 Abs. 2 GWG aufgeführten Interessen in Betracht; es gibt keine Öffnungsklausel in Form eines „insbesondere". Es liegt ein schutzwürdiges Interesse vor, wenn die Einsichtnahme in das Transparenzregister den wirtschaftlichen Berechtigten der Gefahr aussetzen würde, Opfer einer der im Gesetz aufgeführten Straftaten zu werden. Es reicht eine abstrakte Gefahr aus, so dass es zumindest nach allgemeiner Lebenserfahrung Tatsachen geben muss, die die Annahme einer hinreichenden Wahrscheinlichkeit für die Begehung solcher Delikte rechtfertigen müssen. Weitere Voraussetzung ist, dass die schutzwürdigen Belange des wirtschaftlichen Berechtigten unter Berücksichtigung aller Umstände des Einzelfalls dem Interesse auf Einsichtnahme überwiegen. Das bedeutet, dass zunächst ein schutzwürdiges Interesse festgestellt worden muss und anschließend eine Verhältnismäßigkeitsprüfung erfolgt. Der wirtschaftlich Berechtigte muss daher Sorge dafür tragen, dass eine Einsichtnahme nicht vorgenommen werden kann. Durch die Ausweitung der wirtschaftlich Berechtigten im Rahmen des Transparenzregisters ist auch das Einsichtsrecht in das Transparenzregister teilweise kritisch zu sehen.

B. Stiftungsregister mit Publizität

Das Stiftungsregister wird in § 82b Abs. 1 BGB geregelt und verweist für weitere Regelungen auf das Stiftungsregistergesetz (StiftRG), das eigens zur Führung des Registers neu geschaffen wurde.

I. Vertrauensschutz

9 Wie bei § 15 HGB bzw. § 68 BGB soll zukünftig § 82d BGB einen Vertrauensschutz durch das Stiftungsregister regeln. Nach § 82d Abs. 1 BGB kann die Stiftung eine in das Stiftungsregister einzutragende Tatsache einem Dritten im Geschäftsverkehr nur entgegensetzen, wenn diese Tatsache im Stiftungsregister eingetragen wurde oder dem Dritten bekannt ist. Wurde eine einzutragende Tatsache in der Stiftungsregister eingetragen, so muss ein Dritter im Geschäftsverkehr diese Tatsache gegenüber der Stiftung gegen sich gelten lassen, es sei denn, dass er die Tatsache weder kannte noch kennen musste (§ 82d Abs. 2 BGB). Der Unterschied zu § 15 Abs. 1 HGB ist, dass das Stiftungsregister nur an Eintragungen anknüpft und nicht an Bekanntmachungen. Das Stiftungsregister hat wie das Vereinsregister und das Handelsregister nach § 15 Abs. 1, 2 HGB nur negative Publizitätswirkung.[33] Das bedeutet, dass der Rechtsverkehr sich auf das **Schweigen des Stiftungsregisters** verlassen kann.[34] Es gilt daher nicht der Grundsatz, dass die Tatsachen, die eingetragen sind, auch rechtlich gelten (positive Publizität).[35] Für die Richtigkeit der Eintragung gewährt § 82d BGB keinen Vertrauensschutz, anders als § 15 Abs. 3 HGB.[36] Die Vorschrift des § 68 BGB hat zwar grundsätzlich dieselbe Zielrichtung

[32] Lorenz DStR 2020, 2258.
[33] BT-Drs. 19/28173, 83; Orth BB 2021, 2512 (2513); Orth BB 2021, 268 (270).
[34] Merkt in Baumbach/Hopt § 15 HGB, Rn. 4.
[35] Leuschner in MüKoBGB § 68 Rn. 1.
[36] Merkt in Baumbach/Hopt § 15 HGB Rn. 1; Hüttemann/Rawert, ZIP Beil. 33/2021, 38; Leuschner in MüKoBGB § 68 BGB Rn. 1.

wie § 82d BGB. Allerdings sind die Vorschriften unterschiedlich formuliert. § 69 BGB beschränkt sich bei Vereinen auf „Änderungen des Vorstandes“, während § 82d BGB weiter formuliert ist und sich auf alle „einzutragenden Tatsachen“ bezieht.[37] Gemeint sind die Tatsachen nach § 2 StiftRG. § 68 BGB ist anwendbar auf Rechtsgeschäfte, während sich § 82d BGB auf den Begriff des Geschäftsverkehrs stützt. Geschäftsverkehr ist nach der Gesetzesbegründung wie in § 15 HGB weit zu verstehen.[38] Erfasst werden alle Vorgänge des Zivilrechtsverkehrs, die im Zusammenhang mit rechtsgeschäftlichem Handeln von Stiftungen stehen. Dies erfasst auch Ansprüche aus Rechtsgeschäften, zB auch Verschulden aus Vertragsverhandlungen sowie auch Rechte aus dem allgemeinen Prozessverkehr, wie zB Vollstreckungsmaßnahmen oder Ansprüche aus Bereicherung, unerlaubter Handlung und Geschäftsführung ohne Auftrag, die innerhalb eines Geschäfts vorfallen.[39] Ein Vertrauensschutz wird nicht bei öffentlich-rechtlichen Rechtsverhältnissen entfaltet, dh weder im Verhältnis zur aufsichtsrechtlichen Tätigkeit noch im Hinblick auf die Steuerbehörden greift § 82d BGB ein.

II. Aufbau des Registers und Registerführung durch das Bundesamt für Justiz

Nach § 1 Abs. 2 Satz 1 StiftRG wird das Stiftungsregister elektronisch geführt. Der Aufbau entspricht dem des Vereinsregisters. Es besteht aus fortlaufend nummerierten Registerblättern, wobei die Registerblätter folgende Inhalte haben können (vgl. § 2 StiftRG): 10

- Nr. 1: Name;
- Nr. 2: Sitz;
- Nr. 3: Datum der Anerkennung oder der Genehmigung der Stiftung, oder der vergleichbaren behördlichen Entscheidung bei Stiftungen, die vor dem 1.1.1900 errichtet wurden oder die durch eine Zusammenlegung entstanden sind;
- Nr. 4: bei Verbrauchstiftungen die Zeit, für die die Stiftung errichtet wurde;
- Nr. 5: Vorname, Name, Geburtsdatum, Wohnort der Mitglieder des Vorstandes und deren Vertretungsmacht;
- Nr. 6: satzungsmäßige Beschränkungen der Vertretungsmachts des Vorstands;
- Nr. 7: Vorname, Name, Geburtsdatum, Wohnort der besonderen Vertreter und deren Vertretungsmacht;
- Nr. 8: Nach der Eintragung erfolgte Satzungsänderungen;
- Nr. 9: Erlöschen der übertragenden Stiftung durch Zulegung und Zusammenlegung;
- Nr. 10: Auflösung der Stiftung nach § 87 BGB;
- Nr. 11: Aufhebung der Stiftung nach § 87a BGB;
- Nr. 12: Bestellung eines vorläufigen Insolvenzverwalters, falls Verfügungsverbot oder Verfügungen nur mit Zustimmung des Insolvenzverwalters zulässig sind;
- Nr. 13: Aufhebung von Maßnahmen nach Nr. 12;
- Nr. 14: Auflösung der Stiftung nach § 87b BGB;
- Nr. 15: Aufhebung des Eröffnungsbeschlusses, der Anordnung der Eigenverwaltung durch die Stiftung oder der Anordnung der Zustimmungsbedürftigkeit bestimmter Rechtsgeschäfte;
- Nr. 16: Einstellung des Insolvenzverfahrens;
- Nr. 17: Aufhebung des Insolvenzverfahrens;

---

[37] Hüttemann/Rawert ZIP Beil. 33/2021, 38.

[38] BT-Drs. 19/28173, 83.

[39] Merkt in Baumbach/Hopt HGB § 15 Rn. 8; Schaal in BeckOK HGB § 15 Rn. 10ff.

– Nr. 18: Überwachung der Erfüllung eines Insolvenzplans und deren Aufhebung;
– Nr. 19: Vorname, Name, Geburtsdatum und Wohnort der Liquidatoren und deren Vertretungsmacht sowie Beschränkungen der Vertretungsmacht;
– Nr. 20: Beendigung der Stiftung.

III. Eintragung einer Stiftung

1. Inhalt

11 Nach § 82b Abs. 2 BGB ist eine Stiftung **nach Anerkennung zur Eintragung in das Stiftungsregister anzumelden.** § 3 Abs. 1 StiftRG ordnet an, dass die Mitglieder des Vorstandes in vertretungsberechtigter Zahl die Anmeldung **unverzüglich** vornehmen müssen. Dies gilt auch für die Liquidatoren im Falle der Liquidation einer Stiftung. § 3 StiftRG sieht eine „unverzügliche" Anmeldung vor. Dabei geht die Gesetzesbegründung davon aus, dass nach der Legaldefinition des § 121 BGB Unverzüglichkeit bedeutet, dass die Anmeldung ohne schuldhaftes Zögern erfolgen muss.[40] Eine konkrete Frist wird vom Gesetzgeber nicht vorgegeben. Eine konkrete Frist ist auch im Rahmen des § 121 BGB nicht vorgesehen. § 121 Abs. 1 S. 1 BGB, der sich auf die Anfechtung von Rechtsgeschäften bezieht, erfordert ein zumutbar zügiges Handeln nach Kenntnis eines Anfechtungsgrunds. Es ist unter Berücksichtigung der gegenseitigen Interessen abzuwägen, innerhalb welcher Frist eine Anfechtungserklärung zumutbar abgegeben werden könnte.[41] Es soll aber eine Frist von mehr als zwei Wochen nicht mehr als unverzüglich angesehen werden, wenn keine besonderen Umstände vorliegen.[42] Dieser Rechtsgedanke kann auf die Eintragung von Stiftungen nicht ohne Weiteres übertragen werden, da gemäß § 3 Abs. 2 StiftRG eine öffentliche Beglaubigung der Anmeldung erforderlich ist. Daher sollten mE 6–8 Wochen noch im Rahmen sein, um insbesondere die Formerfordernisse des § 129 BGB auch zu erfüllen.

12 Es sind für die Erstanmeldung alle Vorstandmitglieder, die besonderen Vertreter, die Vertretungsmacht der Vorstandmitglieder und der besonderen Vertreter sowie etwaige Beschränkungen der Vertretungsmacht des Vorstandes nach § 84 Abs. 3 BGB in Verbindung mit § 2 Nr. 6 StiftRG anzugeben. Aus Satzungsregelungen können sich zB auch Beschränkungen hinsichtlich der Geschäftsführungsorgane ergeben. Allerdings ist zu berücksichtigen, dass nach neuerer Rechtsprechung solche Beschränkungen nur wirksam sind, wenn sie auch in der Satzung geregelt sind. So ergibt sich nicht allein aus der Zwecksetzung, dass der Vorstand in seiner Vertretungsmacht beschränkt ist, wenn durch das Rechtsgeschäft, das er für die Stiftung abschließt, gegebenenfalls die Voraussetzungen der Gemeinnützigkeit der §§ 51 ff. AO nicht erfüllt werden.[43] Das Stiftungsgeschäft muss zur Anmeldung nicht mehr vorgelegt werden.[44] Die Eintragung erfolgt allerdings nur auf Veranlassung der Stiftung, d. h. durch die zu ihrer Vertretung berechtigten Personen. Sie erfolgt nicht auf Veranlassung der Stiftungsbehörde.[45] Eine Ausnahme besteht bei Insolvenz einer Stiftung. Die erforderlichen Eintragungen werden von Amts wegen durch die Registerbehörde vorgenommen (§ 9 StiftRG).

Die Ersteintragung erfolgt mit folgenden Angaben:

---

[40] BT-Drs. 19/28173, 91.

[41] Armbrüster in MüKoBGB § 121 Rn. 7 ff.

[42] OLG Hamm, Urteil vom 4.4.2019 – 5 U 40/18, NJW 2019, 3387; OLG Oldenburg, Urteil vom 30.10.2003 – 8 U 136/03, NJW 2004, 168.

[43] Vgl. dazu auch BGH vom 15.4.2021 – III R 139/20, ZIP 2021, 1160.

[44] BT-Drs. 19/28173, 82.

[45] BT-Drs. 19/28173, 81.

- Name der Stiftung (§ 2 Nr. 1 StiftRG);
- Sitz der Stiftung (§ 2 Nr. 2 StiftRG);
- Datum der Anerkennung oder Genehmigung der Stiftung oder der vergleichbaren behördlichen Entscheidung bei Stiftungen, die vor dem 1. Januar 1900 errichtet wurden (§ 2 Nr. 3 StiftRG);
- bei Verbrauchstiftungen auch die Zeit, für die die Stiftung errichtet wurde (§ 2 Nr. 4 StiftRG)
- der Vorname, der Name, das Geburtsdatum und der Wohnort der Mitglieder des Vorstandes und deren Vertretungsmacht (§ 2 Nr. 5 StiftRG) sowie satzungsmäßige Beschränkungen der Vertretungsmacht sowie
- Vorname, Name, das Geburtsdatum und der Wohnort der besonderen Vertreter und deren Vertretungsmacht (§ 3 Nr. 1–7 StiftRG).

Der Stiftungszweck hingegen muss nicht in das Stiftungsregister eingetragen werden.[46] Dies hat der Gesetzgeber damit begründet, dass der Zweck der Stiftung sich bereits aus der Satzung ergibt. Neben dem Register sollen auch eingereichte Dokumente, darunter die Satzung, für jedermann einsehbar sein, sodass der Stiftungszweck dann zumindest über eine Einsichtnahme der Dokumente herausgefunden werden kann.[47] Im Zuwendungsempfängerregister hingegen für gemeinnützige Stiftung nach § 60b AO soll zukünftig der Zweck der Organisation eingetragen werden.[48]

2. Form

Gemäß § 3 Abs. 2 StiftRG ist die Anmeldung zum Stiftungsregister öffentlich zu beglaubigen. Dabei bedeutet öffentliche Beglaubigung, dass die Anforderungen des § 129 BGB erfüllt sein müssen.[49] Damit soll gewährleistet sein, dass die Registerbehörde sich darauf verlassen kann, dass die übermittelten Anmeldungen von den Stiftungsvorständen oder Liquidatoren stammen und keine weitere Überprüfung notwendig ist. Gemäß § 129 BGB erfordert eine öffentliche Beglaubigung eine schriftliche Erklärung sowie die Unterschrift des Erklärenden vor einem Notar. Die öffentliche Beglaubigung ist ein Zeugnis darüber, dass die Unterschrift oder das Handzeichen von der Person geleistet wurde, die sich auch als Träger dieses Namens ausgewiesen hat.[50] Es wird die Echtheit der Unterschrift bewiesen, nicht jedoch der Inhalt oder die schriftlich abgefasste Erklärung.[51] Diese ermöglicht wie beim Vereinsregister Anmeldungen in der Papierform und elektronische Anmeldungen. Eine Pflicht alle Anmeldungen nur elektronisch vorzunehmen, ist bisher nicht vorgesehen.[52] Nach § 3 Abs. 3 StiftRG sind Notare ermächtigt, von Ihnen beglaubigte Anmeldungen bei der Registerbehörde einzureichen. Das bedeutet allerdings auch nach der Anerkennung einer Stiftung, dass der Gang zum Notar erforderlich ist, um die Anmeldung vorzunehmen. In diesem Zusammenhang ist auch die Unverzüglichkeit der Erfüllung der Anmeldeverpflichtung zu berücksichtigen. Bei der Erstanmeldung müssen die Anerkennungsentscheidung der zuständigen Stiftungsbehörde, die Satzung (§ 82b Abs. 2 Nr. 1 BGB) und die Dokumente über die Bestellung der Vorstandsmitglieder und der vertretungsberechtigten besonderen Vertreter (§ 82b Abs. 2 Nr. 2 BGB) beigefügt werden. 13

[46] Kritisch dazu Hüttemann/Rawert ZIP Beil. 33/2021, 37.
[47] BT-Drs. 19/28173, 119.
[48] Hüttemann npoR 2021, 121.
[49] BT-Drs. 19/28173, 91.
[50] Einsele in MüKoBGB § 129 Rn. 1.
[51] Mansel in Jauernig BGB § 129 Rn. 1; BGH v. 4.4.1962 – ZR 110/60, NJW 1962, 1149.
[52] BT-Drs. 19/28173, 92.

3. Prüfungsmaßstab

14 § 4 Satz 1 StiftRG sieht vor, dass die Stiftung einzutragen ist, wenn eine Anmeldung vorliegt, die den Voraussetzungen des § 82b Abs. 2 BGB entspricht und die Voraussetzungen des § 4 Satz 1 Nr. 1 und 2 StiftRG vorliegen.[53] Damit soll die Registerbehörde nicht die Prüfungen der zuständigen Stiftungsbehörde wiederholen, sondern deren Prüfungsergebnis übernehmen. Sie prüft daher nicht die Voraussetzungen für die Rechtmäßigkeit der Entstehung der Stiftung, sondern sie prüft nur, ob die Voraussetzungen für eine Anmeldung gegeben sind. Als Voraussetzung für die Eintragung kann die Stiftungsbehörde verlangen, dass die Anerkennungsentscheidung der Stiftungsbehörde in Abschrift beizufügen ist und die Vorlage einer Urschrift verlangen, wenn Zweifel an der Echtheit des Dokuments bestehen sollten. Des Weiteren muss geprüft werden, ob die Mitglieder des Vorstands der Stiftung und die besonderen Vertreter auch ordnungsgemäß bestellt wurden. Anhand der Stiftungssatzung können auch die Angaben zur Vertretungsmacht überprüft werden, sodass auch die Beschränkungen der Vertretungsmacht Eingang in der Stiftungsregister finden.

4. Name und Rechtsformzusatz

15 Nach § 2 Nr. 1 StiftRG ist der Name im Stiftungsregister einzutragen, der in der Satzung festgelegt ist, und zusätzlich der Rechtsformzusatz „eingetragene Stiftung" oder „eingetragene Verbrauchsstiftung" mit den Abkürzungen in „e. S." oder „e. VS." Dabei kommt es nicht auf den Namen der Stiftung an bzw. ob es schon vergleichbare Namen von Stiftungen gibt. Im Vereinsrecht hingegen soll sich der Name eines Vereins nach § 57 Abs. 2 BGB vom Namen anderer Vereine an demselben Ort oder in derselben Gemeinde deutlich unterscheiden.[54] Es soll damit eine Verwechslungsgefahr verhindert werden. Bei Stiftungen hingegen ist die Eintragung ohnehin nur deklaratorisch. Daher soll es auf den Namen bzw. die Ähnlichkeit von Namen nicht ankommen, sodass die Stiftung selbst sich gegen möglichen Missbrauch oder Verletzungen ihres Namensrechts einsetzen muss. Durch das Stiftungsregister hat allerdings auch jeder Stifter die Möglichkeit die bestehenden Stiftungen einzusehen und damit auch schon mögliche Namensähnlichkeiten zu vermeiden.[55]

IV. Eintragungen während der Existenz der Stiftung

1. Eintragung von Änderungen beim Vorstand oder bei besonderen Vertretern

16 Des Weiteren muss eine Stiftung zukünftig Änderungen der Mitglieder des Vorstandes oder der besonderen Vertreter anmelden, wenn die zur Eintragung angemeldeten Änderungen wirksam sind (§ 5 StiftRG). Eine Änderung erfolgt grundsätzlich durch die Beendigung des Amts eines eingetragenen Vorstandsmitglieds oder eines besonderen Vertreters sowie jede Neubestellung. Des Weiteren kann auch eine zusätzliche Eintragung eines Vorstandsmitglieds oder eines besonderen Vertreters erfolgen, wenn der Kreis der Vorstände oder der besonderen Vertreter erweitert wird. Auch Änderungen der Vertretungsmacht sind einzutragen. Die Registerbehörde prüft, ob das Vorstandsmitglied, das im Stiftungsregister eingetragen ist, das Vorstandsamt durch Zeitablauf, Abberufung

[53] BT-Drs. 19/28173, 92.
[54] Schöpflin in BeckOK BGB § 57 Rn. 10.
[55] BT-Drs. 19/28173, 88.

oder Niederlegung wirksam beendet hat. Für die Eintragung des neuen Vorstandsmitglieds muss geprüft werden, ob eine wirksame Bestellung gegeben ist.[56] Der Anmeldung müssen alle Unterlagen beigefügt werden, die für diese Prüfung erforderlich sind. Wird eine Beschränkung der Vertretungsmacht eingetragen und ist diese Folge einer vorher erfolgten Satzungsänderung, muss auch eine Anmeldung für eine Satzungsänderung nach § 85b BGB gegeben sein. Durch den damit einsetzenden Vertrauensschutz nach § 82d Abs. 1 BGB sollte eine Anmeldung zeitnah erfolgen, damit das jeweilige Vorstandsmitglied auch Legitimationswirkung hat. Wenn die Stiftung neben dem Vorstand oder den besonderen Vertretern noch weitere Organe hat, wie zB einen Stiftungsrat, so werden dessen Mitglieder nicht im Stiftungsregister eingetragen.

2. Eintragungen von Satzungsänderungen

Des Weiteren müssen auch Satzungsänderungen im Stiftungsregister eingetragen werden (§ 6 StiftRG). Eine Satzungsänderung ist vom Vorstand zur Eintragung in der Stiftungsregister anzumelden. Der Anmeldung sind die Entscheidung der zuständigen Stiftungsorgane über die Satzungsänderung sowie die Genehmigung der zuständigen Behörde und ein vollständiger Wortlaut der geänderten Satzung beizufügen. Die Zulässigkeit der Satzungsänderung wird entsprechend den Vorgaben der Satzung oder des BGB von der Stiftungsaufsichtsbehörde geprüft. Die Registerbehörde wiederholt diese Prüfung nicht, sondern prüft nur, ob eine Entscheidung der Stiftungsbehörde vorliegt, durch die die angemeldete Satzungsänderung genehmigt wurde, oder eine behördliche Entscheidung, die diese Satzungsänderung vorsieht. 17

3. Eintragung von Zusammenlegung und Zulegung

Bei der Eintragung einer Zusammenlegung von zwei Stiftungen oder einer Zulegung von einer Stiftung auf die andere ist zunächst das Erlöschen der übertragenden Stiftungen nach § 2 Nr. 9 StiftRG einzutragen. Im Falle einer Zulegung bedarf es einer Anmeldung, die den Anforderungen des § 86i Abs. 1 BGB entspricht. Es muss dafür der Zulegungsvertrag genehmigt worden sein und die Genehmigung muss unanfechtbar geworden sein bzw. es muss eine unanfechtbare Zulegungsentscheidung vorliegen.[57] Die Registerbehörde muss lediglich das Vorliegen dieser Entscheidung der Stiftungsbehörde prüfen, aber keine eigene Prüfung vornehmen. In der Anmeldung muss angegeben sein, wann die behördliche Entscheidung den beteiligten Stiftungen hinsichtlich der Zulegung bekannt gegeben wurde (vgl. dazu § 7 Abs. 1 StiftRG). Bei einer Zusammenlegung sind die übertragenden Stiftungen zu löschen bzw. eine neue Stiftung muss in das Stiftungsregister eingetragen werden. Dafür ist zunächst eine Anmeldung nach § 86i Abs. 2 BGB erforderlich. Es ist für die neu entstandene Stiftung eine Eintragung gem. § 4 StiftRG vorzunehmen. Im Unterschied zu einer neu gegründeten Stiftung ist allerdings die durch Zusammenlegung entstehende Stiftung nicht durch Stiftungsgeschäft und Anerkennung der Stiftungsbehörde entstanden, sondern durch den Zusammenlegungsvertrag und die unanfechtbare Genehmigung bzw. die unanfechtbare behördliche Zusammenlegungsentscheidung. Dh, ein Stiftungsgeschäft und eine Anerkennungsentscheidung sind nicht erforderlich. Allerdings muss bei der Eintragung der neuen Stiftung auch geprüft werden, ob die entsprechenden Unterlagen vorliegen, eine inhaltliche Prüfung findet nicht statt. Da eine neue Stiftung gegründet wird, ist in der Anmeldung anzugeben, wer Vorstandsmitglied bzw. wer die besonderen Vertreter sind unter Angabe der Vertretungsmacht.[58] 18

---

[56] BT-Drs. 19/28173.
[57] BT-Drs. 19/28173, 94.
[58] BT-Drs. 19/28173, 94.

4. Eintragung von Aufhebung, Auflösung oder Liquidation

19 Für die Anmeldung einer Auflösung einer Stiftung ist nach § 8 Abs. 1 S. 1 StiftRG die Auflösung einzutragen, wenn eine Anmeldung durch den Vorstand oder durch die Liquidatoren der Stiftung vorliegt (§ 87d Abs. 1 oder Abs. 2 BGB). Der Anmeldung muss die Auflösungsentscheidung und die Genehmigungsentscheidung der zuständigen Stiftungsbehörde beigefügt werden (§ 87 Abs. 3 BGB). Hier prüft auch die Registerbehörde nur, ob eine Auflösungsentscheidung vorliegt und die Genehmigung erteilt wurde. Dies gilt entsprechend auch bei einer Auflösung der Stiftung durch die zuständige Stiftungsbehörde nach § 8 Abs. 1 S. 2 StiftRG. Prüfungsmaßstab ist, ob die Anmeldung den Anforderungen des § 87d Abs. 1, Abs. 2 BGB entspricht und eine behördliche Aufhebungsentscheidung gegeben ist. Sollte nach der Auflösung oder Aufhebung der Stiftung eine Liquidation erforderlich sein (§ 8 Abs. 3 Stift RG), sind die angemeldeten Liquidatoren in das Stiftungsregister einzutragen. Dies gilt unabhängig davon, ob die Vorstandsmitglieder oder andere Personen zu Liquidatoren bestellt worden sind. Eine ordnungsgemäße Bestellung muss daher geprüft werden, wenn es sich nicht um die Vorstandsmitglieder handelt. Entsprechend ist auch zu prüfen, ob eine wirksame Beschränkung der Vertretungsmacht ggfs. vorliegt. Im Falle der Insolvenz einer Stiftung sind Eintragungen in einem gegen die Stiftung eingeleiteten Insolvenzverfahren aufgrund der Mitteilung des Insolvenzgerichts von Amtswegen einzutragen (§ 9 StiftRG).

V. Verfahrensfragen

1. Beteiligung der Stiftungsbehörden

20 Nach § 10 Abs. 1 S. 1 StiftRG hat die Stiftungsbehörde gegenüber der Registerbehörde eine Mitwirkungspflicht. Die Registerbehörde soll schon vor Errichtung **Kenntnis von der Stiftung** erlangen. Für die schon bestehenden Stiftungen sieht § 20 Abs. 3 StiftRG eine vergleichbare Mitteilungspflicht der Landesstiftungsbehörden vor, damit die Registerbehörde gewährleisten kann, dass bestehende Stiftungen ebenfalls angemeldet werden. Insoweit ist es auch erforderlich, nach der Errichtung einer Stiftung rechtzeitig die Anmeldung vorzunehmen, weil grundsätzlich davon auszugehen ist, dass die Registerbehörde relativ zügig über die Errichtung einer neuen Stiftung informiert wird. Daher sollte ein Verzögern vermieden werden.

2. Weitere Verfahrensregelungen

21 Die §§ 11–14 StiftRG regeln das Verfahren zur Eintragung und Löschung sowie zur Festsetzung des Zwangsgeldes. § 11 Abs. 1 S. 2 StiftRG stellt klar, dass beim Vollzug der Eintragung der Vertrauensschutz auch einsetzt. Nach § 11 Abs. 2 StiftRG hat die Registerbehörde auch auf eine korrekte und vollständige Anmeldung hinzuwirken, indem sie Zwischenverfügungen erlässt (entsprechend § 382 FamFG bei Vereinen). Wenn die angemeldete Eintragung abgelehnt wird, muss durch einen Verwaltungsakt eine ablehnende Entscheidung getroffen werden. Des Weiteren kann gem. § 12 StiftRG auch eine Löschung von unzulässigen Eintragungen erfolgen. Die Löschung bedeutet aber auch hier nicht die Entfernung von Eintragungen aus dem Register, sondern nur die Kennzeichnung, dass diese Eintragung nicht mehr relevant ist. Nach § 12 Abs. 1 StiftRG kann die Stiftung einen Antrag auf Löschung einer unrichtigen Eintragung stellen. Nach § 12 Abs. 3 StiftRG sind aber auch Löschungen von Amts wegen möglich. Zu berücksichtigen ist auch nach § 14 StiftRG, dass die Verletzung von Anmelde- und Vorlagepflichten hinsichtlich des Stiftungsregisters auch mit einer Zwangsgeldandrohung einhergehen

kann. § 14 regelt die Voraussetzungen für die Festsetzung des Zwangsgelds und das Zwangsgeldverfahren. § 14 Abs. 4 StiftRG sieht vor, dass ein einzelnes Zwangsgeld den Betrag von EUR 1.000 nicht übersteigen darf.

3. Einsichtnahme

§ 15 Satz 1 StiftRG sieht eine Einsichtnahme in das Stiftungsregister durch jedermann vor, die grundsätzlich ohne besondere Darlegung eines besonderen Interesses möglich ist. Dementsprechend können auch Dokumente eingesehen werden. Der Gesetzgeber hat aber davon abgesehen, dass das Stiftungsgeschäft eingesehen werden kann. Gerade dieses enthält Daten und sensible Informationen zum Stifter und das Vermögen der Stiftung, die nicht für jedermann ohne besonderen Grund zugänglich sein sollten.[59] Ein Ausschluss der Einsichtnahme besteht nur, wenn ein berechtigtes Interesse der Stiftung oder eines Dritten besteht, bestimmte Dokumente oder Inhalte nicht offenzulegen, zB personenbezogene Daten von Destinatären oder Stiftungen oder Regelungen zur Vermögensverwaltung.[60] Dazu soll noch ein bestimmtes Verfahren geregelt werden. Insofern ist auch noch nicht hinreichend geklärt, wann ein berechtigtes Interesse gegeben ist, dass bestimmte Dokumente und Inhalte von Dokumenten nicht eingesehen werden dürfen. Problematisch ist, dass die Systematik des Gesetzes davon ausgeht, dass ein Einsichtsrecht durch jedermann besteht. Ist dies nicht gewollt oder soll eine Einsichtnahme aufgrund von schutzwürdigen Interessen unterbleiben, muss der betroffene Stifter dies darlegen und tätig werden.[61] Wünschenswert wäre, dass im Grundsatz kein Einsichtsrecht besteht und bei einem berechtigten Interesse aber eine Einsichtnahme erfolgen kann. 22

[59] Hüttemann/Rawert ZIP Beil. 33/2021, 39.
[60] BT-Drs. 19/28173, 101.
[61] Kritisch dazu Stolte BB 2021, 1225 (1230).

Kapitel 5. Stiftungszweck

A. Stiftungszweck und Stifterwille

Der **Stifterwille** bestimmt als „fortgeltende[s] Grundgesetz“[1] und „oberstes Prinzip des Stiftungsrechts“[2] maßgeblich das Wesen und die Identität der Stiftung.[3] Er dient der Orientierung der Stiftungsorgane und der Stiftungsaufsicht in all ihrem Tun, wie nunmehr ausdrücklich im Gesetz verankert.[4] Die **Maßgeblichkeit** des grundsätzlich unabänderlichen Stifterwillens strahlt in nahezu alle Bereiche der Stiftungsverfassung und des Organhandelns aus und prägt gleichsam die Vermögensverwaltung, die Zweckverfolgung und sonstige Geschäftsführungspflichten.[5] Er ist der Maßstab für die Zulässigkeit von Zweck- und sonstigen Satzungsänderungen, Zustiftungen, Strukturänderungen[6] sowie der Auflösung[7] der Stiftung. Auch die Funktion der Stiftungsaufsicht besteht vorrangig im Schutz des Stifterwillens.[8] 1

Aus der dargelegten **Bedeutung des Stifterwillens** folgt seine Maßgeblichkeit für die Auslegung der gesamten Stiftungsverfassung[9] einschließlich der Satzungsbestimmungen.[10] Bei deren Ausgestaltung genießt der Stifter bzw. die Stifterin große privatautonome Gestaltungsfreiheit (sog. Stifterautonomie[11], insb. in Gestalt der „Satzungsautonomie“[12]). Die meisten gesetzlichen Vorgaben sind durch abweichende Bestimmungen in der Stiftungssatzung anderweitig ausgestaltbar.[13] Soweit der Stifter von diesem Recht keinen Gebrauch macht, werden die allgemeinen gesetzlichen Regelungen Bestandteil der konkreten Stiftungsverfassung und umso mehr überlässt er die Ermittlung seines Stifterwillens und die Auslegung der Satzungsbestimmungen den Stiftungsorganen, der Stiftungsaufsicht und letztlich den Gerichten.[14] 2

Die absolut wesentlichen und identitätsbestimmenden Bestandteile der Stiftungsverfassung muss der Stifter selbst vorgeben.[15] Dazu gehört die Bestimmung des **Stiftungszwecks** als Manifestation des Stifterwillens sowie Ausrichtung und Programm der gesam- 3

---

[1] v. Campenhausen/Stumpf in Richter StiftungsR-HdB § 1 Rn. 2.

[2] BGH 22.1.1987 – III ZR 26/85, BGHZ 99, 344 (346).

[3] Jakob Schutz der Stiftung S. 59 ff., 129 ff.

[4] § 83 Abs. 2 BGB; vgl. auch §§ 80 Abs. 4 Satz 2, 82a Satz 2 BGB sowie BT-Drs. 19/28173, 29.

[5] Vgl. § 84a Abs. 2 Satz 2 BGB aE.

[6] Vgl. BT-Drs. 19/28173, 69 ff. Zu Satzungs- und Strukturänderungen eingehend → Kap. 9.

[7] BT-Drs. 19/28173, 77. Siehe dazu genauer unten → Kap. 9 Rn. 75 ff.

[8] Vgl. § 83 Abs. 2 BGB; Schlüter/Stolte StiftungR Kap. 3 Rn. 1 ff.; zum Schutz des Stifterwillens durch sonstige Stiftungsbeteiligte siehe Jakob in Jakob/v. Orelli Stifterwille, 61 (75).

[9] Zur Auslegung des Landesstiftungsrechts nach Maßgabe des Stifterwillens s. Jakob in HRW LStiftR Rn. 5.23 f. mwN.

[10] BGH 22.1.1987 – III ZR 26/85, BGHZ 99, 344 (347) mwN; dazu genauer → Rn. 29 f.

[11] Die Stiftung zeichnet sich damit anders als mitgliedschaftliche Organisationsformen (zB Verein oder Kapitalgesellschaft) nicht durch eine Stiftungsautonomie aus: Weitemeyer in MüKoBGB § 81 Rn. 38.

[12] Vgl. BT-Drs. 19/28173, 47.

[13] Es gibt weiterhin auch zwingende gesetzliche Vorgaben (zB die Mindestanforderungen an die vom Stifter vorgegebenen Teile der Stiftungsverfassung in § 81 Abs. 1 und Abs. 2 BGB); vgl. BT-Drs. 19/28173, 29.

[14] BT-Drs. 19/28173, 47.

[15] Anschaulich Hüttemann/Rawert in Staudinger BGB § 85 Rn. 12.

ten Stiftungstätigkeit. Das Zusammenspiel von Stifterwille und Stiftungszweck führt zu zahlreichen Wechselwirkungen und zeigt sich in der programmatisch vorangestellten Legaldefinition[16] der rechtsfähigen Stiftung: „Die Stiftung ist eine mit einem Vermögen zur dauernden und nachhaltigen Erfüllung eines vom Stifter vorgegebenen Zwecks ausgestattete, mitgliedslose juristische Person."

4 Die effektive Geltung des Stifterwillens dürfte sich durch die jüngste **Reform** tendenziell noch verstärkt haben. Zwar kam dem Stifterwillen schon immer herausragende Bedeutung zu. Diese tritt aber in den Neuregelungen nun insgesamt deutlicher zutage und kann stärkeren Einfluss auf die Anwendungspraxis haben.[17] Um die unverfälschte Abbildung des Stifterwillens zu gewährleisten und damit die Identität und Kontinuität der Stiftung abzusichern, ist regelmäßig eine professionelle Beratung und Begleitung der Stiftungserrichtung zu empfehlen.

I. Stiftungszweck

1. Allgemein

5 Alle juristischen Personen haben ein Ziel, auf das ihr Handeln ab dem Zeitpunkt ihrer Entstehung ausgerichtet ist. Bei Stiftungen ist dies der Zweck.[18] Dem Stiftungszweck kommt damit seit jeher eine **zentrale Funktion** innerhalb des Stiftungsbegriffs und des Stiftungsgeschäfts zu.[19] Zur Funktion und Bedeutung des Stiftungszwecks sind viele passende Ausdrücke gefunden worden. Er wurde bereits als „Seele der Stiftung"[20] und ihr Wesenskern[21] bezeichnet, ihm wurde „Weisungsfunktion"[22] oder die Funktion einer Leitlinie[23] beigemessen. Zugleich lässt sich der Zweck seiner Entstehung nach anschaulich als „Kristallisationspunkt" des Stifterwillens bezeichnen.[24] Auch die jüngste Gesetzesbegründung trägt zur näheren Erläuterung bei:

„Als Zweck ist bei der Stiftung wie beim Verein der oberste Leitsatz der Stiftungstätigkeit anzusehen, der das Handeln der Stiftung nach dem Willen des Stifters bestimmen soll."[25]

„Der Zweck der Stiftung, den der Stifter im Stiftungsgeschäft festlegen muss, gibt der juristischen Person Stiftung ihren Inhalt. Der Stiftungszweck ist der Leitsatz der Stiftungstätigkeit, mit dem der Stiftung ein festes Ziel gegeben wird, an dem ihre Tätigkeit auszurichten ist."[26]

---

[16] § 80 Abs. 1 Satz 1 BGB.

[17] Vgl. insb. die ausdrückliche Verankerung in § 83 Abs. 2 BGB sowie BT-Drs. 19/28173, 29. Ähnlich schon zur Wirkung entsprechender landesrechtlicher Bestimmungen Jakob in HRW LStiftR Rn. 5.25.

[18] Zur begrifflichen Differenzierung zwischen Ziel, Zweck und (Unternehmens-) Gegenstand Hüttemann FS Reuter, 121 (123 f.) und Schauhoff/Ufer Gemeinnützige Unternehmen und Konzerne § 1 Rn. 42 mwN. Zum gemeinnützigkeitsrechtlichen Zweckbegriff siehe → Rn. 52 f. und → Kap. 9 Rn. 22 f.

[19] Backert in BeckOK BGB § 80 Rn. 4 mwN; vgl. §§ 80 Abs. 1 Satz 1, 81 Abs. 1 Nr. 1 Buchst. a und Abs. 4 BGB.

[20] Ebersbach, Handbuch des deutschen Stiftungsrechts, 1972, S. 16; Liermann in Franz (Hrsg.) Deutsches Stiftungswesen 1948–1966, 153 (154).

[21] Winkler in WSF Stiftung § 27 Rn. 48.

[22] Dylla, Die Weisungsfunktion des Stiftungszwecks, passim.

[23] Hüttemann/Rawert in Staudinger BGB Vorb. zu §§ 80–88 Rn. 5.

[24] Jakob in HRW LStiftR Rn. 5.3 mwN.

[25] BT-Drs. 19/28173, 64.

[26] BT-Drs. 19/28173, 45 f.

6 Auch nach der Reform sollen Stiftungen „weiterhin zu jedem rechtmäßigen Zweck als eigenständige juristische Personen des Privatrechts errichtet werden können".[27] Dies entspricht dem Leitbild der sog. **„gemeinwohlkonformen Allzweckstiftung"**[28] und damit zugleich der Stifterfreiheit als Ausdruck der Privatautonomie.[29] Über 90 % der existierenden (rechtsfähigen) Stiftungen bürgerlichen Rechts[30] verfolgen zwar nach ihrer Satzung und tatsächlichen Geschäftsführung ausschließlich steuerbegünstigte (dh iwS „gemeinnützige"[31]) und damit **fremdnützige** Zwecke. Die gesetzlichen Bestimmungen gehen aber weiter davon aus, dass auch **privatnützige** Zwecke verfolgt werden dürfen. Die bekannteste Form ist die in Nachfolgegestaltungen beliebte Familienstiftung[32]. Eine Stiftung kann auch zugleich privat- und fremdnützige Zwecke verfolgen.[33]

7 Dies stellt im internationalen Vergleich einen Sonderweg dar[34] und führt tendenziell zu Komplikationen, weil das Stiftungszivilrecht damit den rechtstatsächlichen Schwerpunkt der Stiftungstätigkeit nicht in den Fokus der Regelungen nimmt. Viele Regelungen sind daher für die zahlreichen Besonderheiten des (steuerlichen) **Gemeinnützigkeitsrechts**[35] und die mit dem Stiftungs(zivil)recht bestehenden Wechselwirkungen weitgehend blind.[36] Dies ist zwar systematisch nachvollziehbar, führt aber zu einer Uneinheitlichkeit der Rechtsanwendung, deren Abschaffung eigentlich erklärtes Ziel der jüngsten Stiftungsreform war.[37] Dieses Problem wird in der Rechtsanwendung verstärkt durch die **gespaltene Zuständigkeit** zwischen Stiftungsaufsicht und Finanzbehörden sowie zwischen den Gerichten.

8 Ungeachtet der fehlenden Beachtung durch das Gesetz ist die Begründung und Erhaltung des **gemeinnützigen Status** regelmäßig vom **Stifterwillen** und zugleich vom Stiftungszweck umfasst.[38] Die Ausführung in der Gesetzesbegründung, dass eine solche Bestimmung zu den „prägenden" Satzungsbestimmungen gehört,[39] steht dem nicht entgegen, weil auch der Stiftungszweck eine solche ist.[40] Die Gemeinnützigkeit ist daher

[27] So BT-Drs. 19/28173, 29.

[28] Hüttemann/Rawert in Staudinger BGB Vorb. zu §§ 80–88 Rn. 7; Ponath/Tolksdorf ZEV 2021, 605 (605 f.).

[29] Mecking MHdB GesR V § 87 Rn. 15 f.

[30] Bundesverband Deutscher Stiftungen, Zahlen, Daten, Fakten 2021, 33.

[31] Steuerbegünstigte Zwecke nach §§ 51 ff. AO umfassen gemeinnützige (§ 52 AO), mildtätige (§ 53 AO) und kirchliche (§ 54 AO) Zwecke. In der Praxis werden alle steuerbegünstigten Zwecke insgesamt auch als „gemeinnützige Zwecke" (im weiteren Sinne) bezeichnet.

[32] Dazu genauer sogleich → Rn. 67 sowie → Kap. 2 Rn. 25 ff.

[33] Zur sog. „gemischten" bzw. „hybriden" Stiftung → Rn. 67 sowie → Kap. 2 Rn. 34 f. Wegen des Ausschließlichkeitsgrundsatzes (§ 56 AO) können diese Stiftungen aber grds. nicht als gemeinnützig anerkannt werden.

[34] Kritisch dazu Weitemeyer in MüKoBGB § 80 Rn. 119 aE.

[35] Siehe dazu unten → Rn. 50 ff., insbesondere zu den Vorgaben der Mustersatzung nach Anlage 1 zu § 60 AO.

[36] Eine Ausnahme findet sich im Rahmen der Gesetzesbegründung, BT-Drs. 19/28173, 48. Dort zeigt sich aber symptomatisch, dass der Gesetzgeber die Bedeutung des Gemeinnützigkeitsrechts für die Stiftungswelt unterschätzt oder bewusst herunterspielt. Die Begründung räumt lediglich ein, dass zwar eine „Mehrzahl" der Stiftungen steuerbegünstigt sei. Letztlich handele es sich aber bei den Anforderungen nach §§ 51–68 AO nur um „Besonderheiten für eine bestimmte Gruppe" von Stiftungen. Dies wird der rechtstatsächlichen Verbreitung steuerbegünstigter Stiftungen wertungsmäßig nicht gerecht.

[37] Vgl. programmatisch BT-Drs. 19/28173, 28. Zur noch geltenden aufsichtsrechtlichen Unterscheidung zwischen „öffentlichen" und „privaten" Stiftungen siehe v. Campenhausen/Stumpf in Richter StiftungsR-HdB § 1 Rn. 10 f. sowie unten → Rn. 68, → Kap. 1 Rn. 8 und → Kap. 8 Rn. 16.

[38] BGH 15.4.2021 – III ZR 139/20, BGHZ 229, 299 (315 f.); Schauhoff/Ufer Gemeinnützige Unternehmen und Konzerne § 1 Rn. 41 mwN.

[39] BT-Drs. 19/28173, 67; „prägend" iSd § 85 Abs. 2 BGB.

[40] Vgl. § 85 Abs. 2 Satz 1 BGB: „der Stiftungszweck […] oder […] andere prägende Bestimmungen".

regelmäßig auch stiftungsrechtlich Bestandteil des Stiftungszwecks, jedenfalls aber eine (sonstige) prägende Satzungsbestimmung.

9 Keine privatnützigen Zwecke und damit als Stiftungszweck **unzulässig** sind eigennützige Zwecke allein des Stifters.[41] Ebenso ausgeschlossen sind eine sog. **Selbstzweckstiftung,** die im Kern keine Zwecke außer der Verwaltung des ihr gewidmeten Vermögens verfolgt,[42] sowie Zwecke, deren Erreichung von vornherein objektiv unmöglich ist.[43] Durch den sog. **Gemeinwohlvorbehalt** scheiden zudem alle Stiftungszwecke aus, deren Erfüllung mangels Gesetzmäßigkeit das Gemeinwohl gefährdet.[44]

10 Nicht gleichzusetzen mit der Angabe des Zwecks sind Vorgaben an die **Art und Weise der Zweckverwirklichung.** Diese stellen streng genommen nicht den Zweck, sondern den (Stiftungs–) Gegenstand, also das Mittel zur Zweckerreichung dar.[45] Beispielsweise könnte eine Satzung die Vorgabe enthalten, dass der Zweck der Förderung der Wissenschaft durch die Vergabe von Stipendien an Forscher und nicht etwa durch die Veranstaltung von Fachtagungen verwirklicht werden soll. Ebenso gehört dazu die Festlegung, ob und inwieweit die Stiftung ihre Zwecke unmittelbar eigenhändig **(„operativ")** erfüllt oder als **Förderstiftung** durch die Weiterleitung von Mitteln an andere Einrichtungen.[46] Die Abgrenzung zwischen stiftungsrechtlichem Zweckbegriff und der Art und Weise seiner Verwirklichung ist im Einzelnen schwierig, weil in einer solchen Bestimmung nach dem Willen des Stifters auch eine inhaltliche Einschränkung des Zwecks liegen kann.[47] Stiftungsrechtlich werden Bestimmungen zur Art und Weise der Zweckerfüllung im Grundsatz zwar als prägende Satzungsbestimmungen betrachtet, nicht aber als notwendiger Bestandteil der Zweckbestimmung.[48] Ihre Angabe in der Satzung ist daher stiftungsrechtlich nicht generell gefordert. Sie ist gleichwohl regelmäßig zur Veranschaulichung des Stifterwillens zu empfehlen, sofern nicht der Zweck seinem Inhalt nach keiner Konkretisierung bedarf. Für gemeinnützige Stiftungen ist die Angabe nach den Vorgaben der Mustersatzung ohnehin zwingend, weil das Gemeinnützigkeitsrecht ein abweichendes Begriffsverständnis hat.[49]

11 Zu unterscheiden ist der Zweck schließlich von den **Motiven** des Stifters. Diese können mit den Zwecken übereinstimmen, es können den Stifter aber auch abweichende Interessen zur Stiftungserrichtung bewegt haben (Kontinuität des eigenen Lebenswerks, Erhaltung der Erinnerung an die eigene Person, Schutz des Vermögens), ohne dass dies der Anerkennungsfähigkeit der Stiftung prinzipiell entgegenstünde.[50]

---

[41] Dutta RabelsZ 77 (2013), 828 (838 ff.); v. Campenhausen/Stumpf in Richter StiftungsR-HdB § 1 Rn. 9.

[42] Hüttemann/Rawert in Staudinger BGB Vorb. zu §§ 80–88 Rn. 224 ff. Vgl. auch → Rn. 69 sowie → Kap. 2 Rn. 38.

[43] Stumpf in SSSP BGB § 81 Rn. 31.

[44] § 82 Satz 1 BGB; zum Maßstab der (konkreten) Gefährdung und der Rolle des Stifterwillens bei einer Prognoseentscheidung BVerwG 24.3.2021 – 6 C 4.20, NVwZ-RR 2021, 607 (611). Vgl. auch Weitemeyer in MüKoBGB § 80 Rn. 120, 123 sowie genauer → Kap. 2 Rn. 3.

[45] Zur Abgrenzung Weitemeyer in MüKoBGB § 81 Rn. 35. Diese ist wichtig insbesondere bei Satzungsänderungen, weil an Zweckänderungen höhere Anforderungen gestellt werden, vgl. → Rn. 33 f. und → Kap. 9 Rn. 22 ff.

[46] Zu dieser Unterscheidung Schlüter/Stolte StiftungR Kap. 1 Rn. 80 ff.; über 80 % der deutschen Stiftungen sind zumindest auch fördernd tätig, knapp 60 % sind sogar reine Förderstiftungen: Bundesverband Deutscher Stiftungen Zahlen, Daten, Fakten 2021, 40.

[47] BT-Drs. 19/28173, 48.

[48] BT-Drs. 19/28173, 48, (64). Damit sind sie auch kein zwingender Satzungsbestandteil nach § 81 Abs. 1 Nr. 1 BGB. Vgl. → Kap. 9 Rn. 22. Zu den prägenden Bestimmungen vgl. § 85 Abs. 2 Satz 2 BGB.

[49] Dazu → Rn. 52 f.

[50] Vgl. Hüttemann/Rawert in Staudinger BGB Vorb. zu §§ 80–88 Rn. 6.

Vor dem Hintergrund seiner Bedeutung unverständlicherweise wird der Stiftungszweck nach aktuellem Stand nicht im **Stiftungsregister** einzutragen sein.[51]

2. Inhalt und Bestimmtheit

Nach dem Willen des Stifters kann der Stiftungszweck **weit oder eng** ausgestaltet werden.[52] Eine Bürgerstiftung[53] wird ihre Zwecke typischerweise sehr weit fassen, eine Förderstiftung[54] zugunsten einer einzelnen Institution (Schule, Museum etc.) eher eng. Je enger der Stiftungszweck ist, desto weniger Spielraum haben die Stiftungsorgane bei dessen Ausfüllung und Konkretisierung.[55] Die Offenheit darf nicht zur Unbestimmtheit führen (zB „Hilfe für die Menschheit").[56] Ein **hinreichend bestimmter Zweck** ist zur Anerkennung der Stiftung schon deshalb erforderlich, weil die Stiftungsaufsicht ansonsten weder den Gemeinwohlvorbehalt[57] noch die Lebensfähigkeit[58] überprüfen kann. Der Stiftungszweck als prägendes Identitätsmerkmal und Zielrichtung der juristischen Person muss zumindest in seinen Grundlinien vom Stifter selbst vorgegeben werden.[59] Er sollte sorgsam austarieren, insbesondere wie konkret und gleichsam entwicklungsoffen[60] dieser ausgestaltet wird.[61] Die Qualität seiner Bestimmung hat maßgebliche Auswirkung auf die Lebensfähigkeit einer Stiftung und die Effektivität der Zweckverfolgung. Gleiches gilt für die Anforderungen an eine diesbezügliche Satzungsänderung.[62] 12

Bestimmt und auch im Übrigen anerkennungsfähig ist grundsätzlich[63] ebenso die Verfolgung **mehrerer Zwecke.** Diese können, müssen sich aber nicht inhaltlich berühren (sog. gemischte Stiftung).[64] Dies ist insbesondere bei Bürgerstiftungen oder Stiftungen mit sehr großen Vermögen verbreitet. Ist nichts anderes geregelt, müssen alle Zwecke grundsätzlich in ähnlicher Intensität und mit vergleichbarem Mitteleinsatz verwirklicht werden.[65] Neben simultan verfolgten Zwecken sind stiftungsrechtlich auch **sukzessiv** verfolgte Zwecke denkbar.[66] Umstritten, aber stiftungsrechtlich grundsätzlich denkbar sind nicht nur konkrete Ersatz- sondern auch allgemeine Vorratszwecke, die nach dem Ermessen der Stiftungsorgane – unter Beachtung des Stifterwillens – zeitweise nicht aktiv 13

---

[51] Vgl. § 2 StiftRG. Dies wird in BT-Drs. 19/28173, 119 damit begründet, dass sich dieser der ebenfalls im Register einsehbaren Stiftungssatzung entnehmen lasse; kritisch dazu Hüttemann/Rawert ZIP 2021, S 3 (S 38). Es ist denkbar, dass dies noch vor Inkrafttreten dieser gesetzlichen Regelungen zum 1.1.2026 ergänzt wird.

[52] BT-Drs. 19/28173, 47 f.

[53] Siehe dazu genauer → Kap. 2 Rn. 54 ff. Die Gesetzesbegründung spricht davon, dass sich Bürgerstiftungen durch „mehrer[e] Teilzwecke" auszeichnen, BT-Drs. 19/28173, 45 f.

[54] BT-Drs. 19/28173, 47 f.

[55] Dutta in Richter StiftungsR-HdB/ § 5 Rn. 10 ff.; Fischer/Nissel in WSF Stiftung § 7 Rn. 21 ff.

[56] Mecking in MHdB GesR V § 87 Rn. 20; weitere Beispiele bei Weitemeyer in MüKoBGB § 81 Rn. 35.

[57] Siehe → Rn. 9.

[58] Zur Lebensfähigkeitsprognose genauer → Rn. 42 und → Kap. 3 Rn. 4.

[59] Vgl. § 80 Abs. 1 Satz 1 BGB: „vom Stifter vorgegebenen"; BGH 3.3.1977 – III ZR 10/74, BGHZ 68, 142 (148); Hüttemann FS Reuter, 121 (127). Auch die Stiftungsaufsicht darf das Stiftungsgeschäft bei Versterben des Stifters vor Anerkennung nicht ergänzen, wenn es keinen Zweck beinhaltet: § 81 Abs. 4 BGB (→ Kap. 3 Rn. 15).

[60] Dazu genauer → Rn. 31 f.

[61] Vgl. die Begründung zu § 81 BGB aF in BT-Drs. 14/8765, 10.

[62] § 85 Abs. 4 BGB; genauer → Kap. 9 Rn. 22 ff.

[63] Zu Extremfällen Backert ZSt 2003, 129 (131).

[64] Fischer/Nissel in WSF Stiftung § 7 Rn. 24 f.

[65] Zur Gewichtung der Stiftungszwecke genauer → Rn. 39 f.

[66] Genauer → Rn. 39.

verfolgt werden müssen.[67] Im Übrigen sind nach dem Leitbild der Allzweckstiftung fast alle inhaltlichen Ausweitungen oder Beschränkungen des Stiftungszwecks und seiner Nutznießer denkbar (zB sachlich, örtlich).

14 Auch bei auf unbestimmte Zeit errichteten Stiftungen sind Stiftungszwecke denkbar, die in Zukunft **erreichbar** sind (sog. „geschlossene" Zwecke[68]). Der landläufig verwendete und von der Gesetzesbegründung als Regeltypus bezeichnete[69] Begriff der „Ewigkeitsstiftung" steht dem nicht entgegen, weil dieser zwar den Regelfall beschreibt, aber auch der Gesetzgeber unverändert von der Zulässigkeit geschlossener Zwecke ausging.[70] Ebenso wenig steht dies in Widerspruch zur Gesetzesbegründung, wonach eine Stiftung nur dann „auf Zeit" errichtet werden darf, wenn es sich um eine Verbrauchsstiftung handelt.[71] Bei der Verfolgung erreichbarer Ziele handelt es sich der Sache nach um auf unbestimmte Zeit errichtete Stiftungen, die auf den Stiftungs**zweck befristet** sind. Sie sind ihrer Natur nach endlich, aber ihre konkrete Beendigung durch Zweckerreichung oder -fortfall ist (zumindest) in zeitlicher Hinsicht unbestimmt.[72] Gleichwohl müssen auch Verbrauchsstiftungen nicht mit einem konkreten „Verfallsdatum" oder einer kalendarischen Lebensdauer versehen werden, sondern können prinzipiell ebenso als zweckbedingte Stiftungen ausgestaltet werden.[73]

15 Der Unterschied besteht darin, dass bei zweckbefristeten Ewigkeitsstiftungen nach der Zweckerreichung regelmäßig noch Vermögen zur Übertragung auf den Anfallsberechtigten verbleibt. Grundsätzlich führt die Zweckerreichung zur **Auflösung oder Aufhebung**[74] der Stiftung und damit zum **Vermögensanfall** an den nach der Stiftungsverfassung Berechtigten.[75] Teilweise werden für den Fall der Zweckerreichung davon abweichend ausdrücklich **zukunftsoffene Ersatzzwecke** vorgesehen, um eine Fortsetzung der Stiftung zu ermöglichen. Die Erreichung oder der Fortfall des Zwecks können grundsätzlich auch eine Unmöglichkeit der Zweckverwirklichung und damit die Zulässigkeit einer **Satzungsänderung** begründen, sofern ein Fortbestehen der Stiftung unter anderen Vorzeichen dem Willen des Stifters entspricht.

II. Ermittlung und Maßgeblichkeit des Stifterwillens

1. Der Stifterwille und seine Erscheinungsformen

16 Nach § 83 Abs. 2 BGB haben die Stiftungsorgane bei ihrer Tätigkeit für die Stiftung ebenso wie die Stiftungsaufsicht „den bei der Errichtung der Stiftung zum Ausdruck gekommenen Willen, hilfsweise den mutmaßlichen Willen des Stifters zu beachten". Die gesamte Stiftungswirklichkeit wurzelt im Stiftungsakt. Alle Entwicklungen und Änderungen der Verfassung und der zweckverwirklichenden Stiftungstätigkeit müssen sich

[67] Schlüter/Stolte StiftungsR Kap. 2 Rn. 5 f.; aA Hüttemann/Rawert in Staudinger BGB § 81 Rn. 48. Insbesondere von der Finanzverwaltung werden solche Gestaltungen in zunehmendem Maße kritisch gesehen.

[68] Mecking in MHdB GesR V § 87 Rn. 19.

[69] BT-Drs. 19/28173, 29.

[70] § 80 Abs. 1 Satz 2 BGB spricht lediglich davon, dass die Stiftung idR „auf unbestimmte Zeit errichtet" wird, die Vebrauchsstiftung hingegen auf „bestimmte Zeit". Auch die Gesetzesbegründung verwendet diesen Begriff nur in Anführungszeichen.

[71] Vgl. BT-Drs. 19/28173, 46. Siehe zur Verbrauchsstiftung genauer → Kap. 3 Rn. 6 f.

[72] Vgl. Blumers DB 2021, 2243 (2244 f.); Hüttemann/Rawert in Staudinger BGB § 81 Rn. 54 mwN.

[73] BT-Drs. 19/28173, 49; Hüttemann/Rawert ZIP 2021, S 3 (8).

[74] Dazu genauer → Kap. 9 Rn. 75.

[75] Siehe § 87c BGB sowie genauer unter → Kap. 9 Rn. 84 f.

grundsätzlich auf den **Stifterwillen** als Keimzelle und Existenzberechtigung der juristischen Person Stiftung berufen können.

Schon nach dem Gesetz ist vorgegeben, dass für die Entscheidungen der Stiftungsorgane primär der „bei der Errichtung" zum Ausdruck gekommene – sog. **historische** (oder auch „ursprüngliche" oder „tatsächliche") – Stifterwille maßgeblich ist.[76] Im Errichtungsakt emanzipiert sich der Stifterwille – und damit gleichsam die Stiftung selbst sowie ihr Zweck – von der (natürlichen oder juristischen) Person des Stifters. Der Stifterwille **verselbständigt** sich und wird auf den Moment der Anerkennung der Stiftung **objektiviert.**[77] Verbunden ist damit grundsätzlich ein inhaltliches Erstarren, was aber die Möglichkeit der Fortentwicklung im Regelfall einschließt.[78] Ausdrücklich festgeschrieben[79] ist ebenso, dass neben dem historischen Stifterwillen hilfsweise der sog. **mutmaßliche Stifterwille**[80] heranzuziehen ist. 17

Rechtlich irrelevant ist der aktuelle Wille des fortlebenden Stifters. Es gilt mit der Maßgeblichkeit des historischen Stifterwillens der „Grundsatz, dass die Stiftung nach ihrer Entstehung nicht nur in ihrem Bestand, sondern auch hinsichtlich ihrer inhaltlichen Ausrichtung nicht mehr zur Disposition des Stifters steht".[81] „Die Stiftung ‚gehört' nicht dem Stifter, sondern ist eine vom Stifter unabhängige eigenständige juristische Person."[82] Auch wenn sich der Stifter in der Stiftungsverfassung eine Organstellung eingeräumt hat, muss er diese „immer ausschließlich im Interesse der Stiftung ausüben. Der Stifter hat wie jedes andere Organ auch seinen bei der Errichtung der Stiftung zum Ausdruck gekommenen Willen zu berücksichtigen".[83] 18

Bei der **Zustiftung**[84] durch eine andere Person als den Stifter ist der Zustifterwille ebenso zu ermitteln wie dessen Vereinbarkeit mit dem Willen des ursprünglichen Stifters.[85] Daraus ergibt sich, ob nach dem Willen des Zuwendenden überhaupt eine Zustiftung vorliegt und ob diese nach dem Willen des ursprünglichen Stifters zulässig ist. 19

2. Feststellung des historischen Stifterwillens

Sowohl die Stiftungsorgane als auch – wenngleich in nachrangiger Funktion[86] – die Stiftungsaufsicht müssen zur Ermittlung des Stifterwillens die hierfür maßgeblichen **Errichtungsdokumente auslegen,** weil das „zum Ausdruck"-Kommen des Stifterwillens 20

---

[76] So auch die st. Rspr. BVerfG 11.10.1977 – 2 BvR 209/76, BVerfGE 46, 73 (85); BGH 3.3.1977 – III ZR 10/74, BGHZ 68, 142 (146).

[77] So ausdrücklich BGH 22.1.1987 – III ZR 26/85, BGHZ 99, 344 (347).

[78] Eingehend dazu v Orelli in Jakob/von Orelli (Hrsg.) Der Stifterwille, 125 (143). Zur Möglichkeit einer konzeptionellen Entwicklungsoffenheit siehe sogleich → Rn. 31 f.

[79] § 83 Abs. 2 BGB.

[80] Genauer dazu sogleich → Rn. 25 ff.

[81] BT-Drs. 19/28173, 30 f. Darauf gründete auch die Ablehnung des Gesetzgebers gegenüber dem Vorschlag im Bericht der Bund-Länder-Arbeitsgruppe (S. 81 ff.), dem noch lebenden Stifter gesetzliche Änderungsbefugnisse in Bezug auf die Verfassung „seiner" Stiftung einzuräumen: vgl. BT-Drs. 19/28173, 30 f.

[82] BT-Drs. 19/28173, 29.

[83] BT-Drs. 19/28173, 29. Vgl. Schwake in MHdB GesR V § 79 Rn. 16. Nach RG 18.11.1920 – VI 357/20, RGZ 100, 230 (234) soll der Stifter im Stiftungsgeschäft nach seiner Wahl einem Stiftungsorgan oder der Aufsicht die ausschließliche Auslegungshoheit übertragen können und damit die Auslegung der gerichtlichen Überprüfung entziehen können; zu Recht aA Hüttemann/Rawert in Staudinger BGB § 81 Rn. 13 und § 85 Rn. 8 sowie Jakob in HRW LStiftR Rn. 5.40 ff.

[84] § 83b Abs. 2 Nr 2 BGB; dazu → Kap. 7 Rn. 25 ff.

[85] Ausführlich Jakob in HRW LStiftR Rn. 5.48 ff.

[86] Vgl. Ponath/Tolksdorf ZEV 2021, 605 (609); Winkler in WSF Stiftung § 27 Rn. 98 f. (unter Verweis auf den Subsidiaritätsgrundsatz).

sich nicht auf explizite Äußerungen beschränkt.[87] Nur soweit sich auch durch diese Auswertung kein (konkludenter) historischer Stifterwille ermitteln lässt, ist hilfsweise auf den mutmaßlichen Willen abzustellen.[88]

21 Neben den vorbenannten Dokumenten der Stiftungsverfassung können vor dem Hintergrund der Formulierung „bei der Errichtung" grundsätzlich **alle (zeitgleichen) dokumentierten Äußerungen** des Stifters herangezogen werden,[89] zB Schriftverkehr mit der Anerkennungsbehörde, die Niederschrift über ein Beratungsgespräch[90] oder ein sog. Stifterbrief[91]. In den eigentlichen Errichtungsdokumenten sind Erkenntnisquelle nicht nur die eigentlichen Bestimmungen mit Regelungsgehalt, sondern auch eine etwaige Präambel.

22 Die Auslegung dieser Stifteräußerungen vollzieht sich grundsätzlich nach den allgemeinen Maßstäben zur Auslegung von **Willenserklärungen.** Nach § 133 BGB ist also – bei einseitigen Willenserklärungen – insbesondere der „wirkliche Wille"[92] zu erforschen und nicht am „buchstäblichen Sinne des Ausdrucks zu haften".[93] Eine Differenzierung ergibt sich daher schon nach den allgemeinen zivilrechtlichen Maßstäben zwischen den unterschiedlichen Errichtungsformen. Bei der Stiftungserrichtung unter Lebenden sowie bei der Stiftung von Todes wegen durch Testament[94] ist ausschließlich der subjektive Wille des Erklärenden maßgeblich (sog. **Erklärer- oder Stifterhorizont**).[95] Wird eine Stiftung von Todes wegen hingegen durch wechselseitige, empfangsbedürftige Willenserklärungen[96] errichtet, wird maßgeblich auf den objektiven **Empfängerhorizont** abgestellt.[97] Die Erklärung und damit der Stifterwille haben dann den Inhalt, den der Empfänger nach Treu und Glauben unter Berücksichtigung der Verkehrssitte verstehen musste.[98]

23 Auch eine Befragung oder **Anhörung des Stifters** oder seiner Zeitgenossen kann grundsätzlich zur Ermittlung des Stifterwillens durchgeführt werden.[99] Dabei ist allerdings auf die Maßgeblichkeit des Errichtungszeitpunkts zu achten. Spätere Willensänderungen oder der aktuelle Wille der Person des Stifters[100] sind ohne Bedeutung. Die nachträgliche Befragung des Stifters kann daher regelmäßig am ehesten zur Interpretation und Ergänzung von Anhaltspunkten dienen, die bereits im Stiftungsgeschäft oder in der Satzung enthalten sind.[101]

24 Auch im Stiftungsrecht kann auf die sog. **Andeutungstheorie** zurückgegriffen werden.[102] Nach dieser aus dem Erbrecht stammenden Vorgabe an die Auslegung formbe-

---

[87] Vgl. BT-Drs. 19/28173, 51; umfassend v. Orelli, Zur Auslegung des Stifterwillens, 2018 (passim).

[88] Dazu sogleich → Rn. 25 ff.

[89] So ausdrücklich auch BT-Drs. 19/28173, 52. Formalistischer die bisherige Rechtsprechung, die die Auslegung grundsätzlich auf formwirksame Inhalte des Stiftungsgeschäft beschränken wollte: BGH 16.1.1957 – IV ZR 221/56, NJW 1957, 708.

[90] Vgl. Winkler in WSF Stiftung § 27 Rn. 101.

[91] Zu diesem vgl. v. Oertzen/Hannes FAZ 11.4.2018, 25.

[92] So auch § 81 Abs. 4 Satz 2 BGB iRd Ergänzungskompetenz der Aufsichtsbehörde; vgl. BT-Drs. 19/28173, 51.

[93] Vgl. OLG Köln 2.3.2018 – I-1 U 50/17, npoR 2018, 169 (173) Rn. 186 mwN.

[94] Zu dieser Unterscheidung siehe → Kap. 3 Rn. 11 ff.

[95] Jakob in HRW LStiftR Rn. 5.32 mwN.

[96] ZB iRe Erbvertrags oder im Zuge wechselseitiger Verfügungen eines gemeinschaftlichen Testaments; vgl. allgemein BGH 7.10.1992 – IV ZR 160/91, NJW 1993, 256 (257).

[97] Jakob in HRW LStiftR Rn. 5.32 mwN.

[98] §§ 133, 157 BGB. Vgl. allgemein Ellenberger Grüneberg BGB § 133 Rn. 9.

[99] Einige Landesstiftungsgesetze enthalten bislang eine Pflicht zur Anhörung des noch lebenden Stifters bei Satzungsänderungen; s. die Übersicht bei Jakob in HRW LStiftR Rn. 5.43.

[100] Siehe dazu bereits → Rn. 18.

[101] Suerbaum in Andrick/Suerbaum StiftG NRW § 6 Rn. 30; Winkler in WSF Stiftung § 27 Rn. 101.

[102] Vgl. Jakob in HRW LStiftR Rn. 5.34 ff. mwN; Schlüter/Stolte StiftungsR Kap. 2 Rn. 38; OLG München – 31 Wx 211/15, ZEV 2017, 634 (Rn. 54 ff., 64) iRd ergänzenden Testamentsauslegung; dazu Schick, Argument des mutmaßlichen Stifterwillens, 208 f.

dürftiger Erklärungen dürfen außerhalb einer formbedürftigen Erklärung liegende Anhaltspunkte im Rahmen der Auslegung nur berücksichtigt werden, wenn diese auch in der Urkunde selbst einen – wenngleich unvollkommenen – Ausdruck gefunden haben.[103] An diese Andeutung sind nur geringe Anforderungen zu stellen. Eine Berücksichtigung soll erst dann ausscheiden, wenn das Stiftungsgeschäft (inkl. Satzung) den diesbezüglichen Willen nicht einmal dem Grunde nach erkennen lässt.[104] Vielfach lässt sich ein bestimmter Wille aus der Zusammenschau der in Stiftungsgeschäft und Satzung niedergelegten Bestimmungen ermitteln, was der Andeutung genügt. Es kann daher für die Ermittlung des historischen Stifterwillens eine entscheidende argumentative Verstärkung darstellen, wenn sich der außerhalb des Stiftungsgeschäfts ermittelte Wille zumindest in Andeutungen in den formgerechten Errichtungsdokumenten wiederfindet.[105]

3. Ermittlung des mutmaßlichen Willens

Die Maßgeblichkeit auch des mutmaßlichen Stifterwillens – wenngleich gegenüber dem tatsächlichen[106] Stifterwillen nachrangig („hilfsweise") – ergibt sich ebenfalls ausdrücklich 25
aus dem Gesetz.[107] Der ursprüngliche Stifterwille ist vor dem Hintergrund sich wandelnder Satzungsbestimmungen und Verhältnisse oftmals schwer zu bestimmen oder kann schnell unzeitgemäß wirken. Je mehr der Stifter von der Möglichkeit zur weitreichenden Ausprägung seines tatsächlichen Stifterwillens Gebrauch gemacht hat, desto weniger kommt es regelmäßig auf den mutmaßlichen Stifterwillen an.[108] Der Anwendungsbereich des mutmaßlichen Stifterwillens beschränkt sich dann auf Änderungen, die der Stifter nicht vorhergesehen hat. Die Grenzen zwischen der Ermittlung des konkludenten historischen und des mutmaßlichen Stifterwillens sind tendenziell fließend.[109]

Die Gesetzesbegründung sieht als mutmaßlichen Stifterwillen denjenigen an, „der dem 26
Interesse der Stiftung entspricht."[110] Dies ist zumindest missverständlich, sofern darin eine denkbare Entkopplung dieser Stiftungsinteressen vom historischen Stifterwillen mitklingt.[111] Es ist faktisch denkbar, dass durch Fehler in der Verwaltung und Aufsicht der Stiftung die **Interessen der Stiftung** und der historische Stifterwille auseinandergedriftet sind. Es muss dann möglich sein, unter Rückgriff auf den mutmaßlichen Stifterwillen die Stiftung und ihre Interessen wieder mit dem Interesse des ursprünglichen Stifters zu vereinen.[112]

Hilfreicher für das Verständnis ist daher der synonyme[113] Begriff des **hypothetischen** 27
Stifterwillens. Die Beteiligten müssen sich fragen, wie der konkrete Stifter – oder im Zweifel: ein typischer Stifter[114] – vernünftigerweise entschieden hätte, wenn er die anstehende Entscheidung selbst hätte treffen müssen.[115] Dabei kann zur Überprüfung auch

[103] Allgemein Ellenberger in Grüneberg BGB § 133 Rn. 19 mwN.

[104] BGH 11.2.2010 – VII ZR 218/08, NJW-RR 2010, 821 (Rn. 12) mwN.

[105] Jakob in HRW LStiftR Rn. 5.36: „ein gutes, häufig das entscheidende Indiz".

[106] Dh der (ausdrückliche oder konkludente) historische/ursprüngliche Stifterwille.

[107] § 83 Abs. 2 BGB. Vertiefend Schick, Argument des mutmaßlichen Stifterwillens.

[108] Winkler in WSF Stiftung § 27 Rn. 102.

[109] Vgl. BVerwG 6.3.2019 – 6 B 135.18, npoR 2019, 125 (Rn. 32) und die diesbezügliche Bewertung bei Weitemeyer in MüKoBGB § 85 Rn. 18.

[110] BT-Drs. 19/28173, 51 im Kontext des § 81 Abs. 4 Satz 2 BGB; ähnlich ebd. S. 56.

[111] Kritisch Hüttemann/Rawert ZIP 2021, S 3 (S 11) sowie Uhl in Orth/Uhl Stiftungsrechtsreform 2021 Rn. 242.

[112] Zur Korrekturfunktion des mutmaßlichen Willens Schick, Argument des mutmaßlichen Stifterwillens, S. 247 ff.

[113] Vgl. Schick, Argument des mutmaßlichen Stifterwillens, S. 213 f.

[114] Dies darf selbstverständlich nicht dazu führen, dass dadurch einem erkennbaren Willen des konkreten Stifters zuwidergehandelt wird.

[115] Jakob in HRW LStiftR Rn. 5.38 f.

die Erwägung herangezogen werden, wie die vom Stifter vorgegebenen Zwecke am effektivsten erfüllt werden können.[116]

28 Auch der mutmaßliche Stifterwille muss grundsätzlich aus **belastbaren Erkenntnisquellen** hergeleitet werden (zB belegte Äußerungen des Stifters) und im Einklang mit dem historischen Stifterwillen stehen. Grundsätzlich können die Beteiligten auch hierzu Aussagen des Stifters oder von Zeitzeugen einholen.[117] Auch der mutmaßliche Wille lässt sich insbesondere dann überzeugend feststellen, wenn das gefundene Ergebnis zumindest **andeutungsweise** in den formgerechten Errichtungsdokumenten Widerhall findet.[118] Die Ermittlung des mutmaßlichen Willens kann bei fehlenden Anhaltspunkten oder nicht auszuräumenden Widersprüchen auch **scheitern.** Sie kann zwar mit einer inhaltlichen Fortentwicklung des Stifterwillens einhergehen.[119] Die Stiftungsorgane dürfen aber nicht ihr eigenes Verständnis oder Interesse unter dem Deckmantel des mutmaßlichen Stifterwillens zum Maßstab der Fortentwicklung der Stiftung erheben.[120] Andererseits darf dem Stifter auch nicht einfach unterstellt werden, er habe die Fortentwicklung verhindern wollen. Wenn wie häufig der Stifterwille zwischenzeitlich durch Satzungsänderungen fortentwickelt worden ist, bildet die so fortentwickelte Satzung den Beurteilungsmaßstab, nicht die historische Ursprungssatzung.

4. Auslegung von Satzungsbestimmungen

29 Auch wenn die Satzung als organisationsrechtliches Element notwendiger Bestandteil des Stiftungsgeschäfts ist,[121] erlangt sie – anders als das Stiftungsgeschäft – mit Anerkennung der Stiftung durch die Aufsichtsbehörde **Normcharakter.** Weil sie sich an eine Vielzahl von Stiftungsbeteiligten für die gesamte Lebensdauer der Stiftung richtet, kann sie inhaltlich nicht in gleichem Maße an den wirklichen Willen des Stifters anknüpfen wie das Stiftungsgeschäft. Ihre Auslegung hat vielmehr **nach objektiven Maßstäben** zu erfolgen.[122] Es ist daher – wie bei einem Gesellschaftsvertrag – insbesondere auf den Wortlaut, die Regelungssystematik sowie den inhärenten oder typischen Sinn der Regelungen abzustellen. Der in der Satzung und dem Stiftungsgeschäft (objektiv) zum Ausdruck gekommene Stifterwille soll in diesem Rahmen ebenfalls berücksichtigt werden.[123]

30 Bei der Satzungsauslegung handelt es sich in prozessualer Hinsicht konsequenterweise um eine **Rechtsfrage,** deren Beantwortung durch die Tatsacheninstanzen auch im Rahmen einer Revision inhaltlich überprüfbar ist.[124] Die Frage, inwieweit eine beabsichtigte Satzungsänderung dem Stifterwillen entspricht und daher nach Maßgabe der übrigen Vorgaben zulässig ist,[125] stellt keine Auslegung der Satzung dar. Zur Ergründung ihrer Zulässigkeit kann demnach nach den vorgenannten Maßstäben auf den wirklichen (bzw. mutmaßlichen) Willen des Stifters abgestellt werden.

---

[116] Weitemeyer in MüKoBGB § 85 Rn. 18 mwN. Zur Effektivität der Zweckerfüllung als Grundprinzip der Stiftungstätigkeit siehe → Rn. 43. Zu weiteren Aspekten Schick, Argument des mutmaßlichen Stifterwillens, S. 232 ff.

[117] Zu den praktischen Grenzen dieser Erkenntnisquelle siehe bereits oben → Rn. 23.

[118] Dies ist in etwa vergleichbar mit der Ermittlung des hypothetischen Parteiwillens iRd ergänzenden Vertragsauslegung; vgl. dazu Ellenberger in Grüneberg BGB § 157 Rn. 7 mwN.

[119] Anschaulich Stumpf in SSSP BGB § 85 Rn. 35.

[120] Jakob in HRW LStiftR Rn. 5.39; Winkler FS A. Reuter 571 (595).

[121] § 81 Abs. 1 Nr. 1 BGB.

[122] Hüttemann/Rawert in Staudinger BGB § 81 Rn. 13 mwN; vgl. BGH 22.4.1953 – II ZR 72/53, BGHZ 9, 279 (281) zur Auslegung der Satzung einer AG.

[123] Genauer Jakob in HRW LStiftR Rn. 5.33 mwN.

[124] BGH 16.1.1957 – IV ZR 221/56, NJW 1957, 708.

[125] Dazu ausführlich → Kap. 9 Rn. 22 ff.

5. Wille zur Fortentwicklung oder zum Verharren

„Die neuen Regelungen sollen […] den Stiftern die Gestaltungsmöglichkeiten, die ihnen das Stiftungsrecht bietet, deutlicher vor Augen führen. Dies gilt insbesondere auch für die Möglichkeiten, die das Stiftungsgeschäft […] bietet, um den Stifterwillen zukunftsoffen zu formulieren, so dass die Stiftung problemlos an sich verändernde Verhältnisse angepasst werden kann.“[126] 31

Dieses Zitat belegt die Bedeutung einer vom Stifter hinreichend durchdachten und fachlich gut beratenen Stiftungserrichtung. Die Stiftung wird zwar im Zuge der Errichtung grundsätzlich „auf ewig“ institutionalisiert. Es entspricht aber regelmäßig dem Willen des Stifters, die Stiftung **entwicklungsoffen und inhaltlich flexibel** zu konzipieren.[127] Der Stifter entscheidet, wieviel er den Stiftungsorganen verbindlich vorgeben möchte und wieviel Entscheidungs- und Gestaltungspielraum ihnen eingeräumt werden soll.[128] Durch § 85 Abs. 1 bis 3 BGB hat der Gesetzgeber deutlich gemacht, inwiefern der Stifter im Regelfall eine Weiterentwicklung der Stiftung zulassen will und inwiefern dies wesentliche Änderungen der Verhältnisse und Anforderungen erfordert. Ohne eine entsprechende Eröffnung in der Satzung darf beispielsweise durch eine Satzungsänderung der Wille des Stifters in Bezug auf den Stiftungszweck im Grunde nur „zeitgemäß modifiziert, aber keinesfalls in seiner Tendenz verändert werden“.[129] In Einzelfragen muss sich die Entwicklungsoffenheit regelmäßig zumindest auch am mutmaßlichen Stifterwillen[130] messen lassen, wobei die gesetzliche Regelung dafür einen Anhaltspunkt gibt. Auch sollte der Stifter erleichterte oder erschwerte Satzungsänderungsmöglichkeiten nach § 85 Abs. 4 BGB ausdrücklich anordnen. In Bezug auf bei Inkrafttreten des Gesetzes gewollte (erleichterte oder erschwerte) Satzungsänderungsmöglichkeiten wird auf den mutmaßlichen Stifterwillen abzustellen sein, der unter Berücksichtigung des gesetzlichen Regelbilds zu ermitteln ist.[131]

Einer Abwägung zwischen Verharren und Fortentwicklung bedarf es auch, wenn die Stiftung **notleidend** geworden ist und krisenbedingt tiefgreifende **Strukturänderungen** diskutiert werden.[132] Nach Maßgabe des Stifterwillens muss dann beispielsweise entschieden werden, ob der Stiftungszweck angepasst, die Stiftung aufgelöst werden oder sie einen Autonomieverlust durch Zusammenlegung erfahren soll.[133] Ebenso kann sich die Frage stellen, ob eher eine Zustiftung angenommen werden oder ein Zustand vermögensbedingter Ineffektivität der Zweckverwirklichung fortgesetzt werden soll. Regelmäßig dürfte die anfängliche Motivation, überhaupt eine Stiftung und nicht beispielsweise eine GmbH zu gründen, dafür sprechen, dass der Stifter keine Auflösung, sondern eher die abgeschwächte oder die gemeinsame Fortsetzung mit einer zusammengelegten Stiftung befürworten würde.[134] Insbesondere wenn die Stiftung nach ihrem Stifter oder ihrer 32

---

[126] BT-Drs. 19/31118, 7.

[127] Oben → Kap. 1 Rn. 15.

[128] Zu den Grenzen dieser konzeptionellen Flexibilität siehe Weitemeyer in MüKoBGB § 81 Rn. 38.

[129] So ausdrücklich BGH 26.4.1976 – III ZR 21/74, WM 1976, 869 (872) unter Berufung auf Ebersbach Handbuch des Deutschen Stiftungsrechts, 1972, S. 91. Vgl. anschaulich Weitemeyer in MüKoBGB § 85 Rn. 18.

[130] Dazu → Rn. 25 ff.

[131] Oben → Kap. 1 Rn. 7 und Rn. 9 ff.; → Rn. 25 ff.

[132] Zu diesen ausführlich → Kap. 9 Rn. 55 ff.

[133] Dies liegt insbesondere nahe, wenn der nach der Satzung Anfallsberechtigte seinerseits keine Stiftung ist.

[134] Ähnlich Hüttemann/Rawert ZIP 2021, S 3 (S 11).

Stifterin benannt ist, kann es aber auch deren Willen entsprechen, lieber keine Stiftung mit dem eigenen Namen verknüpft zu haben als eine, die sich nur noch schwach und unbedeutend für die verfolgten Zwecke einsetzen kann.

6. Klarstellung oder Änderung des Stiftungszwecks

33 Die erstmals einheitlich im Bundesrecht geregelten Vorgaben an Satzungsänderungen in § 85 BGB unterscheiden in ihren Anforderungen nach der **Intensität des Eingriffs** in die Stiftungsverfassung. Je stärker eine Satzungsmodifikation die Identität und den Charakter der Stiftung verändert, desto höher sind die Anforderungen, die das Gesetz an ihre Zulässigkeit stellt.[135]

34 Der stärkste Eingriff in die Stiftungsverfassung ist demnach die **Zweckänderung** nach Abs. 1.[136] Diese ist nur zulässig, wenn der gegebene Stiftungszweck nicht mehr dauernd und nachhaltig erfüllt werden kann oder das Gemeinwohl gefährdet.[137] Diese strengste Anforderung gilt allerdings nach dem Gesetzeswortlaut nur für tiefgreifende bzw. die Stiftungsidentität berührende Änderungen des Stiftungszwecks durch Austausch (sog. Zweckumwandlung), erhebliche Beschränkung[138] oder Umwandlung in eine Verbrauchsstiftung.[139] Andere Änderungen des Stiftungszwecks oder sonstiger **prägender Satzungsbestimmungen** sind zulässig, wenn sich die Verhältnisse nach Errichtung der Stiftung wesentlich verändert haben und die beabsichtigte Änderung erforderlich ist, um die Stiftung an die veränderten Verhältnisse anzupassen.[140] Unter die prägenden Bestimmungen fällt nach Vorstellung des Gesetzgebers auch eine etwaige Bestimmung zur Art und Weise der Zweckverwirklichung.[141] Alle **sonstigen Satzungsbestimmungen** können nach der gesetzlichen Grundlegung geändert werden, wenn und soweit dies der Erfüllung des Stiftungszwecks dient.[142]

35 Außerdem ist auch bei Satzungsänderungen im Rahmen der erforderlichen Zustimmung seitens der **Stiftungsaufsicht** der ausdrückliche oder mutmaßliche Stifterwille zu berücksichtigen.[143] Dieser kann eine erhebliche Einschränkung der nach dem Gesetz möglichen Satzungsänderungen darstellen. Die Bedeutung des Stifterwillens für die Flexibilität und Entwicklungsoffenheit der Stiftung und ihrer Verfassung[144] zeigt sich zudem an der gesetzlich ausdrücklich eröffneten Möglichkeit,[145] die Voraussetzungen für Satzungsänderungen im Stiftungsgeschäft abweichend auszugestalten – also auszuschließen, zu beschränken oder zu erweitern.[146]

36 In der Abgrenzung zwischen den unterschiedlich anspruchsvollen Anforderungen an eine Satzungsänderung ist eine Feststellung besonders wichtig: Nicht jede Änderung am

[135] Vgl. BT-Drs. 19/28173, 64. Genauer zu dieser Abgrenzung genauer siehe → Kap. 9 Rn. 17, 25 ff.

[136] § 85 Abs. 1 BGB, insb. im Vergleich zu den nachrangigen Änderungen nach Abs. 3, die weder den Stiftungszweck noch die sog. „prägende[n] Bestimmungen der Stiftungsverfassung" iSd § 85 Abs. 2 Satz 2 BGB betreffen.

[137] § 85 Abs. 1 Satz 1 BGB.

[138] BT-Drs. 19/28173, 65 f.

[139] § 85 Abs. 1 Satz 4 BGB; BT-Drs. 19/28173, 64.

[140] § 85 Abs. 2 Satz 1 BGB; BT-Drs. 19/28173, 66 f.

[141] Vgl. § 85 Abs. 2 Satz 2 BGB. Dies ist stiftungsrechtlich kein notwendiger Satzungsbestandteil, ist aber von steuerbegünstigten Stiftungen aus gemeinnützigkeitsrechtlichen Vorgaben zwingend in die Satzung aufzunehmen. Vgl. genauer → Rn. 10 sowie unten → Rn. 52 f.

[142] § 80 Abs. 3 BGB; BT-Drs. 19/28173, 67.

[143] § 83 Abs. 2 iVm § 85a Abs. 1 Satz 2 BGB; vgl. BT-Drs. 19/28173, 64: „Gegen den Willen des Stifters kann die Satzung nicht geändert werden."

[144] Genauer dazu bereits soeben → Rn. 31 f.

[145] § 85 Abs. 4 BGB.

[146] BT-Drs. 19/28173, 67 f. Genauer dazu → Kap. 9 Rn. 40 ff.

die Zweckvorgabe enthaltenden Satzungspassus (sog. Zweckbestimmung[147]) ist eine **tatbestandliche Zweckänderung.**[148] Dies gilt nicht nur für die Abgrenzung zwischen identitätsveränderndem Austausch oder Beschränkung des Zwecks und sonstiger Änderung des Stiftungszwecks.[149] Insbesondere wenn lediglich redaktionelle Änderungen oder inhaltliche Klarstellungen an den Zweckbestimmungen vorgenommen werden, kann eine Satzungsänderung auch unter den vereinfachten Anforderungen des § 85 Abs. 3 zulässig sein.[150] In der Gesetzesbegründung heißt es dazu anschaulich:

> *„Nicht jede Ergänzung, Erweiterung oder Begrenzung der Zweckbestimmung ist aber auch eine Zweckänderung. […] Eine Änderung der Zweckbestimmung ist nur dann auch eine Zweckänderung, wenn sich dadurch die inhaltliche Ausrichtung der Stiftung in einer für den Stifter zur Zeit der Errichtung der Stiftung unvorhersehbaren Weise wandelt. Eine solche Änderung liegt zum Beispiel vor, wenn das typische Aufgabengebiet der Stiftung geändert werden soll oder das bestehende Aufgabengebiet um ein weiteres Aufgabengebiet ergänzt werden soll. Eine Änderung von Teilen der Zweckbestimmung in der Satzung, die nur die Mittel zur Erreichung des Zwecks aufführen, ist grundsätzlich keine Zweckänderung, es sei denn, dem Stifter kam es gerade auch auf die besondere Art und Weise der Zweckerfüllung an.“*[151]

Die Grenzen zwischen einer redaktionellen, einer klarstellenden und einer materiellen Änderung des Stiftungszwecks sind naturgemäß fließend und sollten jedenfalls im Zweifelsfall nach Möglichkeit vorab mit der **Stiftungsaufsicht abgestimmt** werden. Eine Klarstellung dürfte aber regelmäßig anzunehmen sein, wenn eine bestehende Zweckbestimmung nicht ersetzt, sondern (behutsam) inhaltlich ergänzt wird. Eine **zulässige Konkretisierung** – und damit keine nur unter strengeren Voraussetzungen erlaubte Hinzufügung eines Zwecks – ist auch die Ergänzung bislang fehlender **gemeinnütziger Katalogzwecke,** denen der unveränderte Stiftungszweck gleichsam unterfällt.[152] Auch nachträgliche Einschränkungen können klarstellende Funktion haben. Maßstab ist auch für diese Einordnung stets der Stifterwille. Wird die Satzung durch die Änderung nachweislich inhaltlich näher an den tatsächlichen oder mutmaßlichen Stifterwillen herangeführt, handelt es sich um keine Zweckänderung, sondern eine unter den vereinfachten Anforderungen zulässige Klarstellung.[153] **37**

Ungeachtet der stiftungsrechtlichen Einordnung sollten Satzungsänderungen, die auch Änderungen an der Zweckbestimmung einschließlich der Art und Weise der Zweckverwirklichung umfassen, bei steuerbegünstigten Stiftungen vor dem Hintergrund der gravierenden Bedeutung dieser Vorgaben für die Anerkennung der Gemeinnützigkeit nach Möglichkeit vorab mit dem zuständigen **Finanzamt abgestimmt** werden.[154] **38**

---

[147] Vgl. BT-Drs. 19/28173, 64.

[148] Vgl. zum entsprechenden Vereinsrecht OLG Düsseldorf 28.2.2020 – I-3 Wx 214/19, NZG 2020, 956 (Rn. 21 ff.); Schauhoff/Ufer Gemeinnützige Unternehmen und Konzerne § 1 Rn. 40, 45 mwN.

[149] Dh § 85 Abs. 1 vs. Abs. 2 BGB.

[150] Sprich: wenn dies „der Erfüllung des Stiftungszwecks dient“ bzw. diese „erleichtert“ (BT-Drs. 19/28173, 67).

[151] BT-Drs. 19/28173, 64.

[152] So ausdrücklich BT-Drs. 19/28173, 67 auch für andere Ergänzungen, die bei steuerbegünstigten Stiftungen zur Absicherung des steuerbegünstigten Status erforderlich sind. Gemeinnützigkeitsrechtlich kann die Ergänzung von Katalogzwecken hingegen eine Zweckänderung sein. Dazu genauer → Rn. 53.

[153] Vgl. dazu auch → Kap. 9 Rn. 24.

[154] Zum Zweckbegriff des Gemeinnützigkeitsrechts → Rn. 52 f.

7. Gewichtung der einzelnen Stiftungszwecke

39 Verfolgt die Stiftung nach dem Willen des Stifters nicht nur einen, sondern **mehrere Zwecke** im stiftungsrechtlichen und/oder gemeinnützigkeitsrechtlichen Sinn, ist der Stifterwille auch maßgeblich für das Verhältnis der einzelnen Zwecke untereinander und die Gewichtung der jeweiligen Zweckverwirklichungsmaßnahmen. Bestenfalls trifft der Stifter bereits im Rahmen des Stiftungsgeschäfts ausdrückliche Vorgaben dazu, ob einzelne Zwecke vorrangig zu behandeln sind. Die Vorrangigkeit kann sich sowohl auf ein sukzessives „Abarbeiten" der unterschiedlichen Zwecke beziehen[155] als auch auf eine quantitative Gewichtung der eingesetzten Stiftungsmittel (also etwa der überwiegende Einsatz der Erträge für einen von mehreren Zwecken). Der Stifterwille entscheidet auch darüber, ob Stiftungszwecke primär oder ausschließlich **operativ oder fördernd** verwirklicht werden.[156]

40 Das Bedürfnis einer von der ursprünglichen Konfiguration des Stifters **abweichenden Gewichtung** ist eine typische Entwicklung bei effektiver und kreativer Stiftungstätigkeit im Rahmen sich wandelnder Umstände. Die Zulässigkeit einer solchen Anpassung lässt sich oftmals nicht unter Rückgriff auf den historischen Stifterwillen beantworten, sondern typischerweise anhand des mutmaßlichen Willens unter Zuhilfenahme von Erwägungen zur regelmäßig dem Stifterwillen entsprechenden Effektivität und sonstigen Nachhaltigkeit der Zweckverwirklichung.[157] Auch im Kontext von **Zustiftungen**[158] ist bei der Prüfung der Vereinbarkeit der Zustiftung mit dem Willen des ursprünglichen Stifters darauf zu achten, dass die Zustiftung nicht das Grundgefüge der Stiftungszwecke aus dem Gleichgewicht bringt.[159]

III. Stiftungszweck und Vermögensausstattung

1. Zweckadäquate Vermögensausstattung

41 Die Vermögensausstattung ist zwingender Bestandteil des Stiftungsgeschäfts. Der Stifter muss der Stiftung darin „zur Erfüllung des von ihm vorgegebenen Stiftungszwecks ein Vermögen widmen (gewidmetes Vermögen)".[160] Aus dieser Vorgabe und dem in ihr zutage tretenden Stifterwillen ergibt sich die gesetzlich abgesicherte Zweckbindung des Vermögens und eine programmatische **Zweck-Mittel-Relation.**[161] Zweck und Mittel bedingen sich gegenseitig und gehen eine „symbiotische Beziehung" ein, weil der Zweck ohne Vermögen statisch und unverwirklicht bliebe.[162] Gleichsam prägt der Zweck die Art und Weise der Verwaltung dieses seiner Verwirklichung gewidmeten Vermögens sowie die Verwendung der daraus gezogenen Nutzungen.[163] Die Gesetzesbegründung erblickt

[155] Also etwa zunächst die Errichtung einer Konzerthalle, nach deren Einweihung der laufende Konzertbetrieb; zur „Sukzessivstiftung" siehe Weitemeyer in MüKoBGB § 81 Rn. 37 mwN sowie oben → Rn. 13.

[156] Vgl. → Rn. 42.

[157] Dazu sogleich → Rn. 43.

[158] § 83b Abs. 2 Nr 2 BGB; dazu → Rn. 19 sowie ausführlich → Kap. 7 Rn. 25 ff.

[159] Jakob in HRW LStiftR Rn. 5.55 f.; Rawert DNotZ 2008, 5 (9).

[160] § 81 Abs. 1 Nr. 2 BGB; vgl. → Kap. 7 Rn. 8 ff.

[161] § 83b Abs. 4 Satz 2 BGB: „Mit dem Stiftungsvermögen darf nur der Stiftungszweck erfüllt werden." Für gemeinnützige Stiftungen ergibt sich diese Vorgabe zusätzlich aus § 55 Abs. 1 Nr. 1 Satz 1 AO, der Bestandteil der nach § 60 Abs. 1 Satz 2 AO zwingenden Satzungsbestandteile ist („Mustersatzung" nach Anlage 1 zu § 60 AO).

[162] Jakob/Uhl in BeckOGK BGB § 80 Rn. 125.

[163] Vgl. § 83c Abs. 1 Satz 2 BGB; Fritz, Stifterwille und Stiftungsvermögen, 71 ff.

daher in dieser Zweck-Mittel-Relation und der damit verbundenen Befähigung der Stiftung zur dauernden und nachhaltigen Zweckerfüllung die Rechtfertigung für die mit der Anerkennung verbundene „Schaffung des selbständigen Rechtssubjekts Stiftung und die Kosten für die staatliche Aufsicht zum Schutz der Stiftung".[164]

Ob das gewidmete Vermögen seiner Art und Größe nach geeignet ist, die erforderlichen laufenden Nutzungen zu generieren, um die Stiftungszwecke dauernd und nachhaltig[165] zu verwirklichen, ist Gegenstand der sog. **Lebensfähigkeitsprognose.** Hierbei prüft die Aufsichtsbehörde im Vorfeld der Anerkennung, ob nach dem Stiftungsgeschäft in Ansehung des Stiftungszwecks eine (zweck)adäquate Vermögensausstattung besteht.[166] Diese Prognose kann bereits ungeachtet des konkreten Zwecks negativ ausfallen, wenn die zu erwartenden Erträge noch nicht einmal die allgemeine Verwaltung einer Stiftung finanzierbar erscheinen lassen. Im Umfang der Vermögensausstattung kann zudem eine vom Stifter bewusst gesetzte **Begrenzung des Zwecks** und/oder der zulässigen Formen seiner Verwirklichung liegen. Dies steht einer Anerkennung nicht entgegen, sofern trotz dieser Einschränkung eine dauernde und nachhaltige Stiftungstätigkeit möglich ist.[167] Daran zeigt sich auch, dass die Anforderungen an die Bestimmtheit des Stiftungszwecks schwinden, je mehr Vermögen vorhanden ist.[168] Maßgeblich ist hierbei auch, ob und inwieweit die Stiftung nach dem Willen des Stifters operativ tätig sein soll, weil dies regelmäßig mit einem erhöhten Mittelbedarf einhergeht.[169] Eine **erneute Prüfung** der Lebensfähigkeit kann bei Stiftungen im Zuge einer Zweck- oder Strukturänderung erforderlich sein.[170] 42

Wie auch im Rahmen der gemeinnützigkeitsrechtlichen Bewertung des angemessenen Mitteleinsatzes[171] spielen bei der Bewertung des möglichen Mitteleinsatzes zur Zweckverfolgung in Ansehung der konkreten Vermögensausstattung auch **Effektivitätsaspekte** eine Rolle. In der Gesetzesbegründung heißt es dazu: 43

> *„Nachhaltig ist eine Zweckerfüllung nur, wenn sie auch wirksam ist, das heißt das Tätigwerden der Stiftung muss sich spürbar, also mit einer gewissen Intensität, auswirken. Zwischen den Merkmalen ‚dauerhaft' und ‚nachhaltig' bestehen Wechselwirkungen. Die Zweckerfüllung durch eine Stiftung, die über einen sehr langen Zeitraum bestehen soll, wird grundsätzlich wirksamer sein als die Zweckerfüllung durch eine Verbrauchsstiftung, die nur für eine kürzere Dauer besteht. In der Regel gilt, dass eine nachhaltige Zweckerfüllung desto mehr Anstrengungen erfordert, insbesondere auch Vermögenseinsatz, je kürzer der Zeitraum ist, für den eine Stiftung bestehen soll."*[172]

Der Grundfall der Vermögensausstattung ist, dass das gewidmete Vermögen austauschbar ist[173] und primär die aus seiner Verwaltung resultierenden „Nutzungen"[174] (insb. Erträge) zur Erfüllung der Zwecke eingesetzt werden. Es ist aber vom Begriff der Nutzungen ebenso umfasst, dass wesentliche Vermögensbestandteile durch ihre **unmittelbaren Gebrauchsvorteile** zur Zweckverfolgung beitragen (zB Nutzung eines Gebäudes mit Inventar zum Betrieb eines Krankenhauses, Museums oder einer Schu- 44

[164] BT-Drs. 19/28173, 29.
[165] Vgl. Fritz, Stifterwille und Stiftungsvermögen, 72 ff.
[166] § 82 Satz 1 BGB; vgl. → Kap. 8 Rn. 11 sowie genauer Hüttemann/Rawert ZIP 2021, S 3 (S 9 f.).
[167] Dutta in Richter StiftungsR-HdB § 5 Rn. 13.
[168] Hüttemann FS Reuter, 121 (131); zur Zweckbestimmtheit oben → Rn. 12 ff.
[169] Zur Unterscheidung zwischen fördernder und operativer Tätigkeit → Rn. 10.
[170] Vgl. § 85 Abs. 1 Satz 3 BGB; BT-Drs. 19/28173, 65 f.
[171] Dazu → Rn. 56 ff.
[172] BT-Drs. 19/28173, 46; vgl. auch BT-Drs. 19/31118, 10.
[173] Zum Vermögenserhaltungsgrundsatz sogleich → Rn. 46 ff.
[174] So § 83c Abs. 1 Satz 2 BGB, der sich begrifflich auf § 100 (und § 99) BGB bezieht.

le).[175] Die zweckadäquate Vermögensausstattung hängt dann davon ab, mit welchen Mitteln die laufenden Kosten gedeckt werden können (zB zusätzliches Grundstockvermögen mit Ertragswert).

45 Auch **Verbrauchsstiftungen** müssen (im Rahmen ihrer Lebensspanne) ihren Zweck dauernd und nachhaltig erfüllen. Der Verbrauch des Stiftungsvermögens muss daher in seiner konkreten Ausgestaltung darauf ausgelegt sein, den gegebenen Zweck über die gesamte Existenzdauer effektiv zu fördern bzw. zu erfüllen.[176]

2. Bestandserhalt oder Werterhalt

46 Nach der lapidaren gesetzlichen Vorgabe ist das Grundstockvermögen **ungeschmälert zu erhalten.**[177] Es darf also insbesondere nicht zur Erfüllung des Stiftungszwecks verbraucht werden.[178] Wie genau der ungeschmälerte Erhalt zu verstehen ist, ist nicht gesetzlich geregelt. Der Gesetzgeber hat sich bewusst gegen eine gesetzliche Vorgabe entschieden, weil die Stiftungstätigkeit je nach dem verfolgten Stiftungszweck und der vorherrschenden Zweck-Mittel-Relation unterschiedliche Erhaltungsformen erfordert.[179] Sofern der Stifter im Stiftungsgeschäft oder in der Satzung keine ausdrücklichen Vorgaben getroffen hat, müssen die konkreten Anforderungen an die Vermögenserhaltung daher aus dem **Stifterwillen** – insbesondere aus dem festgelegten **Stiftungszweck** – abgeleitet werden.[180] Dies ist grundsätzlich für jeden Bestandteil des Grundstockvermögens gesondert zu ermitteln. Dabei ist zu berücksichtigen, dass eine passive Vermögensverwaltung je nach Vermögensgegenstand ungeeignet ist, einen mehr als nur **nominalen,** also **realen Werterhalt**[181] zu erreichen: Geldmittel können durch Inflation an Wert verlieren und Immobilien müssen grundsätzlich aktiv instandgehalten werden, um den Wert ihrer Nutzungen zu erhalten.

47 Grundsätzlich stellt das Grundstockvermögen nach dem Stifterwillen eine austauschbare Grundausstattung dar, deren Nutzen für die Zweckerfüllung hauptsächlich in der darin verkörperten Ertragskraft liegt.[182] Die Vermögenserhaltung bezieht sich dann auf eine **Erhaltung dieser Ertragskraft.** Je mehr die Verfolgung der Stiftungszwecke allein aus den Erträgen des Grundstockvermögens finanziert werden soll, desto eher ist (zumindest langfristig) ein realer Werterhalt erforderlich, um die dauerhafte und nachhaltige Zweckverfolgung gewährleisten zu können.[183] Auch **Umschichtungen** des Grundstockvermögens sind grundsätzlich zulässig[184] und können zur Erhaltung der Ertragskraft erforderlich sein, wenn einzelne Investitionen nicht den zur effektiven Zweckverfolgung erforderlichen Ertrag bringen.

48 Insbesondere in Bezug auf einzelne Gegenstände des Grundstockvermögens kann sich aus dem Stifterwillen aber auch die Pflicht zum **gegenständlichen Erhalt** ergeben (Substanzerhaltung[185]). Dient der Vermögensbestandteil seiner Art nach unmittelbar der

[175] Vgl. BT-Drs. 19/28173, 57 (aE); Hüttemann/Rawert ZIP 2021, S 3 (S 17). Zu den sog. Anstalts(träger)stiftungen → Kap. 2 Rn. 40.

[176] Vgl. BT-Drs. 19/31118, 9.

[177] § 83c Abs. 1 Satz 1 BGB. Genauer → Kap. 7 Rn. 47 ff.

[178] BT-Drs. 19/28173, 57.

[179] Vgl. anschaulich BT-Drs. 19/28173, 57.

[180] BT-Drs. 19/28173, 57.

[181] Zu dieser Unterscheidung ausführlich → Kap. 7 Rn. 68 ff.

[182] So auch Godron in Richter StiftungsR-HdB § 7 Rn. 21; Schauhoff in Schauhoff Gemeinnützigkeits-HdB § 3 Rn. 59 mwN.

[183] Hüttemann/Rawert ZIP 2021, S 3 (S 16).

[184] Dies folgt aus § 83c Abs. 1 Satz 3 BGB; vgl. auch BT-Drs. 19/28173, 56. Vgl. auch Fritz, Stifterwille und Stiftungsvermögen, S. 162 ff. sowie → Kap. 7 Rn. 75 ff. und Rn. 81 ff. (zur Verwendung von Umschichtungsgewinnen).

[185] Siehe dazu → Kap. 7 Rn. 62 ff.

Zweckerfüllung (bspw. Grundstücke oder Einrichtungen, die nicht durch gleichwertige Vermögensgegenstände ersetzt werden können),[186] darf er unter Umständen nicht veräußert werden und sein **spezifischer Gebrauchswert** für die konkrete Zweckerfüllung muss erhalten bleiben, zB durch Instandhaltungsinvestitionen. Ein etwaiger volatiler Verkehrswert spielt hingegen mangels Auswirkung auf den Gebrauchswert für die Vermögenserhaltung keine Rolle.[187] Es ist aber auch denkbar, dass sich die Pflicht zum gegenständlichen Erhalt nach dem Stifterwillen auch auf nicht zur unmittelbaren Zweckerfüllung bestimmte Vermögensbestandteile erstreckt (zB Unternehmensanteile bei Unternehmensbeteiligungsstiftungen[188]). Dann muss sich die Effektivität der Zweckerfüllung insoweit nach der vorhandenen Ertragslage richten.

Da diese Anforderungen im Einzelnen nur mit Schwierigkeiten zu ermitteln sein **49**
können, bietet sich regelmäßig die Erstellung eines **Vermögenserhaltungskonzepts** an, um die tagtägliche Vermögensverwaltung für die Stiftungsorgane praktikabel zu handhaben. Der Stifter kann ein solches bereits im Rahmen des Stiftungsgeschäfts oder in der Satzung aufstellen. Praktikabler und flexibler kann dies im Nachhinein außerhalb der Satzung erstellt werden.[189]

B. Stiftungszweck und Zweckverwirklichung bei gemeinnützigen Stiftungen

Über 90 % aller rechtsfähigen Stiftungen in Deutschland verfolgen ausschließlich steu- **50**
erbegünstigte Zwecke iSd Abgabenordnung.[190] Neben dem Stiftungsrecht prägen daher die Vorgaben des Gemeinnützigkeitsrechts[191] die Stiftungsverfassung und die Tätigkeit vieler Stiftungen.

I. Vorrang des Gemeinnützigkeitsrechts

Während das Stiftungsrecht nur wenige zwingende Satzungsbestandteile kennt,[192] ist **51**
das Gemeinnützigkeitsrecht ausgesprochen **satzungsstreng** ausgestaltet. Die Finanzverwaltung hat aus Gründen der Verwaltungsvereinfachung erfolgreich darauf hingewirkt, dass Satzungen gemeinnütziger Körperschaften der sog. **Mustersatzung** der Finanzverwaltung entsprechen müssen.[193] Die Finanzämter gehen oftmals vom Erfordernis einer wörtlichen Übernahme dieser Vorgaben aus.[194] Die daraus folgenden formelhaften Satzungsbestimmungen sollen die Funktion eines „Buchnachweises"[195] mit sich bringen, damit die Finanzverwaltung allein auf Grundlage der Satzung über die vorläufige Anerkennung der Gemeinnützigkeit[196] entscheiden kann. Zugleich sind die Organe einer

---

[186] Dazu bereits oben → Rn. 44.

[187] BT-Drs. 19/28173, 56 f.

[188] Zu diesen → Rn. 69 sowie → Kap. 2 Rn. 37 ff.

[189] Genauer dazu siehe → Kap. 7 Rn. 55 ff. Je nach konkreter Ausgestaltung und Umfang kann dies auch als Kapitalerhaltungskonzept und/oder in Gestalt einer Anlagerichtlinie geschehen. Allgemeinverbindliche Vorgaben bestehen hieran nicht.

[190] Bundesverband Deutscher Stiftungen Zahlen, Daten, Fakten 2021, 33.

[191] Insbesondere die §§ 51–68 AO.

[192] § 81 Abs. 1 Nr. 1 BGB.

[193] Vgl. die gesetzliche Vorgabe in § 60 Abs. 1 Satz 2 iVm Anlage 1 zu § 60 AO.

[194] Zu auch von der Finanzverwaltung anerkannten Ausnahmen AEAO zu § 60 Nr. 2.

[195] BFH 17.9.2013 – I R 16/12, BStBl II 2014, 440 (442).

[196] In Gestalt eines Bescheids nach § 60a Abs. 1 AO.

gemeinnützigen Körperschaft dazu verpflichtet, die **tatsächliche Geschäftsführung** an den gemeinnützigkeitsrechtlichen Vorgaben auszurichten. Nur wenn auch dies erfüllt ist, kann die Gemeinnützigkeit im Rahmen der Veranlagung vollumfänglich anerkannt werden.[197] Durch die Implementierung in die Satzung wird das (steuerrechtliche) Gemeinnützigkeitsrecht funktionell aufgewertet zum – auch zivilrechtlich maßgebenden – **„Organisationsrecht des Dritten Sektors“.**[198]

52 Auch wenn dies stiftungsrechtlich nicht pauschal gefordert wird,[199] müssen gemeinnützige Stiftungen in ihrer Satzung neben ihren (gesetzlich anerkannten) steuerbegünstigten Zwecken zwingend die beabsichtigte **Art und Weise der Zweckverwirklichung** angeben, um die dargestellte Bewertung durch die Finanzbehörden zu ermöglichen.[200] Dem Gemeinnützigkeitsrecht liegt ein sehr zielbezogenes Verständnis des Zweckbegriffs zugrunde („Förderung“[201]). Als Zweck wird im Grunde angesehen, was gesetzlich als gemeinnütziger, kirchlicher oder mildtätiger Zweck iSd §§ 52–54 AO anerkannt ist. Hierbei sind zwar Teilbereiche der im Einzelnen recht weit gefassten Katalogzwecke zulässig (zB nur Alten- und keine Jugendhilfe[202]) und die wortwörtliche Übernahme ist nicht zwingend.[203] Rein stiftungsrechtlich ließen sich aber weitaus spezifischere (zB Sammlung der Kunst eines bestimmten Künstlers oder Restaurierung eines einzelnen Bauwerks), aber auch unbestimmtere Zwecke festlegen (zB Weltfrieden).[204]

53 Vor dem Hintergrund kann selbst die **Abgrenzung des Zwecks** von der Art und Weise seiner Verwirklichung stiftungsrechtlich und gemeinnützigkeitsrechtlich auseinanderfallen. Stiftungsrechtlich kann der Betrieb eines Museums der Zweck einer Stiftung sein. Gemeinnützigkeitsrechtlich wäre der Zweck hingegen beispielsweise die Förderung der Kunst, verwirklicht (grds. „insbesondere“[205]) durch einen Museumsbetrieb. Der stiftungsrechtliche Zweckbegriff kann mithin nicht nur Ziel- sondern auch Gegenstandsbestimmungen umfassen.[206] Ob dies im Einzelnen dem Willen des Stifters entspricht, oder dieser mit der Gegenstandsbestimmung nur unverbindlich den höherrangigen Zweck und seinen diesbezüglichen Willen veranschaulichen wollte, muss durch Auslegung ermittelt werden.[207] Umgekehrt kann ein Stiftungszweck in der Schnittmenge zwischen zwei gemeinnützigkeitsrechtlichen Zwecken liegen (zB „Jugendsport“) und dennoch zivilrechtlich einen einheitlichen und bewusst auf die Schnittmenge beschränkten Zweck darstellen.[208] Auch wenn in der gemeinnützigen Satzung dann zwei Katalogzwecke aufgelistet werden, bedarf es stiftungsrechtlich keiner Regelung des Rangverhältnisses zwischen diesen beiden „Zwecken“. Auch würde eine spätere Ergänzung um einen dritten Katalogzweck in derselben Schnittmenge (zB Förderung der Hilfe für jugendliche Flüchtlinge durch Sport) zivilrechtlich keine Zweckänderung darstellen.[209]

---

[197] § 59 Hs. 2 AO iVm § 63 AO.

[198] Hüttemann FS Baums, 621 (passim).

[199] BT-Drs. 19/28173, 48. Dort findet sich auch eine der seltenen Bezugnahmen auf die insofern abweichenden Bestimmungen im Rahmen der §§ 51 ff. AO. Dazu bereits → Rn. 10.

[200] Vgl. § 60 Abs. 1 Satz 1 AO sowie Satz 2 iVm § 1 Abs. 3 der Mustersatzung.

[201] So die einleitende Formulierung aller sog. Katalogzwecke in § 52 Abs. 2 Satz 1 AO.

[202] Vgl. § 52 Abs. 2 Satz 1 Nr. 4 AO.

[203] Hessisches FG 26.2.2020 – 4 K 594/18, DStRE 2020, 1432 (Rev. BFH V R 11/20); aA in Teilen die Finanzverwaltung.

[204] Zum stiftungsrechtlich notwendigen Mindestmaß an Bestimmtheit siehe → Rn. 12 ff.; zum Möglichkeitserfordernis → Rn. 9.

[205] So der Wortlaut in § 1 Abs. 3 der Mustersatzung (Anlage 1 zu § 60).

[206] Hüttemann FS Reuter, 121 (140).

[207] Vgl. BT-Drs. 19/28173, 64 sowie oben → Rn. 36. Zur Auslegung und Ermittlung des Stifterwillens → Rn. 20 ff.

[208] Hüttemann/Rawert in Staudinger BGB § 81 Rn. 50 mit dem zitierten Beispiel.

[209] Dazu genauer → Rn. 37.

Diese Differenzierung des Begriffsverständnisses hilft zugleich bei der Lösung etwaiger Konflikte zwischen dem Stiftungsrecht, nach dessen Maßgabe der Zweck nur in engen Grenzen geändert werden darf, und dem Gemeinnützigkeitsrecht, wonach die laufende tatsächliche Geschäftsführung stets die Verwirklichung aller gegebenen Zwecke umfassen muss, was im Einzelfall Satzungsanpassungen erforderlich macht.[210] Sofern die Art und Weise der Zweckverwirklichung nach Maßgabe des Stifterwillens nicht Bestandteil des Stiftungszwecks ist, ist die Änderung der diesbezüglichen Vorgaben in der Satzung unter erleichterten Bedingungen möglich.[211] 54

Ein **Vorrang des Gemeinnützigkeitsrechts** für gemeinnützige Stiftungen ergibt sich nach alldem nicht aus der Normenhierarchie der einschlägigen Gesetze, sondern aus einer Gesamtschau der Stiftungsverfassung. Das Gemeinnützigkeitsrecht stellt sowohl an die Ausgestaltung der Satzung als auch an deren tatsächliche Geschäftsführung grundsätzlich strengere Anforderungen als das vom Gedanken der Stifterautonomie durchzogene Stiftungsrecht. Durch die Satzungsstrenge werden die im Kern steuerrechtlichen Vorgaben der Mustersatzung und deren Einhaltung **Teil der Stiftungsverfassung** und damit Bestandteil der zivilrechtlich maßgeblichen Organpflichten. Dies wird dadurch verstärkt, dass die Gemeinnützigkeit und ihre Erhaltung regelmäßig vom Stifterwillen und sogar dem Stiftungszweck umfasst sind.[212] Auch nach den stiftungsrechtlichen Anforderungen hat die Einhaltung der gemeinnützigen Vorgaben daher Priorität, was im Einzelnen zahlreiche Auswirkungen auf die Stiftungstätigkeit hat. Beispielsweise führt dies bei gemeinnützigen Stiftungen entgegen der isolierten Zivilrechtslage dazu, dass konkrete Zweckverwirklichungsmaßnahmen für eine **anfängliche Ansparphase** von bis zu vier Jahren nach Errichtung der Stiftung grundsätzlich unterbleiben dürfen, weil dies in Gestalt der gemeinnützigen Vorgaben dem Stifterwillen entspricht.[213] 55

II. Mittelverwendung für die gemeinnützigen Zwecke

Schon stiftungsrechtlich ergibt sich aus der zwingenden Bindung der Geschäftsführung an den Stifterwillen[214] die Organpflicht, alle frei verwendbaren Mittel der Stiftung zur Erfüllung des Stiftungszwecks einzusetzen. Sie dürfen also insbesondere **nicht zweckentfremdet** werden. Konkretere rechtliche Vorgaben an den Mitteleinsatz trifft das Stiftungszivilrecht nicht. Soweit die Landesstiftungsgesetze teils konkrete Vorgaben an die **Wirtschaftlichkeit und Sparsamkeit** des Mitteleinsatzes oder an die Verwaltungskosten[215] beinhalten, sind diese in Teilen mangels Gesetzgebungskompetenz verfassungsrechtlich fragwürdig.[216] Nicht ein allgemein geltender objektiver Maßstab, sondern das auf den jeweiligen Einzelfall abstellende Angemessenheitsgebot[217] bestimmt das Handeln gemeinnütziger Stiftungen. Daher kommt den landesrechtlichen Regelungen – erst recht für gemeinnützige Stiftungen – inhaltlich kaum eigenständiger Regelungsgehalt zu, der über die Anforderungen an eine dauernde und nachhaltige Zweckerfüllung hinausgeht. 56

---

210 Sachse in WSF Stiftung § 8 Rn. 14.

211 Dazu → Rn. 34 ff.

212 BGH 15.4.2021 – III ZR 139/20, BGHZ 229, 299 (315 f.) sowie genauer bereits → Rn. 8.

213 Vgl. § 62 Abs. 4 AO; zu dessen „Fernwirkung" auf das Stiftungsrecht Weitemeyer in MüKoBGB § 81 Rn. 37.

214 § 83 Abs. 2 BGB.

215 Vgl. die Übersicht bei Roth in HWR LStiftR Rn. 18.13.

216 Vgl. Roth in HWR LStiftR Rn. 18.5. Es wird sich zeigen, inwieweit diese Regelungen bei der anstehenden Überarbeitung der Landesstiftungsgesetze erhalten bleiben.

217 Insb. nach § 55 Abs. 1 Nr. 3 AO.

Die Satzung kann bezüglich der Mittelverwendung weitere Vorgaben des Stifters enthalten.

57 Gemeinnützigkeitsrechtlich ergibt sich die Pflicht, alle Mittel tatsächlich und unmittelbar[218] für die steuerbegünstigten Zwecke zu verwenden, insbesondere aus den Geboten der **Ausschließlichkeit** und **Selbstlosigkeit.**[219] Mittel der Körperschaft dürfen demnach „nur für die satzungsmäßigen Zwecke verwendet werden".[220] Das bedeutet aber nicht, dass alle Vermögenserträge und Spenden – geschweige denn schnellstmöglich[221] – durch den ideellen Bereich oder Zweckbetriebe in Richtung der Projekte und Destinatäre geschleust werden müssen. Auch die Aufwendungen für die **allgemeine Verwaltung** (inkl. Personal), die Spendenwerbung oder zur Anschaffung von Vermögensgegenständen, die satzungsmäßigen Zwecken dienen (sog. nutzungsgebundenes Vermögen[222]), stellen ihrer Art nach einen zweckentsprechenden Mitteleinsatz dar.[223]

58 Es gibt auch gemeinnützigkeitsrechtlich weder eine feste Vorgabe an die Verwaltungskostenquote noch ein allgemeines Sparsamkeitsgebot.[224] Entscheidend ist lediglich, ob bei Berücksichtigung aller Umstände des Einzelfalles das **Ausgabeverhalten angemessen** ist. Dazu hat der Bundesfinanzhof ausgeführt:[225]

> *„Angemessen ist ein Ausgabeverhalten, wenn es wirtschaftlich sinnvoll ist und dazu beiträgt, dass ein möglichst hoher Anteil der Mittel unmittelbar und effektiv den hilfsbedürftigen Personen zugutekommt."*

59 Dies führt grundsätzlich zu einer Abwägung der Zweck-Mittel-Relation im Einzelfall. Dabei spielen nicht nur die Größe der Körperschaft und die **Effizienz** des Mitteleinsatzes, sondern ausdrücklich auch die **Effektivität** der gewählten Form der Zweckverfolgung eine maßgebliche Rolle. Steuerbegünstigte Körperschaften sind nicht dazu gezwungen „auf kleiner Flamme" zu kochen. Die öffentliche Gesundheitspflege lässt sich durch den Betrieb eines eigenen Krankenhauses regelmäßig besser fördern als durch Medikamentenlieferungen, auch wenn letztere regelmäßig kosteneffizienter ausgestaltet werden können. Die Zweckverwirklichung muss wie jede Maßnahme der tatsächlichen Geschäftsführung auf die Erfüllung der steuerbegünstigten Zwecke **ausgerichtet** sein (sog. Finalität). Es kommt damit zur Bewertung der Sinnhaftigkeit der Maßnahme auf den Zeitpunkt ex ante an. Insbesondere wird dabei **kein Erfolg geschuldet,** sondern lediglich dessen anfängliche Möglichkeit und ein dementsprechendes Bemühen.[226]

60 Keine zweckentsprechende Mittelverwendung, aber eine stiftungsspezifische und gemeinnützigkeitskonforme Ausnahme vom Gebot der Ausschließlichkeit bzw. Selbstlosigkeit ist die Verwendung eines Teils des Stiftungseinkommens für angemessene **Versorgungsleistungen an die Stifterfamilie.**[227] Auch ein solcher Mitteleinsatz muss vom Stifterwillen gedeckt sein.

---

[218] Dazu genauer → Kap. 2 Rn. 21 ff.

[219] §§ 52 Abs. 1 und Abs. 2, 55 Abs. 1, 56 AO.

[220] § 55 Abs. 1 Nr. 1 Satz 1 AO, wortgleich wiedergegeben in § 3 Satz 1 der Mustersatzung.

[221] Zum Gebot der zeitnahen Mittelverwendung nach § 55 Abs. 1 Nr. 5 AO sogleich → Rn. 61 ff. sowie → Kap. 2 Rn. 14 ff.

[222] Vgl. § 55 Abs. 1 Nr. 5 Satz 2 AO.

[223] Schauhoff in Schauhoff Gemeinnützigkeits-HdB § 9 Rn. 19.

[224] Vgl. Hüttemann GemeinnützigkeitsR Rn. 5.46; Kampermann, Organvergütung in gemeinnützigen Körperschaften, 222 ff.

[225] BFH 23.9.1998 – I B 82/98, BStBl. II 2000, 320 (324).

[226] BFH 20.3.2017 – X R 13/15, BStBl II 2017, 1110 (Rn. 68 f.); Unger in Gosch AO § 63 Rn. 8.

[227] Zulässig nach Maßgabe des § 58 Nr. 6 AO; vgl. AEAO zu § 58 Nr. 6 Nr. 11 ff. und Seer in Tipke/Kruse AO § 68 Rn. 13 ff. Genauer dazu → Kap. 2 Rn. 12.

III. Zeitnahe Mittelverwendung

Da die mit der Steuerbegünstigung verbundenen Privilegien schon in der Gegenwart gewährt werden, lässt der Gesetzgeber es nicht ausreichen, dass die gemeinnützigen Zwecke irgendwann in ferner Zukunft punktuell verwirklicht werden. Gemeinnützige Stiftungen müssen ihre Einnahmen daher **fortlaufend und zeitnah** – dh prinzipiell innerhalb von drei Jahren[228] – zur Förderung ihrer satzungsmäßigen Zwecke eingesetzt haben.[229] Die zeitnahe Mittelverwendung ist von der Stiftung im Rahmen ihrer Rechenschaftslegung nachzuweisen.[230] Dabei kommt es nicht auf die Verwendung konkreter Geldbeträge oder die einzelnen Kontostände an. Maßgeblich ist vielmehr eine sog. **Global- bzw. Saldobetrachtung** des gesamten Vermögens der Körperschaft.[231] Wird der Nachweis einer entsprechenden Verwendung nicht erbracht, führt dies in aller Regel nicht direkt zu einer Aberkennung der Gemeinnützigkeit. Grundsätzlich setzt das Finanzamt eine Frist, innerhalb derer die Verwendung ohne weitere Konsequenzen nachgeholt werden kann.[232] 61

Bei der Ermittlung des jährlich konkret zeitnah zu verwendenden Betrags werden Zuflüsse ausgeklammert, die ihrer Natur oder den Umständen ihrer Zuwendung nach **zur dauerhaften Erhaltung bestimmt** sind (insb. Zustiftungen).[233] Auch Umschichtungsgewinne aus der Vermögensverwaltung müssen nicht zeitnah verwendet werden.[234] Weitere Ausnahmen bestehen für Stiftungen in den ersten Jahren nach ihrer Errichtung.[235] Eine **persönliche Ausnahme** vom Gebot der zeitnahen Mittelverwendung besteht neuerdings für kleine Körperschaften mit jährlichen Einnahmen von unter EUR 45.000.[236] Allerding dürften viele Stiftungen regelmäßig höhere jährliche Einnahmen haben.[237] Der Pflicht zur zeitnahen Verwendung wird grundsätzlich durch alle Aufwendungen entsprochen, die eine zweckentsprechende Mittelverwendung darstellen.[238] 62

Auch wenn faktisch fast alle (rechtsfähigen) Stiftungen als gemeinnützige Körperschaften diesem sog. Gebot der zeitnahen Mittelverwendung unterliegen, gibt es **keine stiftungsrechtliche Entsprechung** bezüglich der konkreten zeitlichen Dimension der Zweckverwirklichung.[239] Wie sich aus der Legaldefinition[240] der Stiftung ergibt, bestehen 63

---

[228] Genauer: bis zum Ende des zweiten Kalender- oder Wirtschaftsjahrs nach Mittelzufluss. Vgl. § 55 Abs. 1 Nr. 5 Satz 3 AO und AEAO zu § 55 Abs. 1 Nr. 5 Nr. 29.

[229] Vgl. § 55 Abs. 1 Nr. 5 AO.

[230] Zur sog. Mittelverwendungsrechnung siehe AEAO zu § 55 Abs. 1 Nr. 5 Nr. 29 Satz 3; Thiel DB 1992, 1900; vgl. BLSB Gemeinnützigkeit, 165 ff.

[231] Genauer BFH 20.3.2017 – X R 13/15, BStBl II 2017, 1110 (1115 f.) Rn. 61; AEAO zu § 55 Abs. 1 Nr. 5 Nr. 29 aE.

[232] § 63 Abs. 4 AO.

[233] § 62 Abs. 3 AO.

[234] AEAO zu § 55 Abs. 1 Nr. 5 Nr. 32. Vgl. stiftungsrechtlich § 83c Abs. 1 Satz 3 BGB sowie → Kap. 7 Rn. 84.

[235] § 62 Abs. 4 AO: Überschüsse aus der Vermögensverwaltung und Gewinne aus wirtschaftlichen Geschäftsbetrieben des Errichtungsjahrs und der folgenden drei Kalenderjahre können ganz oder teilweise dem Vermögen zugeführt werden. Dazu bereits → Rn. 55 aE.

[236] So seit dem VZ 2021 § 55 Abs. 1 Nr. 5 Satz 4 AO. Zur Berechnung siehe AEAO zu § 55 Abs. 1 Nr. 5 Nr. 30.

[237] Der Betrag entspricht beispielsweise einer Rendite von 3 % aus einem Grundstockvermögen von EUR 1,5 Mio. oder 5 % bei EUR 900.000.

[238] Ausführlich → Rn. 56 ff. Dazu gehört auch der Erwerb sog. nutzungsgebundenen Vermögens (→ Rn. 57).

[239] So ausdrücklich BT-Drs. 19/31118, 7. Zum stiftungsrechtlichen Admassierungsverbot vgl. Arnold NZG 2007, 805 (805, 807).

[240] § 80 Abs. 1 Satz 1 BGB.

allerdings auch insofern Grenzen, da einer Pflicht zur „dauernden und nachhaltigen" Zweckerfüllung nicht durch das Anhäufen von Vermögen entsprochen wird.

IV. Rücklagenbildung – Ermessen oder Pflicht

64 Dem Gebot der zeitnahen Mittelverwendung wird auch entsprochen, soweit die Mittel innerhalb der Drei-Jahres-Frist einer sog. Rücklage zugeführt werden.[241] Das Gesetz sieht unterschiedliche Formen der Rücklagenbildung mit spezifischen Anlässen und inhaltlichen Anforderungen vor. Bedeutsam sind insbesondere die **freie Rücklage** sowie die **zweckgebundene (Projekt-)Rücklage** zur Ermöglichung von Anschaffungen und Zweckverwirklichungsmaßnahmen mit einem Volumen, das innerhalb der Frist zur zeitnahen Mittelverwendung nicht erreicht werden könnte.[242] Erstere ermöglicht es, ohne konkreten Anlass Mittel anzusparen und von der Pflicht zur zeitnahen Verwendung dauerhaft auszuklammern. Dies ist jährlich zulässig in Höhe eines Drittels des Überschusses aus der Vermögensverwaltung und von 10 % der sonstigen zeitnah zu verwendenden Mittel.[243] Alle sonstigen Rücklagen sind unverzüglich aufzulösen, sobald der Grund für ihre Bildung entfallen ist.[244]

65 Formell erfordert die Bildung einer Rücklage keine Ermächtigung durch die Satzung, aber einen fristgerechten **Beschluss des zuständigen Organs,**[245] im Zweifel des Stiftungsvorstands. Da es wie soeben dargestellt keine stiftungsrechtliche Pflicht zur zeitnahen Mittelverwendung gibt, sind Rücklagen oder die Zuordnung von Überschüssen zum Stiftungsvermögen stiftungsrechtlich erst recht zulässig.[246] Eine allgemeine **Organpflicht** zur Bildung von Rücklagen gibt es nicht, allerdings kann der Stifter im Stiftungsgeschäft oder in der Satzung solche Pflichten vorsehen. Bei Zuwiderhandlung gegen diese Vorgabe ist die Stiftungsaufsicht gehalten, dem diesbezüglichen Stifterwillen zur Umsetzung zu verhelfen.[247]

66 Hat der Stifter oder die Stifterin ausnahmsweise keine Vorgabe zur Rücklagenbildung gemacht oder den Stiftungsorganen lediglich klarstellend die entsprechende Möglichkeit eingeräumt, ist die Frage der Rücklagenbildung vom **Geschäftsführungsermessen** des zuständigen Organs umfasst. Je nach Vermögensausstattung und -erhaltungspflicht kann sich bei Stiftungen ein faktisches Bedürfnis ergeben, in dem hierzu erforderlichen Umfang von den Möglichkeiten zur Rücklagenbildung Gebrauch zu machen. Dies kann beispielsweise bei einer ausdrücklich angeordneten oder sich aus der Zweckvorgabe ergebenden Pflicht zum realen Werterhalt der Fall sein.[248] Bei gemeinnützigen Stiftungen ist die regelmäßige Bildung einer freien Rücklage grundsätzlich sinnvoll.[249] Selbst im Fall realer Werterhaltung kann die Dotation solcher Rücklagen im Einzelnen entbehrlich sein, wenn der Erhaltungspflicht beispielsweise ebenso durch die Thesaurierung regelmäßiger Umschichtungsgewinne[250] entsprochen werden kann.

---

[241] § 62 Abs. 1 und Abs. 2 AO. Vgl. → Kap. 2 Rn. 15 ff.; R. Wallenhorst in Wallenhorst/Halaczinsky Besteuerung Kap. C Rn. 133 ff.

[242] § 62 Abs. 1 Nr. 3 (freie Rücklage) bzw. Nr. 1 (zweckgebundene Rücklage) AO.

[243] Zur Berechnung siehe AEAO zu § 62 Abs. 1 Nr. 3 Nr. 9 f.

[244] § 62 Abs. 2 Satz 2 AO. Die freiwerdenden Mittel sind dann nach Satz 3 zeitnah zu verwenden.

[245] Theuffel-Werhahn NK-GemnR AO § 62 Rn. 169 ff.

[246] Vgl. BT-Drs. 19/31118, 8.

[247] Siehe zu Beanstandungen und Zwangsmitteln genauer → Kap. 2 Rn. 23 ff.

[248] Siehe dazu bereits oben → Rn. 46.

[249] § 62 Abs. 1 Nr. 3 AO. In zeitlich beschränktem Umfang der zwei Folgejahre kann die freie Rücklage auch noch rückwirkend gebildet werden, vgl. AEAO zu § 62 Abs. 1 Nr. 3 Nr. Rn. 11.

[250] Dazu § 83c Abs. 1 Satz 3 BGB sowie genauer → Kap. 7 Rn. 85.

C. Stiftungszweck und Zweckverwirklichung bei Familien- und unternehmensverbundenen Stiftungen

Familienstiftungen und unternehmensverbundene Stiftungen sind keine rechtlichen Kategorien des Stiftungszivilrechts, sondern (Ober-)Begriffe für faktische Erscheinungsformen rechtsfähiger oder unselbständiger Stiftungen.[251] Als **Familienstiftungen** werden nach allgemeinem Verständnis solche Stiftungen bezeichnet, die in besonderem Maße den Interessen oder dem Wohl einer oder mehrerer bestimmter Familien dienen.[252] Dabei handelt es sich üblicherweise um die Unterstützung der Familie und der Nachkommen des Stifters oder der Stifterin.[253] Familienstiftungen können wie alle **privatnützigen** Stiftungen zugleich auch Gemeinwohlzwecke verfolgen.[254] Eine Anerkennung als gemeinnützig scheitert aber regelmäßig am Grundsatz der Ausschließlichkeit.[255] Die Verbreitung und Zahl der Familienstiftungen nimmt in den letzten Jahren kontinuierlich zu. Inzwischen verfolgen über 8 % der deutschen Stiftungen zumindest auch privatnützige Zwecke.[256] Die Familienstiftung wird typischerweise als Form der Nachfolgegestaltung gewählt, weil diese insbesondere den Anfall von Erbschaftsteuer planbar macht.[257] 67

Eine **Stiftungsaufsicht** über Familien- und andere privatnützige Stiftungen besteht nach der umstrittenen Rechtslage in den meisten Bundesländern bislang allenfalls in begrenztem Umfang.[258] Der chronisch unterbesetzten Aufsicht dient diese Einschränkung unter Berufung auf ein vermeintlich fehlendes öffentliches Interesse[259] insbesondere zur Entlastung ihres Aufgabenbereichs. Vermutlich lässt sich diese Ausnahme von der Aufsicht vor dem Hintergrund des unterschiedslos für Stiftungen aller Zwecke geltenden § 83 Abs. 2 BGB künftig nicht länger aufrechterhalten.[260] Die anstehenden Änderungen in den Stiftungsgesetzen der Länder bleiben diesbezüglich abzuwarten. 68

Unter **unternehmensverbundenen Stiftungen** versteht man insbesondere Stiftungen, die maßgeblich an einem Unternehmen beteiligt sind („Unternehmensbeteiligungsstiftung").[261] Ebenso möglich, aber faktisch selten, ist der unmittelbare Betrieb eines Unternehmens durch die Stiftung („Unternehmensträgerstiftung"). Während die Bezeichnung als Familienstiftung den (regelmäßig privatnützigen) Stiftungszweck beschreibt, trifft die 69

---

[251] Aufgrund der faktischen Verbreitung finden sich allerdings in vielen Landesstiftungsgesetzen Regelungen zu Familien- bzw. allgemein privat(nützig)en Stiftungen; dazu → Rn. 68. Zudem bestehen Besonderheiten für die Besteuerung von (rechtsfähigen) Familienstiftungen, insb. nach § 1 Abs. 1 Nr. 4 ErbStG (sog. Erbersatzsteuer); genauer → Kap. 2 Rn. 28 ff., 31.

[252] Richter in Richter StiftungsR-HdB § 11 Rn. 3.

[253] Ausführlich zu Familienstiftungen → Kap. 2 Rn. 25 ff. sowie Hüttemann/Rawert in Staudinger BGB Vorb. zu §§ 80–88 Rn. 257 ff.; Gummert in MHdB GesR V § 80 jeweils mwN.

[254] Saenger in WSF Stiftung § 38 Rn. 2; zur sog. „gemischten" bzw. „hybriden" Stiftung Saenger in WSF Stiftung § 38 Rn. 6 sowie → Kap. 2 Rn. 34 f.

[255] § 56 AO; vgl. Gummert in MHdB GesR V § 80 Rn. 211 ff. Eine Ausnahme hiervon besteht nur, wenn sich die Versorgung der Stifterfamilie in den (engen) Grenzen des § 58 Nr. 6 AO bewegt (dazu bereits → Rn. 60 sowie → Kap. 2 Rn. 12).

[256] 7,2 % sogar ausschließlich privatnützige Zwecke: Bundesverband Deutscher Stiftungen, Zahlen, Daten, Fakten 2021, 33.

[257] Genauer zur Besteuerung → Kap. 2 Rn. 27 ff.

[258] Vgl. die Darstellung bei Schulte in HRW LStiftR Rn. 28.39 ff.

[259] Vgl. Winkler in WSF Stiftung § 27 Rn. 95 mwN.

[260] Vgl. → Kap. 8 Rn. 16. Kritisch bereits zur bisherigen landesrechtlichen Lockerung der Stiftungsaufsicht und der damit verbundenen Differenzierung nach den verfolgten Zwecken, die das BGB nicht vorsieht, Hüttemann/Rawert in Staudinger BGB Vorb. zu §§ 80–88 Rn. 136 ff. mwN.

[261] Genauer dazu oben → Kap. 2 Rn. 37 ff. sowie Brandmüller/Klinger Stiftungen; FEKSS Modell unternehmensverbundene Stiftung; Saenger in WSF Stiftung § 36.

Bezeichnung als unternehmensverbundene Stiftung primär eine Aussage über die Ausstattung mit einem Vermögen und über dessen Erhaltung. Daraus folgt zum einen, dass die unternehmensverbundene Stiftung eines über den bloßen Erhalt des Unternehmens hinausgehenden Zwecks bedarf, um keine unzulässige Selbstzweckstiftung darzustellen.[262] Wann dieser Zweck über den „bloßen Erhalt" hinausgeht, ist umstritten und nicht abschließend geklärt. Es sind aber nach allgemeiner Auffassung auch unternehmensbezogene Zwecke denkbar.[263] Zum anderen sind diese beiden Erscheinungsformen nicht alternativ. Bei unternehmensverbundenen Stiftungen handelt es sich sogar typischerweise zugleich um Familienstiftungen. Es sind aber ebenso gut gemeinnützige unternehmensverbundene Stiftungen denkbar, solange die unternehmerische Tätigkeit auch gemeinnützigkeitsrechtlich keinen Selbstzweck darstellt.[264] Oft werden auch Kombinationen aus einer privatnützigen und einer steuerbegünstigten Stiftung in der Nachfolgegestaltung eingesetzt (sog. „Doppelstiftung"[265]).

I. Vermögensverwaltung und Mittelverwendung

70 Bei **Familienstiftungen** besteht die zweckentsprechende Mittelverwendung üblicherweise in der finanziellen Unterstützung der in der Stiftungsverfassung in hinreichender Bestimmtheit zu definierenden (familienangehörigen) **Destinatäre.**[266] Deren Bestimmung gehört zum „Kernbereich der Stifterautonomie".[267] Je unbestimmter der Kreis der zweckentsprechenden Mittelempfänger gefasst ist, desto mehr stellt der Stifter deren Auswahl in das Ermessen der Stiftungsorgane.[268] Die Vermögensverwaltung hat sich daran auszurichten, dass für die über die Jahre schwankende Zahl der Destinatäre in hinreichendem Umfang Erträge erwirtschaftet werden, um diesen eine nach Art und Umfang zweckentsprechende Förderung angedeihen zu lassen. Auch der Umfang der Unterstützungsleistungen kann und sollte vom Stifter nach Möglichkeit in ausreichender Klarheit zumindest umrissen werden, weil dies ansonsten im Ermessen der Organwalter steht und eine Lebensfähigkeitsprognose erschweren kann. Bei Unklarheiten drohen **Rechtsstreitigkeiten** zwischen den Destinatären und den Stiftungsorganen, die aufgrund der Rechtsstellung der Destinatäre typischerweise kompliziert, zeit- und kostspielig sowie mitunter öffentlichkeitswirksam sind.[269]

71 Während sich bei der Vermögensverwaltung und -erhaltung bei der Familienstiftung kaum Besonderheiten ergeben, sind entsprechende Vorgaben in der Stiftungsverfassung bei **unternehmensverbundenen Stiftungen** das zentrale Gestaltungselement. Es entspricht oft, aber nicht immer und daher auch nicht üblicherweise dem Stifterwillen, dass die Unternehmensbeteiligungen im Grundsatz in ihrem Bestand zu erhalten sind. Was im Einzelfall tatsächlich gewollt ist, sollte geregelt werden. Gewisse Flexibilisierungen sind regelmäßig ratsam, bedürfen aber einer präzisen Ausgestaltung in der Stiftungsverfassung. Um den etwaigen Vorwurf einer (verdeckten) Selbstzweckstiftung zu widerlegen und die dauernde und nachhaltige Erfüllung der Satzungszwecke zu ermöglichen, muss der Stifter

[262] Dazu bereits → Rn. 9 sowie genauer → Kap. 2 Rn. 38. Vgl. BT-Drs. 19/28173, 46 zur Übernahme der Komplementärstellung in einer „Stiftung und Co. KG".

[263] Dazu Hüttemann/Rawert in Staudinger BGB Vorb. zu §§ 80–88 Rn. 239.

[264] Vgl. → Kap. 2 Rn. 39; Gummert in MHdB GesR V § 80 Rn. 8; Söffing/Henrich BB 2016, 1943.

[265] Dazu → Kap. 2 Rn. 36; Werner ZEV 2012, 244.

[266] Hüttemann FS Reuter, 121 (129). Zu den diesbezüglichen Gestaltungsmöglichkeiten Saenger in WSF Stiftung § 38 Rn. 2.

[267] BGH 15.12.2016 – I ZR 63/15, npoR 2017, 119 (120).

[268] Zu den möglichen Ausgestaltungen Gummert in MHdB GesR V § 80 Rn. 51.

[269] Zur Rechtsstellung der Destinatäre sogleich → Rn. 72 f.

konzeptionell und müssen die Stiftungsorgane im Rahmen der laufenden Vermögensverwaltung dafür Sorge tragen, dass die Stiftung zumindest mittelfristig **ausreichende Nutzungen** aus dem Grundstockvermögen zur Erfüllung der Stiftungszwecke zieht. Die Sicherung des Unternehmenswohls bei gleichzeitiger Gewährleistung der für das Wohl der Stiftung erforderlichen Erträge ist eine anspruchsvolle Aufgabe. Die Erhaltung des Unternehmens entspricht aber typischerweise nicht nur dem Stifterwillen, sondern ist zugleich eine notwendige Voraussetzung für die dauernde und nachhaltige Zweckerfüllung der Stiftung.

II. Rechtsstellung der Destinatäre

Die nach dem Stiftungszweck Begünstigten („Destinatäre“) sind nach der gesetzlichen 72 Grundlegung **keine Organe** der Stiftung und haben auch keine mitgliedsähnliche Stellung.[270] Es sind allenfalls nach der Satzung Organe denkbar, die personell mit Destinatären besetzt werden.[271] Ihre Rechtsstellung ist nach dem gesetzlichen Grundfall nicht mehr als ein Reflex aus dem Stiftungszweck und der Pflicht der Stiftungsorgane, diesen im Einklang mit dem Stifterwillen zu erfüllen.[272] Sie haben daher grundsätzlich auch bei Familienstiftungen **keinen Anspruch** auf die Stiftungsleistungen.[273] Etwas anderes gilt, wenn ein solcher ausdrücklich in der Stiftungsverfassung verankert ist, oder die Destinatäre dort zumindest namentlich bestimmt sind.[274] Dasselbe gilt grundsätzlich für flankierende **Informations- und Kontrollrechte.**[275] Eine (klarstellende) Regelung kann aber auch für den Fall in die Satzung aufgenommen werden, dass keine besonderen Destinatärrechte gewünscht sind, um entsprechende Konflikte von vornherein zu verringern. Im Einzelfall kann ein Anspruch auf Stiftungsleistungen in Übereinstimmung mit dem Stifterwillen durch **einseitige Zuerkennung** durch ein Stiftungsorgan oder vertraglich begründet werden.[276]

Die **prozessualen Rechte** (insbesondere Klagerechte) der Destinatäre richten sich 73 grundsätzlich danach, ob diesen gegen die Stiftung nach den vorstehenden Maßstäben ein Anspruch zusteht.[277] Daher besteht nach der herrschenden Auffassung de lege lata auch keine Möglichkeit zur Geltendmachung von Ansprüchen der Stiftung durch Destinatäre oder andere Dritte bei Pflichtverletzungen des Vorstands.[278]

---

[270] Vgl. aber im gemeinnützigen Kontext § 55 Abs. 3 AO.

[271] Weitemeyer in MüKoBGB § 85 Rn. 39 mwN.

[272] Dutta in Richter StiftungsR-HdB § 5 Rn. 54.

[273] Zu deren einkommensteuerrechtlichen Behandlung auf Empfängerseite → Kap. 2 Rn. 32.

[274] BGH 22.1.1987 – III ZR 26/85, BGHZ 99, 344 (351); BGH 8.9.2016 –III ZR 7/15, NZG 2016, 1187 (Rn. 14). Zu den damit einhergehenden Pflichten bzgl. des Transparenzregisters vgl. Kraus/Mehren Ubg 2017, 665 (665 f.).

[275] Gummert in MHdB GesR V § 80 Rn. 53.

[276] BGH 7.10.2009 – Xa ZR 8/08, NJW 2010, 234 (Rn. 12 f.). Zu Förderverträgen Weitemeyer in MüKoBGB § 85 Rn. 45.

[277] BGH 15.12.2016 – I ZR 63/15, npoR 2017, 119 (122); Weitemeyer in MüKoBGB § 85 Rn. 46 ff.

[278] Gummert in MHdB GesR V § 80 Rn. 55. Der Einführung weitergehender Klagerechte ist selbst für Mitglieder von Stiftungsorganen im Rahmen des Gesetzgebungsverfahrens eine Absage erteilt worden: vgl. BT-Drs. 19/31118, 5 ff.

Kapitel 6. Stiftungsorganisation

A. Allgemeine Grundsätze

1 Die Stiftungsorganisation betrifft nicht nur das *Daily Business* der Stiftung, sondern sie stellt ein identitätsstiftendes Elemente der Stiftung dar.[1] Die Stiftungsorganisation wird in der Satzung niedergelegt und durch die gesetzlichen Regelungen ergänzt.[2] Die stiftungsrechtlichen Vorschriften verweisen partiell auf das Vereinsrecht, das somit im Umfang der Verweisung zur Anwendung kommt.[3] Trotz zahlreicher Gemeinsamkeiten bestehen aber auch wesentliche Unterschiede zwischen der Organisation des Vereins und der mitgliederlosen Stiftung.[4] Der Stifter verfügt über einen sehr weiten Gestaltungsspielraum, zwingende gesetzliche Vorgaben sind die Ausnahme. Durch umfassende Regelungen in der Satzung kann der Stifter die Stiftungsorganisation sehr genau festlegen. Fehlen detaillierte Regelungen in der Satzung, kommt den Stiftungsorganen eine beachtliche Autonomie zu. Die Stiftungsorgane sind aber innerhalb der vom Stifter gewährten Freiheiten an den Stifterwillen und das Wohl der Stiftung gebunden.[5]

2 Die Stiftungsorganisation sollte an die mit der Stiftung verfolgten Zwecke und auch die (Vermögens-) Größe der Stiftung angepasst sein: In Betracht kommt ein schlanker Aufbau einer moderat dotierten Stiftung für die effiziente Förderung steuerbegünstigter Zwecke bis hin zum austarierten *Checks-and-Balances* System für eine Stiftung, die als Holding eines Konzerns errichtet wird. Im Falle der Konzernholding-Stiftung wirkt sich nämlich die Stiftungsorganisation auf die gesamte *Corporate Governance* des Unternehmens aus. Als Beispiel einer unternehmensverbundenen Stiftung sei die in den 1960er Jahren errichtete gemeinnützige Alfried Krupp von Bohlen und Halbach-Stiftung bürgerlichen Rechts illustriert:[6]

[1] § 81 Abs. 1 Nr. 1 lit. d BGB; BT-Drs. 19/28173, 47.
[2] Godron in Richter StiftungsR-HdB § 6 Rn. 3.
[3] zB § 84 Abs. 4 BGB; § 84a Abs. 3 BGB; § 84b S. 1 BGB.
[4] § 80 Abs. 1 S. 1 BGB; BT-Drs. 19/28173, 58.
[5] Vgl. Godron in Richter StiftungsR-HdB § 6 Rn. 6.
[6] Vgl. Mock/Schauhoff ZGR Sonderheft 24, § 17 Ziff. IV Nr. 1, S. 859 ff.

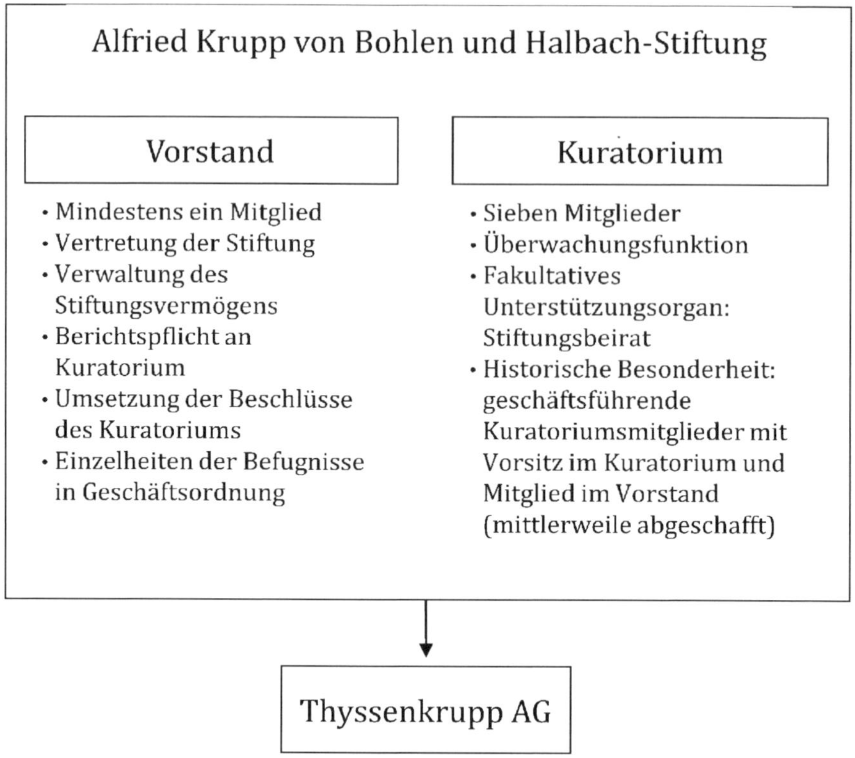

3 Das einzige Pflichtorgan der Stiftung ist der Vorstand.[7] Der Vorstand verwaltet und vertritt die Stiftung. Existieren neben dem Vorstand weitere Organe (zB Kuratorium, Beirat und/oder sonstige Organe), nehmen diese Organe in der Regel beratende, unterstützende sowie überwachende Funktionen wahr (→ Rn. 21 ff.). Zudem können sie neben oder zusammen mit dem Vorstand Geschäftsführungsaufgaben wahrnehmen. In der Stiftungssatzung können diesen Organen u. a. Vertretungsbefugnisse eingeräumt werden.[8] Der Stifter kann auch eine zeitliche Zäsur in der Organisation festlegen: Zu Lebzeiten des Stifters wird die Organisation auf einen eingliedrigen Vorstand reduziert und mit seinem Ableben oder Rückzug aus der Stiftung wird die Organbesetzung erweitert bzw. werden weitere Organe errichtet. Da ein zwingendes Kontrollorgan in der Stiftung fehlt, sollte ein Kontrollorgan vom Stifter vorgesehen werden (→ Rn. 27). Der Stifter ist im Übrigen kein Stiftungsorgan.[9]

[7] BT-Drs. 19/28173, 59.
[8] § 84 Abs. 3, 4, 5 BGB; BT-Drs. 19/28173, 59.
[9] Godron in Richter StiftungsR-HdB § 6 Rn. 10.

B. Stiftungsvorstand

Die Stiftung muss einen Vorstand haben. Diese Regelung ist zwingend.[10] Nicht zwingend ist jedoch die Bezeichnung als Vorstand,[11] auch wenn dies aus praktischen Gründen zu empfehlen ist: Obwohl in Deutschland bereits fast 24.000 rechtsfähige Stiftungen bürgerlichen Rechts existieren,[12] sind die Vertretungsregelungen im Stiftungsrecht im Vergleich zum Gesellschaftsrecht eher unbekannt. Um dieses Problem nicht noch weiter zu verstärken, ist es ratsam, das Vertretungsorgan der Stiftung als Vorstand zu bezeichnen. 4

Die **Größe des Vorstandes** ist gesetzlich nicht vorgegeben, jedoch muss der Stifter die Anzahl der Vorstandsmitglieder festlegen.[13] Grundsätzlich sollte der Vorstand nicht zu groß sein, da es durchaus mit Schwierigkeiten verbunden sein kann, geeignete Mitglieder zu finden, die bereit sind, sich (in der Regel) ehrenamtlich zu engagieren. Nach dem Ableben des Stifters können sich personelle Engpässe offenbaren und Notmaßnahmen der Stiftungsbehörde erforderlich machen (→ Rn. 40). Den Stiftungsvorstand als eingliedriges Organ einzurichten, kann sich ebenfalls nachteilig auswirken, da beispielsweise die urlaubs- oder krankheitsbedingte Abwesenheit des alleinigen Vorstands zum Stillstand der Stiftung führen kann und eine mögliche Arbeitsteilung bzw. Gemeinschaftsarbeit sowie gegenseitige Kontrolle ausfällt. Abhängig von den in der Satzung festgelegten Mehrheitserfordernissen sollte die Anzahl der Mitglieder gerade oder ungerade sein. Anderenfalls sollte die Satzung einen Entscheidungsmechanismus für Pattsituationen vorsehen (zB das älteste Mitglied entscheidet (→ Rn. 55). Auch kann lediglich eine **Mindest-** und/oder **Höchstzahl** vorgesehen werden, um der Stiftung eine größtmögliche Flexibilität zu gewähren. Da ein **unvollständig besetzter Vorstand** nicht beschlussfähig ist, bietet es sich an, nur eine Höchstzahl an Mitgliedern in der Satzung zu bestimmen.[14] Wird eine Mindestzahl vorgegeben, ist dem Stifter zu empfehlen, Regelungen für den Fall einer Unterbesetzung zu treffen, um Notmaßnahmen zu verhindern.[15] In der Satzung kann beispielsweise vorgesehen werden, dass dem Stifter bzw. der Stifterfamilie ein (Not-)Benennungsrecht zukommt (→ Rn. 31). Besteht der Vorstand aus mehreren Mitgliedern, kann ein Vorstandsvorsitzender benannt werden, der über Sonderrechte und -pflichten verfügt, wie etwa das Recht zur Einberufung von Versammlungen. 5

Die **Vorstandsfähigkeit** ist bei Stiftungen gesetzlich nicht beschränkt.[16] Als Vorstandsmitglieder kommen nicht nur natürliche Personen, sondern auch juristische Personen des privaten und öffentlichen Rechts in Betracht. Somit können ebenfalls Gemeinden und sonstige rechtsfähige Personenvereinigungen Vorstandsmitglieder sein. Da diese Vorstandsmitglieder selbst nicht handeln können, übernehmen dies ihre jeweiligen zuständigen Organe, die durch Gesetz oder Satzung bestimmt werden.[17] Gemeinden, Kreise oder Bezirke können bei kommunalen Stiftungen zu Vorständen bestellt werden. Durch Landesrecht wird geregelt, welches Organ der Körperschaft die Vorstandsaufgaben wahr- 6

---

[10] § 84 Abs. 1 S. 1 BGB; BT-Drs. 19/28173, 59.

[11] Hüttemann/Rawert in Staudinger BGB § 86 Rn. 3.

[12] https://www.stiftungen.org/stiftungen/zahlen-und-daten/statistiken.html, zuletzt aufgerufen am 15.11.2021.

[13] BT-Drs. 19/28173, 48.

[14] Vgl. Hüttemann/Rawert ZIP 2021, 33 3 (7).

[15] Vgl. Hüttemann/Rawert ZIP 2021, 33 3 (7).

[16] BT-Drs. 19/28173, 59.

[17] BT-Drs. 19/28173, 59.

nimmt.[18] Bei **unternehmensverbundenen Stiftungen** kann die Vorstandsfähigkeit auch an ein Amt innerhalb des Unternehmens geknüpft werden. Dabei kann etwa festgelegt werden, dass ein Vorstandsamt der Stiftung zugleich von einem Vorstands- bzw. Geschäftsführungs- oder Aufsichtsratsmitglied im Unternehmen bekleidet werden muss oder eine Person gerade nicht gleichzeitig ein Amt im Unternehmen und in der Stiftung innehaben darf.

7 Es ist nicht unüblich, dass für den **Stifter** oder für **Familienmitglieder** des Stifters ein Vorstandsposten in der Satzung vorgesehen wird, der mit Sonderrechten verbunden ist. Die Sonderrechte sollten jedoch nicht so ausgeprägt sein, dass die Stellung der übrigen Vorstandsmitglieder zu Statistenrollen verkommt.

8 Häufig wird für Vorstandsmitglieder eine **Altersgrenze** festgelegt (in der Regel bei 70 bis 80 Jahren). Da sich aber auch erfahrene ältere Menschen als Stiftungsorganmitglieder eignen, sollte die Möglichkeit bestehen, dass ein Vorstandsmitglied bei Überschreitung der Altersgrenze das Amt fortführen kann. Beispielsweise kann in der Satzung geregelt werden, dass der Vorstand oder ein weiteres Organ (einstimmig) die Fortdauer des Vorstandsamtes über die Altersgrenze hinaus beschließen kann.

9 **Fachliche Qualifikationen** der Vorstandsmitglieder richten sich nach der Art und der Größe der Stiftung. Die Mitglieder müssen jedenfalls fähig sein, die Vorstandspflichten wirksam zu erfüllen (→ Rn. 10 ff.). Der Stifter sollte hierzu Vorgaben in der Satzung machen, die aber so flexibel zu gestalten sind, dass nicht Vorstandsposten aufgrund der (zu) hohen Anforderungen unbesetzt bleiben.

I. Aufgaben und Konzeptabgrenzung

10 Der Vorstand führt die Geschäfte der Stiftung und vertritt die Stiftung gerichtlich sowie außergerichtlich; er hat die Stellung eines gesetzlichen Vertreters.[19] Ist der Vorstand das einzige Organ der Stiftung, übernimmt der Vorstand sämtliche Aufgaben der Stiftung. Bestehen neben dem Vorstand weitere Organe, können Aufgaben und Befugnisse (mit Ausnahme der Vertretung der Stiftung)[20] auf diese Organe delegiert werden (→ Rn. 21 ff.). Folglich werden die Rechte und Pflichten bei der Geschäftsführung in Bezug auf sämtliche Organe und nicht nur für Vorstandsmitglieder gesetzlich festgelegt.[21]

11 Die Geschäftsführung beinhaltet sämtliche Tätigkeiten zur Verfolgung des Stiftungszwecks einschließlich der Verwaltung und Vertretung der Stiftung, die als signifikanter Teil der Geschäftsführung separat geregelt ist (→ Rn. 15 ff.).[22] Zur Verwaltung der Stiftung gehören insbesondere die Verwirklichung des Stiftungszwecks (→ Rn. 96 ff.), die Verwaltung des Stiftungsvermögens (→ Rn. 111 ff.), die Kommunikation mit der Stiftungsbehörde (→ Rn. 20 ff.), die Erfüllung der Meldepflichten gegenüber dem Stiftungsregister und die Fertigung eines Jahresberichts. Sinnvolle Bestandteile des Jahresberichts sind insbesondere:

- Die Erstellung eines Vermögensverzeichnisses mit Bestandsangaben zum Stiftungsvermögen zu Beginn und Ende des Geschäftsjahres;
- die Auflistung der Erträge aus dem Stiftungsvermögen bzw. der Umschichtungsgewinne/Umschichtungsverluste;
- die Darstellung der Zustiftungen zur Erhöhung des Grundstockvermögens und der Zuwendungen Dritter zur Erfüllung des Stiftungszwecks;

---

[18] BT-Drs. 19/28173, 59.
[19] § 84 Abs. 1 S. 2 BGB.
[20] § 84 Abs. 2 S. 1, 3 BGB; BT-Drs. 19/28173, 59 f.
[21] § 84a BGB; BT-Drs. 19/28173, 59.
[22] § 84 Abs. 2 BGB; BT-Drs. 19/28173, 59.

– ein schriftlicher Bericht über die Tätigkeit der Stiftung und die Erfüllung des Stiftungszwecks im Einzelnen;
– eine Aufstellung der Einnahmen und Ausgaben im Geschäftsjahr.

Zur Geschäftsführung gehören auch **Sonderaufgaben,** wie zB im Falle der Zahlungsunfähigkeit oder der Überschuldung der Stiftung die Eröffnung des Insolvenzverfahrens zu beantragen.[23] Ferner soll der Vorstand die Stiftung auflösen, wenn die Stiftung ihren Zweck endgültig nicht mehr dauernd und nachhaltig erfüllen kann.[24] Bestimmt die Satzung kein anderes Organ, werden auch Satzungsänderungen durch den Vorstand vorgenommen.[25] Zudem bestehen ab dem 1.1.2026 eine Vielzahl von Meldepflichten für den Stiftungsvorstand gegenüber dem Stiftungsregister:[26] 12

– Vom Vorstand ist jede Änderung hinsichtlich des Vorstands oder der besonderen Vertreter, die zur Vertretung der Stiftung befugt sind, zur Eintragung in das Stiftungsregister anzumelden. Der Anmeldung sind die Dokumente beizufügen, aus denen sich die Änderungen ergeben.[27] Dies gilt ebenfalls, wenn die Änderungen auf Notmaßnahmen beruhen, die von den zuständigen Stiftungsbehörden getroffen wurden (→ Rn. 44).[28]
– Satzungsänderungen sind vom Vorstand zur Eintragung in das Stiftungsregister anzumelden (→ Kap. 9 Rn. 50), unabhängig davon, ob die Satzungsänderungen durch die zuständigen Stiftungsorgane oder durch die nach Landesrecht zuständigen Behörden bewirkt wurden.[29]
– Im Falle einer Zulegung ist das Erlöschen der an der Zulegung beteiligten übertragenden Stiftung vom Vorstand der übernehmenden Stiftung zur Eintragung ins Stiftungsregister anzumelden (→ Kap. 9 Rn. 89 ff.).[30]
– Die Auflösung oder Aufhebung der Stiftung und die Beendigung der Stiftung sind vom früheren Stiftungsvorstand zur Eintragung ins Stiftungsregister anzumelden, wenn keine Liquidation der Stiftung erforderlich ist (→ Kap. 9 Rn. 86 ff.).[31] In diesem Fall kommen den Mitgliedern des Stiftungsvorstandes nachwirkende Rechtspflichten gegenüber dem Stiftungsregister zu.[32]

Das Geschäftsführungsorgan verfügt grundsätzlich über einen **weiten Ermessensspielraum.**[33] Der Stifter kann diesen Ermessensspielraum in der Satzung jedoch einschränken, insbesondere durch Vorgaben für die Zweckverwirklichung (zB Förderung möglichst vieler Projekte, auch wenn jedes einzelne Projekt nur in geringerem Umfang unterstützt werden kann) und für die Vermögensanlage (zB nur nachhaltige Vermögensanlage). 13

II. Geschäftsführungsbefugnis

Die Geschäftsführungsbefugnis umfasst die mit der Verpflichtung zur Erfüllung der Geschäftsführungsaufgaben spiegelbildlich verbundenen Rechte (→ Rn. 10). Die gesetzli- 14

[23] § 42 Abs. 2 iVm § 84 Abs. 5 BGB.
[24] § 87 Abs. 1 S. 1 BGB.
[25] § 85a Abs. 1 S. 1 BGB.
[26] § 20 StiftRG; BT-Drs. 19/28173, 104.
[27] § 84d BGB, § 82b Abs. 2 BGB.
[28] § 84d BGB; BT-Drs. 19/28173, 84.
[29] § 85b BGB; BT-Drs. 19/28173, 84.
[30] § 86i BGB; BT-Drs. 19/28173, 85.
[31] § 87d BGB.
[32] BT-Drs. 19/28173, 86.
[33] Vgl. FMT-WU StiftungsManager/Weitz 8.3.2.

chen Regelungen zur Geschäftsführung sind teilweise **dispositiv.**[34] Folglich können durch die Satzung Geschäftsführungsbefugnisse und somit ebenfalls Geschäftsführungsaufgaben mit Ausnahme der Stiftungsvertretung auf andere Stiftungsorgane übertragen werden.[35] Deshalb werden die Rechte und Pflichten bei der Geschäftsführung hinsichtlich sämtlicher Organe gesetzlich festgelegt, nicht nur für Vorstandsmitglieder.[36] Die Konkretisierung bzw. Zuteilung der Geschäftsführungsaufgaben (auch innerhalb eines Organs) kann in einer flankierenden Geschäftsordnung des Vorstandes und des weiteren Organs bzw. der weiteren Organe erfolgen, wie beispielsweise bei der Alfried Krupp von Bohlen und Halbach-Stiftung.[37]

III. Vertretungsmacht

15 Die Vertretungsmacht beinhaltet die Möglichkeit, die Stiftung nach außen zu vertreten. Die örtlich zuständigen Stiftungsbehörden erteilen Bescheinigungen über die Vertretungsverhältnisse in der Stiftung (Zusammensetzung des Vorstands und Vertretungsregeln für den Vorstand).[38] Die Vertretungsbescheinigung dient der Legitimation der vertretungsberechtigten Organe der Stiftung im Rechtsverkehr. Die Stiftungsbehörden sind nicht befugt, bei Antragstellung inzident die zivilrechtliche Lage zu prüfen. Hierzu sind nur die Zivilgerichte, nicht die Stiftungsbehörden berufen.[39] Ab dem 1.1.2026 wird die Vertretungsbescheinigung durch das Stiftungsregister abgelöst. Die Eintragung des Vorstandes im Stiftungsregister entfaltet Legitimationswirkung (→ Kap. 4 Rn. 5, Rn. 16).

16 Der Vorstand vertritt die Stiftung gerichtlich und außergerichtlich; der Vorstand hat **die Stellung eines gesetzlichen Vertreters.** Die aktive und passive Vertretung der Stiftung ist zwingend dem Vorstand vorbehalten.[40] Die Vertretungsmacht des Vorstands kann mit Außenwirkung nur beschränkt, aber nicht ausgeschlossen werden.[41]

17 Besteht der Vorstand aus **mehreren Mitgliedern,** so wird die Stiftung durch die Mehrheit der Vorstandsmitglieder vertreten.[42] Folglich wird beispielsweise ein aus drei Mitgliedern bestehender Vorstand von mindestens zwei Mitgliedern vertreten. Der Stifter kann jedoch auch abweichende Regelungen in der Satzung vorsehen, insbesondere kann er den Vorstandsmitgliedern Einzelvertretungsmacht einräumen oder Gesamtvertretungsmacht festlegen.[43] Dies gilt auch, wenn eine juristische Person des öffentlichen Rechts Vorstandsmitglied ist.[44] Jedoch sind die eigenen Vertretungsvoraussetzungen für die Organmitglieder zu berücksichtigen. Kann eine GmbH als Vorstandsmitglied nur durch zwei Geschäftsführer gemeinschaftlich vertreten werden, so gilt dies ebenfalls für die Vertretung der Stiftung.

18 Ist eine Willenserklärung gegenüber der Stiftung abzugeben, so genügt die Abgabe gegenüber einem Mitglied des Vorstands (passive Vertretungsmacht).[45] Jedes Vorstandsmitglied ist somit allein zur **Empfangsvertretung** für die Stiftung berechtigt. Ist folglich

[34] § 84 Abs. 3 BGB; BT-Drs. 19/28173, 59.
[35] BT-Drs. 19/28173, 59 f.
[36] § 84a BGB; BT-Drs. 19/28173, 59.
[37] Vgl. Mock/Schauhoff ZGR Sonderheft 24, § 17 Ziff. IV. 1. lit. b. S. 861.
[38] Exemplarisch: § 11 Abs. 2 S. 2 NStiftG.
[39] OVG Lüneburg Beschl v. 29.6.2021 – 8 ME 135/20.
[40] § 84 Abs. 2 S. 1, 3 BGB; BT-Drs. 19/28173, 59.
[41] § 84 Abs. 3 BGB; BT-Drs. 19/28173, 59.
[42] § 84 Abs. 2 S. 2 BGB.
[43] BT-Drs. 19/28173, 59.
[44] BT-Drs. 19/28173, 59.
[45] § 84 Abs. 2 S. 3 BGB.

eine Erklärung gegenüber der Stiftung abzugeben, ist die Erklärung der Stiftung zugegangen, wenn der Zugang bei einem Vorstandsmitglied bewirkt wurde.[46] Ein Ausschluss der passiven Vertretungsmacht des jeweiligen Vorstandsmitglieds ist nicht zulässig. Besteht der Vorstand aus einer juristischen Person oder rechtsfähigen Personenvereinigung, dann geht die Erklärung diesem Vorstandsmitglied zu, wenn der Zugang der Erklärung bei einer Person bewirkt wird, die wiederum für das Mitglied des Vorstands empfangsberechtigt ist.[47] Da dies auch für juristische Personen des öffentlichen Rechts gilt, besteht kein Bedürfnis für Vorstandsmitglieder, die juristische Personen des öffentlichen Rechts sind, eine abweichende Regelung zu treffen.[48]

Die **Vertretungsmacht** des Stiftungsvorstands ist **umfassend** und **unbeschränkt.**[49] 19
Einer generellen **Einschränkung** durch den Stiftungszweck unterliegt die Vertretungsmacht nicht. Dies gilt auch für gemeinnützige Stiftungen.[50] Die Vertretungsmacht kann jedoch mit Wirkung auch gegen Dritte durch die Satzung beschränkt werden, insbesondere können Mitwirkungsrechte – zB ein Zustimmungserfordernis – anderer Organe bei der Vertretung der Stiftung vorgesehen werden.[51] Die Vertretungsmacht des Vorstands einer gemeinnützigen Stiftung kann durch deren gemeinnützige Zwecke beschränkt werden, wenn die Stiftung eine derartige Beschränkung in ihrer Satzung vorsieht:[52] Es ist jedoch für eine wirksame Einschränkung der Vertretungsmacht des Vorstands erforderlich, dass die Satzungsregelung klar und eindeutig zu erkennen gibt, dass sie nicht bloß interne Bedeutung hat, sondern (auch) die Vertretungsmacht des Vorstands nach außen beschränken soll. Beispielsweise erachtete die Rechtsprechung folgende Satzungsbestimmungen für ausreichend: „Der Vorstand ist in seiner Vertretungsmacht durch den Zweck der Stiftung beschränkt"; „Der Vorsitzende des Vorstandes ist befugt, die Stiftung allein zu vertreten. Er ist in seiner Vertretungsmacht durch den Zweck der Stiftung beschränkt."[53]

Diese Beschränkung der Vertretungsmacht ist bei einer gemeinnützigen Stiftung 20
grundsätzlich ratsam, um die Gemeinnützigkeit der Stiftung nicht zu gefährden. Allerdings kann eine derartige Einschränkung auch zu Unsicherheiten bei potenziellen Vertragspartnern der Stiftung führen. Eine Einzelvertretungsbefugnis der Vorstandsmitglieder ist für die Handlungsfähigkeit der Stiftung in der Regel zu empfehlen. Eine Befreiung von den Beschränkungen des § 181 BGB ist zulässig,[54] aber kritisch zu bewerten, da bei der Stiftung aufgrund der nicht vorhandenen Mitglieder bzw. Gesellschafter, von denen eine Kontrolltätigkeit ausgeht, eine erhöhte Missbrauchsgefahr besteht. Existieren neben dem Vorstand auch Kontrollorgane in der Stiftung, fällt diese Gefahr geringer aus.

[46] BT-Drs. 19/28173, 60.
[47] BT-Drs. 19/28173, 60.
[48] BT-Drs. 19/28173, 60.
[49] BT-Drs. 19/28173, 59 f.
[50] Vgl. auch BGH Urt. v. 15.4.2021 – III ZR 139/20, DStR 2021, 1558 Rn. 26 ff.
[51] BT-Drs. 19/28173, 59 f.; vgl. auch BGH Urt. v. 15.4.2021 – III ZR 139/20, DStR 2021, 1558 Rn. 26 ff.
[52] Vgl. BGH Urt. v. 15.4.2021 – III ZR 139/20, DStR 2021, 1558 Rn. 26 ff.
[53] BGH Urt. v. 15.4.2021 – III ZR 139/20, DStR 2021, 1558 Rn. 2.
[54] Hüttemann/Rawert in Staudinger BGB § 86 Rn. 20.

C. Weitere Organe

21 In der Satzung können (und bei entsprechender Stiftungsgröße sollten) neben dem Vorstand weitere Stiftungsorgane vorgesehen werden. Die Mitgliedschaft in einem Stiftungsorgan sollte die Mitgliedschaft in einem anderen Organ ausschließen, um den Stiftungsorganen eine vollständige Unabhängigkeit zu gewährleisten. Dies gilt insbesondere, wenn zu den Aufgaben eines Organs die Kontrolle eines anderen Organs gehört.[55] Zwingend ist der Ausschluss der doppelten Amtstätigkeit jedoch nicht, da die Errichtung eines Kontrollorgans im Ermessen des Stifters liegt. Ist ein weiteres Organ in der Stiftung vorgesehen, sind in der Satzung auch die Bestimmungen über die Bildung, die Aufgaben und die Befugnisse aufzunehmen,[56] da hierzu keine gesetzlichen Regelungen existieren.[57] Als weitere Organe kommen neben besonderen Vertretern, Beratungs- und Kontrollorganen auch Repräsentationsorgane oder ein Destinatärsorgan in Betracht. Zu den Organen der Stiftung gehören im Übrigen auch die Liquidatoren.[58]

I. Besondere Vertreter

22 Durch die Satzung kann bestimmt werden, dass neben dem Vorstand für gewisse Geschäfte besondere Vertreter zu bestellen sind.[59] Die Vertretungsmacht eines solchen Vertreters erstreckt sich im Zweifel auf alle Rechtsgeschäfte, die der ihm zugewiesene Geschäftskreis gewöhnlich mit sich bringt.[60] Als besondere Vertreter kommen insbesondere hauptamtlich für die Stiftung tätige Personen in Betracht, die eine Stellung unterhalb des ehrenamtlichen Vorstandes innehaben sollen.[61]

23 Voraussetzung ist, dass der besondere Vertreter in der **Satzung verankert** ist. Die Kodifizierung des besonderen Vertreters in einer Geschäftsordnung oder in einem sonstigen Regelungswerk der Stiftung, das nicht Satzungsqualität besitzt, erfüllt diese Voraussetzung nicht.[62] In der **Bezeichnung** des besonderen Vertreters besteht weitgehende Freiheit, besondere Vertreter können beispielsweise als Stiftungsbeirat oder Geschäftsführer bezeichnet werden.[63] Nur der besondere Vertreter verfügt neben dem Vorstand über **Außenvertretungsmacht.**[64] Soll in einer Stiftung neben dem Vorstand ein weiteres Organ zur Vertretung der Stiftung berechtigt sein, dann ist dieses Organ folglich als besonderer Vertreter in der Stiftungssatzung auszugestalten.

24 Abzugrenzen ist der besondere Vertreter vom rechtsgeschäftlichen Vertreter, dessen Vertretungsmacht auf der Bevollmächtigung durch den Vorstand gründet. Der besondere Vertreter leitet seine Vertretungsmacht aus seiner Organstellung ab, die ihm daher nicht entzogen werden kann.[65] Wie auch für Vorstandsmitglieder gilt die Passivvertre-

---

[55] Godron in Richter StiftungsR-HdB § 6 Rn. 89.
[56] § 84 Abs. 4 BGB.
[57] BT-Drs. 19/28173, 60.
[58] BT-Drs. 19/28173, 63.
[59] § 84 Abs. 5 iVm § 30 BGB.
[60] § 84 Abs. 5 iVm § 30 BGB; BT-Drs. 19/28173, 60.
[61] Weitemeyer in MüKoBGB § 86 Rn. 57.
[62] BAG Beschl. v. 5.5.1997 – 5 AZB 35/96, NJW 1997, 3261; Godron in Richter StiftungsR-HdB § 6 Rn. 114; vgl. aber BGH, Urt. v. 12.7.1977 – VI ZR 159/75, NJW 1977, 2259 ff.
[63] Weitemeyer in MüKoBGB § 86 Rn. 57.
[64] Godron in Richter StiftungsR-HdB § 6 Rn. 114.
[65] Leuschner in MüKoBGB § 30 Rn. 5.

tungsmacht für besondere Vertreter uneingeschränkt.[66] Jedoch fallen nur dem Vorstand die gesetzlichen Amtspflichten zu (→ Rn. 10).[67] Im Gegensatz zum Vorstand bezieht sich die Zuständigkeit des besonderen Vertreters ferner nur auf gewisse Geschäfte und nicht auf sämtliche Bereiche der Stiftung. Folglich verfügt der besondere Vertreter grundsätzlich nur innerhalb einer beschränkten örtlichen oder sachlichen Zuständigkeit über seine selbständige Stellung.[68] Was unter **„gewissen Geschäften"** zu verstehen ist und wie weit der Geschäftsbereich des besonderen Vertreters einzugrenzen ist, ist umstritten. Der Aufgabenbereich des besonderen Vertreters kann auch durch ergänzende Auslegung der Satzung definiert werden, wenn die Aufgaben nicht hinreichend genau in der Satzung festgehalten sind.[69] Die Rechtsprechung hielt einen umfassenden Aufgabenbereich des besonderen Vertreters in einem Fall („zur Wahrnehmung der wirtschaftlichen, verwaltungsmäßigen und personellen Angelegenheiten")[70] für zulässig, in einem anderen Fall („Erledigung aller laufenden Geschäfte")[71] hingegen nicht. In einem weiteren Fall wurde entschieden, dass allein die Bezeichnung als „Geschäftsführer"[72] zur Eingrenzung der Kompetenzen des besonderen Vertreters reichen würde, da ein Geschäftsführer typischerweise zur Führung der laufenden Geschäfte berufen sei. Empfehlenswert ist, die Bereiche des besonderen Vertreters in der Satzung klar zu definieren.

Umstritten ist ferner, ob ein besonderer Vertreter gleichzeitig dem Vorstand angehören 25
kann.[73] Meines Erachtens ist dies möglich und kann auch in gewissen Konstellationen sinnvoll sein, zB wenn für den Vorstand eine gemeinschaftliche Vertretung vorgesehen ist, der besondere Vertreter aber einzelvertretungsbefugt ist.

Bei **unternehmensverbundenen Stiftungen** kann die Einrichtung eines besonderen 26
Vertreters z. B. für die Ausübung von Gesellschaftsrechten im Unternehmen sinnvoll sein, damit keine unternehmensfremden Personen an den Gesellschafterversammlungen teilnehmen. Es kann in der Stiftungssatzung festgeschrieben werden, dass nur Gesellschafter als besondere Vertreter der Stiftung ernannt werden können und nur der besondere Vertreter die Gesellschafterrechte hinsichtlich des Unternehmens ausübt. Ein etwaiger Interessenskonflikt aufgrund der eigenen Gesellschafterstellung des besonderen Vertreters ist zu Gunsten der Stiftung aufzulösen. Hierbei wird der besondere Vertreter von dem Stiftungsvorstand oder anderen Stiftungsorganen kontrolliert.

II. Kontrollorgane

Da Stiftungen keine Mitglieder oder Gesellschafter haben und die Stiftungsbehörden 27
auf die Rechtsaufsicht beschränkt sind (→ Kap. 8 Rn. 15), besteht für Stiftungen ein **rechtsformspezifisches Kontrolldefizit.**[74] Gemeinnützige Stiftungen unterliegen zusätzlich der steuerlichen Prüfung durch das Finanzamt, das im äußersten Falle der Stiftung die Steuerbefreiung entzieht bzw. nicht gewährt. Aber auch die Kontrolle des Finanzamtes bezieht sich nur auf Umstände, die für die Gewährung der Gemeinnützigkeit

---

[66] Godron in Richter StiftungsR-HdB § 6 Rn. 115.
[67] Leuschner in MüKoBGB § 30 Rn. 6.
[68] OLG Hamm Beschl. v. 29.9.1977 – 15 W 253/77, OLGZ 1978, 21 (24).
[69] Leuschner in MüKoBGB § 30 Rn. 7.
[70] OLG München Beschl. v. 14.11.2012 – 31 Wx 429/12, NZG 2013, 32 f.
[71] OLG Hamm Beschl. v. 29.9.1977 – 15 W 253/77, OLGZ 1978, 21 (24).
[72] OLG Zweibrücken Beschl. v. 17.12.2012 – 3 W 93/12, NZG 2013, 907 (908).
[73] Vgl. Leuschner in MüKoBGB § 30 Rn. 6.
[74] Vgl. Weitemeyer in MüKoBGB § 85 Rn. 20; Godron in Richter StiftungsR-HdB § 6 Rn. 7, 85.

relevant sind. Ohne weitere Organe müsste sich der Stiftungsvorstand selbst kontrollieren und ggf. gegen eigene Organmitglieder Ansprüche geltend machen.[75] Solange das in Frage stehende Vorstandsmitglied noch amtierendes Mitglied ist, ist die Durchsetzung von Ansprüchen der Stiftung erheblich erschwert bzw. unmöglich, wenn der Vorstand nur über ein Mitglied verfügt. Dann kommen nur noch Maßnahmen der Stiftungsaufsicht nach dem jeweiligen einschlägigen Landesstiftungsgesetz in Betracht.[76] Ansprüche der Stiftung verjähren innerhalb von drei Jahren ab Anspruchsentstehung und Kenntnis. Verfügt der Vorstand nur über ein Mitglied, das gegen sich selbst Ansprüche geltend machen müsste, verjähren die Ansprüche der Stiftung nach zehn Jahren.[77] Da Stiftungsvorstände in der Regel Amtszeiten von mindestens drei Jahren haben, kann eine Verjährung der Ansprüche durchaus vorkommen (→ Rn. 127 ff.). Folglich sollte eine Stiftung über ein Kontrollorgan verfügen, das zB Stiftungsrat oder Aufsichtsrat genannt wird. Das Kontrollorgan überwacht den Vorstand (oder auch weitere Organe), insbesondere durch die Berufung und Abberufung der Vorstandsmitglieder, die Prüfung des Jahresberichts und die Entlastung des Vorstands. Ferner können Handlungen des Vorstandes von besonderer Tragweite der Zustimmung des Kontrollorgans unterworfen werden. Dem Kontrollorgan kann auch als besonderer Vertreter Außenvertretungsmacht für die Vertretung der Stiftung gegenüber dem Vorstand eingeräumt werden, insbesondere für die gerichtliche Durchsetzung von Ansprüchen. Damit das Kontrollorgan effektiv seine Aufgabe ausüben kann, sollte die Mitgliedschaft einer Person im Vorstand und gleichzeitig im Kontrollorgan vermieden werden. Der Ausschluss einer Doppelmitgliedschaft ist allerdings nicht zwingend.[78]

III. Berater

28 Die Vorstände größerer Stiftungen sind regelmäßig auf die Unterstützung von Experten angewiesen. Die fachliche Expertise kann sich auf jeden Bereich der Stiftung beziehen, zB auf die effektive Verwirklichung der Stiftungszwecke oder auf die Verwaltung des Stiftungsvermögens. Die Berater können beispielsweise als Fachbeiräte oder Referenten oder als Teil einer Arbeitsgruppe tätig werden. Organisatorisch können die Berater entweder einem Stiftungsorgan zugeordnet werden, ohne dass die Berater selbst Mitglied des Organs werden. Möglich ist aber auch, dass für die Berater selbst ein Stiftungsorgan eingerichtet wird, das gegenüber dem Vorstand (oder anderen Organen) beratende und unterstützende Funktion hat. Der Stifter kann in der Satzung ebenfalls festlegen, dass die Vorschläge und Empfehlungen des Beratungsorgans für den Vorstand verbindlich sind und der Vorstand diese Vorschläge umzusetzen hat.[79]

D. Organbestellung

29 Der Stifter muss der Stiftung im Stiftungsgeschäft die Errichtungssatzung geben, die mindestens Bestimmungen über die Bildung des (ersten) Vorstands der Stiftung enthalten muss.[80] Die Satzungsbestimmungen zur Bildung des Vorstands ergänzen die gesetzlichen

[75] Hüttemann/Rawert in Staudinger BGB § 86 Rn. 74.
[76] Hüttemann/Rawert in Staudinger BGB § 86 Rn. 74.
[77] §§ 195, 199 BGB; vgl. Hüttemann/Rawert in Staudinger BGB § 86 Rn. 75.
[78] Vgl. Godron in Richter StiftungsR-HdB § 6 Rn. 89.
[79] Vgl. Godron in Richter StiftungsR-HdB § 6 Rn. 90.
[80] § 81 Abs. 1 Nr. 1 lit. d BGB; BT-Drs. 19/28173, 48.

Regelungen. Zu den notwendigen Satzungsbestimmungen gehören die Mitgliederzahl des Vorstandes und die Art der Bestellung der Vorstandsmitglieder.[81] Da die Bestellung (und Abberufung) der Mitglieder der weiteren Organe gesetzlich nicht geregelt ist, sind hierzu detaillierte Vorgaben in der Stiftungssatzung vorzusehen.

I. Berufung und Abberufung

Die **Berufung des ersten Vorstandes** erfolgt im Stiftungsgeschäft (→ Kap. 3 Rn. 11 ff.). 30
Existieren weitere Organe, sind auch dessen Mitglieder im Stiftungsgeschäft zu benennen, außer die Errichtung des weiteren Organs ist fakultativ oder die Erstberufung erfolgt durch ein Stiftungsorgan.[82] Beispielsweise kann der Stifter im Stiftungsgeschäft die ersten Mitglieder des Stiftungsvorstandes benennen, die wiederum die ersten Mitglieder des Stiftungskuratoriums berufen (oder auch *vice versa*).

Nach Ablauf der Amtszeit der ersten Organmitglieder (in der Regel zwischen drei und 31
zehn Jahren) oder einer vorzeitigen Amtsniederlegung setzt das eigentliche Berufungsverfahren ein. In der Stiftungssatzung kann sich der **Stifter** die Berufung des Vorstandes und auch der weiteren Organe vorbehalten. Da der Stifter aber grundsätzlich kein Stiftungsorgan ist, stellt sich die Frage, ob diese Befugnisse einem externer Dritten eingeräumt werden können. Dies ist (auch für den Stifter) zulässig, weil durch die Zuweisung der Befugnisse in der Satzung die dritte Person selbst Organ der Stiftung wird (Kreationsorgan). Der Stifter kann sich ebenfalls bis zu seinem Ableben Ämter vorbehalten, so dass die Berufung weiterer Mitglieder bis dahin nicht zwingend erforderlich ist.[83]

Ferner kann einem **Kontroll- oder Beratungsorgan** der Stiftung die Befugnis einge- 32
räumt werden, die Mitglieder der übrigen Stiftungsorgane zu berufen.[84] Möglich ist auch, dass die Organmitglieder teilweise von einem Stiftungsorgan und teilweise von einem anderen Stiftungsorgan benannt werden. Neue Organmitglieder können auch durch Kooptation berufen werden. Dabei bestimmt entweder das Organ durch Beschluss oder auch nur das ausscheidende Organmitglied, wer als Nachfolger berufen werden soll.[85] Kooptation kann ergänzend auch beispielsweise bei der erstmaligen Bestellung von Organmitgliedern genutzt werden, indem der Stifter nur ein Organmitglied beruft und dieses Organmitglied dann weitere Mitglieder benennen darf.

Die Bestellung eines Organmitglieds durch ein **unzuständiges Organ** oder aufgrund 33
eines **fehlerhaften Beschlusses** führt zur Unwirksamkeit der Bestellung.[86] Handelt es sich bei dem Organ um ein Vertretungsorgan, kann die Stiftung trotzdem wirksam vertreten werden, da die zum Gesellschaftsrecht entwickelten Grundsätze zur faktischen oder fehlerhaften Organschaft Anwendung finden.[87]

Eine mögliche Struktur der Berufung von Organmitgliedern verdeutlicht das nach- 34
folgende Schaubild:

[81] BT-Drs. 19/28173, 48.
[82] Hüttemann/Rawert in Staudinger § 86 Rn. 7; Godron in Richter StiftungsR-HdB § 6 Rn. 50.
[83] Weitemeyer in MüKoBGB § 86 Rn. 5 f.
[84] Godron in Richter StiftungsR-HdB § 6 Rn. 50.
[85] Vgl. Weitemeyer in MüKoBGB § 86 Rn. 5; Godron in Richter StiftungsR-HdB § 6 Rn. 52.
[86] Weitemeyer in MüKoBGB § 86 Rn. 5; OLG Hamm Urt. v. 9.6.2010 – I-8 U 133/09.
[87] Hüttemann/Rawert in Staudinger BGB § 86 Rn. 7.

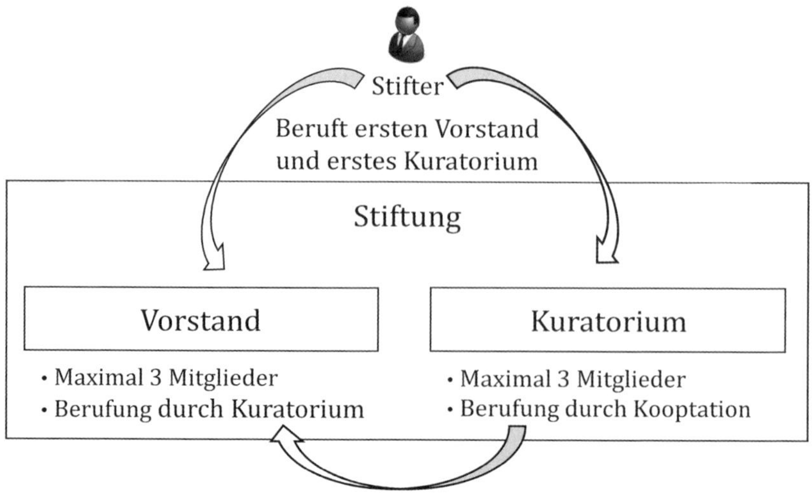

35 Ferner sind zwei Ebenen voneinander zu trennen: Einerseits das durch die Berufung als Organmitglied entstehende organschaftliche Verhältnis, das Rechte und Pflichten als Organmitglied umfasst und andererseits das **schuldrechtliche Verhältnis,** das sich auf das **Anstellungsverhältnis** zwischen Stiftung und Organmitglied bezieht.[88] Hinsichtlich der Mitglieder des Vorstandes ist aufgrund der fehlenden Weisungsabhängigkeit von einem **Dienstvertrag** und nicht von einem Arbeitsvertrag auszugehen.[89] Sind Organmitglieder unentgeltlich tätig, bedarf es grundsätzlich keines Anstellungsvertrages. Dies ist der Regelfall, außer die Satzung sieht hiervon abweichende Bestimmungen vor.[90] Dementsprechend ist für eine entgeltliche Tätigkeit nicht nur eine Bestimmung in der Satzung, sondern auch ein Anstellungsvertrag notwendig, für den mangels anderweitiger Bestimmungen das Berufungsorgan zuständig ist.[91] In der Stiftungssatzung können auch weitergehende Vorgaben für den Anstellungsvertrag getroffen werden, wobei die Stiftungssatzung aber den Anstellungsvertrag nicht ersetzen kann.[92] Die Satzung sollte somit Regelungen zur Entgeltlichkeit der Organtätigkeit enthalten und die Kompetenz für den Abschluss der Anstellungsverträge festhalten. Die Einzelheiten können im Anstellungsvertrag konkretisiert werden.

36 Nicht zulässig ist, dass eine Stiftungssatzung einerseits die unentgeltliche Tätigkeit der Stiftungsorgane festschreibt und den Stiftungsorganen andererseits eine **Aufwandsentschädigung** zuspricht.[93] Da eine Aufwandsentschädigung eine Vergütung darstellt, ist diese Satzungsregelung widersprüchlich und damit unzulässig. Als ausdrückliche Ausnahme von der unentgeltlichen Tätigkeit der Stiftungsorgane kann die Stiftungssatzung jedoch vorsehen, dass ein Stiftungsorgan eine angemessene Aufwandspauschale für eigene Mitglieder oder die Mitglieder anderer Organe beschließen kann, soweit der Umfang der Tätigkeit dies rechtfertigt und die Finanzlage der Stiftung dies erlaubt. Diese Regelung muss jedoch in der Satzung verankert sein und sollte Höchstgrenzen bestimmen.

---

[88] Weitemeyer in MüKoBGB § 86 Rn. 7; Godron in Richter StiftungsR-HdB § 6 Rn. 54.

[89] Kampermann, Organvergütung in gemeinnützigen Körperschaften, 104; Weitemeyer in MüKoBGB § 86 Rn. 7.

[90] § 84a Abs. 1 S. 2, 3 BGB.

[91] Kampermann, Organvergütung in gemeinnützigen Körperschaften, 105 ff.

[92] Weitemeyer in MüKoBGB § 86 Rn. 7.

[93] OVG Schleswig-Holstein Urt. v. 21.3.2019 – 3 LB 1/17, npoR 2020, 22.

Vereinbar mit einer ehrenamtlichen Tätigkeit ist der Ersatz notwendiger **Aufwendungen** bzw. **Auslagen,** auch ohne dass dies in der Satzung festgeschrieben sein müsste.[94] Unschädlich ist es ferner, für bestimmte Auslagen Pauschalen vorzusehen (zB für Reisetätigkeit).[95]

Zudem ist zu erwähnen, dass sich die **Angemessenheit der Gehälter von Organmitgliedern** bei gemeinnützigen Stiftungen nach den Gehältern für nicht steuerbefreite Körperschaften richtet. Taugliche Vergleichsgrundlage sind beispielsweise die Jahresgesamtbezüge der relevanten Branche und der Unternehmensgröße nach den Studien zur GmbH-Geschäftsführer-Vergütungen des BBE-Verlags.[96] Zahlt die gemeinnützige Stiftung allerdings unangemessen hohe Gehälter an ihre Organmitglieder, stellt die Zahlung eine Mittelfehlverwendung dar und führt zum Verlust der Gemeinnützigkeit der Stiftung, wenn die Mittelfehlverwendung die Bagatellgrenze überschreitet.[97] 37

Das Amt eines Organmitglieds endet in der Regel mit Ablauf der Amtszeit, dem Erreichen einer Altersgrenze oder mit der Niederlegung des Amts. Das Amt kann aber auch durch **Abberufung** enden, wobei für die Abberufung ein **wichtiger Grund** erforderlich ist.[98] Daher kann sich selbst der Stifter kein freies Abberufungsrecht in der Stiftungssatzung vorbehalten.[99] Zulässig ist jedoch, dass in der Stiftungssatzung eine Abberufung aus einfachen Sachgründen vorgesehen wird.[100] Als wichtiger Grund kommen insbesondere eine grobe Pflichtverletzung oder die Unfähigkeit zur ordnungsgemäßen Amtsführung in Betracht.[101] Liegt ein wichtiger Grund vor, ist die Stiftung nicht nur berechtigt, sondern verpflichtet das betroffene Organmitglied abzuberufen. Wird die Stiftung selbst nicht tätig, kann die Stiftungsbehörde im Rahmen der Rechtsaufsicht tätig werden.[102] Im Laufe des Abberufungsverfahrens sollte das betroffene Organmitglied vor dem Abberufungsbeschluss gehört werden. Enthält die Stiftungssatzung keine besonderen Regelungen über die **Zuständigkeit** zur Abberufung der Organe, richtet sich die Abberufung als *actus contrarius* im Zweifel nach den gleichen Zuständigkeitsregeln wie die Berufung des Stiftungsorgans.[103] Hat die Stiftung mit dem Organmitglied einen **Anstellungsvertrag** abgeschlossen, endet der Anstellungsvertrag mit Abberufung des Organmitglieds nicht automatisch, sondern muss separat beendet werden.[104] 38

Für die Jahre 2020 und 2021 ist anzumerken, dass ein Vorstandsmitglied **pandemiebedingt** auch nach Ablauf seiner Amtszeit bis zu seiner Abberufung oder bis zur Bestellung seines Nachfolgers im Amt bleibt.[105] 39

II. Notbestellung

Die Regelungen zur Notbestellung und zu weiteren Notmaßnahmen kommen nur zur Anwendung, wenn in der Stiftungssatzung kein eigener Mechanismus für Notmaßnahmen 40

[94] §§ 84a Abs. 1 S. 1, 670 BGB.
[95] Weitemeyer in MüKoBGB § 86 Rn. 9.
[96] BFH, Urt. v. 12.3.2020 – V R 5/17, DStR 2020, 1837, Rn. 43, 46.
[97] § 55 Abs. 1 Nr. 3 AO; BFH, Urt. v. 12.3.2020 – V R 5/17, DStR 2020, 1837, Rn. 43, 46.
[98] Hüttemann/Rawert in Staudinger BGB § 86 Rn. 9.
[99] Weitemeyer in MüKoBGB § 86 Rn. 11.
[100] Godron in Richter StiftungsR-HdB § 6 Rn. 65.
[101] Weitemeyer in MüKoBGB § 86 Rn. 12.
[102] Godron in Richter StiftungsR-HdB § 6 Rn. 67.
[103] Hüttemann/Rawert in Staudinger BGB § 86 Rn. 9.
[104] Weitemeyer in MüKoBGB § 86 Rn. 13.
[105] § 5 Abs. 1, § 7 Abs. 5 des Gesetzes über Maßnahmen im Gesellschafts-, Genossenschafts-, Vereins-, Stiftungs- und Wohnungseigentumsrecht zur Bekämpfung der COVID-19-Pandemie.

vorgesehen wird. Folglich sollten in der Stiftungssatzung stets Anweisungen für den Fall enthalten sein, dass ein Stiftungsorgan seine Aufgaben nicht wahrnehmen kann, weil ein Mitglied des Organs fehlt (zB bei Amtsniederlegung, Unfähigkeit zur Amtsausübung eines Organmitglieds etc.). Die Notmaßnahmen durch die Stiftungsbehörde setzen aber nicht nur voraus, dass ein Organ der Stiftung seine Aufgaben aufgrund des Fehlens eines Organmitglieds nicht wahrnehmen kann, sondern es muss auch ein dringender Fall vorliegen.[106]

41 Die nach Landesrecht zuständige Behörde ist sachlich für die Notmaßnahmen zuständig, also die jeweilige örtlich **zuständige Stiftungsbehörde** (→ Kap. 8 Rn. 17 ff.).[107] Die Zuständigkeit liegt folglich nicht mehr bei den Amtsgerichten. Die Änderung der Zuständigkeit wird damit begründet, dass die Stiftungsbehörden die Stiftungen gut kennen und besser entscheiden können, welche Maßnahmen getroffen werden sollten.[108] Ferner können Stiftungsbehörden regelmäßig schneller als die Amtsgerichte geeignete Personen finden, die zu Stiftungsorganmitgliedern bestellt werden können.[109]

42 Die Stiftungsbehörde wird **auf Antrag** eines Beteiligten oder **von Amts wegen** tätig.[110] Antragsberechtigter Beteiligter ist jedermann, der ein berechtigtes Interesse an der Notmaßnahme hat. In Betracht kommen Organmitglieder der Stiftung oder auch Gläubiger der Stiftung.[111] Ein berechtigtes Interesse kann ferner ein Unternehmen haben, dessen Gesellschafter die Stiftung ist.

43 Praxisrelevante **Beispiele für Notmaßnahmen** sind die Amtsniederlegung eines Einzelvorstandes ohne Nachfolgerberufung oder die Unfähigkeit der Amtsausübung des Einzelvorstandes einer Stiftung, die über keine weiteren Organe verfügt.[112] Notmaßnahmen können allerdings auch hinsichtlich anderer Organe als dem Vorstand erforderlich sein, falls neben dem Vorstand weitere Geschäftsführungs-, Benennungs- oder Vertretungsorgane vorhanden sind und diese Organe nicht handlungsfähig sind bzw. der stiftungsinterne Berufungsmechanismus (temporär) nicht funktionsfähig ist.[113] Die Stiftungsbehörde kann Mitglieder solcher Organe für eine Übergangszeit bestellen, um die Beschlussfähigkeit des Organs herbeizuführen. Langfristige Notbestellungen von Mitgliedern des Vorstands können demnach vermieden werden.[114] Zu den anderen Organen der Stiftung gehören auch Liquidatoren.[115]

44 Die Stiftungsbehörde hat die notwendigen Maßnahmen zu treffen, um die **Handlungsfähigkeit des Organs** zu gewährleisten.[116] Die Behörde ist insbesondere befugt, Organmitglieder befristet zu bestellen oder von der satzungsmäßig vorgesehenen Zahl von Organmitgliedern befristet abzuweichen, insbesondere indem die Behörde einzelne Organmitglieder mit Befugnissen ausstattet, die ihnen nach der Satzung nur gemeinsam mit anderen Organmitgliedern zustehen.[117] Die Stiftungsbehörde ist somit nicht auf die Notbestellung von Organmitgliedern beschränkt, sondern kann auch **andere Maßnahmen** treffen, durch die die Handlungsfähigkeit von Stiftungsorganen, denen notwendige Mitglieder fehlen, hergestellt werden kann.[118] Die Stiftungsbehörde hat die im jeweiligen

[106] § 84c Abs. 1 BGB.
[107] § 84c Abs. 1 BGB.
[108] BT-Drs. 19/28173, 63.
[109] BT-Drs. 19/28173, 63.
[110] § 84c Abs. 1 BGB.
[111] BT-Drs. 19/28173, 63.
[112] Vgl. BT-Drs. 19/28173, 62 f.
[113] BT-Drs. 19/28173, 62.
[114] BT-Drs. 19/28173, 63.
[115] BT-Drs. 19/28173, 63.
[116] § 84c Abs. 1 BGB.
[117] § 84c Abs. 1 BGB.
[118] BT-Drs. 19/28173, 63.

Einzelfall geeigneten und erforderlichen Maßnahmen zu treffen, um die Handlungsfähigkeit des Organs wieder dauerhaft zu gewährleisten und weitere Notmaßnahmen zu vermeiden.[119]

Die Stiftungsbehörde kann einem von ihr bestellten Organmitglied bei oder nach der Bestellung eine **angemessene Vergütung** auf Kosten der Stiftung bewilligen, wenn das Vermögen der Stiftung sowie der Umfang und die Bedeutung der zu erledigenden Aufgabe dies rechtfertigen.[120] Die Behörde kann die Bewilligung der Vergütung auch mit Wirkung für die Zukunft ändern oder aufheben.[121] Diese Regelung geht als *lex specialis* dem Grundsatz vor, nach dem Organmitglieder unentgeltlich tätig sind.[122] Aufgrund dieser Regelung kann die Stiftungsbehörde den von ihr berufenen Organmitgliedern eine Vergütung zu Lasten der Stiftung gewähren, selbst wenn nach der Stiftungssatzung eine Vergütung der Organmitglieder nicht zulässig ist.[123] Diese Befugnis der Stiftungsbehörde soll sicherstellen, dass geeignete Personen bereit sind, das Amt als Stiftungsorgan zu übernehmen.[124] **45**

E. Entscheidungsverfahren der Organe

Besteht ein Organ aus mehreren Mitgliedern, entscheidet das Organ durch Beschlussfassung, wenn in der Satzung nichts Abweichendes geregelt ist.[125] Eine Beschlussfassung ist auch erforderlich, wenn für bestimmte Handlungen oder Entscheidungen die Mitwirkung von mehr als einem Stiftungsorgan notwendig ist. **46**

I. Form

Die Beschlüsse eines mehrgliedrigen Stiftungsorgans werden grundsätzlich in **Mitgliederversammlungen** gefasst.[126] **47**

Auch **ohne Mitgliederversammlung** ist ein Beschluss gültig, wenn alle Mitglieder ihre Zustimmung zu dem Beschluss schriftlich erklären.[127] Die Zustimmung unterliegt mithin dem gesetzlichen Schriftformerfordernis[128] bzw. dem elektronischen Formerfordernis,[129] so dass eine E-Mail dieses Formerfordernis nicht erfüllt (ein Telefax hingegen schon).[130] Wird ein Beschluss ohne Mitgliederversammlung getroffen, ist auch für die Abstimmung selbst die gleiche Form einzuhalten wie für die Zustimmung.[131] Ferner ist ein einstimmiger Beschluss ohne Enthaltungen oder ungültige Stimmen erforderlich.[132] In der Satzung können jedoch abweichende Regelungen für die Beschlussfassung außerhalb von Mitgliederversammlungen getroffen werden.[133] **48**

---

[119] BT-Drs. 19/28173, 63.
[120] § 84c Abs. 2 S. 1 BGB.
[121] § 84c Abs. 2 S. 2 BGB.
[122] BT-Drs. 19/28173, 64.
[123] BT-Drs. 19/28173, 64.
[124] BT-Drs. 19/28173, 64.
[125] § 32 Abs. 1 iVm § 84b BGB.
[126] § 32 Abs. 1 iVm § 84b BGB.
[127] § 32 Abs. 1 iVm § 84b BGB.
[128] § 126 BGB
[129] § 126a BGB.
[130] Leuschner in MüKoBGB § 32 Rn. 67; Schwennicke in Staudinger BGB § 32 Rn. 161.
[131] Leuschner in MüKoBGB § 32 Rn. 67.
[132] Schwennicke in Staudinger BGB § 32 Rn. 163.
[133] Schwennicke in Staudinger BGB § 32 Rn. 164.

49 Allerdings sind derzeit auch ohne entsprechende Satzungsregelung die ergänzenden Vorschriften des Gesetzes über Maßnahmen im Gesellschafts-, Genossenschafts-, Vereins-, Stiftungs- und Wohnungseigentumsrecht zur Bekämpfung der COVID-19-Pandemie anzuwenden.[134] Der Vorstand und andere Stiftungsorgane können demnach auch ohne Ermächtigungen in der Satzung vorsehen, dass Organmitglieder

- an der Versammlung ohne Anwesenheit am Versammlungsort teilnehmen, und Mitgliederrechte im Wege der elektronischen Kommunikation ausüben können oder müssen,
- ohne Teilnahme an der Mitgliederversammlung ihre Stimmen vor der Durchführung der Mitgliederversammlung schriftlich abgeben können.

50 Ferner ist ein Beschluss ohne Versammlung der Organmitglieder gültig, wenn alle Mitglieder beteiligt wurden und bis zu dem den Mitgliedern gesetzten Termin mindestens die Hälfte der Mitglieder ihre Stimmen in Textform abgegeben haben und der Beschluss mit der erforderlichen Mehrheit gefasst wurde. Allerdings gelten diese Regelungen zunächst nur für die Jahre 2020 und 2021.[135]

51 Werden Beschlüsse **in Mitgliederversammlungen** getroffen, bestehen keine zusätzlichen Formerfordernisse. Somit unterliegen grundsätzlich weder die Ladung zur Versammlung noch die Beschlussfassung in der Versammlung einem bestimmten Formerfordernis. Hinsichtlich der Ladung sollte eine Regelung in der Stiftungssatzung getroffen werden, zB dass die Ladung in Textform zu erfolgen hat.[136] Wird in der Stiftungssatzung festgeschrieben, dass die Ladung schriftlich zu erfolgen hat, ist dieses Schriftformerfordernis als gewillkürte Schriftform[137] und nicht als gesetzliche Schriftform[138] zu behandeln, so dass eine E-Mail diese Form erfüllt.[139] Eine Protokollierung der Beschlüsse ist unbedingt zu empfehlen (→ Rn. 60 f.).

II. Mehrheit – Entscheidungsverfahren

52 Die Beschlüsse mehrgliedriger Stiftungsorgane werden grundsätzlich in Mitgliederversammlungen gefasst.[140] Sämtliche Organmitglieder sind unter Angabe von Zeit und Ort der Versammlung sowie der vorgesehenen Beschlussgegenstände (Tagesordnung) ordnungsgemäß zu laden.[141] Zuständig für die Ladung ist der Vorsitzende des Organs (sofern vorhanden). Eine Ladungsbefugnis ist aber auch für die übrigen Organmitglieder anzuerkennen.[142] Abweichende Bestimmungen können in der Stiftungssatzung oder ebenfalls in einer Geschäftsordnung des Organs getroffen werden.[143] **Mindestfristen** für die Einberufung werden gesetzlich nicht vorgegeben, die Frist muss jedoch angemessen sein.[144] Die Angemessenheit hängt insbesondere von den Beschlussgegenständen, der Intensität der

[134] § 5 Abs. 2, 3, 3a des Gesetzes über Maßnahmen im Gesellschafts-, Genossenschafts-, Vereins-, Stiftungs- und Wohnungseigentumsrecht zur Bekämpfung der COVID-19-Pandemie; vgl. BT-Drs. 19/28173, 62.

[135] § 7 Abs. 5 des Gesetzes über Maßnahmen im Gesellschafts-, Genossenschafts-, Vereins-, Stiftungs- und Wohnungseigentumsrecht zur Bekämpfung der COVID-19-Pandemie.

[136] § 58 Nr. 4 BGB.

[137] § 127 BGB.

[138] § 126 BGB.

[139] OLG Frankfurt a. M. Urt. v. 25.9.2018 – 5 U 130/18, NZG 2019, 22 (28).

[140] § 32 Abs. 1 iVm § 84b BGB.

[141] Weitemeyer in MüKoBGB § 86 Rn. 23.

[142] Rawert, NPLY 2019, 97 (100).

[143] Weitemeyer in MüKoBGB § 86 Rn. 23.

[144] Rawert, NPLY 2019, 97 (100).

Zusammenarbeit der Organmitglieder und der Art der Versammlung (Präsenz oder virtuell) ab.[145] Ferner darf die Ladung nicht zur Unzeit erfolgen (zB am Tag des angekündigten Urlaubsbeginns).[146] Wenige Wochen (nicht mehr als vier) sollten in der Regel ausreichen.[147] Ist die Ladung des Stiftungsorgans fehlerhaft, ist das Stiftungsorgan trotzdem beschlussfähig, wenn sämtliche Organmitglieder an der Versammlung teilnehmen und der Beschlussfassung nicht widersprechen.[148]

Grundsätzlich finden Beschlussfassungen als **Präsenzversammlungen** am Sitz der Stiftung statt, soweit die Stiftungssatzung keine abweichenden Regelungen enthält.[149] Allerdings sollte die Satzung auch **virtuelle Versammlungen** zulassen, da dies zum einen die Kosten niedrig hält und zum anderen das Stiftungsorgan dynamischer und schneller handeln kann. Pandemiebedingt sind vorübergehend gesetzliche Erleichterungen vorgesehen (→ Rn. 49 f.). Insbesondere die Arbeit und Mitgliedergewinnung der beratenden und überwachenden Stiftungsorgane wird durch virtuelle Versammlungen erleichtert. Umstritten ist, ob eine virtuelle Versammlung als Form der Versammlung anzusehen ist[150] oder als Beschlussfassung ohne Mitgliederversammlung.[151] Meines Erachtens ist eine virtuelle Versammlung mit einer Präsenzversammlung gleichzusetzen, da auch bei einer virtuellen Versammlung der interaktive Austausch zwischen den Mitgliedern stattfindet und die Organmitglieder ihre mitgliedschaftlichen Rechte ausüben können. 53

Ein nicht satzungsgemäß besetzter Stiftungsvorstand ist grundsätzlich **nicht beschlussfähig.**[152] Dies gilt sowohl für eine quantitativ (zB zu wenige Mitglieder) als auch für eine qualitativ (zB mindestens ein Mitglied aus der Stifterfamilie) nicht satzungsgemäße Besetzung. Um Notmaßnahmen zu verhindern (→ Rn. 40 f.), sollte die Satzung flexible Regelungen hinsichtlich der temporären nicht satzungsgemäßen Besetzung enthalten, beispielsweis kann die Mindestanzahl an Mitgliedern bei Ausscheiden eines Organmitglieds vor Ablauf der Amtszeit für eine bestimmte Dauer gesenkt werden.[153] Sieht die Stiftungssatzung eine Mindestmitgliederanzahl vor, ist das Organ beschlussfähig, solange die Mindestanzahl eingehalten wird.[154] Sind sämtliche Organmitglieder ordnungsgemäß geladen, besteht vorbehaltlich anderweitiger Satzungsregelungen keine Mindestanzahl an anwesenden Organmitgliedern für die Beschlussfähigkeit des Organs.[155] 54

Bei der Beschlussfassung des Stiftungsorgans entscheidet die **Mehrheit** der abgegebenen Stimmen, wenn in der Satzung nichts Abweichendes geregelt ist.[156] Dies gilt sowohl für Geschäftsführungsmaßnahmen und sonstige laufende Angelegenheiten als auch für Beschlüsse über Satzungsänderungen.[157] Jedes Organmitglied verfügt grundsätzlich über eine Stimme.[158] Die Satzung kann von dem Grundsatz der einfachen Mehrheit der abge- 55

---

[145] Leuschner in MüKoBGB § 32 Rn. 16.
[146] Rawert, NPLY 2019, 97 (100).
[147] Leuschner in MüKoBGB § 32 Rn. 16.
[148] Weitemeyer in MüKoBGB § 86 Rn. 23.
[149] Leuschner in MüKoBGB § 32 Rn. 22.
[150] § 32 Abs. 1 BGB.
[151] § 32 Abs. 2 BGB; vgl. Leuschner in MüKoBGB § 32 Rn. 23.
[152] Schleswig-Holsteinisches VG Beschl. v. 18.12.2020 – 6 B 48/20, npoR 2021, 198; Hüttemann/Rawert ZIP 2020, 2545 (2550); Hüttemann/Rawert ZIP 2021, 33 3 (7).
[153] Hüttemann/Rawert ZIP 2020, 2545 (2550).
[154] Hüttemann/Rawert ZIP 2020, 2545, (2548).
[155] Weitemeyer in MüKoBGB § 86 Rn. 24.
[156] § 32 Abs. 1 iVm § 84b BGB.
[157] Weitemeyer in MüKoBGB § 86 Rn. 25.
[158] Hüttemann/Rawert in Staudinger BGB § 86 Rn. 60; Weitemeyer in MüKoBGB § 86 Rn. 25.

gebenen Stimmen abweichen. Insbesondere können die erforderlichen Quoren (qualifizierte Mehrheit bis hin zur Einstimmigkeit) geändert werden, Mehrfachstimmrechte oder Vetorechte vorgesehen werden.[159]

56 Ein Organmitglied ist nicht stimmberechtigt, wenn die Beschlussfassung die Vornahme eines Rechtsgeschäfts mit ihm oder die Einleitung oder Erledigung eines Rechtsstreits zwischen ihm und der Stiftung betrifft.[160] Aufgrund der **Interessenkollision** ist der Stimmrechtsausschluss für das betroffene Organmitglied zwingend und eine abweichende Regelung in der Stiftungssatzung unzulässig.[161] Nimmt das betroffene Organmitglied trotzdem an der Abstimmung teil, zählt dessen Stimme bei der Abstimmung nicht mit, führt aber nicht zur Unwirksamkeit des Beschlusses.[162]

57 Ein Organmitglied kann sich für Beschlussfassungen grundsätzlich durch ein anderes Organmitglied vertreten lassen. Es besteht kein gesetzliches Vertretungsverbot.[163] Für die Möglichkeit der **Stellvertretung** bedarf es auch keiner ausdrücklichen Gestattung in der Stiftungssatzung. Vielmehr reicht es aus, wenn sich der Stiftungssatzung eine entsprechende Ermächtigung im Wege der Auslegung entnehmen lässt.[164] Jedoch ist zu empfehlen, in der Stiftungssatzung die Stellvertretung (ggf. auch durch Dritte) ausdrücklich zuzulassen.

58 Die Rechtsfolgen von **Beschlussmängeln** von Stiftungsorganen sind bisher nur rudimentär geklärt. Es ist aber davon auszugehen, dass fehlerhafte Beschlüsse in der Regel nichtig sind.[165] Eine Ausnahme von diesem Grundsatz ist der Verstoß gegen dispositive Vorschriften wie einer Geschäftsordnung des Organs. Diese Fehler führen nur zur Vernichtbarkeit des Beschlusses.[166] Zudem kann zu prüfen sein, ob der Fehler Relevanz für die Beschlussfassung hat.[167] Ferner ist umstritten, wer Beschlussmängel geltend machen kann. Die Stiftung selbst kann den Beschlussmangel jedenfalls geltend machen.[168] Eine allgemeine Befugnis der Organmitglieder, Beschlüsse des Organs im eigenen Namen einer gerichtlichen Kontrolle zuzuführen, ist dem Stiftungsrecht fremd. Daher muss ein Organmitglied regelmäßig die Beeinträchtigung eigener organschaftlicher Rechte darlegen.[169] Jedoch wird ebenfalls ein umfassendes Feststellungsinteresse der Organmitglieder bzw. Organe befürwortet.[170]

59 Zusammenfassend sollten folgende Punkte hinsichtlich des Entscheidungsverfahrens der Organe in der Stiftungssatzung geregelt werden: die Regelmäßigkeit der Organversammlungen, Einberufungsform (zB Textform), Einberufungsfrist, Einberufungsbefugnis, Versammlungsort, Versammlungsleitung, Beschlussfähigkeit, Beschlussquoren, die Art der Feststellung und Verkündung von Beschlussergebnissen, Art der Geltendmachung von Beschlussmängeln und Folgen, Beschlussfassung außerhalb und/oder in Kom-

[159] Hüttemann/Rawert in Staudinger BGB § 86 Rn. 60.

[160] § 84b BGB.

[161] BT-Drs. 19/28173, 62.

[162] Weitemeyer in MüKoBGB § 86 Rn. 25.

[163] BVerwG Beschl. v. 6.3.2019 – 6 B 135/18, NVwZ-RR 2019, 610 Rn. 26.

[164] BVerwG Beschl. v. 6.3.2019 – 6 B 135/18, NVwZ-RR 2019, 610 Rn. 26 ff.; Hüttemann/Rawert in Staudinger BGB § 86 Rn. 61; Godron in Richter StiftungsR-HdB § 6 Rn. 38.

[165] Hüttemann/Rawert in Staudinger BGB § 86 Rn. 62; Godron in Richter StiftungsR-HdB § 6 Rn. 40 f.

[166] Hüttemann/Rawert in Staudinger BGB § 86 Rn. 64; Rawert, NPLY 2019, 97 (105); Weitemeyer in MüKoBGB § 86 Rn. 28.

[167] Rawert, NPLY 2019, 97 (105); Weitemeyer in MüKoBGB § 86 Rn. 28.

[168] OLG Frankfurt a. M. Urt. v. 25.9.2018 – 5 U 130/18, NZG 2019, 22.

[169] BGH Urt. v. 14.10.1993 – III ZR 157/91, NJW 1994, 184 (185).

[170] Hüttemann/Rawert in Staudinger BGB § 86 Rn. 65; Rawert, NPLY 2019, 97, (107); Weitemeyer in MüKoBGB § 86 Rn. 30; vgl. OLG Frankfurt a. M. Urt. v. 25.9.2018 – 5 U 130/18, NZG 2019, 22.

bination mit Präsenzversammlungen, Art und Weise der Dokumentation (Protokollführung).[171]

III. Protokollierung

Die Protokollierung von Beschlüssen ist gesetzlich nicht vorgegeben und somit für die Wirksamkeit von Beschlüssen nicht erforderlich.[172] Eine Ausnahme gilt, wenn die Stiftungssatzung die Protokollierung ausdrücklich als Wirksamkeitsvoraussetzung aufführt.[173] Die fehlende ordnungsgemäße Protokollierung kann jedoch nachgeholt und der Beschluss somit nachträglich wirksam werden. Wird in der Stiftungssatzung lediglich die Protokollierung angeordnet, ohne auf die Unwirksamkeit zu verweisen, ist die Protokollierung kein Wirksamkeitserfordernis.[174] 60

Die Stiftungssatzung (oder die Geschäftsordnung des Organs) sollte die Protokollierung der Beschlüsse vorschreiben, aber ohne dies als Wirksamkeitsvoraussetzung zu bestimmen. Gerade bei wesentlichen Beschlüssen des Organs sollte nicht nur der Beschluss selbst im Wortlaut niedergeschrieben, sondern sollten auch die Gründe für die Entscheidung des Organs aufgeführt werden. Dies kann insbesondere im Rahmen einer späteren Haftungsproblematik der Stiftungsorganmitglieder eine rechtfertigende Position schaffen (→ Rn. 128 ff.). Ferner sollte geregelt werden, wer Protokollführer ist und das Protokoll unterzeichnet. 61

F. Pflichten und Rechte der Organmitglieder

Die Rechte und Pflichten der Organmitglieder ergeben sich aus den für den Auftrag geltenden Vorschriften.[175] Die Organe handeln im Auftrag des Stifters, der sich aus der Satzung und dem Stiftungsgeschäft ergibt.[176] Dies gilt sowohl für die Mitglieder des Vorstandes als auch für die Mitglieder weiterer Organe der Stiftung.[177] 62

I. Aufwendungsersatz und Vergütung

Die Mitglieder der Stiftungsorgane haben ein Recht auf Ersatz der ihnen im Rahmen ihrer Organtätigkeit entstandenen **Aufwendungen,** wie beispielsweise Reisekosten.[178] Eine **Vergütung** können sie dagegen nur erhalten, wenn die Satzung dies ausdrücklich vorsieht.[179] 63

Der **Abgrenzung** zwischen Aufwendungsersatz, der stets zulässig ist, wenn es sich um erforderliche Aufwendungen handelt, und einer Vergütung, die einer entsprechenden Satzungsregelung bedarf, kommt daher besondere Bedeutung zu. Abgrenzungsschwierigkeiten können dabei insbesondere pauschalierte Zahlungen bereiten. Hier muss immer 64

---

[171] Vgl. Rawert, NPLY 2019, 97 (113).

[172] Weitemeyer in MüKoBGB § 86 Rn. 25; Hüttemann/Rawert in Staudinger BGB § 86 Rn. 64; Rawert, NPLY 2019, 97 (105).

[173] Rawert, NPLY 2019, 97 (105); Schwennicke in Staudinger BGB § 32 Rn. 127 f.

[174] Schwennicke in Staudinger BGB § 32 Rn. 127 f.

[175] § 84a Abs. 1 S. 1 BGB.

[176] Hüttemann/Rawert ZIP 2021, S 3 (22); → Kap. 1 Rn. 3 und 14 ff.; ausführlich → Kap. 5 Rn. 16 ff.

[177] BT-Drs. 19/28173, 60.

[178] § 84a Abs. 1 S. 1 iVm § 670 BGB.

[179] § 84a Abs. 1 S. 2 BGB. Zur Vergütung für Organmitglieder, die von der Stiftungsaufsicht bestellt werden → Rn. 45 und Kap. 8 Rn. 33.

sorgfältig geprüft werden, ob durch sie entstandene Kosten abgegolten werden (zB Fahrtkostenpauschale[180]) sollen oder ob (teilweise) eine (verdeckte) Vergütung vorliegt. Eine Vergütung liegt immer dann vor, wenn über die Pauschale der Zeitaufwand für die Tätigkeit als Organmitglied abgegolten wird.[181]

65 Handelt es sich um eine gemeinnützige Stiftung muss jede Vergütung unter Berücksichtigung sämtlicher Vergünstigungen (zB Dienstwagen, Altersversorgung etc.[182]) zudem fremdüblich und damit **angemessen** sein.[183] Unverhältnismäßig hohe Vergütungen stellen eine Mittelfehlverwendung dar und führen grundsätzlich zum Verlust der Gemeinnützigkeit.[184]

II. Umfangreiches Pflichtenprogramm

66 Der Vorstand der Stiftung ist zur ordentlichen **Führung der Geschäfte** der Stiftung[185] und zur **Leitung** der Stiftung verpflichtet, wobei die Leitung nicht delegiert werden kann.[186] Wichtigste Pflicht des Vorstands ist die dauerhafte **Erfüllung des Stiftungszwecks** bei gleichzeitiger dauerhafter **Erhaltung des Stiftungskapitals** bzw. bei Verbrauchsstiftungen im Rahmen des vorgegebenen Verbrauchskonzepts.

67 Oberste Richtschnur für das Pflichtenprogramm der Organe ist der **Stifterwille** zum Zeitpunkt der Errichtung der Stiftung.[187] Handelt es sich, wie in der überwiegenden Zahl der Fälle, um eine gemeinnützige Stiftung, müssen die Organe zudem die Vorgaben des **Gemeinnützigkeitsrechts** einhalten. Sie dürfen insbesondere die Stiftungsmittel nur ausschließlich und unmittelbar zur Verfolgung ihrer gemeinnützigen Zwecke einsetzen.[188] Die gemeinnützige Ausrichtung einer Stiftung ist eine zentrale Satzungsvorgabe, die zum Zweck der Stiftung gehört[189] und daher nur unter sehr strengen Voraussetzungen geändert werden kann.[190]

68 Darüber hinaus müssen die Organe die Einhaltung und Beachtung einer Reihe weiterer gesetzlicher Vorschriften und Sorgfaltspflichten sicherstellen, beispielsweise die Wahrnehmung der steuerlichen Pflichten[191] und der Rechnungslegungspflichten[192] der Stiftung, die Sicherstellung von Arbeits- und Datenschutz, Transparenzregister[193] etc, um nur einige zu nennen.

69 Sofern die Satzung ein **Überwachungsgremium** vorsieht (zB ein Kuratorium oder einen Beirat) hat sich dieses von der ordnungsgemäßen Erfüllung der dem Vorstand obliegenden Aufgaben zu überzeugen und ggf. diesen zu entsprechendem Handeln anzuhalten.

---

180 Weitemeyer in MüKoBGB § 86 Rn. 9.
181 BT-Drs. 19/28173, 61.
182 Zur Frage, ob die von der Stiftung übernommenen Beiträge zu einer D&O-Versicherung als Vergütungsbestandteil anzusehen ist → Rn. 148.
183 § 55 Abs. 1 Nr. 3 AO; ausführlich hierzu Kampermann Organvergütung in gemeinnützigen Körperschaften, S. 243 ff.; Schauhoff/Kampermann in Gemeinnützige Unternehmen und Konzerne § 2 Rn. 130 ff.; siehe auch Rn. 37.
184 BFHE 268, 415 = npoR 2020, 303 mAnm Kirchhain/Kampermann npoR 2020, 310.
185 § 84a Abs. 2 S. 2 BGB.
186 Schauhoff/Kraus in Schauhoff/Ufer Gemeinnützige Unternehmen und Konzerne § 3 Rn. 5 ff.
187 → Kap. 1 Rn. 3 und 14 ff.; ausführlich → Kap. 5 Rn. 16 ff.
188 §§ 51 ff. AO.
189 BGH NJW 2021, 2036 Rn. 39 ff.
190 → Kap. 9 Rn. 22 ff.
191 ZB §§ 90 ff., §§ 149 ff., §§ 200 ff. AO.
192 → Kap. 7 Rn. 117 ff.
193 → Kap. 4 Rn. 6 ff.

Alle Organmitglieder sind der Stiftung gegenüber zur **Auskunft** und **Rechenschaft** 70
über ihre Tätigkeit verpflichtet.[194]

III. Ressortverteilung

Nach dem Prinzip der **Gesamtverantwortung** ist jedes Vorstandsmitglied grundsätzlich für alle Angelegenheiten der Stiftung zuständig. Auch bei einem mehrgliedrigen Vorstand trägt jeder der Vorstandsmitglieder die Verantwortung für die Leitung der Geschäfte in ihrer Gesamtheit. 71

Zur Reduzierung des Haftungsrisikos der einzelnen Vorstandsmitglieder kann eine interne **Ressortverteilung** vorgenommen werden. Durch eine Ressortverteilung innerhalb des Vorstands werden den einzelnen Mitgliedern durch die Satzung oder die Geschäftsordnung einzelne Bereiche (Ressorts) **zur alleinigen Verantwortung** übertragen. Dadurch kann nicht nur die oft unterschiedliche Expertise der einzelnen Mitglieder optimal genutzt, sondern auch das Haftungsrisiko für die einzelnen Organmitglieder gesenkt werden. 72

Die Ressortverteilung führt bei schriftlicher Fixierung[195] in der Satzung oder in der Geschäftsordnung zu einer Befreiung von der umfassenden Sorge für diejenigen Ressorts, die anderen Vorstandsmitgliedern zugewiesen sind.[196] Allerdings ist er in diesen Ressorts nicht vollständig von Pflichten befreit. Seine Pflicht sinkt lediglich von einer Erfüllungspflicht auf eine Überwachungs- und Kontrollpflicht ab. Er haftet damit für Pflichtverletzungen eines anderen Vorstandsmitglieds in dessen Ressort nur insoweit, als er seine bei ihm verbliebene **Überwachungs- und Kontrollpflicht** verletzt hat.[197] Daneben ist er vollumfänglich für die Erfüllung der in seinen Bereich fallenden Pflichten verantwortlich.[198] 73

Bei der Überwachungs- und Kontrollpflicht handelt es sich um eine laufende Pflicht, das heißt die Vorstandsmitglieder müssen sich fortwährend von dem pflichtgemäßen Verhalten der anderen Ressortverantwortlichen überzeugen. Die Vorstandsmitglieder müssen sich daher gegenseitig über die Tätigkeiten in ihrem Ressort berichten (**Informationspflicht** und **Informationsrecht**). Auf die Ausführungen darf der jeweils andere Geschäftsführer grundsätzlich vertrauen. Gibt es allerdings Anhaltspunkte, dass im Ressort des anderen Vorstandsmitglieds Dinge „schieflaufen", zB Unregelmäßigkeiten bei der Informationsweitergabe oder Zweifel an der persönlichen Qualifikation des Ressortverantwortlichen, verdichtet sich die Überwachungspflicht. Der Nicht-Ressortverantwortliche muss dann kritisch nachfragen, auf Abstellung der Missstände drängen und ggf. aktiv eingreifen. Er darf sich nicht mit Verweis auf die Ressortverteilung zurücklehnen.[199] 74

Wird zB der Bereich Finanzen inklusive Steuern einem Vorstandsmitglied zugwiesen, sind die übrigen Vorstandsmitglieder von den grundsätzlichen steuerlichen Erklärungs-, Anzeige- und Mitwirkungspflichten im Besteuerungsverfahren (zB §§ 90 ff., 149 ff., 200 ff. AO) sowie steuerliche Einbehaltungs- und Entrichtungsverpflichtungen (zB §§ 39b, 50a EStG) befreit. Die Pflichten des Nicht-Ressortverantwortlichen im Bereich Steuern wandeln sich in eine Überwachungs- und Kontrollpflicht. Stellt der Ressortverantwortliche beispielsweise fest, dass zu wenig Umsatzsteuer und Ertragsteuern abgeführt worden sein 75

---

194 § 84a Abs. 1 S. 1 iVm § 666 BGB. Die Rechenschaftspflicht besteht gegenüber der Stiftung und nicht gegenüber der Stiftungsaufsicht, so auch Fischer in Richter StiftungsR-HdB 2019 § 8 Rn. 30; Hüttemann/Rawert in Staudinger BGB § 86 Rn. 24; Hüttemann/Rawert ZIP 2021, S 3 (22).

195 BFH DStR 2003, 1022, Rn. 31; anders BGH DStR 2019, 455, Rn. 17 und 22 ff., wenngleich der BGH eine schriftliche Dokumentation dringend anrät.

196 BGH DStR 2019, 455.

197 Herrmann NJW 2016, 1687 (1688 f.); Hüttemann NPLY 2006, 33 (39 f.).

198 BGH NJW 1997, 130 Rn. 21.

199 BGH DStR 2019, 455; Herrmann NJW 2016, 1687 (1688 f.).

könnten, weil möglicherweise die Qualifikation von Forschungsprojekten als Auftragsforschung oder Grundlagenforschung nicht korrekt vorgenommen worden sein könnte, muss er seine Vorstandskollegen unverzüglich darüber und über das weitere Vorgehen (zB Überprüfung der Zuordnungen der Projekte durch eine interne Untersuchung) informieren. Die übrigen Vorstandsmitglieder müssen sich vergewissern, dass die interne Untersuchung tatsächlich durchgeführt wird. Sie müssen sich über den Verlauf und das Ergebnis der Untersuchung sowie die daraus zu ziehenden Konsequenzen berichten lassen. Sie müssen sich davon überzeugen, dass zum einen die steuerlichen Pflichten für die Vergangenheit nachgeholt werden (zB durch eine Nacherklärung) und zum anderen sichergestellt wird, dass zukünftig die Projekte zutreffend entweder der Auftragsforschung oder der Grundlagenforschung mit der entsprechenden umsatz- und ertragsteuerlichen Behandlung zugordnet werden und die Quote des § 68 Abs. 9 AO erfüllt wird. Sofern Anhaltspunkte dafür bestehen, dass der Ressortverantwortliche die Maßnahmen nicht ordnungsgemäß vornimmt und damit die steuerlichen Pflichten der Stiftung nicht ordnungsgemäß erfüllt, müssen die anderen Stiftungsvorstände eingreifen und ggf. selbst die steuerlichen Pflichten (zB Nacherklärung gem. § 153 AO, Abgabe richtiger Steuererklärungen) erfüllen. Tun sie das nicht, haften sie intern gegenüber der Stiftung und können vom Finanzamt gem. § 69 AO als Haftungsschuldner in Anspruch genommen werden.

76 Die laufende Überwachungs- und Kontrollpflicht erfordert, dass die Vorstandsmitglieder gegenüber den Ressortverantwortlichen ihr Informationsrecht einfordern und sich auf der Basis der konkreten Besprechungsinhalte und mit gezielten Nachfragen ein eigenes Bild über den Geschäftsbereich machen.[200] Die **Sitzungsprotokolle** sollten widerspiegeln, dass sich die Ressortverantwortlichen gegenseitig informiert und sich die anderen Vorstandsmitglieder beispielsweise durch Rückfragen mit den erhaltenen Informationen auseinandergesetzt haben.

77 Zudem muss sorgfältig unterschieden werden, ob nach Diskussion eine gemeinsame Entscheidung des Gesamtvorstands getroffen wurde, oder ob der Ressortverantwortliche seine Kolleginnen und Kollegen über eine Angelegenheit aus seinem Ressort lediglich informiert hat. Im ersten Fall müssen alle Organmitglieder aufgrund angemessener Informationsgrundlage eine Entscheidung treffen und dafür einstehen, im zweiten Fall nur der Ressortverantwortliche. Der Ressortverantwortliche kann einen Vorgang – zusammen mit den entsprechenden Informationen – dem Gesamtvorstand zur Entscheidung vorlegen. Dies sollte ausdrücklich erfolgen und aus dem Protokoll hervorgehen, um dem dargestellten Abgrenzungsproblem zu begegnen.

78 Damit die Ressortverteilung die gewünschte Haftungsminimierung bringt, ist die sorgfältige **Abgrenzung der Zuständigkeiten,** insbesondere an sich überschneidenden Bereichen, essenziell. Die einzelnen Mitglieder sollten ein gemeinsames Verständnis davon haben, wie sie die Zuständigkeiten verstehen. In der Praxis kommt es nicht selten vor, dass in dem Glauben, ein anderer habe den Vorgang bereits geprüft, von einer eigenen Prüfung abgesehen wird. Gegenseitige Kontrolle funktioniert nur, wenn die jeweiligen Verantwortlichkeiten klar definiert sind.

IV. Sorgfaltsmaßstab

79 Ein Organmitglied, das zur Führung der Geschäfte der Stiftung berufen ist, hat bei seiner Tätigkeit die **Sorgfalt eines ordentlichen Geschäftsführers** anzuwenden.[201] Daraus ergibt sich für den Stiftungsvorstand die Pflicht zur ordentlichen Geschäftsfüh-

---

[200] BGH DStR 2019, 455 Rn. 34.

[201] § 84a Abs. 2 S. 1 BGB.

rung.[202] Wird die Sorgfalt eines ordentlichen Geschäftsführers nicht angewandt, handelt das Organmitglied fahrlässig.[203] Vor der Stiftungsrechtsreform galt die allgemeine Regelung, wonach die im Verkehr erforderliche Sorgfalt zu beachten war.[204] Ob damit nun die Anforderungen an die Sorgfalt gestiegen sind oder nicht[205], wird in der Praxis kaum eine Rolle spielen. Schon bislang spielten subjektive Komponenten, wie beispielsweise die eigene Kompetenz für den Sorgfaltsmaßstab keine Rolle.[206]

Entscheidender ist, dass der Gesetzgeber neben der neuen Definition des Sorgfaltsmaß- 80
stabs die sogenannte **Business Judgement Rule**[207] kodifiziert hat. Denn mit der Business Judgement Rule hat der Gesetzgeber klar zum Ausdruck gebracht, was er von einem ordentlichen Geschäftsführer bei der Entscheidungsfindung erwartet. Nach Ansicht des Gesetzgebers **konkretisiert** die Business Judgement Rule den Sorgfaltsmaßstab für die Pflichten und die Wahrnehmung der Geschäftsführungsaufgaben.[208] Zur Sorgfalt eines ordentlichen Geschäftsführers gehört es insbesondere, die Geschäftsführungsentscheidungen sorgfältig vorzubereiten, indem eine angemessene Informationsgrundlage geschaffen wird.[209]

Wird gegen die Grundsätze der Business Judgement Rule verstoßen, wird damit auch 81
die **Sorgfalt eines ordentlichen Geschäftsführers** außer Acht gelassen. Ob das Vorstandsmitglied dabei leicht oder grob fahrlässig gehandelt hat, ist gesondert bei der Frage des Verschuldens zu prüfen.[210] Nicht jeder Verstoß gegen das von der Business Judgement Rule vorgegebene Pflichtenprogramm bei der Entscheidungsfindung wird einer groben Pflichtverletzung gleichzusetzen sein.[211] Von einer leicht fahrlässigen Pflichtverletzung wird man aber ausgehen müssen.[212] Es wird einem Organmitglied, das beispielsweise nicht nachweisen kann, dass es auf einer ausreichenden Informationsgrundlage entschieden hat, kaum möglich sein, ein Gericht davon zu überzeugen, dass es damit die Sorgfalt eines ordentlichen Geschäftsführers nicht leicht fahrlässig verletzt hat. Sofern das Vorstandsmitglied eine Vergütung von mehr als EUR 840 erhält und die Satzung die Haftung für leicht fahrlässiges Handeln nicht ausschließt, reicht dies für eine Inanspruchnahme aus, wenn dadurch der Stiftung ein Schaden entstanden ist.[213]

V. Ermessensspielraum durch Business Judgement Rule

Es ist anerkannt, dass es bei den tagtäglich von den Stiftungsorgangen zu treffenden 82
Entscheidungen meist nicht die eine richtige Entscheidung gibt. Eine Pflichtverletzung ist deshalb nur dann anzunehmen, wenn die Entscheidung des geschäftsführenden Organs den **vertretbaren Rahmen** überschritten hat. Innerhalb des vertretbaren Rahmens ist es Sache des Organs eine von mehreren denkbaren Entscheidungen auszuwählen. Solange die Entscheidung aus der **ex ante-Sicht** vertretbar war, liegt keine Pflichtverletzung vor, auch wenn sich später herausstellt, dass es nicht die optimale Entscheidung war. Dem trägt die sogenannte **Business Judgement Rule** Rechnung, deren Anwendung zwar

[202] → Rn. 66.
[203] → Rn. 133.
[204] § 276 Abs. 2 BGB.
[205] Eine Verschärfung sehen Uffmann ZIP 2021, 1251 (1256 f.); Burgard npoR 2021, 1 (4); keine Verschärfung sieht zutreffend Scholz ZIP 2021, 1937 (1938 f.).
[206] BGH NJW 2003, 2022 Rn. 29.
[207] § 84a Abs. 2 S. 2 BGB; siehe dazu → Rn. 82 ff.
[208] BT-Drs. 19/28173, 61.
[209] → Rn. 87 ff.
[210] → Rn. 131 ff.
[211] So auch Scholz ZIP 2021, 1937 (1942 f.); anders Uffmann ZIP 2021, 1251 (1259).
[212] So auch Scholz ZIP 2021, 1937 (1942 f.).
[213] Siehe zum Verschulden und der Haftungserleichterung → Rn. 131 ff. und 139 ff.

bereits bislang anerkannt war[214], die im Rahmen der Stiftungsrechtsreform nun aber für die Stiftung erstmals kodifiziert wurde. Danach liegt eine Pflichtverletzung nicht vor, wenn das Mitglied des Organs bei der Geschäftsführung unter Beachtung der gesetzlichen und satzungsgemäßen Vorgaben vernünftigerweise annehmen durfte, auf der Grundlage angemessener Informationen zum Wohle der Stiftung zu handeln.[215] Im Einzelnen:

1. Geschäftsführungsentscheidung

83 Die Business Judgement Rule gilt für jedes Organmitglied, das Geschäftsführungsaufgaben wahrnimmt, also insbesondere die Vorstandsmitglieder, aber auch den besonderen Vertreter.

84 Die Business Judgement Rule greift bei **allen Geschäftsführungsentscheidungen,** insbesondere auch für Entscheidungen über die Anlage des Stiftungsvermögens[216] und über die Verwendung der gemeinnützigen Mittel. Auf den im Zusammenhang mit gemeinnützigen Organisationen mitunter fehlinterpretierten Begriff der „unternehmerischen Entscheidung“[217] wurde verzichtet und die Business Judgement Rule allgemein auf alle Entscheidungen im Rahmen der Geschäftsführung bezogen. Maßgeblich ist, dass es sich um eine Entscheidung mit **Prognosecharakter** handelt[218], was bei Geschäftsführungsentscheidungen typischerweise der Fall ist.

2. Beachtung der gesetzlichen und satzungsmäßigen Vorgaben

85 Eingeschränkt wird die Business Judgement Rule dadurch, dass ein Entscheidungsspielraum nur für Entscheidungen anerkannt wird, die „unter Beachtung der gesetzlichen und satzungsgemäßen Vorgaben“ getroffen werden. Diese Einschränkung ist grundsätzlich nachvollziehbar und richtig. Es steht selbstverständlich nicht im Ermessen des Organs, ob es das Gesetz einhält oder nicht.

86 In vielen Fällen ist die Satzungs- und Gesetzeslage allerdings alles andere als klar und eindeutig bestimmbar. Die überwiegende Auffassung geht gleichwohl davon aus, dass es bei Entscheidungen unter **Rechtsunsicherheit** keinen Ermessensspielraum gibt und höchstens ein Ausschluss der Haftung über das Verschulden in Betracht kommt.[219] Aber auch hier gibt es (ex ante) häufig eine Bandbreite von möglichen Auslegungsentscheidungen. Der Grundsatz sollte deshalb nicht dahingehend missverstanden werden, dass jeder Gesetzesverstoß gleichbedeutend mit einer Pflichtverletzung des handelnden Organs wäre. Die Rechtsauslegung entwickelt sich ständig fort. Der Maßstab wäre zu eng, wenn man dem Organmitglied einige Jahre nach dessen Entscheidung vorwerfen würde, seine seinerzeitige Entscheidung hätte nach dem heutigen Erkenntnisstand bezüglich der Auslegung der betroffenen Norm zB gegen das Gemeinnützigkeitsrecht verstoßen. Insoweit ist zu unterscheiden zwischen der Rechtsfolge, die der später festgestellte Verstoß mit sich bringt (zB Steuernachzahlung) und der Haftung des handelnden Organs. Nicht jeder später festgestellte Gesetzesverstoß ist somit automatisch eine Pflichtverletzung des han-

---

[214] Arnold NPLY 2009, 89 (96); Burgard in Krieger/Schneider Handbuch Managerhaftung Rn. 6.28; Gollan Vorstandshaftung in der Stiftung 2009, S. 267 ff.; Hüttemann/Rawert in Staudinger BGB § 86 Rn. 68; Weitemeyer in MüKoBGB § 86 Rn. 49.

[215] § 84a Abs. 2 S. 2 BGB.

[216] BT-Drs. 19/28173, 30.

[217] So noch § 84a Abs. 2 S. 2 des Diskussionsentwurfs der Bund-Länder-Arbeitsgruppe „Stiftungsrecht“ für ein Gesetz zur Vereinheitlichung des Stiftungsrechts v. 27.2.2018, abrufbar unter https://www.innenministerkonferenz.de/IMK/DE/termine/to-beschluesse/2018-06-08_06/anlage-zu-top-46.pdf?__blob=publicationFile&v=2 (Stand 12.2.2022).

[218] BT-Drs. 19/28173, 30.

[219] Gollan Vorstandshaftung in der Stiftung, 2009, S. 275 f.; Scholz ZIP 2021, 1937 (1941).

delnden Organs. Sofern die Auslegung der Satzung oder der rechtlichen Norm, die das Organ seinerzeit vorgenommen hat, vertretbar, also nicht abwegig war, ist die Annahme einer Pflichtverletzung durch das geschäftsführende Organ nicht gerechtfertigt.[220] Voraussetzung ist allerdings, dass die Auslegung nachweisbar auf einer ausreichenden Informationsgrundlage (ggf. unter Einholung von (steuer-)rechtlichem Rat) stattgefunden hat.[221]

3. Angemessene Informationsgrundlage

Auf den haftungsfreien Ermessensspielraum der Business Judgement Rule kann sich ein Organmitglied nur berufen, wenn es nachweisen kann[222], auf einer ausreichenden Informationsgrundlage entschieden zu haben. Der **Dokumentation** der vorliegenden Informationen in dem Zeitpunkt, in dem die Entscheidung gefällt wird, kommt deshalb wesentliche Bedeutung zu. Hinsichtlich der Beschaffung angemessener Informationen besteht **kein Ermessen** der Organmitglieder. 87

Was als angemessen anzusehen ist, richtet sich nach dem Umfang des geplanten Geschäfts, den damit verbundenen Risiken und der strategischen Bedeutung für die Stiftung. Grundsätzlich sind alle zur Verfügung stehenden **Erkenntnisquellen auszuschöpfen** und ggf. ist der **Rat sachverständiger Dritter** einzuholen.[223] Das darf allerdings nicht dahingehend missverstanden werden, dass unabhängig von der Bedeutung der Entscheidung in schwierigen Entscheidungssituationen stets ein Gutachten oder Rat von Dritten eingeholt werden müsste. Sofern dem zuständigen Organ das erforderliche Expertenwissen für eine bestimmte Entscheidung fehlt, ist es verpflichtet, externen Rat einzuholen. Besitzt er selbst die erforderliche Sachkunde, ist dies auch bei schwierigen Entscheidungen nicht unbedingt erforderlich. Je bedeutender die Entscheidung für die Stiftung und je größer das mögliche Risiko ist, umso gründlicher muss die Entscheidung vorbereitet werden. Möchte der Stiftungsvorstand beispielsweise erhebliche Mittel für ein neues Projekt ausgeben, bei dem Zweifel bestehen, ob es mit den gemeinnützigen Zwecken der Stiftung vereinbar ist, könnte bei Fehlbeurteilung die Gemeinnützigkeit verloren gehen. In Anbetracht des Risikos ist in einem solchen Fall, auch wenn der Stiftungsvorstand selbst über die notwendige Sachkenntnis und Erfahrung verfügt, in der Regel die Einholung von Expertenrat als Zweitmeinung angezeigt. 88

Bei der Frage, mit welchem **Aufwand** Informationen eingeholt werden müssen, ist auch zu berücksichtigen, dass der Kostenaufwand in einem angemessenen Verhältnis zu der zu treffenden Entscheidung steht. In die Beurteilung der Angemessenheit kann neben dem finanziellen Aufwand auch der zeitliche Aufwand für die Entscheidungsvorbereitung einfließen. Wird Rat von einem **sachverständigem Dritten** eingeholt, liegt es am Stiftungsvorstand, dafür zu sorgen, dass dieser alle erforderlichen Sachverhaltsumstände kennt. Er muss zudem eine Person auswählen, die die erforderliche Sachkenntnis besitzt.[224] Vor allem aber muss sich der Stiftungsvorstand mit dem erteilten Rat selbst auseinandersetzen, um beurteilen zu können, ob zusammen mit den anderen Erkenntnisquellen nun eine angemessene Informationsgrundlage für die zu treffende Entscheidung vorliegt. 89

Bedarf die Entscheidung der Zustimmung eines **Aufsichtsgremiums** (zB Kuratorium), benötigt auch dieses, angemessene Informationen, um eine vertretbare Entscheidung treffen zu können. Die Mitglieder des Aufsichtsgremiums prüfen im Rahmen einer Plausibilitätsprüfung, ob die vorliegenden Informationen als Entscheidungsgrundlage geeignet und ausreichend erscheinen. Ist dies nicht der Fall, ist die Angelegenheit noch nicht 90

[220] Ebenso Uffmann ZIP 2021, 1251 (1258).
[221] → Rn. 87 ff.
[222] Zur Darlegungs- und Beweislast siehe → Rn. 130.
[223] BGH NZG 2011, 1271 (Ision); BGH NJW 2007, 2118.
[224] Siehe auch → Rn. 134.

entscheidungsreif und das Aufsichtsgremium muss die Vorlage weiterer Informationen verlangen. Grundsätzlich darf das Aufsichtsgremium den Informationen des Vorstands vertrauen und ist nicht zu eigenen Nachforschungen verpflichtet.[225] Die Verantwortung des Aufsichtsgremiums unterscheidet sich grundlegend von der eines Vorstandes. Das Aufsichtsgremium führt keinen eigenen unternehmerischen Entscheidungsprozess durch. Es prüft nicht alle unternehmerischen Details einer Entscheidung.

4. Vernünftige Annahme

91 Auf der Grundalge angemessener Informationen muss das Organmitglied vernünftigerweise annehmen dürfen, zum Wohle der Stiftung zu handeln. Es kommt also darauf an, dass ein vernünftiges Organmitglied die getroffene Entscheidung als vertretbar beurteilt hätte. Maßgeblich ist dabei die **ex ante-Sicht**[226], das heißt es kommt auf den Zeitpunkt der Entscheidung an.

92 Eine vernünftige Annahme setzt auch voraus, dass das Für und Wider einer Entscheidung sorgfältig gegeneinander **abgewogen** und mit anderen Alternativmaßnahmen verglichen wird. Der Umstand, dass auf ein vernünftiges Vorstandsmitglied abgestellt wird, unterstreicht noch einmal, dass es regelmäßig nicht die eine richtige Entscheidung gibt, sondern eine **Bandbreite vertretbarer Entscheidungen.**

5. Zum Wohle der Stiftung

93 Zum Wohle der Stiftung sind Entscheidungen und Maßnahmen nur dann, wenn der Stiftungsvorstand vernünftigerweise annehmen durfte, zum Wohle der Stiftung zu handeln. Entscheidend ist, dass der Stiftungsvorstand aus der **ex ante-Sicht**[227] davon ausgehen konnte, seine Entscheidung sei vom **Stifterwillen** getragen. Dies ist nur der Fall, wenn er vernünftigerweise annehmen durfte, dass die Maßnahme nicht der Vorgabe, die Zwecke der Stiftung auf Dauer zu verwirklichen, zuwiderläuft. Dabei spielt es natürlich eine Rolle, welche Vorgaben der Stifter zur Eingehung von Risiken gemacht hat. So kann es einem Stifter beispielsweise wichtig sein, dass die Stiftung bei der Erfüllung ihres Stiftungszwecks Umweltschutz neue innovative Wege ausprobiert und hierfür auch in Projekte investiert, deren Erfolg schwer abschätzbar ist. Bringt er dies in der Satzung oder im Stiftungsgeschäft zum Ausdruck, darf der Stiftungsvorstand bei der Entscheidung über die Mittelverwendung auch dann vernünftigerweise davon ausgehen, zum Wohle der Stiftung zu handeln, wenn er bei der Auswahl der Projekte zur Förderung des Umweltschutzes höhere Risiken eingeht.

94 Der Stiftungsvorstand darf sich bei seinen Entscheidungen nicht von fremden, insbesondere eigenen Interessen leiten lassen. Mögliche **Interessenskonflikte** sind in jedem Fall den anderen Organmitgliedern offenzulegen. Eine Pflichtwidrigkeit kommt aber nur dann in Betracht, wenn eine Maßnahme nicht den Interessen und Zwecken der Stiftung, sondern allein fremden, zB denen des Organmitglieds entsprach. In diesem Fall stellt die Interessenkollision eine objektive Pflichtwidrigkeit dar.[228]

95 Bei der Beschlussfassung, welche die Vornahme eines Rechtsgeschäfts mit einem Organmitglied oder die Einleitung oder Erledigung eines Rechtsstreits zwischen ihm und der Stiftung betrifft, ist das jeweilige Organmitglied **nicht stimmberechtigt.**[229]

[225] OLG Düsseldorf NZG 2008, 713 Rn. 6.
[226] LG Bremen BeckRS 2019, 32799 Rn. 40.
[227] LG Bremen BeckRS 2019, 32799 Rn. 40.
[228] LG Bremen BeckRS 2019, 32799 Rn. 59.
[229] § 84b S. 2 BGB.

VI. Pflicht zur Erfüllung des Stiftungszwecks

Zu den Kernaufgaben der Stiftungsorgane gehört die **nachhaltige Erfüllung des Stiftungszwecks** nach den Vorgaben des Stifters. Gemeinnützige Stiftungen haben neben dem Stiftungsrecht und dem Stifterwillen auch die gemeinnützigkeitsrechtlichen Vorgaben zu beachten. 96

1. Beachtung der Satzung – Auslegungszweifel

Eine ordnungsgemäße Erfüllung des Stiftungszwecks ist nur möglich, wenn sich die Stiftungsorgane Klarheit darüber verschaffen, was der Stifter gewollt hat. Dies hört sich banal an, ist aber mitunter gar nicht so einfach. Dies fängt bei der Gewichtung der einzelnen Maßnahmen und Zwecke an und hört bei der konkreten Auswahl der Projekte auf. Gute Stiftungssatzungen geben den Stiftungsorganen Leitplanken für die Zweckverwirklichung vor, ohne sie zu sehr einzuengen. Aber auch hier kann es **Zweifel bei der Auslegung** der Satzung geben. 97

Problematisch ist in diesem Zusammenhang, dass nach der Business Judgement Rule die Sorgfalt eines ordentlichen Geschäftsführers nur gewahrt ist, wenn die Vorgaben der Satzung eingehalten sind. Das Problem der Auslegungszweifel wird nicht angesprochen. Die überwiegende Auffassung geht wohl davon aus, dass es bei Entscheidungen unter Rechtsunsicherheit keinen Ermessensspielraum gibt und höchstens ein Ausschluss der Haftung über das Verschulden in Betracht kommt.[230] Nach der hier vertretenen Auffassung liegt bereits keine Pflichtverletzung vor, wenn die Auslegung der Satzung, die das Organmitglied seinerzeit vorgenommen hat, vertretbar war.[231] Voraussetzung ist allerdings, dass die Auslegung nachweisbar auf einer ausreichenden Informationsgrundlage (ggf. unter Einholung von rechtlichem Rat) stattgefunden hat.[232] 98

2. Beachtung von Stiftungs- und Gemeinnützigkeitsrecht

Der überwiegende Teil der Stiftungen ist gemeinnützig ausgestaltet, das heißt der Stifter hat in der Satzung vorgegeben, dass die Stiftung ausschließlich und unmittelbar gemeinnützige, mildtätige oder kirchliche Zwecke zu verfolgen hat. Das Stiftungs- und das Gemeinnützigkeitsrecht sind gleichermaßen zu beachten. Es gibt **keinen Vorrang** des einen Rechts vor dem anderen. Da das Stiftungsrecht und das Gemeinnützigkeitsrecht grundsätzlich nicht aufeinander abgestimmt sind, kann es mitunter Schwierigkeiten bereiten, das sowohl nach dem Gemeinnützigkeitsrecht als auch nach dem Stiftungsrecht zulässige Verhalten zu identifizieren. 99

Darüber hinaus verwenden Stiftungsrecht und Gemeinnützigkeitsrecht nicht aufeinander abgestimmte **Begrifflichkeiten,** was mitunter zu Irritationen führt. Es ist daher immer genau darauf zu achten, in welchem Kontext eine Formulierung verwendet wird. Obschon die Begrifflichkeiten häufig gleich oder ähnlich sind, stimmen sie inhaltlich nur teilweise überein. So unterscheidet das Stiftungsrecht zwischen dem **Grundstockvermögen,** welches dauerhaft zu erhalten ist, und dem **sonstigen Vermögen** einer Stiftung.[233] Zum Grundstockvermögen gehören das Errichtungskapital, das Zustiftungskapital und sonstiges von der Stiftung dazu bestimmtes Vermögen.[234] Umschichtungsgewinne können je 100

[230] Gollan Vorstandshaftung in der Stiftung, 2009, S. 275 f.; Scholz ZIP 2021, 1937 (1941).
[231] → Rn. 86; ebenso Uffmann ZIP 2021, 1251 (1258).
[232] → Rn. 87 ff.
[233] § 83b Abs. 1 S. 1 BGB; siehe ausführlich hierzu → Kap. 7 Rn. 4 ff. und 15 ff.
[234] § 83b Abs. 2 BGB; siehe ausführlich hierzu → Kap. 7 Rn. 8 ff.

nach Satzungsregelung zum zu erhaltenden Stiftungsvermögen oder zum sonstigen Stiftungsvermögen gehören, das für die Verwirklichung der Stiftungszwecke zu verwenden ist.[235] Das Gemeinnützigkeitsrecht dagegen unterscheidet zwischen **Vermögen** und **zeitnah zu verwendenden Mittel.** Der im Gemeinnützigkeitsrecht verwendete Begriff des Vermögens ist jedoch nicht gleichbedeutend mit dem stiftungsrechtlichen Grundstockvermögen, das dauerhaft zu erhalten ist, sondern umfasst auch noch das sonstige Vermögen. Zu diesem sonstigen Vermögen gehören beispielsweise die **Rücklagen** nach § 62 AO.[236] Bei den Rücklagen handelt es sich aus stiftungsrechtlicher Sicht lediglich um eine vorübergehende Zuordnung zum sonstigen Vermögen. Erst wenn die Stiftung Beträge aus den Rücklagen dem Grundstockvermögen zuordnet, sind diese Beträge dauerhaft zu erhalten.

101 Konflikte können sich darüber hinaus beispielsweise daraus ergeben, dass dem Gemeinnützigkeitsrecht die stiftungsrechtliche Pflicht zum Erhalt des Grundstockvermögens fremd ist. Das Gemeinnützigkeitsrecht kennt nur die Pflicht, die steuerbegünstigten Satzungszwecke der Stiftung zu verfolgen. Anders als das Stiftungsrecht, das keine konkrete zeitliche Vorgabe zur Verwendung der Erträge macht, schreibt das Gemeinnützigkeitsrecht eine zeitnahe Mittelverwendung vor, wenn die Stiftung über Einnahmen von mehr als EUR 45.000 im Jahr verfügt. Der Grundsatz der **zeitnahen Mittelverwendung** besagt, dass die Stiftung ihre Mittel spätestens in den auf den Zufluss folgenden zwei Kalender- oder Wirtschaftsjahren für ihre steuerbegünstigten satzungsmäßigen Zwecke verwenden muss.[237] Zu den zeitnah zu verwendenden Mitteln gehören Spenden, Überschüsse aus der Vermögensverwaltung sowie Gewinne aus Zweckbetrieben und steuerpflichtigen wirtschaftlichen Geschäftsbetrieben.

102 Auch wenn dem Gemeinnützigkeitsrecht die stiftungsrechtliche Pflicht zum Erhalt des Grundstockvermögens fremd ist, sieht es gleichwohl Regelungen vor, die die Erfüllung der stiftungsrechtlichen Vorgaben ermöglichen. So unterliegen **Zuwendungen in das Vermögen** der Stiftung grundsätzlich nicht der ansonsten geltenden zeitnahen Mittelverwendung.[238] Ebenso lässt das Gemeinnützigkeitsrecht die Zuführung von **Umschichtungsgewinnen**[239] zum zu erhaltenden Stiftungsvermögen zu.[240] Im Rahmen der Rücklagenbildung dürfen gemeinnützige Stiftungen zudem abweichend vom Grundsatz der zeitnahen Mittelverwendung Vermögen aufbauen. Die Stiftung darf sogenannte **freie Rücklagen** zum Aufbau von Vermögen bilden, allerdings gelten hierfür bestimmte Höchstgrenzen. Der Stiftungsvorstand darf hierfür maximal ein Drittel des Überschusses aus der Vermögensverwaltung und darüber hinaus höchstens 10 % der sonstigen zeitnah zu verwendenden Mittel verwenden.[241]

103 Ob der Stiftungsvorstand die gemeinnützigkeitsrechtlich zulässigen **Rücklagen** voll ausschöpfen kann oder soll, hängt vom **Willen des Stifters** ab. Häufig sehen Stiftungssatzungen vor, dass der Stiftungsvorstand zulässige Rücklagen bilden *kann.* Dann liegt es im pflichtgemäßen Ermessen des Stiftungsvorstands, ob er von der Rücklagenbildung Gebrauch machen oder sämtliche Mittel zeitnah verwenden will. Gleiches gilt für die Auflösung von freien Rücklagen, um die Mittel anschließen für die steuerbegünstigten Satzungszwecke der Stiftung zu verwenden. Hat der Stifter angeordnet, dass das Grundstockvermögen (möglichst) zum realen Wert erhalten werden soll[242], ist der Stiftungs-

[235] § 83c Abs. 1 S. 3 BGB; siehe ausführlich hierzu → Kap. 7 Rn. 81 ff.
[236] Siehe zur Rücklagenbildung → Rn. 102 ff.
[237] § 55 Abs. 1 Nr. 5 AO; siehe hierzu ausführlich Schauhoff/Kampermann in Schauhoff/Ufer Gemeinnützige Unternehmen und Konzerne § 2 Rn. 27 ff.
[238] § 62 Abs. 3 AO.
[239] Siehe zu Umschichtungsgewinnen → Kap. 7 Rn. 81 ff.
[240] AEAO Rn. 32 zu § 55 Abs. 5 S. 1 AO.
[241] § 62 Abs. 1 Nr. 3 AO.
[242] Zum Realwerterhalt siehe → Kap. 7 Rn. 68 ff.

vorstand zur Bildung von freien Rücklagen verpflichtet, soweit dies für den Realwerterhalt notwendig ist. Zu beachten ist aber, dass der Stiftungszweck stets zu erfüllen ist. Bei geringen Erträgen kann dies bedeuten, dass von der Bildung von freien Rücklagen abzusehen ist, wenn mit den ansonsten verbleibenden Mitteln der Stiftungszweck nicht sinnvoll verfolgt werden kann.

Auch wenn die **Stiftungssatzung keinerlei Angaben** dazu enthält, ob Rücklagen gebildet 104
werden dürfen, ist in der Regel davon auszugehen, dass die Rücklagenbildung nach pflichtgemäßem Ermessen des Stiftungsvorstands dem mutmaßlichen Stifterwillen[243] entspricht. Da er sich für eine gemeinnützige Stiftung entschieden hat, wird man davon ausgehen können, dass er mit den gemeinnützigkeitsrechtlichen Handlungsspielräumen grundsätzlich einverstanden ist, sofern es in der Satzung keine entgegenstehenden Anhaltspunkte gibt.

Unabhängig von der Satzung darf der Stiftungsvorstand einer gemeinnützigen Stiftung 105
eine **Rücklage** bilden für die Verwirklichung eines konkreten **Projekts,** sofern bereits konkrete Zeitvorstellungen für die Umsetzung des Vorhabens bestehen oder die Durchführung des Vorhabens bei den finanziellen Verhältnissen der Stiftung in einem angemessenen Zeitraum möglich erscheint.[244] Entscheidet die Stiftung später, dass sie das Projekt entgegen ihrer ursprünglichen Intention nicht umsetzt oder hierfür nicht sämtliche Mittel benötigt, hat der Vorstand die verbliebene Rücklage aufzulösen und die Mittel zeitnah für andere gemeinnützige Projekte zu verwenden.[245] Neben dieser Projektrücklage kann der Stiftungsvorstand auch eine Rücklage für beabsichtigte **Wiederbeschaffungen**, regelmäßig in Höhe der Abschreibung für Abnutzung (AfA) bilden.[246] Voraussetzung ist, dass tatsächlich eine Neuanschaffung des einzelnen Wirtschaftsguts geplant und in einem angemessenen Zeitraum möglich ist.[247]

Ein weiterer Konflikt zwischen Stiftungsrecht und Gemeinnützigkeitsrecht kann sich bei 106
der **Mittelweitergabe** an andere steuerbegünstigte Körperschaften ergeben. Das Gemeinnützigkeitsrecht erlaubt seit dem Jahr 2021, dass gemeinnützige Stiftungen Zuwendungen an andere steuerbegünstigte Körperschaften tätigen, auch wenn diese andere gemeinnützige Zwecke verfolgen als die Stiftung.[248] Eine Stiftung, die nach ihrer Satzung, ausschließlich die Wissenschaft und Forschung fördert, kann daher aus gemeinnützigkeitsrechtlicher Sicht ihre Mittel beispielweise auch an eine Körperschaft weitergeben, die ausschließlich Bildung, Kunst und Kultur fördert. Stiftungsrechtlich ist dies dagegen nicht ohne Weiteres möglich, denn grundsätzlich ist es dem Stiftungsvorstand nicht erlaubt, außerhalb der Satzungszwecke zu agieren. In Betracht käme eine solche Zuwendung aus stiftungsrechtlicher Sicht daher lediglich dann, wenn die Empfängerkörperschaft die Mittel für ein Projekt verwendet, das auch der Verwirklichung eines der Zwecke der Stiftung dient. Betreibt in dem Beispiel die Empfängerkörperschaft ein Museum, das eine Ausstellung plant, die Kinder für die Wissenschaft und Forschung begeistern soll, wäre eine Zuwendung möglich, auch wenn die Empfängerkörperschaft die Förderung der Wissenschaft und Forschung nicht als eigenen Satzungszweck aufweist. In der **Zuwendungsvereinbarung** sollte in einem solchen Fall niedergelegt werden, welche Zwecke die Stiftung mit der Zuwendung erfolgt, im Beispiel also die Verwendung für eine Ausstellung im Museum der Empfängerkörperschaft, die Kindern Forschung und Wissenschaft näherbringen will.

Ein ähnliches Problem kann sich daraus ergeben, dass der **Zweck** der Stiftung im 107
Stiftungsrecht mitunter enger zu verstehen ist als im Gemeinnützigkeitsrecht. Das Ge-

[243] Zum mutmaßlichen Stifterwillen siehe → Kap. 5 Rn. 25 ff.
[244] § 62 Abs. 1 Nr. 1 AO; AEAO Rn. 4 S. 3 und 4 zu § 62 Abs. 1 Nr. 1 AO.
[245] § 62 Abs. 2 AO.
[246] § 62 Abs. 1 Nr. 2 AO.
[247] AEAO Rn. 6 S. 2 zu § 62 Abs. 1 Nr. 2 AO.
[248] § 58 Nr. 1 AO.

meinnützigkeitsrecht unterscheidet zwischen dem Zweck der Körperschaft und der **Art der Zweckverwirklichung.**[249] Der Zweck der Körperschaft muss sich unter einen oder mehrere der gemeinnützigen Zwecke des Katalogs in § 52 Abs. 1 AO, unter mildtätige Zwecke im Sinne des § 53 AO oder unter kirchliche Zwecke im Sinne des § 54 AO fassen lassen. Die Art der Zweckverwirklichung beschreibt dagegen durch welche Maßnahmen die aufgeführten Zwecke insbesondere verwirklicht werden. Stiftungsrechtlich gibt es diese Unterscheidung nicht. Es ist daher genau zu prüfen, was der Stifter durch die Formulierung bezweckt hat. Ist beispielsweise als Art der Zweckverwirklichung der Betrieb einer bestimmten Einrichtung vorgesehen, ist dies regelmäßig der eigentlich vom Stifter verfolgte Zweck, so dass der Stiftungsvorstand bei der Auswahl der Maßnahmen zur Zweckverwirklichung nur einen begrenzenten Ermessensspielraum hat. Zudem kann in diesen Fällen die Satzung mit Blick auf den Betrieb der Einrichtung nur unter den strengen Bedingungen für eine **Zweckänderung** geändert werden.[250] Dagegen stellen andere Vorgaben zur Art der Zweckverwirklichung in der Satzung regelmäßig nur **prägende Bestimmungen** dar, an deren Änderung weniger strenge Anforderungen gestellt werden.[251]

3. Verfahren in der Stiftung

108 Bei der Erfüllung des Stiftungszwecks ist wie bei allen anderen Entscheidungen des Stiftungsvorstands darauf zu achten, dass das von der **Satzung** vorgegebene Verfahren eingehalten wird. Häufig sehen Stiftungssatzungen vor, dass der Stiftungsvorstand bei der Verfolgung der satzungsmäßigen Zwecke durch ein **weiteres Organ,** zB das Kuratorium, **beraten** wird. Mitunter muss das Organ den Richtlinien der Mittelverwendung oder bestimmten Förderentscheidungen vorab **zustimmen.** Der Stiftungsvorstand hat dann dafür zu sorgen, dass dem Gremium die für die Entscheidung erforderlichen Unterlagen rechtzeitig vorliegen.[252]

109 Holt der Stiftungsvorstand eine an sich erforderliche Zustimmung eines weiteren Gremiums nicht ein, stellt dies grundsätzlich eine Pflichtverletzung dar. Der Stiftungsvorstand kann aber ggf. den **Einwand rechtmäßigen Alternativverhaltens** vorbringen, wenn das andere Organ, wäre es gefragt worden, der Mittelverwendung zugestimmt hätte.[253]

110 Sofern die Stiftung über **Förderrichtlinien** verfügt, hat sich der Stiftungsvorstand bei der Verfolgung der Stiftungszwecke selbstverständlich auch daran zu halten. Die Förderrichtlinien dienen in der Regel dazu, eine willkürliche Förderung zu vermeiden und die Förderkriterien transparent zu machen.

VII. Pflicht zur ordnungsgemäßen Verwaltung des Vermögens

1. Vermögenserhalt und Mittelverwendung

111 Eine der Kernaufgaben des Stiftungsvorstandes ist die ordnungsgemäße Verwaltung des Stiftungsvermögens. Dabei muss er einerseits den **dauerhaften Erhalt des Stiftungsvermögens** und andererseits die **Erwirtschaftung von Erträgen** durch die Vermögensanlage im Blick haben. Die Verwaltung des Vermögens ist mithin kein Selbstzweck, sondern dazu da, die dauerhafte Erfüllung der Stiftungszwecke zu gewährleisten. Die nicht ordnungsgemäße Vermögensanlage stellt eine Pflichtverletzung dar.

---

[249] Vgl. hierzu § 60 Abs. 1 AO sowie die Mustersatzung in Anlage 1 zu § 60 AO.
[250] → Kap. 9 Rn. 22 ff.
[251] → Kap. 9 Rn. 35 ff.
[252] → Rn. 90.
[253] Scholz ZIP 2021, 1937 (1947 f.) unter Verweis auf die aktienrechtliche Rechtsprechung BGH NJW 2018, 3574 Rn. 42 f.

Der Stiftungsvorstand ist verpflichtet, das Stiftungsvermögen in seinem Bestand ungeschmälert zu erhalten und das Vermögen ordnungsgemäß zu verwalten. Da er gleichzeitig verpflichtet ist, die Stiftungszwecke zu verwirklichen, muss die Verwaltung des Vermögens darauf ausgerichtet sein, Erträge zu erwirtschaften, um die hierfür erforderlichen Mittel zu beschaffen. Die Pflicht zur dauerhaften Erhaltung des Stiftungsvermögens und die Pflicht zur ertragreichen Anlage des Stiftungsvermögens hängen eng miteinander zusammen und bilden mitunter ein gewisses **Spannungsverhältnis** für den Stiftungsvorstand. Er muss fortlaufend Entscheidungen treffen, welche Risiken er eingeht, um mit dem Vermögen einerseits ausreichend Erträge zu erwirtschaften und andererseits das Vermögen als Quelle für fortlaufende Erträge dauerhaft zu erhalten. Hierfür sind die **Risiken und Chancen** verschiedener Anlageformen zu ermitteln und gegeneinander **abzuwägen.** Die konkrete Abwägung sowie die Informationsgrundlagen für die Entscheidungen zur Anlagestrategie und konkreten Anlage des Vermögens müssen sorgfältig **dokumentiert** werden. 112

Der Vorstand besitzt hinsichtlich der Vermögensinteressen der Stiftung eine **treuhänderische Funktion.**[254] Draus folgt, dass der Vorstand bei Vermögensanlagen eine sorgfältige Abwägung von Renditeerwartungen, Risikoprofil und der Liquiditätserwartungen der Stiftung vornehmen muss.[255] 113

2. Ermessen der Organe

Die Verwaltung des Stiftungsvermögens steht grundsätzlich im Ermessen der Stiftungsvorstands. Insoweit greifen die Grundsätze der **Business Judgement Rule** ein, wonach der Stiftungsvorstand nicht pflichtwidrig handelt, wenn er unter Beachtung der gesetzlichen und satzungsgemäßen Vorgaben vernünftigerweise annehmen durfte, auf der Grundlage angemessener Informationen zum Wohle der Stiftung zu handeln.[256] Die Vermögensanlage ist naturgemäß eine Entscheidung unter Unsicherheit, so dass dem von der Business Judgement Rule gewährten Ermessensspielraum hierbei besondere Bedeutung zukommt. Gleichzeitig sind Vermögensanlageentscheidungen in besonderem Maße davon betroffen, dass Erwartungen enttäuscht und die Stiftung einen Vermögensnachteil erleidet. Deshalb ist bei der im Nachhinein stattfindenden Beurteilung der Vermögensanlageentscheidung besonders wichtig, dass auf die **ex ante-Sicht** abzustellen ist.[257] 114

Es gibt nicht per se verbotene Anlagen oder Quoten für bestimmte Assetklassen, sofern dies nicht vom Stifter vorgegeben wurde.[258] Den Rahmen für die Vermögensverwaltung gibt der Stifterwille[259] vor, wie er sich insbesondere aus der Satzung ergibt, sowie **Anlagerichtlinie**[260] und **Kapitalerhaltungskonzept.**[261] Daraus ist abzuleiten, ob der Stifter im Hinblick auf die Vermögensverwaltung ein eher risikoaverses oder risikofreudiges Vorgehen gewünscht hat. Es ist daher unverzichtbar, dass sich die Stiftungsorgane Klarheit über die Zusammensetzung des Stiftungsvermögens und den Stifterwillen verschaffen. Erfolgreiche Unternehmer sind typischerweise mutige Anleger und erwarten dies regelmäßig auch in Bezug auf von ihnen gegründete Stiftungen. Andere Stifter haben dagegen in ihrem Leben wenig Erfahrung mit Vermögensanlagen gesammelt und neigen daher zu einer betont vorsichtigen Vermögensanlagepolitik. Durch Auslegung von Stiftungssatzung und Stiftungsgeschäft ist auch zu überprüfen, ob der Stifter einen Nominal- oder 115

---

[254] OLG Oldenburg npoR 2014, 134 Rn. 78; LG Bremen BeckRS 2019, 32799 Rn. 39.
[255] Hüttemann/Kampermann npoR 2014, 143 (144).
[256] § 84a Abs. 2 S. 2 BGB; siehe dazu ausführlich → Rn. 82 ff.
[257] LG Bremen BeckRS 2019, 32799 Rn. 40.
[258] BT-Drs. 19/28173, 55.
[259] → Kap. 7 Rn. 55 ff.
[260] → Kap. 7 Rn. 41 ff.
[261] Zu Dispositionsbeschränkungen siehe → Rn. 121 f.

Realwerterhalt wollte und ob Teile des Stiftungsvermögens, zB eine gestiftete Unternehmensbeteiligung, unverändert beibehalten werden sollen.[262]

116 Inwieweit bestimmte Anlagen, wie zum Beispiel bestimmte Aktien oder Anteile an bestimmten Investmentfonds, für eine konkrete Stiftung geeignet sind, ist regelmäßig eine **Einzelfallentscheidung.**[263] Dabei ist stets das gesamte Anlageportfolio der Stiftung zu betrachten. Es kann unter dem Gesichtspunkt der Risikostreuung Sinn machen, Klumpenrisiken zu vermeiden und das Portfolio zu diversifizieren. Eine grundsätzliche Pflicht dazu besteht aber, vorbehaltlich anderweitiger Vorgaben durch den Stifter, nicht.[264]

117 Dabei stellt das Eingehen von **Risikogeschäften** sowie die Hinnahme des Risikos von Fehlbeurteilungen und Fehleinschätzungen an sich, keine Pflichtwidrigkeit dar, wenn das Eingehen des Risikogeschäfts sowie die Hinnahme der Gefahr etwaiger Fehlbeurteilungen durch stiftungslegitime Ziele gedeckt ist. Die Grenze wird erst überschritten, wenn die Übernahme der Risiken unvertretbar ist und deshalb durch satzungslegitime Ziele nicht mehr gedeckt werden kann.[265] Der Stiftungsvorstand darf sich nicht allein von dem Bestreben möglichst hoher Erträge leiten lassen. Er muss auf der anderen Seite auch das damit in der Regel einhergehende Verlustrisiko berücksichtigen. Die wirtschaftlichen Risiken und Chancen für Erfolg oder Misserfolg einer Vermögensanlage sind sorgfältig gegeneinander **abzuwägen.**[266] Dabei kommt es weniger darauf an, ob eine einzelne Anlage wirtschaftlich vertretbar ist, sondern es ist eine Gesamtschau der Anlagepolitik vorzunehmen. Es nichts dagegen einzuwenden, dass das Portfolio neben eher sicheren und ertragsärmeren Anlagen auch eher risikobehaftete und ertragsstärkere Anlagen enthält.[267]

118 Den Stiftungsvorstand trifft **fortlaufend** die Verpflichtung, zu **prüfen,** ob getätigte Vermögensanlagen unverändert beibehalten werde können. Vor dem Hintergrund, dass die Vermögensanlage letztlich der Sicherung der Ertragsbasis dient, kann das starre Festhalten an einem Investment in konservative und sichere Anlagen, die **keine nennenswerten Erträge** mehr erwarten lassen, zu einer nicht ordnungsgemäßen Vermögensverwaltung werden.[268]

119 Der Stiftungsvorstand muss eingreifen, wenn sich Anlagen nicht wie erwartet entwickeln, sich die Risiken der konkreten Anlage erhöhen oder die Anlage Verluste bringt. Dann muss der Stiftungsvorstand die Anlageentscheidung überprüfen und ggf. die **Anlagestrategie anpassen.** Stellt sich im Laufe eines einmal begonnenen Prozesses heraus, dass die Maßnahme nicht erfolgreich sein kann, muss geprüft werden, ob die Maßnahme abgebrochen werden kann. Eine wesentliche Handlungspflicht ist die Anpassung der eigenen Maßnahmen an veränderte Umstände. So hat der BGH entschieden, dass der Vorstand einer gemeinnützigen Stiftung, die am Aktienmarkt investiert und trotz erheblicher Verluste die Anlagestrategie nicht geändert, sondern gleichzeitig die Ausgaben zur gemeinnützigen Mittelverwendung unverändert beibehalten hatte, gegenüber der Stiftung mit ihrem persönlichen Vermögen haftet.[269] Der Vorwurf der Pflichtverletzung ergab sich nicht daraus, dass die Form der Vermögensanlage grundsätzlich rechtswidrig war, weil mit ihr Risiken wie auch Chancen verbunden waren. Vielmehr lag das Fehlverhalten darin, dass trotz der fundamental geänderten Börsenlage unverändert an der ursprünglichen Anlagestrategie festgehalten und das Ausgabenprogramm nicht an die verminderte Vermögenslage angepasst wurde. Eine Anpassungspflicht kann sich auch aus dem Ge-

[262] → Kap. 7 Rn. 62 und 68 ff.
[263] BT-Drs. 19/28173, 55.
[264] Hüttemann WM 2016, 625 (626); siehe auch → Kap. 7 Rn. 65 ff.
[265] LG Bremen BeckRS 2019, 32799 Rn. 40.
[266] LG Bremen BeckRS 2019, 32799 Rn. 41 ff.
[267] Hüttemann WM 2016, 625 (627, 629).
[268] Vgl. LG Bremen BeckRS 2019, 32799 Rn. 56.
[269] BGH npoR 2015, 28 und vorgehend OLG Oldenburg npoR 2014, 134.

meinnützigkeitsrecht ergeben, da dauerhafte Verluste zum Verlust der Gemeinnützigkeit führen können.[270]

Die Pflicht zur Überprüfung und Anpassung gilt auch dann, wenn sich der Stiftungsvorstand bei der Vermögensanlage von **Experten,** zB Banken, beraten lässt oder auf diese auslagert. Voraussetzung ist, dass er diese **sorgfältig auswählt.** Er ist zudem zur **Kontrolle** und Überwachung verpflichtet, was voraussetzt, dass er sich regelmäßig über die Anlageentwicklung berichten lässt.[271] 120

3. Dispositionsbeschränkungen

Soweit die Satzung im Hinblick auf die Vermögensverwaltung **Dispositionsbeschränkungen** vorsieht, sind diese von den Stiftungsorganen grundsätzlich zu beachten. Dispositionsbeschränkungen können sich beispielsweise dadurch ergeben, dass der Stifter bestimmte Anlagegeschäfte generell ausschließt oder nur in gewissem Umfang zulässt. 121

Eine Dispositionsbeschränkung liegt auch vor, wenn der Stifter Teile des gestifteten Vermögens erhalten wissen wollte.[272] In diesem Fall steht die Vermögensumschichtung nicht im freien Ermessen der Stiftungsorgane. Diese sind vielmehr gehalten, diese Vermögensbestandteile grundsätzlich zu erhalten, auch wenn eine andere Anlage eine höhere Rendite verspricht. Die Grenze ist allerdings dann erreicht, wenn aufgrund erheblicher Veränderungen der Marktsituation und Entwicklung des Vermögensgegenstandes mit deutlich überwiegender Wahrscheinlichkeit ein dauerhafter und unwiederbringlicher Wertverfall zu befürchten ist. Dann nämlich ist der ebenfalls vom Stifter vorgegebene Auftrag, dauerhaft die Zwecke der Stiftung zu verwirklichen, gefährdet. Der Stiftungsvorstand muss in einem solchen Fall gewissenhaft abwägen, ob eine Vermögensumschichtung, trotz des Stifterwillens den Vermögensgegenstand grundsätzlich zu erhalten, notwendig wird, um den Bestand der Stiftung zu sichern. Die Maßgabe des Stifters, den Vermögensgegenstand zu erhalten, darf nicht absolut verstanden werden, da eine Selbstzweckstiftung nicht zulässig ist.[273] Der Erhalt des Vermögensgegenstandes darf daher nur erfolgen, solange die Risiko- und Chancenabwägung ergibt, dass die Beibehaltung dieser Vermögensanlage unter Einbeziehung des Stifterwillens vertretbar erscheint. Erscheint dies nicht mehr vertretbar, muss der Stiftungsvorstand Alternativen prüfen. Bei hoch wahrscheinlichem Werteverfall kann sich die grundsätzliche Pflicht zur Erhaltung des Vermögensgegenstandes sogar in eine Pflicht zur (teilweisen) Veräußerung wandeln. 122

VIII. Genehmigungs- und anzeigepflichtige Rechtsgeschäfte

Bei seiner Arbeit hat der Stiftungsvorstand auch im Blick zu behalten, bei welchen Geschäften und Maßnahmen er die **Genehmigung der Stiftungsaufsicht** einholen muss.[274] Dazu gehört beispielsweise jede Satzungsänderung[275], der Abschluss eines Zulegungs- und Zusammenlegungsvertrages[276] sowie die Auflösung der Stiftung[277]. Weitere Genehmigungserfordernisse und Anzeigepflichten können sich aus den Landesstiftungsgesetzen ergeben. 123

Beachtet der Stiftungsvorstand eine an sich erforderliche Anzeige- oder Genehmigungspflicht nicht, stellt dies grundsätzlich eine Pflichtverletzung dar. Der Stiftungsvor- 124

[270] AEAO Rn. 4 ff. iVm Rn. 9 zu § 55 Abs. 1 Nr. 1 AO.
[271] OLG Oldenburg npoR 2014, 134 Rn. 49.
[272] → Kap. 7 Rn. 62 und 55 ff.
[273] → Kap. 7 Rn. 55.
[274] → Kap. 8 Rn. 18 ff.
[275] § 85a Abs. 1 S. 2 BGB; siehe auch → Kap. 9 Rn. 22 ff.
[276] § 86b Abs. 1 S. 2 BGB; siehe auch → Kap. 9 Rn. 103.
[277] § 87 Abs. 3 BGB; siehe auch → Kap. 9 Rn. 79.

stand kann aber ggf. den **Einwand rechtmäßigen Alternativverhaltens** vorbringen, wenn die Stiftungsbehörde, wäre sie gefragt worden, keine Einwände gehabt bzw. die Genehmigung erteilt hätte.[278]

G. Haftung

I. Haftung der Stiftung

125 Im **Außenverhältnis** haftet grundsätzlich die Stiftung mit ihrem gesamten Stiftungsvermögen, wobei ihr das Verhalten ihrer Vertreter zuzurechnen ist.[279] Insoweit gilt nichts anderes als bei anderen juristischen Personen. Dies gilt insbesondere auch für die Haftung wegen Ausstellung einer **unrichtigen Zuwendungsbestätigung.**[280] Nur für bestimmte Fälle sieht das Gesetz eine direkte Haftung der Organmitglieder im Außenverhältnis vor.[281]

126 Dabei haftet eine gemeinnützige Stiftung grundsätzlich auch dann, wenn der Stiftungsvorstand gegen die gemeinnützigkeitsrechtlichen Vorgaben verstößt. Etwas anderes kann allerdings dann gelten, wenn die Satzung die Vertretungsmacht konkret auf den gemeinnützigen Zweck der Stiftung beschränkt.[282] Das Gesetz geht grundsätzlich von einer **unbeschränkten Vertretungsmacht** aus, die nur im Einzelfall durch Bestimmungen in der Satzung beschränkt werden kann.[283] Für eine **wirksame Einschränkung** der Vertretungsmacht des Vorstands ist es erforderlich, dass die Satzungsregelung klar und eindeutig zu erkennen gibt, dass sie nicht bloß interne Bedeutung haben, sondern (auch) die Vertretungsmacht des Vorstands nach außen beschränken soll. Der BGH hat hierfür die Formulierung „Der Vorstand ist in seiner Vertretungsmacht durch den Zweck der Stiftung beschränkt" ausreichen lassen.[284]

II. Persönliche Haftung der Organe

1. Haftung gegenüber der Stiftung

127 Die Haftung des Stiftungsorgane ergibt sich unmittelbar aus dem **Organverhältnis** zur Stiftung und ggf. ergänzend aus dem **Anstellungsvertrag.**[285] Das Organmitglied ist der Stiftung zum Ersatz des daraus resultierenden Schadens verpflichtet, wenn es seine Pflichten gegenüber der Stiftung fahrlässig oder vorsätzlich verletzt hat und keine Haftungserleichterung greift.

a) Pflichtverletzung und Business Judgement Rule

128 Die bei der Tätigkeit der Organe zu beachtenden Pflichten wurden oben dargestellt.[286] Die Hauptpflichten des Vorstands bestehen in der Verwirklichung der Stiftungszwecke bei gleichzeitiger dauerhafter Erhaltung des Grundstockvermögens. Bei der Erfüllung dieser

---

[278] Scholz ZIP 2021, 1937 (1947 f.) unter Verweis auf die aktienrechtliche Rechtsprechung BGH NJW 2018, 3574, Rn. 42 f.
[279] §§ 84 Abs. 5, 31 BGB.
[280] BFH DStRE 2002, 1118 Rn. 15 f.
[281] Siehe hierzu → Rn. 150.
[282] BGH NJW 2021, 2036 Rn. 37 ff.
[283] § 84 Abs. 2 und 3 BGB.
[284] BGH NJW 2021, 2036 Rn. 40 f.
[285] §§ 84a Abs. 1 S. 1, 664 ff. iVm 280 Abs. 1 BGB.
[286] → Rn. 66 ff. und inbes. 96 ff. und 111 ff.

Pflichten müssen laufend Entscheidungen unter Unsicherheit getroffen werden. Das Gesetz gesteht den geschäftsführenden Stiftungsorganmitgliedern daher mit der sogenannten **Business Judgement Rule** einen Ermessensspielraum zu. Danach liegt keine Pflichtverletzung vor, wenn das Organ bei der Wahrnehmung der Geschäftsführungsaufgaben die gesetzlichen und satzungsgemäßen Vorgaben beachtet und es vernünftigerweise annehmen durfte, auf der Grundlage angemessener Informationen zum Wohle der Stiftung zu handeln.[287]

Werden die Grundsätze der Business Judgement Rule bei der Entscheidungsfindung **129** beachtet, verletzt das Organmitglied nicht seine Geschäftsführungspflichten, auch wenn sich hinterher herausstellt, dass es nicht die optimale Entscheidung getroffen hat. Eine Berufung auf den Ermessensspielraum der Business Judgement Rule kommt aber nur in Betracht, wenn nachweisbar auf einer **angemessenen Informationsgrundlage** entschieden wurde. Häufig liegt allerdings genau darin die Schwierigkeit. Oft wird erst viele Jahre nach der Entscheidung klar, dass diese zu einem Vermögensnachteil für die Stiftung geführt hat, zB weil eine Anlage zu einem Verlust geführt hat. Dann müssen die Organe in der Lage sein, **nachzuweisen,** aus welchen Gründen die Anlage damals ausgewählt wurde, ob die Risiken und Chancen ausreichend gegeneinander abgewogen wurden und die Entwicklung der Anlage im Blick behalten wurde. All diese Überlegungen müssen daher in Protokollen, Entscheidungsvorlagen oder Ähnlichem dokumentiert werden. Häufig ist im Nachhinein nicht die Entscheidung, sondern die mangelnde Dokumentation der Informationsgrundlagen, der Entscheidungsfindung und der vorgenommenen Abwägung das Problem.

Nicht ausdrücklich geregelt ist, wen die **Darlegungs- und Beweislast** für die Einhal- **130** tung der Business Judgement Rule trifft. Auch die ansonsten sehr umfangreiche Gesetzesbegründung schweigt dazu. Im Aktiengesetz ist dagegen ausdrücklich geregelt, dass das betroffene Organmitglied nachweisen muss, dass es die Sorgfalt eines ordentlichen und gewissenhaften Geschäftsleiters angewandt hat und damit keine Pflichtverletzung vorliegt.[288] Da die Einhaltung der Grundsätze der Business Judgement Rule eine Pflichtverletzung ausschließt, erstreckt sich die Darlegungs- und Beweislast des Vorstandsmitglieds auch darauf.[289] Für die GmbH ist die Business Judgement Rule nicht ausdrücklich im Gesetz verankert, wird aber für die unternehmerischen Entscheidungen der Geschäftsführer ebenfalls angewandt. Hinsichtlich der Darlegungs- und Beweislastverteilung gilt nach Auffassung des BGH das gleiche wie für den Vorstand der AG.[290] Es spricht daher viel dafür, dass der Gesetzgeber für Stiftungsvorstände keine andere Regelung treffen wollte[291], zumal die aktienrechtliche Regelung der Kodifizierung der Business Judgement Rule im Stiftungsrecht ausweislich der Gesetzesbegründung als Vorbild diente.[292] Hätte der Gesetzgeber gewollt, dass die Darlegungs- und Beweislast für die Einhaltung der Grundsätze der Business Judgement Rule anders als bei der AG und der GmbH nicht beim betroffenen Organ, sondern bei der Stiftung liegt, wäre zu erwarten gewesen, dass dies in der sehr umfangreichen Gesetzesbegründung angesprochen wird.

b) Verschulden

Organmitglieder haften der Stiftung gegenüber mit ihrem **gesamten Privatvermögen** **131** für Pflichtverletzungen, sofern sie diese **zu vertreten haben.**[293] Dabei hat das Organ-

[287] § 84a Abs. 2 S. 2 BGB. Siehe ausführlich → Rn. 82 ff.
[288] § 93 Abs. 2 S. 2 AktG; BGH NJW 2013, 1958 Rn. 14.
[289] BGH NJW 2013, 1958 Rn. 14.
[290] BGH DStR 2008, 2026 Rn. 5; BGH NJW 2003, 358 Rn. 6.
[291] Ebenso Scholz ZIP 2021, 1937 (1945 f.).
[292] BT-Drs. 19/28173, 61.
[293] § 280 Abs. 1 BGB.

mitglied neben Vorsatz jede Form der Fahrlässigkeit, also auch leichte Fahrlässigkeit, zu vertreten, es sei denn es greift ein gesetzliches oder satzungsmäßiges Haftungsprivileg.[294]

132 **Vorsätzlich** handelt, wer das rechtlich geschützte Interesse der Stiftung bewusst und gewollt verletzt, wobei es genügt, dass der Verletzungserfolg vielleicht unerwünscht ist, aber billigend in Kauf genommen wird.[295]

133 **Fahrlässigkeit** ist die Außerachtlassung der im Verkehr erforderlichen Sorgfalt.[296] Die Sorgfaltsanforderung wird für geschäftsführende Stiftungsorgane dahingehend konkretisiert, dass die Sorgfalt eines ordentlichen Geschäftsführers zu beachten ist.[297] Die **leichte** Fahrlässigkeit unterscheidet sich von der groben Fahrlässigkeit danach, wie schwer der Verstoß gegen die Sorgfaltspflicht wiegt. **Grobe** Fahrlässigkeit setzt einen objektiv schweren und subjektiv nicht entschuldbaren Verstoß gegen die Anforderungen der im Verkehr erforderlichen Sorgfalt voraus. Diese Sorgfalt muss in ungewöhnlich hohem Maß verletzt und es muss dasjenige unbeachtet geblieben sein, was im gegebenen Fall jedem hätte einleuchten müssen.[298] Der BFH geht davon aus, dass die **Verletzung steuerrechtlicher Pflichten** im Allgemeinen grobe Fahrlässigkeit indiziert.[299] Ob die Nichtbeachtung des durch die Business Judgement Rule für die Entscheidungsfindung vorgegebenen Pflichtenprogramms mit einer leichten oder einer groben Pflichtverletzung gleichzusetzen ist, ist umstritten.[300] Nach der hier vertretenen Ansicht, ist grobe Fahrlässigkeit nicht automatisch anzunehmen, sondern nur, wenn es sich um einen schweren Verstoß handelt.[301]

134 Wird eine Entscheidung unter **Rechtsunsicherheit** getroffen, wird vorab häufig Expertenrat in Form eines **Rechtsgutachtens** eingeholt. Stellt sich im Nachhinein heraus, dass die Rechtslage falsch eingeschätzt wurde, kann sich das Organmitglied ggf. darauf berufen, dass es auf die Meinung des Experten vertraut hat.[302] Das Recht erwartet nicht, dass das Organmitglied selbst über alle notwendigen Kenntnisse und Erfahrungen verfügt. Das Geschäftsführungsorgan darf sachverständigen Rat Dritter einholen und auf dieser Grundlage entscheiden. Allerdings entbindet die Einholung von Expertenrat nicht von jeglicher eigenen Verantwortung. Zunächst kann dem Organmitglied ein **Auswahlverschulden** vorgeworfen werden, wenn es den Experten nicht sorgfältig ausgewählt hat. Hierfür muss sich das Organmitglied einen Eindruck von den Kenntnissen und Erfahrungen des Beauftragten verschaffen und sich vergewissern, dass dieser für die zu klärende Frage fachlich hinreichend geeignet ist.[303] Er muss den Experten außerdem umfassend über die Verhältnisse der Stiftung informieren und die erforderlichen Unterlagen vorlegen.[304] Er muss den Experten zudem **überwachen.** Gibt es Anhaltspunkte, dass der Experte seiner Aufgabe nicht gewachsen ist, muss das Organmitglied dem nachgehen und ggf. eine andere Person mit der Aufgabenerledigung beauftragen. Schließlich muss sich das Organmitglied mit dem erteilten Rat, bspw. dem vorgelegten Gutachten, auseinandersetzen und beruhend darauf eine **eigene Entscheidung treffen.** Der erteilte Rat muss **plausibilisiert** und darauf überprüft werden, ob ihm der richtige und vollständige **Sachverhalt** zugrunde lag.[305]

---

[294] § 276 Abs. 1 S. 1 BGB.
[295] BGH NJW 2009, 681 Rn. 30.
[296] § 276 Abs. 2 BGB.
[297] § 84a Abs. 2 S. 1 BGB.
[298] BGH NJW 2009, 681 Rn. 35; LG Bremen BeckRS 2019, 32799 Rn. 63.
[299] BFH NJW-RR 2003, 1117 Rn. 33; zu Recht kritisch Segna in GS Walz, 705 (718 ff.).
[300] Siehe hierzu → Rn. 81.
[301] So auch Scholz ZIP 2021, 1937 (1942 f.); anders Uffmann ZIP 2021, 1251 (1259).
[302] Zu der Frage, ob in diesem Fall bereits keine Pflichtverletzung vorlag, siehe → Rn. 86.
[303] BGH NZG 2011, 1271 Rn. 18; OLG Stuttgart, CCZ 2010, 112.
[304] BGH NZG 2011, 1271 Rn. 18.
[305] BGH NZG 2011, 1271 Rn. 18; BGH NJW 2007, 2118.

Neben der objektiven Vorwerfbarkeit sind auch **subjektive,** in der Individualität des Handelnden liegende Momente zu berücksichtigen. Hierbei kann auch der Umstand eine Rolle spielen, dass das Organmitglied **ehrenamtlich** tätig ist und nicht über eine besondere Fachkenntnis verfügt. Vergibt beispielsweise ein Stiftungsvorstand ein Darlehen zur Durchführung eines Projektes und ist der Stiftungsvortand nicht professionell mit der Beurteilung von Darlehensgeschäften befasst, kann ihm die besondere Sensibilität für die Frage fehlen, wann die Grenzen der eigenen Beurteilungsfähigkeit erreicht sind und daher die Einholung externen Sachverstands angezeigt ist. Wenn der Stiftungsvorstand mangels Sachkunde kein Störgefühl hat und es deshalb unterlässt, fachkundige Beratung einzuholen, stellt dies ggf. keine grob fahrlässige Pflichtverletzung dar.[306] Allerdings wird man dies nur annehmen können, wenn – wie in dem entschiedenen Fall – nur ein kleiner Teil des Stiftungsvermögens betroffen ist. 135

Umgekehrt gilt aber auch, dass ein Organmitglied, das über beruflich erworbene **Spezialkenntnisse** verfügt (zB Rechtsanwalt, Steuerberater), soweit sein Spezialgebiet betroffen ist, insoweit einem **erhöhten Sorgfaltsmaßstab** unterliegt.[307] Das Organmitglied, das über besondere Fachkenntnisse verfügt, ist gegenüber der Stiftung verpflichtet, diese einzusetzen; häufig wird er gerade wegen dieser speziellen Kenntnisse in das Stiftungsgremium berufen. 136

Auf das **Mitverschulden anderer Organe,** zB das Kuratorium kann sich das Organmitglied nicht berufen.[308] Vorstandsmitglieder können insbesondere nicht einwenden, ein anderes Organ habe sie ungenügend überwacht oder fehlerhaft beraten, da die Pflichten des anderen Organs neben den Pflichten des Vorstands bestehen.[309] 137

Mitunter kann zweifelhaft sein, ob (bedingter) Vorsatz oder (bewusste) Fahrlässigkeit vorliegt. Der **bedingte Vorsatz** unterscheidet sich vom unbedingten Vorsatz dadurch, dass der unerwünschte Erfolg nicht als notwendig, sondern nur als möglich vorausgesehen wird. Der **bewusst fahrlässig** Handelnde vertraut darauf, dass der als möglich vorausgesehene Erfolg nicht eintreten wird, und nimmt aus diesem Grund die Gefahr in Kauf. Der bedingt vorsätzlich Handelnde nimmt die Gefahr dagegen deshalb in Kauf, weil er, wenn er sein Ziel nicht anders erreichen kann, es durch das unerwünschte Mittel erreichen will.[310] 138

c) Haftungsprivileg durch Gesetz und Satzung

Organmitglied haben nur dann neben Vorsatz jede Form der Fahrlässigkeit, also auch leichte Fahrlässigkeit, zu vertreten, wenn kein gesetzliches oder satzungsmäßiges **Haftungsprivileg** eingreift.[311] 139

Das Gesetz sieht ein Haftungsprivileg für diejenigen Organmitglieder vor, die entweder **keine** oder eine **maximale Vergütung von EUR 840 pro Jahr** erhalten. Diese Organmitglieder haften, vorbehaltlich einer anderen Satzungsregelung, nur für Vorsatz und grobe Fahrlässigkeit, nicht aber für leichte Fahrlässigkeit.[312] Echter Aufwendungsersatz zählt nicht als Vergütung.[313] 140

Zudem kann in der **Satzung** vorgesehen werden, dass ein Organmitglied dann nicht haften soll, wenn ihm lediglich leichte Fahrlässigkeit vorgeworfen werden kann.[314] Dies ist auch nach der Reform weiterhin möglich. Im Rahmen der Stiftungsrechtsreform 141

---

306 LG Bremen BeckRS 2019, 32799 Rn. 65.
307 BGH NZG 2011, 1271 Rn. 28.
308 BGH npoR 2015, 22 ff.
309 BGH npoR 2015, 28 Rn. 22 ff.; BGH NZG 2011, 1271 Rn. 20.
310 BGH NJW 2009, 681 Rn. 30.
311 § 276 Abs. 1 S. 1 BGB.
312 §§ 84a Abs. 3, 31a Abs. 1 S. 1 BGB.
313 Siehe hierzu → Rn. 64.
314 Siehe hierzu Arnold, NPLY, 2009, 89 (93 ff.); Burgard in Krieger/Schneider Managerhaftung-HdB, 3. Aufl. 2017 Rn. 6.58 f.; Hüttemann, NPLY, 2006, 33 (45 f.).

wurde zwar diskutiert, ob eine solche Beschränkung nur noch in der Errichtungssatzung zulässig sein soll.[315] Diese Verschärfung wurde letztlich aber nicht beschlossen.[316]

142 Gleichwohl empfiehlt es sich, dass der Stifter bereits bei Errichtung der Stiftung seine Vorstellungen in Bezug auf Haftungsbegrenzungen klar zum Ausdruck bringt. Dabei sollte bedacht werden, dass sich die Rahmenbedingungen im Leben einer Stiftung signifikant verändern können. Möglicherweise startet die Stiftung mit einem geringen Stiftungskapital und damit einhergehend mit einer überschaubaren Verantwortung für die Organmitglieder. Durch Zustiftung, beispielsweise durch Zuwendung von Todes wegen durch den Stifter, kann sich die Zusammensetzung des Stiftungsvermögens und dessen Umfang erheblich ändern. Es mag dann angebracht sein, dass der zunächst nicht oder nur gering vergütete Vorstand eine (höhere) Vergütung erhält, um dem erhöhten Aufwand und der größeren Verantwortung gerecht zu werden. In diesem Zusammenhang stellt sich dann auch die Frage, ob der Stifter (weiterhin) eine Haftungsbegrenzung gewollt hat oder gerade nicht. Macht der Stifter hierzu keine Ausführungen, kann nur auf den mutmaßlichen Willen des Stifters zurückgegriffen werden.[317] Eine **Änderung des Haftungsmaßstabs** (ebenso wie die **Einführung einer Vergütung**) nach der Errichtung der Stiftung ist zudem nur unter den neuen Voraussetzungen für Satzungsänderungen möglich.[318] Jedenfalls für den Fall, dass eine signifikante Erhöhung des Stiftungskapitals in Betracht kommt, sollte der Stifter darüber nachdenken, für diesen Fall einen **konkreten Änderungsvorbehalt** in der Satzung aufzunehmen.[319]

143 Eine Haftungserleichterung durch Gesetz oder Satzung lässt eine etwaige Haftung des Organmitglieds im Außenverhältnis[320] unberührt. Das Organmitglied hat aber im **Innenverhältnis** gegenüber der Stiftung einen Anspruch auf Freistellung.[321] Ein unentgeltlich tätiger Stiftungsvorstand kann also, wenn er im Außenverhältnis in Anspruch genommen wird, und ihm lediglich leichte Fahrlässigkeit zur Last fällt, von der Stiftung Befreiung von der Verbindlichkeit verlangen.

144 Die **Darlegungs- und Beweislast,** dass kein Verschulden vorliegt, liegt beim Organmitglied. Das heißt, das Organmitglied muss darlegen, dass ihm weder Fahrlässigkeit noch Vorsatz vorgeworfen werden kann.[322] Greift das Haftungsprivileg, muss dagegen im Zweifel die Stiftung nachweisen, dass Vorsatz oder grobe Fahrlässigkeit vorlag (§§ 84a Abs. 3, 31a Abs. 1 S. 3 BGB).

2. Versicherung

145 Zur Abfederung der finanziellen Risiken einer Haftung können Versicherungen abgeschlossen werden. In Betracht kommt eine klassische D&O-Versicherung sowie eine Vermögensschadenshaftpflichtverletzung.

146 Die klassische **D&O-Versicherung** schützt unmittelbar das einzelne Organmitglied. Der gegen das Organmitglied gerichtete Schadensersatzanspruch der Stiftung wird durch die Versicherung gedeckt, so dass das Organmitglied nicht persönlich für den Schaden aufkommen muss. Typischerweise schützen D&O-Versicherungen aber **nicht bei vorsätzlichem Handeln.** Die Versicherung steht dem Organmitglied **bereits bei der Abwehr**

[315] So noch BT-Drs. 19/28173, § 84a Abs. 1.
[316] BT-Drs. 19/31118.
[317] → Kap. 5 Rn. 25 ff.
[318] § 85 BGB; siehe hierzu auch → Kap. 9 Rn. 204 ff.
[319] § 85 Abs. 4 BGB; siehe hierzu auch → Kap. 9 Rn. 40 ff.
[320] → Rn. 151.
[321] §§ 84a Abs. 3, 31a Abs. 2 BGB.
[322] § 280 Abs. 1 S. 2 BGB, wobei sich die Beweislastumkehr aus der Formulierung „Dies gilt nicht, wenn der Schuldner die Pflichtverletzung nicht zu vertreten hat“ ergibt.

vermeintlicher Ansprüche zur Seite. Nicht selten kommt es vor, dass nach einem erhobenen Vorwurf nicht nur Untersuchungen durch die Stiftung, sondern auch Ermittlungen der Stiftungsaufsicht, des Finanzamts und im schlimmsten Fall auch noch der Staatsanwaltschaft folgen, gegen die sich das Organmitglied selbstverständlich verteidigen möchte. Sofern es nicht zu gerichtlichen Verfahren kommt, bleibt der Betroffene ohne Versicherung regelmäßig auf den Verteidigungskosten sitzen, auch wenn sich die Vorwürfe irgendwann als haltlos erweisen. Wie groß der Nutzen einer D&O-Versicherung ist, hängt von den **Versicherungsbedingungen im Detail** ab.[323] Dabei ist zu berücksichtigen, dass die D&O-Versicherung – anders als eine Vermögensschadenhaftpflichtversicherung – nur eingreift, wenn eine **Inanspruchnahme** des handelnden Organmitglieds erfolgt. Falls die Satzung eine Beschränkung der Haftung des geschäftsführenden Organs auf grobe Fahrlässigkeit und Vorsatz vorsieht[324], hilft die D&O-Versicherung der Stiftung nur, wenn die Versicherung eine sog. (sublimitierte) Eigenschadensklausel aufweist. Andernfalls bleibt die Stiftung bei leichter Fahrlässigkeit auf dem Schaden sitzen.

Die D&O-Versicherung schließt idR die Stiftung für die Organmitglieder ab. Fraglich 147 ist, ob hierfür eine Ermächtigung in der Satzung erforderlich ist. Auf diese Idee könnte man kommen, da es sich im Ergebnis um eine Art Haftungsprivilegierung handelt, da das Organmitglied letztlich keinen Schadensersatz leisten muss, wenn die Versicherung eingreift. Die Haftung für Pflichtverletzungen kann nur in der Satzung beschränkt werden.[325] Die Gerichte mussten sich, soweit ersichtlich, mit dieser Frage noch nicht auseinandersetzen. Vor diesem Hintergrund wird daher eine entsprechende Satzungsgrundlage empfohlen.[326] Alternativ könnte das Organmitglied die D&O-Versicherung auf eigene Kosten abschließen. Nach der hier vertretenen Ansicht ist der Abschluss einer D&O-Versicherung auch **ohne Satzungsgrundlage** zulässig. Hintergrund des Satzungserfordernisses für eine Haftungserleichterung ist schließlich, dass die Stiftung davor geschützt werden soll, im Falle eines Schadens auf diesem sitzen zu bleiben. Daran ändert der Abschluss einer D&O-Versicherung aber nichts. Die Stiftung wird dadurch im Zweifel sogar zuverlässiger geschützt, weil sie auch im Falle eines nicht solventen Organmitglieds ihren Schaden ersetzt bekommt. Zwar muss die Stiftung hierfür die Versicherungsbeiträge aufwenden, dies ist aber nicht damit vergleichbar, dass sie aufgrund einer satzungsmäßigen Haftungserleichterung bei Vorliegen bestimmter Umstände (zB bei Vorliegen nur leichter Fahrlässigkeit) auf den Ersatz von Schäden verzichtet.

Die Frage des Satzungserfordernisse stellt sich auch, wenn die Satzung keine Vergütung 148 für die Organmitglieder vorsieht. Würde man die von der Stiftung getragenen Beiträge zur D&O-Versicherung als Vergütung behandeln und würden die Beiträge (ggf. zusammen mit anderen Vergütungsbestandteilen) im Jahr einen Betrag von EUR 840 übersteigen, wäre dies wegen § 84a Abs. 1 BGB unzulässig. Auch insoweit gibt es, soweit ersichtlich, noch keine Entscheidungen der Gerichte. Die **Einordnung als Vergütung** scheint denkbar. Dagegen spricht allerdings, dass die Übernahme der Beiträge nicht als Gegenleistung für die Hingabe der Arbeitskraft durch das Stiftungsorgan erfolgt, sondern um einerseits die Stiftung vor Schäden und andererseits das Organmitglied vor einer persönlichen Inanspruchnahme zu schützen.[327]

Möglich ist außerdem eine **Vermögensschadenshaftpflichtversicherung,** die die Stif- 149 tung selbst schützt. Eine solche Versicherung greift unabhängig davon ein, ob das handelnde Organ im Innenverhältnis tatsächlich in Anspruch genommen werden kann oder

[323] Ausführlich Dreher/Fritz npoR 2020, 171; Melot de Beauregard ZStV 2015, 143.
[324] → Rn. 141.
[325] § 84a Abs. 1 S. 3 BGB.
[326] Hüttemann, NPLY 2006, 33 (54); Scholz ZIP 2021, 1937 (1944).
[327] Im Ergebnis ebenso Scholz ZIP 2021, 1937 (1944 f.).

nicht. Da hier die Stiftung unmittelbar selbst geschützt wird, stellt sich die Frage, ob die Satzung den Abschluss einer solchen Versicherung vorsehen muss, nicht.

3. Haftung im Außenverhältnis

150 Im Außenverhältnis haftet **grundsätzlich** die **Stiftung** mit dem Stiftungsvermögen.[328] Es gibt aber auch eine Reihe von Anspruchsgrundlagen, die eine **direkte Inanspruchnahme des Organmitglieds** erlauben. Die wichtigsten Tatbestände sind die Haftung für **steuerliche Pflichten**[329], die **Abführung von Sozialversicherungsbeiträgen**[330] sowie die Verpflichtung zur Stellung eines **Insolvenzantrags**[331]. Eine Haftung im Außenverhältnis kommt auch in Betracht, wenn der Stiftungsvorstand einen Vertrag im Namen der Stiftung abschließt, obwohl er weiß, dass ihm die hierfür erforderliche Vertretungsmacht fehlt.[332]

151 Eine **Haftungsbeschränkung im Innenverhältnis**[333] kann das Organmitglied im Außenverhältnis nicht einwenden. Haftet ein Organmitglied im Außenverhältnis und erhält das Organmitglied keine oder maximal eine Vergütung in Höhe von EUR 840 pro Jahr, hat das Organmitglied aber im Innenverhältnis gegen die Stiftung einen Anspruch auf Befreiung von der Verbindlichkeit.[334] Voraussetzung ist, dass dem Organmitglied lediglich leichte Fahrlässigkeit vorgeworfen werden kann.

III. Pflicht zur Aufklärung und Durchsetzung von Ansprüchen

152 Schadensersatzansprüche gegen Organmitglieder **müssen grundsätzlich geltend gemacht werden.**[335] Auch die Stiftungsaufsichtsbehörden sind gehalten, Organverschulden zivilrechtlich verfolgen zu lassen. Es kommt vor, dass die Stiftungsaufsicht auf eine Neubesetzung des Vorstands drängt, damit dieser mögliche Ansprüche der Stiftung gegen das alte Vorstandsmitglied prüft und ggf. gerichtlich geltend macht. Unabhängig vom Stiftungsrecht sind die Organe gemeinnütziger Stiftungen grundsätzlich nicht berechtigt, auf die Verfolgung von möglichen Ansprüchen gegen Organmitglieder zu verzichten.

153 Steht eine Schadensersatzpflicht eines Organmitglieds im Raum, muss das für die Verfolgung zuständige Stiftungsorgan aufgrund einer sorgfältigen und sachgerecht durchzuführenden **Risikoanalyse** abschätzen, ob und in welchem Umfang die gerichtliche Geltendmachung zu einem Ausgleich des entstandenen Schadens führt. Gewissheit, dass die Schadenersatzklage zum Erfolg führen wird, kann nicht verlangt werden.

154 Bei der Verfolgung von Schadensersatzansprüchen muss das zuständige Organ auch die **Verjährung im Blick behalten.** Grundsätzlich gilt die regelmäßige Verjährungsfrist von 3 Jahren, die mit dem Schluss des Jahres beginnt, in dem der Anspruch entstanden ist und das zuständige Stiftungsorgan von, den Anspruch begründenden Umständen und der Person des Schuldners Kenntnis erlangt oder ohne grobe Fahrlässigkeit erlangen müsste.[336] Eine Ausnahme gilt dann, wenn der betroffene Vorstand noch im Amt ist und selbst für die Verfolgung des Schadensersatzanspruchs gegen sich selbst zuständig wäre. In

---

[328] → Rn. 125.
[329] §§ 69, 34 AO.
[330] § 823 Abs. 2 BGB iVm § 266a StGB.
[331] §§ 84 Abs. 5, 42 Abs. 2 BGB.
[332] § 179 Abs. 1 und 2 BGB.
[333] Siehe hierzu → Rn. 139 ff.
[334] §§ 84a Abs. 3, 31a Abs. 2 BGB.
[335] Grundlegend für die AG BGH NJW 1997, 1926.
[336] §§ 195, 199 BGB.

diesem Fall beginnt die Frist erst, wenn ein neuer (Not-)Vorstand im Amt ist und Kenntnis erlangt bzw. hätte erlangen können.[337]

Werden Schadensersatzansprüche gegen Organmitglieder nicht verfolgt, macht sich das hierfür zuständige Organ selbst schadensersatzpflichtig. Wer für die Verfolgung von Schadensersatzansprüchen **zuständig** ist, richtet sich nach der Satzung. Diese kann die Kompetenz zur Verfolgung von Schadensersatzansprüchen einem Kontrollorgan, zB Kuratorium zuweisen. Regelt die Satzung nichts, ist der Vorstand zuständig. **155**

---

337 BGH NZG 2011, 628, Rn. 10.

Kapitel 7. Stiftungsvermögen und Erträge

1 Neben dem Stiftungszweck und der Stiftungsorganisation ist das Stiftungsvermögen charakteristisch und unverzichtbar für die juristische Person Stiftung. Die Stiftung ist ein rechtlich verselbständigtes mitgliederloses Vermögen, das einem vom Stifter vorgegebenen Zweck gewidmet wurde.[1] Das Vermögen der Stiftung ist *das* Mittel zur Erfüllung des Stiftungszwecks, es dient der dauernden und nachhaltigen Verwirklichung des Stiftungszwecks durch die Nutzung seiner Erträge. Naturgemäß besteht dadurch ein Spannungsverhältnis zwischen der Notwendigkeit, das Grundstockvermögen dauerhaft erhalten zu müssen und andererseits die Erträgnisse aus dem Grundstockvermögen für den Stiftungszweck zu verwenden.

2 Mit den §§ 83b, 83c BGB werden künftig einige grundlegende Bestimmungen über das Stiftungsvermögen und seine Verwaltung getroffen. Die neuen Vorschriften lehnen sich an die bestehenden landesrechtlichen Regelungen an. Der Begriff des Stiftungsvermögens wurde bislang in einem weiteren und einem engeren Sinne verstanden. Im weiteren Sinne wurde hierunter sämtliches Vermögen der Stiftung verstanden – so auch das zukünftige Verständnis –, im engeren Sinne nur das ungeschmälert zu erhaltende Vermögen, das zukünftig mit dem mitunter bislang bereits verwandten Begriff „Grundstockvermögen" bezeichnet wird. § 83b BGB umschreibt, was unter Stiftungsvermögen und Grundstockvermögen zu verstehen ist, und enthält einige grundlegende Regelungen zur Verwaltung, die für das gesamte Stiftungsvermögen gelten. § 83c BGB enthält zusätzlich Regelungen zur Verwaltung des Grundstockvermögens, insbesondere den Grundsatz der Erhaltung des Grundstockvermögens. Im Folgenden werden zunächst die verschiedenen Vermögensarten und -Bestandteile einer Stiftung und die für das gesamte Stiftungsvermögen geltenden Regeln zur Verwaltung dargestellt (A.), bevor dann im Detail auf die Pflicht zur Erhaltung des Grundstockvermögens und die Vermögensverwaltung (B.) eingegangen wird. Welche Anforderungen das Stiftungsrecht an die Mittelbeschaffung und Ertragsverwendung stellt, wird unter C. dargestellt. Ausführungen zur Rechnungslegung und zur Publizität der Stiftung (D.) runden sodann die Ausführungen zum Stiftungsvermögen ab.

A. Stiftungsvermögen

3 Unter dem Begriff „Stiftungsvermögen", wie ihn insbesondere § 83b BGB verwendet und definiert, wird künftig das gesamte Vermögen einer Stiftung verstanden, welches ihr nach zivilrechtlichen Grundsätzen zuzurechnen ist. Das Stiftungsvermögen kann sich aus zwei verschiedenen Vermögensmassen zusammensetzen, nämlich im Fall einer Ewigkeitsstiftung aus dem Grundstockvermögen und dem sonstigen Vermögen und im Fall einer Verbrauchsstiftung ausschließlich aus sonstigem Vermögen.[2] Diese gesetzlich vorgegebenen Begrifflichkeiten sind verbindlich, so dass es weitere Vermögensmassen nicht geben kann und bei späteren Vermögenmehrungen, Zustiftungen und Spenden sowie laufenden Erträgen stets entschieden werden muss, welcher der beiden Vermögensmassen diese

[1] Vgl. Bericht der Bund-Länder-Arbeitsgruppe „Stiftungsrecht" v. 9.9.2016 → Kap. 1 Fn. 22.
[2] § 83b Abs. 1 BGB; BT-Drs. 19/28173, 53.

zuzuordnen sind.[3] Bedeutung hat dies vor allem für die gesetzlichen und/oder satzungsrechtlichen Vorgaben für die Verwaltung des Grundstockvermögens, insbesondere im Hinblick auf die Verpflichtung zum ungeschmälerten Erhalt des Grundstockvermögens[4]. Das sonstige Vermögen darf dagegen verbraucht werden, wobei insoweit wiederum zwischen lediglich verbrauchbarem und verbrauchspflichtigem Vermögen unterschieden werden kann[5].

I. Grundstockvermögen

4 Zum Grundstockvermögen einer auf unbestimmte Zeit errichteten Stiftung gehören nach der abschließenden gesetzlichen Regelung das gewidmete Vermögen (vorbehaltlich einer teilweisen Widmung als „sonstiges Vermögen“[6]), Zustiftungen des Stifters oder Dritter und Vermögen, das von der Stiftung selbst zu Grundstockvermögen bestimmt wurde.[7] Dabei geht der Gesetzgeber davon aus, dass das Grundstockvermögen mehr ist als eine wertmäßige Bezifferung und auch gegenständlich konkretisierbar sein muss. Dieses Verständnis folgt zum einen aus der Gesetzesbegründung zu § 83b Abs. 1 S. 1 BGB, wo es heißt, § 83b Abs. 2 BGB bestimme, „welche Vermögensgegenstände zum Grundstockvermögen gehören, und damit mittelbar auch welche Vermögensgegenstände als sonstiges Vermögen der Stiftung anzusehen sind“.[8] Zum anderen ergibt sich dies aus der Regelung zu der Verwendung von Zuwächsen aus der Umschichtung des Grundstockvermögens in § 83c Abs. 1 S. 3 BGB (→ Rn. 81 ff.), da sich nur bei gegenständlicher Betrachtung ein Rechtsgeschäft über Aktiva als Umschichtung von Grundstockvermögen identifizieren lässt.[9] Für Kapitalstiftungen würde dies allerdings bedeuten, dass Geldanlagen des Grundstockvermögens und des sonstigen Vermögens separiert voneinander vorgenommen werden müssten, um bei jeder Veräußerung und Umschichtung bestimmen zu können, ob es sich um eine Umschichtung von Grundstockvermögen handelt. Dies ist zwar praxisuntauglich, sofern Gewinne aus der Umschichtung von Grundstockvermögen aufgrund einer entsprechenden Satzungsregelung oder aus Gründen des Kapitalerhalts aber dem Grundstockvermögen zugeschlagen werden *müssten,* sollte dies im Zweifel entsprechend nachvollzogen werden, wenn sich die Stiftung auf die Zuordnung dieser Gewinne zum verbrauchbaren sonstigen Vermögen berufen möchte. Insoweit trägt sie dann die Nachweispflicht.

5 Sowohl die Annahme von Zustiftungen als auch die Umwidmung von sonstigem Vermögen zu Grundstockvermögen steht grundsätzlich unter dem Vorbehalt eines nicht entgegenstehenden Stifterwillens.[10] So wie die Annahme einer Zustiftung anerkanntermaßen durch die Satzung ausgeschlossen oder beschränkt werden kann, wird man dies auch für die Umwidmung von sonstigem Vermögen bejahen müssen. Unter Umständen kann allerdings das Gebot der Kapitalerhaltung dazu führen, dass sich die Stiftungsorgane über einen solchen Stifterwillen hinwegsetzen und eine Zustiftung annehmen oder eine Umwidmung vornehmen müssen.[11]

---

[3] Für eine abschließende Regelung auch Hüttemann/Rawert Beilage zu ZIP 33/2021, 13.
[4] → Rn. 46 ff.
[5] → Rn. 15 ff.
[6] Vgl. § 83b Abs. 3 BGB.
[7] § 83b Abs. 2 BGB.
[8] BT-Drs. 19/28173, 53.
[9] So auch Baßler/Stöffler/Blecher GmbHR 2021, 1125 (1127).
[10] § 83 Abs. 2 BGB.
[11] So auch Baßler/Stöffler/Blecher GmbHR 2021, 1125 (1128).

6 Verbrauchsstiftungen können kein Grundstockvermögen besitzen, sondern verfügen ausschließlich über sonstiges Vermögen, weil ihr gesamtes Vermögen nach der gesetzlichen Konzeption der Verbrauchsstiftung für den Stiftungszweck zu verbrauchen ist (→ Rn. 15 ff.).[12]

7 Die Verwaltung des Grundstockvermögens richtet sich nach den gesetzlichen Vorgaben, insbesondere unterliegt es dem Grundsatz der Kapitalerhaltung nach § 83c Abs. 1 S. 1 BGB[13]. Durch die Satzung können ergänzende Regelungen zur Verwaltung des Grundstockvermögens oder von Teilen des Grundstockvermögens getroffen werden. Diese müssen aber mit dem Grundsatz der Vermögenserhaltung vereinbar sein.[14]

1. Gewidmetes Vermögen

8 Das gewidmete Vermögen ist der finanzielle Grundstock einer jeden Ewigkeitsstiftung.[15] Grundsätzlich wird das Vermögen, welches der Stifter im Stiftungsgeschäft zur Erfüllung des von ihm vorgegebenen Stiftungszwecks benannt hat[16], als sog. gewidmetes Vermögen zum ungeschmälert zu erhaltenden Grundstockvermögen der auf unbestimmte Zeit errichteten Stiftung.[17] Dies gilt nur soweit nicht, als dass der Stifter im Stiftungsgeschäft bestimmt hat, dass ein bestimmter Teil des gewidmeten Vermögens auch für die Zweckerfüllung verbraucht werden kann.[18] Dieser Teil des Vermögens wird durch diese Zweckbestimmung sonstiges Vermögen.[19]

9 Es existiert kein verbindliches gesetzliches Mindestvermögen, welches bei Errichtung einer Stiftung gewidmet werden müsste. Wie bereits die Bund-Länder-Arbeitsgruppe „Stiftungsrecht" in ihrem Bericht darlegte, ist es angesichts der Vielfältigkeit der Stiftungslandschaft und Vielgestaltigkeit der Finanzierungsarten der Stiftungen realistischerweise nicht möglich, ein solches für alle Stiftungsarten typisierend festzusetzen[20]. Zur ausreichenden und angemessenen Vermögensausstattung im Übrigen → Kap. 3 Rn. 4.

10 Das gewidmete Vermögen ist der Stiftung „zu deren eigener Verfügung zu überlassen"[21]. Intendiert ist damit ein Ausschluss der Dauertestamentsvollstreckung über das einer von Todes wegen, errichteten Stiftung zugewandte gewidmete Vermögen.[22] Die testamentarische Anordnung einer Dauertestamentsvollstreckung steht damit jedoch nicht der Stiftungserrichtung per se entgegen. Vielmehr ist der Testamentsvollstrecker nach der Anerkennung der Rechtsfähigkeit der Stiftung verpflichtet, die Verfügungsbefugnis über den als gewidmetes Vermögen zugewendeten Teil des Nachlasses zugunsten der Stiftung freizugeben.[23] Ausgehend von der Gesetzesbegründung, die Stiftung müsse nicht nur Inhaberin des Stiftungsvermögens sein, sondern auch uneingeschränkt über das eigene Vermögen verfügen und dieses selbst verwalten bzw. mitverwalten

[12] §§ 80 Abs. 1 S. 2, 83b Abs. 1 S. 2 BGB; BT-Drs. 19/28173, 53.
[13] → Rn. 32 ff.; 46 ff.
[14] BT-Drs. 19/28173, 54.
[15] Godron in Richter StiftungsR-HdB § 7 Rn. 2.
[16] Vgl. § 81 Abs. 1 Nr. 2 BGB.
[17] § 83b Abs. 2 Nr. 1 BGB.
[18] Vgl. BT-Drs. 19/28173, 54.
[19] § 83b Abs. 3 BGB; → Rn. 16 ff.
[20] Vgl. Bericht der Bund-Länder-Arbeitsgruppe „Stiftungsrecht" v. 9.9.2016 → Kap. 1 Rn. 22.
[21] § 81 Abs. 1 Nr. 2 BGB; → Kap. 3 Rn. 16.
[22] BT-Drs. 19/28173, 48 f., bei einem Verstoß des Testamentsvollstreckers gegen die Stiftungsverfassung bestünden andernfalls keine direkten Einwirkungsmöglichkeiten der Stiftungsaufsicht gegenüber dem Testamentsvollstrecker; in dem Sinne bereits OLG Frankfurt v. 15.10.2010 – 4 U 134/10, ZEV 2011, 605.
[23] OLG Frankfurt v. 15.10.2010 – 4 U 134/10, ZEV 2011, 605.

können[24], stellt sich ferner die Frage, inwiefern gewidmetes Vermögen „belastet" sein darf, beispielsweise mit Nießbrauchrechten oder Grund- und Rentenschulden.[25] Diese Möglichkeit wird man nicht pauschal ausschließen können. Im Ergebnis kommt es darauf an, inwieweit der Stiftung im jeweiligen Einzelfall eine Verwaltung des gewidmeten Vermögens entsprechend den Vorgaben der Stiftungsverfassung und eine Verwendung desselben für die Zweckerfüllung und der Stiftungsaufsicht eine Durchsetzung ihrer aufsichtsrechtlichen Mittel möglich ist.[26]

11 Nach Anerkennung der Stiftung hat der Stifter das gewidmete Vermögen auf die Stiftung zu übertragen.[27] Die Stiftung hat gegenüber dem Stifter einen entsprechenden Anspruch auf Übertragung des gewidmeten Vermögens.

2. Zustiftungen

12 Vermögen, das einer Ewigkeitsstiftung nach ihrer Errichtung von dem Stifter oder einem Dritten zugewendet wird und das vom Zuwendenden dazu bestimmt wurde, Teil des Grundstockvermögens der Stiftung zu werden, wird als sog. Zustiftung kraft Gesetzes Grundstockvermögen.[28] Weitere Einzelheiten hierzu und zur Abgrenzung gegenüber anderen Zuwendungen → Rn. 25 ff.

3. Zu Grundstockvermögen bestimmtes Vermögen

13 Grundstockvermögen kann schließlich dadurch entstehen, dass die Stiftung selbst sonstiges Vermögen zu Grundstockvermögen bestimmt.[29] Dabei kann es sich um realisierte Erträge handeln, die nicht zwingend für die Erfüllung des Stiftungszwecks verwendet werden müssen,[30] aber wohl auch um (noch) nicht realisierte Wertsteigerungen des sonstigen Vermögens sowie um Zuwendungen des Stifters oder Dritter, die ohne Zweckbestimmung erfolgen.

14 Die Gesetzesbegründung nennt zwei Möglichkeiten der Umwidmung von sonstigem Vermögen zu Grundstockvermögen, nämlich zum einen die die Stiftungsorgane verpflichtende Umwidmung nach Vorgabe der Satzung und zum anderen eine freiwillige, im pflichtgemäßen Ermessen der Stiftungsorgane stehende Umwidmung. So kann bspw. in der Stiftungssatzung vorgesehen sein, dass jedes Jahr ein bestimmter Prozentsatz der Erträge zur Erhöhung des Grundstockvermögens verwendet werden soll oder muss.[31] Eine solche Thesaurierungsklausel ist insbesondere dann denkbar, wenn eine reale Kapitalerhaltung oder sogar ein reales Wachstum der Leistungskraft der Stiftung angestrebt wird.[32] Ohne satzungsmäßige Vorgabe und bei einer Vorgabe mit einem gewissen Entscheidungsspielraum entscheiden die Stiftungsorgane innerhalb des durch den Stifterwillen gesteckten Rahmens nach pflichtgemäßem Ermessen, inwieweit sie sonstiges Vermögen zu Grundstockvermögen bestimmen.[33] Hierunter fällt auch die Entscheidung der Stiftungsorgane, Gewinne aus der Umschichtung von Grundstockvermögen diesem zuzuweisen und nicht nach § 83c Abs. 1 S. 3 BGB für die Erfüllung der Stiftungszwecke zu verwenden. Dabei ist stets die nach § 83c Abs. 1 S. 1 BGB bestehende Vermögenserhal-

---

[24] BT-Drs. 19/28173, 48 f.
[25] Schwalm ZEV 2021, 68 (72); Feick/Schwalm NZG 2021, 525 (532).
[26] BT-Drs. 19/28173, 49.
[27] § 82a S. 1 BGB; → Kap. 3 Rn. 31.
[28] § 83b Abs. 2 Nr. 2 BGB; BT-Drs. 19/28173, 54.
[29] § 83b Abs. 2 Nr. 3 BGB.
[30] Hiervon geht die Gesetzesbegründung aus, vgl. BT-Drs. 19/28173, 54.
[31] BT-Drs. 19/28173, 54.
[32] Hüttemann/Rawert Beilage zur ZIP 33/2021, 14.
[33] BT-Drs. 19/28173, 54; Baßler/Stöffler/Blecher GmbHR 2021, 1125 (1128).

tungspflicht zu beachten, aber auch darauf zu achten, dass die Stiftung ihren Zweck mit dem Stiftungsvermögen erfüllen soll.[34] Eine ständige Umwidmung und damit Thesaurierung aller Erträge ist daher nicht zulässig (sog. Admassierungsverbot).

II. Sonstiges Vermögen

Eine gesetzliche Definition des sonstigen Vermögens gibt es nicht. Aus der abschließenden Definition des Stiftungs- und des Grundstockvermögens ergibt sich jedoch, dass alles Vermögen, was nicht Grundstockvermögen ist, zum sonstigen Vermögen zählt. Seine Entstehungsgründe können vielfältiger Natur sein: 15

Der Stifter kann bei Errichtung einer Ewigkeitsstiftung im Stiftungsgeschäft einen Teil des gewidmeten Vermögens zu sonstigem – nicht zu erhaltendem – Vermögen bestimmen.[35] Dadurch wird eine Ewigkeitsstiftung nicht zu einer Verbrauchsstiftung, sondern sie bleibt eine Stiftung, die ihren Zweck auf unbestimmte Zeit dauernd und nachhaltig erfüllen soll. Sie kann dann ihren Zweck aber nicht nur mit den Nutzungen aus Grundstockvermögen und sonstigem Vermögen erfüllen, sondern auch das gewidmete Vermögen, das zu sonstigem Vermögen bestimmt wurde, für die Zweckerfüllung verbrauchen.[36] 16

Der Stifter kann in der Satzung festlegen, wie das sonstige Vermögen zu verwenden ist, insbesondere unter welchen Voraussetzungen es verbraucht werden darf. Solche Vorgaben können sowohl inhaltlicher Art (ob generell Verwendung erlaubt ist oder nur im „Notfall", ob für bestimmten Stiftungszweck oder ein bestimmtes Projekt) als auch zeitlicher Art (zB Verwendung gestreckt über bestimmten Zeitraum) sein. Regelt die Satzung dazu nichts, steht die Verwendung des sonstigen Vermögens zur Erfüllung des Stiftungszwecks im pflichtgemäßen Ermessen der zuständigen Stiftungsorgane.[37] Dies gilt auch für steuerbegünstigte Stiftungen. Anders als die aus dem Vermögen erzielten Erträge unterliegt das als sonstiges Vermögen bestimmte Vermögen nicht dem Gebot der zeitnahen Mittelverwendung.[38] 17

In welchem Umfang der Stifter das gewidmete Vermögen im Stiftungsgeschäft zu sonstigem Vermögen bestimmen kann, hängt von der Höhe des als Grundstockvermögen gewidmeten Vermögens und vom Stiftungszweck ab. Für die Prognose, ob die dauernde und nachhaltige Erfüllung des Stiftungszwecks gesichert erscheint, kommt es nur auf das Grundstockvermögen der Stiftung an. Das gewidmete Vermögen, das zu Grundstockvermögen wird, muss so hoch sein, dass es die dauernde und nachhaltige Erfüllung des Stiftungszwecks auch noch gewährleisten kann, wenn das sonstige Vermögen für die Erfüllung des Stiftungszwecks verbraucht wurde.[39] 18

Sonstiges Vermögen kann des Weiteren bestehen bzw. gebildet werden, 19

- aus laufenden Erträgen des Stiftungsvermögens einschließlich der Gewinne aus Umschichtungen des Grundstock- und des sonstigen Vermögens,
- aus Zuwendungen Dritter, also Spenden, Zuschüssen oder sonstigen Zuwendungen, die vom Zuwendenden *nicht* mit der Bestimmung zugewandt wurden, sie dem Grundstockvermögen zuzuordnen,

---

[34] BT-Drs. 19/28173, 54.
[35] § 83b Abs. 3 BGB.
[36] BT-Drs. 19/28173, 54.
[37] BT-Drs. 19/28173, 54.
[38] Vgl. § 62 Abs. 3 Nr. 2 AO, der eine Ausnahmeregelung zu § 55 Abs. 1 Nr. 5 AO ist; vgl. BT-Drs. 19/28173, 54; Hüttemann Rn. 5.199.
[39] BT-Drs. 19/28173, 54 f.

- durch (vorübergehenden) Verbrauch eines Teils des Grundstockvermögens aufgrund einer entsprechenden Satzungsklausel[40] oder einer landesrechtlichen Regelung;[41] dies ist allerdings nur zulässig, wenn die Satzung gleichzeitig vorsieht, dass die Stiftung verpflichtet ist, das Grundstockvermögen „in absehbarer Zeit" wieder um den verbrauchten Teil aufzustocken.[42] Welche Zeiträume insoweit erlaubt sind, lässt sich weder dem Gesetz noch der Gesetzesbegründung entnehmen. Entscheidend ist dabei vor allem, dass die Stiftungsorgane im Zeitpunkt des Verbrauchs bereits einen verbindlichen und realistischen Zeitrahmen für die Wiederauffüllung des Grundstockvermögens festlegen;[43]
- durch die Umwandlung einer Ewigkeitsstiftung in eine Verbrauchsstiftung;[44]
- aus treuhänderisch gehaltenem Vermögen, zB wenn die Stiftung Rechtsträgerin einer nichtrechtsfähigen Stiftung ist.

20 Bezüglich des sonstigen Vermögens besteht von Gesetzes wegen keine Pflicht zum ungeschmälerten Erhalt wie für das Grundstockvermögen. Auch durch die Satzung wird dies für sonstiges Vermögen nicht in dem Maße geregelt werden können, da es sich dann um Grundstockvermögen handeln würde. Sonstiges Vermögen kann man stattdessen in drei Kategorien einteilen: in das Vermögen, welches streng nach Plan zu verbrauchen „ist", in solches, welches weniger streng lediglich verbraucht werden „soll" und in solches, welches überhaupt nicht verbraucht werden muss, aber verbraucht werden „kann". So fällt beispielsweise das von dem Stifter zu sonstigem Vermögen bestimmte gewidmete Vermögen – ohne besondere Satzungsregelungen – in die Kategorie „verbrauchbar aber nicht verbrauchspflichtig".[45] Die laufenden Erträge aus dem Grundstockvermögen „sollen" für die Erfüllung des Stiftungszwecks verbraucht werden,[46] wobei hierfür – anders als im Gemeinnützigkeitsrecht – keine konkrete zeitliche Vorgabe besteht. Eine strenge Verbrauchspflicht besteht nur bei entsprechender Satzungsregelung und bei Verbrauchsstiftungen. Verbrauchsstiftungen verfügen ausschließlich über sonstiges Vermögen, weil ihr gesamtes Vermögen, einschließlich des gewidmeten Vermögens, zur Erfüllung des Stiftungszwecks zu verbrauchen „ist".[47] Allerdings bietet es sich ggf. auch bei Verbrauchsstiftungen an, zwischen dem bei Errichtung der Stiftung „gewidmeten Verbrauchsvermögen" und nachfolgenden Zuwendungen zu unterscheiden. Da sich die in der Errichtungssatzung einer Verbrauchsstiftung aufzunehmenden Bestimmungen zur Verwendung des Stiftungsvermögens[48] im Zweifel nur auf das ursprünglich zugewandte Verbrauchsvermögen beziehen, kann sich bei späteren Zuwendungen die Frage stellen, ob diese sofort verbraucht werden können oder über die Restlebensdauer der Stiftung zu verbrauchen sind.

III. Vermögenswachstum

21 Erhöht sich im Laufe der Zeit der Wert der Vermögensgegenstände des Grundstockvermögens, stellt sich die Frage, ob sich hierdurch auch das zu erhaltende Grundstock-

---

[40] § 83c Abs. 2 BGB; allerdings dürfte das Grundstockvermögen seiner Höhe nach unverändert bleiben und wird lediglich zeitweise unterschritten, vgl. Hüttemann/Rawert Beilage zu ZIP 33/2021, 13, 19.
[41] § 83c Abs. 3 BGB.
[42] § 83c Abs. 3 S. 2 BGB.
[43] Hüttemann/Rawert Beilage zu ZIP 33/2021, 19.
[44] § 85 Abs. 1 S. 3 BGB; → Kap. 9 Rn. 30 ff.
[45] BT-Drs. 19/28173, 56; vgl. Roth npoR 2021, 80 (84).
[46] BT-Drs. 19/28173, 56.
[47] §§ 80 Abs. 1 S. 2, 83b Abs. 1 S. 2 BGB; BT-Drs. 19/28173, 53.
[48] Vgl. § 81 Abs. 2 Nr. 2 BGB.

vermögen erhöht, mit der Folge, dass bei einer späteren Wertminderung ein Verstoß gegen die Pflicht zur Kapitalerhaltung vorläge. Dies wird in der Regel nicht angenommen werden können, hängt im Einzelfall aber von den jeweiligen Satzungsregelungen und dem jeweiligen Kapitalerhaltungskonzept der Stiftung → Rn. 46 ff. ab.

Bei einer vom Stifter vorgegebenen Verpflichtung zum gegenständlichen Erhalt des Stiftungsvermögen, wie dies bspw. bei Unternehmensbeteiligungen, Immobilien oder Kunstgegenständen der Fall sein kann, kommt es auf den Erhalt des jeweiligen Vermögensgegenstandes in seiner Substanz an → Rn. 62. Wertzuwächse führen dann auch zu einer Erhöhung des Wertes des Grundstockvermögens und würden bei einer etwaigen Veräußerung des Vermögensgegenstandes ebenfalls zu erhaltendes Grundstockvermögen. Da Gegenstand der Kapitalerhaltungspflicht in diesen Fällen aber gerade nicht der Erhalt eines bestimmten Wertes des Grundstockvermögens sondern der Erhalt des einzelnen Vermögensgegenstandes an sich ist, führt eine spätere Wertminderung jedenfalls solange nicht zu einem Verstoß gegen die Pflicht zur Kapitalerhaltung, wie entweder der Gebrauchswert des jeweiligen Vermögensgegenstandes nicht unterschritten wird[49] bzw. die aus dem Vermögensgegenstand erzielten Nutzungen eine Erfüllung des Stiftungszwecks noch ermöglichen. 22

Der Regelfall ist dagegen die mit Geld ausgestattete Stiftung und eine Erhaltungspflicht dem Werte nach. Da sich die Erhaltungspflicht dann auf den nominalen bzw. realen Wert der Vermögensgegenstände zum Zeitpunkt der Zuwendung bezieht → R 68 ff., wirken sich Werterhöhungen lediglich bei realem Werterhalt und nur bis zur Höhe des indexierten Wertes des Grundstockvermögens auf dieses aus. Wird lediglich die Erhaltung des nominalen Wertes des Grundstockvermögens verlangt, wie dies häufig bei Kapitalstiftungen mit geringeren Vermögen der Fall sein wird, gehören sämtliche Vermögenszuwächse der Vermögensgegenstände des Grundstockvermögens zum sonstigen Vermögen. Eine Erhöhung des Grundstockvermögens erfolgt dann lediglich dadurch, dass die Stiftungsorgane Wertsteigerungen des Grundstockvermögens aktiv zu Grundstockvermögen bestimmen. 23

Eine Wertsteigerung des sonstigen Vermögens gehört dagegen stets zum sonstigen Vermögen und kann allenfalls durch Satzungsregelung oder Entscheidung der Stiftungsorgane in Grundstockvermögen umgewidmet werden. 24

IV. Zustiftungen und Spenden

Zuwendungen des Stifters oder eines Dritten an eine Ewigkeitsstiftung, bei denen der Zuwendende bestimmt, dass diese Teil des zu erhaltenden Grundstockvermögens werden, stellen eine **Zustiftung** dar.[50] Diese Bestimmung kann ausdrücklich oder konkludent erfolgen, beispielsweise durch die Auflage des Zuwendenden, das zugewendete Vermögen dauerhaft zu erhalten oder durch eine mit der Stiftung getroffene Vereinbarung, dass das zugewendete Vermögen nicht verbraucht wird. Kann der vermögensmäßigen Zuwendung eine solche Bestimmung nicht entnommen werden, liegt grundsätzlich zunächst sonstiges Vermögen vor, welches aber aufgrund Satzungsbestimmung oder Umwidmung der Stiftungsorgane Grundstockvermögen werden kann → Rn. 14. 25

---

[49] Vgl. BT-Drs. 19/28173, 57, wonach bloße Schwankungen beim Marktwert von Vermögensgegenständen, durch deren Gebrauch eine Stiftung unmittelbar ihren Zweck erfüllt, regelmäßig nicht ihren Wert für die Stiftung beeinflussen, solange diese Schwankungen beim Marktwert den Gebrauchswert für die Stiftung nicht beeinträchtigen.

[50] § 83b Abs. 2 Nr. 2 BGB; BT-Drs. 19/28173, 54; eine Verbrauchsstiftung kann demnach nicht Empfängerin einer Zustiftung sein, da sie kein Grundstockvermögen bilden kann, vgl. BT-Drs. 19/28173, 53; aA Weitemeyer in MüKoBGB § 80 Rn. 252.

26 Eine Zustiftung kann sowohl zu Lebzeiten des Zuwendenden als auch von Todes wegen erfolgen. Einer Zustiftung zu Lebzeiten liegt ein Schenkungsvertrag zugrunde, der zu seiner Wirksamkeit grundsätzlich der notariellen Beurkundung bedarf.[51] Durch die Bewirkung der versprochenen Leistung, also bspw. Überweisung des zugesagten Geldbetrages, wird eine fehlende notarielle Beurkundung allerdings geheilt.[52] Eine Zustiftung kann auch durch Testament oder Erbvertrag erfolgen, indem die Stiftung als Erbin eingesetzt oder ihr ein Vermächtnis zugewandt wird. Dann sind die erbrechtlichen Formvorschriften zu beachten.[53]

27 Mit der Annahme der Zustiftung durch die Stiftung unterliegt das zugestiftete Vermögen den stiftungsrechtlichen Bindungen, wie sie für das sonstige Grundstockvermögen gelten, insbesondere unterliegt es dem Erhaltungsgebot nach § 83c Abs. 1 S. 1 BGB.[54] Auch gemeinnützigkeitsrechtlich unterliegen Zustiftungen nicht der zeitnahen Mittelverwendung.[55] Hinsichtlich der Annahme der Zustiftung geht der Gesetzgeber davon aus, dass sie zulässig ist, wenn der Stifter in der Satzung die Annahme von Zustiftungen nicht ausgeschlossen hat und die Zustiftung sich im Rahmen einer Gesamtbetrachtung, unter Berücksichtigung etwaiger mit ihr verbundener Auflagen, positiv auf die Erfüllung des Stiftungszwecks auswirkt.[56] Damit werden mehrere Rechtsfragen beantwortet: erstens, die Annahme von Zustiftungen muss in der Stiftungssatzung nicht ausdrücklich erlaubt sein, allerdings darf sich aus der Satzung und ihrer Auslegung und unter Berücksichtigung der Umstände des Einzelfalles nicht ergeben, dass diese ausnahmsweise nicht gewünscht ist, beispielsweise wegen unannehmbarer Bedingungen oder Auflagen oder wegen der Person des Zustifters.[57] Zweitens, eine Zustiftung kann mit Auflagen verbunden sein, beispielsweise kann sie nur für einen bestimmten Teilzweck einer Stiftung bestimmt sein. Dies darf allerdings nicht dazu führen, dass der Stiftung mit der Zustiftung ein anderes als vom Stifter vorgesehenes Gepräge gegeben wird oder gar andere als die satzungsmäßigen Zwecke verfolgt werden sollen.[58] Und drittens muss sich die Zustiftung insgesamt positiv auf die Erfüllung des Stiftungszwecks auswirken. Insbesondere bei Erbschaften, mit denen Erblasserschulden und Nachlassverbindlichkeiten wie Pflichtteilsansprüche und Vermächtnisse verbunden sind, bedarf es im konkreten Fall daher einer sorgfältigen Prüfung durch die Stiftungsorgane, inwiefern sich diese Voraussetzung, auch unter Berücksichtigung des mit der Abwicklung des Nachlasses verbundenen Aufwands, bejahen lässt.

28 Unter einer **Spende** werden im allgemeinen Zuwendungen des Stifters oder eines Dritten an eine steuerbegünstigte Stiftung, die freiwillig und ohne Gegenleistung zur Förderung steuerbegünstigter gemeinnütziger, mildtätiger oder kirchlicher Zwecke im Sinne der §§ 52–54 AO geleistet werden, verstanden.[59] Allerdings sind sie im Unterschied zu Zustiftungen regelmäßig zur zeitnahen Verwendung für den Stiftungszweck bestimmt und fließen somit dem sonstigen Vermögen zu.[60] Ertragsteuerlich werden von dem Begriff der Spende allerdings auch Zuwendungen in das zu erhaltende Grundstockver-

---

[51] § 518 Abs. 1 S. 1 BGB.
[52] § 518 Abs. 2 BGB.
[53] §§ 2231 ff. BGB für ein Testament, §§ 2274 ff. BGB für einen Erbvertrag.
[54] BT-Drs. 19/28173, 54.
[55] Vgl. § 63 Abs. 3 AO.
[56] BT-Drs. 19/28173, 54.
[57] Vgl. Weitemeyer in MüKoBGB § 80 Rn. 258 mwN.
[58] Hüttemann/Rawert in Staudinger BGB Vorb. zu §§ 80 ff. Rn. 381 f.; Richter StiftungsR-HdB § 7 Rn. 4; aA Weitemeyer in MüKoBGB § 80 Rn. 258.
[59] Richter/Specker in Richter StiftungsR-HdB § 29 Rn. 6.
[60] Godron in Richter StiftungsR-HdB § 7 Rn. 7.

mögen umfasst, und zwar sowohl im Rahmen der Erstausstattung der Stiftung (gewidmetes Vermögen) als auch spätere Zustiftungen.[61]

V. Erträge der Stiftung

Von der Stiftung erzielte Erträge können sowohl zum Grundstockvermögen als auch zum sonstigen Vermögen gehören und dementsprechend selbst dem Grundsatz der Kapitalerhaltung unterliegen oder nicht. Gehören sie zum sonstigen Vermögen, wird stiftungsrechtlich unterschieden zwischen solchen Erträgen, die für die Erfüllung des Stiftungszwecks verbraucht werden *sollen* und solchen, die verbraucht werden *können.*[62] 29

Unmittelbar durch das Stiftungsvermögen werden regelmäßig Zinsen, Dividenden und Mieteinnahmen, bei Anstaltsstiftungen (→ Kap. 2 Rn. 40) aber auch die von Benutzern zu zahlenden Gebühren, erwirtschaftet. Werden solche Erträge aus Vermögensgegenständen des sonstigen Vermögens erzielt, stellen auch die Erträge sonstiges Vermögen dar. Die Zuordnung von Erträgen, die aus der Nutzung von Vermögensgegenständen des Grundstockvermögens erzielt werden, hängt dagegen von der wirtschaftlichen Bestimmung des jeweiligen Vermögensgegenstandes ab. Diese Bestimmung obliegt grundsätzlich dem Stifter, hilfsweise ist sie aus den Umständen, insbesondere der Zusammensetzung des Stiftungsvermögens vorzunehmen.[63] Als Grundregel gilt dabei, dass solche Erträge, die bei einer gewöhnlichen Nutzung des Vermögensgegenstandes erzielt werden, zur Erfüllung des Stiftungszwecks bestimmt sind und damit dem sonstigen Vermögen zuzuordnen sind. Dies betrifft regelmäßig die o. g. Erträge wie Zinsen, aus Aktien erzielte Dividenden und Nutzungsentgelte, aber auch die aus wesentlichen Gesellschaftsbeteiligungen erzielten Dividenden oder entnahmefähigen Gewinne.[64] Bei Gewinnen aus Vermögensumschichtungen hängt die Zuordnung davon ab, ob die Veräußerung der wirtschaftlichen Bestimmung des veräußerten Vermögensgegenstandes entspricht.[65] Gehört zum Grundstockvermögen der Stiftung ein Wertpapierdepot, mit dem die Stiftung durch regelmäßige Dividenden eine gute Rendite erzielt, gehören nur diese Dividenden als zu verwendende Nutzungen zu dem sonstigen Vermögen, während Gewinne aus einer Umschichtung dem Grundstockvermögen zuzurechnen sind.[66] Werfen die Finanzanlagen dagegen keine oder nur sehr geringe laufende Erträge ab, lassen aber Wertsteigerungen erwarten, gehört die Veräußerung der Finanzprodukte zur wirtschaftlichen Bestimmung des gewidmeten Vermögens, so dass auch die Umschichtungsgewinne als „Nutzungen" des Grundstockvermögens dem zu verwendenden sonstigen Vermögen zuzurechnen sind.[67] 30

Sonstige Einnahmen der Stiftung, wie zB öffentliche Zuschüsse, Einkünfte aus der Veranstaltung eines Konzerts, dem Betrieb eines Museums und einer Cafeteria oder dem Verkauf von Publikationen, sind stets dem verbrauchbaren sonstigen Vermögen zuzuordnen. 31

---

[61] Vgl. § 10b Abs. 1 und 1a EStG.

[62] Vgl. § 83c Abs. 1 S. 2 BGB, welcher sich nur auf die Nutzungen aus dem Grundstockvermögen bezieht, und BT-Drs. 19/28173, 56.

[63] Hüttemann in Hüttemann/Richter/Weitemeyer LandesstiftungsR Rn. 16.5.

[64] Godron in Richter StiftungsR-HdB § 7 Rn. 6.

[65] Hüttemann in Hüttemann/Richter/Weitemeyer LandesstiftungsR Rn. 16.6.

[66] Surrogationsthese; Hüttemann in Hüttemann/Richter/Weitemeyer LandesstiftungsR Rn. 16.6.

[67] Hüttemann in Hüttemann/Richter/Weitemeyer LandesstiftungsR Rn. 16.6.

VI. Verwaltung des Stiftungsvermögens

1. Gesetzliche Regelungen zur Vermögensverwaltung

32 Das Stiftungszivilrecht enthält nur wenige Regelungen, die sich auf die Verwaltung des gesamten Stiftungsvermögens, also sowohl des Grundstockvermögens als auch des sonstigen Vermögen beziehen. Mit dem Grundsatz der Vermögenstrennung und der Zweckbindung des Stiftungsvermögens enthält § 83b Abs. 4 BGB zwei grundlegende und zwingende Regelungen zur Verwaltung und Verwendung des Stiftungsvermögens,[68] die im Folgenden näher dargestellt werden. Der Gesetzgeber hat bewusst davon abgesehen, darüber hinaus die Vermögensverwaltung eingehender zu regeln, damit Stiftungen die Verwaltung ihres Stiftungsvermögens weitgehend nach ihren individuellen Bedürfnissen ausgestalten können.[69] So können sich aus der Satzung Anforderungen an die Verwaltung des Stiftungsvermögens oder einzelner Vermögensgegenstände ergeben.[70] Da die Stiftung grds. auf Ewigkeit, also über Generationen, angelegt ist, sollte der Stifter aber nur zurückhaltend Gebrauch machen von konkreten Satzungsvorgaben zur Verwaltung des Stiftungsvermögens, um den jeweiligen Stiftungsorganen die Möglichkeit zu eröffnen, auf veränderte Rahmenbedingungen möglichst flexibel reagieren zu können.[71]

33 Der Gesetzgeber hat ausdrücklich klargestellt, dass es für die Anlage von Stiftungsvermögen **keine konkreten Anlageregelungen,** wie zum Beispiel für Mündelvermögen gibt.[72] Es sind auch keine gesetzlichen Verbote für bestimmte Anlageformen vorgesehen. Inwieweit bestimmte Anlagen, wie zum Beispiel Aktien oder Anteile an Investmentfonds, für eine konkrete Stiftung geeignet sind, ist – so die Gesetzesbegründung – regelmäßig eine Einzelfallentscheidung. Die zuständigen Stiftungsorgane haben, wenn sie nicht durch Satzungsbestimmungen oder bestehende Anlagerichtlinien gebunden sind, bei der Anlage des Stiftungsvermögens daher einen **weiten Ermessensspielraum.** Bei der Verwaltung des Stiftungsvermögens ist zu beachten, dass der Teil des Stiftungsvermögens, der Grundstockvermögen ist, ungeschmälert zu erhalten ist und dass daraus Nutzungen gezogen werden müssen, um den Stiftungszweck erfüllen zu können. Zu den aus dem Vermögenserhaltungsgrundsatz resultierenden Anforderungen an die Vermögensverwaltung des Grundstockvermögens → Rn. 46 ff.

34 Für die Verwaltung des Vermögens der Stiftung gilt im Übrigen wie für andere Geschäftsführungsmaßnahmen der Sorgfaltsmaßstab des § 84a Abs. 2 S. 1 BGB.[73] Auch bei der Anlage des Stiftungsvermögens müssen die zuständigen Organmitglieder die Sorgfalt eines ordentlichen Geschäftsführers anwenden und können sich auf die sogenannte Business Judgement Rule berufen.[74] Danach handelt der Stiftungsvorstand pflichtgemäß, wenn er bei einer Vermögensanlageentscheidung vernünftigerweise annehmen durfte, auf der Grundlage angemessener Informationen zum Wohle der Stiftung zu handeln. Wesentlich ist, dass der Stiftungsvorstand angemessene Informationen einholt und auf dieser Grundlage Risiko und Chance der speziellen Anlage und der gesamten Vermögensanlagen unter Diversifikationserfordernissen einschätzt. Das Chance-Risiko-Profil darf der Stiftungsvorstand selbst festlegen.

---

68 BT-Drs. 19/28173, 55.
69 So ausdrücklich die Gesetzesbegründung, vgl. BT-Drs. 19/31118, 7.
70 BT-Drs. 19/28173, 55.
71 So auch Müller in Hannes FormB Vermögensnachfolge Teil C. 3.01 Anm. Rn. 56.
72 BT-Drs. 19/28173, 55.
73 → Kap. 6 Rn. 79 ff.
74 → Kap. 6 Rn. 111 ff.

35 Mittlerweile gibt es zahlreiche Stiftungen, die mit Billigung der Stiftungsaufsichtsbehörden Aktienquoten von 50 % oder mehr haben. Auch gibt es Stiftungen, die in Venture Capital oder Private Equity neben Immobilien und Anleihen investieren. Die Aufsichtsbehörden verfügen über kein besseres Vermögensanlagekonzept. Regelmäßig sollte aber natürlich im Rahmen einer angemessenen Vermögensdiversifikation darauf geachtet werden, dass hochrisikoreiche Anlagen der Beimischung dienen, während Anleihen von Emittenten mit guter Bonität erfahrungsgemäß auf Werterhalt gerichtet sind. Auch wenn die Volatilität von Aktien deutlich höher als bei Anleihen ist, heißt dies noch nicht, dass Aktien weniger als Anleihen zur Kapitalerhaltung geeignet wären. Denn viele Untersuchungen zeigen, dass Aktien langfristig betrachtet besseren Kapitalerhalt gewährleisten als Anleihen. Wesentlich ist bezogen auf jede einzelne Anlage, dass angemessene Informationen beschafft wurden, auf deren Grundlage der Stiftungsvorstand eine verantwortliche Entscheidung fällen kann. Zudem sollte ein Kapitalerhaltungskonzept → Rn. 55 vorhanden sein, das wenigstens mittelfristig erlaubt, Ertragsverwendung und Kapitalerhalt in Einklang zu bringen.

2. Grundsatz der Vermögenstrennung

36 § 83b Abs. 4 S. 1 BGB bestimmt, dass das Stiftungsvermögen getrennt von fremdem Vermögen zu verwalten ist. Nach der Gesetzesbegründung müssen die für die Vermögensverwaltung zuständigen Organmitglieder der Stiftung oder Vermögensverwalter, die das Stiftungsvermögen im Auftrag der Stiftung verwalten, „das Stiftungsvermögen so verwalten, dass immer klar erkennbar ist, was das Stiftungsvermögen ist".[75] Ferner müssen nach Auffassung des Gesetzgebers „für die Stiftung eigene Bankkonten geführt werden" und „Vermögensgegenstände der Stiftung dürfen nicht mit fremden Vermögensgegenständen untrennbar vermischt oder vermengt werden".[76]

37 Damit ist die bislang bestehende Streitfrage, ob das Vermögenstrennungsgebot auf eine Trennung des Grundstockvermögens von anderem Vermögen der Stiftung (also sonstigem Vermögen bspw. in Form von zeitnah zu verwendenden Erträgen oder Spenden) zielt oder auf eine Abgrenzung des Gesamtvermögens der Stiftung vom Vermögen anderer Rechtsträger im letzteren Sinne entschieden. Gefordert wird eine getrennte Verwaltung des zivilrechtlich der Stiftung zuzurechnenden Stiftungsvermögens (als Oberbegriff für das Grundstockvermögen und das sonstige Vermögen) von dem Vermögen anderer Rechtspersonen.

38 Hinsichtlich der Art und Weise der Vermögenstrennung spricht sich der Gesetzgeber für eine tatsächliche Trennung in Form der Unterhaltung getrennter Konten und Wertpapierdepots aus. Ein rein buchhalterischer gesonderter Ausweis in der Rechnungslegung soll nicht ausreichend rein. Im Ergebnis bedeutet dies, dass ein Stiftungsorgan oder ein Vermögensverwalter Stiftungsgelder nicht mit eigenen privaten Geldern vermischen darf.

39 Verwaltet eine Stiftung neben ihrem eigenen Vermögen auch treuhänderisches Vermögen, ist sie also zB auch Träger einer nichtrechtsfähigen Stiftung, gehört das treuhänderische Vermögen aufgrund der zivilrechtlichen Eigentümerstellung der Stiftung zu dem Stiftungsvermögen (im weiteren Sinne). Das Erfordernis einer tatsächlichen Trennung des treuhänderisch gehaltenen Vermögens von dem nicht treuhänderisch gehaltenen Vermögen besteht daher nicht. Das treuhänderisch gehaltene Vermögen sollte allerdings buchhalterisch gesondert verwaltet werden, alleine um der aus dem Treuhandverhältnis resultierenden Verpflichtung zur Rechnungslegung nachkommen zu können. Dies kann

---

[75] BT-Drs. 19/28173, 55.
[76] BT-Drs. 19/28173, 55.

durch eine getrennte Buch- und Kassenführung sowie eine separate Vermögensaufstellung und -rechnung bewerkstelligt werden.[77]

3. Zweckbindung des Stiftungsvermögens

40 § 83b Abs. 4 S. 2 BGB stellt klar, dass das Stiftungsvermögen nur zur Erfüllung des Stiftungszwecks verwendet werden darf. Das ergibt sich bereits aus der für Stiftungen typischen Verknüpfung von Zweck und Vermögen.[78] Das Stiftungsvermögen ist das Mittel zur Erfüllung des Stiftungszwecks und darf nur der Zweckerfüllung dienen.[79]

4. Vorgaben des Stifters – Vermögensanlagerichtlinien

41 Der Stifter kann in der Satzung oder in gesonderten Anlagerichtlinien regeln, in welcher Weise das Vermögen anzulegen und zu verwalten ist, insbesondere in welche Anlageklassen das Stiftungsvermögen investiert oder auch nicht investiert werden soll. Bei der Errichtung einer Stiftung und Gestaltung der Stiftungssatzung ist allerdings zu bedenken, dass die Stiftung auf Dauer, also über Generationen, angelegt ist und sich nicht nur die wirtschaftlichen Gegebenheiten wie die Ertragsaussichten bestimmter Anlageformen, sondern auch das Spektrum der Anlagemöglichkeiten mit der Zeit ändern. So hat sich die Verzinsung von Festgeldanlagen in den letzten Jahren erheblich gewandelt, seit einigen Jahren müssen sich auch Stiftungen Gedanken über Negativzinsen machen. Wer hätte noch vor wenigen Jahren gedacht, dass eine Anlage in Kryptowährungen möglich ist? Solche Entwicklungen sind von einem Stifter nicht vorherzusehen, so dass er von fixen Vorgaben zweckmäßigerweise nur sehr zurückhaltend Gebrauch machen sollte, damit die Stiftungsorgane auf veränderte Rahmenbedingungen möglichst flexibel reagieren können.[80]

42 Dem Stifter kann allerdings daran gelegen sein, seine grundsätzliche Anlagestrategie, mit der er Zeit seines Lebens erfolgreich gewirtschaftet hat, der Stiftung und ihren Organen mit auf den Weg zu geben. So kann der Stifter bspw. allgemeine Anlagegrundsätze niederlegen, die wie folgt aussehen könnten:

„Die Anlage des Stiftungsvermögens soll sich an den Grundsätzen einer langfristigen Werterhaltung und einer angemessenen Risikodiversifizierung ausrichten. Kurzfristige Gewinne sind nicht angestrebt. Die Veräußerung kurzfristig gehaltener Wertpapiere ist dabei jedoch nicht verboten. Die allgemeine Risikobereitschaft ist als gering bis durchschnittlich einzustufen.“[81]

43 Mitunter werden den Stiftungen aber auch konkrete Vorgaben zur Portfoliostruktur gemacht. Zur Bewahrung der bereits erwähnten Flexibilität ist dabei empfehlenswert, in der Satzung allenfalls Leitlinien grundsätzlicher Natur aufzustellen und ggf. Grenzen aufzuzeigen.

„Das Stiftungsvermögen soll grundsätzlich in vier Anlagegruppen diversifiziert werden. So können von dem Grundstockvermögen grundsätzlich

a) bis zu 60 % in Immobilien, unmittelbar oder über Immobilienfonds,
b) bis zu 40 % in festverzinslichen Wertpapieren, also Rentenfonds und Obligationen, und inflationsindexierte Bundesanleihen,
c) bis zu 20 % in Aktien(-fonds) sowie

---

[77] Hüttemann/Rawert Beilage zu ZIP 33/2021, 15; Richter StiftungsR-HdB § 7 Rn. 27.
[78] Vgl. § 80 Abs. 1 BGB.
[79] BT-Drs. 19/28173, 55.
[80] Müller in Hannes FormB Vermögensnachfolge Teil C. 3.01, Rn. 56.
[81] Müller in Hannes FormB Vermögensnachfolge Teil C. 3.01, Rn. 57.

d) bis zu 10 % in andere Anlagen wie zB Finanzinnovationen, Discountzertifikate, Zero Bonds und weitere Risikoanlagen investiert werden.

Die vorstehende Grobeinteilung enthält keine starren Grenzen, sondern ist als grundsätzliche Vorstellung über die Anlagestrategie des Stifters zu verstehen. Veränderte oder außergewöhnliche Marktsituationen können grundsätzliche Modifizierungen der skizzierten Portfoliostruktur erforderlich machen.“[82]

Enthalten Stiftungssatzung oder Anlagerichtlinien für den Stiftungsvorstand einschränkende Vorgaben, wie etwa eine mündelsichere Anlage bei älteren Stiftungen, kommt im Hinblick auf eine wesentliche Änderung der Verhältnisse – zB historisch tiefe Niedrigzinsen auf dem Kapitalmarkt – eine Satzungsänderung in Frage, sofern dies zumindest dem mutmaßlichen Stifterwillen entspricht.[83] **44**

Hat der Stifter selbst keine konkreten Vorgaben oder eine Vermögensanlagerichtlinie erlassen, steht den Stiftungsorganen ein breiter Ermessensspielraum zu → Kap. 6 Rn. 114 ff. Allerdings sollte dokumentiert werden, dass diese Ermessenserwägungen bei der Vermögensverwaltung auch tatsächlich vorgenommen wurden. Geben sich die Stiftungsorgane als Konkretisierung des Stiftungsgeschäfts und der geltenden Satzung selbst eine entsprechende Vermögensanlagerichtlinie, kann hiermit eine ordnungsgemäße Ausübung des Ermessens bei der Vermögensanlage dokumentiert werden. **45**

B. Vermögenserhaltung und Vermögensverwaltung

I. Pflicht zum Erhalt des Grundstockvermögens

Der Grundsatz der Vermögenserhaltung wird von vielen als wichtigster Grundsatz für die Verwaltung des Stiftungsvermögens verstanden.[84] Er war in fast allen Landesstiftungsgesetzen[85] enthalten, allerdings mit teils unterschiedlichen Formulierungen.[86] Was mit der Pflicht zur Vermögenserhaltung genau gemeint ist, war allerdings bislang nicht konkretisiert und wird auch künftig nicht festgelegt. **46**

1. Gesetzliche Regelung

§ 83c Abs. 1 S. 1 BGB regelt, dass das Grundstockvermögen ungeschmälert zu erhalten ist. Damit wird die Pflicht zum Erhalt des Grundstockvermögens erstmals bundesrechtlich geregelt. Die Erhaltungspflicht bezieht sich ausdrücklich nur auf das Grundstockvermögen. Durch sie unterscheidet sich das Grundstockvermögen vom sonstigen Vermögen der Stiftung, das gerade nicht erhalten werden muss, sondern für die Erfüllung des Stiftungszwecks verbraucht werden kann oder muss → Rn. 15 ff. **47**

Verlangt wird der Erhalt des Grundstockvermögens für die Stiftung als Mittel zur dauernden und nachhaltigen Erfüllung des Stiftungszwecks.[87] Zentraler Inhalt der Pflicht zur Erhaltung des Grundstockvermögens ist das Verbot, Grundstockvermögen für die Erfüllung des Stiftungszwecks zu verbrauchen. Der Vermögenserhaltungsgrund- **48**

---

[82] In Anlehnung an Müller in Hannes FormB Vermögensnachfolge Teil C. 3.01, Rn. 58.

[83] Schwake in MHdB GesR V § 79 Rn. 293.

[84] Vgl. Hüttemann in Hüttemann/Richter/Weitemeyer LandesstiftungsR Rn. 14.21 unter Verweis auf Ebersbach Handbuch des deutschen Stiftungsrechts, 1972, S. 115.

[85] Nicht enthalten ist er in den Landesstiftungsgesetzen von Brandenburg und Mecklenburg-Vorpommern.

[86] Übersicht zB bei Hüttemann in Hüttemann/Richter/Weitemeyer LandesstiftungsR Rn. 14.20.

[87] → Kap. 3 Rn. 1.

satz beschränkt sich aber nicht darauf, sondern verlangt von den zuständigen Stiftungsorganen auch das Vermögen als Mittel zur Erfüllung des Stiftungszwecks „so zu verwalten, dass die nachhaltige Erfüllung des Stiftungszwecks durch die Nutzungen aus dem Vermögen sowohl gegenwärtig als auch langfristig gewährleistet wird".[88] Der Gesetzgeber hält in der Gesetzesbegründung ausdrücklich fest, dass sich daraus sehr unterschiedliche Anforderungen an die Vermögensverwaltung ergeben können, die abhängig sind vom Zweck der Stiftung, von der Art und dem Umfang ihres Grundstockvermögens sowie von der konkreten Nutzung des Grundstockvermögens für den Stiftungszweck.[89] Deshalb könne auch nicht einfach geregelt werden, dass das Grundstockvermögen zu seinem nominalen oder realen Wert zu erhalten ist. Die sehr ausführliche Gesetzesbegründung hierzu[90] enthält folgende weitere aufschlussreiche Ausführungen:

> *„Erfüllt die Stiftung ihren Zweck unmittelbar durch Gebrauch einzelner Vermögensgegenstände, wie zum Beispiel die Nutzung von stiftungseigenen Grundstücken und Gebäuden, so verpflichtet der Vermögenserhaltungsgrundsatz die Stiftung grundsätzlich, diese Vermögensgegenstände so zu verwalten, dass sich ihr Gebrauchswert für die Stiftung möglichst nicht schmälert. Bloße Schwankungen beim Marktwert solcher Vermögensgegenstände beeinflussen hingegen regelmäßig ihren Wert für die Stiftung nicht, solange diese Schwankungen beim Marktwert den Gebrauchswert für die Stiftung nicht beeinträchtigen.*
>
> *Wenn die Stiftung ihren Zweck mit Erträgen aus dem Grundstockvermögen erfüllen soll, ist das Grundstockvermögen möglichst so zu verwalten, dass die Ertragskraft des Vermögens nicht geschmälert wird. Das Gebot, die Ertragskraft des Stiftungsvermögens möglichst gleichbleibend zu erhalten, und das Verbot, Grundstockvermögen zu verbrauchen, stehen dabei in einem Spannungsverhältnis. Eine Anlage von Grundstockvermögen, die hohe Wertzuwächse oder Erträge für die Stiftung verspricht, entspricht zwar dem Gebot, das Grundstockvermögen in seiner Ertragskraft zu erhalten. Wenn eine solche Anlage aber mit einem erheblichen Verlustrisiko verbunden ist, kann eine solche Anlageentscheidung gegen das Verbot verstoßen, Grundstockvermögen zu verbrauchen.*
>
> *Da Stiftungen sehr verschieden sind, sowohl hinsichtlich ihrer Zwecke als auch hinsichtlich der Zusammensetzung ihres Vermögens, und sie ihr Vermögen auch auf sehr unterschiedliche Weise für die Erfüllung ihrer Zwecke nutzen, lassen sich die Anforderungen an die Verwaltung des Grundstockvermögens gesetzlich nicht weiter konkretisieren. Welche Verwaltungsmaßnahmen erforderlich sind, kann regelmäßig nur mit Blick auf die konkrete Stiftung und die bestehenden Anlagemöglichkeiten für das Grundstockvermögen der Stiftung entschieden werden. Stifter können in der Satzung die Anforderungen an die Verwaltung des Grundstockvermögens und seinen Erhalt inhaltlich weiter konkretisieren, insbesondere auch ein Vermögenserhaltungskonzept für die Stiftung in der Satzung festschreiben. Anlagerichtlinien, die der Stifter oder die jeweils zuständigen Organe aufstellen, können eine wichtige Grundlage für transparente und nachvollziehbare Anlageentscheidungen der Stiftungsorgane und die ordnungsgemäße Führung der Geschäfte durch die zuständigen Stiftungsorgane nach § 84a Absatz 2 BGB-neu sein."*

49 Das BGB verzichtet somit auf ein allgemeingültiges Vermögenserhaltungskonzept, wie beispielsweise der Festlegung des Nominalwertprinzips oder des Realwertprinzips. Der

[88] BT-Drs. 19/28173, 57.
[89] BT-Drs. 19/28173, 57.
[90] BT-Drs. 19/28173, 57.

Gesetzgeber räumt dem Stiftungszweck und dem subjektiven Stifterwillen entscheidende Bedeutung bei der Verwaltung und Erhaltung des Stiftungsvermögens ein. Hierbei ist die nachhaltige und dauerhafte Verwirklichung des Stiftungszwecks das oberste Ziel, welchem im Zweifel der Vorrang vor der Verwirklichung des erkennbaren Willens des Stifters einzuräumen ist.[91] Eine Verpflichtung zur Optimierung der Entwicklung des Stiftungsvermögens enthält das Gesetz hierbei nicht, sondern vielmehr eine Verpflichtung zum ungeschmälerten Erhalt des Status quo.

Dem stiftungsrechtlichen Grundsatz der Erhaltung des Grundstockvermögens lassen 50 sich weiter keine bestimmten Vorgaben hinsichtlich der Vermögensanlage – zB ein eindeutiger Grundsatz der Risikovermeidung vor der Renditeerzielung – entnehmen. Der Inhalt des Vermögenserhaltungsgebots ist nicht allgemein bestimmbar.[92] Nur unter Berücksichtigung der Vorgaben des Stifters und der Erfordernisse des Stiftungszwecks lässt sich beurteilen, ob bspw. eine vom Stifter eingebrachte Unternehmensbeteiligung im Einzelfall als solche zu erhalten ist. Der Stifter definiert im Stiftungsgeschäft, welche Gegenstände „als Vermögen" gewidmet werden. Er bindet die Stiftungsorgane an seine Vorgaben zur Vermögensbewirtschaftung. Rechtliche Grundlage der Vermögenserhaltungspflicht ist also die Vermögenswidmung des Stifters.

Eine Ermächtigungsgrundlage für den Landesgesetzgeber für eine **zeitlich begrenzte 51 Ausnahme vom Gebot der Erhaltung des Grundstockvermögens** sieht § 83c Absatz 3 BGB vor. Dadurch sollen die in Landesstiftungsgesetzen vorgesehenen Vorschriften, die die zuständigen Behörden ermächtigen, zeitlich begrenzte Ausnahmen vom Gebot zuzulassen, beibehalten werden können.[93] Hiernach sollen die Aufsichtsbehörden auf Antrag einer Stiftung für einen bestimmten Teil des Grundstockvermögens eine zeitlich begrenzte Ausnahme vom Vermögenserhaltungsgrundsatz zulassen können dürfen, wenn das jeweilige Landesstiftungsgesetz dies vorsieht und dadurch die dauernde und nachhaltige Erfüllung des Stiftungszwecks nicht beeinträchtigt wird. Eine entsprechende Ermächtigungsregelung in der Stiftungssatzung ist hierfür nicht erforderlich.

Das steuerliche **Gemeinnützigkeitsrecht** enthält keine konkreten Vorgaben hinsicht- 52 lich der Vermögenserhaltung.[94] Im Gegenteil stellt es die Pflicht zur zeitnahen Mittelverwendung der Erträge in den Mittelpunkt[95] und toleriert lediglich die dauerhafte Erhaltung von eingebrachten Vermögenswerten.[96]

2. Vorgaben des Stifters

Von Stifterseite her ist in Bezug auf das Stiftungsvermögen zwingender Bestandteil des 53 Stiftungsgeschäft lediglich – wie bisher auch – die Widmung eines Vermögens für den Stiftungszweck.[97] Weitere Bestimmungen zum Vermögen, wie Bestimmungen zur Art und Weise der Vermögenserhaltung, der Vermögensverwaltung und –anlage, der (Un-) Zulässigkeit von Vermögensumschichtungen, der Rücklagenbildung oder dem (ausnahmsweisen/teilweisen) Verbrauch des Grundstockvermögens, sind gesetzlich nicht erforderlich, sondern dem Stifter freigestellt.[98] Der Gesetzgeber ist der Auffassung, in den

[91] BT-Drs. 19/28173, 57.
[92] Weitemeyer in MüKoBGB § 85 Rn. 17
[93] BT-Drs. 19/28173, 58.
[94] Vgl. dazu nur Hüttemann/Schön, Die Vermögensverwaltung und Vermögenserhaltung im Stiftungs- und Gemeinnützigkeitsrecht, 2007, 37 ff.
[95] Vgl. § 55 Abs. 1 AO.
[96] § 62 Abs. 3 AO; vgl. Hüttemann WM 2016, 625 (629).
[97] § 81 Nr. 2 BGB.
[98] Hüttemann/Rawert in Staudinger BGB § 81 Rn. 62.

§§ 83b und 83c BGB würden künftig für jede Stiftung ausreichende Regelungen zum Stiftungsvermögen und seiner Verwaltung getroffen, die nicht zwingend durch Satzungsbestimmungen ergänzt werden müssten.[99] Es wurde bewusst davon abgesehen, darüber hinaus die Vermögensverwaltung eingehender zu regeln, damit Stiftungen die Verwaltung ihres Stiftungsvermögens weitgehend nach ihren individuellen Bedürfnissen ausgestalten können.[100] Im Übrigen können auch Stifter in der Satzung wesentlich mehr regeln.[101] Die Gesetzesbegründung führt hierzu aus:

> *„Ein Stifter kann am besten entscheiden, welche zusätzlichen Satzungsbestimmungen für seine Stiftung noch zweckmäßig sind, um der Stiftung eine Stiftungsverfassung in seinem Sinne zu geben. Das Gesetz räumt dem Stifter die dafür notwendige Satzungsautonomie ein."*[102]

54 Sofern sich aus der Stiftungssatzung und dem Stiftungsgeschäft nicht der ausdrückliche Wille des Stifters ergibt, haben die Stiftungsorgane den mutmaßlichen Willen des Stifters zu beachten.[103]

a) Kapitalerhaltungskonzept

55 Stiftungsrechtlich darf der Stifter das übertragene Vermögen mit einer bestimmten wirtschaftlichen Bestimmung versehen.[104] Er kann die Vermögenswidmung durch ergänzende Satzungsbestimmungen näher ausformen. Dies ist zB durch die Vorgabe eines bestimmten Kapitalerhaltungskonzepts, wie der Bestimmung über die Zulässigkeit von Vermögensumschichtungen oder der Befugnis zur Rücklagenbildung möglich.[105] Der Stifter darf entscheiden und kann in der Stiftungssatzung oder einem gesonderten Kapitalerhaltungskonzept regeln, ob die gewidmeten Vermögensgegenstände als Anstaltsvermögen oder als Ertragsquelle genutzt werden sollen, ob sie gegenständlich oder dem Werte nach erhalten werden sollen und inwiefern die Stiftung Vermögensumschichtungen vornehmen darf.[106] Die Stiftungsorgane sind dann an die wirtschaftliche Bestimmung des Stiftungsvermögens durch den Stifter gebunden und müssen das Vermögen in der vom Stifter vorgegebenen Weise nutzen[107]. Kommt es dem Stifter auf den gegenständlichen Erhalt eines bestimmten Vermögensgegenstandes an, darf dies allerdings nicht vorrangig vor der Erfüllung des Stiftungszwecks und damit eigentlicher Hauptzweck der Stiftung sein, da dies zu einer unzulässigen sog. Selbstzweckstiftung führen würde.[108] Des Weiteren dürfen die vom Stifter vorgegebenen Richtlinien für die Vermögensanlage nicht so ausgestaltet sein, dass die dauernde und nachhaltige Erfüllung des Stiftungszwecks problematisch erscheint.[109]

---

[99] BT-Drs. 19/28173, 47.
[100] BT-Drs. 19/31118, 7.
[101] So ausdrücklich BT-Drs. 19/28173, 47.
[102] BT-Drs. 19/28173, 47.
[103] § 83 Abs. 2 BGB.
[104] Hüttemann/Rawert in Staudinger BGB § 81 Rn. 24; näher Hüttemann FG Flume, 1998, 59 (68).
[105] Mock/Schauhoff in Mock/Fleischer Große Gesellschaftsverträge aus Geschichte und Gegenwart, 2021, 855.
[106] Hüttemann in Hüttemann/Richter/Weitemeyer LandesstiftungsR Rn. 14.41.
[107] So Hüttemann in Hüttemann/Richter/Weitemeyer LandesstiftungsR Rn. 14.34 ff.; ders., FG Flume, 1998, 59 (68 ff.); Hüttemann/Schön, Vermögensverwaltung und Vermögenserhaltung im Stiftungs- und Gemeinnützigkeitsrecht, 2007, 32; Schauhoff DStR 2004, 471 ff.
[108] Hüttemann in Hüttemann/Richter/Weitemeyer LandesstiftungsR Rn. 14.41; → Kap. 3 Rn. 2, 4, → Kap. 5 Rn. 9, 69.
[109] Vgl. § 82 S. 1 BGB.

Es ist nicht notwendig und in der Regel auch nicht zweckmäßig, das Kapitalerhaltungskonzept im Einzelnen in der Verfassung aufzunehmen. Denn es kann natürlich, je nach Entwicklung der Vermögenslage, durchaus auch unterschiedlichen Akzenten ausgesetzt sein. Für eine Festlegung in einem gesonderten Kapitalerhaltungskonzept spricht die größere Flexibilität bei späteren Anpassungen. **56**

Fehlt eine ausdrückliche Regelung über die Vermögenserhaltung im Stiftungsgeschäft, in der Errichtungssatzung oder in einem gesonderten Kapitalerhaltungskonzept, haben die Stiftungsorgane durch Auslegung (§§ 133, 2084 BGB) des Stiftungsgeschäfts und unter Berücksichtigung der jeweiligen Umstände, insbesondere der konkreten Zusammensetzung des vom Stifter gewidmeten Vermögens, zu ermitteln, welche wirtschaftliche Bestimmung der Stifter für den Einsatz des Grundstockvermögens gewollt hat, und dementsprechend ein Vermögenserhaltungskonzept abzuleiten.[110] Dabei kann von folgenden Grundsätzen ausgegangen werden: **57**

- Hat der Stifter die Stiftung mit einzelnen Vermögensgegenständen von erheblichem Wert, zB einer Unternehmensbeteiligung, einer besonderen Immobilie oder einer Kunstsammlung, ausgestattet, wird er im Zweifel gewollt haben, dass diese Vermögensgegenstände grundsätzlich in Natur erhalten bleiben.
- Besteht das gewidmete Vermögen aus einem breit gestreuten Portfolio von Kapitalanlagen, zB diversen Aktien, Anleihen und anderen Finanzanlagen, wird es dem Stifter nicht auf eine gegenständliche Erhaltung dieser konkreten Vermögenswerte angekommen sein, sondern auf eine entsprechende, dem Werte nach zu erhaltende Anlage am Kapitalmarkt.
- Bei einer reinen Kapitaldotation kommt eine gegenständliche Bindung der Stiftungsorgane an die „konkrete Zusammensetzung" von vornherein nicht in Betracht, weil Geld immer gegen rentierliche Anlagen (Festgeld, Fonds, Aktien etc.) eingetauscht werden können muss, um Erträge zu erzielen.[111] In diesem Fall bleibt, wenn konkrete Anlagerichtlinien des Stifters fehlen, nur eine Orientierung am mutmaßlichen Stifterwillen: die Stiftung soll das Geld rentierlich zur Ertragserzielung anlegen und die Art der Vermögensanlage hat sich mangels näherer Vorgaben des Stifters an den Erfordernissen des Stiftungszwecks zu orientieren.[112]

Bei alldem ist zu berücksichtigen, dass § 82 BGB die Anerkennung einer Stiftung bereits zulässt, wenn die dauernde und nachhaltige Erfüllung des Stiftungszwecks „gesichert erscheint". Dazu bedarf es keiner *optimalen* Kapitalausstattung, sondern nur einer für die dauernde und nachhaltige Zweckerfüllung *ausreichenden* Mittelausstattung. Diese Voraussetzung ist aber zB auch dann erfüllt, wenn der Stifter in der Stiftungssatzung den Stiftungsorganen eine eher unwirtschaftliche, aber besonders sichere Anlageform vorschreibt, oder die Umschichtung des eingebrachten Immobilienvermögens in andere Anlageformen untersagt, solange die zu erwartenden Einnahmen für die Erfüllung der Stiftungszwecke voraussichtlich ausreichen.[113] Da an die Vermögensbewirtschaftung während des Bestehens der Stiftung aber keine höheren Anforderungen gestellt werden können als bei Anerkennung der Stiftung, sind die Stiftungsorgane auch nach Anerkennung an die Vorgaben des Stifters gebunden.[114] Die dienende Funktion des Stiftungsvermögens bleibt auch dann erhalten, wenn die Vermögensanlage nicht die bestmögliche Rendite erzielt.[115] **58**

---

[110] Hüttemann in Hüttemann/Richter/Weitemeyer LandesstiftungsR Rn. 14.36, 14.42.
[111] Hüttemann FG Flume, 1998, 59 (75).
[112] Hüttemann in Hüttemann/Richter/Weitemeyer LandesstiftungsR Rn. 14.36, 14.43.
[113] Hüttemann in Hüttemann/Richter/Weitemeyer LandesstiftungsR Rn. 14.39.
[114] Hüttemann in Hüttemann/Richter/Weitemeyer LandesstiftungsR Rn. 14.39.
[115] Helios/Friedrich in MHdB GesR V § 96 Rn. 17.

b) Satzungsmäßige Ausnahmen vom Erhalt des Grundstockvermögens

59 Nach § 83c Abs. 2 S. 1 BGB können durch die Satzung Ausnahmen vom Vermögenserhaltungsgrundsatz bestimmt werden, indem der Stiftung erlaubt wird, einen Teil des Grundstockvermögens zu verbrauchen. Solche Satzungsbestimmungen kann vor allem der Stifter in der Errichtungssatzung treffen und damit den Handlungsspielraum der Stiftungsorgane bei der Verwaltung des Grundstockvermögens erweitern, sie können aber auch im Wege einer späteren Satzungsänderung getroffen werden.[116]

60 Aus der gesetzlichen Regelung lässt sich schließen, dass nur zeitlich beschränkte Ausnahmen von der Erhaltungspflicht zulässig sind, da die Stiftung außerdem in der Satzung verpflichtet werden muss, das Grundstockvermögen „in absehbarer Zeit" wieder um den verbrauchten Teil aufzufüllen.[117] Dies soll gewährleisten, dass mit Blick auf die Bedeutung des Grundstockvermögens für den Bestand der Stiftung regelmäßig nur zeitweise auf das Grundstockvermögen zurückgegriffen wird. Typisch hierfür sind Satzungsbestimmungen, die den Stiftungsorganen erlauben, zur Finanzierung größerer Projekte Grundstockvermögen zu verbrauchen, wenn es in den Folgejahren wieder aufgefüllt wird.[118] Die Inanspruchnahme der Ausnahme durch die Stiftungsorgane darf nicht dazu führen, dass die dauerhafte und nachhaltige Erfüllung des Stiftungszwecks nicht mehr gesichert erscheint.[119]

61 Der Gesetzgeber hat bewusst davon abgesehen, pauschal festzulegen, welcher Teil des Grundstockvermögens (höchstens) zum Verbrauch bestimmt werden kann und welche zeitlichen (Mindest-)Vorgaben zur Wiederaufstockung vorzusehen sind. Dies ist jeweils mit Blick auf die einzelne Stiftung, den zu erfüllenden Stiftungszweck und ihre Vermögensausstattung zu bestimmen. Dabei empfiehlt es sich, keine konkreten Beträge zu nennen, sondern auf prozentuale Anteile des jeweiligen Wertes des Grundstockvermögens abzustellen, da sich das Grundstockvermögen im Laufe der Zeit verändern kann. Außerdem kann die Inanspruchnahme von der Zustimmung des Aufsichtsorgans und/oder der Stiftungsbehörde abhängig gemacht werden. Eine mögliche Formulierung in der Stiftungssatzung könnte wie folgt lauten:

„Das Grundstockvermögen kann (ggf.: mit Zustimmung der Stiftungsbehörde) ausnahmsweise bis zur Höhe von 15 % seines Wertes für die Erfüllung des Stiftungszwecks in Anspruch genommen werden, wenn dies der Erfüllung des Stiftungszwecks im besonderem Maße dient und eine Wiederaufstockung des Grundstockvermögens um den verbrauchten Teil innerhalb der sechs folgenden Jahre erfolgt. Ein teilweiser Verbrauch des Grundstockvermögens darf nur erfolgen, wenn durch die Rückführung die Erfüllung der Satzungszwecke nicht wesentlich beeinträchtigt wird."

3. Substanzerhaltung

a) Grundsatz

62 Die Erhaltungspflicht nach § 83c Abs. 1 S. 1 BGB bezieht sich grundsätzlich auf das Grundstockvermögen als Ganzes, nicht auf die einzelnen Vermögensgegenstände, die das Grundstockvermögen bilden. Die Zusammensetzung des Grundstockvermögens kann daher grundsätzlich von den zuständigen Stiftungsorganen geändert und es können Umschichtungen vorgenommen werden.[120] Etwas anderes gilt jedoch dann, wenn der

---

[116] BT-Drs. 19/28173, 58.
[117] § 83c Abs. 2 S. 2 BGB.
[118] BT-Drs. 19/28173, 58.
[119] BT-Drs. 19/28173, 58
[120] BT-Drs. 19/28173, 56; → Rn. 75 ff.

Stifter ausdrücklich den gegenständlichen Erhalt einzelner Vermögensgegenstände des Grundstockvermögens angeordnet hat oder die Verpflichtung zur Substanzerhaltung des gewidmeten Vermögens aus den Umständen abgeleitet werden kann. Durch die damit einhergehende „Veränderungssperre“ dürfen die Stiftungsorgane nicht nur keine Bestandteile des Stiftungsvermögens verbrauchen, weggeben oder mit anderen Vermögen vermischen,[121] sondern auch keine Vermögensumschichtungen vornehmen. Die vom Stifter eingebrachten Vermögensgegenstände (Unternehmensanteile, Wertpapiere, Grundbesitz etc.) müssen grundsätzlich als solche erhalten werden, sofern das Stiftungsgeschäft nicht ausdrücklich, ggf. auch nur für besondere Fallkonstellationen, Umschichtungen erlaubt.

b) Wertänderungen

63 Bei gegenständlicher Erhaltungspflicht besteht, da die Erhaltung des Vermögens kein „Selbstzweck“ ist, weder eine Verpflichtung zum Erhalt eines einmal erreichten Höchstwertes noch eine Verpflichtung zum realen Werterhalt des gegenständlich zu erhaltenden Vermögensgegenstandes. Es liegt vielmehr im pflichtgemäßen Ermessen der Stiftungsorgane, das Spannungsverhältnis zwischen gegenwärtiger Zweckverfolgung mittels der Ertragsverwendung und einer angemessenen Zukunftsvorsorge durch Rücklagenbildung im Einzelfall unter Berücksichtigung der Erfordernisse des Stiftungszwecks, der gemeinnützigkeitsrechtlichen Grenzen und der wirtschaftlichen Möglichkeiten der Stiftung aufzulösen. Wertschwankungen in Bezug auf die einzelnen Vermögensgegenstände sind daher grundsätzlich hinzunehmen. Wertschwankungen nach oben erzeugen keine gesteigerten Erhaltungspflichten.

64 **Wertminderungen** führen grundsätzlich nicht zur Berechtigung, sich von dem jeweiligen Vermögensgegenstand zu trennen, wenn der Stifter seinen dauerhaften Erhalt als Dotationsquelle für die Stiftung nach Möglichkeit vorgegeben hat. Andererseits wird der Stifter keine unbedingte Erhaltung des jeweiligen Vermögensgegenstandes „um jeden Preis“ gewollt haben. In der Regel wird ein Wechsel in andere Vermögensanlagen nicht einem uneingeschränkten Verbot unterliegen, sondern dem Stiftungsvermögen eine dienende Funktion zugunsten des Stiftungszwecks zukommen mit der Folge, dass sich die Stiftung in bestimmten Fällen von der Unternehmensbeteiligung oder der Immobilie trennen darf. Eine Veräußerung einer Unternehmensbeteiligung wäre danach wohl bspw. dann zulässig und unter Umständen sogar geboten, wenn das Festhalten an der Unternehmensbeteiligung, am Ziel der dauernden und nachhaltigen Erfüllung des Stiftungszwecks gemessen, unvertretbar würde, spätestens dann, wenn die dauerhafte und nachhaltige Verwirklichung des Stiftungszwecks nicht mehr sichergestellt werden kann. Dies wäre der Fall, wenn die Beteiligung dauerhaft keine ausreichenden Erträge mehr abwirft, um die Verwirklichung der Stiftungszwecke zu finanzieren, zB wenn sich die Ertragslage des Unternehmens massiv verschlechtert hat oder wenn die Erträge auf Ebene der Gesellschaft weitgehend thesauriert würden und die Stiftung dem aufgrund ihrer Stimmrechte nicht entgegenwirken könnte. Aber auch wenn der Vermögenswert der Beteiligung aller Wahrscheinlichkeit nach voraussichtlich dauerhaft erheblich absinkt, steht es zumindest im Ermessen der Organe, das Vermögen umzuschichten. Besteht die Gefahr, dass bspw. aufgrund einer anhaltenden Verlustsituation in einem von der Stiftung betriebenen Unternehmen oder im Rahmen von Immobilienprojekten anderes Vermögen der Stiftung beeinträchtigt wird, kann sogar die Trennung der Stiftung von solchen, Verluste bringenden Vermögensgegenständen geboten sein.

---

[121] Hüttemann FG Flume, 1998, 59 (61); Hüttemann in Hüttemann/Richter/Weitemeyer LandesstiftungsR Rn. 14.22 f.

c) Risikoreduktion durch Diversifikation

65 Zu den von der Rechtsprechung und Literatur entwickelten Grundsätzen ordnungsgemäßer Vermögensverwaltung, die die Sachkenntnis, Sorgfalt und Gewissenhaftigkeit des Vermögensverwalters bei der Umsetzung von Anlagerichtlinien betreffen, gehört u. a. das Gebot der Risikoreduktion durch Diversifikation.[122] Als Bestandteil einer wirtschaftlichen Vermögenslage und abgeleitet aus dem Spekulationsverbot soll das Gebot der Diversifikation auch für die Anlage von Stiftungsvermögen gelten.[123] Danach gilt es ein Anlageportfolio zu entwickeln, das durch angemessene Mischung und Streuung mit einem möglichst geringen Risiko auskommt.[124] Zum Teil wird daher vertreten, dass es problematisch sei, wenn (nahezu) das gesamte Vermögen einer Stiftung aus der Beteiligung an einem Unternehmen bestehe.[125] Zumindest längerfristig entspräche es dem Gebot einer ordnungsgemäßen Vermögensverwaltung, eine solche einseitige Abhängigkeit von einem wirtschaftlichen Unternehmen zugunsten einer Risikostreuung durch verschiedene wirtschaftliche Engagements zu beenden.[126]

66 Für die Stiftungen, bei denen durch Auslegung des Stiftungsgeschäfts als Wille des Stifters bestimmt ist, das Vermögen vornehmlich in Form der Beteiligung an einer Unternehmensgruppe zu halten, ist ein etwaiges Klumpenrisiko allerdings hinzunehmen. Hat der Stifter der Stiftung eine Unternehmensbeteiligung von erheblichem Wert zugewandt und ist von einem entsprechenden Willen des Stifters auszugehen, dass diese Anlageform beibehalten werden soll, so ist die gegenständliche Erhaltenspflicht vorrangig. Die Stiftung dient der Umsetzung des Stifterwillens. Wenn dieser dem Erhalt des Unternehmens den Vorrang vor der Risikominimierung einräumt, haben die Organe den Stifterwillen zu respektieren. Im Übrigen besteht keine Verpflichtung zur Optimierung des Stiftungsvermögens. Das Stiftungsvermögen ist entsprechend der vorgegebenen Nutzung ertragbringend zu bewirtschaften und das Risiko, welches mit einer Konzentration der Vermögensanlage verbunden ist, ist sorgfältig zu verfolgen, so dass (nur) bei Bedarf reagiert werden kann. Es steht im weiten Ermessen der Stiftungsorgane, wie sie Stifterwillen und Risikovorsorge in Einklang bringen, um dauerhaft Erträge zur Verwirklichung der Stiftungszwecke zu erwirtschaften. Auch die Vermögensdiversifikation ist kein Selbstzweck.

67 Einer erforderlichen Diversifikation kann schließlich genügt werden, wenn die Diversifikation der Vermögensanlage auf Unternehmensebene stattfindet. So wie eine überwiegende Anlage in Aktien wirtschaftlich sein und damit im Rahmen des Ermessensspielraums der zuständigen Stiftungsorgane liegen kann, wenn das Aktienportfolio bestmöglich unter Beachtung der Grundsätze der Mischung und Streuung diversifiziert und im Rahmen der Erfordernisse des Stiftungszwecks investiert ist,[127] kann das Halten einer Unternehmensbeteiligung mit einem breiten Unternehmensportfolio wirtschaftlich sein.

4. Nominaler oder realer Werterhalt

68 Hat der Stifter nicht ausdrücklich den gegenständlichen Erhalt einzelner Vermögensgegenstände des Grundstockvermögens angeordnet und kann auch nicht aus den Umständen eine Verpflichtung zur Substanzerhaltung des Grundstockvermögens abgeleitet werden, bedeutet Vermögenserhaltung „Werterhaltung". Entscheidend ist danach nicht die Erhaltung der einzelnen Vermögensgegenstände, die der Stifter der Stiftung über-

[122] U. Schäfer in Assmann/Schütze KapAnlR-HdB § 23 Rn. 81 f.
[123] Paukstadt BB 2017, 2666 (2667); Weitemeyer in MüKoBGB § 86 Rn. 34 ff.
[124] Paukstadt BB 2017, 2666 (2667) mwN.
[125] Weitemeyer in MüKoBGB § 86 Rn. 35.
[126] Weitemeyer in MüKoBGB § 86 Rn. 35.
[127] So Paukstadt BB 2017, 2666 (2667).

tragen hat, sondern die Erhaltung des Wertes des Stiftungsvermögens, ausgedrückt in einem bestimmten Geldbetrag.

Es stellt sich dann aber weiter die Frage, nach welchen Grundsätzen der Wert des Stiftungsvermögens bestimmt werden soll. In Betracht kommt eine Erhaltung des **nominalen Wertes,** also des nominellen (Verkehrs)Wertes, der dem gestifteten Vermögen zum Zeitpunkt der Zuwendung innewohnt. Zur Berechnung des Grundstockvermögens sind dann die Verkehrswerte aller im Grundstockvermögen vorhandenen und dem Nominalwertprinzip unterliegenden Vermögensgegenstände abzüglich (ggf. anteiliger) Verbindlichkeiten, Mittelvortrag und den Rücklagen, die den verfügbaren Mitteln (sonstigem Vermögen) zuzuordnen sind, heranzuziehen.[128] 69

Bei der Erhaltung des **realen Wertes** bedeutet Vermögenserhaltung „Kaufkrafterhaltung" in dem Sinne, dass die laufenden Erträge der Stiftung ausreichen, um auf Dauer eine real gleichbleibende Stiftungsleistung zu finanzieren.[129] Zur Ermittlung des zu erhaltenden Grundstockvermögens wird ebenfalls zunächst auf den (Verkehrs)Wert, der dem gestifteten Vermögen zum Zeitpunkt der Zuwendung innewohnt, abgestellt. Zusätzlich ist jedoch noch die Inflation, also der Kaufkraftschwund des jeweiligen Geldbetrages, zu berücksichtigen.[130] Ob das Grundstockvermögen real erhalten ist, lässt sich nicht aus einer Bilanz ersehen. Der Jahresabschluss folgt dem Nominalwertprinzip, so dass sich der Realwerterhalt nur aus einer Nebenrechnung ergeben kann. Der Wert des Ausgangsvermögens ist darin zu indexieren unter Berücksichtigung der Inflationsraten und diesem Wert ist das Ist-Vermögen der Stiftung zu Verkehrswerten gegenüberzustellen, wobei das gegenständlich zu erhaltende Vermögen außer Betracht bleibt. Im Detail ist dabei oftmals unklar, nach welchen Kriterien – allgemeine Inflationsrate oder Teuerungsindex für die konkreten Stiftungsmittel – der Kaufkraftschwund berechnet werden soll.[131] Das IDW empfiehlt die Verwendung des harmonisierten Verbraucherpreisindexes, es sei denn, dass im Einzelfall ein Branchenindex sachgerecht erscheint.[132] Legt man das Realwertprinzip zugrunde, ist der Stiftungsvorstand verpflichtet, Minderungen in der Ertragskraft des Vermögens – zB durch Inflation – durch vermögensumschichtende Maßnahmen wie zB eine entsprechende Investition in Substanztitel (Aktien etc.) zu vermeiden oder zumindest durch eine laufende Rücklagenbildung auszugleichen.[133] 70

Eine lediglich nominale Vermögenserhaltung ist nicht ausreichend, um die ursprüngliche (reale) Leistungskraft einer Stiftung auf Dauer zu sichern. Die Ertragskraft der Stiftung – und damit die messbare Erfüllung der Stiftungszwecke – wird mit der Zeit aufgrund der Preissteigerungen immer weiter abnehmen.[134] Dem begegnet das Realwertprinzip, indem der Kaufkraftschwund durch Gegenmaßnahmen ausgeglichen werden soll, allerdings können sich dadurch insbesondere bei einer längeren Niedrigzinsphase und in Zeiten größerer Inflation Konflikte mit dem Admassierungsverbot ergeben, sollen die Erträge des Grundstockvermögens doch grundsätzlich für die laufende Verwirklichung des Stiftungszwecks verwendet werden.[135] Andererseits darf man nicht meinen, eine 71

---

[128] Söffing/Blusz in Schäfer/Sethe/Lang Vermögensverwaltung-HdB § 14 Rn. 7.

[129] Carstensen, Vermögensverwaltung, Vermögenserhaltung und Rechnungslegung gemeinnütziger Stiftungen, 2. Auflage 1996, 42 ff.; Carstensen Wpg 1996, 781 ff.; Burgard Gestaltungsfreiheit, 481 ff.

[130] Grundlegend dazu Carstensen, Vermögensverwaltung, Vermögenserhaltung und Rechnungslegung gemeinnütziger Stiftungen, 42 ff.

[131] Hüttemann/Rawert in Staudinger BGB § 86 Rn. 36 ff.

[132] IDW RS HFA 5 Rn. 58.

[133] Hüttemann in Hüttemann/Richter/Weitemeyer LandesstiftungsR Rn. 14.29.

[134] So auch IDW RS HFA 5 Rn. 10.

[135] Hüttemann in Hüttemann/Richter/Weitemeyer LandesstiftungsR Rn. 14.30; ebenso kann dies dem gemeinnützigkeitsrechtlichen Gebot der zeitnahen Mittelverwendung widersprechen.

Stiftung müsse jedes Jahr genau den Anteil der Vermögenserträge, die der Inflation entsprechen, thesaurieren. Der reale Werterhalt ist in einer mittleren Perspektive zu sichern, sodass, auf das einzelne Jahr bezogen, zu Lasten des realen Werterhalts die Stiftungserträge durchaus für die gemeinnützigen Zwecke verwendet werden dürfen.[136] Im Ergebnis sollte daher ein Realwerterhalt angestrebt werden, um dem Gedanken der dauerhaften – ewigen – und effektiven Zweckerfüllung zu genügen.

72 Da sich das Vermögen einer Stiftung weit mehr erhöhen kann, als dies der Werterhalt des Grundstockvermögens erfordert, erlaubt das Gesetz den Stiftungsorganen selbst zu entscheiden, ob sie das Grundstockvermögen erhöhen möchten über den vom Stifter gesetzten Wert hinaus[137] oder entsprechende Wertsteigerungen zur Zweckerfüllung verwenden wollen,[138] natürlich vorbehaltlich einer abweichenden Anordnung des Stifters und für gemeinnützige Stiftungen vorbehaltlich der Vorgaben des Grundsatzes der zeitnahen Mittelverwendung.

73 Das Gesetz gibt nicht vor, inwiefern ein nominaler oder ein realer Werterhalt gewollt ist. Der Vorschlag der Bund-Länder-Arbeitsgruppe „Stiftungsrecht", eine (Mindest-)Verpflichtung zur nominalen Erhaltung des gewidmeten Vermögens zu regeln, wurde bewusst nicht umgesetzt. Der Stifter sollte das jeweilige Kapitalerhaltungskonzept mit der Errichtung festlegen. Im Übrigen ist dieses abhängig vom Zweck der Stiftung, von der Art und dem Umfang ihres Grundstockvermögens sowie von der konkreten Nutzung des Grundstockvermögens für den Stiftungszweck.[139] Einen Stiftung kann auch verschiedene Kapitalerhaltungskonzepte für verschiedene Teile des Grundstockvermögens haben. In der Praxis wird bei der Vielzahl kleinerer Stiftungen davon ausgegangen, dass nur ein nominaler Werterhalt erforderlich (und möglich) ist. Das Nominalwertprinzip wird daher, auch wenn dies nicht Eingang in das Gesetz gefunden hat, als Mindestverpflichtung angesehen werden müssen. Bei größeren Stiftungsvermögen kann (und sollte) dagegen der reale Werterhalt angestrebt werden. Wenn der Stifter angeordnet hat, dass Rücklagen entsprechend den gemeinnützigkeitsrechtlichen Vorgaben nach § 62 Abs. 1 Nr. 3 AO gebildet werden sollen, kann dies auch ein Indiz für eine angestrebte reale Werterhaltung sein.[140]

II. Vermögensumschichtungen

74 Bei Umschichtungen des Grundstockvermögens, und nur solche sind hier mit Vermögensumschichtungen gemeint, ist zu unterscheiden zwischen der Frage, *ob* ein bestimmter Vermögensgegenstand umgeschichtet werden darf → Rn. 75 ff. und der Frage der Zuordnung des für den hingegebenen Vermögensgegenstand erhaltenen Veräußerungserlöses oder neuen Vermögensgegenstandes, inwiefern dieser also zu erhalten ist oder für die Erfüllung der Stiftungszwecke verwandt werden darf → Rn. 81 ff. Unter einer Vermögensumschichtung ist dabei zum einen die Veräußerung gegen Erhalt eines Veräußerungserlöses zu verstehen, der klassischerweise in Geldvermögen besteht, aber auch in einem anderen Vermögensgegenstand bestehen kann (Tauschgeschäft). Umstrukturierungsmaßnahmen wie Einbringungen oder Verschmelzungen stellen eine Vermögensumschichtung dar, wenn sie aufgrund der Beteiligung anderer Personen als der Stiftung an der über- oder aufnehmenden Gesellschaft wirtschaftlich einer (Teil-)Veräußerung entsprechen.

---

[136] Schauhoff in Schauhoff, Gemeinnützigkeits-HdB § 3 Rn. 148.
[137] § 83c Abs. 2 Nr. 3 BGB.
[138] § 83c Abs. 1 S. 3 BGB.
[139] BT-Drs. 19/28173, 57.
[140] Schauhoff/Mehren NJW 2021, 2993 (2997).

1. Zulässigkeit

Das neue Recht enthält keine ausdrückliche Regelung zur Zulässigkeit von Vermögensumschichtungen.[141] Aus der Regelung zur Verwendung der Zuwächse aus der Umschichtung des Grundstockvermögens in § 83c Abs. 1 S. 3 BGB ergibt sich allerdings, dass der Gesetzgeber Vermögensumschichtungen grundsätzlich als zulässig erachtet. In der Gesetzesbegründung stellt der Gesetzgeber außerdem klar, dass sich die Erhaltungspflicht grundsätzlich „auf das Grundstockvermögen als Ganzes" und nicht auf die einzelnen Vermögensgegenstände bezieht → Rn. 62. Weiter heißt es dort ausdrücklich: 75

„Die Zusammensetzung des Grundstockvermögens kann von den zuständigen Stiftungsorganen geändert werden. ... Eine Umschichtung darf allerdings nicht die dauernde und nachhaltige Erfüllung des Stiftungszwecks gefährden. Dies kann vor allem bei einer Veräußerung solcher vom Stifter auf die Stiftung übertragenen Vermögensgegenstände gegeben sein, die unmittelbar der Erfüllung des Stiftungszwecks dienen, wie zum Beispiel Grundstücke oder Einrichtungen, die nicht durch gleichwertige Vermögensgegenstände ersetzt werden können. Der Stifter kann in der Errichtungssatzung auch ausdrücklich bestimmen, dass einzelne Vermögensgegenstände nicht zu veräußern und in ihrem Wert zu erhalten sind. Dann sind die zuständigen Stiftungsorgane daran gebunden, solange die Satzungsbestimmung nicht geändert wird."[142]

Die Zulässigkeit einer Vermögensumschichtung ist somit stets anhand des ausdrücklichen oder mutmaßlichen Stifterwillen zu messen. Ergibt sich aus der Stiftungssatzung oder sonstigen Dokumenten, dass es dem Stifter auf den gegenständlichen Erhalt des gewidmeten oder zugestifteten Grundstockvermögens ankam, ist eine Umschichtung nicht ohne weiteres zulässig. Kann den Umständen entnommen werden, dass die Veräußerung bestimmter Vermögensgegenstände nach dem Willen des Stifters solange ausgeschlossen sein sollte, als diese Gegenstände entsprechend ihrer ursprünglichen wirtschaftlichen Bestimmung genutzt werden können, kommt eine Veräußerung erst in Betracht, wenn die ursprüngliche wirtschaftliche Bestimmung durch eine nachträgliche Änderung der Verhältnisse überholt worden ist.[143] 76

Es kann aber auch sein, dass der Stifter in der Stiftungssatzung oder einem gesonderten Kapitalerhaltungskonzept ausdrückliche Vorgaben gemacht hat, unter welchen Voraussetzungen eine Veräußerung der einzelnen Vermögensgegenstände in Betracht kommt oder ggf. sogar vorgenommen werden muss. So finden sich in Stiftungssatzungen mitunter Regelungen in Bezug auf Immobilien oder Unternehmensbeteiligungen: 77

„Umschichtungen des Vermögens der Stiftung sind zulässig. Grundbesitz der Stiftung soll nur veräußert werden, wenn die wirtschaftliche Situation der Stiftung es erfordert, wobei der Erlös nach Möglichkeit wiederum für den Erwerb von Grundbesitz verwendet werden soll."[144]

Die Zulässigkeit der Umschichtung kann auch speziell an die Entwicklung des Verkehrswertes geknüpft werden, welcher auf der Basis eines bestimmten Verfahrens zu ermitteln und über einen bestimmten Zeitraum zu beobachten ist, oder an die Entwicklung der Umsatzrendite eines von der Stiftung als Allein- oder Mehrheitsgesellschafter 78

[141] Anders bislang zT die Landesstiftungsgesetze, zB § 4 Abs. 2 S. 2 HambStiftG, § 4 Abs. 2 S. 2 StiftG NRW, § 7 Abs. 1 S. 2 RhPfStiftG.

[142] BT-Drs. 19/28173, 56.

[143] Hüttemann in Hüttemann/Richter/Weitemeyer LandesstiftungsR Rn. 14.49, 14.17.

[144] Krauß in BeckOF-V, Form. 18.1.1.2 Anm. 1–76, beck-online; vgl. auch Art. 11 Abs. 2 S. 2 BayStiftG.

gehaltenen Unternehmens. Es können aber auch zeitliche Vorgaben in Betracht kommen, die insbesondere bei privatnützigen, nicht steuerbegünstigten Stiftungen oftmals steuerliche Gründe haben[145]. Eine entsprechende Formulierung könnte wie folgt lauten:

„Gesellschaftsbeteiligungen, die der Stiftung lebzeitig oder von Todes wegen zugewendet wurden, dürfen innerhalb von sieben Jahren seit der Zuwendung nicht veräußert werden, es sei denn, ein erheblicher dauernder Wertverfall der Beteiligung ist ernsthaft zu befürchten und wirtschaftlich deutlich nachteiliger als eine durch die Veräußerung entstehende Steuerbelastung."

79 Mitunter können die Organe sogar verpflichtet sein, sich entgegen des Stifterwillens von einem Vermögensgegenstand zu trennen, beispielsweise bei einer voraussichtlich dauerhaften erheblichen Wertminderung, durch die anderes Vermögen der Stiftung beeinträchtigt werden könnte → Rn. 63 f.

80 Entscheidend für die Zulässigkeit einer Vermögensumschichtung ist des Weiteren, dass diese nicht zu einer Vermögensminderung führt. Eine solche liegt nicht bereits dann vor, wenn der Wert des veräußerten Vermögensgegenstandes unter die ursprünglichen Anschaffungskosten gesunken ist. Gemeint ist vielmehr der Fall, dass ein Veräußerungspreis erzielt wird, der gemessen am Verkehrswert des hingegebenen Vermögensgegenstandes unangemessen niedrig ist.[146] Die Hinnahme einer Vermögensminderung, die unmittelbar durch den Veräußerungsvorgang selbst bewirkt wird, ist nur in Ausnahmefällen zulässig.

2. Verwendung der Umschichtungsgewinne

81 Nach der neuen gesetzlichen Regelung des § 83c Abs. 1 S. 3 BGB können Zuwächse aus der Umschichtung des Grundstockvermögens für die Erfüllung des Stiftungszwecks verwendet werden, soweit dies durch die Satzung nicht ausgeschlossen wurde und die Erhaltung des Grundstockvermögens gewährleistet ist. Dies bedeutet, dass der Stiftungszweck grundsätzlich auch mit Zuwächsen aus der Umschichtung des Grundstockvermögens, das heißt Umschichtungsgewinnen, erfüllt werden kann, ohne dass es dazu einer besonderen Satzungsbestimmung bedarf.[147] Die Verwendung der Umschichtungsgewinne kann aber durch die Satzung beschränkt oder ausgeschlossen werden; außerdem steht die Verwendung der Umschichtungsgewinne unter dem Vorbehalt, dass sie nicht für die Erhaltung des Grundstockvermögens benötigt werden.[148] Ist für die Erfüllung der Vermögenserhaltungspflicht erforderlich, dass mit den Umschichtungsgewinnen das Grundstockvermögen aufgestockt wird, dürfen diese somit nicht für die Erfüllung des Stiftungszwecks verwendet werden.[149]

82 Das Gesetz und die Gesetzesbegründung sprechen nicht ohne Grund von „Zuwächsen" bzw. „Umschichtungsgewinnen", denn fraglich sein kann lediglich die Verwendung des Teils eines Veräußerungsgewinnes, der über dem nach dem jeweiligen Kapitalerhaltungskonzept ohnehin zu erhaltendem Wert liegt. Beispiel:

Als Teil des Grundstockvermögens hat die Stiftung im Rahmen einer Zustiftung im Jahr 05 ein Wertpapierdepot erhalten. Zum Zeitpunkt der Übertragung hatte dieses einen Verkehrswert von EUR 1 Mio. Der Buchwert des Wertpapierdepots, mit dem dieses unmittelbar zuvor aus dem Betriebsvermögen des Zustiftenden entnommen wurde,[150] betrug EUR 800.000. Da in der Folgezeit

[145] Beispielsweise aufgrund der erbschaftsteuerlichen Behaltensfristen nach § 13a Abs. 6, Abs. 10 Satz 1 Nr. 6 ErbStG.
[146] Hüttemann in Hüttemann/Richter/Weitemeyer LandesstiftungsR Rn. 14.50.
[147] BT-Drs. 19/31118, 9.
[148] BT-Drs. 19/31118, 9.
[149] BT-Drs. 19/31118, 9.
[150] Zum Buchwertprivileg vgl. § 6 Abs. 1 Nr. 4 S. 4 EStG.

die laufenden Erträge (Dividenden) aus den Wertpapieren hinter den Erwartungen der Stiftung zurückbleiben, veräußert sie im Jahr 09 sämtliche Wertpapiere für einen Veräußerungspreis von insgesamt EUR 1,2 Mio. Der Zustiftende hatte keine Vorgaben bezüglich der Umschichtung des Wertpapierdepots und der Verwendung eines etwaigen Veräußerungsgewinnes gemacht und auch in der Satzung gibt es hierzu keine Anhaltspunkte.

Geht man aufgrund der Umstände davon aus, dass kein gegenständlicher Erhalt des Wertpapierdepots sondern der reale Erhalt des Wertes der Wertpapiere zum Zeitpunkt der Zustiftung zu bewerkstelligen ist, bezieht sich die Vermögenserhaltungspflicht lediglich auf den anfänglichen Verkehrswert der Wertpapiere von EUR 1 Mio. Dieser Wert ist laufend fortzuentwickeln anhand der jährlichen Inflationsrate. Bei einer unterstellten Inflationsrate von 0,5 % im Jahr 06, 1,5 % im Jahr 07 und 1,8 % im Jahr 08 beträgt der (reale) Wert des zu erhaltenden Grundstockvermögens im Jahr 09 rd. EUR 1.053.782. Von dem erzielten Veräußerungserlös in Höhe von EUR 1,2 Mio. sind somit jedenfalls EUR 1.053.782 als Grundstockvermögen zu behandeln und dauerhaft zu erhalten. (Nur) Der restliche Erlös kann nach Maßgabe des § 83c Abs. 1 S. 3 BGB für die Erfüllung des Stiftungszwecks verwendet oder aber auch zu Grundstockvermögen bestimmt werden nach § 83b Abs. 2 Nr. 3 BGB.

Haben Stiftungen in der Vergangenheit Umschichtungsgewinne in eine Umschichtungsrücklage eingestellt in dem Glauben, diese seien nach der vielfach vertretenen Surrogationsthese als Grundstockvermögen zu erhalten (obwohl keine ausdrückliche Satzungsregelung dazu verpflichtete), können sie zukünftig grundsätzlich auch diese „Altzuwächse" für die Erfüllung der Stiftungszwecke verbrauchen.[151] 83

Das Stiftungsrecht entspricht damit im Ergebnis der gemeinnützigkeitsrechtlichen Praxis, wonach die Verwendung für die satzungsmäßigen Zwecke der Regelfall ist. Die Finanzverwaltung toleriert es aber, wenn Erlöse aus der Veräußerung von Vermögensgegenständen, die der Sphäre der Vermögensverwaltung angehörten, nicht zeitnah verwendet, sondern dem Vermögen zugeführt werden.[152] 84

Die neue gesetzliche Erlaubnis zur Verwendung der Umschichtungsgewinne darf jedoch nicht dazu führen, dass diese Regelung nun pauschal auf sämtliche Gewinne aus der Umschichtung von Grundstockvermögen angewandt wird. Insbesondere für mit diversifiziertem Kapitalvermögen ausgestattete Stiftungen schafft die Regelung Rechtssicherheit. Für Stiftungen, deren Vermögen nur aus wenigen werthaltigen Vermögensgegenständen besteht, ist sie dagegen nur eingeschränkt anwendbar, wenn nämlich die Satzung oder der (mutmaßliche) Stifterwille grundsätzlich eine Substanzerhaltung vorsieht. Erfolgt gleichwohl eine Umschichtung, zB weil das Beteiligungsunternehmen in wirtschaftliche Schwierigkeiten gerät, sollte sorgfältig geprüft werden, ob der Grundsatz der Vermögenserhaltung die Stiftungsorgane nicht vielmehr dazu verpflichtet, auch den Vermögenszuwachs zu erhalten und als Surrogat in eine ähnliche Anlageklasse wie die des veräußerten Vermögensgegenstandes zu investieren.[153] Insoweit kommt regelmäßig das Surrogationsprinzip zur Anwendung, wonach der gesamte Erlös, der aus der Veräußerung eines Vermögensgegenstandes des Grundstockvermögens erzielt wird, bzw. Gegenstände, die als Ersatz für den veräußerten Gegenstand angeschafft werden, zu dem zu erhaltenden Grundstockvermögen gehören.[154] Aus den Umständen ist zu ermitteln, inwiefern die Behandlung des erzielten Veräußerungsgewinnes als zu erhaltendes Grundstockvermögen oder als verwendbares sonstiges Vermögen der vom Stifter vorgegebenen Bestimmung des Grundstockvermögens am ehesten entspricht. 85

[151] So auch Hüttemann/Rawert Beilage zu ZIP 33/2021, 18.
[152] AEAO Nr. 32 zu § 55 Abs. 1 Nr. 5 AO.
[153] So auch Hüttemann/Rawert Beilage zu ZIP 33/2021, 18.
[154] Hüttemann in Hüttemann/Richter/Weitemeyer LandesstiftungsR Rn. 14.50.

3. Umschichtungsrücklage

86 Auch wenn die Gesetzesbegründungen nur von „Umschichtungsgewinnen" sprechen[155] und die Behandlung realisierter Verluste aus der Veräußerung von Gegenständen des Grundstockvermögens nicht thematisieren, erscheint es nur konsistent, wenn der in § 83c Abs. 1 S. 3 BGB verwandte Begriff der „Zuwächse" als Saldo aus Umschichtungsgewinnen und Umschichtungsverlusten verstanden wird.[156] Veräußerungsverluste müssen mit bereits realisierten, aber noch nicht verausgabten und/oder zukünftigen Veräußerungsgewinnen verrechnet werden dürfen, andernfalls könnte ein Umschichtungsverlust unmittelbar zu einer Minderung des Grundstockvermögens und damit zu einem Verstoß gegen den Vermögenserhaltungsgrundsatz führen.[157] Eine Verrechnung von Umschichtungsverlusten mit laufenden Erträgen aus dem Grundstockvermögen oder sonstigen Erträgen ist dagegen nicht empfehlenswert; dies steht sowohl dem Gebot der Verwendung der Nutzungen für die Erfüllung des Stiftungszwecks[158] als auch dem gemeinnützigkeitsrechtlichen Verlustverrechnungsverbot[159] entgegen. Im Jahresabschluss sollte daher eine Umschichtungsrücklage gebildet werden, die auch negativ werden kann.[160] Ein negativer Saldo der Umschichtungsrücklage führt nicht zu einem Verstoß gegen den Vermögenserhaltungsgrundsatz, sondern begründet nur die Pflicht der zuständigen Organe, das Grundstockvermögen im Werte wieder aufzufüllen.[161]

87 Dies entspricht im Übrigen auch der bisherigen Handhabung in der Praxis. So empfiehlt beispielsweise das Bayerische Innenministerium in der am 1.8.2021 zu der bisherigen Rechtslage (!) veröffentlichten Mustersatzung eine Satzungsregelung, wonach die Bildung einer Umschichtungsrücklage und die Verrechnung von Umschichtungsgewinnen und -verlusten ausdrücklich vorgesehen wird (mit Alternativen)[162]:

> *„Das Grundstockvermögen kann zur Werterhaltung bzw. Stärkung seiner Ertragskraft umgeschichtet werden. Gewinne aus der Umschichtung sollen in eine Umschichtungsrücklage eingestellt werden, die nach dem Ausgleich von Umschichtungsverlusten für die satzungsgemäßen Zwecke verwendet werden können, soweit die Erhaltung des Grundstockvermögens gewährleistet ist. Ggf.:* Die Verwendung der Umschichtungsgewinne bedarf eines Beschlusses des Stiftungsvorstands / Stiftungsrats*; anderenfalls sind die Umschichtungsgewinne dem Grundstockvermögen zuzurechnen.......Oder* Gewinne aus der Umschichtung sollen in eine Umschichtungsrücklage eingestellt werden, die dem Grundstockvermögen zuzurechnen sind."*

In der Fußnote erfolgt hierzu folgende Erläuterung:

> *„Es empfiehlt sich, in der Satzung zu regeln, ob Umschichtungsgewinne (unabhängig von der Buchführungsart und Darstellung in der Jahresrechnung bzw. Bilanz) dem Grundstockvermögen zuzurechnen sind oder für die Zweckverwirklichung eingesetzt werden können. Zur gesonderten Bildung einer Umschichtungsrücklage wird aus Gründen der Transparenz ebenfalls geraten. Die Verwendung der Umschichtungsgewinne*

---

155 BT-Drs. 19/31118, 9; BT-Drs. 19/28173, 56.

156 So auch Hüttemann/Rawert Beilage zu ZIP 33/2021, 18.

157 Lorenz/Mehren DStR 2020, 2547 (2553).

158 § 83c Abs. 1 S. 2 BGB.

159 AEAO Nr. 4 und 9 zu § 55 Abs. 1 Nr. 1 AO.

160 Siehe dazu IDW RS HFA 5 v. 6.12.2013.

161 Hüttemann DB 2013, 1561 (1565); Hüttemann/Rawert Beilage zu ZIP 33/2021, 18.

162 Muster des Bayerischen Innenministeriums für eine Stiftungssatzung (Stand: 1.8.2021), § 4 Abs. 3, abrufbar unter https://www.innenministerium.bayern.de/assets/stmi/sug/engagement/muster_stand_1.8.2021-finale_fassung.pdf.

(nach Ausgleich von Verlusten) unmittelbar für die Zweckverfolgung gem. Satz 2 (als zusätzliche „Stiftungsmittel" ...) anstelle einer Zuführung zum Grundstockvermögen kann einer wirkungsvollen Zweckerfüllung dienen, geht aber zu Lasten der realen Bestandserhaltung des Grundstockvermögens ... und ist daher unter dem Vorbehalt möglich, dass die Zuwächse nicht für die Erhaltung des Grundstockvermögens benötigt werden (Vermögenserhaltungspflicht). Sie kann auch von einem Beschluss der Stiftungsorgane abhängig gemacht oder an besondere Voraussetzungen geknüpft werden, etwa wenn andernfalls nicht genügend Mittel für die Zweckverfolgung zur Verfügung stünden und durch anhaltende Nichterfüllung der Zwecke die Aberkennung der Gemeinnützigkeit droht.
Hinweis: Nach der ab 1. Juli 2023 geltenden Rechtslage des § 83c Abs. 1 Satz 3 BGB-neu ist die Verwendung von Zuwächsen aus der Umschichtung des Grundstockvermögens für die Erfüllung des Stiftungswecks zulässig, soweit dies nicht ausdrücklich durch die Satzung ausgeschlossen und die Erhaltung des Grundstockvermögens gewährleistet ist."

Durch die Stiftungsrechtsreform hat sich das Regel-Ausnahme-Verhältnis zugunsten 88
einer grundsätzlichen Verwendungs- bzw. Verbrauchsmöglichkeit geändert, so dass eine Verwendung zukünftig grundsätzlich auch ohne ausdrückliche Satzungsbestimmung möglich ist. Nichtsdestotrotz kann es für die Stiftungsorgane hilfreich sein, wenn dies – wie hier exemplarisch ausgeführt – in der Stiftungssatzung klar zum Ausdruck gebracht wird.

III. Handlungspflichten der Organe bei Vermögensveränderungen

Die Stiftungsorgane müssen stets das Erfordernis, den Stiftungszweck zu verwirklichen 89
und die Ertragsgrundlagen in Form einer unternehmerischen Beteiligung oder sonstigen Grundstockvermögens zu erhalten, in Einklang miteinander bringen. Einerseits soll Vorsorge getroffen werden, um einer möglichen Wertminderung in Bezug auf das Grundstockvermögen vorzubeugen, andererseits müssen die Stiftungszwecke verwirklicht werden. Insofern steht den Stiftungsorganen kein unbegrenztes Ermessen zu. Sie haben die wirtschaftliche Lage fortlaufend zu analysieren, um dann ggf. eine vertretbare Entscheidung zu treffen. Kern der Überlegungen ist stets, wie sich die zukünftige unternehmerische Entwicklung auf dem jeweiligen Markt darstellen könnte.[163] Derartige Prognoseentscheidungen sind typischerweise von hoher Unsicherheit geprägt. Bei dieser Sachlage kommt den Stiftungsorganen deswegen ein weites Ermessen zu. Hinterher zu wissen, wie die Entwicklung verlaufen ist, ist naturgemäß einfacher als die Entwicklung eines Unternehmens auf einem bestimmten Markt vorherzusehen.[164] Wesentlich ist, dass die Stiftungsorgane ihre Entscheidungen aus einer ex ante-Perspektive treffen. Bei einer wesentlichen Unternehmensbeteiligung bezieht sich die Pflicht der Stiftungsorgane beispielsweise darauf, sich fortlaufend umfassend über die Lage des Unternehmens zu informieren, um ggf. entscheiden zu können, ob eine Trennung von der Unternehmensbeteiligung angezeigt sein könnte oder eine Umschichtung für die Vermögensentwicklung besser wäre.[165] Naturgemäß sind derartige Prognosen ausgesprochen schwierig und

[163] Mock/Schauhoff in Mock/Fleischer, Große Gesellschaftsverträge aus Geschichte und Gegenwart, 2021, 858.
[164] Mock/Schauhoff in Mock/Fleischer, Große Gesellschaftsverträge aus Geschichte und Gegenwart, 2021, 858.
[165] Mock/Schauhoff in Mock/Fleischer, Große Gesellschaftsverträge aus Geschichte und Gegenwart, 2021, 858.

deswegen auch kaum justiziabel. Nichtsdestotrotz besteht die Pflicht, sich insoweit umfassend zu informieren und auf dieser Grundlage jeweils eine vertretbare Entscheidung zu treffen.

90 Mitunter verliert das Grundstockvermögen, bspw. das gestiftete Mietshaus oder die gestiftete Unternehmensbeteiligung, dennoch erheblich an Wert. Dann muss der Stiftungsvorstand entscheiden, ob zur Erhaltung des noch verbleibenden Vermögenwertes eine Vermögensumschichtung geboten ist. Das Stiftungsrecht verbietet allerdings auch nicht Wertverluste, sondern gebietet den offenen Umgang mit eingetretenen Wertminderungen.[166] Die Stiftungsorgane sind nicht zu einem abrupten Wechsel in der Vermögensanlage oder Ertragsverwendung gezwungen.[167] In der Praxis „oszilliert das Stiftungsvermögen typischerweise um den Idealpfad der realen Kapitalerhaltung".[168] Geboten ist eine verlaufsbezogene Betrachtung, bei der in längeren Zeitabständen (drei bis fünf Jahre) die Mittelfristplanung zur Kapitalerhaltung überprüft und an die tatsächliche Vermögensentwicklung sowie neuere Erkenntnisse angepasst wird.[169] Eine kurzfristige Minderung des Grundstockvermögens für sich stellt daher noch keinen Verstoß gegen den Grundsatz der Vermögenserhaltung dar. Vielmehr reicht es aus, wenn das Grundstockvermögen langfristig in seinem Bestand erhalten bleibt und die Planung erkennen lässt, dass das Ziel der Kapitalerhaltung innerhalb des festgelegten Konzeptes mittelfristig erreicht wird. Der Stiftungsvorstand ist somit dafür verantwortlich, im Sinne einer Prozessgestaltung dafür Sorge zu tragen, dass er der Aufgabe des Kapitalerhaltes sich bewusst ist und eine entsprechende Zielerreichung anstrebt und, falls erforderlich, Anpassungen an dem Konzept oder dem Ausgabeverhalten vornimmt, um zu versuchen, das Ziel zu erreichen. Der Stiftungsvorstand kann entsprechende Aufgaben, insbesondere im Hinblick auf Finanzanlagen, auch an einen Vermögensverwalter delegieren, muss dann aber überwachen, dass dieser den vertragsgemäß auferlegten Pflichten nachkommt.

91 Soweit das Stiftungsvermögen durch einen Vermögensverzehr geschmälert ist, ist es stiftungsrechtlich zulässig, die Stiftungserträge zunächst zur Auffüllung des Vermögensverlustes zu verwenden.[170] Allerdings würde der Stiftungsvorstand das ihm eingeräumte Ermessen überschreiten, wenn er dauerhaft nur noch Erträge thesauriert, ohne die Stiftungszwecke zu verwirklichen, um den ursprünglichen Wert des Vermögens wiederherzustellen. Hat das Vermögen einen nachhaltigen Wertverlust erfahren, müssen die Stiftungszwecke mit den geringeren Erträgen verfolgt werden, sofern nicht stiftungsrechtliche und gemeinnützigkeitsrechtliche Admassierungen zur Aufholung des Wertverlustes zulässig sind.

92 Den zuständigen Stiftungsorganen steht auch bei der Vermögensverwaltung als unternehmerischer Entscheidung ein weiter haftungsfreier Ermessensspielraum zu.[171] Aus dem Grundsatz der Vermögenserhaltung folgt keine gesonderte oder verschärfte Pflicht, die den Handlungsspielraum der Organe bei der Vermögensanlage einschränken würde. Nur falls es dazu kommen sollte, dass der Wert der gestifteten Vermögensgegenstände mit hoher Wahrscheinlichkeit dauerhaft unter den Wert zum Zeitpunkt der Vermögensübertragung bzw. einen nachhaltig erreichten höheren Wert absinken sollte, und eine spätere Wertaufholung ganz überwiegend unwahrscheinlich ist, wird – trotz grundsätzlicher

---

[166] Vgl. Schauhoff DStR 2004, 471; Burgard S. 547 f.

[167] Schauhoff in Schauhoff Gemeinnützigkeits-HdB § 3 Rn. 127.

[168] Hof/Bianchini-Hartmann/Richter S. 101.

[169] Vgl. Schindler DB 2003, 297; Schauhoff DStR 2004, 471.

[170] Schauhoff in Schauhoff Gemeinnützigkeits-HdB § 3 Rn. 129.

[171] § 84a Abs. 2 BGB; BT-Drs. 19/28173, 55; → Kap. 6 Rn. 114 ff.; so bislang bereits Weitemeyer in MüKoBGB § 86 Rn. 39; Godron in Richter StiftungsR-HdB § 6 Rn. 44 ff., 200; Hüttemann/Rawert in Staudinger BGB § 86 Rn. 68 mwN; vgl. auch OLG Oldenburg v. 8.11.2013 – 6 U 50/13, npoR 2014, 134.

Substanzerhaltungspflicht – eine Handlungspflicht entstehen, durch Vermögensumschichtung den Wert des Stiftungsvermögens dauerhaft zu erhalten.

C. Mittelbeschaffung und Ertragsverwendung

I. Mittelbeschaffung

So vielfältig die Art und Weise der Zweckerfüllung einer Stiftung sein kann, so unterschiedlich kann auch die hierfür erforderliche Mittelbeschaffung sein. Das Stiftungszivilrecht geht für die Ewigkeitsstiftung zunächst (nur) davon aus, dass der Stiftungszweck mit den *Nutzungen* des Grundstockvermögens erfüllt wird.[172] Eine Verbrauchsstiftung, die über kein Grundstockvermögen verfügt, erfüllt ihren Stiftungszweck dagegen ausschließlich mit ihrem (sonstigen) Vermögen.[173] Nach dem zivilrechtlichen Verständnis sind unter dem Begriff der Nutzungen zum einen die Früchte einer Sache oder eines Rechts zu verstehen und zum anderen die Vorteile, welche der Gebrauch der Sache oder des Rechts gewährt.[174] „Früchte" sind wiederum insbesondere Erträge, die aus den Vermögengegenständen den Grundstockvermögens gezogen werden.[175] Dazu gehören bspw. die aus der Nutzungsüberlassung einer Immobilie erzielten Mieterträge, die aus einer Geldanlage erzielten Zinsen und die aus einer Beteiligung an einer Kapitalgesellschaft erzielten Dividenden. Ein klassischer „Gebrauchsvorteil" eines Vermögensgegenstandes des Grundstockvermögens ist die (unentgeltliche) Nutzung der eigenen Stiftungsimmobilie für den Stiftungszweck, wie beispielsweise des Museumsgebäudes für Kunstausstellungen, des Theatergebäudes für Theatervorführungen oder des Universitätsgebäudes für Wissenschaft und Forschung sowie den Bildungszweck. 93

Bezogen auf Wertpapiervermögen oder einen Gesellschaftsanteil könnten unter den Nutzungsbegriff streng betrachtet nur die Gewinnausschüttungen oder -entnahmen, nicht aber ein aus der Veräußerung der Beteiligung erzielter Gewinn oder ein Bezugsrecht fallen.[176] Insoweit wird man allerdings im Einzelfall zu entscheiden haben, welche Erträge die Sache oder das Recht ihrer bzw. seiner „Bestimmung gemäß" gewährt.[177] Bei Kapitalstiftungen mit einer diversifizierten Vermögensanlage werden typischerweise nicht nur Zinsen und Dividenden, sondern auch die angestrebten Umschichtungsgewinne zum Ertrag gehören, welcher dann „Nutzung" im Sinne des § 83c Abs. 1 S. 2 BGB ist und bestimmungsgemäß zur Erfüllung der Stiftungszweck verwendet werden darf.[178] Anders mag dies dagegen bei Stiftungen sein, deren Vermögen nur aus wenigen werthaltigen Vermögensgegenständen besteht, wie einer Unternehmensbeteiligung oder einer oder mehrerer Immobilien. Die Verwendung steht jedoch stets unter dem Vorbehalt, dass die Satzung keine abweichende Bestimmung trifft und die Umschichtungsgewinne nicht ganz oder teilweise nach Maßgabe des jeweiligen Vermögenserhaltungskonzepts für die Erhaltung des Grundstockvermögens benötigt werden.[179] Insofern trifft § 83c Abs. 1 S. 3 BGB nunmehr eine eigene klarstellende Regelung. 94

---

[172] Nach § 83c Abs. 1 S. 2 BGB ist der Stiftungszweck mit den Nutzungen des Grundstockvermögens zu erfüllen.

[173] Vgl. § 80 Abs. 1 S. 2 BGB.

[174] § 100 BGB; BT-Drs. 19/28173, 57.

[175] Vgl. § 99 BGB.

[176] Hüttemann/Rawert Beilage zu ZIP 33/2021, 17.

[177] Vgl. § 99 Abs. 1 und 2 BGB.

[178] Schauhoff/Mehren NJW 2021, 2993 (2997).

[179] § 83c Abs. 1 S. 3 BGB; Hüttemann/Rawert Beilage zu ZIP 33/2021, 18.

95 Die Stiftung ist natürlich nicht verpflichtet, sich ausschließlich mit der Erzielung von Erträgen aus dem Stiftungsvermögen zu finanzieren. Vielmehr steht es ihr frei, sich (zusätzliche) Mittel für die Erfüllung ihres Stiftungszwecks durch Spenden, Zustiftungen in das sonstige Vermögen, Zuschüsse und sonstige Zuwendungen von dritter Seite (Einnahmen im ideellen Bereich), durch Erträge aus einem wirtschaftlichen Geschäftsbetrieb[180] (zB dem Betrieb eines Museumscafés) oder einem steuerbegünstigten Zweckbetrieb[181] (zB der Durchführung wissenschaftlicher Veranstaltungen im Sinne von § 68 Nr. 8 AO) zu beschaffen. Die Neuregelung des § 83c Abs. 1 S. 2 BGB will dies selbstverständlich nicht ausschließen, sondern sagt insoweit nur aus, dass der Stiftungszweck nicht mit dem Grundstockvermögen selbst zu erfüllen ist, sondern nur mit dessen *Nutzungen.* Eine Beschränkung hieraus ist aber selbstverständlich nicht intendiert.

1. Gebot der Gewinnerzielung – Verbot des Dauerverlustes

96 Bei einer Ewigkeitsstiftung müssen aus dem Grundstockvermögen also Nutzungen gezogen werden, um den Stiftungszweck erfüllen zu können.[182] Inwiefern sich hieraus ergibt, dass eine Vermögenslage, mittels derer Erträge der Stiftungszweck erfüllt wird, auf Gewinnerzielung ausgerichtet sein muss, ist für das Stiftungsrecht nicht abschließend geklärt. Gemeinnützigkeitsrechtlich ergibt sich aus dem Ausschließlichkeitsgrundsatz (§ 56 AO), dass die Vermögensverwaltung sowie die Unterhaltung eines steuerpflichtigen wirtschaftlichen Geschäftsbetriebs der Beschaffung von Mitteln zur Erfüllung der steuerbegünstigten Aufgabe dienen müssen.[183] Sie müssen daher auf Gewinnerzielung ausgerichtet sein.[184] Vor Aufnahme einer neuen Betätigung muss eine gemeinnützige Körperschaft stets sorgfältig prüfen, ob eine angemessene Rendite zu erwarten ist und der Vorstand sollte diese Erwartungen und ihre Tatsachengrundlagen dokumentieren, um die Ordnungsmäßigkeit der gemeinnützigen Geschäftsführung belegen zu können.[185] Stellt sich heraus, dass keine Gewinne zu erreichen sind, sind die Mittelbeschaffungsaktivitäten einzustellen. Dem Stiftungsrecht kann ein solches Gebot der Gewinnerzielung nicht entnommen werden und eine Adaption aus der Gemeinnützigkeit ist nicht zwingend.[186]

97 Die Vorgabe, den Stiftungszweck mit den Erträgen aus dem Grundstockvermögen zu erfüllen, impliziert weiter, das Grundstockvermögen so zu verwalten, dass die Ertragskraft des Grundstockvermögens nicht geschmälert und dieses nicht verbraucht wird.[187] Werden im Rahmen der Mittelbeschaffung mit der Vermögensverwaltung, einem Zweckbetrieb oder einem wirtschaftlichen Geschäftsbetrieb saldiert wiederholt oder sogar dauerhaft **Verluste erzielt,** kann dies jedoch gegen das Verbot des Verbrauchs von Grundstockvermögen verstoßen, wenn das Grundstockvermögen hierdurch nachhaltig und dauerhaft eine Schmälerung erfährt. Solche Verluste können bspw. durch den längeren Leerstand von Mietimmobilien oder außergewöhnlich hohe Erhaltungsaufwendungen und eine damit einhergehende Unterdeckung der Vermietungstätigkeit entstehen. Auch ein defizitärer wirtschaftlicher Geschäftsbetrieb kann, wenn für den wirt-

[180] Vgl. §§ 64, 14 AO.

[181] §§ 65 ff. AO.

[182] BT-Drs. 19/28173, 55.

[183] AEAO zu § 56 AO Nr. 1.

[184] Schauhoff in Schauhoff Gemeinnützigkeits-HdB § 7 Rn. 5 ff.; Schauhoff/Kampermann in Schauhoff/Ufer Gemeinnützige Unternehmen und Konzerne § 1 Rn. 76.

[185] Schauhoff/Kampermann in Schauhoff/Ufer Gemeinnützige Unternehmen und Konzerne, § 1 Rn. 57.

[186] So ist stiftungsrechtlich bspw. auch unerheblich, dass das Gemeinnützigkeitsrecht die Möglichkeiten politischer Meinungsäußerungen begrenzt, OLG Karlsruhe v. 23.6.2021 – 6 U 190/20, GRUR-RS 2021, 15374.

[187] BT-Drs. 19/28173, 57.

schaftlichen Geschäftsbetrieb keine Rücklagen gebildet wurden, zum Verzehr des Grundstockvermögens führen. Dabei führt jedoch nicht bereits der Umstand, dass ein Verlust erzielt wurde, zu einem Verstoß gegen den Kapitalerhaltungsgrundsatz. Die Stiftungsorgane sind vielmehr verpflichtet, die erzielten Verluste auszugleichen und den zu erhaltenden Wert des Grundstockvermögens mittelfristig wieder herzustellen → Rn. 90.

Von solchen mittelbaren Risiken für das Grundstockvermögen ist die unmittelbare Wertminderung des Grundstockvermögens zu unterscheiden, beispielsweise durch die bewusste Realisation eines Verlustes eines zum Grundstockvermögen gehörenden Vermögensgegenstandes zur Vermeidung noch höherer Wertverluste. Eine direkte Verrechnung von Umschichtungsverlusten mit den Erträgen des Grundstockvermögens kommt grundsätzlich nicht in Betracht, da letztere als Nutzungen vorrangig für die Erfüllung des Stiftungszwecks zu verwenden sind.[188] Dauerhafte Verluste können das Grundstockvermögen so sehr angreifen, dass eine wesentliche Veränderung der Verhältnisse vorliegt, die zu einer wesentlichen Strukturänderung, wie einer Satzungsänderung[189], der Umwandlung einer Ewigkeitsstiftung in eine Verbrauchsstiftung[190] oder sogar einer Zulegung oder Zusammenlegung[191] berechtigt. Da es dies zu vermeiden gilt, sollte stets geprüft werden, inwiefern in „guten Jahren" mit Überschüssen gemeinnützigkeitsrechtlich zulässige Rücklagen[192] gebildet werden können, bspw. als Betriebsmittelrücklage iS des § 62 Abs. 1 Nr. 1 AO oder als freie Rücklage nach § 62 Abs. 1 Nr. 3 AO. Schließlich kann es aus oben dargestellten Gründen empfehlenswert sein, eine Umschichtungsrücklage zu bilden, mit der der Saldo aus Umschichtungsgewinnen und Umschichtungsverlusten ausgewiesen wird.[193] 98

Auch **gemeinnützigkeitsrechtlich** können Verluste im steuerpflichtigen wirtschaftlichen Geschäftsbetrieb oder im Bereich der Vermögensverwaltung schädlich sein.[194] Nach Auffassung der Finanzverwaltung dürfen mit Erträgen aus der Vermögensverwaltung genauso wie mit Mitteln des ideellen Bereichs (Spenden, Zuschüssen uÄ) keine Verluste im steuerpflichtigen wirtschaftlichen Geschäftsbetrieb ausgeglichen werden.[195] Dabei steht die Finanzverwaltung derzeit im Regelfall auf dem Standpunkt, dass es auf das objektive Ergebnis der Verlusterzielung ankommt. Ebenso dürfen Verluste in der Vermögensverwaltung nicht mit anderen Mitteln ausgeglichen werden. Für das betreffende Veranlagungsjahr geht demnach die Gemeinnützigkeit verloren, wenn eine gemeinnützige Stiftung im Bereich eines steuerpflichtigen wirtschaftlichen Geschäftsbetriebes nach einer dreijährigen Anlaufphase im vierten Jahr weiterhin einen Verlust erwirtschaftet, ohne dass dieser Verlust mit positiven Ergebnissen aus anderen steuerpflichtigen wirtschaftlichen Geschäftsbetrieben kompensiert werden kann oder aus den sechs vorangegangenen Jahren positive Einkünfte aus einem steuerpflichtigen wirtschaftlichen Geschäftsbetrieb zur Verfügung stehen, die den Ausgleich dieses Verlustes erlauben.[196] 99

---

188 § 83c Abs. 1 S. 2 BGB, vgl. auch Hüttemann/Rawert Beilage zu ZIP 33/2021, 18.
189 § 85 BGB, dazu s. auch BT-Drs. 19/28173, 67.
190 § 85 Abs. 1 S. 4 BGB.
191 §§ 86 ff. BGB.
192 Vgl. § 62 AO.
193 Hüttemann/Rawert Beilage zu ZIP 33/2021, 18.
194 Vgl. AEAO zu § 55 Abs. 1 Nr. 1 Rn. 4–9.
195 AEAO zu § 55 Abs. 1 Nr. 1 Rn. 4.
196 Vgl. kritisch dazu Schauhoff/Kampermann in Schauhoff/Ufer, Gemeinnützige Unternehmen und Konzerne, 2022 § 2 Rn. 83.

2. Steuerrechtliche Qualifikation der Erträge

100 Rechtsfähige Stiftungen des bürgerlichen Rechts sind nach § 1 Abs. 1 Nr. 4 KStG, nichtrechtsfähige Stiftungen nach § 1 Abs. 1 Nr. 5 KStG unbeschränkt körperschaftsteuerpflichtig, sofern die Geschäftsleitung oder der Sitz der Stiftung im Inland liegt. Diese persönliche Steuerpflicht erstreckt sich auf sämtliche Einkünfte, die die Stiftung erzielt.[197] Die Ermittlung des letztendlich zu versteuernden Einkommens richtet sich auch in der Körperschaftsteuer zunächst nach den Vorschriften des Einkommensteuergesetzes[198], sodass eine Stiftung grundsätzlich sämtliche Einkunftsarten, insbesondere wohl Einkünfte aus Land- und Forstwirtschaft (§§ 13–14a EStG), Einkünfte aus Gewerbebetrieb (§§ 15–17 EStG), Einkünfte aus Kapitalvermögen (§ 20 EStG) und Einkünfte aus Vermietung und Verpachtung (§ 21 EStG) verwirklichen kann.

101 Für gemeinnützige Stiftungen ist für die steuerrechtliche Beurteilung der Erträge insbesondere die Zuordnung zu einer der vier möglichen Bereiche einer gemeinnützigen Körperschaft bedeutsam. Gemeinhin wird unterschieden zwischen der ideellen Tätigkeit, dem Bereich der Vermögensverwaltung, dem Zweckbetrieb und dem wirtschaftlichen Geschäftsbetrieb. Die Zuordnung einer bestimmten Tätigkeit zu einer dieser Sphären bildet die Grundlage für ihre zutreffende ertrag- und umsatzsteuerrechtliche Behandlung. So geht es zum einen um die Steuerbarkeit bzw. Steuerfreiheit oder Steuerpflicht einer Tätigkeit (sowohl in ertrag- als auch in umsatzsteuerlicher Hinsicht) bzw. der aus ihr resultierenden Gewinne, zum anderen um die Anwendung des regulären oder ermäßigten Umsatzsteuersatzes nach § 12 Abs. 2 Nr. 8 lit. a UStG. Im Rahmen der ideellen Tätigkeit einer steuerbegünstigten Stiftung, mit der die gemeinnützigen, mildtätigen oder kirchlichen Zwecke unmittelbar verfolgt werden, werden in der Regel bereits keine steuerbaren Einkünfte im Sinne von § 8 Abs. 1 KStG iVm § 2 Abs. 1 EStG erzielt; sollte dies doch einmal der Fall sein, wären diese von der Körperschaftsteuer und der Gewerbesteuer befreit nach § 5 Abs. 1 Nr. 9 S. 1 KStG bzw. § 3 Nr. 6 GewStG. Die im Bereich der Vermögensverwaltung erzielten Gewinne sind ebenfalls von der vorgenannten Körperschaftsteuer- bzw. Gewerbesteuerbefreiung umfasst. Die Unterscheidung zwischen einem steuerpflichtigen wirtschaftlichen Geschäftsbetrieb im engeren Sinne nach § 64 AO und einem steuerbegünstigten Zweckbetrieb nach den §§ 65 ff. AO ist schließlich essenziell für die nach § 5 Abs. 1 Nr. 9 S. 2 KStG bestehende Körperschaftsteuerpflicht für wirtschaftliche Geschäftsbetriebe[199] sowie für die Anwendbarkeit des ermäßigten Umsatzsteuersatzes nach § 12 Abs. 2 Nr. 8 lit. a UStG, der für wirtschaftliche Geschäftsbetriebe ausgeschlossen ist.[200]

102 **Spenden, Zuschüsse** und **sonstige Zuwendungen von dritter Seite,** beispielsweise vom Staat oder einer Förderstiftung, fallen typischerweise im sogenannten ideellen Bereich an. Besonderes Augenmerk ist dabei auf die Abgrenzung zwischen sog. echten (nichtsteuerbaren) Zuschüssen und (steuerbaren) Entgelten für eine Leistung zu richten, insoweit kann auf die umfangreiche Rechtsprechung und Verwaltungsanweisungen im Umsatzsteuerrecht Rückgriff genommen werden.[201] Auch die Abgrenzung zwischen

---

[197] § 1 Abs. 2 KStG.

[198] Vgl. § 8 Abs. 1 S. 1 KStG iVm §§ 2 ff. EStG.

[199] Vgl. § 5 Abs. 1 Nr. 9 S. 2 KStG: „Wird ein wirtschaftlicher Geschäftsbetrieb unterhalten, ist die Steuerbefreiung insoweit ausgeschlossen."

[200] Vgl. im Einzelnen Mehren in Roth/Werner, Die wirtschaftliche Betätigung gemeinnütziger Stiftungen, Vereine und Gesellschaften, 2021, 35 ff.; zur Anwendbarkeit des ermäßigten Steuersatzes für Zweckbetriebe ist beim BVerfG eine Verfassungsbeschwerde anhängig, BVerfG – 1 BvR 2837/19; vgl. zuletzt BFH v. 10.12.2020 – V R 5/20, NWB 2021, 608 mAnm Dr. Martin Strahl.

[201] Vgl. insbes. UStAE 10.1 Abs. 7 ff.

(nichtsteuerbaren) Spenden und (steuerbarem) Sponsoring kann für den ideellen Bereich relevant sein.[202]

Die **Vermietung und Verpachtung von unbeweglichem Vermögen**[203] einschließlich 103
der Veräußerung der entsprechenden Grundstücke[204] und die **verzinsliche Anlage von Kapitalvermögen,** wie aber auch die **Anlage von Vermögen in Wertpapieren** und anderen Anlageformen[205], stellt grundsätzlich (steuerfreie) Vermögensverwaltung dar.[206] § 14 S. 1 AO grenzt die Vermögensverwaltung von dem wirtschaftlichen Geschäftsbetrieb insofern ab, als dass ein wirtschaftlicher Geschäftsbetrieb als selbstständige nachhaltige Tätigkeit definiert wird, durch die Einnahmen oder andere wirtschaftliche Vorteile erzielt werden und die über den Rahmen einer Vermögensverwaltung hinausgeht. Im Allgemeinen kann für die Abgrenzung zwischen Vermögensverwaltung und wirtschaftlichem Geschäftsbetrieb auf die einkommensteuerrechtliche Abgrenzung zwischen den vermögensverwaltenden Einkunftsarten und den gewerblichen Einkünften abgestellt werden.[207] Danach ändert der häufige Umschlag von Kapitalvermögen durch Kauf und Verkauf von Wertpapieren noch nichts an der Charakterisierung der Tätigkeit als vermögensverwaltend. Nur dann, wenn in großem Maße Kredite aufgenommen werden, um Einkünfte aus der Vermögensverwaltung zu erzielen, kann die Grenze zur Gewerblichkeit – und damit zur Steuerpflicht – unter Umständen überschritten werden.[208] In Bezug auf Immobilien sind insbesondere die Grundsätze zum **gewerblichen Grundstückshandel** („Drei Objekt-Grenze") zu beachten, die von der Rechtsprechung entwickelt wurden und sich im Einzelnen aus dem BMF-Schreiben vom 26.3.2004[209] ergeben. Schädlich ist auch der Erwerb und die Entwicklung von Immobilien zum Zwecke der Veräußerung, die der eines Bauträgers gleichkommt. Keine wirtschaftliche Betätigung stellt dagegen die sukzessive Veräußerung eines gestifteten Vermögensbestandes dar.[210] Des Weiteren wird die Vermietung im Rahmen einer Betriebsaufspaltung[211], wenn die steuerbegünstigte Stiftung einer Tochterkapitalgesellschaft eine funktional wesentliche Betriebsgrundlage zur Nutzung überlässt (sachliche Verflechtung) und zugleich die personelle Verflechtung gegeben ist, als gewerbliche Tätigkeit und damit als steuerpflichtiger wirtschaftlicher Geschäftsbetrieb angesehen.

Eine **Beteiligung an einer Kapitalgesellschaft** wurde bislang grundsätzlich zur 104
Sphäre der Vermögensverwaltung gerechnet, da Dividendenausschüttungen und Veräußerungsgewinne nach einkommensteuerlichen Grundsätzen zu Einkünften aus Kapitalvermögen führen.[212] Eine Ausnahme bestand dann, wenn die Stiftung tatsächlich entscheidenden Einfluss auf die laufende Geschäftsführung der Kapitalgesellschaft ausübt und dadurch – über die Kapitalgesellschaft – selbst am allgemeinen wirtschaftlichen

---

[202] Vgl. AEAO zu § 64 Abs. 1 Rn. 9; Sponsoringerlass des BMF v. 19.2.1998, BStBl. I 1998, 212.

[203] Vgl. § 21 EStG.

[204] Vgl. § 21 Abs. 1 Nr. 1 EStG.

[205] Vgl. § 20 EStG.

[206] Vgl. § 14 S. 3 AO.

[207] Vgl. Schauhoff in Schauhoff Gemeinnützigkeits-HdB § 7 Rn. 62 ff.; Gosch AO/FGO § 14 Rn. 54 ff.

[208] Schauhoff/Kampermann in Schauhoff/Ufer, Gemeinnützige Unternehmen und Konzerne, 2022, § 7 Rn. 22; Mehren in Roth/Werner, Die wirtschaftliche Betätigung gemeinnütziger Stiftungen, Vereine und Gesellschaften, 2021, 35 ff.

[209] BMF, Schr. v. 26.3.2004 – IV A 6-S 2240-46/04, BStBl. I 2004, 434.

[210] Schauhoff in Schauhoff Gemeinnützigkeits-HdB § 7 Rn. 64.

[211] Vgl. H 15.7 Abs. 4 „Allgemeines" EStH.

[212] BFH, Urt. v. 25.8.2010 – I R 97/09, BFH/NV 2011, 312; BFH, Urt. v. 20.3.2014 – V R 4/13, DStR 2014, 1539; AEAO zu § 64 Abs. 1 AO Nr. 3 S. 4; Kraus/Mehren DStR 2020, 1593 (1594).

Verkehr teilnimmt.[213] Die Einzelheiten hierzu sind jedoch nicht abschließend geklärt.[214] Auch bei Vorliegen einer Betriebsaufspaltung wird die Beteiligung im wirtschaftlichen Geschäftsbetrieb gehalten, es sei denn, auch die Tochtergesellschaft ist steuerbegünstigt und die überlassene Betriebsgrundlage wird bei dieser nicht in einem wirtschaftlichen Geschäftsbetrieb eingesetzt.[215] Durch die mit dem JStG 2020 eingeführten Neuregelungen des § 57 Abs. 3 und 4 AO kann es allerdings zu einer hiervon abweichenden Zuordnung von Anteilen an steuerbegünstigten Kapitalgesellschaften kommen. Eine Beteiligung, die zur unmittelbaren Verfolgung der eigenen steuerbegünstigten Zwecke an einer steuerbegünstigten Kapitalgesellschaft gehalten und verwaltet wird, ist hiernach jetzt dem ideellen Bereich zuzuordnen, wenn die steuerbegünstigten Zwecke der gehaltenen Beteiligungsgesellschaft in den eigenen steuerbegünstigten Zwecken enthalten sind.[216] Auch in Bezug auf Beteiligungen an bislang voll steuerpflichtigen Servicegesellschaften kann es durch die Neuregelungen zu einem ertragsteuerlichen Sphärenwechsel kommen, wenn die Servicegesellschaft die Voraussetzungen des § 57 Abs. 3 AO erfüllt und die Beteiligung bislang wegen Vorliegen einer Betriebsaufspaltung oder Einflussnahme der Stiftung auf die Geschäftsführung der Tochtergesellschaft einen steuerpflichtigen wirtschaftlichen Geschäftsbetrieb begründete (§ 13 Abs. 5 iVm Abs. 1 KStG).[217]

105 Bei der **Beteiligung an einer Personengesellschaft** ist nach der konkreten Tätigkeit der Personengesellschaft abzugrenzen: Ist die Personengesellschaft ausschließlich vermögensverwaltend tätig, gehört die Beteiligung bei der steuerbegünstigten Stiftung zur Vermögensverwaltung, auch wenn es sich um eine gewerblich geprägte Personengesellschaft iS des § 15 Abs. 3 Nr. 2 EStG handelt, die (lediglich) aufgrund der gewerblichen Prägung gewerbliche Einkünfte erzielt.[218] Dies gilt nicht, dh die Beteiligung begründet einen wirtschaftlichen Geschäftsbetrieb, wenn die Tochterpersonengesellschaft ihrerseits Besitzpersonengesellschaft im Rahmen einer Betriebsaufspaltung ist und aus dem Grund gewerbliche Einkünfte erzielt.[219] Eine Personengesellschaft, die originär gewerblich tätig ist, begründet bei der steuerbegünstigten Gesellschafterin (Stiftung) stets einen wirtschaftlichen Geschäftsbetrieb, sofern diese als Mitunternehmerin der Gesellschaft anzusehen ist.[220] Sie erzielt in diesem Fall Einkünfte aus Gewerbebetrieb nach § 15 Abs. 1 S. 1 Nr. 2, Abs. 2 EStG.

II. Ertragsverwendung

1. Satzungsgemäße Verwendung

106 Nach § 83c Absatz 1 S. 2 BGB ist der Stiftungszweck mit den Nutzungen aus dem Grundstockvermögen zu erfüllen. Damit wird nicht nur der Grundsatz der Erhaltung des Grundstockvermögens konkretisiert, sondern auch geregelt, *wie* das Grundstockvermögen der Zweckerfüllung dient. Nach der Gesetzesbegründung ergibt sich aus der

---

[213] BFH, Urt. v. 16.1.2019 – I R 72/16, DStR 2019, 379; BFH, Urt. v. 29.11.2017 – I R 83/15, BStBl. II 2018, 495; BFH, Urt. v. 25.8.2010 – I R 97/09, BFH/NV 2011, 312.

[214] Siehe ausführlich Kraus/Mehren DStR 2020, 1593 (1594).

[215] AEAO zu § 64 Abs. 1 AO Nr. 3 S. 8 und 9.

[216] AEAO zu § 57 Abs. 4 AO Nr. 13.

[217] Kirchhain npoR 2021, 235 (240).

[218] BFH, Urt. v. 25.5.2011 – I R 60/10, BStBl. II 2011, 858; BFH, Urt. v. 18.2.2016 – V R 60/13, BStBl. II 2017, 251; AEAO zu § 64 Abs. 1 AO Nr. 3 S. 3.

[219] FG Düsseldorf, Urt. v. 17.9.2013 – 6 K 2430/13 K, npoR 2014, 54.

[220] Mehren in Roth/Werner, Die wirtschaftliche Betätigung gemeinnütziger Stiftungen, Vereine und Gesellschaften, 2021, 35 ff.

Regelung insbesondere, dass das Grundstockvermögen aus Vermögensgegenständen zusammengesetzt sein muss, die entweder unmittelbar zur Erfüllung des Stiftungszwecks gebraucht werden können oder die Erträge erbringen können, mit denen der Stiftungszweck erfüllt werden kann.[221] Alle Nutzungen des Stiftungsvermögens müssen somit unmittelbar oder mittelbar zur Erfüllung des Stiftungszwecks verwendet werden. Damit die Stiftung ihren Stiftungszweck dauernd und nachhaltig erfüllen könne, seien, so der Gesetzgeber, die aus dem Grundstockvermögen gezogenen Nutzungen überwiegend unmittelbar zur Erfüllung des Stiftungszwecks zu verwenden.[222]

Was für die Nutzungen, also insbesondere die Erträge des Grundstockvermögens, 107
ausdrücklich in § 83c Abs. 1 S. 2 BGB geregelt ist, ergibt sich für sämtliche Erträge aus der Rechtsnatur der Stiftung und der für sie typischen Verknüpfung von Zweck und Vermögen.[223] Aus der Vermögenswidmung des Stifters ergibt sich, dass die Erträge des Stiftungsvermögens grundsätzlich für die Verwirklichung der Stiftungszwecke einzusetzen sind. Das gesamte Stiftungsvermögen, also auch die dem sonstigen Vermögen zuzurechnenden Erträge, darf nur zur Erfüllung des Stiftungszwecks, wie er vom Stifter in der Stiftungssatzung bestimmt wurde, verwendet werden.[224] Das Stiftungsvermögen ist das Mittel zur Erfüllung des Stiftungszwecks und darf nur der Zweckerfüllung dienen. Während die Bestimmung des Stiftungszwecks grundsätzlich dem Stifter obliegt[225] und gesetzlich lediglich ein Zweck, der die Interessen der Allgemeinheit gefährdet ausgeschlossen ist[226], steht es – mit einer Ausnahme – nicht zur Disposition des Stifters, über die satzungsgemäße Verwendung der Erträge zu verfügen. Die – in der Praxis wichtige – Ausnahme ist die **Versorgung des Stifters** und seiner nächsten Angehörigen: auch bei einer gemeinnützigen Stiftung wird es nicht beanstandet, wenn die Stiftung einen Teil ihres Einkommens dazu verwendet, um in angemessener Weise den Stifter und seine nächsten Angehörigen zu unterhalten und ihre Gräber zu pflegen.[227] Auch wenn dies aus gemeinnützigen Gründen nicht erforderlich ist, sollte aus stiftungsrechtlichen Gründen zur Klarstellung und Vermeidung von Missverständnissen in der Stiftungssatzung eine entsprechende Ermächtigung aufgenommen werden wie bspw. die vom Bayerischen Innenministerium vorgeschlagene:[228]

„Die Stiftung darf einen Teil, jedoch höchstens ein Drittel ihres Einkommens dazu verwenden, um in angemessener Weise den Stifter und seine nächsten Angehörigen zu unterhalten, ihre Gräber zu pflegen und ihr Andenken zu ehren (§ 58 Nr. 6 AO).“

Der Grundsatz der Ertragsverwendung bezieht sich (nur) auf die Erträge, die aus dem 108
Stiftungsvermögen fließen. Wesentlich sind dabei die Einnahmen der Stiftung, über die die Stiftung **tatsächlich verfügen** kann. Hält die Stiftung bspw. eine Beteiligung an einer Personengesellschaft, kommt es auf die Gewinnanteile der Stiftung bei der Personengesellschaft an, die die Stiftung tatsächlich aus dem Vermögen der Personengesellschaft entnehmen kann.[229] Nicht eine bilanzielle Vermögensmehrung, sondern Erträge, über die die Stiftung kraft eigener Herrschaftsmacht verfügen kann, sind für die satzungsmäßigen

[221] BT-Drs. 19/28173, 57.
[222] BT-Drs. 19/28173, 57.
[223] Vgl. auch §§ 80 Abs. 1 Satz 1, 81 Abs. 1 Nr. 1 Buchst. a) und 83b Abs. 4 S. 2 BGB.
[224] BT-Drs. 19/28173, 55.
[225] Vgl. BT-Drs. 19/28173, 47f; → Kap. 3 Rn. 2, → Kap. 5 Rn. 12.
[226] Vgl. § 82 S. 1 BGB; BT-Drs. 19/28173, 51.
[227] § 58 Abs. 1 Nr. 6 AO.
[228] Vgl. Bay. Innenministerium, Muster für Stiftungssatzung, Fn. 19 (Stand 1.8.2019).
[229] Schauhoff in Schauhoff Gemeinnützigkeits-HdB § 3 Rn. 126.

Zwecke einzusetzen. Dementsprechend sind der Stiftung solche Erträge von vorneherein entzogen, die sie bspw. aufgrund eines durch den Stifter vorbehaltenen Nießbrauchrechts an diesen herausgeben muss.[230]

109 Verwendet für den Stiftungszweck bedeutet nicht nur die unmittelbare Erfüllung, indem eine bestimmte Maßnahme, die vom Stiftungszweck gedeckt ist, finanziert wird. Vielmehr gehören alle Aufwendungen, die der Zweckerfüllung dienen, wie die Bezahlung öffentlicher Abgaben, Verwaltungskosten oder Instandhaltungskosten dazu.[231] Auf welche Weise die Stiftung die Zweckerfüllung betreibt, liegt stiftungs- und gemeinnützigkeitsrechtlich grds. im Ermessen des Stiftungsvorstands.[232] Die Stiftungsaufsicht beschränkt sich dabei auf die Prüfung, ob eine zweckwidrige Mittelverwendung gegeben ist.[233]

110 Hat der Stifter oder die Stifterin der Stiftung mehrere Zwecke gegeben und keine besondere Gewichtung vorgenommen, so müssen die Stiftungsorgane mittels Auslegung ermitteln, in welcher Rangfolge die verschiedenen Stiftungszwecke zueinanderstehen. Es müssen nicht alle Zwecke immer gleichermaßen erfüllt werden.[234] Ist der Stifter erkennbar von einem Subsidiaritätsverhältnis ausgegangen, so können die nachgeordneten Stiftungszwecke auch längere Zeit überhaupt nicht erfüllt werden, bis die Stiftung über ausreichende Mittel verfügt, um alle Zwecke zu erfüllen. Erst wenn feststeht, dass die Erträge einer Stiftung nicht ausreichen werden, um auch nachgeordnete Zwecke zu erfüllen, kann der Stiftungszweck im Wege einer Satzungsänderung unter Berücksichtigung des Stifterwillens eingeschränkt und abgeändert werden.[235] Ist umgekehrt der Stiftungszweck so gefasst, dass mehr Erträge zur Verfügung stehen, als für eine sinnvolle Zweckerfüllung benötigt werden, kann im Wege einer Satzungsänderung eine Erweiterung der Zweckbestimmung vorgenommen werden.[236]

2. Zeitliche Vorgaben zur Verwendung – Rücklagenbildung

111 Der Regelung des § 83c Abs. 1 S. 2 BGB kann darüber hinaus entnommen werden, dass eine unmittelbare Verwendungs*pflicht* für die Erfüllung des Stiftungszwecks nur bezüglich der Erträge (Nutzungen), die mit Vermögensgegenständen des Grundstockvermögens erzielt werden, besteht (sog. Admassierungsverbot). Sämtliche sonstigen Erträge, wie beispielsweise die aus der Nutzung von Vermögensgegenständen des sonstigen Vermögens oder aus sonstigen Tätigkeiten der Stiftung, sind dagegen nicht „verbrauchspflichtig“, sondern nur „verbrauchsfähig“.[237] Gemeinnützige Stiftungen mit jährlichen Einnahmen von mehr als EUR 45.000 unterliegen dem sich aus dem Gemeinnützigkeitsrecht ergebenden Gebot der zeitnahen Mittelverwendung,[238] welches sich grundsätzlich auf sämtliche Erträge bezieht mit Ausnahme der Gewinne aus der Veräußerung von Grundstockvermögen.[239] Rücklagen dürfen sie nur nach Maßgabe der in § 62 AO ge-

---

[230] Zur Einbeziehung solcher Leistungen aufgrund vorbehaltener Verpflichtungen in die gemeinnützigkeitsrechtliche Ein-Drittel-Grenze s. AEAO zu § 55 Abs. 1 Nr. 1 AO Rn. 15; BMF v. 6.11.1998, BStBl. I 1998, 1446, entgegen BFH 21.1.1998 – II R 16/95, BStBl. II 1998, 758.

[231] Schauhoff in Schauhoff Gemeinnützigkeits-HdB § 3 Rn. 146.

[232] → Kap. 6 Rn. 96 ff.

[233] → Kap. 8 Rn. 15.

[234] Schauhoff in Schauhoff Gemeinnützigkeits-HdB § 3 Rn. 147.

[235] → Kap. 9 Rn. 28.

[236] BGH III ZR 10/74 v. 3.3.1977, BGHZ 64, 142 (148 f.); → Kap. 9 Rn. 34.

[237] Für eine Verbrauchspflicht für sämtliche Nutzungen dagegen Roth npoR 2021, 80 (84).

[238] Vgl. § 55 Abs. 1 Nr. 5 AO; → Kap. 5 Rn. 61 ff.

[239] AEAO zu § 55 Abs. 1 Nr. 5 AO Rn. 32.

nannten Vorgaben bilden.[240] Für sie ist diese Differenzierung daher nicht relevant, so dass für sie grundsätzlich eine Verwendungspflicht für sämtliche Erträge gilt. Darüber hinaus sind auch Spenden und Zuschüsse aufgrund ihrer jeweiligen Zweckbestimmung als verbrauchspflichtiges sonstiges Vermögen einzuordnen.

Stiftungsrechtlich sind Ausnahmen von dem Admassierungsverbot denkbar, soweit sie vom Stifter vorgegeben sind. So sieht § 83b Abs. 2 Nr. 3 BGB gerade vor, dass sonstiges Vermögen von der Stiftung zu Grundstockvermögen bestimmt werden kann → Rn. 13 f. **112**

Wie die Gesetzesbegründung klarstellt, konstituiert das Stiftungszivilrecht allerdings keine Pflicht zur *zeitnahen* Verwendung der Stiftungserträge.[241] Die Gesetzesbegründung führt hierzu aus:[242] **113**

„Der Gesetzentwurf beschränkt sich auch auf grundlegende Regelungen zu Vermögen. [...] Es wurde bewusst davon abgesehen, darüber hinaus die Vermögensverwaltung eingehender zu regeln, damit Stiftungen die Verwaltung ihres Stiftungsvermögens weitgehend nach ihren individuellen Bedürfnissen ausgestalten können. Die Vorschriften zur Verwaltung des Stiftungsvermögens enthalten deshalb insbesondere auch keine Regelungen dazu, zu welchem Zeitpunkt, die Stiftung ihre Mittel, die sie für die Zweckerfüllung verwenden kann, dafür verwenden soll. Es gibt im Stiftungsrecht keine Pflicht zur zeitnahen Mittelverwendung. Es muss nur allgemein gewährleistet sein, dass der Stiftungszweck dauernd und nachhaltig erfüllt wird und das Stiftungsvermögen nur zur Erfüllung des Stiftungszwecks eingesetzt wird. In diesem Rahmen kann die Stiftung z. B. Nutzungen aus dem Stiftungsvermögen für größere Anschaffungen zurücklegen oder auch Nutzungen aus dem Stiftungsvermögen zu Grundstockvermögen bestimmen, um die Pflicht zur Erhaltung des Grundstockvermögens zu erfüllen."

Auch wenn das Stiftungszivilrecht somit keine konkreten zeitlichen Vorgaben für die Verwendung der Mittel macht, wie § 55 Abs. 1 Nr. 5 AO für gemeinnützige Stiftungen, dürfen Stiftungen nicht über Jahre ihre Vermögenserträge grundlos thesaurieren.[243] Bereits von ihrem Grundverständnis her sind sie zur „dauernden und nachhaltigen Erfüllung" des Stiftungszwecks und damit grundsätzlich zu einer gegenwartsnahen Zweckerfüllung verpflichtet.[244] **114**

Einem Stifter steht es natürlich frei, in der Stiftungssatzung Vorgaben für die Zeitdauer der Mittelverwendung oder die jährlich mindestens zu verwendenden verfügbaren Erträge zu machen. Weitaus häufiger finden sich in den Stiftungssatzungen jedoch (zum Teil verbindliche) Regelungen zur **Bildung von Rücklagen,** während die (zeitnahe) Verwendung der verbleibenden Erträge der Entscheidung der Stiftungsorgane überlassen wird. Die Bildung von Rücklagen aus Stiftungserträgen oder Zuwendungen im Rahmen der steuerrechtlichen Vorschriften ist stiftungsrechtlich auch ohne ausdrückliche Satzungsbestimmung zulässig.[245] Empfehlenswert ist, durch eine entsprechende Satzungsregelung die Stiftungsorgane auf diese Möglichkeit, ggf. auch Verpflichtung, hinzuweisen, wie bspw. mit der folgenden Formulierung: **115**

„Im Rahmen der steuerrechtlichen Bestimmungen können Rücklagen gebildet werden, insbesondere, soweit dies erforderlich ist, um das Grundstockvermögen in seinem Wert

---

[240] → Kap. 5 Rn. 64 ff.; dementsprechend wird auch bei privatnützigen Stiftungen die Bildung wirtschaftlich begründeter Rücklagen, zB zur Finanzierung größerer Ausgaben, als zulässig erachtet.

[241] BT-Drs. 19/31118, 7.

[242] BT-Drs. 19/31118, 7.

[243] Hüttemann/Rawert Beilage zu ZIP 33/2021, 17.

[244] Vgl. §§ 80 Abs. 1 S. 1, 82 S. 1 BGB.

[245] Mustersatzung des Bayer. Innenministeriums, Fn. 20 (Stand 1.8.2021).

ungeschmälert zu erhalten und die steuerbegünstigten satzungsgemäßen Zwecke dauernd und nachhaltig erfüllen zu können."

116 Ist Realwerterhalt angestrebt, kann konkret die Bildung einer Kapitalerhaltungsrücklage (als Teil der freien Rücklage nach § 62 Abs. 1 Nr. 3 AO) in der Stiftungssatzung vorgesehen werden:

„Zur Sicherung des Werterhalts des Grundstockvermögens soll die Stiftung eine Kapitalerhaltungsrücklage bilden in Höhe der allgemeinen Inflationsrate des Vorjahres bezogen auf das Grundstockvermögen; sie kann weitere Rücklagen bilden, soweit dies erforderlich ist, um die satzungsmäßigen Zwecke nachhaltig erfüllen zu können."

D. Rechnungslegung und Publizität

117 Für Stiftungen können sich Regelungen zur Rechnungslegung aus verschiedenen Rechtsbereichen ergeben: dem Stiftungszivilrecht (einschließlich der Stiftungssatzung → Rn. 118 ff.), dem Handelsrecht → Rn. 129 ff. und dem Steuerrecht → Rn. 132 f. Die Stellungnahme des IDW zur Rechnungslegung von rechtsfähigen Stiftungen hat zwar keine allgemeingültige Bindungswirkung, da sie sich in erster Linie an den Berufsstand der Wirtschaftsprüfer richtet → Rn. 123 ff. In faktischer Hinsicht sind die Empfehlungen jedoch von erheblicher Relevanz, während sie gleichzeitig inhaltlichen Spielraum lassen, um im Einzelfall aus sachlichen Gründen von ihnen abzuweichen. Dabei sollte man sich stets den spezifischen Zweck der Rechnungslegung einer Stiftung vor Augen führen: da die Stiftung darauf ausgerichtet ist, mittels des Stiftungsvermögens und dessen Erträgen den vom Stifter vorgegebenen Zweck dauernd und nachhaltig zu erfüllen, sollte die Rechnungslegung idealerweise Aufschluss über das Stiftungsvermögen und die zur Verfügung stehenden Mittel geben sowie deren satzungsmäßige Verwendung und die Kapitalerhaltung des Grundstockvermögens dokumentieren.[246] Schließlich wird nachfolgend auf die Frage der Publizität eingegangen, also ob und inwieweit die erstellten Unterlagen einer Abschlussprüfung zu unterziehen und sodann ggfs. zu veröffentlichen sind → Rn. 134 ff.

I. Stiftungsrecht

118 **Zivilrechtlich** ist der Stiftungsvorstand durch den Verweis auf das Auftragsrecht verpflichtet, der Stiftung wie ein Beauftragter Auskunft zu erteilen und „Rechenschaft abzulegen".[247] Zu dieser Rechnungslegungspflicht gehört (lediglich) die Fertigung einer geordneten Zusammenstellung der Einnahmen und der Ausgaben, also einer Jahresabrechnung, und eines Bestandsverzeichnisses (Vermögensübersicht).[248] Wie bislang gilt dies gegenüber dem jeweiligen Landesstiftungsgesetz jedoch nur subsidiär, da die Rechnungslegung der Stiftung eine wesentliche Voraussetzung der Stiftungsaufsicht und damit Angelegenheit der Länder ist.[249] Außerdem handelt es sich bei dem Verweis auf

[246] Kußmaul/Meyering MHdB GesR V § 97 Rn. 9.

[247] § 84a Abs. 1 S. 1 BGB iVm § 666 BGB; bislang ebenso über den Verweis in das Vereinsrecht nach §§ 86 S. 1, 27 Abs. 3 BGB.

[248] §§ 259, 260 BGB; Hüttemann/Rawert in Staudinger BGB § 86 Rn. 50; Hüttemann/Rawert Beilage zu ZIP 33/2021, 42 f.

[249] Kußmaul/Meyering MHdB GesR V § 97 Rn. 3; Schlüter/Stolte StiftungsR Kap. 6 Rn. 3.

das Auftragsrecht um dispositives Recht, das durch die Satzung modifiziert werden kann.[250]

Die in den Landesstiftungsgesetzen geregelten **öffentlich-rechtlichen Rechnungslegungspflichten** der Stiftungen gegenüber den Stiftungsaufsichtsbehörden sehen bislang ganz überwiegend neben der Erstellung einer Jahresrechnung bzw. Jahresabrechnungen und einer Vermögensübersicht einen Bericht über die Erfüllung des Stiftungszwecks vor,[251] einige Stiftungsgesetze sehen auch eine ausdrückliche Buchführungspflicht vor.[252] Dabei ist zu beachten, dass trotz der Ähnlichkeit der Begriffe Jahresrechnung bzw. Jahresabrechnung mit dem in § 242 Abs. 3 HGB verwandten Begriff Jahresabschluss nicht die handelsrechtlichen Regelungen zur Ausgestaltung der Rechnungslegung gelten, sondern sich diese vielmehr an den spezifischen Zwecken der Rechnungslegung der Stiftung zu orientieren hat.[253] Sofern vereinzelt geregelt ist, dass „nach den Grundsätzen ordnungsmäßiger Buchführung" Rechnung zu führen sei,[254] ist auch damit keine kaufmännische Rechnungslegungspflicht nach §§ 238 ff. HGB gemeint, sondern es werden nur die allgemeinen Grundsätze ordnungsmäßiger Buchführung (Richtigkeit, Klarheit, Vollständigkeit, Bewertungs- und Gliederungsstetigkeit, Saldierungsverbot etc.) angesprochen.[255] Die Vermögensübersicht soll schließlich den Bestand des Stiftungsvermögens zum Schluss des Geschäftsjahres ausweisen, wobei vor allem hier den stiftungsrechtlichen Besonderheiten Rechnung zu tragen ist. Zur Darlegung der Erfüllung der stiftungsrechtlich gebotenen Erhaltung des Grundstockvermögens ist es erforderlich, bei gegenständlicher Vermögenserhaltung die zu erhaltenden Vermögensgegenstände gesondert auszuweisen; im Fall der wertmäßigen Vermögenserhaltung sollte die Vermögensübersicht einen überjährigen Soll-/Ist-Vergleich beinhalten, je nach Art der Werterhaltung (nominal oder real) ggfs. unter Berücksichtigung inflationsbedingter Wertminderungen.[256] Bei bilanzierenden Stiftungen werden diese Darstellungen typischerweise unter der Bilanz oder in einer separaten Anlage dargestellt.[257] Aufgrund der infolge der Stiftungsrechtsreform notwendig gewordenen und zu erwartenden Anpassung und Änderung der Landesstiftungsgesetze[258] sollte jedenfalls darauf geachtet werden, ob das für die jeweilige Stiftung anzuwendende Landesstiftungsgesetz die Rechnungslegung künftig abweichend von den bisherigen Regelungen regelt. 119

Über die Landesstiftungsgesetze und das BGB hinaus können in der **Stiftungssatzung** weitergehende Anforderungen an die Rechnungslegung, wie beispielsweise die Erstellung eines kaufmännischen Abschlusses, und ggf. auch die Prüfung des Jahresabschlusses festgeschrieben werden, die der Stiftungsvorstand zu befolgen hat.[259] Gerade bei Stiftungen mit umfangreichem bzw. komplexem Vermögen und vielfältigen Geschäftsvorgängen (zB 120

---

[250] § 84a Abs. 1 S. 3 BGB.

[251] Art. 16 Abs. 1 S. 4 BayStG; §§ 9 Abs. 2 Nr. 3 StiftG BW; 8 Abs. 1 Nr. 2 StiftG Bln.; 6 Abs. 2 S. 1 StiftG Bbg.; 12 Abs. 2 Nr. 2 BremStiftG; 4 Abs. 4 Hs. 1 StiftG Hmb.; 7 Nr. 2 StiftG Hessen; 4 Abs. 2 Nr. 2 StiftG MV; 11 Abs. 3 NStiftG; 7 Abs. 1 S. 1 StiftG NRW; 7 Abs. 4 S. 1 StiftG NRW; 7 Abs. 4 LStiftG RhPf.; 5 Abs. 1 S. 3, 11 Abs. 2 S. 1 Nr. 2 SStiftG; 4 Abs. 2 SächsStiftG; 7 Abs. 5 StiftG LSA; 10 Abs. 1 Nr. 1 StiftG SchlH; 8 Abs. 4 ThürStiftG.

[252] § 7 Abs. 3 StiftG BW; Art. 16 Abs. 1 S. 1 und 2 BayStG; § 4 Abs. 7 StiftG SchlH.

[253] Kußmaul/Meyering MHdB GesR V § 97 Rn. 12.

[254] So bspw. § 7 Abs. 3 StiftG BW; § 7 Nr. 2 StiftG Hessen.

[255] Hüttemann/Rawert in Staudinger BGB § 86 Rn. 51; Kampermann in Schauhoff/Ufer Gemeinnützige Unternehmen und Konzerne, 2022, § 9 Rn. 18.

[256] Kampermann in Schauhoff/Ufer, Gemeinnützige Unternehmen und Konzerne, 2022, § 9 Rn. 19.

[257] Vgl. IDW RS HFA 5 Rn. 59; Hoppe/Wunderlich SB 2020, 183.

[258] → Kap. 1 Rn. 9.

[259] Kußmaul/Meyering MHdB GesR V § 97 Rn. 17.

bei Unterhaltung eines wirtschaftlichen Geschäftsbetriebs) finden sich häufig derartige Anforderungen. Eine mögliche Satzungsregelung dazu lautet:[260]

„Der Stiftungsvorstand hat die Jahresrechnung der Stiftung durch einen Prüfungsverband, einen Wirtschaftsprüfer oder einen vereidigten Buchprüfer prüfen zu lassen. Die Prüfung und die Bescheinigung mit der Feststellung über das Ergebnis der Prüfung müssen sich auch auf die Einhaltung der Grundsätze ordnungsgemäßer Buchführung, die ungeschmälerte Erhaltung des Grundstockvermögens und die bestimmungsgemäße Verwendung seiner Erträge und zum Verbrauch bestimmter Zuwendungen erstrecken."

121 Ebenso kann noch weitergehend die Verpflichtung zur Aufstellung eines kaufmännischen Jahresabschlusses und die Prüfung desselben vorgesehen werden:

„Innerhalb von sechs Monaten nach Schluss des Geschäftsjahres hat der Stiftungsvorstand für das vergangene Geschäftsjahr einen Jahresabschluss (Bilanz nebst Gewinn- und Verlustrechnung) unter Beachtung der vom Institut der Wirtschaftsprüfer (IDW) aufgestellten Grundsätze zur Rechnungslegung von Stiftungen und einen Bericht über die Erfüllung des Stiftungszwecks und Erhaltung des Grundstockvermögens aufzustellen (im Folgenden „Jahresabrechnung"). Die Jahresabrechnung ist von einem Abschlussprüfer zu prüfen."

122 Daneben bleibt es den Stiftungsorganen natürlich unbenommen, freiwillig einen kaufmännischen Jahresabschluss zu erstellen und diesen prüfen zu lassen.

II. IDW-Stellungnahme zur Rechnungslegung und Prüfung von Stiftungen

123 Die vom Institut der Wirtschaftsprüfer e. V. (IDW) veröffentlichte „Stellungnahme zur Rechnungslegung von Stiftungen" (IDW RS HFA 5, Stand 6.12.2013) gilt für rechtsfähige Stiftungen des bürgerlichen Rechts, sowohl gemeinnütziger als auch privatnütziger Art, stellt jedoch lediglich eine Empfehlung dar und hat keine normative Wirkung. Der Rechnungslegungsstandard befasst sich im Wesentlichen mit:

- Aufbau und Inhalt des Jahresabschlusses und Lageberichts (Rn. 37–42),
- Gliederung der Bilanz und Gewinn- und Verlustrechnung (Rn. 47–54),
- Bewertungsgrundsätze (Rn. 44–46),
- Gliederung des Eigenkapitalausweises und Nachweis der Kapitalerhaltung (Rn. 55–67),
- Darstellung der Ergebnisverwendung (Rn. 68 f.),
- Bilanzierung satzungsgemäßer Leistungszusagen (Rn. 70–72),
- alternativ: Einnahmen-/Ausgaben-Rechnung und Vermögensübersicht (Rn. 75–93),
- Mindestinhalt eines Berichts über die Erfüllung des Stiftungszwecks (Rn. 94).

124 Eine Jahresabrechnung in Form der Einnahmen-/Ausgaben-Rechnung (mit Vermögensübersicht) soll nach dem IDW nur in leicht zu überschauenden Verhältnissen ausreichen; in allen anderen Fällen wird die Aufstellung eines kaufmännischen Jahresabschlusses nach den im HGB vorgesehenen qualifizierten Anforderungen für Kapitalgesellschaften empfohlen.[261]

125 Die wohl wichtigste rechtsformspezifische Anforderung gegenüber der Bilanz einer Kapitalgesellschaft stellt die **Darstellung des Stiftungsvermögens** dar, die bislang wie folgt empfohlen wurde[262]

---

[260] Mustersatzung des Bayer. Innenministeriums, § 8 Abs. 4 (Stand 1.8.2021).
[261] IDW RS HFA 5 Rn. 32 f.
[262] IDW RS HFA 5 Rn. 55.

A. Eigenkapital:
I. Stiftungskapital
1. Errichtungskapital
2. Zustiftungskapital
II. Rücklagen
1. Kapitalrücklage
2. Ergebnisrücklage
III. Umschichtungsergebnisse
IV. Ergebnisvortrag

Aufgrund der mit der Stiftungsrechtsreform im BGB erstmals verwandten Begrifflichkeiten und Differenzierung zwischen Stiftungsvermögen, Grundstockvermögen und sonstigem Vermögen[263] sowie der neuen gesetzlichen Regelung zur Verwendungsmöglichkeit von Umschichtungsgewinnen[264] ist damit zu rechnen, dass auch die Stellungnahme des IDW und der hier empfohlene Eigenkapitalausweis entsprechend angepasst wird.[265] Eine **zukünftige Gliederung** könnte – auch unter Berücksichtigung der Tatsache, dass die weit überwiegende Mehrzahl an Stiftungen gemeinnützige Stiftungen sind, die die gemeinnützigkeitsrechtlichen Vorschriften über die Rücklagenbildung zu beachten haben[266] – beispielsweise wie folgt aussehen (die Klammerzusätze dienen lediglich der Erläuterung): 126

A. Eigenkapital:
I. Stiftungskapital (= Stiftungsvermögen iSv § 83b Abs. 1 S. 1 BGB)
1. Grundstockvermögen (= zu erhaltendes Vermögen iSv § 83b Abs. 2 BGB)
a) Gewidmetes Vermögen
b) Zustiftungen
c) Sonstiges Grundstockvermögen
2. Sonstiges Vermögen
II. Rücklagen
1. Projektrücklage, Betriebsmittelrücklage uÄ
2. Rücklage für Wiederbeschaffung
3. Freie Rücklage
davon: Rücklage zum Erwerb von Gesellschaftsrechten
4. Umschichtungsrücklage
III. Ergebnisvortrag

Zu dem sonstigen Grundstockvermögen zählt neben dem von der Stiftung aufgrund Satzungsregelung oder aufgrund Organbeschluss zu Grundstockvermögen bestimmten Vermögen[267] die durch die Umschichtung von Vermögensgegenständen des Grundstockvermögens entstehenden Zuwächse (saldiert mit den Abwächsen), welche nach einer etwaigen Satzungsregelung *nicht* für die Erfüllung des Stiftungszwecks verwandt werden dürfen. Umschichtungsergebnisse, die dagegen in Übereinstimmung mit der Neuregelung des § 83b Abs. 1 S. 3 BGB für die Erfüllung des Stiftungszwecks verwendet werden können, sollten saldiert in der Umschichtungsrücklage ausgewiesen werden. Sowohl der Posten „Sonstiges Grundstockvermögen" als auch „Umschichtungsrücklage" können negativ werden,[268] ohne dass dies jedoch zwingend zu einem Verstoß gegen den Vermögenserhaltungsgrundsatz führen muss.[269] 127

[263] Vgl. § 83b BGB.
[264] § 83c Abs. 1 S. 3 BGB.
[265] So auch Hüttemann/Rawert Beilage zu ZIP 33/2021, 13.
[266] Vgl. § 62 AO; bislang allerdings unbeachtlich nach IDW RS HFA 5 Rn. 67.
[267] § 83b Abs. 2 Nr. 3 BGB.
[268] So auch bei dem bisherigen Posten „Umschichtungsergebnisse" vgl. IDW RS HFA 5 Rn. 66.
[269] Hüttemann/Rawert Beilage zu ZIP 33/2021, 18.

128 Für den **Nachweis der Kapitalerhaltung** bedeutet dies, dass (nur) im Fall der nominalen Kapitalerhaltung das zu erhaltende Kapital dem ausgewiesenen Grundstockvermögen entspricht.[270] Bei realer Kapitalerhaltung muss das Grundstockvermögen indexiert werden, um insbesondere die inflationsbedingte Wertminderung abzubilden.[271] Die Einhaltung der Kapitalerhaltung wird sodann durch eine Gegenüberstellung mit dem der Stiftung dauerhaft zur Verfügung stehenden Kapital überprüft, wobei wesentliche stille Reserven und Lasten hinzuzurechnen bzw. abzuziehen sind.[272] Gelingt der Nachweis der Kapitalerhaltung zum Abschlussstichtag nicht, hat der Vorstand zusätzlich zu erläutern, wie die Kapitalerhaltung im Rahmen seines Kapitalerhaltungskonzeptes mittelfristig erreicht wird.[273]

III. Handelsrecht

129 Eine handelsrechtliche Verpflichtung zur Buchführung und Aufstellung eines kaufmännischen Jahresabschlusses, bestehend aus Bilanz sowie Gewinn- und Verlustrechnung (GuV), betrifft nur solche Personen, die „Kaufmann" im Sinne des HGB sind.[274] Da eine privatrechtliche Stiftung, anders als eine Kapitalgesellschaft, kein Formkaufmann nach § 6 HGB ist, ist die Kaufmannseigenschaft nur gegeben, wenn die Stiftung ein Handelsgewerbe betreibt, also einen Gewerbebetrieb unterhält, der „nach Art und Umfang einen in kaufmännischer Weise eingerichteten Gewerbebetrieb" erfordert.[275] Nur wenn eine gemeinnützige Stiftung einen wirtschaftlichen Geschäftsbetrieb von einer gewissen Größe unterhält, werden diese Voraussetzungen in aller Regel erfüllt sein und zwar prinzipiell ungeachtet einer etwaigen Zweckbetriebsprivilegierung.[276] Maßgeblich sind insbesondere die Schwellenwerte in § 241a Abs. 1 HGB, also die nachhaltige Überschreitung von jährlichen Umsatzerlösen in Höhe von 600.000 EUR und eines Jahresüberschusses von 60.000 EUR. Ob zur Annahme eines Gewerbebetriebs darüber hinaus eine Gewinnerzielungsabsicht erforderlich ist, ist umstritten.[277] Da gemeinnützige Stiftungen steuerpflichtige wirtschaftliche Geschäftsbetriebe allerdings grundsätzlich allein zum Zweck der Mittelbeschaffung unterhalten dürfen, wird bei diesen eine Absicht zur Gewinnerzielung in der Regel vorliegen.[278]

130 Der notwendige Inhalt der Bilanz und deren Gliederungen sowie die Gliederung der Gewinn- und Verlustrechnung ergeben sich aus dem HGB, wobei Stiftungen bei einzelnen nur für Kapitalgesellschaften geltenden Regelungen in der näheren Ausgestaltung frei sind.[279] Auch insoweit sind die stiftungsrechtlichen bzw. gemeinnützigkeitsrechtlichen Besonderheiten zu beachten. So sind beispielsweise Dritten gegenüber verbindliche Förderbeschlüsse in der GuV als Ausgabe einzustellen, korrespondierend zum Ausweis als Verbindlichkeit in der Bilanz.[280]

131 Eine Pflicht zur Rechnungslegung nach den für Kapitalgesellschaften geltenden Vorgaben des Handelsrechts kann sich für eine Stiftung außerdem nach dem **Publizitäts-**

[270] Bislang bezogen auf das „Stiftungskapital", vgl. IDW RS HFA 5 Rn. 58.

[271] Kampermann in Schauhoff/Ufer, Gemeinnützige Unternehmen und Konzerne, 2022, § 9 Rn. 36.

[272] IDW RS HFA 5 Rn. 58.

[273] IDW RS HFA 5 Rn. 60.

[274] §§ 238 Abs. 1 S. 1, 242 HGB.

[275] § 1 Abs. 2 HGB; Hüttemann/Rawert in Staudinger BGB § 86 Rn. 52.

[276] Kampermann in Schauhoff/Ufer, Gemeinnützige Unternehmen und Konzerne, 2022, § 9 Rn. 23.

[277] Hopt in Baumbach/Hopt HGB § 1 Rn. 15–18 mwN.

[278] Kampermann in Schauhoff/Ufer, Gemeinnützige Unternehmen und Konzerne, 2022, § 9 Rn. 23.

[279] Siehe im Einzelnen Kampermann in Schauhoff/Ufer, Gemeinnützige Unternehmen und Konzerne, 2022, § 9 Rn. 25 ff.

[280] Schlüter/Stolte StiftungsR Kap. 6 Rn. 19; vgl. IDW RS HFA 5 Rn. 70 ff.

gesetz (PublG) ergeben, wenn diese ein Gewerbe betreibt und mindestens zwei der drei einschlägigen Größenmerkmale erfüllt werden.[281] Angesichts der sehr hohen Größenschwellen treffen diese Verpflichtung regelmäßig nur größere operativ handelnde Unternehmensstiftungen.[282]

IV. Steuerrecht

Soweit eine Stiftung bereits nach anderen Gesetzen als den Steuergesetzen (also insbesondere nach HGB) dazu verpflichtet ist, Bücher und Aufzeichnungen zu führen, die für die Besteuerung von Bedeutung sind, gelten diese Verpflichtungen über § 140 AO auch für das Steuerrecht (sog. abgeleitete Buchführungspflicht). Darüber hinaus sieht § 141 AO eine originäre steuerliche Buchführungs- und Aufzeichnungspflicht für gewerbliche Unternehmer, also ggfs. auch wirtschaftliche Geschäftsbetriebe steuerbegünstigter Stiftungen, und Land- und Forstwirte vor. Voraussetzung ist, dass mit der gewerblichen Betätigung einer der im Gesetz aufgeführten Grenzwerte überschritten wird, also bei **132**

- einem Gesamtumsatz iSv § 19 Abs. 3 S. 1 UStG von mehr als 600.000 EUR im Kalenderjahr,
- einer selbstbewirtschafteten land- und forstwirtschaftliche Fläche mit einem Wirtschaftswert von mehr als 25.000 EUR oder
- einem Gewinn aus Gewerbebetrieb oder Land- und Forstwirtschaft von mehr als 60.000 EUR im Wirtschafts- bzw. Kalenderjahr

und die Finanzbehörde das Überschreiten des Grenzwertes für den konkreten Betrieb festgestellt hat. Für Zwecke der Besteuerung ist der Gewinn des wirtschaftlichen Geschäftsbetriebs dann durch Bilanz und GuV zu ermitteln, auch wenn die Stiftung nach HGB nicht dazu verpflichtet ist. In dem Fall hat die Stiftung die Bilanz und GuV außerdem nach amtlich vorgeschriebenem Datensatz durch Datenfernübertragung elektronisch zu übermitteln (sog. **E-Bilanz**).[283]

Das Gemeinnützigkeitsrecht sieht darüber hinaus für steuerbegünstigte Stiftungen vor, dass „ordnungsgemäße Aufzeichnungen über ihre Einnahmen und Ausgaben zu führen" sind[284], um die materielle Satzungsmäßigkeit nachprüfen zu können. Dabei hat die Stiftung insbesondere die ordnungsgemäße satzungsmäßige Mittelverwendung nachzuweisen. Anders als die Pflichten aus §§ 140, 141 AO beschränken sich diese Anforderungen nicht auf die erwerbswirtschaftliche Tätigkeit, so dass auch die Geschäftsvorfälle des ideellen Bereichs und der Vermögensverwaltung entsprechend aufzubereiten sind.[285] Im Einzelnen ist eine Aufstellung der Einnahmen und Ausgaben, ein Tätigkeitsbericht sowie eine Vermögensübersicht mit Nachweisen über die Bildung und Entwicklung der Rücklagen erforderlich.[286] **133**

---

[281] § 5 iVm §§ 1, 3 Abs. 1 Nr. 4 PublG: Bilanzsumme von über 65 Mio. EUR, jährliche Umsatzerlöse von über 130 Mio. EUR und/oder durchschnittlich mehr als 5.000 Arbeitnehmer im Jahresmittel über einen Zeitraum von mindestens drei Jahren.

[282] Zu lediglich verwaltend tätigen unternehmensverbundenen Stiftungen vgl. Hüttemann DB 2013, 1561.

[283] § 5b EStG; Einzelheiten hierzu für steuerbegünstigte Körperschaften siehe BMF v. 19.12.2013, DStR 2014, 100; vgl. auch F. Wallenhorst in Wallenhorst/Halaczinsky Best. gemeinn. Körperschaften, Kap. B Rn. 178 ff.

[284] § 63 Abs. 3 AO.

[285] Kampermann in Schauhoff/Ufer, Gemeinnützige Unternehmen und Konzerne, 2022, § 9 Rn. 46.

[286] AEAO zu § 63 Ziff. 1 S. 1.

V. Publizität

134 Unter dem Oberbegriff der Rechnungslegungspublizität wird unterschieden zwischen der Frage, ob und inwieweit die erstellten Rechnungslegungsunterlagen durch einen Abschlussprüfer geprüft werden (sog. materielle Publizität), und der Frage, inwiefern diese (ggf. nebst den Prüfungsergebnissen) veröffentlicht werden (sog. formelle Publizität). Weder das Stiftungs- noch das Gemeinnützigkeitsrecht kennen spezifische gesetzliche Publizitätspflichten, die über eine Offenlegung der nach den einschlägigen Regelungen zu erstellenden Unterlagen gegenüber der Stiftungsaufsicht bzw. der Finanzverwaltung hinausgehen.

135 Eine gesetzliche Pflicht zur **Prüfung des Jahresabschlusses** kann Stiftungen lediglich nach den Vorgaben des PublG treffen, sofern ein Gewerbe betrieben und die einschlägigen Größenmerkmale überschritten werden.[287] Im Dritten Sektor, insbesondere bei Spenden sammelnden Organisationen, ist aus Gründen der Transparenz allerdings häufig eine **freiwillige Abschlussprüfung** zu beobachten.[288] Dabei prüft regelmäßig ein Wirtschaftsprüfer, ob bei der Erstellung des Jahresabschlusses die einschlägigen Rechnungslegungsvorschriften einschließlich der Vorgaben in der Satzung eingehalten wurden. Durch den Prüfungsbericht und das Prüfungsurteil des Abschlussprüfers wird beurteilt, inwiefern die Rechnungslegung ein den tatsächlichen Verhältnissen entsprechendes Bild der Vermögens-, Finanz- und Ertragslage wiedergibt. Liegen keine wesentlichen Beanstandungen vor, erteilt der Abschlussprüfer einen Bestätigungsvermerk (Testat) in uneingeschränkter Form. Bei wesentlichen Beanstandungen kann ein eingeschränkter Bestätigungsvermerk erteilt werden und bei Einwendungen von erheblichem Gewicht oder Prüfungshemmnissen, die eine belastbare Einschätzung unmöglich machen, erfolgt ein sog. Versagungsvermerk.[289]

136 Zur **Offenlegung von Jahresabschlüssen** und sonstigen Unterlagen im elektronischen Bundesanzeiger sind Stiftungen nicht unmittelbar nach den Vorschriften des HGB verpflichtet, da diese nur für Kapitalgesellschaften gelten.[290] Die Offenlegungsvorschriften des Publizitätsgesetzes gelten dagegen auch für Stiftungen des bürgerlichen Rechts, sofern diese ein Gewerbe betreiben und die einschlägigen Größenmerkmale überschritten werden.[291]

137 Die für Stiftungen geltenden Anmeldungspflichten zum Transparenzregister → Kap. 4 Rn. 6 ff. und zum Stiftungsregister → Kap. 4 Rn. 9 ff. führen nicht zu Publizitätspflichten im Hinblick auf die Rechnungslegung einer Stiftung.

---

[287] §§ 1, 11 PublG.

[288] Zur freiwilligen Publizität von Stiftungen siehe Spiegel in Richter StiftungsR-HdB § 20 Rn. 78 ff. mwN.

[289] Kampermann in Schauhoff/Ufer, Gemeinnützige Unternehmen und Konzerne, 2022, § 9 Rn. Rn. 77.

[290] §§ 325 ff. HGB.

[291] §§ 9, 1 PublG iVm 325 HGB; Kußmaul/Meyering in MHdB GesR V § 97 Rn. 26.

Kapitel 8. Grundzüge der Stiftungsaufsicht[1]

Die rechtsfähige Stiftung des bürgerlichen Rechts unterliegt als einzige juristische Person des privaten Rechts einer staatlichen Aufsicht. Die Notwendigkeit einer staatlichen Stiftungsaufsicht gründet auf der eigner- und mitgliederlosen Struktur der Stiftung[2], die das Gesetz nach der Stiftungsrechtsreform für die Stiftung nun ausdrücklich definiert.[3] Anders als andere juristischen Personen besitzt sie keine Mitglieder, Gesellschafter oder sonstige „Teilhaber", die aufgrund eines eigenen, insbesondere finanziellen Interesses eine Kontrollfunktion gegenüber der Stiftung und ihren Organen ausüben. Das Fehlen einer funktionsfähigen Kontrolle durch das Eigeninteresse natürlicher Personen legitimiert die Aufsicht der rechtsfähigen Stiftung des bürgerlichen Rechts durch staatliche Behörden.[4] Sie verleihen der Stiftung als juristischer Person im Anerkennungsverfahren[5] ihre Rechtsfähigkeit, überwachen das gesetzes- und satzungsmäßige Handeln der Stiftung und stellen die Erfüllung des Stifterwillens sowohl mit Blick auf das konkrete Stiftungshandeln als auch bei der Umstrukturierung sowie Beendigung der Stiftung sicher.

A. Anerkennungsverfahren

Das Anerkennungsverfahren ist das auf die Begründung der Rechtsfähigkeit der Stiftung gerichtete Verwaltungsverfahren durch die zuständige Behörde. Für die Anerkennung der Stiftung als rechtsfähig ist die Behörde des Bundeslandes zuständig, in dem die Stiftung ihren Sitz haben soll.[6] Für die Zuständigkeit der Behörde ist der satzungsmäßige Sitz entscheidend. Der effektive Verwaltungssitz ist für die Frage der Zuständigkeit nicht relevant und kann davon abweichen. Welche Behörde innerhalb des Landes für das Stiftungswesen zuständig sein soll, wird durch das jeweilige Landesrecht bestimmt. 1

I. Antrag

Das Anerkennungsverfahren beginnt bei einer Stiftungsgründung unter Lebenden mit dem Antrag des Stifters auf Anerkennung der Stiftung bei der zuständigen Behörde. Der Antrag kann formlos, insbesondere auch mündlich erfolgen – anders als beim Stiftungsgeschäft, für das die Schriftform erforderlich ist (→ Kap. 3 Rn. 13). Bei einer Stiftungserrichtung von Todes wegen beginnt das Anerkennungsverfahren erst mit der Entscheidung der Stiftungsbehörde, ein solches durchzuführen.[7] 2

---

[1] Aufgrund des plötzlichen Versterbens von Herrn Oliver Rohn nach Abgabe des Manuskripts erfolgte die abschließende Überarbeitung dieses Kapitels durch Frau Judith Mehren.

[2] Suerbaum in Stumpf/Suerbaum/Schulte/Pauli Stiftungsrecht C. VII., Rn. 168.

[3] § 80 Abs. 1 BGB.

[4] Hüttemann/Rawert in Staudinger BGB Vorb. zu §§ 80–88, Rn. 123.

[5] Backert in Hüttemann/Richter/Weitemeyer LandesstiftungsR, Rn. 10.2, Anerkennung als privatrechtsgestaltenden Verwaltungsakt.

[6] § 80 Abs. 2 Satz 1 BGB.

[7] Backert in Hüttemann/Richter/Weitemeyer LandesstiftungsR, Rn. 10.5.

3 Bis zur Anerkennung der Stiftung ist der Stifter zum Widerruf des Stiftungsgeschäfts berechtigt, und zwar nur gegenüber der Behörde, bei der die Anerkennung beantragt wurde. Das Widerrufsrecht der Erben ist ausgeschlossen, wenn der Stifter den Antrag bei der zuständigen Behörde gestellt hat oder im Falle der notariellen Beurkundung des Stiftungsgeschäfts den Notar mit der Antragstellung betraut hat.

II. Prüfung

4 Die zuständige Behörde prüft im Anerkennungsverfahren das Vorliegen der materiellen Voraussetzungen der Errichtung einer Stiftung, mithin das vollständige Stiftungsgeschäft, sowie das Vorliegen des der Stiftung und ihrem Zweck gewidmetem Vermögens (ausführlich dazu → Kap. 3.). Das Vermögen muss so bemessen sein, dass im Rahmen einer Prognosebetrachtung unter Berücksichtigung des Umfangs des Stiftungszwecks und der Zweckverwirklichungsmaßnahmen auf der einen Seite und der Höhe des dazu gewidmeten Vermögens auf der anderen Seite die dauerhafte und nachhaltige Zweckerfüllung als sicher angenommen werden kann (ausführlich dazu → Kap. 5). Die Anerkennung der Stiftung ist durch die Behörde zu versagen, wenn anzunehmen ist, dass die Stiftung das Gemeinwohl[8] gefährden würde.

1. Untersuchungsgrundsatz und Beratungsfunktion

5 Bei der Prüfung des Vorliegens der Voraussetzungen hat die Stiftungsbehörde den Sachverhalt grundsätzlich von sich aus zu ermitteln (Untersuchungsgrundsatz). Den Antragsteller, also in der Regel der Stifter, trifft aber eine Mitwirkungsobliegenheit. Soweit es dem Stifter also zumutbar ist, hat er die für die Anerkennungsfähigkeit relevanten Tatsachen und Beweismittel beizubringen. Da im Anerkennungsverfahren vielen entscheidungserheblichen Tatsachen nur dem Stifter bekannt und in der Regel nicht durch die Behörde zu ermitteln sind, kommt der Mitwirkungsobliegenheit erhebliche Bedeutung für ein erfolgreiches Anerkennungsverfahren zu.

6 Die Beratung sowohl der Stifter in der Gründungsphase als auch die Beratung der Stiftung während ihrer operativen Tätigkeit dient der Errichtung einer funktionierenden Stiftung und der Prävention von Gesetzes- und Satzungsverstößen. Die Stiftungsbehörde kann bei der Errichtung der Stiftung ihre Erfahrungen mit z. B. dysfunktionalen Organisationsstrukturen einbringen und auf diese Weise zu einer nachhaltig funktionierenden Stiftung beitragen. In der Gründungsphase bleibt ihre Einflussmöglichkeit allerdings auf Empfehlungen beschränkt, soweit im Übrigen die gesetzlichen Voraussetzungen für eine Stiftungsgründung erfüllt sind, da Zweckmäßigkeitserwägungen sowohl bei der Errichtung der Stiftung als auch bei der Aufsicht über die bestehende Stiftung nicht zulässig sind (Stiftungsaufsicht als Rechtsaufsicht → Kap. 8).

2. Stiftungsgeschäft

7 Das Stiftungsgeschäft enthält die Willenserklärung des Stifters zur Gründung einer Stiftung einschließlich einer Satzung, die mindestens zum Zweck, Namen, Sitz und über die Bildung des Vorstands eine Aussage trifft, sowie der Vermögenswidmung (→ Kap. 3).

8 Sollte das Stiftungsgeschäft eines bereits verstorbenen Stifters zwar den Zweck und die Vermögenswidmung bestimmt haben, im Übrigen aber unvollständig sein, regelt § 81 Absatz 4 Satz 1 BGB die Pflicht der zuständigen Behörde, das Stiftungsgeschäft um die Errichtungssatzung bzw. um fehlende Satzungsbestimmungen zu ergänzen. Die Vorschrift

---

[8] Ausführlich → Kap. 8 Rn. 12 f.

ist sowohl für schriftliche Stiftungsgeschäfte anwendbar, die der Stifter noch zu seinen Lebzeiten getätigt hat, als auch für Stiftungsgeschäfte, die in einer Verfügung von Todes wegen enthalten sind. Ein Stiftungsgeschäft, das nicht einmal Zweckbestimmung oder Vermögenswidmung geregelt hat, muss von der Behörde nicht ergänzt werden und ist unwirksam. Die Pflicht zur Ergänzung des Stiftungsgeschäfts besteht ferner nur, wenn die dauernde und nachhaltige Erfüllung des vom Stifter festgelegten Stiftungszwecks gesichert erscheint.

Das Stiftungsgeschäft wird von der Behörde unter Berücksichtigung des wirklichen oder mutmaßlichen Stifterwillens ergänzt. Als wirklicher Wille kann nur der Wille berücksichtigt werden, der ausdrücklich oder konkludent vom Stifter geäußert wurde. Wenn der wirkliche Wille des Stifters nicht feststellbar ist, hat die zuständige Behörde so zu handeln, wie es dem mutmaßlichen Willen des Stifters entspricht. Als der mutmaßliche Wille des Stifters ist der Wille anzusehen, der dem Interesse der Stiftung entspricht[9] (→ Kap. 5 Rn. 25 ff.). 9

Wenn der verstorbene Stifter im Stiftungsgeschäft keinen Sitz für die Stiftung bestimmt hat, ist im Zweifel anzunehmen, dass die Stiftung ihren Sitz an dem Ort haben soll, an dem der letzte Wohnsitz des Stifters im Inland bestand. Diese Auslegungsregel greift nur ein, wenn sich nicht unter Berücksichtigung des wirklichen oder mutmaßlichen Willens des Stifters ein anderer Sitz ermitteln lässt. 10

3. Zweckverfolgung

Die Gewährleistung der dauernden und nachhaltigen Erfüllung des Stiftungszweckes als Erfordernis für die Anerkennung der Stiftung wird besonders durch die Vermögensausstattung der Stiftung bestimmt. Die dauerhafte Widmung eines Vermögens als das Kennzeichen einer Stiftung ist mit dem vom Stifter vorgegebenen Zweck der Stiftung unmittelbar verknüpft. Da die Stiftung als selbständige Rechtsperson grundsätzlich zeitlich unbeschränkt bestehen soll, muss die Vermögensausstattung für die von der Stiftung zur Erfüllung des Stiftungszwecks zu erledigenden Aufgaben angemessen sein. Im Hinblick auf die dauerhafte Existenz von Stiftungen kann deshalb auch nicht nur die Vermögensausstattung zum Zeitpunkt der anstehenden behördlichen Anerkennung als rechtsfähig maßgeblich sein. Vielmehr muss auch in die Prüfung einbezogen werden, ob weitere ausreichende Zustiftungen bzw. Zuwendungen mit einer gewissen Sicherheit zu erwarten sind. 11

4. Gemeinwohlkonformität

Unter Gemeinwohl sind die rechtlich geschützten Interessen der Allgemeinheit oder zumindest größerer Bevölkerungskreise zu verstehen. Eine Gefahr für das Gemeinwohl ist eine Lage, die bei ungehindertem Ablauf mit hinreichender Wahrscheinlichkeit zu einem Schaden oder einer Verletzung der rechtlich geschützten Interessen der Allgemeinheit oder größerer Bevölkerungskreise führt.[10] 12

Eine Gemeinwohlgefährdung liegt insbesondere vor, wenn die Stiftung einen Zweck verfolgen will, der die Interessen der Allgemeinheit gefährdet. Sie ist aber auch gegeben, wenn im Anerkennungsverfahren absehbar ist, dass der Stifter oder Mitglieder der Stiftungsorgane die Stiftung nutzen wollen, um Recht zu verletzen, insbesondere rechtswidriges Verhalten zu verschleiern. Zu denken ist hier insbesondere an verfassungswidrige oder andere kriminelle Aktivitäten. Die Behörde muss die Tatsachen darlegen, aus denen geschlossen werden kann, dass von der Stiftung eine Gefahr für das Gemeinwohl ausgehen würde, und diese Tatsachen im Streitfall auch beweisen können. Ist aufgrund der 13

[9] BT-Drs. 19/28173, 52.
[10] BT-Drs. 19/28173, 52.

bekannten Tatsachen zweifelhaft, ob die Stiftung das Gemeinwohl gefährdet, kann die Behörde die Anerkennung der Stiftung nicht ablehnen.

III. Entscheidung

14 Nach Antragstellung und erfolgter Prüfung der Anerkennungsvoraussetzungen kommt als Entscheidung über das Verfahren die antragsgemäße Anerkennung der Stiftung als rechtsfähig, die Ablehnung oder die Erteilung der Anerkennung mit Nebenbestimmungen in Betracht. Die Entscheidung erfolgt als Verwaltungsakt. Bei ihrer Entscheidung steht der Behörde kein Ermessensspielraum zu, dh die Behörde hat die Stiftung insbesondere anzuerkennen, wenn die gesetzlichen Voraussetzungen erfüllt sind.

B. Aufsicht über die bestehende Stiftung

15 Die Stiftungsaufsicht dient sowohl dem Schutz der Stiftungen[11] als auch dem öffentlichen Interesse dahingehend, dass die Stiftungen keine gemeinwohlgefährdenden Aktivitäten entfaltet. Die Stiftungsaufsicht ist lediglich eine **Rechtsaufsicht.** Maßstab ist ausschließlich die Rechtmäßigkeit des Verhaltens der Stiftungsorgane. Demnach beschränkt sich die Stiftungsaufsicht auf die Überwachung der Einhaltung des Stifterwillens sowie der Gesetze durch die Organe. Eine allgemeine Zweckmäßigkeitskontrolle oder eigene Ermessenserwägungen der Stiftungsaufsicht scheiden aus.

16 Einige Landesstiftungsgesetze reduzieren Inhalt und Umfang der Stiftungsaufsicht für privatnützige bzw. Familienstiftungen (z. B. Bayern, Hamburg, Niedersachsen, Berlin, Bremen und Brandendburg). Schon in der Vergangenheit sind diese Regelungen auf Bedenken gestoßen, da sie keine Grundlage im Bundesrecht finden. Das bisherige Bundesrecht regelt die Aufsicht einer staatlichen Behörde über die Stiftungen, ohne eine Unterscheidung zwischen privat- und gemeinnützigen Stiftungen vorzunehmen. Auch nach der Stiftungsrechtsreform gibt das Bundesrecht keinen Spielraum für eine Beschränkung der Aufsicht bei privatnützigen Stiftungen.

I. Maßstab und Funktionen der Stiftungsaufsicht

17 Das Gesetz nach der Stiftungsrechtsreform regelt nun ausdrücklich, dass die Stiftungsbehörden bei der Aufsicht über die Stiftung den bei der Errichtung der Stiftung zum Ausdruck gekommenen Willen, hilfsweise den mutmaßlichen Willen des Stifters zu beachten haben (§ 83 Absatz 2 BGB). Der bei Errichtung der Stiftung zum Ausdruck gekommene Stifterwille ist regelmäßig der Stifterwille, der im Stiftungsgeschäft zum Ausdruck gekommen ist. Wenn sich aus dem Stiftungsgeschäft ein Stifterwille nicht eindeutig ergibt, können aber auch andere Dokumente, die im Zusammenhang mit der Errichtung der Stiftung erstellt wurden, zur Ermittlung des Stifterwillens herangezogen werden. Wenn der ausdrückliche Stifterwille nicht feststellbar ist, gilt der mutmaßliche Wille des Stifters als Maßstab. Als der mutmaßliche Wille des Stifters ist der Wille anzusehen, der dem Interesse der Stiftung entspricht.[12]

18 Neben der bereits im Anerkennungsverfahren auszuübenden **Beratungsfunktion** der Stiftungsaufsicht (→ Rn. 6), die zur Vermeidung von gesetzes- und satzungswidrigem Ver-

[11] BVerwG NJW, 1985, 2964.
[12] BT-Drs. 19/28173, 52; → Kap. 5 Rn. 25 ff.

halten der Stiftungsorgane während des Bestehens der Stiftung ein wichtiges Mittel der vorbeugenden Stiftungsaufsicht darstellt, nimmt sie weitere Funktionen wahr. Die **Kontrollfunktion** wird insbesondere durch die gesetzlichen Regelungen des Anerkennungsverfahrens sowie durch den Genehmigungsvorbehalt bei Satzungsänderung deutlich. Die **Garantiefunktion** schützt den Stifterwillen und bildet damit die Kernfunktion der Stiftungsaufsicht.[13] Aber auch die Stiftung selbst wird mit Blick auf ihren Fortbestand als juristische Person durch die Stiftungsbehörde geschützt **(Schutzfunktion).** Die nachfolgenden Aufsichtsmittel dienen der Stiftungsbehörde zur Durchsetzung dieses Auftrags.

II. Aufsichtsmittel

Das neue Stiftungsrecht trifft nach wie vor keine Regelungen über konkrete Maß- 19
nahmen der Stiftungsaufsicht. Bisher war die konkrete Ausgestaltung der Stiftungsaufsicht in den Länderstiftungsgesetzen geregelt. Der Landesgesetzgeber eines neuen Landesstiftungsgesetzes, das das neue Stiftungsrecht berücksichtigt, wird hier im Sinne der Ausübung einer effektiven Stiftungsaufsicht wieder Regelungen zu Aufsichtsmitteln treffen.[14] Dabei wird zu beachten sein, dass Aufsichtsmaßnahmen nur gerechtfertigt sind, wenn und soweit konkrete Anhaltspunkte dafür bestehen, dass die Stiftungsorgane sich satzungs- und/oder gesetzeswidrig verhalten könnten.[15]

1. Information

Um die Aufsicht über die Stiftungen wirksam führen zu können, muss die Stiftungs- 20
behörde die insoweit notwendigen Informationen über die Stiftungstätigkeit erhalten oder sich verschaffen können. Die Stiftungsbehörden besitzen demnach das Recht, sich über alle Stiftungsangelegenheiten unterrichten zu lassen sowie Berichte und Unterlagen anfordern zu können. Dem entspricht die Pflicht der Stiftungen, einem solchen Auskunftsverlangen nachzukommen. In der Regel ist die Stiftung zur Vorlage der Jahresrechnung einschließlich einer Vermögensübersicht und eines Tätigkeitsberichts über die Erfüllung des Satzungszwecks verpflichtet. Der Behörde steht in der Regel aber kein „allgemeins Ausforschungsrecht" zu.[16]

2. Prüfung

Die Stiftungsbehörde prüft die Ordnungsmäßigkeit der ihr vorgelegten Unterlagen. 21
Nach den Regelungen der meisten bisherigen Landesstiftungsgesetze kann eine solche Prüfung entfallen, wenn die Prüfung von einem Sachverständigen (z. B. Wirtschaftsprüfer oder vereidigter Buchprüfer) erfolgt ist. Soweit eine Rechtsgrundlage dafür besteht, kann die Stiftungsbehörde die Prüfung der Unterlagen auch unter Kostentragung durch die Stiftung von einem externen Sachverständigen vornehmen lassen. Dies dient einerseits der Effektivität der Stiftungsaufsicht, insbesondere bei Stiftungen mit großem Vermögen, andererseits kann es insbesondere für kleine Stiftungen eine erhebliche finanzielle Belastung darstellen. Aus diesem Grund hat die Behörde vor der Anordnung dieser Maßnahme ihr Ermessen fehlerfrei auszuüben sowie den Verhältnismäßigkeitsgrundsatz zu beachten.

Anzeige- und Genehmigungsvorbehalte stärken das Prüfungsrecht der Stiftungsauf- 22
sicht. Das Gesetz nach der Stiftungsrechtsreform sieht insbesondere bei Satzungsände-

[13] Schulte in Hüttemann/Richter/Weitemeyer LandesstiftungsR Rn. 28.32.
[14] Hüttemann/Rawert ZIP 2021, Beilage zu ZIP 33/2021, 41 ff.
[15] OVG Saarlouis v. 15.1.2021 – 2 B 365/20, BeckRS 2021, 398, Rn. 11.
[16] OVG Saarlouis v. 15.1.2021 – 2 B 365/20, BeckRS 2021, 398, Rn. 11.

rungen, bei der Zulegung bzw. Zusammenlegung sowie bei der Auflösung einer Stiftung einen Genehmigungsvorbehalt der Stiftungsaufsicht vor.[17]

3. Beanstandung und Zwangsmittel

23 Die Behörde kann Maßnahmen der Stiftungsorgane, die gegen die Stiftungsverfassung oder gegen das Gesetz verstoßen, beanstanden. Die **Beanstandung** ist wie die Aufhebung darauf gerichtet, rechtswidrige Beschlüsse der Organe zu korrigieren. Als mildestes Mittel der repressiven Aufsichtsinstrumente soll die Beanstandung den Organen einen Anstoß geben, die rechtswidrig getroffene Entscheidung selbst zu korrigieren. In der Regel ist sie mit einer Frist versehen.

24 Kommt das Stiftungsorgan, das die rechtswidrige Entscheidung getroffen, der Aufforderung diese zu korrigieren nicht nach, besteht für die Stiftungsbehörde nach den derzeitigen Landesstiftungsgesetzen die Möglichkeit, die **Aufhebung** des Beschlusses bzw. der beanstandeten Maßnahme selbst vorzunehmen. Im Sinne einer effektiven Stiftungsaufsicht werden auch die Landesstiftungsgesetze nach der Stiftungsrechtsreform ein solches Aufsichtsmittel regeln.[18]

25 Während Beanstandung und Aufhebung ein rechtswidriges Tun zum Gegenstand haben, liegt der Anwendungsbereich von **Anordnung und Ersatzvornahme** im Bereich pflichtwidrigen Untätigbleibens.[19] Die Anordnung kommt zur Anwendung, wenn die Stiftung ihren satzungsmäßigen oder gesetzlichen Pflichten nicht nachkommt. In diesen Fällen ist die Stiftungsbehörde nach den derzeitigen Landesstiftungsgesetzen befugt, die erforderliche Maßnahme anzuordnen. Die Stiftung ist dann innerhalb einer der gesetzten Frist verpflichtet, die Anordnung umzusetzen. Bei der Anordnung muss also im Gegensatz zur Ersatzvornahme die Stiftung selbst handeln.

26 Die **Ersatzvornahme** dient der zwangsweisen Durchsetzung einer aufsichtsrechtlichen Anordnung. Soweit die Stiftung innerhalb einer ihr gesetzten Frist nicht der Anordnung nachkommt, kann die Stiftungsbehörde diese Maßnahme auf Kosten der Stiftung selbst durchführen oder durchführen lassen.

27 Beanstandung und die Zwangsmittel erfüllen sämtliche Voraussetzungen eines Verwaltungsaktes gemäß § 35 S. 1 VwVfG. Widerspruch und Anfechtungsklage dagegen sind möglich.

III. Abberufung und Bestellung von Organmitgliedern

28 Bei Vorliegen eines wichtigen Grundes in der Person eines Organmitglieds kann nach der bisherigen Rechtslage eine Abberufung des Organmitglieds durch die Stiftungsbehörde erfolgen. Die angepassten Länderstiftungsgesetze werden hier im Sinne einer effektiven Stiftungsaufsicht wieder eine Regelung setzen, da die Stiftungsrechtsreform diesen Bereich nicht normiert.[20]

29 Die **Abberufung** durch die Stiftungsbehörde setzt nach bisherigem Recht voraus, dass sich ein Organmitglied einer groben Pflichtverletzung schuldig gemacht hat oder unfähig zur ordnungsgemäßen Geschäftsführung ist.[21] Sie soll verhindern, dass ein zur ordnungsgemäßen Geschäftsführung unfähiges Organmitglied oder ein solches, dass sich einer groben Pflichtverletzung schuldig gemacht hat, der Stiftung weiteren Schaden dadurch

[17] §§ 85a, 86b, 87 BGB.
[18] Hüttemann/Rawert, Beilage zu ZIP 33/2021, 41 ff.
[19] Suerbaum in Stumpf/Suerbaum/Schulte/Pauli, Stiftungsrecht, C. VII. Rn. 237.
[20] Hüttemann/Rawert, Beilage zu ZIP 33/2021, 41 ff.
[21] VG Freiburg v. 21.10.2021 – 10 K 2622/21, BeckRS 2021, 33259 Rn. 11.

zufügt, dass es verbleibt. Eine grobe Pflichtverletzung liegt vor, wenn das Organmitglied seine Kompetenzen in schwerwiegender Weise und mehrfach missbraucht, die Funktions- und Vermögensinteressen der Stiftung grob vernachlässigt oder sich beharrlich weigert, den Stiftungszweck zu erfüllen.[22] Die Unfähigkeit zur ordnungsgemäßen Geschäftsführung ist anzunehmen, wenn das Organmitglied dauerhaft krank oder ortsabwesend ist oder wenn es die erforderliche Eignung bzw. Vertrauenswürdigkeit nicht aufweist.[23] Der Abberufung geht in der Praxis in der Regel eine **Abmahnung** voraus. Als milderes Mittel zur (endgültigen) Abberufung kann die Stiftungsbehörde auch die (vorübergehende) **Suspendierung** wählen.[24] Die Entscheidung, ob im Falle des Vorliegens eines wichtigen Grundes das Mitglied eines Stiftungorgans abberufen werden soll, steht grundsätzlich im Ermessen der Stiftungsbehörde.[25]

Mit der Abberufung kann gleichzeitig die Anordnung verbunden sein, Ersatzmitglieder **30** für die Stiftungsorgane zu bestellen. Kommt die Stiftung dem nicht nach oder ist sie nicht in der Lage eine Ersatzbestellung vorzunehmen, kommt nach § 84c Absatz 1 Satz 1 BGB als eine Notmaßnahme bei fehlenden Organmitgliedern die **Notbestellung** in Betracht. Auch kann die Stiftungsbehörde die verbliebenen Organmitglieder mit Befugnissen ausstatten, die ihnen nach der Satzung nur gemeinsam mit anderen Organmitgliedern zustehen.

Nach § 84c Absatz 1 Satz 1 BGB sind für **Notmaßnahmen** beim Fehlen von Vor- **31** standsmitgliedern oder den Mitgliedern anderer Organe der Stiftung die Stiftungsbehörden zuständig, nicht mehr wie nach bisherigem Recht die Amtsgerichte. Dem liegt nach der Gesetzesbegründung die Überlegung zugrunde, dass die Stiftungsbehörden die Stiftungen kennen und in der Regel auch schneller als die Amtsgerichte geeignete Personen finden können.[26] Die Stiftungsbehörden werden auf Antrag eines Beteiligten oder von Amts wegen tätig. Antragsberechtigter Beteiligter ist jedermann, der ein berechtigtes Interesse an der Notmaßnahme hat. Das kann ein Organmitglied der Stiftung, aber auch ein Gläubiger der Stiftung sein. Die Stiftungsbehörde soll anders als bisher auch von Amts wegen tätig werden können, weil bei Stiftungen als mitglieder- und eignerlose Körperschaften nicht gewährleistet ist, dass immer ein Antragsteller vorhanden ist. Insbesondere bei Stiftungen, die als einziges Organ einen Einzelvorstand haben, wird es häufig keinen Antragsteller geben, wenn das einzige Vorstandsmitglied fehlt.

Voraussetzung für eine Notbestellung ist, dass ein dringender Fall vorliegen muss, um **32** die Handlungsfähigkeit eines Organs zu gewährleisten. Ein solcher Fall ist in der Regel geben, wenn die Handlungsfähigkeit der Stiftung nicht gewährleistet ist.

§ 84c Absatz 2 BGB trifft eine besondere Vergütungsregelung für Organmitglieder, die **33** von den zuständigen Behörden nach § 84c Absatz 1 Satz 1 BGB bestellt werden. Danach ist es möglich, dass die Stiftungsbehörde den von ihr bestellten Organmitgliedern eine Vergütung auf Kosten der Stiftung gewähren kann, auch wenn die Satzung der Stiftung eine Vergütung der Organmitglieder nicht zulässt. Dadurch soll gewährleistet werden, dass geeignete Personen bereit sind, sich zum Mitglied eines Stiftungsorgans bestellen zu lassen.

Von der Notbestellung ist die Bestellung eines **Sachwalters** zu unterscheiden, die in eini- **34** gen bisherigen Landesstiftungsgesetzen vorgesehen ist. Im Gegensatz zur Notbestellung, die die organschaftlichen Rechte des Gesamtorgans Vorstand (oder eines anderen Gremiums) unberührt lasst, führt die Bestellung eines Sachwalters dazu, dass die Geschäftsführungsbefugnis und Vertretungsbefugnis der Stiftungsorgane insgesamt verdrängt werden.[27]

---

[22] Schlüter/Stolte StiftungsR, Kap. 3 Rn. 30.
[23] Schlüter/Stolte StiftungsR, Kap. 3 Rn. 31.
[24] Hüttemann/Rawert, Beilage zu ZIP 33/2021, 41 ff.
[25] VG Freiburg v. 21.10.2021 – 10 K 2622/21, BeckRS 2021, 33259 Rn. 11.
[26] BT-Drs. 19/28173, 62 f.
[27] Suerbaum in Stumpf/Suerbaum/Schulte/Pauli, Stiftungsrecht, C. VII., Rn. 274.

Die Bestellung eines Sachwalters gilt als ultima ratio der Stiftungsaufsicht. Um ein solches Instrument einsetzen zu können, bedarf es einer Befugnisnorm, die durch die neuen Landesstiftungsgesetze zu schaffen ist. Aufgrund der unterschiedlichen Zielrichtung von § 84c Absatz 1 Satz 1 BGB (insb. Notbestellung) und einer Sachwalterbestellung bestehen keine verfassungsrechtlichen Bedenken über die Regelkompetenz der Länder.

35 Durch Landesgesetze kann auch geregelt werden, dass **Schadensersatzansprüche** der Stiftung gegen eigene Organmitglieder durch die Stiftungsbehörde zu Gunsten und auf Kosten der Stiftung verfolgt werden können. Eine solche Regelung kann notwendig sein, da aufgrund einer Kollision der Interessen des handelnden und ggf. gegenüber der Stiftung schadensersatzpflichtigen Organs einerseits und der Stiftung andererseits, die Geltendmachung solcher Ansprüche durch ein Organ unterbleibt.

C. Satzungs- und Strukturänderungen

36 Voraussetzungen und Verfahren bei Satzungsanpassungen und Strukturänderungen wie Zu- und Zusammenlegung von Stiftungen, die Übertragung von Vermögen, Umwandlung in eine Verbrauchsstiftung und die Aufhebung bzw. Auflösung von Stiftungen werden ausführlich in → Kapitel 9 dargestellt, auf das hier verwiesen wird. Im Folgenden liegt der Schwerpunkt der Betrachtung auf der Rolle der Stiftungsbehörden bei diesen Maßnahmen. Wie auch nach bisherigem Recht stehen sämtliche Änderungen von Satzung oder Struktur der Stiftung unter **Genehmigungsvorbehalt** der Stiftungsbehörde.

I. Satzungsänderungen

37 Die organschaftliche und die behördliche Änderung der Stiftungssatzung, einschließlich der Änderung des Zwecks, werden nach der Stiftungsrechtsreform abschließend in den §§ 85 und 85a BGB geregelt, die sich weitgehend an den schon bestehenden Vorschriften zur Satzungsänderung in § 87 BGB und den Landesstiftungsgesetzen orientieren. Künftig sollen notwendige Satzungsänderungen primär durch die Stiftungsorgane mit Genehmigung der Stiftungsbehörde vorgenommen werden. Den zuständigen Behörden soll ein subsidiäres Recht zur Satzungsänderung eingeräumt werden, soweit eine Satzungsänderung notwendig ist und wenn die zuständigen Organe nicht handlungsfähig sind oder pflichtwidrig nicht handeln.[28]

38 Nach § 85 BGB können Satzungsbestimmungen geändert, ergänzt oder aufgehoben werden und dadurch die Stiftungsverfassung, soweit sie durch die Satzung bestimmt werden kann, geändert werden. Die Vorschrift unterscheidet zwischen drei Gruppen von Änderungen der Stiftungsverfassung durch Satzungsänderung (→ Kap. 9 Rn. 17 ff.), die an unterschiedliche Voraussetzungen gebunden werden. Die Voraussetzungen für Satzungsänderungen sind desto strenger, je stärker die Satzungsänderungen in die Stiftungsverfassung eingreifen und damit die Stiftung verändern. Nach § 85 Absatz 1 und 2 BGB sind auch Änderungen des in der Satzung festgelegten Zwecks möglich.

39 Satzungsänderung durch Organentscheidung der Stiftung bedürfen für ihre Wirksamkeit der **Genehmigung** durch die Stiftungsaufsichtsbehörde. Sie prüft die gesetzlichen Voraussetzungen der Satzungsänderung unter Berücksichtigung des tatsächlichen oder mutmaßlichen Stifterwillens. Bei jeder Satzungsänderung ist nach § 83 Absatz 2 BGB-neu der Wille des Stifters zu beachten. Gegen den Willen des Stifters kann die Satzung nicht geändert werden. Bei jeder Satzungsänderung ist immer zu fragen, ob es mit dem Stifterwillen vereinbar ist, dass die jeweilige Bestimmung der Stiftungsverfassung über-

[28] BT-Drs. 19/28173, 68.

haupt geändert wird, und inwieweit es gegebenenfalls eine Alternative zu der geplanten Neuregelung gibt, die dem Stifterwillen besser entspräche.[29]

Wie schon nach bisherigem Recht sind die Stiftungsbehörden ermächtigt[30], die Satzung durch behördliche Entscheidung zu ändern. Liegen die Voraussetzungen für eine Satzungsänderung vor, dürfen die Stiftungsbehörden die Satzung nur ändern, soweit die Satzungsänderung für die Stiftung notwendig ist und wenn das zuständige Stiftungsorgan die Satzungsänderung nicht rechtzeitig beschließt. Über Satzungsänderungen sollen in erster Linie die zuständigen Stiftungsorgane entscheiden, die die Verhältnisse und Entwicklungsmöglichkeiten der Stiftung besser kennen als die Stiftungsbehörden. Für die Stiftungsbehörde wird deshalb nur eine subsidiäre Zuständigkeit für notwendige Satzungsänderungen begründet.[31] 40

§ 85a Absatz 3 BGB enthält eine Sonderregelung für das Verfahren bei Satzungsänderungen, durch die der **Satzungssitz** einer Stiftung in den Zuständigkeitsbereich einer anderen Behörde verlegt werden soll. Für die Genehmigung solcher Satzungsänderungen ist noch die Behörde zuständig, in deren Bezirk die Stiftung ihren bisherigen Sitz hat. Die zuständige Behörde darf die Satzungsänderung aber nur genehmigen, wenn die Behörde, in deren Zuständigkeitsbereich der neue Satzungssitz begründet werden soll, ihre Zustimmung zu der Genehmigung erteilt hat. Mit dem Zustimmungserfordernis soll ein Dissens zwischen den beteiligten Stiftungsbehörden über die Wirksamkeit der Sitzverlegung zu Lasten der Stiftung vermieden werden.[32] 41

Die Umwandlung in eine **Verbrauchstiftung** gemäß § 85 Abs. 1 Satz 4 BGB wird durch eine Satzungsänderung unter den strengsten Anforderungen (→ Kap. 9 Rn. 30 ff.) erreicht, für die die oben dargestellten Ausführungen entsprechend gelten. 42

II. Strukturänderungen

Die **Zu- bzw. Zusammenlegung** von Stiftungen kann durch Einigung der Organe der beteiligten Stiftungen oder durch behördliche Entscheidung herbeigeführt werden. Die Zulegung und die Zusammenlegung von Stiftungen, die bisher besondere Formen der Auflösung und Aufhebung der Stiftung sind, werden als eigenständige Verfahren zur Vermögensübertragung zwischen Stiftungen ausgestaltet.[33] Nach § 83 Absatz 2 BGB ist auch bei jeder Zu- bzw. Zusammenlegung der Wille der Stifter der beteiligten Stiftungen zu berücksichtigen. Gegen den Willen des Stifters der übertragenden Stiftung oder des Stifters der übernehmenden Stiftung darf eine Zu- bzw. Zusammenlegung nicht von den Stiftungsvorständen vereinbart oder von der zuständigen Behörde genehmigt oder angeordnet werden. Bei der Zusammenlegung entsteht die aufnehmende Stiftung abweichend von § 80 Absatz BGB nicht durch Stiftungsgeschäft und Anerkennung durch die zuständige Behörde, sondern durch den Zusammenlegungsvertrag und dessen Genehmigung durch die zuständige Behörde oder die behördliche Zusammenlegung gemäß § 86b Absatz 2 BGB. 43

Für die Zu- bzw. Zusammenlegung durch Einigung bedarf es zwischen den beteiligten Stiftungen eines schriftlichen **Vertrags,** für dessen Wirksamkeit die **Genehmigung** der Stiftungsbehörde erforderlich ist. Das Genehmigungserfordernis gewährleistet, dass alle zuständigen Behörden stets überprüfen können, ob bei den beteiligten Stiftungen die gesetzlichen Voraussetzungen für die Zulegung nach § 86 BGB oder die Zusammenlegung nach § 86a BGB vorliegen. 44

[29] BT-Drs. 19/28173, 64.
[30] § 85a Abs. 2 BGB.
[31] BT-Drs. 19/28173, 68.
[32] BT-Drs. 19/28173, 69.
[33] BT-Drs. 19/28173, 69.

45 Stiftungen können nach § 86b Absatz 2 BGB auch durch **Verwaltungsakt von der Stiftungsbehörde** nach § 86b Absatz 1 BGB zugelegt oder zusammengelegt werden. § 86b Absatz 2 BGB regelt, unter welchen Voraussetzungen die zuständigen Behörden, über eine Zulegung oder Zusammenlegung entscheiden. Nach § 86b Absatz 2 Satz 1 BGB soll die behördliche Zulegung oder Zusammenlegung von Stiftungen nur nachrangig möglich sein. Regelmäßig sollen Zulegung und Zusammenlegung von den beteiligten Stiftungen vereinbart werden, da diese die Zulegung oder Zusammenlegung durch Vertrag besser gestalten können als die Behörde durch Verwaltungsakt. Die nach Landesrecht zuständigen Behörden sollen nur tätig werden können, wenn die beteiligten Stiftungen die Zulegung oder Zusammenlegung nicht vereinbaren können. Das wird in der Regel nur der Fall sein, wenn die übertragenden Stiftungen nicht mehr handlungsfähig sind, weil notwendige Organmitglieder fehlen und die Bestellung neuer Mitglieder nicht oder nicht innerhalb angemessener Zeit möglich ist.[34]

46 § 86b Absatz 2 Satz 2 BGB bestimmt, dass für eine Zulegung durch die Stiftungsbehörde die Zustimmung der aufnehmenden Stiftung notwendig ist. Keiner Stiftung soll gegen ihren Willen eine andere übertragende Stiftung zugelegt werden. § 86b Absatz 3 BGB enthält eine Sonderregelung für den Fall, dass für die an einer Zulegung oder Zusammenlegung beteiligten Stiftungen nicht die gleiche Stiftungsbehörde zuständig ist. Nach § 86b Absatz 1 BGB entscheidet über die Genehmigung des Zulegungsvertrags oder Zusammenlegungsvertrags die Behörde, die für die übernehmende Stiftung zuständig ist. Dasselbe gilt nach § 86b Absatz 2 BGB auch für die behördliche Zulegungs- oder Zusammenlegungsentscheidung. Ist für eine übertragende Stiftung eine andere Behörde zuständig, muss diese einer Genehmigung nach § 86b Absatz 1 BGB oder der behördlichen Zulegung oder Zusammenlegung nach § 86b Absatz 2 BGB zustimmen. Das Zustimmungserfordernis stellt sicher, dass auch die für die übertragende Stiftung zuständige Behörde, die besser mit dieser Stiftung vertraut ist, die Voraussetzungen der Zulegung und Zusammenlegung mitprüfen kann.

47 § 86e Absatz 1 BGB bestimmt, dass auf die behördliche Entscheidung zur Zulegung und Zusammenlegung § 86c Absatz 1 und 2 BGB entsprechend anzuwenden ist. Die behördliche Entscheidung über eine Zulegung oder Zusammenlegung muss denselben Mindestinhalt haben wie ein Zulegungsvertrag oder Zusammenlegungsvertrag. Auch bei behördlichen Entscheidungen über Zulegungen und Zusammenlegungen müssen die Rechte von Personen gewahrt werden, denen die Satzung der übertragenden Stiftung Ansprüche gewährt. § 86f Absatz 3 BGB regelt, dass Mängel des Zulegungsvertrags oder des Zusammenlegungsvertrags die Wirkungen der behördlichen Entscheidungen nach § 86f Absatz 1 und 2 BGB unberührt lassen. Die Vorschrift soll den Bestandschutz von Zulegungen und Zusammenlegungen gewährleisten, die auf Zulegungsverträgen oder Zusammenlegungsverträgen beruhen.[35] Für die behördliche Zulegung oder Zusammenlegung einer Stiftung richtet sich die Wirksamkeit nach dem Verwaltungsverfahrensrecht, das für die entscheidende Behörde gilt. Wenn eine Behörde Stiftungen durch Verwaltungsakt zulegt oder zusammenlegt, treten die Rechtswirkungen nach § 86f Absatz 1 und 2 BGB ein, wenn der Verwaltungsakt unanfechtbar geworden ist.

D. Beendigung der Aufsicht

48 Die Stiftungsaufsicht endet mit der Beendigung der Stiftung. Die Beendigung einer Stiftung kann durch **Zulegung** zu oder **Zusammenlegung** der Stiftung mit einer anderen

[34] BT-Drs. 19/28173, 72.
[35] BT-Drs. 19/28173, 75.

Stiftung, **Aufhebung** beziehungsweise **Auflösung** der Stiftung erfolgen (dazu ausführlich → Kap. 9 Rn. 55 ff.).

Die **Auflösung** der Stiftung durch die Stiftungsorgane bedarf der Genehmigung durch die Stiftungsbehörde. Die **Aufhebung** der Stiftung durch behördliche Entscheidung ist in § 87a BGB geregelt. Zu den Einzelheiten sei auf → Kap. 9 Rn. 68 ff. verwiesen. **49**

Einen besonderen Fall der Aufhebung begründet die Verlegung des Verwaltungssitzes der Stiftung ins Ausland. Wenn die zuständigen Stiftungsorgane die Verwaltung der Stiftung ins Ausland verlegen, führt dies nicht zur automatischen Auflösung oder Aufhebung der Stiftung. Die Stiftungsorgane sollen nicht durch Verlegung der Stiftungsverwaltung ins Ausland die automatische Auflösung der Stiftung herbeiführen können.[36] **50**

Die Stiftungsbehörden haben bei einer Verlegung des Verwaltungssitzes einer Stiftung ins Ausland zunächst unter Anwendung der ihnen möglichen aufsichtsrechtlichen Maßnahmen[37] darauf hinzuwirken, dass der Verwaltungssitz im Inland begründet wird. Nur wenn es der Behörde mit den zur Verfügung stehenden aufsichtsrechtlichen Maßnahmen nicht innerhalb angemessener Zeit gelingt, dass die Verwaltung der Stiftung im Inland geführt wird, ist die Stiftung nach § 87a Absatz 2 Nummer 3 BGB aufzuheben. **51**

E. Haftung der Aufsichtsbehörde

Bei einer fehler- und schulhaft handelnden Stiftungsbehörde kommt ihre Haftung in Betracht, wenn der Stiftung durch die Verletzung der Amtspflicht ein Schaden entstanden ist. Das jeweilige Bundesland als Träger der Stiftungsaufsicht kann nach Art. 34 GG iVm § 839 BGB auf Schadensersatz aus **Amtshaftung** in Anspruch genommen werden. Anspruchsberechtigt ist diejenige Stiftung, der gegenüber die Amtspflicht bestanden hat und der aufgrund der Amtspflichtverletzung ein Schaden entstanden ist. Die Amtshaftung setzt voraus, dass die verletzte Amtspflicht zumindest auch dem Schutz des Anspruchstellers zu dienen bestimmt ist.[38] Da die Stiftungsaufsicht gerade dem Schutz der Stiftung dient, um der Schutzbedürftigkeit der eigner- und mitgliederlosen juristischen Person Rechnung zu tragen, bestehen die Pflichten der Stiftungsbehörde gegenüber der Stiftung.[39] Für Dritte, insbesondere Destinatäre einer Stiftung, scheiden demnach Amtshaftungsansprüche aus, da diese von der Schutzrichtung der Amtspflichten nicht umfasst werden (str.).[40] Auch für den Stifter selbst, kommt ein Amtshaftungsanspruch nicht in Betracht (str.).[41] **52**

Ein **Mitverschulden** der ebenfalls kausal fehler- und schuldhaft handelnden Stiftungsorgane soll sich die Stiftung nach der Rechtsprechung anrechnen lassen müssen.[42] **53**

---

[36] BT-Drs. 19/28173, 53.

[37] → Kap. 8 Rn. 19 ff.

[38] Schulte in Hüttemann/Richter/Weitemeyer LandesstiftungsR Rn. 29.55.

[39] Suerbaum in Stumpf/Suerbaum/Schulte/Pauli, Stiftungsrecht, C. VII. Rn. 374.

[40] AA Hof in v. Campenhausen/Richter StiftungsR-HdB 4. Auflage 2014, § 10 Rn. 398 f.

[41] Für Schulte in Hüttemann/Richter/Weitemeyer/LandesstiftungsR Rn. 29.57 kommt ein Amtshaftungsanspruch des Stifters in Betracht, wenn es sich bei der schadenverursachenden Pflichtverletzung um einen Beratungsfehler der Stiftungsbehörde in der Gründungsphase handelt.

[42] BGHZ 68, 142. 146; Kritik: vgl. statt vieler Hüttemann/Rawert in Staudinger BGB Vorb. zu §§ 80–88 Rn. 155.

Kapitel 9. Satzungs- und Strukturänderungen

A. Einführung

I. Praktische Bedeutung von Satzungs- und Strukturänderungen

1 Die rechtsfähige Stiftung bürgerlichen Rechts zeichnet sich durch ihre nichtverbandsmäßige Verfassung aus. Ein hieraus folgendes Wesensmerkmal besteht darin, dass die Organe einer Stiftung – anders als bspw. die Organe eines Vereins oder einer Kapitalgesellschaft – ihre Entscheidungen nicht beliebig nach eigenen politischen und wirtschaftlichen Vorstellungen treffen dürfen. Die Organe von Stiftungen sind vielmehr dem **historischen Willen** des Stifters[1] verpflichtet, dh dem tatsächlichen oder dem mutmaßlichen Stifterwillen, wie er im Stiftungsgeschäft einschließlich der Errichtungssatzung oder anderen Dokumenten zum Ausdruck kommt und bei Zweifelsfragen **im Wege der Auslegung zu ermitteln** ist. Der tatsächliche oder mutmaßliche Stifterwille ist die oberste normative Leitlinie, an der sich das gesamte Handeln der Stiftung und deren Organe – auch bei Satzungs- und Strukturänderungen – auszurichten hat.[2]

2 Ungeachtet dessen können nach Errichtung einer Stiftung Umstände eintreten, die das praktische Bedürfnis nach einer Satzungs- oder Strukturänderung auslösen.[3] In der Praxis ist häufig zu beobachten, dass Stifter nach Errichtung „ihrer" Stiftung **andere Vorstellungen** von der grundlegenden Zielsetzung der Stiftung entwickeln. Im Laufe der Zeit können sich die **wirtschaftlichen Rahmenbedingungen** für eine Stiftung derart verändern, dass sich die vom Stifter bei Stiftungserrichtung vorgegebene Relation von Stiftungszweck und Stiftungsvermögen verschiebt – bspw. infolge einer Verringerung der Ertragskraft des Stiftungsvermögens oder infolge einer hohen Zustiftung. Mitunter kann eine **Veränderung der Binnenverfassung** erforderlich oder zweckmäßig werden, bspw. die Veränderung der Zusammensetzung der Stiftungsorgane und der Kompetenzverteilung zwischen mehreren Stiftungsorganen. In der Praxis ist zunehmend zu beobachten, dass insbesondere gemeinnützige[4] Stiftungen – wohl auch aufgrund des demographischen Wandels und des zunehmenden Freizeitangebots – **keine Nachfolger** für ihre Organe gewinnen und (auch) aus diesem Grund dazu übergehen, ihre Organmitglieder zu vergüten.[5]

---

[1] Unter Zugrundelegung des Amtlichen Regelwerks der deutschen Sprache, insbesondere zwecks besserer Lesbarkeit, wird für Funktionsbezeichnungen im Folgenden durchgehend das generische Maskulinum verwendet. Hiervon erfasst sind alle Menschen gleichermaßen, ungeachtet ihres Geschlechts oder ihrer sexuellen Orientierung.

[2] § 83 Abs. 2 BGB.

[3] Dazu die empirische Untersuchung des Bundesverbandes Deutscher Stiftungen im Dezember 2018, abrufbar im Internet unter https://www.stiftungen.org/stiftungen/zahlen-und-daten/grafiken-zum-download.html#tab935.

[4] Wenn im Folgenden von gemeinnützigen Stiftungen die Rede ist, sind damit sämtliche in Deutschland unbeschränkt oder beschränkt steuerpflichtige Stiftungen gemeint, die nach ihrer Satzung und ihrer tatsächlichen Geschäftsführung gemeinnützige, mildtätige und/oder kirchliche Zwecke iSd §§ 52 bis 54 iVm § 55 AO verfolgen.

[5] Zur Angemessenheit der Vergütung von Organen gemeinnütziger Körperschaften BFH 12.3.2020 – V R 5/17, BStBl. II 2021, 55; dazu Kirchhain/Kampermann npoR 2020, 310.

3 Satzungs- und Strukturänderungen stehen naturgemäß auf der **Schnittstelle** zwischen dem Gebot, den historischen Stifterwillen zu beachten, einerseits und dem praktischen Bedürfnis, mitunter der Notwendigkeit für Veränderungen andererseits. Für jeden Rechtsanwender – ob Stiftungen, Organmitglieder, Stiftungsbehörden oder Berater – stellt sich im Vorfeld einer jeden Satzungs- und Strukturänderung die grundlegende Frage, ob und, wenn ja, inwieweit eine angedachte Veränderung mit dem **historischen Stifterwillen** vereinbar ist. Zur Beantwortung dieser Frage, zur Auslegung des historischen Stifterwillens, sind die schriftlichen Dokumente und etwaige mündliche Bekundungen des Stifters bei Errichtung der Stiftung heranzuziehen. Bereits bei Errichtung einer Stiftung sollten Stifter in Erwägung ziehen, in der Stiftungssatzung die rechtlichen Rahmenbedingungen für künftige Satzungs- und Strukturänderungen festzulegen.

II. Bislang sehr unterschiedliche Gesetzesregeln

4 Das Nebeneinander von Bürgerlichem Gesetzbuch einerseits und sechzehn Landesstiftungsgesetzen andererseits, welches den Gesetzgeber im Sommer 2021 zur **Vereinheitlichung** des Stiftungsrechts veranlasst hat, betraf insbesondere Satzungs- und Strukturänderungen. Der vom Gesetzgeber kritisch gewürdigte stiftungsrechtliche Flickenteppich zeigte sich bspw. deutlich in der sehr unterschiedlichen Rechtspraxis bei Änderungen des Stiftungszwecks sowie bei Beendigung einer Stiftung. Während der noch bis Ende Juni 2023 geltende § 87 BGB lediglich eine hoheitliche Aufhebung durch eine Stiftungsbehörde vorsieht und teilweise als abschließende bundeseinheitliche Regelung erachtet wird, regeln manche Bundesländer zusätzlich – mit teilweise unterschiedlichen Voraussetzungen – die Beendigung einer Stiftung durch Auflösungsbeschluss der satzungsmäßig zuständigen Stiftungsorgane.[6] Auch hinsichtlich der Voraussetzungen für Satzungsänderungen, insbesondere für eine Änderung des Satzungszwecks, sind die bislang geltenden Bestimmungen in den Landesstiftungsgesetzen uneinheitlich.[7] Bislang uneinheitlich geregelt sind auch die Möglichkeit („Ob") sowie die Voraussetzungen („Wann") einer Zulegung oder Zusammenlegung von Stiftungen, wobei die Landesstiftungsgesetze teilweise unterschiedliche Begrifflichkeiten verwenden.[8] Auf Grundlage des jeweiligen Landesrechts hat sich in jedem Bundesland eine eigene Stiftungspraxis entwickelt, die mitunter sogar innerhalb eines Bundeslandes von Stiftungsbehörde zu Stiftungsbehörde in Nuancen Unterschiede aufweist.

---

[6] BT-Drs. 19/28173, 28. Dazu Gantenbrink in Werner/Saenger/Fischer Stiftung, 2. Aufl. 2019, § 23; Hüttemann/Rawert in Staudinger BGB§ 87 BGB Rn. 24; C. Meyn in Hüttemann/Richter/Weitemeyer, LandesstiftungsR 2011, Rn. 25.22–25.36; Nicolai/Kuszlik ZRP 2016, 47 (50); Schwintek in Werner/Saenger/Fischer Stiftung, 2. Aufl.,§ 24; Winkler ZStV 2017, 165 (169).

[7] Dazu v. Hippel in Hüttemann/Richter/Weitemeyer, LandesstiftungsR, 2011, Rn. 23.5–23.63 und Rn. 24.4–24.39; Winkler ZStV 2017, 165 (170 f.). Zum bislang geltenden Recht s. auch Happ, Stifterwille und Zweckänderung.

[8] Dazu Arnold in Hüttemann/Richter/Weitemeyer, LandesstiftungsR, 2011, Rn. 27.6–27.69; Winkler ZStV 2017, 165 (170). Zum bislang geltenden Recht s. auch Gantenbrink, Die hoheitliche Beendigung der Stiftung durch die Stiftungsbehörde, 2010; Hoffmann, Zusammenlegung und Zulegung rechtsfähiger Stiftungen bürgerlichen Rechts, 2010; Karper, Die Zusammenlegung von privatrechtlichen Stiftungen, 1995; Oetker in Saenger/Bayer/Koch/Körber, Gründen und Stiften, FSWerner, 2009, 207; Schauer, Die Zusammenführung rechtsfähiger Stiftungen, 2017; Saenger ZStV 2007, 81.

III. Grundlegende rechtliche Prinzipien nach neuem Recht

Die in diesem Kapitel dargestellten Satzungs- und Strukturänderungen sind im Bürgerlichen Gesetzbuch nunmehr wie folgt **platziert:** 5

- Änderungen der Stiftungssatzung einschließlich Änderungen des Stiftungszwecks und der Art seiner Verwirklichung: §§ 85 bis 85b BGB
- Beendigung einer Stiftung
  - Zulegung und Zusammenlegung von Stiftungen: §§ 86 bis 86i BGB
  - Auflösung und Aufhebung einer Stiftung: §§ 87 bis 87d BGB

Ungeachtet der Platzierung beruhen sämtliche Satzungs- und Strukturänderungen auf folgenden **grundlegenden rechtlichen Prinzipien:**

Jede Änderung einer Satzung sowie die Beendigung einer Stiftung müssen dem tatsächlichen oder dem mutmaßlichen, ggfs. durch Auslegung zu ermittelnden **Willen des Stifters** entsprechen. Ausgangspunkt ist der tatsächliche oder mutmaßliche historische Stifterwille, wie er im Stiftungsgeschäft einschließlich der Errichtungssatzung zum Ausdruck kommt.[9] Dabei ist auch zu prüfen, ob und, wenn ja, mit welchem Inhalt der Stifter eine Satzungs- oder Strukturänderung gewollt und in der Errichtungssatzung abgebildet hätte, wenn er den Eintritt der hierzu legitimierenden Voraussetzungen antizipiert hätte. 6

Das novellierte Gesetzesrecht sieht in Bezug auf Satzungs- und Strukturänderungen im Grundsatz **zwingende** Voraussetzungen vor. Der Stifter kann allerdings im Einzelfall von der gesetzlichen Grundkonzeption **abweichende** Regelungen treffen. Tut der Stifter dies nicht, greifen die gesetzlichen Regelungen. 7

Für Satzungs- und Strukturänderungen sieht das neue Gesetzesrecht ein **abgestuftes Kompetenzsystem** vor. Für Satzungs- und Strukturänderungen sind primär die nach der Satzung berufenen Stiftungsorgane zuständig. Die primäre Zuständigkeit der Stiftungsorgane begründet allerdings keine inhaltlich unbeschränkte Autonomie in der Sache. Auch Organbeschlüsse zu Satzungs- und Strukturänderungen sind nur als Vollzug des tatsächlichen oder mutmaßlichen historischen Stifterwillens zulässig.[10] Die staatliche Stiftungsaufsicht ist lediglich subsidiär zuständig, dh nur sofern die Stiftungsorgane – aus welchem Grund auch immer – nicht oder nicht rechtzeitig handeln, obwohl dies rechtlich geboten ist. Dieses Kompetenzgefüge kann in der Tendenz zu einer Verlagerung des Erfüllungsaufwands weg von den Stiftungsbehörden hin zu den Stiftungen und deren Organen führen. Da eine Stiftungsbehörde eine **reine Rechts- und keine Fachaufsicht** ausübt, ihr mithin keine eigenen Beurteilungs- und Ermessensspielräume zustehen, sind Satzungs- und Strukturänderungen durch eine Stiftungsbehörde nur zulässig, wenn die gesetzlichen oder satzungsmäßigen Voraussetzungen nach allen denkbaren Auslegungen erfüllt sind und eine andere Entscheidung rechtswidrig wäre. Vor jeder stiftungsbehördlich angeordneten Satzungs- oder Strukturänderung sind der Vorstand und mE auch der Stifter einer betroffenen Stiftung in der Regel nach Maßgabe des einschlägigen Landesverwaltungsverfahrensgesetzes **anzuhören.** Bei Nichtbeachtung eines Anhörungsrechts ist eine behördliche Maßnahme rechtswidrig, diese kann durch Erhebung einer Anfechtungsklage gerügt werden.[11] 8

Der Stifter kann sich im Stiftungsgeschäft einschließlich der **Errichtungssatzung** Rechte in Bezug auf die Stiftung **vorbehalten,** auch in Bezug auf spätere Satzungs- und Strukturänderungen. Allerdings kann der Stifter diese Rechte nicht in seiner höchstpersönlichen Eigenschaft als Stifter, sondern stets nur als in der Stiftungssatzung implemen- 9

[9] § 83 Abs. 2 BGB. → Kap. 1 Rn. 14–17 und Kap. 5 Rn. 16–28.
[10] Hüttemann/Rawert in Staudinger BGB, 2017, § 87 BGB Rn. 4.
[11] Hüttemann/Rawert in Staudinger BGB, 2017, § 87 BGB Rn. 21–23.

tiertes Organ der Stiftung oder als Mitglied eines mehrköpfigen Stiftungsorgans ausüben. Bei Ausübung seiner (Organ-)Rechte ist der Stifter ausnahmslos den Interessen der Stiftung verpflichtet, dies unter Beachtung seines tatsächlichen oder mutmaßlichen historischen Willens bei Stiftungserrichtung.[12] Im Übrigen sieht das neue Recht – anders als bislang manche Landesstiftungsgesetze – keine Mitwirkung des Stifters an einer Satzungs- oder Strukturänderung vor. Gleichwohl ist die Anhörung des Stifters ein zulässiges Instrument zur Ermittlung des historischen Stifterwillens.

10 Jede Änderung einer Satzung sowie die Beendigung einer Stiftung wird **erst mit Bekanntgabe einer hoheitlichen Entscheidung der zuständigen Stiftungsbehörde wirksam.** Aus verfassungsrechtlichen Gründen hat eine Stiftung gegen die Stiftungsbehörde bzw. deren Trägerkörperschaft einen **Rechtsanspruch** auf Erteilung einer Genehmigung, sofern die formellen und materiellen Voraussetzungen für eine Satzungs- oder Strukturänderung durch Organbeschluss erfüllt sind.[13] Etwaige rechtliche **Mängel** werden durch eine stiftungsbehördliche Genehmigung nicht geheilt. Dritte, zB Destinatäre, die die Verletzung eigener Rechte geltend machen, können vor den ordentlichen Gerichten klagen.[14]

11 Mit Wirkung zum 1.1.2026 wird das neue **Stiftungsregister** eingeführt.[15] Ab dann sind jede Satzungsänderung sowie die Auflösung, Aufhebung, Zulegung oder Zusammenlegung einer Stiftung zur Eintragung in das Stiftungsregister **anzumelden.** Die Eintragung in das Stiftungsregister hat lediglich **deklaratorische Wirkung,** dh die rechtliche Wirksamkeit einer Satzungs- oder Strukturänderung ist nicht von der Registereintragung abhängig. Jedermann ist berechtigt, in die zum Stiftungsregister eingereichten Dokumente **Einsicht zu nehmen,** sofern der Zugang zu den Dokumenten nicht aufgrund eines berechtigten Interesses der Stiftung oder Dritter beschränkt oder ausgeschlossen wurde.[16] Zu den einsehbaren Dokumenten gehört auch die jeweils geltende Stiftungssatzung.[17] Mit Wirkung ab dem 1.1.2024 wird zusätzlich beim Bundeszentralamt für Steuern das sog. **Zuwendungsempfängerregister** eingeführt, aus dem jedermann ersehen kann, welche Stiftungen steuerlich gemeinnützig und als solche berechtigt sind, für vereinnahmte Spenden Zuwendungsbestätigungen auszustellen.[18]

12 Die §§ 82a bis 88 BGB in der Fassung des Reformgesetzes, mithin auch die hier dargestellten Bestimmungen zu Satzungs- und Strukturänderungen, sind auch auf sämtliche Stiftungen anzuwenden, die bereits vor dem 1.7.2023, dem Tag des Inkrafttretens des Reformgesetzes, errichtet worden sind.[19] Solche Stiftungen sollten, sofern noch nicht geschehen, prüfen, ob eine Änderung ihrer Satzung schon vor Inkrafttreten der gesetzlichen Neuregelungen zweckmäßig und rechtlich zulässig ist, bspw. betreffend die Verwendung von Umschichtungsgewinnen, die Beschränkung der Vertretungsmacht auf gemeinnützigkeitskonforme Rechtsgeschäfte sowie die Öffnung für künftige Satzungsänderungen[20]. Für bestehende Stiftungen beurteilen sich die Zulässigkeit und das Verfahren von Satzungs- und Strukturänderungen in erster Linie nach etwaig vorhandenen

---

[12] § 83 Abs. 2 BGB.

[13] Zutreffend Burgard ZStV 2021, 45 (49); Orth ZStV 2020, 81 (85). Vgl. § 82 Satz 1 BGB: „ist anzuerkennen".

[14] Burgard ZStV 2021, 45 (48). Dazu OVG Rheinland-Pfalz 17.12.2001 – 12 U 1334/01, ZSt 2003, 93.

[15] → Kap. 4.

[16] § 15 Satz 2 StiftRG.

[17] § 82b Abs. 2 Satz 3 Nr. 1 und § 85b Satz 2 Nr. 2 BGB.

[18] § 60b AO und § 5 Abs. 1 Satz 1 Nr. 47 FVG. Dazu Hüttemann DB 2021, 72 (79); Hüttemann npoR 2021, 121; Kirchhain DStR 2021, 129 (137 f.).

[19] Art. 229 § 59 Satz 1 EGBGB.

[20] → Rn. 43 f.

Regelungen in der Satzung, im Übrigen **bis zum Ablauf des 30.6.2023** nach den (noch) geltenden Landesstiftungsgesetzen und § 87 Abs. 1 BGB in der bis dahin geltenden Fassung. Im Übrigen entfaltet das neue Recht praktische **Vorwirkung** für die Beurteilung von Satzungs- und Strukturänderungen, die vor dem 1.7.2023 wirksam werden sollen.[21] So individuell jede Stiftung ist, so individuell sind auch die Vorgaben für eine Satzungs- und Strukturänderung. Eine pauschale Handlungsempfehlung kann daher (nur) lauten, dass sich die Stiftungsorgane intensiv mit der Satzung befassen.

B. Änderungen der Stiftungssatzung

I. Bislang geltendes Recht, Auslegung im Lichte der Reform

Die Stiftungssatzung ist neben dem Stiftungsgeschäft sowie neben dem Gesetzesrecht wesentlicher Bestandteil der Verfassung einer jeden rechtsfähigen Stiftung bürgerlichen Rechts.[22] Anders als Vereine und Kapitalgesellschaften können Stiftungen ihre Satzung nicht beliebig ändern. Zur Änderung der Satzung bedarf es vielmehr einer **Ermächtigungsgrundlage.** Vorrangig ist auf eine etwaig vorhandene Ermächtigungsgrundlage in der Satzung abzustellen. Im Übrigen ist eine Satzungsänderung (nur) auf Grundlage des Gesetzesrechts möglich. 13

Bis zum Ablauf des 30.6.2023 beurteilen sich Satzungsänderungen gemäß § 87 Abs. 1 BGB und/oder nach Maßgabe der nachstehend zusammengefassten Regelungen in den Landesstiftungsgesetzen. Allen Landesstiftungsgesetzen ist gemein, dass Satzungsänderungen stets nur im Einklang mit dem historischen Stifterwillen zulässig sind[23] und, sofern sie durch die Stiftungsorgane beschlossen werden, der Genehmigung der Stiftungsaufsicht bedürfen[24] (Besonderheit in Nordrhein-Westfalen: nicht wesentliche Änderungen müssen lediglich angezeigt werden[25]). 14

Bundesland	**Zweckänderungen**	**Sonstige Satzungsänderungen**
Baden-Württemberg[26]	Organe: Soweit in der Satzung vorgesehen Aufsicht: Soweit wegen wesentlicher Änderungen der Verhältnisse geboten; nur subsidiär	Aufsicht: Wie Zweckänderungen
Bayern[27]	Aufsicht: § 87 Abs. 1 BGB	

[21] → Rn. 15 und 70. → Kap. 1 Rn. 10–12.

[22] § 83 Abs. 1 BGB.

[23] § 2 StiftG BW; Art. 2 Abs. 1 BayStG; § 5 Abs. 1 Satz 2 StiftG Bln; § 6 Abs. 1 StiftGBbg; § 3 BremStiftG; § 7 Abs. 1 Satz 1 Nr. 3 HambStiftG; § 9 Abs. 1 Satz 2 HessStiftG; § 4 Abs. 1 Satz 3 StiftG M-V; § 2 und § 7 Abs. 2 Satz 1 NStiftG; § 4 Abs. 1 StiftG NRW; § 1 Abs. 1 StiftG Rh.-Pf.; § 5 Abs. 1 Satz 1 SaarlStiftG; § 2 SächsStiftG; § 1 StiftG LSA; § 1 Abs. 1 ThürStiftG.

[24] § 6 Satz 1 StiftG BW; § 5 Abs. 1 Satz 3 StiftG Bln; § 10 Abs. 1 Satz 2 StiftGBbg; § 8 Abs. 2 Satz 1 BremStiftG; § 7 Abs. 3 Satz 1, 1. Hs. HambStiftG; § 9 Abs. 1 Satz 1 StiftG M-V; § 7 Abs. 3 Satz 3 NStiftG; § 5 Abs. 2 Satz 3 StiftG NRW; § 8 Abs. 3 StiftG Rh.-Pf.; § 7 Abs. 3 Satz 2 SaarlStiftG; § 9 Abs. 1 Satz 2 SächsStiftG; § 9 Abs. 3 StiftG LSA; § 5 Abs. 2 Satz 1 StiftG Schl.-Hol.; § 9 Abs. 3 ThürStiftG.

[25] § 5 Abs. 1 Satz 2 StiftG NRW.

[26] § 6 und § 14 Abs. 2 Satz 1 StiftG BW.

[27] Art. 8 Abs. 1 Satz 1 BayStG.

Berlin[28]	Organe: Wenn wegen wesentlicher Änderung der Verhältnisse angezeigt erscheint und das Stiftungsgeschäft oder die Satzung keine andere Regelung enthält	Organe: Keine Einschränkungen („können beschließen")
Brandenburg[29]	Organe: Soweit das Stiftungsgeschäft und die Satzung nicht entgegenstehen	
Bremen[30]	Organe: Wenn die Satzung dies vorsieht oder eine wesentliche Änderung der Verhältnisse dies erfordert Aufsicht: § 87 Abs. 1 BGB	Organe: Wie Zweckänderungen; zusätzlich, wenn ursprüngliche Gestaltung der Stiftung nicht wesentlich verändert wird
Hamburg[31]	Organe: Soweit in der Satzung nicht etwas anderes bestimmt ist und ein sachlicher Grund besteht, insbesondere sich die tatsächlichen oder rechtlichen Verhältnisse nachhaltig geändert haben Aufsicht: Bei wesentlicher Veränderung der Verhältnisse, sofern Voraussetzungen des § 87 Abs. 1 BGB nicht erfüllt sind	Organe: Wie Zweckänderungen Aufsicht: Wie Zweckänderungen
Hessen[32]	Aufsicht: § 87 Abs. 1 BGB; auf Antrag der Stiftung; vorbehaltlich anderslautender Satzungsregelung, wenn wegen wesentlicher Änderung der Verhältnisse angezeigt erscheint	Aufsicht: Auf Antrag der Stiftung
Mecklenburg-Vorpommern[33]	Aufsicht: Wenn aufgrund einer wesentlichen Veränderung der Verhältnisse erforderlich	Aufsicht: Wenn aufgrund einer wesentlichen Veränderung der Verhältnisse erforderlich
Niedersachsen[34]	Organe: Wenn die Satzung dies vorsieht oder sich die Verhältnisse seit der Errichtung der Stiftung wesentlich geändert haben Aufsicht: § 87 Abs. 1 BGB	Organe: Wie Zweckänderung; zusätzlich, wenn sie die ursprüngliche Gestaltung der Stiftung nicht wesentlich verändern oder die Erfüllung des Stiftungszwecks erleichtern

[28] § 5 StiftG Bln.
[29] § 10 StiftGBbg.
[30] §§ 8 f. BremStiftG.
[31] § 7 Abs. 1 Satz 1 und Abs. 4 HambStiftG.
[32] § 9 HessStiftG.
[33] § 9 StiftG M-V.
[34] § 7 Abs. 1 und Abs. 3, § 8 NStiftG.

Nordrhein-Westfalen[35]	Organe: Wesentliche Änderungen des Stiftungszwecks, sofern eine wesentliche Veränderung der Verhältnisse eingetreten ist und soweit die Satzung es nicht ausschließt Aufsicht: § 87 Abs. 1 BGB	Organe: Wesentliche Änderungen, die die dauernde und nachhaltige Erfüllung des Stiftungszwecks berühren, wie Zweckänderung; wesentliche Änderungen der Organisation, soweit es die Erfüllung des Stiftungszwecks nicht beeinträchtigt und die Satzung es nicht ausschließt (nur Anzeigepflicht); im Übrigen, soweit nicht in der Satzung etwas anderes bestimmt ist und hierdurch der Stiftungszweck oder die Organisation der Stiftung nicht wesentlich beeinträchtigt wird (nur Anzeigepflicht)
Rheinland-Pfalz[36]	Organe: Sofern eine wesentliche Änderung der Verhältnisse eingetreten und soweit nicht in der Satzung etwas anderes bestimmt ist	Organe: Soweit nicht in der Satzung etwas anderes bestimmt ist und wenn hierdurch der Stiftungszweck oder die Organisation der Stiftung nicht wesentlich verändert wird
Saarland[37]	Organe: Wenn die Satzung dies vorsieht oder eine wesentliche Änderung der Verhältnisse dies erfordert Aufsicht: § 87 Abs. 1 BGB, nur subsidiär nach Fristsetzung	Organe: Wie Zweckänderung; zusätzlich, wenn sie den Stiftungszweck nicht berühren und die ursprüngliche Gestaltung der Satzung nicht wesentlich ändern
Sachsen[38]	Organe: Wenn das Stiftungsgesetz oder die Satzung dies vorsieht oder wenn sich die Verhältnisse seit Errichtung der Stiftung wesentlich geändert haben	Organe: Wie Zweckänderung

[35] § 5 und § 10 StiftG NRW.
[36] § 8 StiftG Rh.-Pf.
[37] §§ 7 f. SaarlStiftG.
[38] § 9 SächsStiftG.

Sachsen-Anhalt[39]	Organe: Soweit die Satzung dies vorsieht oder wenn sich die Verhältnisse seit Errichtung der Stiftung wesentlich geändert haben und der Stiftungszweck nur unwesentlich verändert wird Aufsicht: § 87 Abs. 1 BGB	Organe: Wie Zweckänderung
Schleswig-Holstein[40]	Organe: Wenn der Stiftungszweck und die Gestaltung der Stiftung nur unwesentlich verändert werden oder dies wegen einer wesentlichen Veränderung der Verhältnisse seit Errichtung der Stiftung angebracht ist Aufsicht: § 87 Abs. 1 BGB	Organe: Wie Zweckänderung
Thüringen[41]	Organe: Soweit dies Satzung es vorsieht oder wenn sich die Verhältnisse seit Errichtung der Stiftung wesentlich verändert haben und der Stiftungszweck und die Organisation der Stiftung nur unwesentlich verändert wird Aufsicht: § 87 Abs. 1 BGB	Organe: Wie Zweckänderung

15 Zwar hat sich der Gesetzgeber nicht dazu durchgerungen, bereits vor dem 1.7.2023 errichteten Stiftungen explizit zu gestatten, ihre Satzungen an das geänderte Recht anzupassen. Gleichwohl können bereits vor dem 1.7.2023 errichtete Stiftungen nach hier vertretener Auffassung dispositive, von der neuen gesetzlichen Grundkonzeption abweichende Regelungen in ihre Satzungen implementieren, wenn dies vom historischen, ggfs. im Wege der Auslegung zu ermittelnden mutmaßlichen **Stifterwillen** gedeckt ist.[42] Unter dieser Prämisse können die Stiftungsorgane in Anlehnung an den neuen § 85 Abs. 4 BGB in der Satzung Ermächtigungsgrundlagen für spätere Satzungsänderungen schaffen.[43] Solche Satzungsanpassungen sollten nach Möglichkeit noch vor dem 1.7.2023 vorgenommen werden. Im Übrigen entfaltet das geänderte Recht **Vorwirkung** auf Satzungsänderungen bei bereits bestehenden Stiftungen. Bestehende Stiftungen sollten, sofern noch nicht geschehen, ihre Satzungen einer Generalrevision unterziehen und bei Änderungsbedarf daraufhin überprüfen, ob eine Satzungsänderung auf Grundlage der Satzung selbst, hilfsweise nach Maßgabe des BGB und/oder des einschlägigen Landesstiftungsgesetzes zulässig ist.

II. Grundlegung zum neuen Recht

16 Die Voraussetzungen, unter denen die Satzung einer rechtsfähigen Stiftung bürgerlichen Rechts geändert werden kann, sind im Zuge der Reform nunmehr **bundeseinheit-**

[39] §§ 8 f. StiftG LSA.
[40] §§ 5 f. StiftG Schl.-Hol.
[41] §§ 9 und 11 ThürStiftG.
[42] § 83 Abs. 2 BGB.
[43] → Rn. 44.

lich und abschließend in § 85 BGB geregelt.[44] Diese Vorschrift ersetzt die bislang geltenden Regeln in § 87 BGB aF und in den (noch geltenden) Landesstiftungsgesetzen.[45] Sie erfasst die Aufhebung, Ergänzung oder Änderung einzelner Satzungsbestimmungen. Für die Änderung der Satzung einer **rechtlich nichtselbständigen Stiftung** gelten gesonderte Grundsätze.[46]

Nach der gesetzlichen Grundkonzeption bestehen **drei Kategorien** von Satzungsänderungen, die jeweils an unterschiedliche Voraussetzungen geknüpft sind. Diese Voraussetzungen sind umso restriktiver, je stärker sie in die bislang geltende Stiftungsverfassung eingreifen.[47] 17

- Der Austausch und die erhebliche Beschränkung eines Stiftungszwecks[48] sowie die Umgestaltung einer auf unbestimmte Zeit errichteten Stiftung („Ewigkeitsstiftung") in eine Verbrauchsstiftung.[49]
- Andere Änderungen des Stiftungszwecks[50] sowie die Änderung sonstiger Satzungsbestimmungen, die für die Stiftung prägend sind.[51]
- Änderungen anderer Satzungsbestimmungen.[52]

Die neuen gesetzlichen Bestimmungen sind **dispositiv,** dh Abweichungen von der gesetzlichen Grundkonzeption sind zulässig. Der Stifter – und zwar nur er – kann im Stiftungsgeschäft nebst Errichtungssatzung die Voraussetzungen für Satzungsänderungen einschließlich der Voraussetzungen für eine Änderung des Satzungszwecks abweichend von den gesetzlichen Regelungen bestimmen.[53] 18

Das **Verfahren** einer Satzungsänderung ist bundeseinheitlich und abschließend in § 85a BGB geregelt. Die diesbezüglichen Bestimmungen in den Landesstiftungsgesetzen sind überholt. Die praktische Umsetzung einer Satzungsänderung erfolgt **primär** durch die nach der Satzung zuständigen **Stiftungsorgane,**[54] subsidiär durch die **Stiftungsaufsicht.**[55] Mit Einführung des Stiftungsregisters zum 1.1.2026 sind sämtliche Satzungsänderungen zur Eintragung in das Stiftungsregister **anzumelden.**[56] 19

Im Vorfeld der Gesetzesreform wurde die Frage erörtert, ob dem **Stifter** in seiner höchstpersönlichen Eigenschaft als Stifter (und nicht als Mitglied eines Stiftungsorgans) ein (zeitlich begrenztes) Recht zur Änderung der Stiftungsverfassung eingeräumt werden sollte.[57] Entsprechende Vorschläge aus der Praxis hat der Gesetzgeber nicht umgesetzt.[58] Ausweislich der Gesetzesbegründung kann sich der Stifter allerdings selbst zum **Stiftungsorgan** bestimmen und nach Maßgabe des § 85 Abs. 4 BGB zu Satzungsänderungen ermächtigen, allerdings nicht voraussetzungslos, sondern nur im Interesse der Stiftung.[59] 20

---

[44] BT-Drs. 19/28173, 64.

[45] BT-Drs. 19/28173, 64. Zum bislang geltenden Recht v. Hippel in Hüttemann/Richter/Weitemeyer, LandesstiftungsR, 2011, 661.

[46] → Kap. 2 Rn. 62.

[47] BT-Drs. 19/28173, 64.

[48] → Rn. 25–29.

[49] → Rn. 30–33.

[50] → Rn. 34.

[51] → Rn. 35–38.

[52] → Rn. 39.

[53] → Rn. 40–44.

[54] → Rn. 45–47.

[55] → Rn. 48 f.

[56] → Rn. 50 f.

[57] Dazu Markworth NZG 2021, 100 (106); Nicolai/Kuszlik ZRP 2016, 47 (47); Stolte BB 2015, 2694 (2696); Winkler ZStV 2017, 165 (171); s. auch Heuel/Kraftsoff/Stolte Stiftung & Sponsoring Rote Seiten 05.21, 10.

[58] BT-Drs. 19/28173, 30 f.

[59] BT-Drs. 19/28173, 30.

21 Auch bei jeder Satzungsänderung ist **der tatsächliche oder mutmaßliche historische Stifterwille** zu beachten.[60] Gegen den tatsächlichen oder mutmaßlichen historischen Stifterwillen kann die Satzung nicht geändert werden. Bei jeder Satzungsänderung ist zu prüfen, ob die angedachte Änderung dem tatsächlichen oder mutmaßlichen historischen Stifterwillen entspricht und inwieweit es Alternativen gibt, die dem historischen Stifterwillen besser entsprechen.[61] Dabei ist auch der mutmaßliche Stifterwille zu beachten; zu prüfen ist, ob und, wenn ja, mit welchem Inhalt eine Satzungsänderung vom Stifter gewollt *wäre*, wenn dieser einen bei Stiftungserrichtung noch unvorhersehbaren Umstand antizipiert *hätte*. Stiftungen sollten keine Mühen scheuen, den mutmaßlichen Stifterwillen zu ermitteln. Zwar sieht das neue Recht keine Mitwirkung des Stifters an einer Satzungsänderung vor. Gleichwohl ist die Anhörung des Stifters ein zulässiges Instrument zur Ermittlung des historischen Stifterwillens. Da eine Stiftung ein höchst individuell geprägter Rechtsträger ist, verbietet es sich auch bei Satzungsänderungen, behördliche **Mustersatzungen** befolgen zu müssen. Behördliche Mustersatzungen dienen allein als (rechtlich unverbindlicher) Leitfaden.

III. Voraussetzungen nach der gesetzlichen Grundkonzeption

1. Änderungen des Stiftungszwecks

a) Terminologie: Stiftungszweck, Art der Zweckverwirklichung, Zweckbestimmung

22 Für die Anwendung der neuen gesetzlichen Regeln zu Satzungs- und Strukturänderungen ist es grundlegend, vorab zu klären, was der „Zweck" einer Stiftung ist und wie er sich von der „Art und Weise der Zweckerfüllung"[62] abgrenzt.[63] Nach der Gesetzesbegründung ist **„Zweck"** einer Stiftung (lediglich) „der oberste Leitsatz der Stiftungstätigkeit [..], der das Handeln der Stiftung nach dem Willen des Stifters bestimmen soll".[64] Demnach ist „Zweck" jedenfalls der **Satzungszweck ieS**, verstanden als fortwährendes **Ziel**, bspw. die Förderung von Bildung und Erziehung, die Förderung von Kunst und Kultur oder die Förderung des Umweltschutzes. Die **Art und Weise der Zweckverwirklichung** – also der Kanon von Maßnahmen der tatsächlichen Geschäftsführung zur Erreichung des Satzungszwecks ieS, zB der Betrieb einer bestimmten kulturellen, karitativen oder wissenschaftlichen Einrichtung – versteht der Gesetzgeber grundsätzlich nicht als „Zweck".[65] Eine Änderung der Art und Weise der Zweckverwirklichung ist grundsätzlich unter leichteren Voraussetzungen als die Änderung des Satzungszwecks ieS möglich.[66] Dies ist bspw. regelmäßig der Fall, wenn der Stifter die Zweckverwirklichungsmaßnahmen in der Stiftungssatzung lediglich als beispielhaften, nicht abschließenden Katalog formuliert („insbesondere"). Etwas Anderes gilt ausweislich der Gesetzesbegründung (nur), wenn es dem Stifter gerade auf die von ihm in der Stiftungssatzung vorgegebene Tätigkeit der Stiftung ankam,[67] diese Tätigkeit also den Stiftungszweck ieS konkretisiert. Unter dieser Prämisse unterliegt die Änderung der Art und Weise der Zweckverwirklichung denselben (strengen) Voraussetzungen wie die Änderung des Sat-

[60] § 83 Abs. 2 BGB. Aus der Rechtsprechung zB OLG Frankfurt a. M. 25.9.2018 – 5 U 130/18, npoR 2019, 72 [juris Rn. 100].

[61] BT-Drs. 19/28173, 64.

[62] § 85 Abs. 2 Satz 2 BGB. S. auch § 60 Abs. 1 Satz 1 AO: „Die Satzungszwecke und die Art ihrer Verwirklichung".

[63] Dazu zB Happ Stifterwille und Zweckänderung, 2007, 87; Hüttemann in Martinek/Rawert/Weitemeyer, FS Reuter, 2010, 121 (134).

[64] BT-Drs. 19/28173, 64.

[65] BT-Drs. 19/28173, 64.

[66] § 85 Abs. 2 Satz 2 BGB.

[67] BT-Drs. 19/28173, 64.

zungszwecks ieS. Entscheidende Bedeutung kommt daher der **Auslegung des tatsächlichen oder mutmaßlichen historischen Stifterwillens** zu.[68]

23 Dem Gesetz liegt die Idee zugrunde, dass „Zweck" einer Stiftung die **Zusammenschau sämtlicher einzelner Zwecke** ist. In der Konsequenz liegt bspw. eine Beschränkung des „Zwecks" auch vor, wenn von mehreren Zwecken ein Zweck ersatzlos gestrichen oder ein neuer Zweck eingeführt wird, der die Erfüllung der bisherigen Zwecke erheblich einschränkt.[69]

24 Jede Änderung des Stiftungszwecks bedarf einer Änderung der Satzung – präzise: einer Änderung der **satzungsmäßigen Zweckbestimmung.** Allerdings ist umgekehrt nicht jede Änderung der satzungsmäßigen Zweckbestimmung eine Zweck*änderung.*[70] Eine *Änderung* des „Zwecks" liegt nach der Gesetzesbegründung nur vor, wenn sich „die inhaltliche Ausrichtung der Stiftung in einer für den Stifter zur Zeit der Errichtung der Stiftung unvorhersehbaren Weise wandelt".[71] Im Einzelfall kann eine Änderung der satzungsmäßigen Zweckbestimmung lediglich der **Klarstellung** oder **Präzisierung** dienen, namentlich weil die bisherige Zweckbestimmung nicht dem historischen Stifterwillen entspricht. So sind bspw. die gesetzlichen gemeinnützigen Katalogzwecke[72] mitunter nicht trennscharf zu unterscheiden. Daher kann es im Einzelfall zu unzutreffenden oder unvollständigen Zweckbestimmungen kommen. Dient eine Änderung der satzungsmäßigen Zweckbestimmung allein der Klarstellung oder Präzisierung des tatsächlichen oder mutmaßlichen historischen Stifterwillens, gelten die leichteren Voraussetzungen für „einfache" Satzungsänderungen.[73]

b) Austausch oder erhebliche Beschränkung eines Stiftungszwecks

25 Durch eine Änderung der Satzung kann der Stiftung **ein anderer Zweck** gegeben werden.[74] Gemeint ist der Austausch eines Zwecks durch einen anderen Zweck.[75] Beispiel: Der bisherige Zweck „Förderung von Wissenschaft und Forschung" wird gestrichen, neu aufgenommen wird der Zweck „Förderung des Denkmalschutzes". Ein solcher Austausch eines Zwecks wird in der Praxis nur selten vorkommen, da er vom (für alle Satzungsänderungen maßgeblichen) historischen Stifterwillen[76] in der Regel nicht gedeckt ist.[77] Dies gilt ebenso in Bezug auf Maßnahmen, die nach dem historischen Stifterwillen den Stiftungszweck ieS selbst konkretisieren.[78]

26 Alternativ, aber stets nur im Einklang mit dem tatsächlichen oder mutmaßlichen Stifterwillen kann durch eine Änderung der Satzung der bisherige Zweck der Stiftung **erheblich beschränkt** werden. Eine Zweckbeschränkung ist als **erheblich** anzusehen, wenn die Stiftung dadurch „ihre Identität" ändert:[79]

- Das wird regelmäßig anzunehmen sein, wenn eine Stiftung mehrere „gleichwertige" Zwecke hat und einer der Zwecke **aufgegeben** werden soll.
- Erfasst ist auch der Fall, dass ein weit gefasster Zweck **inhaltlich erheblich verengt** werden soll. Beispiele: Künftig nur noch Förderung von Projekten in bestimmten

---

[68] So schon zu § 87 BGB aF Hüttemann in Martinek/Rawert/Weitemeyer, FS Reuter, 2010, 121 (139).
[69] BT-Drs. 19/28173, 65.
[70] → Kap. 1 Rn. 8.
[71] BT-Drs. 19/28173, 64.
[72] § 52 Abs. 2 Satz 1 AO.
[73] BT-Drs. 19/28173, 64.
[74] § 85 Abs. 1 Satz 1 BGB.
[75] BT-Drs. 19/28173, 65.
[76] § 83 Abs. 3 BGB.
[77] BT-Drs. 19/28173, 65: „aus dem Stiftungsgeschäft erschließen lässt". Ebenso kritisch Schauer npoR 2022, 54 (55).
[78] → Rn. 22.
[79] BT-Drs. 19/28173, 65.

Regionen, nur in Bezug auf bestimmte kunstgeschichtliche Epochen oder nur in Bezug auf bestimmte wissenschaftliche Teildisziplinen.
- In diese Kategorie fällt auch die Ergänzung um einen **neuen Zweck,** sofern dies dazu führt, dass die Erfüllung des bisherigen Zwecks erheblich beschränkt wird – m. E. nicht der Fall, wenn eine Zweckerweiterung mit einer **Zustiftung** von Vermögen verbunden ist.

27 **Voraussetzung** für einen Austausch oder die erhebliche Beschränkung eines Zwecks ist, dass

- entweder der Stiftungszweck nicht mehr dauernd und nachhaltig erfüllt werden kann[80] oder der Stiftungszweck das Gemeinwohl gefährdet[81]

  und

- gesichert erscheint, dass die Stiftung den beabsichtigten neuen oder beschränkten Zweck dauernd und nachhaltig erfüllen kann.[82] Wie im Vorfeld der stiftungsbehördlichen Anerkennung ist eine **Prognose** über die positive Existenzfähigkeit der Stiftung zu stellen.[83] Fällt diese Prognose negativ aus, ist die Stiftung zu beenden.[84]

28 Die Voraussetzung, dass der Stiftungszweck nicht mehr dauernd und nachhaltig erfüllt werden kann, ist insbesondere dann erfüllt, wenn eine Stiftung keine ausreichenden Mittel für die nachhaltige Erfüllung des Stiftungszwecks hat und solche Mittel in „absehbarer" Zeit auch nicht erwerben kann.[85] Letztere, recht unbestimmte Voraussetzung eröffnet den Stiftungsorganen einen **Beurteilungsspielraum,** birgt allerdings zugleich das Risiko unliebsamer Entscheidungen der Stiftungsbehörde in sich. *Nicht* erforderlich ist, dass die Zweckerfüllung „endgültig" unmöglich, dh zum vollständigen Erliegen gekommen ist.[86] Es reicht aus, wenn die Stiftung ihre Zwecke **nicht mehr wirksam** verfolgen kann.[87] Der Gesetzgeber spiegelt die Voraussetzungen für die Anerkennung einer Stiftung als rechtsfähig.[88] Daher ist eine **Prognose** über die künftige Zweckverfolgung anzustellen.[89] In die Prognose einzubeziehen sind die Nutzungen aus dem Grundstockvermögen, Gewinne aus der Umschichtung von Grundstockvermögen, soweit sie für die Zweckverfolgung verwendet werden können, und Zuwendungen Dritter, mit denen die Stiftung, so die Gesetzesbegründung, „fest rechnen" kann.[90] Eine bestimmte Dauer, während derer der Zweck nicht mehr wirksam verfolgt werden kann, hat der Gesetzgeber bewusst *nicht* vorgesehen, um jedem Einzelfall Rechnung zu tragen.[91] Darüber hinaus gibt es weitere Fälle, in denen der Zweck nicht mehr dauernd und nachhaltig erfüllt werden kann – zB wenn der Zweck, etwa die Restaurierung eines Denkmals oder die Bekämpfung einer Krankheit, vollständig erfüllt ist.

---

[80] § 85 Abs. 1 Satz 1 Nr. 1 BGB.

[81] § 85 Abs. 1 Satz 1 Nr. 2 BGB.

[82] § 85 Abs. 1 Satz 3 BGB. Dazu Fallbeispiele bei Schienke-Ohletz/Junius-Morawe BB 2021, 1886 (1887).

[83] Hüttemann/Rawert ZIP 2021, 33 S 3.

[84] BT-Drs. 19/28173, 65 f.

[85] § 85 Abs. 1 Satz 2 BGB.

[86] BT-Drs. 19/31118, 10. Anders noch § 85 Abs. 1 Satz 1 BGB idF des RefE; dazu kritisch Burgard npoR 2021, 1 (6); zur Neufassung positiv Burgard npoR 2021, 78 (79).

[87] BT-Drs. 19/31118, 10.

[88] § 82 Satz 1 BGB.

[89] BT-Drs. 19/31118, 10. So bereits zum geltenden Recht Hüttemann/Rawert ZIP 2013, 2136 (2140).

[90] BT-Drs. 19/31118, 10.

[91] BT-Drs. 19/31118, 10.

Denkbar ist eine Kombination derart, dass der bestehende Zweck einer Stiftung ausgetauscht oder erheblich beschränkt und die Stiftung zugleich in eine **Verbrauchsstiftung** umgestaltet wird.[92] 29

c) Umgestaltung in eine Verbrauchsstiftung

Stiftungen sind nach traditioneller Auffassung als „Ewigkeitsstiftungen" konzipiert, dh 30
auf unbestimmte Dauer („auf ewig") errichtet. Daneben steht die erstmals im Jahr 2013 im Gesetz implementierte Verbrauchsstiftung, die lediglich auf Zeit errichtet wird und während ihrer Existenz ihr gesamtes Vermögen zu verbrauchen hat.[93] Denkbar ist die **Umgestaltung der Zeitstruktur** einer Stiftung, dh die Umgestaltung einer „Ewigkeitsstiftung" in eine Verbrauchsstiftung.[94] Denkbar ist auch die Kombination, dass eine Stiftung in eine Verbrauchsstiftung umgestaltet und zugleich der bestehende Zweck der Stiftung ausgetauscht oder erheblich beschränkt wird.[95]

Voraussetzung hierfür ist, dass der Stiftungszweck nicht mehr dauernd und nachhaltig 31
erfüllt werden kann.[96] Insoweit gelten dieselben Voraussetzungen wie für den Austausch oder die erhebliche Beschränkung eines Zwecks.[97] Erfasst sind damit auch **wirtschaftlich notleidende Stiftungen.**[98] Nach gewichtigen Literaturstimmen gilt dies auch nach bisherigem Recht (§ 87 Abs. 1 BGB), wenn der Stifter den sukzessiven Verbrauch des Stiftungsvermögens einer sofortigen Beendigung der Stiftung den Vorzug gegeben hätte.[99] Insbesondere bei reinen Kapital- und Förderstiftungen stellt sich die Frage, bei Unterschreitung welcher betragsmäßigen Schwelle eine Fördertätigkeit nicht mehr wirksam ist.[100] Im Einzelfall lässt sich ein Förderzweck auch mit einem nur geringen Betrag erfüllen. Weiterhin muss gesichert erscheinen, dass die Stiftung ihren Zweck als Verbrauchsstiftung nachhaltig wird erfüllen können.[101] Die Stiftungsbehörde prüft, ob die gesetzlichen Voraussetzungen für die Anerkennung einer Verbrauchsstiftung erfüllt sind.[102] Sind diese Voraussetzungen nicht erfüllt, ist die Stiftung zu beenden.

Die Umgestaltung in eine Verbrauchsstiftung erfolgt dadurch, dass in der Satzung 32
ergänzend geregelt wird, **für welchen Zeitraum** die Stiftung als Verbrauchsstiftung fortbestehen und **wie das Stiftungsvermögen verwendet** werden soll, damit gesichert erscheint, dass es nach Ablauf des o. g. Zeitraums verbraucht ist.[103] Aus dem Gesetzeswortlaut[104] wie auch aus der Gesetzesbegründung[105] geht nicht eindeutig hervor, ob die Umgestaltung einer Ewigkeits- in eine Verbrauchsstiftung voraussetzt, dass die Stiftung nach der Umgestaltung mindestens zehn weitere Jahre fortexistiert.[106] Auch wenn die Umge-

---

[92] BT-Drs. 19/28173, 66. Zur Umgestaltung in eine Verbrauchsstiftung → Rn. 30–33.

[93] § 81 Abs. 2 BGB.

[94] Zum bislang geltenden Recht zB Hüttemann/Rawert ZIP 2013, 2136; Rawert npoR 2014, 1 (4); Schienke-Ohletz ErbStB 2015, 147; VG Gelsenkirchen 12.7.2018 – 12 K 499/18.

[95] BT-Drs. 19/28173, 66. → Rn. 25–29.

[96] § 85 Abs. 1 Satz 4 BGB.

[97] → Rn. 25–29.

[98] → Rn. 28.

[99] Hüttemann/Rawert ZIP 2013, 2136 (2144); Rawert npoR 2014, 1 (5).

[100] Burgard npoR 2021, 78 (79).

[101] § 85 Abs. 1 Satz 4 BGB mit Verweisung auf Absatz 1 Satz 3.

[102] BT-Drs. 19/28173, 66, mit Verweisung auf § 82 Satz 2 BGB.

[103] § 85 Abs. 1 Satz 4 BGB mit Verweisung auf § 81 Abs. 2 BGB.

[104] § 85 Abs. 1 Satz 4 BGB einerseits mit expliziter Verweisung (nur) auf § 81 Abs. 2 BGB, nicht auch auf § 82 Satz 2 BGB, andererseits Bezugnahme auf § 85 Abs. 1 Satz 3 BGB („dauernd und nachhaltig erfüllen kann").

[105] BT-Drs. 19/28173, 66: Bezugnahme nur auf § 82 S. 1, nicht auch auf § 82 S. 2 BGB.

[106] Zum bisherigen Recht verneinend Hüttemann/Rawert ZIP 2013, 2136 (2143); Rawert npoR 2014, 1 (7). Zum neuen Recht bejahend Hüttemann/Rawert ZIP 2021, 33 S 3; Schauhoff/

staltung in eine Verbrauchsstiftung kein Liquidationsersatz ist,[107] kann mE eine restliche Existenzdauer von weniger als zehn Jahren zulässig sein, sofern die Stiftung ihre Zwecke nach der Umgestaltung „nachhaltig" erfüllen kann.[108]

33 Mit Wirksamwerden der Satzungsänderung wird das (zu erhaltende) Grundstockvermögen zu sonstigem Vermögen i. S. des § 83b Abs. 1 Satz 2 BGB. In der Gesetzesbegründung heißt es dazu, dass das Stiftungsvermögen in der Zielstruktur „nur" aus sonstigem Vermögen bestehe.[109] Dies könnte dahingehend verstanden werden, dass eine Umgestaltung in eine „hybride" Stiftung („Dauerstiftung mit Verbrauchselementen") nicht zulässig sein soll. Wenn eine Ewigkeitsstiftung in eine *reine* Verbrauchsstiftung umgewandelt werden kann,[110] ist die Umgestaltung in eine „hybride" Stiftung *erst recht* zulässig, zumal die anfängliche Errichtung einer „hybriden" Stiftung zulässig ist.[111] Hier nur angerissen sei die Rechtsfrage, ob eine Stiftung, nachdem sie von einer Ewigkeits- in eine Verbrauchsstiftung umgestaltet wurde, später wieder in eine Ewigkeitsstiftung „rückgewandelt" werden kann.[112]

d) Änderung anderer Zweckbestimmungen

34 Je nach Inhalt können Änderungen anderer Zweckbestimmungen unter erleichterten Voraussetzungen zulässig sein. Änderungen des Stiftungszwecks, die weder einen Austausch darstellen noch zu einer erheblichen Beschränkung des bestehenden Zwecks führen, fallen unter § 85 Abs. 2 BGB.[113] Die Änderung anderer Zweckbestimmungen, die nicht zu einer Änderung des Stiftungszwecks führen, sind unter den erleichterten Voraussetzungen des § 85 Abs. 3 BGB zulässig.[114]

2. Änderungen anderer prägender Satzungsbestimmungen

35 Geringere Anforderungen bestehen bei anderen Zweckänderungen als dem Austausch oder der erheblichen Beschränkung eines Zwecks sowie bei Änderungen anderer prägender Bestimmungen der Stiftungsverfassung. Voraussetzung hierfür ist, dass sich die Verhältnisse nach Errichtung der Stiftung wesentlich verändert haben und die Änderung der Satzung erforderlich ist, um die Stiftung an die veränderten Verhältnisse anzupassen.[115] Diese Voraussetzung entspricht den Bestimmungen in mehreren Landesstiftungsgesetzen zu Satzungsänderungen durch die Stiftungsorgane; insoweit kann auf die bisherige Praxis zurückgegriffen werden.[116] Im Vergleich zu anderen Landesstiftungsgesetzen mit lockereren Voraussetzungen wird es zu einer Verschärfung kommen.[117]

36 Das Gesetz nennt praktische Anwendungsfälle, in denen Satzungsbestimmungen regelmäßig als **prägend** anzusehen sind.[118] Dazu gehören die Bestimmungen über den **Namen** und den statutarischen (Rechts-)**Sitz** der Stiftung, über die **Art und Weise der Zweck-**

Mehren NJW 2021, 2993 (2998); Schienke-Ohletz/Junius-Morawe BB 2021, 1886 (1888). → Kap. 1 Rn. 25.

[107] BT-Drs. 19/28173, 66.

[108] Ebenso Schauer npoR 2022, 54 (55). Vgl. Uhl in Orth/Uhl, Stiftungsrechtsreform 2021, Rn. 581.

[109] BT-Drs. 19/28173, 66.

[110] § 85 Abs. 1 Satz 4 BGB.

[111] § 83b Abs. 3 BGB.

[112] Dazu Beyer ZStV 2021, 161 (164).

[113] → Rn. 35–38.

[114] → Rn. 39.

[115] § 85 Abs. 2 Satz 1 BGB.

[116] BT-Drs. 19/28173, 66.

[117] Ebenso Markworth NZG 2021, 100 (106).

[118] § 85 Abs. 2 Satz 2 BGB. Dazu kritisch Burgard npoR 2021, 78 (80); Burgard ZStV 2021, 45 (47).

erfüllung[119] (sofern sie nicht nach dem historischen Stifterwillen den Zweck ieS konkretisiert[120]) sowie über die **Verwaltung des Grundstockvermögens,** zB darüber, ob und, wenn ja, unter welchen Voraussetzungen eine Stiftung Unternehmensbeteiligungen veräußern darf.[121] Die Zusammensetzung und Aufgaben der Stiftungsorgane hat der Gesetzgeber entgegen dem Regierungsentwurf *nicht* im Gesetz explizit als prägend aufgenommen.[122] Nach der gesetzlichen Grundkonzeption fallen die Zusammensetzung der Stiftungsorgane (zB Anzahl der Organmitglieder), deren Aufgaben sowie damit zusammenhängende Punkte wie bspw. die Organvergütung und die Organhaftung im Regelfall unter § 85 *Abs. 3* BGB.[123] Rechtsunsicherheit besteht insoweit, als in der Gesetzesbegründung weiterhin die Zusammensetzung und Aufgaben der Organe als prägende Elemente aufgeführt sind. Nach hier vertretener Auffassung ist der gesetzliche Katalog regelmäßig prägender Satzungsbestimmungen **nicht abschließend.** Ob eine Satzungsbestimmung prägend ist, ist nach Maßgabe des historischen, ggfs. durch Auslegung zu ermittelnden Stifterwillen zu prüfen.[124] Der prägende Charakter kann sich auch aus einer Satzungsbestimmung selbst (§ 85 Abs. 4 BGB) ergeben.[125] Ausweislich der Gesetzesbegründung sind bei **Verbrauchsstiftungen** auch die Vorgaben des Stifters zur Zeitstruktur des Vermögensverbrauchs sowie allgemein die Festlegung, dass die Stiftung eine **„gemeinnützige" oder kirchliche Stiftung** sein soll, prägend.[126] Der Gesetzeswortlaut („regelmäßig") eröffnet die Möglichkeit der Auslegung des Stifterwillens dahingehend, dass die im Gesetz genannten Punkte *nicht* prägend sein sollen.[127]

Hierunter fallen auch **Zweckänderungen,** die nicht zu einem Austausch oder zu einer 37
erheblichen Beschränkung des bisherigen Zwecks führen; für jene gilt § 85 *Abs. 1* BGB.[128] Bspw. fallen hierunter Zweckbeschränkungen, die die Identität der Stiftung unverändert lassen (zB zur Anpassung an Änderungen von Gesetzen, Rechtsprechung und Verwaltungspraxis[129]), sowie Erweiterungen des Zwecks, die nicht zu einer erheblichen Beschränkung des bestehenden Zwecks führen,[130] zB infolge einer Zustiftung.

Ob sich die Verhältnisse nach Errichtung der Stiftung **wesentlich verändert** haben, ist 38
in Bezug auf die konkrete Stiftung im Wege der Einzelfallbetrachtung zu prüfen.[131] Eine Änderung der Verhältnisse ist als wesentlich anzusehen, wenn sie erhebliche Auswirkungen auf die Erfüllung des Stiftungszwecks hat und die Satzung den veränderten Verhältnissen nicht mehr genügt.[132] Das kann bspw. eine erhebliche Verringerung des Stiftungsvermögens sein.[133] Die Gesetzesbegründung nennt auch Gesetzesänderungen, namentlich

---

[119] Dazu kritisch Burgard npoR 2021, 1 (5). Vgl. § 81 Abs. 1 BGB: Art der Zweckverwirklichung ist nicht Mindestinhalt der Errichtungssatzung.

[120] → Rn. 22.

[121] Baßler/Stöffler/Blecher GmbHR 2021, 1125 (1133).

[122] Vgl. § 85 Abs. 2 Satz 2 BGB idF des RefE, S. 8. Insoweit unzutreffend BT-Drs. 19/28173, 67.

[123] Zutreffend Feick/Schwalm NZG 2021, 525 (528); Heuel/Kraftsoff/Stolte Stiftung & Sponsoring Rote Seiten 05.21, 9; Schauer npoR 2022, 54 (56).

[124] Ebenso Beyer ZStV 2021, 161 (165); Markworth NZG 2021, 100 (106); Schauhoff/Mehren NJW 2021, 2994 (2997); Uhl in Orth/Uhl, Stiftungsrechtsreform 2021, Rn. 587; in diesem Sinne auch Ponath/Tolksdorf ZEV 2021, 605 (610). → Kap. 1 Rn. 23.

[125] Zutreffend Burgard npoR 2021, 1 (7).

[126] BT-Drs. 19/28173, 67.

[127] Ebenso Hüttemann/Rawert ZIP 2021, 33 S 3; Ponath/Tolksdorf ZEV 2021, 605 (610); Uhl in Orth/Uhl, Stiftungsrechtsreform 2021, Rn. 587. → Kap. 1 Rn. 23.

[128] → Rn. 25–29.

[129] Hüttemann/Rawert ZIP 2021, 33 S 3.

[130] BT-Drs. 19/28173, 66.

[131] BT-Drs. 19/28173, 67.

[132] BT-Drs. 19/28173, 67.

[133] BT-Drs. 19/28173, 67.

Änderungen des Stiftungsrechts.[134] Demnach könnten Stiftungen die aktuelle Reform des Stiftungsrechts zum Anlass nehmen, ihre Satzungen zu ändern.[135]

3. Änderungen sonstiger Satzungsbestimmungen

39 Sonstige Änderungen der Stiftungssatzung – also solche, die nicht unter die beiden vorstehend skizzierten Kategorien fallen – sind zulässig, wenn dies der Erfüllung des Stiftungszwecks dient.[136] Es reicht *nicht* aus, dass dadurch die Erfüllung des Stiftungszwecks bloß erleichtert wird.[137] Im Einzelfall zählen dazu auch Änderungen der Zweckbestimmungen. Beispiele sind die klarstellende Ergänzung um Tatbestände aus dem gesetzlichen Katalog der gemeinnützigen Zwecke in § 52 Abs. 2 Satz 1 AO[138] sowie die Einführung virtuell-digitaler Elemente der Beschlussfassung der Stiftungsorgane[139]. Dies gilt m. E. ebenfalls in dem Fall, dass eine Stiftung einen Geschäftsbereich, etwa einen Zweckbetrieb (zB ein Alten- oder Pflegeheim), in einer Tochtergesellschaft rechtlich verselbständigen möchte. Auch wenn eine solche Ausgliederung die Art der Zweckverfolgung betrifft (vgl. § 85 Abs. 2 Satz 2 BGB), ist eine vorbereitende Satzungsänderung mE unter den (leichteren) Voraussetzungen des § 85 Abs. 3 BGB zulässig, wenn abgesichert ist, dass der Zweckbetrieb in der Zielstruktur iSd Stiftungszwecks fortgeführt wird, etwa durch Ausübung eines beherrschenden Einflusses auf die Betriebsführung durch die Tochtergesellschaft.[140]

IV. Von der gesetzlichen Grundkonzeption abweichende Voraussetzungen

1. Aufstellung durch den Stifter im Stiftungsgeschäft

40 Das Gesetz sieht in § 85 Abs. 1 bis Abs. 3 BGB (lediglich) eine Grundkonzeption vor. Diese gesetzliche Grundkonzeption ist dispositiv. Der Stifter – und zwar nur er[141] – kann von der gesetzlichen Grundkonzeption **abweichende Regelungen** treffen, allerdings **nur im Stiftungsgeschäft,**[142] mE auch in der Errichtungssatzung, die Bestandteil des Stiftungsgeschäfts ist.[143] Hingegen können die Stiftungsorgane und die Stiftungsaufsicht *keine* abweichenden Regelungen treffen, auch nicht durch vorherige Einführung einer Ermächtigungsgrundlage in der Satzung.[144] Der Stifter kann sich auch **selbst zum Stiftungsorgan** oder zum Mitglied eines mehrköpfigen Stiftungsorgans bestimmen und zu Satzungsänderungen ermächtigen.[145] Über den tatsächlichen oder mutmaßlichen historischen Willen des Stifters dürfen sich Stiftungsorgane und Stiftungsbehörden generell nicht hinwegsetzen.[146] Dies gilt auch für den Stifter selbst, der bei Ausübung seiner

[134] BT-Drs. 19/28173, 66.

[135] → Rn. 44.

[136] § 85 Abs. 3 BGB.

[137] So noch § 85 Abs. 3 BGB idF des RefE, S. 8; dazu zutreffend kritisch Burgard npoR 2021, 1 (6). Insoweit überholt BT-Drs. 19/28173, 67; Heuel/Kraftsoff/Stolte, Stiftung & Sponsoring Rote Seiten 05.21, 10; Pruns ZErb 2021, 301 (306); Schuck/Medinger npoR 2021, 284 (285).

[138] BT-Drs. 19/28173, 67.

[139] Hüttemann/Rawert ZIP 2021, 33 S 3.

[140] Zum bislang geltenden Recht Lutter/Rawert/Hüttemann § 164 UmwG Rn. 19.

[141] BT-Drs. 19/28173, 67; BT-Drs. 19/31118, 11.

[142] § 85 Abs. 4 Satz 1 f. BGB.

[143] § 81 Abs. 1 Satz 1 Nr. 1 BGB. Dazu BT-Drs. 19/31118, 11. Ebenso Uhl in Orth/Uhl, Stiftungsrechtsreform 2021, Rn. 564.

[144] BT-Drs. 19/28173, 67.

[145] BT-Drs. 19/28173, 30.

[146] § 83 Abs. 2 BGB.

(Organ-)Rechte ausnahmslos den Interessen der Stiftung verpflichtet ist. Scheidet eine Satzungsänderung aus, kommt möglicherweise nur die Auflösung oder Aufhebung, alternativ die Zulegung oder Zusammenlegung der Stiftung in Betracht.

Der Stifter kann eine Änderung der Satzung generell **ausschließen.**[147] Denkbar ist, dass der Stifter nur einzelne Kategorien von Änderungen ausschließt.[148] Bspw. kann der Stifter nur die Umgestaltung einer „Ewigkeitsstiftung" in eine Verbrauchsstiftung[149] für zulässig erklären, hingegen den Austausch von Zwecken[150] ausschließen. Der Stifter kann die gesetzlich vorgesehenen Voraussetzungen für eine Satzungsänderung **beschränken.**[151] Insbesondere kann der Stifter eine Satzungsänderung an *strengere* als die jeweils einschlägigen gesetzlichen Voraussetzungen knüpfen, zB an strengere Mehrheitserfordernisse.[152] Stifter sollten sich bewusst machen, dass der Ausschluss und die Beschränkung von Satzungsänderungen die Hürden für eine Beendigung einer Stiftung absenken.[153] 41

Der Stifter kann die Änderung der Stiftungssatzung im Vergleich zur gesetzlichen Grundkonzeption auch **erleichtern,**[154] dh eine Satzungsänderung an *lockerere* als die gesetzlichen Voraussetzungen knüpfen, zB an lockerere Zustimmungserfordernisse. Der Stifter kann mE auch die Voraussetzungen bestimmen, unter denen eine von ihm errichtete Verbrauchs- in eine Ewigkeitsstiftung umgestaltet oder die Dauer einer Verbrauchsstiftung verlängert werden kann[155] – wobei im letzteren Fall im Wege der Auslegung zu ermitteln ist, ob es dem Stifter ursprünglich auf die bestimmte zeitliche Dauer oder auf die Erreichung eines bestimmten Ziels ankam. Der Stifter muss Inhalt und Ausmaß der Ermächtigung zur Vornahme von Satzungsänderungen unter erleichterten Voraussetzungen hinreichend bestimmt festlegen,[156] und zwar bereits **im Stiftungsgeschäft,** mE auch in der Errichtungssatzung zulässig, die Bestandteil des Stiftungsgeschäfts ist.[157] Der Stifter muss den Organen „Leitlinien und Orientierungspunkte" an die Hand geben, die umso konkreter sein müssen, je bedeutender die zugelassenen Änderungen sind; Pauschal- oder Blankoermächtigungen sind unzulässig.[158] Bei auf unbestimmte Dauer errichteten Stiftungen wird man aus Praktikabilitätsgründen allgemein gehaltene Regelungen, zB die Bezugnahme auf eine „wesentliche Änderung der tatsächlichen Verhältnisse", ausreichen lassen müssen.[159] Bspw. kann der Stifter die Umgestaltung einer „Ewigkeitsstiftung" in eine Verbrauchsstiftung für den Fall anordnen, dass das Grundstockvermögen zu einem bestimmten Stichtag nicht einen bestimmten (Mindest-)Betrag erreicht. Weiterhin kann der Stifter die Voraussetzungen festlegen, unter denen (umgekehrt) eine Verbrauchsstiftung in eine „Ewigkeitsstiftung" umgestaltet werden kann – wobei analog zur Neuerrichtung in der Zielstruktur die dauernde und nachhaltige Zweckverfolgung gesichert erscheinen muss.[160] Bei einer „hybriden" Stiftung kann der Stifter Satzungsänderungen für den Fall des vollständigen Verbrauchs des zum Verbrauch bestimmten Vermögens ermöglichen, 42

[147] § 85 Abs. 4 Satz 1, 1. Fall BGB.
[148] BT-Drs. 19/28173, 67.
[149] § 85 Abs. 1 Satz 4 BGB.
[150] § 85 Abs. 1 Satz 1 BGB.
[151] § 85 Abs. 4 Satz 1, 2. Fall BGB.
[152] BT-Drs. 19/28173, 67.
[153] → Rn. 76 und 93.
[154] § 85 Abs. 4 Satz 2 BGB.
[155] Ebenso Schauer npoR 2022, 54 (55).
[156] § 85 Abs. 4 Satz 3 BGB.
[157] → Rn. 40.
[158] BT-Drs. 19/28173, 68.
[159] Hüttemann/Rawert ZIP 2021, 33 S 3; Schauer npoR 2022, 54 (57). In diese Richtung auch Feick/Schwalm NZG 2021, 525 (530): „andeuten"; Oppel NWB-EV 2021, 122 (129); aA Schwalm ZEV 2021, 68 (71): „jedes denkbare Szenario […] auf ewig antizipieren".
[160] Zum bisherigen Recht Rawert npoR 2014, 1 (5).

zB die Streichung der Zwecke, die mit dem zum Verbrauch bestimmten Vermögen erfüllt werden sollen. Die Möglichkeit, eine Satzungsänderung unter erleichterte Voraussetzungen zu stellen, besteht nur in Bezug auf Satzungsänderungen **durch die Stiftungsorgane,** nicht hingegen in Bezug auf Satzungsänderungen durch eine Stiftungsbehörde. Satzungsänderungen durch eine Stiftungsbehörde kann der Stifter nur ausschließen oder beschränken, bspw. an *strengere* Voraussetzungen als die im Gesetz vorgegebenen knüpfen.[161]

2. Handlungsmöglichkeiten für vor der Reform errichtete Stiftungen

43 Der Wortlaut des § 85 Abs. 4 Satz 1 BGB stellt auf den Stifter und das von diesem unterzeichnete Stiftungsgeschäft – mE einschließlich der Errichtungssatzung[162] – ab.[163] Die gesetzliche Regelung gilt zwar auch für sämtliche Stiftungen, die bereits vor dem 1.7.2023 als rechtsfähig anerkannt wurden. Allerdings steht zu befürchten, dass bereits vor dem 1.7.2023 errichtete Stiftungen von der Möglichkeit, in der Satzung vom Gesetz abweichende Regelungen zu treffen, nicht profitieren werden. Die Satzung vieler Stiftungen, die bereits vor Verabschiedung des Reformgesetzes errichtet wurden, sehen keine dispositiven Regelungen zu Satzungsänderungen vor und verweisen allenfalls auf die gesetzlichen Voraussetzungen – idR als dynamische Verweisung auf die jeweils geltenden gesetzlichen Voraussetzungen, dh ab dem 1.7.2023 auf die Voraussetzungen des § 85 Abs. 1 bis 3 BGB.[164] Zu besorgen ist, dass eine Stiftungsbehörde die nachträgliche Implementierung einer Ermächtigungsgrundlage nicht genehmigt oder eine etwaig früher genehmigte Ermächtigungsgrundlage mit Inkrafttreten der Reform am 1.7.2023 für unwirksam erachtet, weil sie nicht vom Stifter im Stiftungsgeschäft geschaffen wurde.

44 Umstritten, mE zu bejahen ist die Frage, ob bereits genehmigte Satzungsvorbehalte **Bestandsschutz** genießen,[165] auch wenn sie nicht den qualitativen Anforderungen des § 85 Abs. 4 Satz 1 BGB entsprechen.[166] Losgelöst davon können nach hier vertretener Rechtsauffassung die Stiftungsorgane von Stiftungen, die bereits vor dem 1.7.2023 errichtet wurden, in der Satzung Ermächtigungsgrundlagen für spätere Satzungsänderungen schaffen, sofern dies vom historischen, ggfs. im Wege der Auslegung zu ermittelnden mutmaßlichen **Stifterwillen**[167] gedeckt ist.[168] Durch die jüngste Reform eröffnet der Gesetzgeber Stiftern die Möglichkeit, ihren Willen in Bezug auf die Stiftung zukunftsoffen zu formulieren, damit sich die Stiftung an sich im Laufe der Zeit verändernde Verhältnisse anpassen kann.[169] Diese Möglichkeit besteht, soweit vom historischen Stifterwillen gedeckt, auch für bereits vor dem 1.7.2023 anerkannte Stiftungen. Diese Rechtsauffassung steht im Einklang mit der Gesetzesbegründung, wonach bereits bestehenden Stiftungen bis zum 1.7.2023 „ausreichend Zeit“ gegeben werden soll, ihre Satzungen an das neue Recht anzupassen.[170] Nach der Gesetzesbegründung sind Gesetzesänderungen,

---

[161] → Rn. 41.

[162] Zutreffend Baßler/Stöffler/Blecher, GmbHR 2021, 1125 (1133); Schuck/Medinger npoR 2021, 284 (285).

[163] BT-Drs. 19/31118, 11.

[164] Schuck/Medinger npoR 2021, 284 (286).

[165] Ebenso Ponath/Tolksdorf ZEV 2021, 605 (610); Schwalm ZEV 2021, 68 (74).

[166] Oppel NWB-EV 2021, 122 (124); aA Schuck/Medinger npoR 2021, 284 (286).

[167] § 83 Abs. 2 BGB.

[168] Ebenso Schauer npoR 2022, 54 (56). In diese Richtung Feick/Schwalm NZG 2021, 525 (531); Hüttemann/Rawert ZIP 2021, 33 S 3; Ponath/Tolksdorf ZEV 2021, 605 (610); Uffmann ZIP 2021, 1251 (1260). Zweifelnd Gollan npoR 2021, 277 (283). Siehe auch Baßler/Stöffler/Blecher, GmbHR 2021, 1125 (1134); Mehren/Lorenz DStR 2021, 1774 (1777); Schienke-Ohletz/Junius-Morawe BB 2021, 1886 (1888).

[169] → Kap. 1 Rn. 8.

[170] BT-Drs. 19/28173, 107.

namentlich Änderungen des Stiftungsrechts, wesentliche Veränderungen der Verhältnisse.[171] Lässt die Satzung oder das noch geltende einschlägige Landesstiftungsgesetz eine Satzungsänderung wegen wesentlicher Veränderungen der Verhältnisse zu, könnten Satzungsanpassungen noch vor dem 1.7.2023 vorgenommen werden.[172] Stiftungen sollten, auch wenn dies in der Praxis auf tatsächliche Grenzen stoßen wird,[173] keine Mühen scheuen, den historischen Stifterwillen in Bezug auf die Einführung von Satzungsvorbehalten zu ermitteln.

V. Zuständigkeit und Verfahren

1. Primär: Satzungsänderung durch die Stiftungsorgane

Nach der gesetzlichen Grundkonzeption erfolgen Satzungsänderungen – egal welcher der drei vorstehend skizzierten Kategorien – **primär** durch ein **Organ** der Stiftung, bspw. durch den Vorstand oder – auf Grundlage einer Satzungsregelung – durch ein fakultatives Zweitorgan, zB einen Stiftungsrat oder ein Kuratorium.[174] Der Gesetzeswortlaut („oder") und einzelne Passagen der Gesetzesbegründung[175] suggerieren, als sei *nur ein einziges* Organ befugt, eine Satzungsänderung zu beschließen.[176] Nach den landesrechtlichen Regelungen, auf die in der Gesetzesbegründung verwiesen wird, sind Satzungsänderungen – in der Praxis häufig – auch im Wege des Zusammenwirkens *mehrerer* Organe zulässig.[177] 45

Jede von einem Stiftungsorgan beschlossene Satzungsänderung, auch eine vermeintlich geringfügige, bedarf der **Genehmigung** durch die nach Landesrecht zuständige Stiftungsbehörde.[178] Die Stiftungsbehörde prüft, ob die gesetzlichen oder die in der Satzung niedergelegten Voraussetzungen für die Satzungsänderung erfüllt sind. Bejahendenfalls muss sie die Genehmigung erteilen, ein Ermessen hat sie nicht.[179] Die stiftungsbehördliche Genehmigung wirkt **konstitutiv**, dh die Satzungsänderung wird erst mit Bekanntgabe der Genehmigungsurkunde rechtlich wirksam.[180] Das Verfahren der Prüfung und Genehmigung beurteilt sich wie bislang ausschließlich nach Landesrecht, dh nach dem Recht des Bundeslandes, in dem die Stiftung ihren statutarischen (Rechts-)Sitz hat, in aller Regel nach dem Landesstiftungsgesetz und den Landesverwaltungsverfahrensgesetzen. Verweigert die Stiftungsbehörde die Erteilung der Genehmigung, kommt die Erhebung einer Verpflichtungsklage beim Verwaltungsgericht in Betracht. 46

Wenn durch die Satzungsänderung der statutarische **(Rechts-)Sitz** der Stiftung in den Zuständigkeitsbereich einer anderen Stiftungsbehörde verlegt werden soll, bedarf die erforderliche Genehmigung der Satzungsänderung der vorherigen Zustimmung der Behörde, in deren Zuständigkeitsbereich der neue Sitz begründet werden soll.[181] Verweigert die designierte künftig zuständige Stiftungsbehörde ihre Zustimmung, darf die bislang zustän- 47

[171] BT-Drs. 19/28173, 67.

[172] So auch die Empfehlung von Feick/Schwalm NZG 2021, 525 (528); Kraftsoff/Stolte Stiftung & Sponsoring 05.2021, Rote Seiten, 9; Schauer npoR 2022, 54 (56); Schuck/Medinger npoR 2021, 284 (286).

[173] Zutreffender Hinweis von Schuck/Medinger npoR 2021, 284 (286).

[174] § 85a Abs. 1 Satz 1 BGB.

[175] BT-Drs. 19/28173, 68 (zu § 85a Abs. 1 Satz 1 BGB); BT-Drs. 19/28173, 68 (zu § 85a Abs. 2 BGB).

[176] Zutreffend kritisch Burgard npoR 2021, 1 (6); Burgard ZStV 2021, 45 (47).

[177] ZB § 5 Abs. 1 Satz 1 StiftG Bln; § 9 Abs. 1 Satz 1 HessStiftG; § 5 Abs. 1 Satz 1 StiftG NRW. Siehe auch BT-Drs. 19/28173, 68 (zu § 85a Abs. 1 Satz 2 BGB) und BT-Drs. 19/28173, 68 (zu § 85a Abs. 2 BGB).

[178] § 85a Abs. 1 Satz 2 BGB.

[179] Hüttemann/Rawert ZIP 2021, 33 S 3; Pruns ZErb 2021, 301 (307).

[180] BT-Drs. 19/28173, 68.

[181] § 85a Abs. 3 BGB.

dige Stiftungsbehörde keine Genehmigung erteilen; die Stiftung kann gegen die bislang zuständige Behörde bzw. gegen das Bundesland auf Erteilung der Genehmigung klagen.[182]

2. Subsidiär: Satzungsänderung durch die Stiftungsbehörde

48 Hoheitliche Satzungsänderungen durch eine Stiftungsbehörde sind nur **subsidiär** zulässig, dh nur, wenn eine Satzungsänderung notwendig ist und das für eine Satzungsänderung zuständige Organ[183] sie nicht rechtzeitig beschließt.[184] Das Verfahren zur hoheitlichen Satzungsänderung beurteilt sich wie bislang ausschließlich nach Landesrecht, dh nach dem Recht des Bundeslandes, in dem die Stiftung ihren statutarischen (Rechts-) Sitz hat.[185] Aus dem Erfordernis, dass die Stiftungsorgane nicht oder nicht rechtzeitig handeln wollen oder können, folgt, dass die Stiftungsbehörde vor einer hoheitlichen Maßnahme die Organe **anhören** muss. Ändert die Stiftungsbehörde die Stiftungssatzung durch Verwaltungsakt, kommt die Erhebung einer Anfechtungsklage der Stiftung beim Verwaltungsgericht in Betracht.

49 Der Gesetzgeber begründet die primäre Zuständigkeit der Stiftung damit, dass die Stiftungsorgane die Verhältnisse und Entwicklungsmöglichkeiten der Stiftung besser kennen als die Stiftungsbehörde.[186] Wenn sich ein Stiftungsorgan *gegen* eine Satzungsänderung ausspricht, weil nach seiner Rechtsauffassung die Voraussetzungen hierfür nicht erfüllt sind, so hat die Stiftungsbehörde diese Meinung grundsätzlich zu akzeptieren; nach hier vertretener Auffassung darf die Stiftungsbehörde, die lediglich eine Rechtsaufsicht ausübt, nicht ihre eigenen Beurteilungsmaßstäbe anstelle die der Organe setzen. Etwas anderes gilt nur, wenn die Voraussetzungen für eine Satzungsänderung nach allen herkömmlichen Auslegungsmethoden erfüllt sind und eine Maßnahme als Rechtsfolge zwingend („notwendig") erscheint.

3. Anmeldung zur Eintragung in das Stiftungsregister

50 Mit Wirkung ab dem 1.1.2026[187] hat der Vorstand einer Stiftung jede Satzungsänderung zur Eintragung in das (dann implementierte) Stiftungsregister anzumelden.[188] Die Pflicht zur Registeranmeldung besteht auch in dem Fall, dass die Satzungsänderung durch die Stiftungsbehörde hoheitlich verfügt wird.[189] Die Anmeldung erfolgt in Urschrift oder öffentlich beglaubigter Abschrift.[190] Der Anmeldung sind in Abschrift[191] **beizufügen** die Entscheidung der zuständigen Stiftungsorgane über die Satzungsänderung und die Genehmigung der zuständigen Stiftungsbehörde, ersatzweise die Entscheidung der zuständigen Behörde über die Satzungsänderung, und die vollständige Fassung der geänderten Satzung.[192]

51 Auf Grundlage einer vollständigen Anmeldung wird eine Satzungsänderung in das Stiftungsregister eingetragen.[193] Das Stiftungsregister ist an eine stiftungsbehördlich verfügte oder genehmigte Satzungsänderung gebunden, es prüft nur die Vollständigkeit der

182 BT-Drs. 19/28173, 69.
183 → Rn. 45.
184 § 85a Abs. 2 BGB.
185 BT-Drs. 19/28173, 68.
186 BT-Drs. 19/28173, 68.
187 Art. 10 Abs. 1 Nr. 1 f. iVm Art. 3 und Art. 4 des Gesetzes zur Vereinheitlichung des Stiftungsrechts.
188 § 85b Satz 1 BGB.
189 BT-Drs. 19/28173, 84.
190 § 3 Abs. 2 StiftRG.
191 § 3 Abs. 4 StiftRG.
192 § 85b Satz 2 BGB.
193 § 2 Nr. 8 und § 6 StiftRG.

Anmeldung.[194] Die Eintragung hat (lediglich) **deklaratorische Wirkung;**[195] rechtlich wirksam wird eine Satzungsänderung mit Bekanntgabe der Genehmigung bzw. der hoheitlichen Verfügung durch die Stiftungsbehörde.

VI. Steuerrecht

Bei Stiftungen, die wegen Verfolgung gemeinnütziger, mildtätiger und/oder kirchlicher Zwecke steuerbegünstigt sind, müssen der Satzungszweck ieS und die Art der Zweckverwirklichung hinreichend bestimmt sein.[196] Zudem müssen die Anforderungen der gesetzlichen Mustersatzung für gemeinnützige Körperschaften[197] beachtet werden; dies gilt bei jeder Satzungsänderung, die nach dem 31.12.2008 wirksam wird, ausnahmslos.[198] 52

Nach sehr umstrittener Auffassung der Finanzverwaltung kann eine wesentliche Änderung des Stiftungszwecks im Einzelfall eine fiktive Beendigung der Stiftung und eine fiktive Errichtung einer neuen Stiftung, in der Folge einen schenkungsteuerbaren Vorgang begründen. Praktische Relevanz hat diese Auffassung in dem Fall, dass eine Stiftung im Zuge der Zweckänderung zu einer Familienstiftung wird, deren Vermögen fortan alle dreißig Jahre der sog. Erbersatzsteuer unterliegt,[199] ebenso bei Änderung des Destinatärkreises einer solchen Stiftung. Gemeinnützige Stiftungen sind in aller Regel *nicht* betroffen, weil die Änderung einer steuerbegünstigten in eine rein privatnützige Zwecksetzung bereits aus stiftungsrechtlichen Gründen ausscheidet.[200] 53

Satzungsänderungen sollten nach Möglichkeit im Vorfeld **mit der zuständigen Stiftungsbehörde abgestimmt** werden, zumal ohnehin jede Satzungsänderung der stiftungsbehördlichen Genehmigung bedarf.[201] Sofern die Stiftung wegen Verfolgung gemeinnütziger, mildtätiger und/oder kirchlicher Zwecke steuerbegünstigt ist, sollte die Satzungsänderung zugleich mit dem örtlich zuständigen **Finanzamt** abgestimmt werden. Manche Stiftungsbehörde macht die Genehmigung einer Satzungsänderung von der Vorlage einer Unbedenklichkeitserklärung des Finanzamts abhängig. Nach Inkrafttreten der Satzungsänderung sollte eine Stiftung bei dem für sie örtlich zuständigen Finanzamt einen Antrag auf Erteilung eines geänderten Feststellungsbescheids nach § 60a AO stellen. In einem solchen Bescheid bestätigt das Finanzamt einer steuerbegünstigten Stiftung rechtsverbindlich, dass die Satzung in der geänderten Fassung den gemeinnützigkeitsrechtlichen Bestimmungen der Abgabenordnung entspricht. Dies ist ein Routinevorgang, wenn das Finanzamt den Entwurf der neuen Satzung vorab geprüft und für gemeinnützigkeitskonform befunden hat. 54

C. Umstrukturierungen bei Stiftungen

I. Grundlegung

Eine **Satzungsänderung** als solche lässt das Vermögen einer Stiftung unberührt. Sie kann allenfalls Folgewirkungen für die Stiftungsorgane haben, insbesondere bei Änderun- 55

[194] BT-Drs. 19/28173, 93.
[195] BT-Drs. 19/28173, 84 und 89.
[196] § 60 Abs. 1 Satz 1 AO.
[197] Anlage zu § 60 AO.
[198] Art. 97 § 1f Abs. 2 EGAO.
[199] § 1 Abs. 1 Nr. 4 ErbStG.
[200] → Rn. 36.
[201] → Rn. 46.

gen des Satzungszwecks und der Art seiner Verwirklichung – bspw. die Vergabe von Stipendien oder Druckkostenzuschüssen, Zuwendungen einer Förderstiftung an andere gemeinnützige Körperschaften oder Auskehrungen von Erträgen an Destinatäre einer Familienstiftung, die beim Empfänger zu Einkünften aus Kapitalvermögen führen können[202] und dann dem Kapitalertragsteuerabzug unterliegen[203].

56 Die Übertragung von Vermögen einer Stiftung geschieht häufig anlässlich einer **Strukturänderung.** In diesem Abschnitt geht es um die Übertragung von Vermögen während der laufenden **Betriebsphase** der Stiftung (zur Übertragung von Vermögen bei Beendigung einer Stiftung siehe Abschnitt D.). Hierzu bietet das Recht zwei Wege zur praktischen Umsetzung:

- Im Wege der Ausgliederung nach Maßgabe des Umwandlungsgesetzes (dazu nachstehend unter Ziffer II.). Eine Ausgliederung von Vermögen kann im Einzelfall praktisch einfacher als eine gewöhnliche Zuwendung sein, ist allerdings nur in Bezug auf unternehmerisches Vermögen möglich.
- Im Wege der Einzelrechtsnachfolge (dazu unter Ziffer III.). Dabei muss jeder (aktive) Vermögensgegenstand und jede Schuldposition gesondert übertragen werden.

Unabhängig von der rechtstechnischen Umsetzung haben die Stiftungsorgane vorab zu **prüfen,** ob und, wenn ja, unter welchen Voraussetzungen der Stiftung die Weggabe von Vermögen **stiftungsrechtlich gestattet** ist. Dies hängt auch vom Kapitalerhaltungskonzept der Stiftung ab.

II. Ausgliederung unternehmerischen Vermögens

57 Sollen anlässlich einer Vermögensübertragung viele einzelne Sachen und/oder Rechte übertragen werden, bietet sich die praktische Umsetzung im Rahmen einer sog. Ausgliederung nach Maßgabe des Umwandlungsgesetzes an.[204] Im Rahmen einer Ausgliederung gehen sämtliche Vermögensgegenstände in einem **einheitlichen Vorgang** *(uno actu)* über, ohne dass es gesonderter Übertragungsakte bedarf *(ipso iure).* Verbindlichkeiten der Stiftung gehen ohne vorherige Zustimmung der Gläubiger über. In der Praxis bedient man sich der Ausgliederung häufig bei Übertragung **betrieblicher Einheiten,** denen eine Vielzahl von Vermögensgegenständen und Schulden zugeordnet ist.

58 Das Umwandlungsgesetz sieht speziell in Bezug auf rechtsfähige Stiftungen bürgerlichen Rechts drei praktisch bedeutsame Einschränkungen vor. So kann eine rechtsfähige Stiftung nur **übertragender,** nicht hingegen übernehmender Rechtsträger sein.[205] Gegenstand einer Ausgliederung kann **nur unternehmerisches** Vermögen sein,[206] dh ein Unternehmen oder Teile eines Unternehmens, nicht hingegen etwa Wertpapiervermögen außerhalb eines Unternehmens. **Empfänger** des Vermögens kann nur eine im Zuge der Ausgliederung neu gegründete Kapitalgesellschaft (zB eine GmbH) oder eine bereits bestehende Kapital- oder Personenhandelsgesellschaft (oHG, KG) sein.

59 **Rechtsgrundlage** einer Ausgliederung ist ein sog. Ausgliederungsplan (bei Neugründung) oder ein sog. Ausgliederungsvertrag (bei Aufnahme). Beide Dokumente bedürfen der notariellen Beurkundung. Zuvor bedarf es eines Ausgliederungsbeschlusses auf Ebene der Stiftung, bei einer Ausgliederung zur Aufnahme auch auf Ebene der übernehmenden Gesellschaft. Der Ausgliederungsbeschluss erfolgt in entsprechender Anwendung der

---

[202] § 20 Abs. 1 Nr. 9 Satz 1, 1. Hs. EStG.

[203] § 43 Abs. 1 Satz 1 Nr. 7a EStG.

[204] Dazu instruktiv Arnold in Hüttemann/Richter/Weitemeyer LandesstiftungsR, 2011, Rn. 27.70-27.112; Hüttemann/Rawert in Lutter UmwG, 6. Aufl., 2019, §§ 161–167.

[205] § 160 UmwG.

[206] § 161 UmwG.

gesetzlichen und satzungsmäßigen Bestimmungen über Satzungsänderungen.[207] Auch er bedarf der notariellen Beurkundung.[208] Sofern die Satzung nichts anderes bestimmt, ist bei Beschlussfassung Einstimmigkeit erforderlich.[209] Bedarf eine Ausgliederung im Einzelfall der stiftungsbehördlichen Genehmigung[210] oder der Zustimmung des (noch lebenden) Stifters, muss ein sog. Ausgliederungsbericht erstellt werden.[211] Mit ihrer registerlichen Eintragung wird die Ausgliederung wirksam, es kommt zu dem oben beschriebenen Vermögensübergang. Die Stiftung **haftet** für etwaig ausgegliederte **Verbindlichkeiten,** die vor Ablauf von fünf Jahren nach der Ausgliederung fällig und in einer im Gesetz vorgesehenen Form festgestellt sind.[212]

III. Zuwendung von Vermögen im Wege der Einzelrechtsnachfolge

Eine Ausgliederung nach Maßgabe des Umwandlungsgesetzes unterliegt einem recht 60
formalisierten Verfahren. Bei Übertragung nur weniger Gegenstände ist die Umsetzung im Wege einer gewöhnlichen Zuwendung zweckmäßig. Jeder Vermögensgegenstand muss **gesondert übertragen** werden (Einzelrechtsnachfolge). Der Übergang von **Verbindlichkeiten** bedarf der Zustimmung der Gläubiger. Die einzelnen übergehenden Vermögensgegenstände und Schulden werden in einem Übertragungsvertrag aufgeführt, ggfs. nur als Kategorien, verbunden mit einer gesonderten Anlage, in denen die einzelnen zu übertragenden Vermögensgegenstände und Schulden aufgeführt sind. Praktisch wichtig ist eine sorgfältige Regelung des Übergangs, auch in zeitlicher Hinsicht. Bspw. sollte geregelt werden, wer – die übertragende Stiftung oder der übernehmende Rechtsträger – noch unerledigte Aufträge fertigzustellen hat und in wessen Namen und auf wessen Rechnung neue Aufträge angenommen werden.

IV. Umgestaltung einer rechtlich nichtselbständigen Stiftung

Besondere Regeln gelten für die Umgestaltung einer rechtlich nichtselbständigen Stif- 61
tung **in eine rechtsfähige Stiftung bürgerlichen Rechts**[213] sowie beim **Wechsel des Trägers** einer rechtlich nichtselbständigen Stiftung.[214]

V. Steuerrecht

1. Gemeinnützigkeitsrecht

Aus rein gemeinnützigkeitsrechtlicher Sicht ist **Ausgliederung** von Vermögen unbe- 62
denklich, sofern die Stiftung im Gegenzug eine wertäquivalente **Beteiligung** an der übernehmenden Kapitalgesellschaft erwirbt. Ausnahmsweise kann von der Gewährung einer Beteiligung abgesehen werden, wenn die Stiftung an einer übernehmenden Gesellschaft bereits allein beteiligt ist.[215] Die **unentgeltliche** Weggabe von Vermögen ist einer Stiftung gemeinnützigkeitsrechtlich (nur) unter den Voraussetzungen des § 58 Nr. 1 Satz 1 AO

[207] § 163 Abs. 1 UmwG.
[208] § 163 Abs. 3 UmwG.
[209] § 163 Abs. 2 UmwG.
[210] § 164 Abs. 2 UmwG.
[211] § 162 Abs. 1 UmwG.
[212] § 167 iVm § 157 UmwG; s. auch § 166 Satz 1 UmwG.
[213] → Kap. 2 Rn. 62; s. auch Muscheler ZEV 2018, 187; R. Werner ZErb 2018, 164.
[214] → Kap. 2 Rn. 62; s. auch Krüsmann DStZ 2018, 503.
[215] § 54 Abs. 1 Satz 3 iVm § 125 Satz 1 UmwG.

gestattet. Zwar darf eine Stiftung aus rein gemeinnützigkeitsrechtlicher Sicht Zuwendungen auch zugunsten *anderer* gemeinnütziger Zwecke als der eigenen Satzungszwecke vornehmen.[216] Allerdings sollte die Zuwendung von Mitteln aus stiftungs- und spendenrechtlichen Gründen auch künftig in der Satzung abgebildet und weitestgehend an die eigenen gemeinnützigen Satzungszwecke geknüpft sein. Mittelzuwendungen ohne Grundlage in der Satzung sind stiftungsrechtlich problematisch, können bürgerlich-rechtliche Rückforderungsansprüche von Spendern auslösen und möglicherweise sogar strafrechtlich relevant sein. Die übertragene Stiftung kann die Übertragung von Mitteln, die dem Gebot der zeitnahen Mittelverwendung unterliegen, mit der Auflage verbinden, dass sie auf Ebene des erwerbenden steuerbegünstigten Rechtsträgers zum nicht zeitnah zu verwendenden Vermögen gehören (sog. Endowment[217]).

63 Im Zuge der jüngsten, am 29.12.2020 in Kraft getretenen Reform des Gemeinnützigkeitsrechts[218] hat der Gesetzgeber die Rahmenbedingungen für Ausgliederungen und Konzernstrukturen verbessert. Im Lichte des neuen § 57 Abs. 4 AO stellt die Beteiligung einer gemeinnützigen Körperschaft an einer gemeinnützigen Kapitalgesellschaft generell **nutzungsgebundenes Vermögen** dar – mit der Folge, dass für den Erwerb einer solchen Beteiligung zeitnah zu verwendende Mittel verwendet werden dürfen.[219] Dies gilt auch für Beteiligungen an Servicegesellschaften, die unter den Voraussetzungen des § 57 Abs. 3 Satz 1 AO („planmäßiges Zusammenwirken") gemeinnützig sein können, sofern sie auch im Übrigen alle Voraussetzungen der Gemeinnützigkeit erfüllen. Die Ausgliederung nutzungsgebundenen Vermögens auf eine gemeinnützige Kapitalgesellschaft gegen Anteilsgewährung löst damit begrifflich keinen gemeinnützigkeitsrechtlichen Sphärenwechsel mehr aus. Dies gilt entgegen der früheren Auffassung der Finanzverwaltung gleichfalls für die (entgeltliche) Nutzungsüberlassung zurückbehaltener Wirtschaftsgüter, sofern die Überlassung ein „planmäßiges Zusammenwirken" iS des neuen § 57 Abs. 3 Satz 1 AO oder eine Fördertätigkeit iS des § 58 Nr. 1 AO darstellt und die überlassenen Wirtschaftsgüter nutzungsgebundenes Vermögen darstellen.

2. Einzelsteuern

64 **Ertragsteuerliche** Auswirkungen ergeben sich idR nur, wenn Gegenstand einer Übertragung sog. notwendiges oder gewillkürtes **Betriebsvermögen** ist – bei gemeinnützigen Stiftungen nur solches Betriebsvermögen, das nach allgemeinen ertragsteuerrechtlichen Regeln einem steuerpflichtigen wirtschaftlichen Geschäftsbetrieb zuzuordnen ist. Nach der gesetzlichen Grundkonzeption muss eine Stiftung im übertragenen Betriebsvermögen ruhende stille Reserven aufdecken und den hieraus entstehenden Gewinn versteuern. Unter den Voraussetzungen des Umwandlungssteuergesetzes kann die Übertragung eines Betriebs, eines Teilbetriebs oder eines Mitunternehmeranteils auf eine Kapitalgesellschaft gegen Gewährung einer Beteiligung **ertragsteuerneutral** erfolgen.[220] Eine unentgeltliche Übertragung ist ertragsteuerneutral, wenn der übernehmende Rechtsträger das erworbene Vermögen im steuerpflichtigen Bereich weiternutzt[221] – was zB nicht der Fall ist bei Übertragung von Anteilen an einer gewerblich geprägten vermögensverwaltenden Personengesellschaft auf eine gemeinnützige Körperschaft.[222] Die unentgeltliche Übertra-

[216] Vgl. § 58 Nr. 1 Satz 1 und Satz 4 AO.
[217] § 58 Nr. 3 AO.
[218] Dazu ausführlich Kirchhain DStR 2021, 129; Kirchhain npoR 2021, 235; s. auch Becker/Volkmann/Sokollari DStZ 2020, 185; Bott BB 2021, 414 (479); Exner npoR 2021, 45; Hüttemann DB 2021, 72; Jäschke DStR 2019, 2668; Seer/Unger FR 2021, 564.
[219] § 55 Abs. 1 Nr. 5 Satz 2 AO; AEAO Nr. 14 Satz 1 f. zu § 57 Abs. 4 AO.
[220] §§ 20 bis 22 UmwStG.
[221] § 6 Abs. 3 Satz 1, 1. Hs. EStG iVm § 8 Abs. 1 Satz 1 KStG.
[222] BMF, Schreiben vom 20.11.2019 – IV C 6-S 2241/15/10003, BStBl. I 2019, 1291 (Rn. 5).

gung einzelner Gegenstände des Betriebsvermögens auf eine gemeinnützige Körperschaft kann zu Buchwerten erfolgen.[223] Gewerbesteuer fällt im Regelfall nicht an.[224] Die Übertragung von **Privatvermögen** löst grundsätzlich keine Ertragsteuern aus. Etwas Anderes kann bei entgeltlicher Übertragung von Kapitalanteilen, Grundvermögen und sonstigen Gegenständen gelten, die die Stiftung vor mehr als einem Jahr angeschafft hat.[225]

Vermögensübertragungen können ganz oder teilweise **schenkungsteuerbare** freigebige 65
Zuwendungen darstellen.[226] Sie sind im Ergebnis **schenkungsteuerfrei,** wenn der erwerbende Rechtsträger wegen Verfolgung gemeinnütziger, mildtätiger und/oder kirchlicher Zwecke steuerbegünstigt ist.[227] Die Schenkungsteuerbefreiung greift auch, wenn Gegenstand der Zuwendung Vermögen ist, das beim übernehmenden Rechtsträger einen steuerpflichtigen wirtschaftlichen Geschäftsbetrieb begründet.[228] Im Übrigen gelten die allgemeinen schenkungsteuerrechtlichen Befreiungstatbestände einschließlich der Verschonungsregeln für die Übertragung betrieblichen Vermögens.[229] Die Übertragung bzw. der Übergang von Vermögen auf eine nichtgemeinnützige Stiftung (für gemeinnützige Stiftungen unzulässig) kann, da sie in die Steuerklasse III fällt, prohibitive Wirkung entfalten.

Die Übertragung von Vermögen, das bei der übertragenden Stiftung zum unternehmeri- 66
schen Vermögen im spezifisch umsatzsteuerrechtlichen Sinn gehört (Vermögensverwaltung, Zweckbetrieb, steuerpflichtiger wirtschaftlicher Geschäftsbetrieb), kann **Umsatzsteuer** auslösen – und zwar auch bei voll unentgeltlichen Zuwendungen (Stichwort: unentgeltliche Wertabgabe[230]). Nicht umsatzsteuerbar ist eine sog. **Geschäftsveräußerung im Ganzen,** bei der ein Unternehmen oder ein gesondert geführter Teil übertragen wird.[231] Für die Annahme einer nicht umsatzsteuerbaren Geschäftsveräußerung im Ganzen ist entscheidend, dass der Erwerber das erworbene Vermögen seinem unternehmerischen Vermögen zuordnet und das Unternehmen oder den gesondert geführten Betrieb mit dem übertragenen Vermögen als selbständiges Unternehmen fortführt, dh wie zuvor der übertragende Unternehmer Leistungen gegen Entgelt erbringt.[232] Vor einer jeden Umstrukturierung sollten deren umsatzsteuerliche Folgen geprüft werden, zB ob im Zuge der Umstrukturierung eine **umsatzsteuerliche Organschaft** begründet oder aufgehoben wird.

Die Übertragung von **Grundstücken** und **Beteiligungen an Personen- oder Kapital-** 67
gesellschaften mit Grundeigentum kann Grunderwerbsteuer auslösen. Eine spezielle Grunderwerbsteuerbefreiung für Vorgänge unter Beteiligung gemeinnütziger Körperschaften sieht das Gesetz *nicht* vor. Soweit der Vorgang schenkungsteuerbar ist, ist er grunderwerbsteuerfrei;[233] dies ist insoweit nicht der Fall, als mit dem Grundvermögen auch Verbindlichkeiten übertragen werden. Die Übertragung auf eine Tochtergesellschaft, an der die Stiftung zu mindestens 95 % beteiligt ist, kann unter den Voraussetzungen des § 6a GrEStG grunderwerbsteuerfrei sein. Speziell bei einer **Ausgliederung zur Neugründung** ist die Einhaltung der gesetzlich vorgesehenen fünfjährigen Vorbehaltenszeit grundsätzlich entbehrlich; etwas Anderes gilt bei Vorgängen zwischen abhängi-

[223] § 6 Abs. 1 Nr. 4 Satz 4 EStG iVm § 8 Abs. 1 Satz 1 KStG.
[224] R 7.1 Abs. 1 Satz 1 Nr. 1 GewStR 2009.
[225] Dazu § 17 und § 23 EStG iVm § 8 Abs. 1 Satz 1 KStG.
[226] § 7 Abs. 1 Nr. 1 ErbStG.
[227] § 13 Abs. 1 Nr. 16 Buchst. b Satz 1 ErbStG.
[228] R E 13.8 Abs. 2 Satz 5 f. ErbStR.
[229] §§ 13a, 13b ErbStG.
[230] § 3 Abs. 1b UStG.
[231] § 1 Abs. 1a Satz 1 UStG.
[232] BFH 18.9.2008 – V R 21/07, BStBl. II 2009, 254; BFH 19.12.2012 – XI R 38/10, BStBl. II 2013, 1053; Abschn. 1.5 Abs. 1 Satz 2 sowie Abs. 6 Satz 1 und Satz 3 UStAE.
[233] § 3 Nr. 2 GrEStG.

gen Gesellschaften in Bezug auf die *übertragende* Gesellschaft.[234] Im Kontext des § 6a GrEStG sind einige Rechtsfragen zu prüfen, zB zu den Voraussetzungen für die Annahme einer „wirtschaftlichen Tätigkeit" durch das „herrschende Unternehmen", zur Bestimmung des „herrschenden Unternehmens" in Beteiligungsketten sowie zur Ermittlung der 95 %-Quote in mehrstufigen Beteiligungsstrukturen.

D. Beendigung einer Stiftung

I. Bislang geltendes Recht, Auslegung im Lichte der Reform

68 Für die Beendigung einer Stiftung bedarf es einer **Rechtsgrundlage.** Als Rechtsgrundlage kommt eine etwaige Bestimmung in der Satzung in Betracht, im Übrigen bis zum Ablauf des 30.6.2023 § 87 Abs. 1 BGB in der bis dahin geltenden Fassung sowie die bis dahin noch geltenden Landesstiftungsgesetze. Die Regelungen in den Landesstiftungsgesetzen zur Beendigung von Stiftungen unterscheiden sich in Terminologie, Voraussetzungen und Regelungstiefe mitunter stark. Allen Landesregelungen ist gemein, dass auch in Bezug auf die Beendigung einer Stiftung der historische Stifterwille zu beachten ist[235] und Beschlüsse der Stiftungsorgane, soweit sie nach dem einschlägigen Landesstiftungsgesetz zulässig sind, der Genehmigung der Stiftungsaufsicht bedürfen.[236] Daneben kann eine Stiftung wegen Zeitablaufs beendet werden, zB bei Eintritt einer auflösenden Befristung oder bei Eintritt einer auflösenden Bedingung nach deren Feststellung durch das zuständige Stiftungsorgan.[237]

69 Übersicht über die grundlegenden Voraussetzungen der Beendigung einer rechtsfähigen Stiftung bürgerlichen Rechts:

Bundesland	Aufhebung/Auflösung	Zulegung/Zusammenlegung
Baden-Württemberg[238]	Organe: Soweit in der Satzung vorgesehen	Organe: Soweit in der Satzung vorgesehen; „zusammenlegen", wohl auch Zulegung gemeint
	Aufsicht: § 87 Abs. 1 BGB	Aufsicht: § 87 Abs. 1 BGB; „zusammenlegen", auch Zulegung erfasst[239]
Bayern[240]	Aufsicht: § 87 Abs. 1 BGB	Aufsicht: § 87 Abs. 1 BGB; Zusammenlegung mehrerer Stiftungen „gleicher Art", Zulegung auf eine Stiftung „gleicher Art"

[234] Zur diesbezüglichen Rechtsprechung zB Broemel/Mörwald DB 2020, 1029.

[235] § 2 StiftG BW; Art. 2 Abs. 1 BayStG; § 5 Abs. 1 Satz 2 StiftG Bln; § 6 Abs. 1 StiftGBbg; § 3 BremStiftG; § 7 Abs. 1 Satz 1 Nr. 3 HambStiftG; § 9 Abs. 1 Satz 2 HessStiftG; § 4 Abs. 1 Satz 3 StiftG M-V; § 2 und § 7 Abs. 2 Satz 1 NStiftG; § 4 Abs. 1 StiftG NRW; § 1 Abs. 1 StiftG Rh.-Pf.; § 5 Abs. 1 Satz 1 SaarlStiftG; § 2 SächsStiftG; § 1 StiftG LSA; § 1 Abs. 1 ThürStiftG.

[236] § 14 Abs. 2 Satz 2 StiftG BW; § 5 Abs. 1 Satz 3 StiftG Bln; § 10 Abs. 1 Satz 2 StiftGBbg; § 8 Abs. 2 Satz 1 BremStiftG; § 7 Abs. 3 Satz 1, 1. Hs. HambStiftG; § 7 Abs. 3 Satz 3 NStiftG; § 5 Abs. 2 Satz 3 StiftG NRW; § 8 Abs. 3 StiftG Rh.-Pf.; § 7 Abs. 3 Satz 2 SaarlStiftG; § 10 Abs. 2 iVm § 9 Abs. 1 Satz 2 SächsStiftG; § 9 Abs. 3 StiftG LSA; § 5 Abs. 2 Satz 1 StiftG Schl.-Hol.

[237] Dazu Rawert npoR 2014, 1 (6).

[238] § 14 StiftG BW.

[239] § 14 Abs. 2 Satz 4 StiftG BW.

[240] Art. 8 Abs. 1 Satz 1 und Abs. 3 f. BayStG.

Berlin[241]	Organe: Wenn wegen wesentlicher Änderung der Verhältnisse angezeigt erscheint und das Stiftungsgeschäft oder die Satzung keine andere Regelung enthält	Organe: Wie bei Auflösung; nur Zusammenlegung
Brandenburg[242]	Organe: Soweit das Stiftungsgeschäft und die Satzung nicht entgegenstehen	Organe: Soweit das Stiftungsgeschäft und die Satzung nicht entgegenstehen; „Zusammenschluss mehrerer Stiftungen“
Bremen[243]	Organe: Wenn die Satzung dies vorsieht oder eine wesentliche Änderung der Verhältnisse dies erfordert Aufsicht: § 87 Abs. 1 BGB	Organe: Wie Auflösung; „Zusammenschluß mit anderen Stiftungen“ Aufsicht: § 87 Abs. 1 BGB; Zusammenlegung mehrerer Stiftungen „mit im wesentlichen gleichartigen Zwecken“
Hamburg[244]	Organe: Unter den in der Satzung vorgesehenen Voraussetzungen oder wenn der Satzungszweck erreicht ist oder nicht mehr erfüllt werden kann	Organe: Soweit in der Satzung nicht etwas anderes bestimmt ist und ein sachlicher Grund besteht, insbesondere sich die tatsächlichen oder rechtlichen Verhältnisse nachhaltig geändert haben; Zulegung oder Zusammenlegung, sofern die beteiligten Stiftungen „im Wesentlichen gleiche Zwecke verfolgen“
Hessen[245]	Aufsicht: § 87 Abs. 1 BGB; auf Antrag der Stiftung; vorbehaltlich anderslautender Satzungsregelung, wenn wegen wesentlicher Änderung der Verhältnisse angezeigt erscheint	Aufsicht: Auf Antrag der Stiftung Zusammenlegung mit einer anderen Stiftung
Mecklenburg-Vorpommern	Keine Regelung (§ 87 Abs. 1 BGB)	Keine Regelung (§ 87 Abs. 1 BGB)

[241] § 5 StiftG Bln.
[242] § 10 StiftGBbg.
[243] §§ 8 f. BremStiftG.
[244] § 7 Abs. 1 Satz 2 und Abs. 2 Satz 1 HambStiftG.
[245] § 9 HessStiftG.

Niedersachsen[246]	Organe: Wenn die Satzung dies vorsieht oder sich die Verhältnisse seit Errichtung der Stiftung wesentlich geändert haben Aufsicht: § 87 Abs. 1 BGB	Organe: Wie Aufhebung, nur Zusammenlegung Aufsicht: § 87 Abs. 1 BGB, nur Zusammenlegung
Nordrhein-Westfalen[247]	Organe: Sofern eine wesentliche Veränderung der Verhältnisse eingetreten ist und soweit die Satzung es nicht ausschließt Aufsicht: § 87 Abs. 1 BGB	Organe: Wie Auflösung; „Zusammenschluss" mit einer anderen Stiftung, wohl nur Zusammenlegung[248]
Rheinland-Pfalz[249]	Organe: Sofern eine wesentliche Änderung der Verhältnisse eingetreten und soweit in der Satzung nicht etwas anderes bestimmt ist	Organe: Wie Auflösung, nur Zusammenlegung
Saarland[250]	Organe: Wenn die Satzung dies vorsieht oder eine wesentliche Änderung der Verhältnisse dies erfordert Aufsicht: § 87 Abs. 1 BGB, nur subsidiär nach Fristsetzung	Organe: Wie Auflösung, „Zusammenschluss" mit anderen Stiftungen (wohl nur Zusammenlegung[251]) Aufsicht: Wie Aufhebung, nur Zusammenlegung
Sachsen[252]	Organe: Wenn das Stiftungsgesetz oder die Satzung dies vorsieht oder wenn sich die Verhältnisse seit Errichtung der Stiftung wesentlich geändert haben	Organe: Wie Auflösung, nur Zusammenlegung, Gesamtrechtsnachfolge
Sachsen-Anhalt[253]	Aufsicht: § 87 Abs. 1 BGB	Organe: Soweit die Satzung dies vorsieht oder wenn sich die Verhältnisse seit Errichtung der Stiftung wesentlich geändert haben und der Stiftungszweck nur unwesentlich verändert wird; Zulegung nur, wenn die aufnehmende Stiftung zustimmt und die Erfüllung deren Zwecks nicht beeinträchtigt ist

[246] § 7 Abs. 1 und 3, § 8 NStiftG.
[247] § 5 Abs. 2 Satz 1 Nr. 1 und § 10 StiftG NRW.
[248] § 5 Abs. 2 Satz 4 StiftG NRW.
[249] § 8 Abs. 2 StiftG Rh.-Pf.
[250] §§ 7 f. SaarlStiftG.
[251] § 7 Abs. 4 SaarlStiftG.
[252] § 10 SächsStiftG.
[253] §§ 8 f. StiftG LSA.

Schleswig-Holstein[254]	Organe: Wenn dies wegen einer wesentlichen Veränderung der Verhältnisse seit Errichtung der Stiftung angebracht ist Aufsicht: § 87 Abs. 1 BGB	Organe: Wie Auflösung Aufsicht: § 87 Abs. 1 BGB; Gesamtrechtsnachfolge
Thüringen[255]	Aufsicht: § 87 Abs. 1 BGB	Aufsicht: § 87 Abs. 1 BGB; Zulegung nur, wenn die aufnehmende Stiftung zustimmt und die Erfüllung deren Zwecks nicht beeinträchtigt ist

Bis zum Ablauf des 30.6.2023 beurteilt sich die Beendigung einer Stiftung gemäß § 87 Abs. 1 BGB in der bis dahin geltenden Fassung oder nach Maßgabe der noch geltenden Landesstiftungsgesetze. Ungeachtet dessen entfaltet das neue, zum 1.7.2023 in Kraft tretende Recht **Vorwirkung** auf die Zeit bis dahin. Dies betrifft insbesondere die Auslegung des § 87 Abs. 1 BGB in der noch geltenden Fassung. Die hierin verankerte Voraussetzung für eine Beendigung der Stiftung, dass die Zweckverfolgung „unmöglich" geworden sein muss, ist spätestens im Lichte der Reform dahingehend auszulegen, dass es ausreicht, wenn die Stiftung ihren Zweck nicht mehr wirksam verfolgen kann.[256] 70

II. Grundlegung zum neuen Recht

Die Voraussetzungen für die Beendigung einer Stiftung sind mit Wirkung ab dem 1.7.2023 **bundeseinheitlich** und **abschließend** in den §§ 86 bis 87i BGB geregelt. Sie gelten für alle am 1.7.2023 bestehende Stiftungen. Die diesbezüglichen Bestimmungen in den Landesstiftungsgesetzen sind überholt.[257] Die gesetzlichen Regelungen sind nach der Gesetzesbegründung **zwingend;** durch die Satzung kann die Beendigung einer Stiftung weder erleichtert noch erschwert werden.[258] Ausweislich der Gesetzesbegründung kann ein Stifter allenfalls die Zulegung und/oder Zusammenlegung ausschließen.[259] Diese Begründung zielt mE auf den Regierungsentwurf hin, der noch das Gebot der Satzungsstrenge vorsah. Dieses Gebot hat der Gesetzgeber – zurecht – nicht kodifiziert. Hieraus folgt mE, dass der Stifter die Voraussetzungen einer Zulegung und/oder Zusammenlegung wie auch die Voraussetzungen einer Auflösung/Aufhebung **individuell bestimmen** kann.[260] Im Übrigen kann ein Stifter die **Voraussetzungen für eine Satzungsänderung** abweichend von den gesetzlichen Regelungen festlegen[261] und auf diesem Wege *mittelbar* die Hürden für eine Zulegung oder Zusammenlegung höher oder niedriger setzen.[262] 71

[254] §§ 5 f. StiftG Schl.-Hol.
[255] § 11 ThürStiftG.
[256] → Rn. 75.
[257] BT-Drs. 19/28173, 77.
[258] BT-Drs. 19/28173, 69, 71 und 77; ebenso Orth in Orth/Uhl, Stiftungsrechtsreform 2021, Rn. 653; aA Gollan npoR 2021, 277 (283); Hüttemann/Rawert ZIP 2021, 33 S 3; Oppel NWB-EV 2021, 122 (129).
[259] BT-Drs. 19/28173, 69. → Rn. 91.
[260] Ebenso Gollan npoR 2021, 277 (283); Hüttemann/Rawert ZIP 2021, 33 S. 31; Oppel NWB-EV 2021, 122 (129); Schauer npoR 2022, 54 (58). AA Uhl in Orth/Uhl, Stiftungsrechtsreform 2021, S. 131 Fn. 653; Schuck/Medinger npoR 2021, 287.
[261] → Rn. 40–42.
[262] Schuck/Medinger npoR 2021, 284 (287).

Ebenso kann der Stifter die Voraussetzungen für die Auflösung oder Aufhebung einer Stiftung mittelbar durch die Fassung des Stiftungszwecks festlegen. Sofern die Satzung einer bereits vor dem 1.7.2023 errichteten Stiftung vom Gesetz abweichende Voraussetzungen für die Beendigung der Stiftung vorsieht und man einen Bestandsschutz solcher Regelungen verneint,[263] könnte die Satzung – auch noch nach dem 30.6.2023 möglich – unter Beachtung des historischen Stifterwillens an das neue Recht angepasst werden. Sofern man einen Bestandsschutz bejaht, sollte eine bestehende Satzungsregelung nicht geändert werden, um die Beendigung der Stiftung auf eine zusätzliche argumentative Grundlage zu stützen versuchen.[264] Für die Beendigung einer **rechtlich nichtselbständigen Stiftung** gelten gesonderte Grundsätze.[265]

72 Für die Beendigung einer rechtsfähigen Stiftung bürgerlichen Rechts sieht das Gesetz **mehrere Erscheinungsformen** vor. Zum einen die Beendigung mit Vermögensübertragung im Wege der **Einzelrechtsnachfolge** (§§ 87 bis 87d BGB),

- **primär** im Wege der **Auflösung** durch die nach der Satzung zuständigen Stiftungsorgane,[266]
- **subsidiär** im Wege der **Aufhebung** durch die nach Landesrecht zuständige Stiftungsbehörde.[267]

73 Auflösung und Aufhebung sind von ihrer rechtlichen Wirkung identisch.[268] Beide Erscheinungsformen haben im Grundsatz gemeinsam, dass über das Vermögen der aufgelösten bzw. aufgehobenen Stiftung eine **Liquidation** unter Einhaltung eines Sperrjahres stattfindet, sofern der Anfallsberechtigte in der Satzung namentlich bestimmt oder auf Grundlage der Satzung zu bestimmen ist. Die Übertragung des restlichen Vermögens auf den oder die Anfallsberechtigten erfolgt im Wege der **Einzelrechtsnachfolge.** Der wesentliche **Unterschied** zwischen beiden Erscheinungsformen liegt darin, dass die Auflösung von den zuständigen Stiftungsorganen („von innen") beschlossen wird, die Aufhebung hingegen durch die zuständige Stiftungsbehörde („von außen") und auch nur subsidiär.

74 Zum anderen die **Zulegung** einer rechtsfähigen Stiftung zu einer anderen rechtsfähigen Stiftung oder die **Zusammenlegung** einer oder mehrerer rechtsfähiger Stiftungen zu einer neuen rechtsfähigen Stiftung (§§ 86 bis 86i BGB).[269] In diesem Fall findet über das Vermögen der zu beendenden Stiftung(en) *keine* Liquidation statt. Das Vermögen der zu beendenden Stiftung(en) geht vielmehr sofort, dh ohne Abwarten eines Sperrjahres, im Wege der **Gesamtrechtsnachfolge** auf die übernehmende bzw. neu errichtete Stiftung über. Eine Zulegung oder Zusammenlegung kann, was den Vermögensempfänger betrifft, in Friktion zur satzungsmäßigen Vermögensanfallklausel stehen, die richtigerweise aber nur bei Auflösung oder Aufhebung der Stiftung greift.[270] In diesem Kontext stellt sich die hier nur angerissene Frage, unter welchen Voraussetzungen eine nach der Satzung anfallsberechtigte Person einen (erforderlichenfalls gerichtlich einklagbaren) Rechtsanspruch auf Auskehrung von Stiftungsvermögen hat.

---

[263] So Mehren/Lorenz DStR 2021, 1774 (1779); Schuck/Medinger npoR 2021, 284 (287); aA Oppel NWB-EV 2021, 122 (129).

[264] Schuck/Medinger npoR 2021, 284 (287).

[265] → Kap. 2 Rn. 63.

[266] → Rn. 74–78.

[267] → Rn. 79–81.

[268] BT-Drs. 19/28173, 78.

[269] → Rn. 89–112.

[270] Insbesondere in Bezug auf vor dem 1.7.2023 errichtete Stiftungen kritisch Gantenbrink/Plottek ZStV 2017, 211 (213).

III. Beendigung durch Auflösung oder Aufhebung

1. Primär: Auflösung durch die Stiftungsorgane

a) Voraussetzungen

Nach der neuen gesetzlichen Grundkonzeption soll der Vorstand, auf Grundlage der Satzung auch ein anderes Organ,[271] die Stiftung auflösen, wenn die Stiftung **ihren Zweck endgültig nicht mehr dauernd und nachhaltig** erfüllen kann.[272] Die nun vereinheitlichte Regelung ist einerseits eine Verschärfung gegenüber den bislang geltenden landesgesetzlichen Vorschriften, nach denen eine Auflösung bereits bei einer wesentlichen Veränderung der Verhältnisse zulässig ist. Andererseits muss der Stiftungszweck – dies im Unterschied zum bislang noch geltenden § 87 Abs. 1 BGB[273] – nicht vollständig unmöglich geworden sein.[274] Künftig soll eine Stiftung auch aufgelöst werden können, wenn sie ihren Zweck **nicht mehr wirksam** erfüllen kann – allerdings nur unter der weiteren Voraussetzung, dass nicht mehr damit zu rechnen ist, dass dies von der Stiftung in absehbarer Zeit durch Änderung der Satzung geändert werden kann.[275] Wichtigster praktischer Anwendungsfall ist der, dass eine **wirtschaftlich notleidende Stiftung** nicht mehr über ein zur Zweckverfolgung ausreichendes Vermögen verfügt und auch nicht zu erwarten ist, dass die Stiftung durch Zuwendungen neues Vermögen in „ausreichender Höhe" erlangen kann.[276] Insoweit knüpft das Gesetz die Auflösung einer Stiftung im Ansatz an die gleichen Voraussetzungen wie den Austausch oder die erhebliche Beschränkung des Stiftungszwecks[277] (damit auch für die Umgestaltung einer Ewigkeits- in eine Verbrauchsstiftung[278]). Erfasst ist mE auch der Fall, dass der Stiftungszweck **vollständig erfüllt** wurde oder sich dauerhaft keine regulären Nachfolger in den Stiftungsorganen (außerhalb einer Notbestellung) finden lassen. 75

Im **Unterschied** zum Austausch oder zu einer erheblichen Beschränkung des Stiftungszwecks ist eine Auflösung der Stiftung nur zulässig, wenn die Stiftung ihren Zweck **endgültig** nicht mehr dauernd und nachhaltig erfüllen kann.[279] Endgültigkeit in diesem Sinne liegt kraft Gesetzes *nicht* vor, wenn die Stiftung durch eine Satzungsänderung so umgestaltet werden kann, dass sie ihren Zweck wieder dauernd und nachhaltig erfüllen kann.[280] Mithin hat eine **Satzungsänderung,** sofern sie vom tatsächlichen oder mutmaßlichen historischen Stifterwillen gedeckt ist, **Vorrang** vor einer Auflösung der Stiftung.[281] Dieser Vorrang gilt mE auch im Fall der „Überkapitalisierung" einer Stiftung.[282] Mithin hat eine **Zweckänderung,** mE auch die Umgestaltung einer Ewigkeits- in eine Verbrauchsstiftung[283] stets **Vorrang** vor einer Auflösung oder Aufhebung der Stiftung.[284] 76

[271] § 87 Abs. 1 Satz 3 BGB.

[272] § 87 Abs. 1 Satz 1 BGB.

[273] Dazu zB Hüttemann/Rawert in Staudinger BGB, 2017, § 87 Rn. 5; Weitemeyer in MüKoBGB, 9. Aufl. 2021, § 87 Rn. 8.

[274] BT-Drs. 19/28173, 77.

[275] → Rn. 76.

[276] BT-Drs. 19/28173, 77 und 78. Dazu instruktiv Hüttemann/Rawert ZIP 2013, 2136 (2140).

[277] BT-Drs. 19/28173, 77. → Rn. 29.

[278] → Rn. 30–33.

[279] § 87 Abs. 1 Satz 1 BGB.

[280] § 87 Abs. 1 Satz 2 BGB.

[281] BT-Drs. 19/28173, 77. Ebenso Uhl in Orth/Uhl, Stiftungsrechtsreform 2021, Rn. 573.

[282] Vgl. zum bislang geltenden Recht Gantenbrink, Die hoheitliche Beendigung der Stiftung durch die Stiftungsbehörde, 2010, 108 ff.; Hüttemann/Rawert in Staudinger BGB 2017, § 87 Rn. 5.

[283] Ebenso Orth in Orth/Uhl, Stiftungsrechtsreform 2021, Rn. 772 f.

[284] BT-Drs. 19/28173, 30 (65).

Auch dann, wenn der Stiftungszweck **das Gemeinwohl gefährdet,** ist eine Satzungsänderung in aller Regel das mildere Mittel gegenüber einer hoheitlichen Aufhebung der Stiftung durch die Stiftungsbehörde.

77 Bei Vorliegen der genannten gesetzlichen Voraussetzungen soll eine Stiftung aufgelöst werden. Der Sollcharakter gibt dem Rechtsanwender auf, bei der Wahl der Rechtsfolge den **tatsächlichen oder mutmaßlichen historischen Stifterwillen** zu beachten.[285] Ausweislich der Gesetzesbegründung soll eine **Zulegung oder Zusammenlegung** im Regelfall Vorrang vor einer Auflösung der Stiftung haben, weil hierdurch die vom Stifter begründete Zweck-Mittel-Relation aufrechterhalten werden kann, was dem mutmaßlichen Stifterwillen regelmäßig eher entspreche als eine Beendigung der Stiftung durch Auflösung oder Aufhebung.[286] Richtigerweise beurteilt sich auch die Frage, welchem Beendigungsgrund und – damit einhergehend – welchem Verfahren Vorrang zukommt, nach dem historischen, durch Auslegung zu ermittelnden **Stifterwillen.**[287] Zwar sieht das neue Recht keine Mitwirkung des Stifters an der Beendigung einer Stiftung vor. Gleichwohl ist die Anhörung eines Stifters ein zulässiges Instrument zur Ermittlung des historischen Stifterwillens. Kam es dem Stifter gerade auf die Person des Anfallsberechtigten an oder hat der Stifter in der satzungsmäßigen Vermögensanfallklausel einen vom Stiftungszweck *verschiedenen* Verwendungszweck aufgeführt, kann eine Auflösung oder Aufhebung vorzugswürdig sein.

78 **Verbrauchsstiftungen** werden nicht allein durch bloßen Zeitablauf beendet. Vielmehr bedarf es auch zur Beendigung einer Verbrauchsstiftung eines Auflösungsbeschlusses. Insoweit besteht die **Pflicht,** die Auflösung zu beschließen, wenn die Zeit, für die die Stiftung errichtet wurde, abgelaufen ist.[288] Im Übrigen **soll** eine Verbrauchsstiftung aus denselben Gründen wie eine auf unbestimmte Dauer errichtete Stiftung[289] aufgelöst werden.[290] ME können die Stiftungsorgane unter den Voraussetzungen des § 85 Abs. 2 BGB die **Verlängerung** der Dauer einer Verbrauchsstiftung beschließen.[291]

b) Verfahren

79 Den **Beschluss** über die Auflösung einer Stiftung fasst nach der gesetzlichen Grundkonzeption der Vorstand.[292] Hiervon abweichend kann die Kompetenz, über die Auflösung der Stiftung zu beschließen, in der Satzung einem anderen Stiftungsorgan eingeräumt werden.[293] Meiner Ansicht nach ist auch das satzungsmäßige Zusammenwirken mehrerer Organe zulässig; insoweit gelten die gleichen Überlegungen wie in Bezug auf Satzungsänderungen.[294] Der Auflösungsbeschluss bedarf der **Genehmigung** der nach Landesrecht zuständigen Stiftungsbehörde.[295] Diese prüft, ob die Voraussetzungen für eine Auflösung der Stiftung erfüllt sind und nicht im Einzelfall unter Beachtung des historischen Stifterwillens eine Zulegung oder Zusammenlegung vorrangig ist.[296] Bejahen-

---

[285] § 82 Abs. 3 BGB. Dazu BT-Drs. 19/28173, 77.

[286] BT-Drs. 19/28173, 77.

[287] So zutreffend zum bislang noch geltenden Recht Gantenbrink/Plottek ZStV 2017, 211 (213); Hüttemann/Rawert in Staudinger BGB 2017, § 87 Rn. 20; Richter in Richter StiftungsR, 2019, § 9 Rn. 25.

[288] § 87 Abs. 2 BGB.

[289] Dazu § 87 Abs. 1 Satz 1 BGB.

[290] BT-Drs. 19/28173, 78.

[291] → Rn. 36.

[292] § 87 Abs. 1 Satz 1 BGB.

[293] § 87 Abs. 1 Satz 3 BGB.

[294] → Rn. 45.

[295] § 87 Abs. 3 BGB.

[296] → Rn. 77.

denfalls hat die Stiftungsbehörde die Genehmigung zu erteilen; ein Ermessen besteht nicht. Erst mit Eintritt der Bestandskraft der Genehmigung wird die Auflösung rechtswirksam.[297] Verweigert die Stiftungsbehörde die Erteilung der Genehmigung, kommt die Erhebung einer Verpflichtungsklage der Stiftung beim Verwaltungsgericht in Betracht.

2. Subsidiär: Aufhebung durch die Stiftungsbehörde

Subsidiär ist die nach Landesrecht zuständige Stiftungsbehörde berechtigt, eine Stif- 80
tung aufzuheben, dh durch Erlass und Bekanntgabe eines **Verwaltungsakts.** Die Stiftungsbehörde soll eine Stiftung aufheben, wenn

- die dauernde und nachhaltige Erfüllung ihres Zwecks endgültig unmöglich ist – insoweit gelten dieselben Voraussetzungen wie für eine Auflösung durch die zuständigen Stiftungsorgane[298] –
- und ein Tätigwerden der Behörde erforderlich ist, weil das zuständige Organ „nicht rechtzeitig" entscheidet.[299]

Hebt die Stiftungsbehörde eine Stiftung durch Verwaltungsakt auf, kommt die Erhebung einer Anfechtungsklage der Stiftung beim Verwaltungsgericht in Betracht.

Eine **rechtliche Pflicht** der Stiftungsbehörde zur Aufhebung besteht in Bezug auf **Ver-** 81
brauchsstiftungen, wenn die Zeit, für die eine solche Stiftung errichtet wurde, abgelaufen ist und das nach der Stiftungssatzung hierzu berufene Stiftungsorgan die Auflösung „nicht unverzüglich" beschließt.[300] Im Übrigen **soll** eine Verbrauchsstiftung unter denselben Voraussetzungen wie eine auf unbestimmte Dauer errichtete Stiftung aufgehoben werden.[301]

Daneben hat der Gesetzgeber zwei Tatbestände eingeführt, bei denen **nur eine hoheit-** 82
liche Aufhebung durch die Stiftungsbehörde in Betracht kommt:

- Zum einen den Fall, dass die Stiftung **das Gemeinwohl gefährdet** und die Gemeinwohlgefährdung nicht auf andere Weise als durch die Aufhebung der Stiftung beseitigt werden kann.[302] Der Begriff der Gemeinwohlgefährdung entspricht dem in § 82 Satz 1 BGB verwendeten Begriff.[303] Erfasst ist auch der Fall einer Rechtsformverfehlung, namentlich wenn eine Stiftung die Erscheinungsform einer **Selbstzweckstiftung** annimmt.[304] Die Stiftungsbehörde hat stets zu prüfen, ob die Gemeinwohlgefährdung durch eine Zweckänderung oder durch aufsichtsrechtliche Maßnahmen in Bezug auf die tatsächliche Geschäftsführung der Stiftung, bspw. durch die Abberufung von Organmitgliedern, beseitigt werden kann.[305]
- Zum anderen den Fall, dass der **Verwaltungssitz der Stiftung** entgegen § 83a BGB **im Ausland** begründet wurde und die Behörde die Verlegung des Verwaltungssitzes ins Inland nicht innerhalb „angemessener Zeit" erreichen kann.[306]

3. Sonderfall: Auflösung bei Insolvenz

Nach bislang geltendem Recht konnte eine Stiftung bei Insolvenz in entsprechender 83
Anwendung des Vereinsrechts aufgelöst werden, dh durch die Eröffnung des Insolvenz-

[297] BT-Drs. 19/28173, 78.
[298] → Rn. 75 f.
[299] § 87a Abs. 1 BGB mit Verweisung auf § 87 Abs. 1 Satz 1 BGB.
[300] § 87a Abs. 2 Nr. 1 BGB mit Verweisung auf § 87 Abs. 2 BGB.
[301] BT-Drs. 19/28173, 78. → Rn. 80.
[302] § 87a Abs. 2 Nr. 2 BGB. → Rn. 28.
[303] → Kap. 8 Rn. 12 f.
[304] Hüttemann/Rawert in Staudinger BGB 2017, § 87 Rn. 8.
[305] BT-Drs. 19/28173, 79.
[306] § 87a Abs. 2 Nr. 3 BGB. Dazu BT-Drs. 19/28173, 79.

verfahrens oder mit Eintritt der Rechtskraft des Beschlusses des Insolvenzgerichts, durch den die Eröffnung des Insolvenzverfahrens mangels Masse abgewiesen wurde.[307] Nunmehr sieht das Gesetz eine eigenständige Regelung für Stiftungen in § 87b BGB vor. Eine inhaltliche Änderung zur bisherigen Gesetzeslage ist damit nicht verbunden.[308] Nach sehr umstrittener, mE unzutreffender BFH-Rechtsprechung endet mit Eröffnung des Insolvenzverfahrens die Steuerbegünstigung wegen Gemeinnützigkeit.[309]

4. Liquidation, Vermögensanfall

84 Bei Auflösung oder Aufhebung einer Stiftung fällt deren Vermögen an den oder die in der Satzung bestimmten Anfallsberechtigten.[310] Fehlt es an einer Bestimmung der Anfallsberechtigten in oder auf Grundlage der Satzung, fällt das Stiftungsvermögen an den Fiskus des Landes, in dem die Stiftung ihren statutarischen (Rechts-)Sitz hat,[311] ersatzweise an eine vom Landesgesetzgeber bestimmte juristische Person des öffentlichen Rechts.[312] Die Satzung kann vorsehen, dass die Anfallsberechtigten durch ein Stiftungsorgan bestimmt werden.[313] Bei bestehenden Stiftungen kommt möglicherweise eine Anpassung in Betracht.[314] Der Stifter kann in der Satzung Regelungen darüber treffen, wie der Anfallsberechtigte das bei ihm anfallende Stiftungsvermögen zu verwenden hat, bspw. im Rahmen eines Stiftungsfonds, der den Namen des Stifters führt.

85 Fällt das Stiftungsvermögen kraft Gesetzes beim Landesfiskus oder bei einer durch Landesgesetz bestimmten juristischen Person des öffentlichen Rechts an, kommt es zu einer **Gesamtrechtsnachfolge,**[315] dh es findet keine Liquidation über das Stiftungsvermögen statt. In allen anderen Fällen findet eine **Liquidation** in entsprechender Anwendung der vereinsrechtlichen Bestimmungen statt.[316] In diesem Fall erfolgt der Vermögensanfall an den oder die Anfallsberechtigten erst nach Abschluss der Liquidation.[317]

5. Anmeldung zur Eintragung in das Stiftungsregister[318]

86 In dem praktischen Regelfall, dass über das Vermögen einer aufgelösten oder aufgehobenen Stiftung ein Liquidationsverfahren stattfindet, haben die Liquidatoren **zunächst nur die Auflösung oder Aufhebung der Stiftung** zur Eintragung in das Stiftungsregister anzumelden.[319] Sofern die Liquidation nicht durch den Vorstand erfolgt, sind auch die Liquidatoren und ihre Vertretungsmacht sowie etwaige Beschränkungen der Vertretungsmacht anzumelden.[320] Die Anmeldung ist öffentlich zu beglaubigen.[321] Ihr sind die im

---

[307] § 86 Satz 1 iVm § 42 Abs. 1 Satz 1 BGB.

[308] BT-Drs. 19/28173, 76 (79).

[309] BFH 16.5.2007 – I R 14/06, BStBl. II 2007, 808. Zutreffend anderer Auffassung zB Hüttemann Gemeinnützigkeits- und Spendenrecht, 5. Aufl. 2021, Rn. 2.32-2.35.

[310] § 87c Abs. 1 Satz 1 BGB.

[311] § 87c Abs. 1 Satz 3 BGB.

[312] § 87c Abs. 1 Satz 4 BGB.

[313] § 87c Abs. 1 Satz 2 BGB.

[314] Gollan npoR 2021, 277 (282).

[315] § 87c Abs. 2 Satz 1 iVm § 46 BGB. Die Erwähnung des Fiskus „des Bundes" ist mit Blick auf § 87c Abs. 1 Satz 3 f. BGB wohl ein Redaktionsversehen.

[316] § 87c Abs. 2 Satz 2 iVm §§ 47 bis 53 BGB. Dazu zB Richter in Richter StiftungsR, 2019, § 9 Rn. 52–91.

[317] Burgard ZStV 2021, 45 (49).

[318] Erst mit Wirkung ab dem 1.1.2026 (s. Art. 10 Abs. 1 Nr. 1 f. iVm Art. 3 und Art. 4 des Gesetzes zur Vereinheitlichung des Stiftungsrechts).

[319] § 87d Abs. 2 Satz 1 BGB.

[320] § 87d Abs. 2 Satz 2 BGB.

[321] § 3 Abs. 2 Satz 1 StiftRG.

Gesetz aufgeführten Dokumente[322] in Abschrift[323] beizufügen. Nach Abschluss der Liquidation haben die Liquidatoren die **Beendigung** der Stiftung zur Eintragung in das Stiftungsregister anzumelden.[324]

87 In dem praktischen Ausnahmefall, dass eine Liquidation über das Vermögen einer aufgelösten oder aufgehobenen Stiftung *nicht* erforderlich ist, hat der Vorstand die Auflösung oder Aufhebung und zugleich die Beendigung der Stiftung zur Eintragung in das Stiftungsregister anzumelden.[325]

88 Auf Grundlage der Anmeldung werden die Auflösung bzw. Aufhebung, sofern rechtlich wirksam, sowie die Beendigung der Stiftung in das Stiftungsregister eingetragen.[326] Bei Durchführung eines Liquidationsverfahrens werden auch die Personalien der ordnungsgemäß bestellten Liquidatoren sowie deren Vertretungsmacht eingetragen.[327] Besondere Eintragungen erfolgen bei Auflösung einer Stiftung wegen Insolvenz.[328]

IV. Beendigung durch Zulegung oder Zusammenlegung

1. Grundlegung

89 Die bereits bislang nach einigen Landesstiftungsgesetzen bestehende Möglichkeit, eine Stiftung durch Zulegung oder Zusammenlegung zu beenden,[329] hat nach einer empirischen Erhebung aus dem Jahr 2017 eine nur geringe praktische Relevanz.[330] Angesichts der nach wie vor bestehenden Niedrigzinsphase und der gravierenden wirtschaftlichen Auswirkungen der Coronavirus-Pandemie erscheint das praktische Bedürfnis für Fusionen **wirtschaftlich notleidender Stiftungen** zu steigen.[331] Auch der in der Praxis zunehmend zu beobachtende Umstand, dass Stiftungen **keine Nachfolger in den Stiftungsorganen** finden, könnte Zulegungen und Zusammenlegungen von Stiftungen künftig erwägenswert machen. Anders als Verschmelzungen von Vereinen und Kapitalgesellschaften nach Maßgabe des Umwandlungsgesetzes sind Fusionen von Stiftungen nicht aus beliebigem Grund, sondern **nur unter den gesetzlich bestimmten Voraussetzungen** zulässig. Durch eine Zulegung oder Zusammenlegung kann eine „nicht mehr gewollte“ Stiftung also nicht „einfach entsorgt“ werden.

90 Die Fusion von Stiftungen hat zwei Erscheinungsformen:

- Bei einer **Zulegung** (§ 86 BGB) wird das gesamte Vermögen einer Stiftung (Aktiva und Passiva) auf eine andere Stiftung übertragen. Die übertragende Stiftung erlischt.
- Bei einer **Zusammenlegung** (§ 86a BGB) werden die Vermögen mehrerer Stiftungen (Aktiva und Passiva) auf eine neu zu errichtende Stiftung übertragen. Stifter der neuen Stiftung sind die übertragenden Stiftungen, die mit Wirksamwerden der Zusammenlegung erlöschen.

91 Nach den bislang geltenden Landesstiftungsgesetzen sind die Zulegung und die Zusammenlegung besondere Erscheinungsformen einer Auflösung oder Aufhebung. Demnach muss eine übertragende Stiftung aufgelöst bzw. aufgehoben und liquidiert werden,

---

322 § 87d Abs. 3 BGB.
323 § 3 Abs. 4 Satz 1 StiftRG.
324 § 87d Abs. 4 BGB.
325 § 87d Abs. 1 BGB.
326 § 2 Nr. 10 bzw. Nr. 11 und Nr. 20 sowie § 8 Abs. 1 f. und Abs. 3 Satz 5 StiftRG.
327 § 2 Nr. 19 und § 8 Abs. 3 Satz 1 bis Satz 3 StiftRG.
328 § 2 Nr. 14 bis 18 und § 9 StiftRG.
329 → Rn. 69.
330 S. Schauer, Die Zusammenführung rechtsfähiger Stiftungen, 2017, 294.
331 Ebenso Fein/Articus npoR 2019, 49 (52); Mehren DStR 2018, 1773 (1777); Mehren/Lorenz DStR 2020, 2547 (2556); Schauer ZEV 2017, 613 (617).

dh der Liquidationserlös muss auf eine übernehmende Stiftung übertragen werden. Künftig sind die Zulegung und die Zusammenlegung eigenständige stiftungsrechtliche Instrumentarien zur Beendigung einer Stiftung.[332] Deren Voraussetzungen sind nunmehr **bundeseinheitlich** und **abschließend** in den §§ 86 bis 86i BGB geregelt. Diese Vorschriften sind nach der Gesetzesbegründung **zwingend,** dh weder ein Stifter noch eine Stiftung noch eine Stiftungsbehörde kann von den gesetzlichen Regelungen abweichende Bestimmungen treffen, etwa dahingehend, dass die Zulegung oder Zusammenlegung einer Satzungsänderung vorgeht.[333] Nach der Gesetzesbegründung kann ein Stifter allenfalls eine Zulegung und/oder Zusammenlegung in der Satzung ausschließen.[334] Nach **hier vertretener Auffassung**[335] kann der Stifter vom Gesetz abweichende Regelungen treffen und im Übrigen die Hürden für eine Zulegung oder Zusammenlegung mittelbar über die Formulierung der Voraussetzungen für eine Satzungsänderung[336] höher oder niedriger setzen. Wie bei Satzungsänderungen ist der tatsächliche oder mutmaßliche historische **Stifterwille** zu beachten;[337] gegen den historischen Willen auch nur eines Stifters einer beteiligten Stiftung ist eine Zulegung oder Zusammenlegung nicht zulässig.[338]

92 Bei einer Zulegung oder Zusammenlegung ist die Durchführung eines Liquidationsverfahrens über das Vermögen einer übertragenden Stiftung nicht mehr erforderlich.[339] Im Unterschied zu einer Auflösung oder Aufhebung muss kein Sperrjahr[340] abgewartet werden. Die Vermögensübertragung erfolgt vielmehr im Wege der **Gesamtrechtsnachfolge.** Dieser Paradigmenwechsel bringt für die Praxis eine deutliche Erleichterung und Beschleunigung des Verfahrens mit sich.

2. Voraussetzungen

93 Eine Zulegung oder eine Zusammenlegung ist (nur) zulässig,

- wenn sich die Verhältnisse nach Errichtung einer übertragenden Stiftung wesentlich verändert haben *und* eine Satzungsänderung nach Maßgabe des § 85 *Absatz 2 bis 4* BGB[341] nicht ausreicht, um die übertragende Stiftung an die veränderten Verhältnisse anzupassen[342],

  oder

- wenn – dies dürfte ein sehr seltener Ausnahmefall sein – schon seit Errichtung der Stiftung die dauernde und nachhaltige Erfüllung ihres Zwecks unmöglich gewesen ist.[343]

Aus dem Gesetzeswortlaut geht nicht eindeutig hervor, ob auch die Zulegung oder Zusammenlegung einer reinen Verbrauchsstiftung zulässig ist.[344]

94 Im praktischen Regelfall ist es, anders als bislang in einigen Landesstiftungsgesetzen geregelt, *nicht* erforderlich, dass die gesetzlichen Voraussetzungen für eine Auflösung oder

[332] BT-Drs. 19/28173, 31 und 69.
[333] BT-Drs. 19/28173, 69 und 70. Kritisch Burgard ZStV 2021, 45 (48); aA Hüttemann/Rawert ZIP 2021, 33 S 3. → Rn. 71.
[334] BT-Drs. 19/28173, 69.
[335] → Rn. 71.
[336] → Rn. 40–42.
[337] § 83 Abs. 2 BGB.
[338] BT-Drs. 19/28173, 69 (71).
[339] BT-Drs. 19/28173, 69.
[340] Vgl. § 87c Abs. 2 Satz 2 iVm § 51 BGB.
[341] → Rn. 35–39.
[342] § 86 Nr. 1, 1. Fall/§ 86a Nr. 1, 1. Fall BGB.
[343] § 86 Nr. 1, 2. Fall/§ 86a Nr. 1, 2. Fall BGB, jeweils mit Verweisung auf § 87 Abs. 1 Satz 1 BGB (→ Rn. 75).
[344] Vgl. § 86c Abs. 1 Satz 1 Nr. 2 BGB: Übertragung des „Grundstockvermögens“.

Aufhebung der Stiftung[345] erfüllt sind. Es ist also *nicht* erforderlich, dass die Stiftung ihre Satzungszwecke endgültig nicht mehr dauernd und nachhaltig erfüllen kann, also die Zweckverfolgung zum Erliegen gekommen ist. Eine Zulegung oder Zusammenlegung ist also, obwohl sie auf die Beendigung einer Stiftung gerichtet ist, unter leichteren Voraussetzungen als eine Auflösung oder Aufhebung möglich.[346] Dies versteht sich vor dem Hintergrund dessen, dass die Zweck-Mittel-Relation, die ein Stifter für eine übertragende Stiftung vorgegeben hat, nach der Zulegung oder Zusammenlegung bei der übernehmenden Stiftung so weit wie möglich erhalten bleiben muss.[347] Eine Zulegung oder Zusammenlegung ist insbesondere für wirtschaftlich notleidende Stiftungen eine interessante Gestaltungsalternative. **Vorrang** hat allerdings eine **Änderung der Stiftungssatzung** nach Maßgabe des § 85 *Abs. 2 bis 4* BGB[348]; sofern durch eine derartige Satzungsänderung eine Anpassung an die geänderten Verhältnisse erreicht werden kann, ist eine Zulegung oder Zusammenlegung *nicht* zulässig.[349] Zulässig ist eine Zulegung oder Zusammenlegung hingegen auch dann, wenn die Voraussetzungen für eine Beschränkung eines Zwecks oder für die Umgestaltung einer „Ewigkeits-" in eine Verbrauchsstiftung (§ 85 *Abs. 1* BGB) erfüllt sind;[350] demnach stehen die Umgestaltung in eine Verbrauchsstiftung einerseits und Zulegung und Zusammenlegung andererseits auf einer Stufe. Aus diesem Grund ist der praktische Anwendungsbereich von Zulegungen und Zusammenlegungen wirtschaftlich notleidender Stiftungen nicht so stark eingegrenzt wie teilweise im Schrifttum angenommen.[351] Ob die Umgestaltung in eine Verbrauchsstiftung oder eine Zulegung oder Zusammenlegung das „richtige" rechtliche Instrumentarium für eine wirtschaftlich notleidende Stiftung darstellt, beurteilt sich nach Maßgabe des historischen, ggfs. im Wege der Auslegung zu ermittelnden Stifterwillens. Kam es dem Stifter wesentlich auf die Person des Anfallsberechtigten an, ist eine Auflösung oder Aufhebung häufig vorzugswürdig.

Weiterhin muss gesichert erscheinen, dass bei einer Zulegung die übernehmende Stif- **95**
tung ihren bisherigen Zweck bzw. dass bei einer Zusammenlegung die übernehmende neue Stiftung die Zwecke aller übertragenden Stiftungen **im Wesentlichen in gleicher Weise** dauernd und nachhaltig erfüllen kann.[352] Diese Voraussetzung ist bspw. erfüllt, wenn die Zulegung oder Zusammenlegung für die übernehmende Stiftung zu einem Vermögenszuwachs führt und nicht mit übermäßigen Belastungen verbunden ist.[353]

Zudem müssen die **Rechte** von Personen, für die in der Satzung einer übertragenden **96**
Stiftung Ansprüche auf **Stiftungsleistungen** begründet sind, gewahrt werden.[354] Dies gilt allerdings nur für werthaltige Ansprüche.[355] Nach der gesetzlichen Grundkonzeption *nicht* erfasst sind solche Personen, die in einer satzungsmäßigen Vermögensanfallklausel zu Anfallsberechtigten bestimmt sind, weil die Anfallklausel nur im Fall der Auflösung oder Aufhebung, nicht hingegen auch bei einer Zulegung oder Zusammenlegung gilt.[356] Dieser Grundsatz kann eine vom Stifter ausdrücklich angeordnete Anfallsberechtigung aushebeln und steht mE daher unter dem Vorbehalt eines anderen historischen Stifterwil-

---

[345] Vgl. § 87 Abs. 1 BGB. → Rn. 73–78.

[346] Begrüßend Orth ZStV 2020, 81 (85); hingegen kritisch Gantenbrink/Plottek ZStV 2017, 211 (215).

[347] BT-Drs. 19/28173, 31 (69).

[348] → Rn. 35–39.

[349] ZB Mehren/Lorenz DStR 2021, 1774 (1777); Winkler ZStV 2021, 121 (125).

[350] § 86 Satz 1 und § 86a Satz 1 BGB verweisen nur auf § 85 Abs. 2 bis 4, nicht auch auf § 85 Abs. 1 BGB.

[351] AA Burgard ZStV 2021, 45 (48): „totes Recht".

[352] § 86 Nr. 3/§ 86a Nr. 2 BGB.

[353] BT-Drs. 19/28173, 70.

[354] § 86 Nr. 4/§ 86a Nr. 3 BGB.

[355] BT-Drs. 19/28173, 70.

[356] Dazu Orth ZStV 2020, 81 (85) mwN.

lens. Alternativ könnte die Anfallklausel in der Satzung einer übertragenden Stiftung vorab geändert werden.[357] Das praktische Vorgehen sollte mit der zuständigen Stiftungsbehörde abgestimmt werden.

97 Speziell im Fall der **Zulegung** muss der Zweck einer übertragenden Stiftung im Wesentlichen mit (mindestens) einem Zweck der übernehmenden Stiftung übereinstimmen.[358] Eine *vollständige* Zweckidentität ist hingegen *nicht* erforderlich.[359] Die Zweck-Mittel-Relation einer übertragenden Stiftung muss nach der Zulegung weitgehend erhalten bleiben.[360] Ungeklärt ist, ob die Identität in einem Zweck auch in dem Fall ausreicht, dass sowohl die übertragende als auch die übernehmende Stiftung daneben **weitere Zwecke** verfolgen. Zu prüfen ist die Möglichkeit einer vorherigen Zweckbeschränkung bei der übertragenden Stiftung, alternativ die Möglichkeit einer Zweckerweiterung bei der übernehmenden Stiftung anlässlich der Zulegung.[361] Auch bei einer **Zusammenlegung** müssen nicht alle Zwecke der übertragenden Stiftungen in gleicher Weise von der übernehmenden Stiftung erfüllt werden, wohl aber zumindest deren jeweiligen „Hauptzwecke"; diese Voraussetzung kann durch Gestaltung der Satzung der übernehmenden Stiftung erfüllt werden.[362] Die vom Gesetzgeber verwendeten unbestimmten Rechtsbegriffe („im Wesentlichen", „Hauptzweck") bedürfen der einzelfallbezogenen Auslegung.

3. Zuständigkeit und Verfahren

a) Primär: Zulegungs- oder Zusammenlegungsvertrag zwischen den beteiligten Stiftungen

98 Eine Zulegung oder eine Zusammenlegung erfolgt primär durch Abschluss eines Vertrags.[363] Ein **Zulegungsvertrag** wird zwischen einer übertragenden und einer übernehmenden Stiftung geschlossen, ein **Zusammenlegungsvertrag** zwischen mehreren übertragenden Stiftungen. Stifter einer im Wege der Zusammenlegung neu entstehenden Stiftung sind die übertragenden Stiftungen;[364] deren historischer Wille bestimmt fortan die obersten Leitlinien der neuen Stiftung. Die beteiligten Stiftungen werden jeweils durch das zur Vertretung befugte Stiftungsorgan vertreten, in aller Regel durch den Stiftungsvorstand, dieser handelnd durch Vorstandsmitglieder in nach der Satzung zur Vertretung erforderlicher Anzahl.

99 Ein Zulegungs- oder ein Zusammenlegungsvertrag muss folgende **Mindestregelungen** enthalten:[365]

- die Angabe des Namens und des Sitzes der beteiligten Stiftungen

  und

- die Vereinbarung, dass das Vermögen einer übertragenden Stiftung als Ganzes auf die übernehmende Stiftung übertragen und das Grundstockvermögen einer übertragenden Stiftung Teil des Grundstockvermögens der übernehmenden Stiftung werden soll. Gemeinnützigkeitsrechtlich stellt dies für die übernehmende Stiftung grundsätzlich kein Problem dar,[366] womöglich aber insoweit, als sich das Grundstockvermögen einer

---

[357] Hüttemann/Rawert in Staudinger BGB 2017, § 87 Rn. 15.
[358] § 86 Nr. 2 BGB.
[359] BT-Drs. 19/28173, 70; BT-Drs. 19/31118, 11.
[360] BT-Drs. 19/28173, 70.
[361] Ebenso Schauer npoR 2022, 54 (57).
[362] BT-Drs. 19/28173, 71.
[363] § 86b Abs. 1 Satz 1 BGB.
[364] BT-Drs. 19/28173, 71.
[365] § 86c Abs. 1 Satz 1 BGB.
[366] § 62 Abs. 3 Nr. 2 AO. Dazu BT-Drs. 19/28173, 73.

übertragenden Stiftung aus früheren sog. *Endowments,* also ursprünglich zeitnah zu verwendenden Mitteln, speist.[367]

Zusätzliche Vereinbarungen können getroffen werden.

Ein **Zusammenlegungsvertrag** muss zusätzlich das **Stiftungsgeschäft** zur Errichtung der neuen, übernehmenden Stiftung enthalten.[368] Dieses Stiftungsgeschäft muss den Anforderungen des § 81 Abs. 1 BGB entsprechen.[369] Ist dies nicht der Fall, darf die Zusammenlegung nicht genehmigt werden.[370] Ein **Zulegungsvertrag** kann vorsehen, dass das Vermögen einer übertragenden Stiftung nach Wirksamwerden der Zulegung auf Ebene der übernehmenden Stiftung nur zur Erfüllung eines Zwecks verwendet werden darf, der im Wesentlichen einem Zweck der übertragenden Stiftung entspricht. 100

Sofern durch die Satzung einer übertragenden Stiftung Dritten **Ansprüche auf Stiftungsleistungen** eingeräumt sind, muss der Zulegungs- bzw. Zusammenlegungsvertrag Angaben zu den Folgen der Umstrukturierung sowie zu den vorgesehenen Maßnahmen für diese Personen enthalten.[371] Eine übertragende Stiftung muss den Zulegungs- bzw. Zusammenlegungsvertrag den anspruchsberechtigten Destinatären spätestens einen Monat vor Beantragung der erforderlichen stiftungsbehördlichen Genehmigung zuleiten.[372] 101

Ein Zulegungs- oder Zusammenlegungsvertrag bedarf stets lediglich der **schriftlichen** Form; die Anwendung besonderer Formvorschriften hat der Gesetzgeber ausdrücklich ausgeschlossen.[373] Einer notariellen Beurkundung bedarf es generell *nicht,* auch dann nicht, wenn eine übertragende Stiftung ihr gesamtes Vermögen – womöglich auch Grundstücke und/oder Geschäftsanteile einer GmbH – weggibt. 102

Ein Zulegungs- oder Zusammenlegungsvertrag bedarf der **Genehmigung** durch die Behörde, die nach Landesrecht für die *übernehmende* Stiftung zuständig ist bzw. zuständig sein wird.[374] Diese Behörde prüft, ob die Voraussetzungen für eine Zulegung bzw. Zusammenlegung erfüllt sind. In dem Fall, dass für eine *übertragende* Stiftung eine andere Stiftungsbehörde als für die *übernehmende* Stiftung zuständig ist, bedarf die Genehmigung der vorherigen Zustimmung der für die *übertragende* Stiftung zuständigen Stiftungsbehörde.[375] Sind die gesetzlichen Voraussetzungen für eine Zulegung oder Zusammenlegung erfüllt, hat die Stiftungsbehörde die Genehmigung zu erteilen; ein Ermessen besteht nicht. Verweigert die Stiftungsbehörde die Erteilung der Genehmigung, kommt die Erhebung einer Verpflichtungsklage einer beteiligten Stiftung beim Verwaltungsgericht in Betracht. 103

b) Subsidiär: Zulegung oder Zusammenlegung durch die Stiftungsbehörde

Unter den vorstehend skizzierten Voraussetzungen kann eine Zulegung oder Zusammenlegung auch **stiftungsbehördlich durch Verwaltungsakt** vorgenommen werden.[376] Der Gesetzeswortlaut („kann") legt ein Ermessen der Stiftungsbehörde nahe, das im Einzelfall auf Null reduziert ist, so dass eine Zulegung oder Zusammenlegung vorzunehmen ist. Die behördliche Befugnis besteht allerdings nur, sofern die beteiligten Stiftungen 104

[367] Vgl. § 58 Nr. 3 Satz 3 AO.
[368] § 86c Abs. 2 BGB.
[369] → Kap. 3 Rn. 11 ff.
[370] BT-Drs. 19/28173, 73.
[371] § 86c Abs. 1 Satz 2 BGB.
[372] § 86c Abs. 3 BGB.
[373] § 86d BGB.
[374] § 86b Abs. 1 Satz 2 BGB.
[375] § 86b Abs. 3 BGB.
[376] § 86b Abs. 2 Satz 1 BGB.

die Zulegung bzw. Zusammenlegung nicht oder nicht rechtzeitig vereinbaren können (oder nicht wollen). Dies wird in der Regel nur der Fall sein, wenn die betroffenen Stiftungen nicht mehr handlungsfähig sind, bspw. weil notwendige Organmitglieder fehlen und die Bestellung neuer Mitglieder nicht rechtzeitig möglich ist.[377] Es besteht dieselbe Zuständigkeit wie für die Genehmigung eines Zulegungs- oder Zusammenlegungsvertrags.[378] Verfügt die Stiftungsbehörde die Zulegung oder Zusammenlegung durch Verwaltungsakt, kommt die Erhebung einer Anfechtungsklage einer beteiligten Stiftung beim Verwaltungsgericht in Betracht.

105 Der **Mindestinhalt** einer behördlichen Zulegungs- bzw. Zusammenlegungsverfügung entspricht dem eines Zulegungs- bzw. Zusammenlegungsvertrags.[379] Die Behörde hat anspruchsberechtigte Destinatäre mindestens einen Monat vor der Entscheidung über die Zulegung oder Zusammenlegung anzuhören und auf die möglichen Folgen der Zulegung oder Zusammenlegung für deren Ansprüche gegen eine übertragende Stiftung hinzuweisen.[380] Speziell die hoheitliche **Zulegung** bedarf zudem der **Zustimmung** durch die übernehmende Stiftung.[381] Eine als Zielobjekt vorgesehene Stiftung ist rechtlich nicht verpflichtet, einer Zulegung zuzustimmen.

c) Anmeldung zur Eintragung in das Stiftungsregister[382]

106 Jede Zulegung und Zusammenlegung ist zur Eintragung in das Stiftungsregister anzumelden.[383] Die Pflicht zur Anmeldung trifft den **Vorstand** der übernehmenden Stiftung. Sie entsteht, wenn die behördliche Genehmigung des Zulegungs- bzw. des Zusammenlegungsvertrags, alternativ die behördliche Entscheidung über die Zulegung bzw. Zusammenlegung, unanfechtbar geworden ist. Bei einer **Zulegung** ist das Erlöschen der übertragenden Stiftung anzumelden, bei einer **Zusammenlegung** das Erlöschen aller übertragenden Stiftungen und die neue, übernehmende Stiftung. Die Anmeldung ist **öffentlich zu beglaubigen**[384] und hat die im Gesetz bestimmten Angaben und Anlagen zu enthalten.[385]

107 Auf Grundlage der Anmeldung wird das Erlöschen einer jeden übertragenden Stiftung, sofern rechtlich wirksam geworden, in das Stiftungsregister **eingetragen,**[386] bei einer Zusammenlegung zusätzlich die neue, übernehmende Stiftung.[387] Die Eintragung hat allerdings nur **deklaratorische Wirkung.**

d) Öffentliche Bekanntmachung

108 Die übernehmende Stiftung hat die Zulegung bzw. die Zusammenlegung innerhalb eines Monats nach Eintritt der Wirkungen[388] durch Veröffentlichung im Bundesanzeiger bekanntzumachen.[389] In der Bekanntmachung sind die Gläubiger der beteiligten Stiftun-

---

[377] BT-Drs. 19/28173, 72.
[378] § 86b Abs. 2 Satz 1 iVm Abs. 1 Satz 2 und Abs. 3 BGB.
[379] § 86e Abs. 1 BGB.
[380] § 86e Abs. 2 BGB.
[381] § 86b Abs. 2 Satz 2 BGB.
[382] Erst mit Wirkung ab dem 1.1.2026 (s. Art. 10 Abs. 1 Nr. 1 f. iVm Art. 3 und Art. 4 des Gesetzes zur Vereinheitlichung des Stiftungsrechts).
[383] § 86i Abs. 1 Satz 1/§ 86i Abs. 2 Satz 1 BGB.
[384] § 3 Abs. 2 Satz 1 StiftRG.
[385] § 86i Abs. 1 Satz 2/§ 86i Abs. 2 Satz 2 iVm Abs. 1 Satz 2 f. und § 82b Abs. 2 Satz 2 und Satz 3 Nr. 2 BGB iVm § 3 Abs. 4 Satz 1 StiftRG.
[386] § 2 Nr. 9 und § 7 Abs. 1/Abs. 2 StiftRG.
[387] § 7 Abs. 2 iVm § 4 StiftRG.
[388] → Rn. 109.
[389] § 86g Satz 1 BGB.

gen auf ihre Rechte nach Maßgabe des § 86h BGB[390] hinzuweisen.[391] Die Bekanntmachung gilt mit dem Ablauf des zweiten Tages nach der Veröffentlichung im Bundesanzeiger als bewirkt.[392] Sodann beginnt für die Gläubiger eine sechsmonatige Frist, innerhalb derer sie Ansprüche bei der übernehmenden Stiftung schriftlich anmelden können.[393] Eine zügige Bekanntmachung ist im Interesse der Stiftungen, weil das Recht der Gläubiger, von einer Stiftung Sicherheiten für noch nicht fällige Ansprüche zu verlangen, durch die Bekanntmachung befristet werden kann.

4. Rechtliche Wirkung

Mit Unanfechtbarkeit der stiftungsbehördlichen Genehmigung des Zulegungs- bzw. Zusammenlegungsvertrags, alternativ mit Unanfechtbarkeit der stiftungsbehördlichen Zulegungs- bzw. Zusammenlegungsverfügung, **erlischt** jede übertragende Stiftung. Die Unanfechtbarkeit ist für Außenstehende nicht erkennbar; erkennbar ist lediglich die Eintragung des Erlöschens im Stiftungsregister.[394] Bei einer Zusammenlegung entsteht die neu errichtete Stiftung.[395] Zugleich geht das Vermögen einer jeden übertragenden Stiftung (Aktiva und Passiva) als Ganzes auf die übernehmende Stiftung über.[396] Das Grundstockvermögen einer übertragenden Stiftung wird zu Grundstockvermögen der übernehmenden Stiftung.[397] Der Vermögensübergang erfolgt im Wege der **Gesamtrechtsnachfolge.** Eine Liquidation über das Vermögen einer übertragenden Stiftung findet *nicht* statt, das Einhalten eines Sperrjahres ist *nicht* erforderlich.[398] Sämtliche Aktiva und Passiva gehen ohne gesonderte Übertragungsakte über, die Zustimmung der Gläubiger einer übertragenden Stiftung ist *nicht* erforderlich. 109

Mängel eines Zulegungs- bzw. eines Zusammenlegungsvertrags lassen die rechtlichen Wirkungen der stiftungsbehördlichen Genehmigung unberührt.[399] Zulegungen und Zusammenlegungen, die auf Grundlage eines **Vertrags** beruhen, genießen **Bestandsschutz.** Demnach hat eine übertragende Stiftung keinen Anspruch auf Restitution und Rückübertragung von Vermögen – auch dann nicht, wenn die Voraussetzungen für eine Zulegung bzw. Zusammenlegung[400] nicht erfüllt waren.[401] Eine **stiftungsbehördliche** Zulegung bzw. Zusammenlegung wird endgültig wirksam, wenn der zugrundeliegende Verwaltungsakt unanfechtbar geworden ist.[402] 110

5. Gläubigerschutz

Im Einzelfall gehen im Zuge einer Zulegung bzw. Zusammenlegung Schulden einer übertragenden auf die übernehmende Stiftung über. Damit sehen sich die Gläubiger der übertragenden Stiftung einem neuen Schuldner, der übernehmenden Stiftung, gegenüber. Ein Gläubiger kann von der übernehmenden Stiftung Sicherheit verlangen, sofern sein Anspruch bereits vor Wirksamwerden der Zulegung bzw. der Zusammenlegung ent- 111

[390] → Rn. 111 f.
[391] § 86g Satz 2 BGB.
[392] § 86g Satz 3 BGB.
[393] § 86h Nr. 1 BGB.
[394] → Rn. 106 f.
[395] § 86f Abs. 2 BGB.
[396] § 86f Abs. 1/Abs. 2 BGB.
[397] Vgl. § 86c Abs. 1 Satz 1 Nr. 2/§ 86c Abs. 2 iVm Abs. 1 Satz 1 Nr. 2 BGB.
[398] BT-Drs. 19/28173, 31 (69).
[399] § 86f Abs. 3 BGB.
[400] § 86/§ 86a BGB.
[401] BT-Drs. 19/28173, 75.
[402] BT-Drs. 19/28173, 75.

standen, aber noch nicht fällig geworden ist. Das Recht, Sicherheiten zu verlangen, steht sowohl Gläubigern zu, deren Ansprüche sich ursprünglich gegen eine übertragende Stiftung richteten, als auch anderen Gläubigern der übernehmenden Stiftung.[403] Voraussetzung ist, dass der Gläubiger den Anspruch binnen sechs Monaten nach der öffentlichen Bekanntmachung der Zulegung oder Zusammenlegung[404] bei der übernehmenden Stiftung nach Grund und Höhe schriftlich anmeldet.[405]

112 Weiterhin muss ein Gläubiger mit der Anmeldung glaubhaft machen, dass die Erfüllung seines Anspruchs *aufgrund* der Zulegung oder Zusammenlegung gefährdet ist.[406] Allein der Wechsel des Schuldners reicht *nicht* aus. Vielmehr muss ein Gläubiger substanziiert darlegen, dass sein Anspruch gerade wegen der Zulegung bzw. Zusammenlegung gefährdet ist. Entscheidend ist die Vermögenslage bei der übernehmenden Stiftung. Der Gläubiger muss glaubhaft machen können, dass die übernehmende Stiftung ihre Verbindlichkeiten längerfristig nicht wird erfüllen können. Dies wird regelmäßig nicht der Fall sein, weil eine Zulegung bzw. Zusammenlegung voraussetzt, dass gesichert erscheint, dass die übernehmende Stiftung ihre Zwecke dauernd und nachhaltig erfüllen kann.[407]

V. Steuerrecht

113 Der Erwerb von Vermögen im Zuge einer Auflösung, Aufhebung, Zulegung oder Zusammenlegung einer rechtsfähigen Stiftung bürgerlichen Rechts ist ein **schenkungsteuerbarer** Vorgang.[408] Der Vermögenserwerb ist allerdings **schenkungsteuerfrei,** sofern der Erwerber wegen Gemeinnützigkeit steuerbegünstigt ist.[409] Im Übrigen gelten die allgemeinen schenkungsteuerlichen Befreiungstatbestände[410] einschließlich der Verschonungsregeln für die Übertragung betrieblichen Vermögens.[411] Noch ungeklärt ist die Frage, ob nach einer Zulegung oder Zusammenlegung bei der Prüfung der **Steuerklasse** (§ 15 Abs. 2 ErbStG) auf das verwandtschaftliche Verhältnis zwischen dem Stifter der *übertragenden,* nach der Zulegung bzw. Zusammenlegung beendeten Stiftung und den entferntesten Begünstigten der *übernehmenden* Stiftung abzustellen ist. Die Übertragung bzw. der Übergang von Vermögen auf eine nichtgemeinnützige Stiftung, die in die Steuerklasse III fällt,[412] kann, soweit keiner der genannten Befreiungstatbestände greift, prohibitive Wirkung entfalten. Unterlag eine Familienstiftung innerhalb der letzten vier Jahre vor ihrer Beendigung der Erbersatzsteuer, wird diese Steuer auf die bei Beendigung anfallende Steuer angerechnet.[413] Hinsichtlich der Übertragung von Grundvermögen und Anteilen an Gesellschaften mit Grundvermögen gelten die allgemeinen **grunderwerbsteuerrechtlichen** Regeln.[414]

114 **Ertragsteuerrechtlich** gelten bei Auflösung, Aufhebung, Zulegung oder Zusammenlegung einer Stiftung grundsätzlich dieselben Regeln wie bei einer Vermögensübertragung

403 BT-Drs. 19/28173, 75.
404 § 86g Satz 3 BGB. → Rn. 108.
405 § 86h Nr. 1 BGB.
406 § 86h Nr. 2 BGB.
407 BT-Drs. 19/28173, 76.
408 § 7 Abs. 1 Nr. 9 Satz 1 iVm § 1 Abs. 1 Nr. 2 und § 2 Abs. 1 Nr. 1 Satz 1 und Satz 2 Buchst. d ErbStG. Bei einer Zusammenlegung greift § 7 Abs. 1 Nr. 8 Satz 1 ErbStG m. E. nicht.
409 § 13 Abs. 1 Nr. 16 Buchst. b Satz 1 ErbStG.
410 § 13 Abs. 1 ErbStG.
411 §§ 13a, 13b ErbStG.
412 Das Steuerklassenprivileg nach § 15 Abs. 2 Satz 2 ErbStG läuft hier ins Leere.
413 § 26 ErbStG.
414 → Rn. 71.

während der Betriebsphase der Stiftung.[415] Zwar gelten die Vorschriften des Umwandlungssteuergesetzes *nicht.* Dessen ungeachtet führt eine *unentgeltliche* Auskehrung von Vermögen in aller Regel zu keiner ertragsteuerpflichtigen Aufdeckung stiller Reserven, weil regelmäßig kein Realisationstatbestand greift.[416] Keine Ertragsteuern werden ausgelöst, wenn die übertragende Stiftung wegen Gemeinnützigkeit steuerbegünstigt ist und die übertragenen Wirtschaftsgüter einer der drei steuerbegünstigten Sphären – also dem ideellen Bereich, der Zweckbetriebssphäre oder der Vermögensverwaltung – zuzuordnen sind. Die Auskehrung von Vermögen einer **nichtgemeinnützigen Stiftung** kann, soweit es sich aus Erträgen speist,[417] auf Ebene einer bedachten nichtgemeinnützigen Stiftung zu steuerpflichtigen Einkünften aus Kapitalvermögen führen,[418] die dem Kapitalertragsteuerabzug unterliegen.[419] Insoweit besteht das Risiko einer Doppelbelastung mit Schenkungsteuer und Körperschaftsteuer.[420] Das ertragsteuerliche Risiko kann deutlich verringert werden, wenn eine Stiftung eine Dokumentation vorhält, anhand derer sie belegen kann, in welchem Umfang sich die Auskehrung aus dem Grundstockvermögen und der Kapitalrücklage (und nicht aus Erträgen) speist.[421]

[415] → Rn. 64.

[416] Siehe z. B. § 6 Abs. 3, § 17 Abs. 2 Satz 5, § 20 Abs. 4 Satz 6 und § 23 Abs. 2 Satz 3 EStG. Ebenso Oppel NWB-EV 2021, 122 (129).

[417] BMF, Schreiben vom 27.6.2006 – IV B 7-S 2252-4/06, BStBl. I 2006, 417.

[418] § 20 Abs. 1 Nr. 9 Satz 1 iVm Nr. 2 EStG iVm § 8 Abs. 1 Satz 1 KStG.

[419] § 43 Abs. 1 Satz 1 Nr. 7a EStG.

[420] Dazu Haag in O. Werner/Saenger/C. Fischer Stiftung, 2. Aufl. 2019, § 26 Rn. 43–45; Orth ZStV 2019, 184 (186) mwN.

[421] Zum Rechtsstreit, ob eine Stiftung zur Führung eines steuerlichen Einlagekontos iSd § 27 KStG verpflichtet ist (vgl. § 20 Abs. 1 Nr. 9 Satz 1, 2. Hs. iVm Nr. 2 Satz 1, 2. Hs. und Nr. 1 Satz 3 EStG), FG Nürnberg 15.6.2021 – 1 K 513/18, EFG 2022, 261 (Revision beim BFH unter Az. I R 46/21); s. Haag in O. Werner/Saenger/C. Fischer Stiftung, 2. Aufl. 2019, § 26 Rn. 32 mwN.

Kapitel 10. Internationales Stiftungsrecht

A. Vorbemerkungen

Stiftungen sind heutzutage auch international tätig. Dies geschieht zum Beispiel dadurch, dass eine gemeinnützige Stiftung internationales Fundraising über ausländische Friends-of-Organisationen betreibt oder eine inländische gemeinnützige Stiftung Mittel für Projekte im Ausland zur Verfügung stellt. Dies kann aber auch bei kleineren Stiftungen „unbewusst" geschehen, weil sie über einen Stiftungsfonds oder eine Vermögensverwaltung in ein internationales Aktienportfolio investieren und sich dann Fragen des internationalen Quellensteuerabzugs oder doppelbesteuerungsrechtliche Fragen ergeben. Bei steuerpflichtigen Stiftungen stellen sich ebenfalls international-zivilrechtliche, aber auch international-steuerrechtliche Fragen, wenn der Destinatär in einem anderen Land als die Stiftung ansässig ist oder die Dotationsquelle international strukturiert ist. 1

Die Rechtsquellen des internationalen Stiftungsrechts sind noch nicht ausdrücklich kodifiziert oder sind im Stiftungssteuerrecht in verschiedenen Gesetzen verstreut geregelt oder ergeben sich aus dem Recht der Doppelbesteuerungsabkommen. 2

Im Folgenden werden für inländische Stiftungen unter B. international-privatrechtliche Themen dargestellt, unter C. wird ein Überblick über einige international-steuerliche Fragestellungen gegeben und unter D. werden weitere Themen bei internationaler Tätigkeit angesprochen. 3

B. International-privatrechtliche Fragestellungen für inländische Stiftungen

I. Das internationale Stiftungsstatut

Das internationale Stiftungsstatut beantwortet die Rechtsfrage, welches Recht beim grenzüberschreitenden Sachverhalt für alle originär stiftungsrechtlich zu qualifizierenden Rechtsfragen anwendbar ist. Hierzu gehören[1]: 4

- die Voraussetzung der Errichtung
- die Rechts- und Geschäftsfähigkeit
- die Parteifähigkeit
- die rechtliche Binnenverfassung der Stiftung und sonstige innere Verhältnisse
- die Zulässigkeit von Satzungsänderungen
- die Anerkennung und Ausübbarkeit von statutarischen Stifterrechten
- die Rechtsstellung als Stiftungsdestinatär
- die organschaftliche Vertretung
- die Voraussetzungen und Rechtsfolgen von Auflösung, Abwicklung und Beendigung der Stiftung
- die Möglichkeit einer internationalen Sitzverlegung.

---

[1] Hüttemann/Rawert in Staudinger BGB Vorb. zu §§ 80–88 Rn. 419; Kindler in MüKOBGB IntGesR Rn. 680, Saenger in Werner/Saenger/Fischer Stiftung 2 § 48 Rn. 2.

5 Das Stiftungsstatut ist abzugrenzen von den vertragsrechtlichen, sachenrechtlichen oder erbrechtlichen Kollisionsregeln vgl. → Rn. 16 ff. So richtet sich z. B. bei der Stiftung von Todes wegen des organisationsrechtlichen Teils der Stiftungserrichtung von Todes wegen nach dem Stiftungsstatut, der vermögensrechtliche Teil dagegen nach dem Erbstatut[2] vgl.→ Rn. 21. Bei einer lebzeitigen Zuwendung richtet sich die Vermögensdotation und die sachenrechtliche Erfüllung nach dem gewählten Zuwendungsvertragsrecht und nach dem anwendbaren Sachenrecht vgl.→ Rn. 19.

6 Eine ausdrückliche kollisionsrechtliche Regelung im Sinne einer Norm im EGBGB, dem Ort in dem üblicherweise international-privatrechtliche Normen geregelt werden, existiert -wie im bisherigen Recht- auch nicht nach der Stiftungszivilrechtsreform für das Stiftungsstatut.

7 Im bisherigen Recht ging man ungeschrieben im Grundsatz davon aus, dass die Sitztheorie gilt, dh an das Recht am tatsächlichen und effektiven Verwaltungssitz – im Gegensatz zum satzungsmäßigen Sitz – angeknüpft wird.[3] Danach ist die Stiftung dem Recht des Staates unterworfen, in dem sich der Tätigkeitsort der Geschäftsführung und der dazu berufenen Vertretungsorgane befindet.[4] Maßgebend sei dabei der Ort, an dem die grundlegenden Entscheidungen der Unternehmensleitung effektiv in laufende Geschäftsführungsakte umgesetzt werden.[5] Für Stiftungen mit Verwaltungssitz in Deutschland heißt dies die Anwendung deutschen Stiftungszivilrechts.

8 Schon länger wird aber diskutiert, ob jedenfalls innerhalb der EU/EWR die Sitztheorie durch die Gründungstheorie überlagert wird.[6] Diese verweist hinsichtlich der Außen- und Innenbeziehung einer Stiftung auf das Recht des Gründungsstaates, selbst wenn die Stiftung keinerlei Beziehung mehr zu diesem Staat aufweist.[7]

9 Die Stiftungszivilrechtsreform hat durch die Neuregelung des § 83a BGB auch für diesen Fall die Sitztheorie festgeschrieben.[8] § 83a BGB lautet: „*Die Verwaltung der Stiftung ist im Inland zu führen.*“ Die Gesetzesbegründung definiert dabei den Ort der Verwaltung als den Ort, an dem schwerpunktmäßig die Geschäftsführungsorgane der Stiftung tätig sind.[9] Diese Regelung wird ergänzt durch § 87a Abs. 2 Nr. 3 BGB, wonach die Stiftungsbehörde die Stiftung erst aufzuheben hat, wenn sie die Zurückverlegung des Verwaltungssitzes ins Inland nicht in angemessener Zeit erreichen kann. Wie die Gesetzesbegründung unmissverständlich ausführt, ist dies die bewusste Entscheidung zur generellen und auch innerhalb der EU geltenden Sitztheorie für Stiftungen.[10] Man könnte insoweit von einer abgemilderten Sitztheorie sprechen, weil nicht sofort bei effektiver Hinausverlegung des Verwaltungssitzes der Stiftung aus Deutschland die Auflösung der Stiftung ausgelöst wird. Vielmehr wird der ehemals inländischen Stiftung in diesem Fall eine Chance geben, den Mangel zu beheben. Gleichzeitig können die Stiftungsorgane die Stiftungsauflösung durch die neue Regelungstechnik schlicht durch Sitzverlegung nicht erzwingen. Die Anordnung der Sitztheorie auch in EU/EWR-Fällen wird im Schrifttum aus EU/EWR-rechtlichen Gründen kritisiert[11], ist aber in der Praxis als maßgebend anzusehen. Ein Wegzug einer inländischen Stiftung in einen Drittstaat ist identitätswah-

---

[2] Hüttemann/Rawert in Staudinger BGB Vorb. zu §§ 80–88 Rn. 419.

[3] Hüttemann/Rawert in Staudinger BGB Vorb. zu §§ 80–88 Rn. 419; Kindler in MüKOBGB IntGesR Rn. 680.

[4] Vgl. Saenger in Werner/Saenger/Fischer Stiftung § 48 Rn. 3.

[5] Vgl. Saenger in Werner/Saenger/Fischer Stiftung § 48 Rn. 3.

[6] Vgl. Hoffmann in Wachter/Richter Int. StiftungsR-HdB § 10 Rn. 198 ff.

[7] Vgl. Saenger in Werner/Saenger/Fischer Stiftung § 48 Rn. 4.

[8] Vgl. Hüttemann/Rawert ZIP 2021, 3 (11).

[9] BT-Drs. 19/28173, 53.

[10] Vgl. Hüttemann/Rawert ZIP 2021, 3 (11); BT-Drs. 19/28173, 17.

[11] Vgl. Feick/Schwalm NZG 2021 334 ff.

rend eindeutig nicht möglich. Dasselbe gilt für den Zuzug einer Drittstaatenstiftung. Dies gilt aber nach der Gesetzesbegründung auch für den EU-Fall. Der Wille des deutschen Gesetzgebers ist in diesem Punkt unmissverständlich. Kommt es zum Wegzug einer deutschen Stiftung, wird sie aufgehoben, wenn die Stiftungsorgane nicht den Sitz zurück nach Deutschland verlegen. Eine EU-Stiftung kann auch nicht identitätswahrend zuziehen. Sie muss vielmehr im Inland neu gegründet werden.[12]

Hüttemann/Rawert[13] weisen jedoch zu Recht darauf hin, dass nach der sog. *Vale*-Entscheidung des EuGH,[14] die aber nicht in der Gesetzesbegründung zitiert wird, der Zuzugsstaat aber dann innerhalb der EU verpflichtet ist, einen grenzüberschreitenden Formwechsel unter Wahrung der Rechtsfähigkeit der Stiftung zuzulassen, wenn sein eigenes Recht einen identitätswahrenden Formwechsel für inländische Stiftungen zulässt. In diesem Fall darf der Wegzugsstaat die Stiftung nicht am Hinausformwechsel hindern, indem er ihre Auflösung und Liquidation verlangt. Weist eine Stiftung mit EU-Sitz nach, dass sie innerhalb der EU einen Rechtsformwechsel anstrebt, hat die Aufhebungsentscheidung zurückzustehen bis feststeht, ob ein identitätswahrender Formwechsel im Zuzugsstaat möglich ist.[15] 10

Selbst in dieser Fallgruppe stellt sich aber die Frage, ob eine derartige von den Stiftungsorganen eingeleitete Maßnahme vom Stifterwillen gedeckt wäre. Errichtet ein Stifter im Inland eine Stiftung, entscheidet er sich für das deutsche Recht mit dem Verwaltungssitz der Stiftung in Deutschland. Ungeachtet der mit dem Wegzug oder der „Hinausverschmelzung" aus Deutschland einhergehenden international-privatrechtlichen Problemen stellt sich die schlichte Frage, ob die von den Stiftungsorganen eingeleiteten Maßnahmen dem bei der Gründung artikulierten Stifterwillen gerecht werden. Lässt sich dies nicht feststellen, hat die Stiftungsaufsicht zB durch Abberufung der Stiftungsorgane und Einsetzung eines Sachwalters für eine Rückführung des Verwaltungssitzes zurück nach Deutschland zu sorgen.[16] 11

Unabhängig von der unter Rn. 10 dargestellten EU rechtlichen Thematik gilt: Der Gesetzgeber hat sich auch für EU/EWR-Fälle für die Sitztheorie entschieden, wie die Gesetzesbegründung zu § 83a BGB zeigt. Dies ist für die Stiftungsaufsichtsbehörden verbindlich. Darauf haben sich Stiftungen und ihre Organe einzurichten. 12

Nach herrschender Meinung handelt es sich bei der durch das Stiftungsstatut ausgesprochenen Verweisung um eine Gesamtnormverweisung,[17] dh es ist zu prüfen, wenn ein ausländisches Stiftungsrecht durch das Stiftungsstatut berufen wird, ob das ausländische Recht seinerseits diese Verweisung annimmt oder weiter – oder zurückverweist. 13

Konkret heißt dies für Stiftungen, die ihren Verwaltungssitz in Deutschland haben: Alle originär stiftungsrechtlich zu qualifizierenden Rechtsfragen unterliegen aus deutscher Sicht auch bei einem internationalen Sachverhalt, wie zB dem Kauf eines ausländischen Grundstücks, dem deutschen Stiftungsrecht sofern originär stiftungsrechtliche Fragen zu beantworten sind. Hierzu gehört auch die organschaftliche Vertretungsberechtigung des Stiftungsorgans.[18] Entsprechend ist auch im umgekehrten Fall zu verfahren: Möchte eine ausländische Stiftung mit Verwaltungssitz im Ausland mit einer inländischen Stiftung eine Kooperationsvereinbarung abschließen, wird die deutsche Stiftung prüfen, ob die ausländische Stiftung vertreten durch ihre Stiftungsorgane diese Vereinbarung abschließen kann. Die deutschen international privatrechtlichen Vorschriften verweisen

---

[12] Vgl. Hüttemann/Rawert in Staudinger BGB Vorb. zu §§ 80–88 Rn. 419.
[13] Vgl. Hüttemann/Rawert ZIP 2021 3 (34).
[14] EuGH Urteil vom 12.7.2012–RSc-378-10, ECLI:EU:C:2012:440.
[15] Vgl. Hüttemann/Rawert ZIP 2021 3 (34).
[16] Vgl. Hüttemann/Rawert in Staudinger BGB Vorb. zu §§ 80–88Rn. 421.
[17] Vgl. Hoffmann in Richter/Wachter Int. StiftungsR-HdB § 10 Rn. 21 mwN.
[18] Vgl. Hoffmann in Richter/Wachter Int. StiftungsR-HdB § 10 Rn. 4 mwN.

insoweit auf das Recht des Verwaltungsortes der ausländischen Stiftung. Nimmt die so bestimmte ausländische Rechtsordnung die deutsche Verweisung an, richten sich die originär stiftungsrechtlichen Fragen der ausländischen Stiftung sowie die Rechtsfähigkeit etc im Zusammenhang mit dem Vertragsabschluss mit der deutschen Stiftung nach dem ausländischen Stiftungsrecht.

II. Das Statut für stiftungsähnliche Rechtsträger

14 Das unter I. dargestellte Stiftungsstatut ist nur auf Stiftungen iSd § 80ff. BGB bzw. ausländische Stiftungen als juristische Personen anzuwenden. Die Wertungen des § 83a BGB haben keine Ausstrahlungswirkung auf stiftungsähnliche Strukturen, wie zB einem Stiftungsverein oder einer unselbständigen Stiftung oder für ausländische Trustrechtsverhältnisse.[19] Diese Rechtsträger bzw. Vertragsverhältnisse sind eigenständig anzuknüpfen. Werden über Gesellschaften oder Vereine Stiftungszwecke verfolgt, so gilt insoweit das Gesellschafts-[20] oder Vereinsstatut.[21] Dies kann innerhalb der EU dann auch zur Anwendung der Gründungstheorie führen.

15 Unselbständige Stiftungen sind vertragsähnlich zu qualifizieren[22] und werden vertragsrechtsmäßig angeknüpft und dem Vertragsstatut unterworfen, also dem Recht des Treuhandvertrages.

16 Die kollisionsrechtliche Behandlung ausländischer Trusts, die stiftungsähnliche Zwecke verfolgen, ist höchst umstritten.[23] Teilweise wird die Sitztheorie für analog anwendbar erklärt, andere qualifizieren das Trustrechtsverhältnis vertragsähnlich.[24] All diese Rechtsfragen sind von der Stiftungszivilrechtsreform unberührt geblieben.

III. Abgrenzung zu anderen kollisionsrechtlichen Statuten

17 Das Stiftungsstatut regelt nicht automatisch alle Rechtsbeziehungen einer Stiftung mit ihrer Umwelt. Nur originär stiftungsrechtliche Thematiken unterstehen dem durch das Stiftungsstatut ermittelten Recht. So unterliegt der Anstellungsvertrag von Organpersonen dem getrennt zu ermittelnden Vertragsstatut.[25] Sofern das Organ auch Arbeitnehmer ist, so gelten insoweit auch die zwingenden Vorschriften des internationalen Arbeitsvertragsrechts.[26]

18 Die Vertragsbeziehungen der Stiftung mit Dritten werden ebenfalls gesondert angeknüpft.[27] Eine deutsche Stiftung, die ein Stipendium an einen in Österreich ansässigen Wissenschaftler vergibt, wird nicht automatisch auf das Stipendium deutsches Recht anwenden können, sondern nur wenn dies ausdrücklich vereinbart worden ist oder sich über die Anknüpfungen des Vertragsstatuts ergeben wird.

19 Entsprechendes gilt, wenn die Stiftung durch Dritte geschädigt wird zB dadurch, dass eine Bank eine Fehlbuchung begeht. Bestehende bereicherungsrechtliche Ansprüche wer-

[19] Vgl. Weitemeyer in MüKOBGB § 80 Rn. 320; Hoffmann in Wachter/Richter Int. StiftungsR-HdB § 10 Rn. 30ff.

[20] Vgl. Kindler in MüKOBGB IntGesR Rn. 285ff.

[21] Vgl. Kindler in MüKOBGB IntGesR Rn. 318, Rn. 672.

[22] Vgl. Hüttemann/Rawert in Staudinger BGB Vorb. zu §§ 80–88 Rn. 419; Weitemeyer in MüKOBGB § 80 Rn 320; Hoffmann in Wachter/Richter Int. StiftungsR-HdB 2007 Rn. 30ff.

[23] Vgl. Hoffmann in Richter/Wachter Int. StiftungsR-HdB § 10 Rn. 32ff.

[24] Vgl. ausführlich Dörner in Richter/Wachter Int. StiftungsR-HdB § 11 Rn. 6ff.

[25] Vgl. Kindler in MüKOBGB IntGesR auch bei den folgenden Fußnoten Rn. 641.

[26] Vgl. Kindler in MüKOBGB IntGesR Rn. 641.

[27] Vgl. Kindler in MüKOBGB IntGesR Rn. 642, 643.

den über das Bereicherungsstatut angeknüpft.[28] Liegt eine deliktische Situation vor, ist das Deliktstatut maßgebend.[29] Beruht der Schaden auf einer Handlung eines Organs, wird sich aber die binnenrechtliche Haftung nach dem Stiftungsstatut richten.

20 Wird Vermögen auf eine Stiftung übertragen oder von ihr auf eine andere Person transferiert, so handelt es sich um dingliche Rechtsgeschäfte. Diese werden nach dem internationalen Sachenrecht angeknüpft. Bei Grundstücken ist das Recht der Belegenheit des Grundstücks maßgebend.[30]

21 Kommt es zu einer Zulegung oder Zusammenlegung zweier inländischer Stiftungen denen Auslandsvermögen gehört, so wird nicht das Stiftungsstatut, sondern das jeweilige Sachstatut am Ort der belegenen Sache darüber befinden, ob die im neuen Recht angeordnete Gesamtrechtsnachfolge dingliche oder bloß schuldrechtliche Wirkung besitzt.[31]

22 Für die Abgrenzung von Stiftungsstatut und Erbstatut gilt: Wer Erbe wird, bestimmt das Erbstatut, also die EUErbVO. Was einer Stiftung aus einer vererbten Beteiligung zufließt, bestimmt das Gesellschaftsstatut.[32] Die Zulässigkeit einer Stiftung als Erbe entscheidet das Erbstatut.[33] Unklar ist, ob die Teilfrage, ob eine Stiftung von Todes wegen taugliche erbrechtliche Erwerberin sein kann, sich nach dem über dem Stiftungsstatut bestimmten Recht oder nach dem Erbstatut bestimmten Recht richtet.[34]

23 Das anwendbare öffentlich-rechtliche Aufsichtsrechts ergibt sich aus den Zuständigkeitsregel des internationalen öffentlichen Rechts.[35]

C. International-steuerliche Themen inländischer Stiftungen

I. Steuerliche Fragen bei der Einkünfteermittlung der inländischen Stiftung

24 Inländische Stiftungen, die Satzungssitz oder Geschäftsleitung im Inland haben, sind unbeschränkt körperschaftsteuerpflichtig mit ihrem Welteinkommen.[36] Aufgrund der Änderungen im Stiftungsgesetz zu § 83a BGB wird eine Stiftung sowohl Sitz aber auch Geschäftsleitung in Deutschland haben. Aber auch eine Stiftung, die ihren Satzungssitz im Ausland hat, aber faktisch in das Inland zugezogen ist, ist vorbehaltlich ihrer Auflösung durch diesen Zuzug im Inland unbeschränkt körperschaftsteuerpflichtig. Der Wortlaut des § 1 Abs. 1 Nr. 4 KStG setzt nur entweder den Satzungssitz oder den Geschäftsleitungsort im Inland voraus.

25 Die international eintretende Doppelbesteuerung, wenn die Stiftung Einkünfte aus anderen Staaten bezieht, die dort einem Quellenbesteuerungsrecht unterliegen, kann mit innerstaatlichen Anrechnungsvorschriften gemildert werden. § 34c EStG, der verschiede-

[28] Vgl. Kindler in MüKOBGB IntGesR Rn. 644.
[29] Vgl. Kindler in MüKOBGB IntGesR Rn. 644.
[30] Vgl. Kindler in MüKOBGB IntGesR Rn. 658, 659.
[31] Vgl. Kindler in MüKOBGB IntGesR Rn. 659 aE.
[32] Vgl. Kindler in MüKOBGB IntGesR Rn. 662.
[33] Vgl. Art. 23 Abs. 2 lit. c EuErbVO.
[34] Streitig. Es gibt Stimmen in der Literatur, die diese Teilfrage dem Stiftungsstatut entnehmen wollen. Vgl. Dutta in MüKOBGB EuErbVO Art. 1 Rn. 49. Für diese Auffassung spricht, dass die Entstehungsgründe einer Stiftung typisch organisationsrechtlicher Natur sind. Ansonsten könnte das Erbstatut die Errichtung einer Stiftung von Todes wegen anordnen, obwohl das Organisationsrecht diesen Errichtungstatbestand nicht kennt.
[35] Vgl. Hoffmann in Richter/Wachter Int. StiftungsR-HdB § 10 Rn. 8.
[36] Vgl. § 1 Abs. 1 Nr. 4 KStG.

ne Formen der innerstaatlichen Milderung der internationalen Doppelbesteuerung vorsieht, ist auch Stiftungen eröffnet, wie jedem anderen Körperschaftsteuersubjekt.[37]

26 Eine Milderung der internationalen Doppelbesteuerung kann auch durch die Anwendung der Doppelbesteuerungsabkommen eröffnet sein, wenn die Stiftung abkommensberechtigt ist. Die jeweiligen Doppelbesteuerungsabkommen gelten grundsätzlich für Personen, die in einem der beiden Vertragsstaaten ansässig sind.[38] Der Ausdruck Person umfasst natürliche Personen, Gesellschaften und alle anderen Personenvereinigungen.[39] Gesellschaften sind dabei alle juristische Personen oder Rechtsträger, die für die Besteuerung wie juristische Personen behandelt werden.[40] Deswegen werden Stiftungen iSd OECD-Musterabkommen regelmäßig als Gesellschaften in diesem Sinne und daher als Personen iSd Art. 1 Abs. 1 OECD-MA qualifiziert.[41] Auf eine mitgliedschaftliche Verfassung kommt es nicht an.[42] Diese Grundsätze gelten auch für gemeinnützige Stiftungen, die innerstaatlich steuerbefreit sind.[43]

27 Doppelbesteuerungsabkommen vermeiden die internationale Doppelbesteuerung in dem sie einige Einkünfte ausschließlich dem Ansässigkeitsstaat zuweisen oder nur dem Quellenstaat oder beiden Staaten ein konkurrierendes Besteuerungsrecht geben, wobei dann der Ansässigkeitsstaat entweder die Einkünfte aus dem Quellenstaat freistellt oder die Anrechnung der dort gezahlten Steuern zulässt.

28 Es sind aber DBA-Besonderheiten zu beachten. Es gibt Doppelbesteuerungsabkommen, die die Abkommensberechtigung von Stiftungen ausschließen oder nur eingeschränkt gewähren. Das Doppelbesteuerungsabkommen mit der Schweiz enthält in Art. 4 Abs. 9 und Art. 4 Abs. 11 des Abkommens Vorschriften, die für Schweizer Familienstiftungen die Abkommensberechtigung einschränken können. Das Doppelbesteuerungsabkommen mit dem Fürstentum Liechtenstein suspendiert die Abkommensberechtigung nach seiner Protokollerklärung, wenn die Liechtensteiner Stiftung nur der dortigen Mindeststeuer unterliegt.[44]

29 Einige wenige Doppelbesteuerungsabkommen sehen auch vor, dass inländische gemeinnützige Stiftungen einem niedrigeren oder gar keinem Quellensteuerbesteuerungsrechts im Quellensteuerstaat unterliegen. Eine entsprechende Regelung enthält das Doppelbesteuerungsabkommen mit den Vereinigten Staaten.[45] Die Erbschaftsteuerdoppelbesteuerungsabkommen mit Frankreich[46], Schweden[47] und den USA[48] enthalten eine vergleichbare Regelung für Erbschaften und Schenkungen.

Vereinfacht ordnen diese DBA-Regelungen an, dass die Einkünfte bzw. Schenkungen oder Erbschaften an eine ausländische Körperschaft, die im anderen Vertragsstaat ansässig ist und ausschließlich religiöse, mildtätige, wissenschaftliche oder andere gemeinnützige Zwecke verfolgt, dann im Quellenstaat steuerbefreit sind, wenn gleichzeitig zwei Voraussetzungen erfüllt sind[49]:

Die Körperschaft muss in ihrem Heimatstaat steuerbefreit sein

[37] Vgl. KStR 8 Abs. 1.
[38] Vgl. Art. 1 Abs. 1 OECD-MA.
[39] Vgl. Art. 3 Abs. 1 lit. a OECD-MA.
[40] Vgl. Art. 3 Abs. 1 lit. b OECD-MA.
[41] Vgl. Specker in Richter StiftungsR § 28 Rn. 16.
[42] Vgl. Wassermeyer in Wassermeyer Art. 3 OECD-MA, Rn. 18.
[43] Vgl. Specker in Richter StiftungsR § 28 Rn. 16 mwN.
[44] Vgl. Protokoll Rn. 2.
[45] Vgl. Art. 27 DBA-USA-ESt.
[46] Vgl. Art. 21 Abs. 8 lit. b DBA-Frankreich.
[47] Vgl. Art. 28 DBA-Schweden.
[48] Vgl. Art. 10 Abs. 2 DBA-USA-Erb.
[49] Vgl. v. Oertzen in v. Oertzen/Loose ErbStG inkl. DBA 2. Aufl. 2020 DBA-USA-Erb Art. 10 Rz. 41, 42.

und müsste gleichzeitig die Voraussetzung für eine Steuerbefreiung des Quellenstaates erfüllen, wenn sie eine dort ansässige Organisation oder Gesellschaft wäre.

Diese doppelte Prüfung führt in der Praxis aufgrund der unterschiedlichen Ausgestaltung der verschiedenen Gemeinnützigkeitsrechte in der praktischen Anwendung zu erheblichen Schwierigkeiten. Nur weil im Heimatstaat der Stiftung eine Steuerbefreiung gewährt wird, bedeutet dies nicht automatisch, dass auch die Steuerbefreiung des Quellenstaats erfüllt ist, wenn sie eine dort ansässige Organisation oder Gesellschaft wäre. Auf jede Einzelheit des Gemeinnützigkeitsrecht des Quellenstaates sollte es aber nicht ankommen. Das zweite Kriterium dient mehr dem Ordre-public-Vorbehalt.[50] 30

II. Inländische Familienstiftung mit ausländischem Destinatär

Handelt es sich bei der inländischen Stiftung um eine Familienstiftung, stellt sich die Frage, unter welchem Einkünfteartikel eines Doppelbesteuerungsabkommens die Ausschüttungen aus der inländischen Familienstiftung an Destinatäre in einem DBA-Staat zu qualifizieren sind. Teilweise wird die Auffassung vertreten, dass insoweit der Dividendenartikel anzuwenden ist,[51] nach anderer Ansicht sollte Art. 21 OECD-MA anwendbar sein, also der Einkünfteartikel für die international-steuerlich als sonstige Einkünfte zu qualifizierenden Einkünften.[52] Wäre letzterer anwendbar, müsste die zwingend vom inländischen Vorstand abzuführende Abgeltungsteuer dem ausländischen Destinatär vom Bundeszentralamt für Steuern im Rahmen des Erstattungsverfahrens nach § 50d EStG wieder erstattet werden, während bei Anwendung des DBA-rechtlichen Dividendenartikels der Quellenstaat ein eingeschränktes Quellenbesteuerungsrecht hat. 31

Die hM tendiert zur Anwendung des Art. 21 OECD-MA, ungeachtet der Tatsache, dass nach hM Destinatärsbezüge einer inländischen Familienstiftung zu den Einkünften aus Kapitalvermögen iSd § 20 Abs. 1 Nr. 9 EStG gehören und nicht mehr zu den sonstigen Einkünften des § 22 EStG.[53]

Eine besondere Regelung enthält in diesem Zusammenhang das DBA mit Österreich in seinem Art. 10. Danach gehören sonstige Einkünfte, die nach dem Recht des Staates, in dem die ausschüttende Gesellschaft ansässig ist, den Einkünften aus Aktien gleichgestellt sind, zu Dividenden id DBAs mit der Folge das Deutschland Quellensteuer einbehalten kann.[54]

Ist kein Doppelbesteuerungsabkommen anwendbar und qualifiziert man die Destinatärsausschüttungen aus der inländischen Familienstiftung unter § 20 Abs. 1 Nr. 9 EStG, so besteht eine beschränkte Steuerpflicht gem. § 49 Abs. 1 Nr. 5a, § 20 Abs. 1 Nr. 9 EStG. 32

Für den im Ausland ansässigen Destinatär stellt sich darüber hinaus die Frage, ob die Ausschüttung der inländischen Familienstiftung neben der deutschen Einkommensteuer unter Umständen eine ausländische auslöst oder einer Schenkungsteuer unterliegt. Die Destinatärsausschüttung an einen ausländischen Destinatär ist hingegen in Deutschland nicht schenkungsteuerpflichtig.[55] 33

[50] Vgl. v. Oertzen in v. Oertzen/Loose ErbStG inkl. DB, 2. Aufl. 2020 DBA-USA-Erb Art. 10 Rn. 42.

[51] Vgl. Schönfeld in Schönfeld/Ditz DBA Art. 10 DBA-OECD-MA Rn. 179.

[52] Vgl. Wassermeyer in Wassermeyer DBA Art. 10 DBA-OECD-MA Rn. 139.

[53] Vgl. Wassermeyer/Kaeser in Wassermeyer DBA Art. 21 OECD MA Rn. 38.

[54] Vgl. Schuch/Fürsinn in Wassermeyer DBA Art. 10 DBA-Österreich Rn. 7.

[55] Vgl. von Oertzen in von Oertzen/Loose ErbStG 2. Aufl. 2020 § 7 Rn. 350.

III. Die grenzüberschreitende gemeinnützige Tätigkeit inländischer steuerbegünstigter Stiftungen

1. Allgemeine Aspekte

a) Inhärenter Inlandsbezug bei einzelnen steuerbegünstigten Zwecken des §§ 52 ff. AO

34 Eine gemeinnützige Zweckverwirklichung im Ausland kommt nur in Betracht, wenn die Stiftungssatzung eine Zweckverwirklichung ausdrücklich oder indirekt nicht ausschließt. Dabei ist unter gemeinnützigkeitsrechtlichen Gesichtspunkten darauf zu achten, dass einzelne in § 52 AO erwähnte gemeinnützige Zwecke nach Auffassung der Finanzverwaltung einen inhärenten Inlandsbezug haben, wenn die Stiftungssatzung zu eng formuliert ist. So wird vertreten, dass ein entsprechende inhärenter Inlandsbezug bei Förderung des Denkmalschutzes sowie des Naturschutzes und der Landschaftspflege[56] und bei der Förderung des demokratischen Staatswesens[57] existiert. Nimmt eine Stiftungssatzung direkt auf die Formulierungen dieser Fallgruppen Bezug, ohne noch weitere Förderzwecke zu erhalten, unter denen die geplante Fördertätigkeit im Ausland subsumiert werden könnte, sollte man eine Satzungsänderung im Rahmen der Grenzen des Stifterwillens erwägen.[58]

35 So wird für den Bereich des Denkmalschutzes empfohlen, bei Förderung des Denkmalschutzes im Ausland als Satzungszweck auch die Förderung der Kultur aufzunehmen[59] und bei Naturschutz und Landschaftspflege die Förderung des Umweltschutzes.[60] Die Förderung des demokratischen Staatswesens lässt sich auch durch die Förderung der Bildung, die Förderung der internationalen Gesinnung und der internationalen Entwicklungszusammenarbeit erreichen.[61]

36 Eine ähnliche Thematik ergibt sich auch für die Förderung kirchlicher Zwecke. Die Förderung kirchlicher Zwecke ist nur zu Gunsten deutscher Körperschaften möglich, da diese Zwecke ausschließlich auf die Förderung von Religionsgemeinschaften, die Körperschaften des öffentlichen Rechtes sind, gerichtet ist. Ausländische Religionsgemeinschaften können jedoch im Rahmen der Förderung der Religion unterstützt werden. [62]

b) Beachtung des gesetzlichen strukturellen Inlandsbezugs (§ 51 Abs. 2 AO)

37 Im § 51 Abs. 2 AO wird angeordnet, dass wenn steuerbegünstigte Zwecke im Ausland verwirklicht werden, dies voraussetzt, dass natürliche Personen, die ihren Wohnsitz oder ihren gewöhnlichen Aufenthalt im Geltungsbereich der Bundesrepublik Deutschland haben, gefördert werden oder die Tätigkeit der Körperschaft neben der Verwirklichung der steuerbegünstigten Zwecke auch zum Ansehen der Bundesrepublik Deutschland im Ausland beitragen kann. Inländische Stiftungen, die gemeinnützige Zwecke im Ausland verfolgen, müssen die Voraussetzungen der zweiten Alternative des § 51 Abs. 2 AO erfüllen.

Die praktische Anwendung dieser Alternative hat die Finanzverwaltung im Anwendungserlass zur Abgabenordnung deutlich entschärft. Denn die Finanzverwaltung stellt klar, dass keine spürbaren oder messbaren Auswirkungen auf das Ansehen Deutschlands

[56] Vgl. § 52 Abs. 2 S. 1 Nr. 8 AO.
[57] Vgl. § 52 Abs. 2 S. 1 Nr. 24 AO.
[58] Vgl. Weitemeyer/Bornemann FR 2016 437 ff. 439.
[59] Vgl. § 52 Abs. 2 S. 1 Nr. 5 AO.
[60] Vgl. § 52 Abs. 2 S. 1 Nr. 8 AO.
[61] Vgl. hierzu ausführlich Weitemeyer/Bornemann FR 2016, 437 (439).
[62] Vgl. Weitemeyer/Bornemann FR 2016, 437 (439).

im Ausland erforderlich sind.[63] Bei im Inland ansässigen Körperschaften ist der mögliche Beitrag zum Ansehen Deutschlands im Ausland ohne besonderen Nachweis bereits dadurch erfüllt, dass die Stiftung sich personell, finanziell oder schöpferisch oder anderweitig an der Förderung gemeinnütziger oder mildtätiger Zwecke im Ausland beteiligt (Indizwirkung).[64] Werden gemeinnützige Zwecke der §§ 52 und 53 AO genannten Art verfolgt, ist daher regelmäßig davon auszugehen, dass eine solche Tätigkeit dem Ansehen Deutschland im Ausland nicht entgegen steht.

c) Erhöhte Mitwirkungspflichten im Auslandssachverhalt

In Fällen des Auslandssachverhalts trifft jeden Steuerpflichtigen erhöhte steuerliche Darlegungs-, Mitwirkungs- und Beweispflichten. Diese ergeben sich aus § 90 Abs. 2 AO und § 160 AO. Die inländischen Finanzbehörden müssen die zweckentsprechende Verwendung der Zuwendungen im Ausland prüfen können. Es sind deswegen ordnungsgemäße Aufzeichnungen als Bestandteil der tatsächlichen Geschäftsführung nach § 63 Abs. 3 AO erforderlich und diese sind zu belegen. Die inländische Stiftung sollte beispielsweise folgende – ggfs. ins Deutsche übersetzte – Unterlagen vorlegen können[65]: 38

im Zusammenhang mit der Mittelverwendung abgeschlossene Verträge und entsprechende Vorgänge

Belege über den Abfluss der Mittel in das Ausland und Bestätigung des Zahlungsempfängers über den Erhalt der Mittel

ausführliche Tätigkeitsbeschreibungen der im Ausland entfalteten Aktivitäten

Material über die getätigten Projekte, zB Prospekte, Presseveröffentlichungen

Gutachten eines Wirtschaftsprüfers

Zuwendungsbescheide ausländischer Behörden, wenn die Maßnahmen dort durch Zuschüsse gefördert werden

Bestätigung einer deutschen Auslandsvertretung, dass die behaupteten Projekte durchgeführt werden.[66]

Bei der Ausgestaltung der Mittelzuwendungsvereinbarungen oder der Hilfspersonenverträge sollte dies Berücksichtigung finden.

2. Unmittelbare Zweckerfüllung

Die inländische Stiftung kann grundsätzlich unmittelbar im Ausland für die eigenen Satzungszwecke die Mittel verwenden. Dabei kann sie sich auch Hilfspersonen iSd § 57 Abs. 1 Satz 2 AO bedienen. Bedient sie sich einer Hilfsperson, so hat die Stiftung eine erhöhte Beweisvorsorge zu betreiben. Beim Abschluss des Hilfspersonenvertrages sollte sie ausführliche Regelungen zum Inhalt und Umfang der Tätigkeiten sowie zu Rechenschaftspflichten der Hilfsperson festlegen, um die Nachweise vorlegen zu können, die sie im Rahmen der erhöhten verfahrensrechtlichen Mitwirkungspflichten zu erbringen hat. 39

3. Mittelbare Zweckverfolgung gemäß § 58 Nr. 1 AO

Die Stiftung kann ihre Mittel auch dadurch im Ausland einsetzen, indem sie die Mittel an andere ausländische Körperschaften weiterreicht, wenn diese die Mittel für, der Art nach, steuerbegünstigte Zwecke verwenden und diese Verwendung für die steuerbegünstigten Zwecke ausreichend nachgewiesen wird.[67] Gesetzliche Grundlage ist § 58 Nr. 1 40

[63] Vgl. AEAO Rn. 7 zu § 51 Abs. 2 AO.
[64] Vgl. AEAO Rn. 7 zu § 51 Abs. 2 AO.
[65] Vgl. LfSt Bayern Vfg. v. 9.8.2021 – S 0170.1.1.-3/7 St 31 DStR 2021 2975.
[66] Vgl. LfSt Bayern Vfg. v. 9.8.2021 – S 0170.1.1.-3/7 St 31 DStR 2021 2975.
[67] Vgl. LfSt Bayern Vfg. v. 9.8.2021 – S 0170.1.1.-3/7 St 31 DStR 2021 2975.

AO. Voraussetzung dabei ist, dass der Empfänger im Ausland einer Körperschaft, Personenvereinigung oder Vermögens iSd KStG entspricht. Hierzu ist für Zwecke der Beweisvorsorge die Satzung in deutscher Übersetzung anzufordern.[68] Auch in diesem Falle gelten die Regelungen der erhöhten Mitwirkungspflichten vgl. → Rn. 38 entsprechen.

41 In diesem Fall gelten auch Besonderheiten für die Satzungsausgestaltung. Dem Gebot der Satzungsklarheit entsprechend muss bei der inländischen Stiftung die Mittelweitergabe als Tätigkeit satzungsgemäß verankert sein, wenn es sich um die einzige Art der Zweckverwirklichung des geförderten Zweckes handelt. Eine steuerbegünstigte Körperschaft, die einen Satzungszweck unmittelbar verfolgt und einen weiteren Satzungszweck ausschließlich durch Mittelweitergabe verwirklicht, muss nach Ansicht der Finanzverwaltung sowohl die unmittelbare Zweckverfolgung als auch die Mittelweitergabe in der Satzung angeben.[69] Wird ein Zweck sowohl unmittelbar als auch mittelbar verwirklicht, ist jedoch eine Satzungsklausel zur Mittelweitergabe nicht unter gemeinnützlichkeitsrechtlichen Gesichtspunkten erforderlich.[70] Unberührt bleiben natürlich die stiftungszivilrechtlichen Vorgaben.

42 Besonderheiten gelten schließlich bei der Mittelvergabe an eine beschränkt körperschaftssteuerpflichtige ausländische Körperschaft gemäß § 5 Abs. 2 Nr. 2 KStG, also eine EU/EWR Körperschaft, die Einkünfte in Deutschland erzielt. Voraussetzung für die Mittelweitergabe ist, dass die beschränkt steuerpflichtige Körperschaft selbst steuerbegünstigt in Deutschland ist. Dies muss die inländische Körperschaft dem deutschen Fiskus nachweisen. Dies erschwert die Mittelweitergaben an beschränkt steuerpflichtige EU/EWR Körperschaften, es sei denn diese haben schon eine deutsche Bescheinigung iSd § 58a AO erhalten, die ihnen bestätigen, dass sie gemeinnützig iSd deutschen Steuervorschriften handeln und dieses Dokument zur Verfügung stellen können. Ist dies jedoch nicht der Fall, ist eine mittelbare Förderung einer beschränkt steuerpflichtigen EU/EWR Körperschaft nicht möglich.[71] Dann ist diese Form der Förderung umzustellen.

4. Schenkungsteuerliche Aspekte

43 Werden die oben genannten Voraussetzungen erfüllt, stellt die Mittelweitergabe auch keine steuerpflichtige Schenkung dar, da in diesem Fall die Steuerbefreiung des § 13 Abs. 1 Nr. 17 ErbSt eingreift (Schenkungsteuerbefreiung, weil die Zuwendung ausschließlich steuerbegünstigten Zwecken gewidmet ist und die Verwendung zu dem bestimmten Zweck gesichert ist) oder der Befreiungstatbestand des § 13 Abs. 1 Nr. 16 lit. c ErbStG bzw. bei Existenz eines Schenkungsteuer-DBAs einer schenkungsteuerlichen DBA-rechtlichen Befreiung erfüllt. Es gibt aber nur sehr wenige Schenkungsteuerdoppelbesteuerungsabkommen. Einige enthalten keine Steuerbefreiungen wie zB das Doppelbesteuerungsabkommen mit der Schweiz. Nach Auffassung der Finanzverwaltung[72] gelten aber bei Zuwendungen an Schweizer gemeinnützige Organisation in einigen Kantonen einige sehr alte sog. Gegenseitigkeitsvereinbarungen fort.

5. Steuerliche Aspekte bei Mitarbeitereinsatz im Ausland

44 Entsendet eine inländische Stiftung Mitarbeiter ins Ausland für die Zweckerfüllung, können sich dadurch weitere abgabenrechtliche Pflichten ergeben. Dies gilt für die

[68] Vgl. LfSt Bayern Vfg. v. 9.8.2021 – S 0170.1.1.-3/7 St 31 DStR 2021 2975.
[69] Vgl. LfSt Bayern Vfg. v. 9.8.2021 – S 0170.1.1.-3/7 St 31 DStR 2021 2975.
[70] Vgl. LfSt Bayern Vfg. v. 9.8.2021 – S 0170.1.1.-3/7 St 31 DStR 2021 2975.
[71] Vgl. Seer in Tipke/Kruse AO § 58a Rn. 13.
[72] Vgl. H. E. 13.9 ErbStR.

deutsche Gehaltsbesteuerung gleichermaßen wie für die ausländische Besteuerung des Personals. Auch sozialversicherungsrechtliche Themen hat die Stiftung bei Mitarbeiterentsendung neben lohnsteuerlichen Aspekten zu beachten.

Schließlich ist für die Stiftung zu prüfen, ob sie durch den Einsatz von Mitarbeitern im Ausland für sich eine Betriebstätte begründet oder wenn sich Leitungspersonal länger im Ausland aufhält, einen Geschäftsleitungsort mit den einhergehenden steuerlichen Konsequenzen auslöst. 45

D. Weitere Themen bei der Betätigung im Ausland

Das Gastland muss die Tätigkeit der deutschen Stiftung überhaupt erlauben und auch die längerfristige Einreise der Mitarbeiter der inländischen Stiftung aufenthaltsrechtlich zulassen. Stiftungstätigkeit ist in den letzten Jahrzehnten in einigen Teilen der Welt aber auch innerhalb der EU deutlich komplexer und in einigen Staaten sogar unmöglich geworden. 46

Dies gilt auch, wenn nur mittelbar gefördert wird: Werden Mittel transferiert, sind nationale Devisenbeschränkungen aber auch völkerrechtliche Vereinbarungen und insbesondere US -Vorschriften wie zum Beispiel Embargovorschriften zu beachten.[73] 47

Sind Mitarbeiter vor Ort, hat man auch deren Krankenversicherungsschutz sicherzustellen oder auch Vorsorge zu treffen, wie die Mitarbeiter geschützt werden.

Darüber hinaus sind bei Betätigungen im Ausland im Zusammenhang mit der Erfüllung des Stiftungszweckes Registrierungs- und Meldepflichten im Gastland einzuhalten. Selbst wenn diese eingehalten worden sind, ist zu hinterfragen, ob die Zielverfolgung im Gastland für dortige Zwecke als zulässige Tätigkeitsform gemeinnütziger, dh steuerbefreiter Einrichtungen, anerkannt ist.[74] 48

Schließlich ist darauf zu achten, dass sich die inländische Stiftung nicht faktisch ins Ausland verlegt, denn dies wäre stiftungsaufsichtsrechtlich ein Verstoß gegen § 83a BGB und hätte unter Umständen auch stiftungszivilrechtlich die Stiftungsaufhebung gem. § 87a Abs. 2 Nr. 3 BGB zur Folge, sollte dieser Mangel nicht behoben werden.

---

[73] Vgl. Schlüter in Richter/Wachter Int. StiftungsR-HdB § 15 Rn. 30.

[74] Vgl. Schlüter in Richter/Wachter Int. StiftungsR-HdB § 15 Rn. 30 ff.

Anhang

I. BGB idF des Gesetzes zur Vereinheitlichung des Stiftungsrechts und zur Änderung des Infektionsschutzgesetzes („BGB“)

(BGBl. 2021 I, 2947 ff.)

§ 80 Ausgestaltung und Entstehung der Stiftung. (1) Die Stiftung ist eine mit einem Vermögen zur dauernden und nachhaltigen Erfüllung eines vom Stifter vorgegebenen Zwecks ausgestattete, mitgliederlose juristische Person. Die Stiftung wird in der Regel auf unbestimmte Zeit errichtet, sie kann aber auch auf bestimmte Zeit errichtet werden, innerhalb derer ihr gesamtes Vermögen zur Erfüllung ihres Zwecks zu verbrauchen ist (Verbrauchsstiftung).

(2) Zur Entstehung der Stiftung sind das Stiftungsgeschäft und die Anerkennung der Stiftung durch die zuständige Behörde des Landes erforderlich, in dem die Stiftung ihren Sitz haben soll. Wird die Stiftung erst nach dem Tode des Stifters anerkannt, so gilt sie für Zuwendungen des Stifters als schon vor dessen Tod entstanden.

§ 81 Stiftungsgeschäft. (1) Im Stiftungsgeschäft muss der Stifter

1. der Stiftung eine Satzung geben, die mindestens Bestimmungen enthalten muss über
   a) den Zweck der Stiftung,
   b) den Namen der Stiftung,
   c) den Sitz der Stiftung und
   d) die Bildung des Vorstands der Stiftung sowie
2. zur Erfüllung des von ihm vorgegebenen Stiftungszwecks ein Vermögen widmen (gewidmetes Vermögen), das der Stiftung zu deren eigener Verfügung zu überlassen ist.

(2) Die Satzung einer Verbrauchsstiftung muss zusätzlich enthalten:

1. die Festlegung der Zeit, für die die Stiftung errichtet wird, und
2. Bestimmungen zur Verwendung des Stiftungsvermögens, die die nachhaltige Erfüllung des Stiftungszwecks und den vollständigen Verbrauch des Stiftungsvermögens innerhalb der Zeit, für welche die Stiftung errichtet wird, gesichert erscheinen lassen.

(3) Das Stiftungsgeschäft bedarf der schriftlichen Form, wenn nicht in anderen Vorschriften ausdrücklich eine strengere Form als die schriftliche Form vorgeschrieben ist, oder es muss in einer Verfügung von Todes wegen enthalten sein.

(4) Wenn der Stifter verstorben ist und er im Stiftungsgeschäft zwar den Zweck der Stiftung festgelegt und ein Vermögen gewidmet hat, das Stiftungsgeschäft im Übrigen jedoch nicht den gesetzlichen Anforderungen des Absatzes 1 oder des Absatzes 2 genügt, hat die nach Landesrecht zuständige Behörde das Stiftungsgeschäft um die Satzung oder um fehlende Satzungsbestimmungen zu ergänzen. Bei der Ergänzung des Stiftungsgeschäfts soll die Behörde den wirklichen, hilfsweise den mutmaßlichen Willen des Stifters beachten. Wurde im Stiftungsgeschäft kein Sitz der Stiftung bestimmt, ist im Zweifel anzunehmen, dass der Sitz am letzten Wohnsitz des Stifters im Inland sein soll.

§ 81a Widerruf des Stiftungsgeschäfts. Bis zur Anerkennung der Stiftung ist der Stifter zum Widerruf des Stiftungsgeschäfts berechtigt. Ist die Anerkennung bei der zuständigen Behörde des Landes beantragt, so ist der Widerruf dieser gegenüber zu erklären. Der Erbe des Stifters ist zum Widerruf des Stiftungsgeschäfts nicht berechtigt, wenn der Stifter den Antrag auf Anerkennung der Stiftung bei der zuständigen Behörde des Landes gestellt oder im Falle der notariellen Beurkundung des Stiftungsgeschäfts den Notar mit der Antragstellung betraut hat.

§ 82 Anerkennung der Stiftung. Die Stiftung ist anzuerkennen, wenn das Stiftungsgeschäft den Anforderungen des § 81 Absatz 1 bis 3 genügt und die dauernde und nachhaltige Erfüllung des

Stiftungszwecks gesichert erscheint, es sei denn, die Stiftung würde das Gemeinwohl gefährden. Bei einer Verbrauchsstiftung erscheint die dauernde Erfüllung des Stiftungszwecks gesichert, wenn die in der Satzung für die Stiftung bestimmte Zeit mindestens zehn Jahre umfasst.

§ 82a Übertragung und Übergang. Ist die Stiftung anerkannt, so ist der Stifter verpflichtet, das gewidmete Vermögen auf die Stiftung zu übertragen. Rechte, zu deren Übertragung eine Abtretung genügt, gehen mit der Anerkennung auf die Stiftung über, sofern sich nicht aus dem Stiftungsgeschäft ein anderer Wille des Stifters ergibt.

§ 82b Stiftungsregister und Anmeldung der Stiftung. (1) Für die Stiftungen wird ein Stiftungsregister geführt. Das Nähere regelt das Stiftungsregistergesetz.

(2) Nach der Anerkennung ist die Stiftung zur Eintragung in das Stiftungsregister anzumelden. In der Anmeldung sind die Vorstandsmitglieder, die besonderen Vertreter, die Vertretungsmacht der Vorstandsmitglieder und der besonderen Vertreter sowie etwaige Beschränkungen der Vertretungsmacht des Vorstands nach § 84 Absatz 3 anzugeben. Der Anmeldung sind beizufügen:

1. die Anerkennungsentscheidung der nach Landesrecht zuständigen Behörde und die Satzung, sowie
2. die Dokumente über die Bestellung der Vorstandsmitglieder und der vertretungsberechtigten besonderen Vertreter.

§ 82c Namenszusatz der Stiftung. Nach Eintragung in das Stiftungsregister hat die Stiftung ihren Namen mit dem Zusatz „eingetragene Stiftung“ zu führen. Anstelle des Namenszusatzes kann dem Namen die Abkürzung „e. S.“ angefügt werden. Die Verbrauchsstiftung hat mit der Eintragung den Zusatz „eingetragene Verbrauchsstiftung“ oder die Abkürzung „e. VS.“ zu führen.

§ 82d Vertrauensschutz durch das Stiftungsregister. (1) Eine in das Stiftungsregister einzutragende Tatsache kann die Stiftung einem Dritten im Geschäftsverkehr nur entgegensetzen, wenn diese Tatsache im Stiftungsregister eingetragen oder dem Dritten bekannt ist.

(2) Wurde eine einzutragende Tatsache in das Stiftungsregister eingetragen, so muss ein Dritter im Geschäftsverkehr diese Tatsache gegenüber der Stiftung gegen sich gelten lassen, es sei denn, dass er die Tatsache weder kannte noch kennen musste.

§ 83 Stiftungsverfassung und Stifterwille

(1) Die Verfassung der Stiftung wird, soweit sie nicht auf Bundes- oder Landesgesetz beruht, durch das Stiftungsgeschäft und insbesondere die Satzung bestimmt.

(2) Die Stiftungsorgane haben bei ihrer Tätigkeit für die Stiftung und die zuständigen Behörden haben bei der Aufsicht über die Stiftung den bei der Errichtung der Stiftung zum Ausdruck gekommenen Willen, hilfsweise den mutmaßlichen Willen des Stifters zu beachten.

§ 83a Verwaltungssitz der Stiftung. Die Verwaltung der Stiftung ist im Inland zu führen.

§ 83b Stiftungsvermögen. (1) Bei einer Stiftung, die auf unbestimmte Zeit errichtet wurde, besteht das Stiftungsvermögen aus dem Grundstockvermögen und ihrem sonstigen Vermögen. Bei einer Verbrauchsstiftung besteht das Stiftungsvermögen aufgrund der Satzung nur aus sonstigem Vermögen.

(2) Zum Grundstockvermögen gehören

1. das gewidmete Vermögen,
2. das der Stiftung zugewendete Vermögen, das vom Zuwendenden dazu bestimmt wurde, Teil des Grundstockvermögens zu werden (Zustiftung), und
3. das Vermögen, das von der Stiftung zu Grundstockvermögen bestimmt wurde.

(3) Der Stifter kann auch bei einer Stiftung, die auf unbestimmte Zeit errichtet wird, im Stiftungsgeschäft abweichend von Absatz 2 Nummer 1 einen Teil des gewidmeten Vermögens auch zu sonstigem Vermögen bestimmen.

(4) Das Stiftungsvermögen ist getrennt von fremdem Vermögen zu verwalten. Mit dem Stiftungsvermögen darf nur der Stiftungszweck erfüllt werden.

§ 83c Verwaltung des Grundstockvermögens. (1) Das Grundstockvermögen ist ungeschmälert zu erhalten. Der Stiftungszweck ist mit den Nutzungen des Grundstockvermögens zu erfüllen.

Zuwächse aus der Umschichtung des Grundstockvermögens können für die Erfüllung des Stiftungszwecks verwendet werden, soweit dies durch die Satzung nicht ausgeschlossen wurde und die Erhaltung des Grundstockvermögens gewährleistet ist.

(2) Durch die Satzung kann bestimmt werden, dass die Stiftung einen Teil des Grundstockvermögens verbrauchen darf. In einer solchen Satzungsbestimmung muss die Stiftung verpflichtet werden, das Grundstockvermögen in absehbarer Zeit wieder um den verbrauchten Teil aufzustocken.

(3) Durch Landesrecht kann vorgesehen werden, dass die zuständigen Behörden auf Antrag einer Stiftung für einen bestimmten Teil des Grundstockvermögens eine zeitlich begrenzte Ausnahme von Absatz 1 Satz 2 zulassen können, wenn dadurch die dauernde und nachhaltige Erfüllung des Stiftungszwecks nicht beeinträchtigt wird.

§ 84 Stiftungsorgane. (1) Die Stiftung muss einen Vorstand haben. Der Vorstand führt die Geschäfte der Stiftung.

(2) Der Vorstand vertritt die Stiftung gerichtlich und außergerichtlich; er hat die Stellung eines gesetzlichen Vertreters. Besteht der Vorstand aus mehreren Personen, so wird die Stiftung durch die Mehrheit der Vorstandsmitglieder vertreten. Ist eine Willenserklärung gegenüber der Stiftung abzugeben, so genügt die Abgabe gegenüber einem Mitglied des Vorstands.

(3) Durch die Satzung kann von Absatz 1 Satz 2 und Absatz 2 Satz 2 abgewichen und der Umfang der Vertretungsmacht des Vorstands mit Wirkung gegen Dritte beschränkt werden.

(4) In der Satzung können neben dem Vorstand weitere Organe vorsehen werden. In der Satzung sollen für ein weiteres Organ auch die Bestimmungen über die Bildung, die Aufgaben und die Befugnisse enthalten sein.

(5) Die §§ 30, 31 und 42 Absatz 2 sind entsprechend anzuwenden.

§ 84a Rechte und Pflichten der Organmitglieder. (1) Auf die Tätigkeit eines Organmitglieds für die Stiftung sind die §§ 664 bis 670 BGB entsprechend anzuwenden. Organmitglieder sind unentgeltlich tätig. Durch die Satzung kann von den Sätzen 1 und 2 abgewichen werden, insbesondere auch die Haftung für Pflichtverletzungen von Organmitgliedern beschränkt werden.

(2) Das Mitglied eines Organs hat bei der Führung der Geschäfte der Stiftung die Sorgfalt eines ordentlichen Geschäftsführers anzuwenden. Eine Pflichtverletzung liegt nicht vor, wenn das Mitglied des Organs bei der Geschäftsführung unter Beachtung der gesetzlichen und satzungsgemäßen Vorgaben vernünftigerweise annehmen durfte, auf der Grundlage angemessener Informationen zum Wohle der Stiftung zu handeln.

(3) § 31a ist entsprechend anzuwenden. Durch die Satzung kann die Anwendbarkeit des § 31a beschränkt oder ausgeschlossen werden.

§ 84b Beschlussfassung der Organe. Besteht ein Organ aus mehreren Mitgliedern, erfolgt die Beschlussfassung entsprechend § 32, wenn in der Satzung nichts Abweichendes geregelt ist. Ein Organmitglied ist nicht stimmberechtigt, wenn die Beschlussfassung die Vornahme eines Rechtsgeschäfts mit ihm oder die Einleitung oder Erledigung eines Rechtsstreits zwischen ihm und der Stiftung betrifft.

§ 84c Notmaßnahmen bei fehlenden Organmitgliedern. (1) Wenn der Vorstand oder ein anderes Organ der Stiftung seine Aufgaben nicht wahrnehmen kann, weil Mitglieder des Organs fehlen, hat die nach Landesrecht zuständige Behörde in dringenden Fällen auf Antrag eines Beteiligten oder von Amts wegen notwendige Maßnahmen zu treffen, um die Handlungsfähigkeit des Organs zu gewährleisten. Die Behörde ist insbesondere befugt, Organmitglieder befristet zu bestellen oder von der satzungsmäßig vorgesehenen Zahl von Organmitgliedern befristet abzuweichen, insbesondere indem die Behörde einzelne Organmitglieder mit Befugnissen ausstattet, die ihnen nach der Satzung nur gemeinsam mit anderen Organmitgliedern zustehen.

(2) Die Behörde kann einem von ihr bestellten Organmitglied bei oder nach der Bestellung eine angemessene Vergütung auf Kosten der Stiftung bewilligen, wenn das Vermögen der Stiftung sowie der Umfang und die Bedeutung der zu erledigenden Aufgabe dies rechtfertigen. Die Behörde kann die Bewilligung der Vergütung mit Wirkung für die Zukunft ändern oder aufheben.

§ 84d Anmeldung von Änderungen beim Vorstand oder bei besonderen Vertretern. Jede Änderung hinsichtlich des Vorstands sowie der besonderen Vertreter, die zur Vertretung der Stiftung berechtigt sind, ist vom Vorstand zur Eintragung in das Stiftungsregister anzumelden. Der Anmeldung sind die Dokumente beizufügen, aus denen sich die Änderungen ergeben.

§ 85 Voraussetzungen für Satzungsänderungen. (1) Durch Satzungsänderung kann der Stiftung ein anderer Zweck gegeben oder der Zweck der Stiftung kann erheblich beschränkt werden, wenn

1. der Stiftungszweck nicht mehr dauernd und nachhaltig erfüllt werden kann oder
2. der Stiftungszweck das Gemeinwohl gefährdet.

Die Voraussetzungen des Satzes 1 Nummer 1 liegen insbesondere vor, wenn eine Stiftung keine ausreichenden Mittel für die nachhaltige Erfüllung des Stiftungszwecks hat und solche Mittel in absehbarer Zeit auch nicht erwerben kann. Der Zweck kann nach Satz 1 nur geändert werden, wenn gesichert erscheint, dass die Stiftung den beabsichtigten neuen oder beschränkten Stiftungszweck dauernd und nachhaltig erfüllen kann. Liegen die Voraussetzungen nach Satz 1 Nummer 1 und Satz 3 vor, kann eine auf unbestimmte Zeit errichtete Stiftung auch abweichend von § 83c durch Satzungsänderung in eine Verbrauchsstiftung umgestaltet werden, indem die Satzung um Bestimmungen nach § 81 Absatz 2 ergänzt wird.

(2) Durch Satzungsänderung kann der Stiftungszweck in anderer Weise als nach Absatz 1 Satz 1 oder es können andere prägende Bestimmungen der Stiftungsverfassung geändert werden, wenn sich die Verhältnisse nach Errichtung der Stiftung wesentlich verändert haben und eine solche Änderung erforderlich ist, um die Stiftung an die veränderten Verhältnisse anzupassen. Als prägend für eine Stiftung sind regelmäßig die Bestimmungen über den Namen, den Sitz, die Art und Weise der Zweckerfüllung und über die Verwaltung des Grundstockvermögens anzusehen.

(3) Durch Satzungsänderung können Bestimmungen der Satzung, die nicht unter Absatz 1 oder Absatz 2 Satz 1 fallen, geändert werden, wenn dies der Erfüllung des Stiftungszwecks dient.

(4) Im Stiftungsgeschäft kann der Stifter Satzungsänderungen nach den Absätzen 1 bis 3 ausschließen oder beschränken. Satzungsänderungen durch Organe der Stiftung kann der Stifter im Stiftungsgeschäft auch abweichend von den Absätzen 1 bis 3 zulassen. Satzungsbestimmungen nach Satz 2 sind nur wirksam, wenn der Stifter Inhalt und Ausmaß der Änderungsermächtigung hinreichend bestimmt festlegt.

§ 85a Verfahren bei Satzungsänderungen. (1) Die Satzung kann durch den Vorstand oder ein anderes durch die Satzung dazu bestimmtes Stiftungsorgan geändert werden. Die Satzungsänderung bedarf der Genehmigung der nach Landesrecht zuständigen Behörde.

(2) Die Behörde kann die Satzung nach § 85 ändern, wenn die Satzungsänderung notwendig ist und das zuständige Stiftungsorgan sie nicht rechtzeitig beschließt.

(3) Wenn durch die Satzungsänderung der Sitz der Stiftung in den Zuständigkeitsbereich einer anderen Behörde verlegt werden soll, bedarf die nach Absatz 1 Satz 2 erforderliche Genehmigung der Satzungsänderung der Zustimmung der Behörde, in deren Zuständigkeitsbereich der neue Sitz begründet werden soll.

§ 85b Anmeldung von Satzungsänderungen. Eine Satzungsänderung ist vom Vorstand zur Eintragung in das Stiftungsregister anzumelden. Der Anmeldung sind beizufügen:

1. die Entscheidung der zuständigen Stiftungsorgane über die Satzungsänderung und die Genehmigung der zuständigen Behörde oder die Entscheidung der zuständigen Behörde über die Satzungsänderung und
2. ein vollständiger Wortlaut der geänderten Satzung.

§ 86 Voraussetzungen für die Zulegung. Durch Übertragung ihres Stiftungsvermögens als Ganzes kann die übertragende Stiftung einer übernehmenden Stiftung zugelegt werden, wenn

1. sich die Verhältnisse nach Errichtung der übertragenden Stiftung wesentlich verändert haben und eine Satzungsänderung nach § 85 Absatz 2 bis 4 nicht ausreicht, um die übertragende Stiftung an die veränderten Verhältnisse anzupassen, oder wenn schon seit Errichtung der Stiftung die Voraussetzungen für eine Auflösung nach § 87 Absatz 1 Satz 1 vorlagen,
2. der Zweck der übertragenden Stiftung im Wesentlichen mit einem Zweck der übernehmenden Stiftung übereinstimmt,

3. gesichert erscheint, dass die übernehmende Stiftung ihren Zweck auch nach der Zulegung im Wesentlichen in gleicher Weise dauernd und nachhaltig erfüllen kann und
4. die Rechte von Personen gewahrt werden, für die in der Satzung der übertragenden Stiftung Ansprüche auf Stiftungsleistungen begründet sind.

§ 86a Voraussetzungen für die Zusammenlegung. Mindestens zwei übertragende Stiftungen können durch Errichtung einer neuen Stiftung und Übertragung ihres jeweiligen Stiftungsvermögens als Ganzes auf die neue übernehmende Stiftung zusammengelegt werden, wenn

1. sich die Verhältnisse nach Errichtung der übertragenden Stiftungen wesentlich verändert haben und eine Satzungsänderung nach § 85 Absatz 2 bis 4 nicht ausreicht, um die übertragenden Stiftungen an die veränderten Verhältnisse anzupassen, oder wenn schon seit Errichtung der Stiftung die Voraussetzungen für eine Auflösung nach § 87 Absatz 1 Satz 1 vorlagen,
2. gesichert erscheint, dass die neue übernehmende Stiftung die Zwecke der übertragenden Stiftungen im Wesentlichen in gleicher Weise dauernd und nachhaltig erfüllen kann, und
3. die Rechte von Personen gewahrt werden, für die in den Satzungen der übertragenden Stiftungen Ansprüche auf Stiftungsleistungen begründet sind.

§ 86b Verfahren der Zulegung und der Zusammenlegung. (1) Stiftungen können durch Vertrag zugelegt oder zusammengelegt werden. Der Zulegungsvertrag oder der Zusammenlegungsvertrag bedarf der Genehmigung durch die für die übernehmende Stiftung nach Landesrecht zuständige Behörde.

(2) Die Behörde nach Absatz 1 Satz 2 kann Stiftungen zulegen oder zusammenlegen, wenn die Stiftungen die Zulegung oder Zusammenlegung nicht vereinbaren können. Die übernehmende Stiftung muss einer Zulegung durch die Behörde zustimmen.

(3) Ist nach Landesrecht für eine übertragende Stiftung eine andere Behörde zuständig als die Behörde nach Absatz 1 Satz 2, bedürfen die Genehmigung eines Zulegungsvertrags oder eines Zusammenlegungsvertrags und die behördliche Zulegung oder Zusammenlegung der Zustimmung der für die übertragenden Stiftungen nach dem jeweiligen Landesrecht zuständigen Behörden.

§ 86c Zulegungsvertrag und Zusammenlegungsvertrag. (1) Ein Zulegungsvertrag muss mindestens enthalten:

1. die Angabe des jeweiligen Namens und des jeweiligen Sitzes der beteiligten Stiftungen und
2. die Vereinbarung, dass das Stiftungsvermögen der übertragenden Stiftung als Ganzes auf die übernehmende Stiftung übertragen werden soll und mit der Vermögensübertragung das Grundstockvermögen der übertragenden Stiftung Teil des Grundstockvermögens der übernehmenden Stiftung wird,

(2) Wenn durch die Satzung der übertragenden Stiftung für Personen Ansprüche auf Stiftungsleistungen begründet sind, muss der Zulegungsvertrag Angaben zu den Auswirkungen der Zulegung auf diese Ansprüche und zu den Maßnahmen enthalten, die vorgesehen sind, um die Rechte dieser Personen zu wahren.

(3) Ein Zusammenlegungsvertrag muss mindestens die Angaben nach Absatz 1 enthalten sowie das Stiftungsgeschäft zur Errichtung der neuen übernehmenden Stiftung.

(4) Der Zulegungsvertrag oder der Zusammenlegungsvertrag ist Personen nach Absatz 1 Satz 2 spätestens einen Monat vor der Beantragung der Genehmigung nach § 86b Absatz 1 Satz 2 von derjenigen Stiftung zuzuleiten, in deren Satzung die Ansprüche begründet sind.

§ 86d Form des Zulegungsvertrags und des Zusammenlegungsvertrags. Zulegungsverträge und Zusammenlegungsverträge bedürfen nur der schriftlichen Form, insbesondere § 311b Absatz 1 bis 3 ist nicht anzuwenden.

§ 86e Behördliche Zulegungentscheidung und Zusammenlegungsentscheidung. (1) Auf den Inhalt der Entscheidungen über die Zulegung oder Zusammenlegung von Stiftungen durch die nach Landesrecht zuständige Behörde ist § 86c Absatz 1 und 2 entsprechend anzuwenden.

(2) Die Behörde hat Personen nach § 86c Absatz 1 Satz 2 mindestens einen Monat vor der Entscheidung über die Zulegung oder Zusammenlegung anzuhören und auf die möglichen Folgen

der Zulegung oder Zusammenlegung für deren Ansprüche gegen eine übertragende Stiftung hinzuweisen.

§ 86f Wirkungen der Zulegung und der Zusammenlegung. (1) Mit der Unanfechtbarkeit der Genehmigung des Zulegungsvertrags oder der Unanfechtbarkeit der Entscheidung über die Zulegung durch die nach Landesrecht zuständige Behörde geht das Stiftungsvermögen der übertragenden Stiftung auf die übernehmende Stiftung über und erlischt die übertragende Stiftung.

(2) Mit der Unanfechtbarkeit der Genehmigung des Zusammenlegungsvertrags oder der Unanfechtbarkeit der Entscheidung über die Zusammenlegung durch die Behörde entsteht die neue Stiftung, geht das Stiftungsvermögen der übertragenden Stiftungen auf die neue übernehmende Stiftung über und erlöschen die übertragenden Stiftungen.

(3) Mängel des Zulegungsvertrags oder des Zusammenlegungsvertrags lassen die Wirkungen der behördlichen Genehmigung unberührt.

§ 86g Bekanntmachung der Zulegung und der Zusammenlegung. Die übernehmende Stiftung hat die Zulegung oder die Zusammenlegung innerhalb eines Monats nach dem Zeitpunkt, zu dem die Wirkungen der Zulegung oder Zusammenlegung nach § 86f Absatz 1 oder Absatz 2 eingetreten sind, durch Veröffentlichung im Bundesanzeiger bekanntzumachen. In der Bekanntmachung sind die Gläubiger der an der Zulegung oder Zusammenlegung beteiligten Stiftungen auf ihr Recht nach § 86h hinzuweisen. Die Bekanntmachung gilt mit dem Ablauf des zweiten Tages nach der Veröffentlichung im Bundesanzeiger als bewirkt.

§ 86h Gläubigerschutz. Die übernehmende Stiftung hat einem Gläubiger nach § 86g Satz 2 für einen Anspruch, der vor dem Zeitpunkt entstanden ist, zu dem die Wirkungen der Zulegung oder Zusammenlegung nach § 86f Absatz 1 oder Absatz 2 eingetreten sind, und dessen Erfüllung noch nicht verlangt werden kann, Sicherheit zu leisten, wenn der Gläubiger

1. den Anspruch nach Grund und Höhe binnen sechs Monaten nach dem Tag, an dem die Zulegung oder Zusammenlegung bekanntgemacht wurde, bei der Stiftung schriftlich anmeldet und
2. mit der Anmeldung glaubhaft macht, dass die Erfüllung des Anspruchs aufgrund der Zulegung oder Zusammenlegung gefährdet ist.

§ 86i Anmeldung von Zulegung und Zusammenlegung. (1) Bei einer Zulegung ist das Erlöschen der übertragenden Stiftung nach § 86f Absatz 1 vom Vorstand der übernehmenden Stiftung zur Eintragung ins Stiftungsregister anzumelden, wenn die behördliche Genehmigung des Zulegungsvertrags nach § 86b Absatz 1 oder die behördliche Entscheidung über die Zulegung nach § 86b Absatz 2 unanfechtbar geworden ist. In der Anmeldung ist anzugeben, wann die behördliche Genehmigung oder die behördliche Entscheidung den beteiligten Stiftungen und sonstigen Verfahrensbeteiligten bekanntgegeben wurde. Der Anmeldung ist der Zulegungsvertrag und die behördliche Genehmigung oder die behördliche Entscheidung beizufügen.

(2) Bei einer Zusammenlegung sind die neue übernehmende Stiftung und das Erlöschen der übertragenden Stiftungen vom Vorstand der neuen übernehmenden Stiftung gemeinsam zur Eintragung ins Stiftungsregister anzumelden, wenn die behördliche Genehmigung des Zusammenlegungsvertrags nach § 86b Absatz 1 oder die behördliche Entscheidung über die Zusammenlegung nach § 86b Absatz 2 unanfechtbar geworden ist. Für die Anmeldung gelten Absatz 1 Satz 2 und 3 und § 82b Absatz 2 entsprechend. An die Stelle der Anerkennungsentscheidung und der Satzung nach § 82b Absatz 2 Satz 3 Nummer 1 tritt bei der Anmeldung der neuen übernehmenden Stiftung der Zusammenlegungsvertrag und die behördliche Genehmigung nach § 86b Absatz 1 oder die behördliche Zusammenlegungsentscheidung nach § 86b Absatz 2.

§ 87 Auflösung der Stiftung durch die Stiftungsorgane. (1) Der Vorstand soll die Stiftung auflösen, wenn die Stiftung ihren Zweck endgültig nicht mehr dauernd und nachhaltig erfüllen kann. Die Voraussetzungen des Satzes 1 liegen nicht endgültig vor, wenn die Stiftung durch eine Satzungsänderung so umgestaltet werden kann, dass sie ihren Zweck wieder dauernd und nachhaltig erfüllen kann. In der Satzung kann geregelt werden, dass ein anderes Organ über die Auflösung entscheidet.

(2) Eine Verbrauchsstiftung ist aufzulösen, wenn die Zeit, für die sie errichtet wurde, abgelaufen ist.

(3) Die Auflösung einer Stiftung bedarf der Genehmigung der nach Landesrecht zuständigen Behörde.

§ 87a Aufhebung der Stiftung. (1) Die nach Landesrecht zuständige Behörde soll eine Stiftung aufheben, wenn die Voraussetzungen des § 87 Absatz 1 Satz 1 vorliegen und ein Tätigwerden der Behörde erforderlich ist, weil das zuständige Organ über die Auflösung nicht rechtzeitig entscheidet.

(2) Die nach Landesrecht zuständige Behörde hat die Stiftung aufzuheben, wenn

1. die Voraussetzungen des § 87 Absatz 2 vorliegen und ein Tätigwerden der Behörde erforderlich ist, weil das zuständige Organ über die Auflösung nicht unverzüglich entscheidet,
2. die Stiftung das Gemeinwohl gefährdet und die Gefährdung des Gemeinwohls nicht auf andere Weise beseitigt werden kann oder
3. der Verwaltungssitz der Stiftung im Ausland begründet wurde und die Behörde die Verlegung des Verwaltungssitzes ins Inland nicht innerhalb angemessener Zeit erreichen kann.

§ 87b Auflösung der Stiftung bei Insolvenz. Die Stiftung wird durch die Eröffnung des Insolvenzverfahrens und mit der Rechtskraft des Beschlusses, durch den die Eröffnung des Insolvenzverfahrens mangels Masse abgewiesen worden ist, aufgelöst.

§ 87c Vermögensanfall und Liquidation. (1) Mit der Auflösung oder Aufhebung der Stiftung fällt das Stiftungsvermögen an die in der Satzung bestimmten Anfallberechtigten. Durch die Satzung kann vorgesehen werden, dass die Anfallberechtigten durch ein Stiftungsorgan bestimmt werden. Fehlt es an der Bestimmung der Anfallberechtigten durch oder aufgrund der Satzung, fällt das Stiftungsvermögen an den Fiskus des Landes, in dem die Stiftung ihren Sitz hatte. Durch landesrechtliche Vorschriften kann als Anfallberechtigte an Stelle des Fiskus eine andere juristische Person des öffentlichen Rechts bestimmt werden.

(2) Auf den Anfall des Stiftungsvermögens beim Fiskus des Landes oder des Bundes oder bei einer anderen juristischen Person des öffentlichen Rechts nach Absatz 1 Satz 4 ist § 46 entsprechend anzuwenden. Fällt das Stiftungsvermögen bei anderen Anfallberechtigten an, sind die §§ 47 bis 53 entsprechend anzuwenden.

§ 87d Anmeldung von Auflösung, Aufhebung und Liquidation. (1) Die Auflösung der Stiftung nach § 87 oder die Aufhebung der Stiftung nach § 87a und die Beendigung der Stiftung sind vom Vorstand zur Eintragung ins Stiftungsregister anzumelden, wenn keine Liquidation der Stiftung erforderlich ist.

(2) Ist nach der Auflösung oder Aufhebung der Stiftung deren Liquidation erforderlich, haben die Liquidatoren die Auflösung oder Aufhebung anzumelden. Mit der Auflösung oder Aufhebung sind auch die Liquidatoren und ihre Vertretungsmacht sowie Beschränkungen der Vertretungsmacht der Liquidatoren nach § 87c Absatz 2 in Verbindung mit § 48 Absatz 2 und § 84 Absatz 3 anzumelden, wenn die Liquidation nicht durch den Vorstand erfolgt.

(3) Der Anmeldung der Auflösung oder Aufhebung sind beizufügen:

1. die Auflösungsentscheidung des zuständigen Stiftungsorgans und die behördliche Genehmigung nach § 87 Absatz 3 oder die Aufhebungsentscheidung nach § 87a,
2. die Entscheidung nach § 87c Absatz 1 Satz 2, wenn die Anfallberechtigten durch Stiftungsorgane zu bestimmen sind,
3. die Dokumente über die Bestellung der Liquidatoren, wenn andere Personen als die Vorstandsmitglieder zu Liquidatoren bestellt wurden.

(4) Nach Abschluss der Liquidation haben die Liquidatoren die Beendigung der Stiftung anzumelden.

§ 88 Kirchliche Stiftungen. Die Vorschriften der Landesgesetze über die kirchlichen Stiftungen bleiben unberührt, insbesondere die Vorschriften zur Beteiligung, Zuständigkeit und Anfallsberechtigung der Kirchen. Dasselbe gilt entsprechend für Stiftungen, die nach den Landesgesetzen kirchlichen Stiftungen gleichgestellt sind.

Art. 229 § 59 EGBGB. Allgemeine Überleitungsvorschrift zum Gesetz zur Vereinheitlichung des Stiftungsrechts. Auf die vor dem 1. Juli 2023 bestehenden Stiftungen sind die §§ 82a bis 88 des

Bürgerlichen Gesetzbuchs in der am 1. Juli 2023 geltenden Fassung anzuwenden. In § 87c Absatz 1 Satz 1 bis 3 des Bürgerlichen Gesetzbuchs tritt bei diesen Stiftungen an die Stelle der Satzung die Stiftungsverfassung.

II. Stiftungsregistergesetz (StiftRG)

(BGBl. 2021 I, 2947 ff.)

Abschnitt 1. Aufbau und Führung des Stiftungsregisters

Unterabschnitt 1. Führung und Aufbau des Registers

§ 1 Zuständige Registerbehörde und Aufbau des Registers. (1) Das Bundesamt für Justiz führt als Registerbehörde das Stiftungsregister nach § 82b Absatz 1 des Bürgerlichen Gesetzbuchs, in das die rechtsfähigen Stiftungen des bürgerlichen Rechts einzutragen sind.

(2) Das Stiftungsregister wird elektronisch geführt. Es besteht aus fortlaufend nummerierten Registerblättern. Für jede Stiftung ist ein eigenes Registerblatt anzulegen.

(3) Für jedes Registerblatt wird eine Registerakte geführt, in der die zum Register eingereichten Dokumente im Original oder in Kopie aufbewahrt werden.

§ 2 Inhalt des Registers. Zu einer Stiftung sind im Stiftungsregister folgende Angaben einzutragen:

1. der Name,
2. der Sitz,
3. das Datum der Anerkennung oder der Genehmigung der Stiftung oder der vergleichbaren behördlichen Entscheidung bei Stiftungen die vor dem 1. Januar 1900 errichtet wurden oder durch eine Zusammenlegung entstanden sind,
4. bei Verbrauchsstiftungen auch die Zeit, für die die Stiftung errichtet wurde,
5. der Vorname, der Name, das Geburtsdatum und der Wohnort der Mitglieder des Vorstands und deren Vertretungsmacht,
6. die satzungsmäßigen Beschränkungen der Vertretungsmacht des Vorstands nach § 84 Absatz 3 des Bürgerlichen Gesetzbuchs,
7. der Vorname, der Name, das Geburtsdatum und der Wohnort der besonderen Vertreter und deren Vertretungsmacht,
8. die nach der Eintragung der Stiftung erfolgten Satzungsänderungen durch die zuständigen Stiftungsorgane oder die nach Landesrecht zuständige Behörde,
9. das Erlöschen der übertragenden Stiftung durch Zulegung und Zusammenlegung,
10. die Auflösung der Stiftung nach § 87 des Bürgerlichen Gesetzbuchs,
11. die Aufhebung der Stiftung nach § 87a des Bürgerlichen Gesetzbuchs,
12. die Bestellung eines vorläufigen Insolvenzverwalters, wenn zusätzlich der Stiftung ein allgemeines Verfügungsverbot auferlegt wird oder angeordnet wird, dass Verfügungen der Stiftung nur mit Zustimmung des vorläufigen Insolvenzverwalters wirksam sind,
13. die Aufhebung von Maßnahmen nach Nummer 12,
14. die Auflösung der Stiftung nach § 87b des Bürgerlichen Gesetzbuchs durch Eröffnung des Insolvenzverfahrens, einschließlich einer Anordnung der Eigenverwaltung durch die Stiftung und einer Anordnung der Zustimmungsbedürftigkeit bestimmter Rechtsgeschäfte, oder durch Beschluss, mit dem die Eröffnung des Insolvenzverfahrens mangels Masse rechtskräftig abgewiesen worden ist,
15. die Aufhebung des Eröffnungsbeschlusses, der Anordnung der Eigenverwaltung oder der Anordnung der Zustimmungsbedürftigkeit bestimmter Rechtsgeschäfte,
16. die Einstellung des Insolvenzverfahrens,
17. die Aufhebung des Insolvenzverfahrens,
18. die Überwachung der Erfüllung eines Insolvenzplans und deren Aufhebung,
19. der Vorname, der Name, das Geburtsdatum und der Wohnort der Liquidatoren und deren Vertretungsmacht sowie satzungsmäßige Beschränkungen der Vertretungsmacht nach § 87c Absatz 2 Satz 2, § 48 Absatz 2 und § 84 Absatz 3 des Bürgerlichen Gesetzbuchs und
20. die Beendigung der Stiftung.

Unterabschnitt 2. Voraussetzungen für Anmeldungen und Eintragungen

§ 3 Anforderungen an die Anmeldung. (1) Die Anmeldungen zum Stiftungsregister sind von den Mitgliedern des Vorstands oder von den Liquidatoren, die berechtigt sind, die Stiftung gegenüber der Registerbehörde zu vertreten, unverzüglich vorzunehmen.

(2) Die Anmeldung ist öffentlich zu beglaubigen. Die gleiche Form ist für eine Vollmacht zur Anmeldung erforderlich. Die Anmeldung und eine Vollmacht können in Urschrift oder in öffentlich beglaubigter Abschrift bei der Registerbehörde eingereicht werden. Anstelle der Urschrift oder der beglaubigten Abschrift der Vollmacht kann auch eine Bescheinigung des Notars nach § 21 Absatz 3 der Bundesnotarordnung vorgelegt werden.

(3) Wurde die Anmeldung von einem Notar beglaubigt, gilt dieser als ermächtigt, die Anmeldung bei der Registerbehörde einzureichen.

(4) Die mit den Anmeldungen nach § 82b Absatz 2, den §§ 84d, 85b, 86i und 87d des Bürgerlichen Gesetzbuchs einzureichenden Dokumente sind in Abschrift beizufügen. Bestehen Zweifel hinsichtlich der Vollständigkeit oder Echtheit der Dokumente, kann die Registerbehörde die Vorlage der Urschrift verlangen.

§ 4 Eintragung von Stiftungen. Eine nach § 82b Absatz 2 des Bürgerlichen Gesetzbuchs angemeldete Stiftung ist in das Stiftungsregister einzutragen, wenn

1. eine Anerkennungsentscheidung nach § 82 des Bürgerlichen Gesetzbuchs erlassen wurde und
2. die Mitglieder des Vorstands sowie die nach der Satzung zu bestellenden vertretungsberechtigten besonderen Vertreter ordnungsgemäß bestellt wurden.

Bei einer durch Zusammenlegung errichteten Stiftung tritt an die Stelle der Anerkennungsentscheidung nach Satz 1 Nummer 1 die unanfechtbare Genehmigung des Zusammenlegungsvertrags oder die unanfechtbare behördliche Zusammenlegungsentscheidung.

§ 5 Eintragung von Änderungen beim Vorstand oder bei besonderen Vertretern. Eine nach § 84d des Bürgerlichen Gesetzbuchs angemeldete Änderung bei den Mitgliedern des Vorstands oder bei den besonderen Vertretern der Stiftung sowie eine Änderung bei deren Vertretungsberechtigung für die Stiftung nach § 84 Absatz 3 des Bürgerlichen Gesetzbuchs ist in das Stiftungsregister einzutragen, wenn die zur Eintragung angemeldeten Änderungen wirksam sind.

§ 6 Eintragung von Satzungsänderungen. Eine nach § 85b des Bürgerlichen Gesetzbuchs angemeldete Änderung der Satzung ist in das Stiftungsregister einzutragen, wenn eine Satzungsänderung durch die Stiftungsorgane von der zuständigen Behörde genehmigt oder eine behördliche Entscheidung zur Satzungsänderung erlassen wurde.

§ 7 Eintragungen bei Zulegungen und Zusammenlegungen. (1) Bei der Zulegung ist das nach § 86i Absatz 1 des Bürgerlichen Gesetzbuchs angemeldete Erlöschen der übertragenden Stiftung in das Stiftungsregister einzutragen, wenn die behördliche Genehmigung des Zulegungsvertrags nach § 86b Absatz 1 des Bürgerlichen Gesetzbuchs erteilt oder eine unanfechtbare behördliche Zulegungsentscheidung nach § 86b Absatz 2 des Bürgerlichen Gesetzbuchs erlassen wurde und die Genehmigung oder die Zulegungsentscheidung unanfechtbar ist.

(2) Bei der Zusammenlegung ist die nach § 86i Absatz 2 des Bürgerlichen Gesetzbuchs angemeldete neue übernehmende Stiftung in das Stiftungsregister entsprechend § 4 und das Erlöschen der übertragenden Stiftungen entsprechend Absatz 1 in das Stiftungsregister einzutragen.

§ 8 Eintragung von Auflösung, Aufhebung und Liquidation. (1) Die nach § 87d Absatz 1 oder 2 des Bürgerlichen Gesetzbuchs angemeldete Auflösung der Stiftung ist in das Stiftungsregister einzutragen, wenn eine Auflösungsentscheidung vorliegt und die behördliche Genehmigung für die Auflösung nach § 87 Absatz 3 des Bürgerlichen Gesetzbuchs erteilt wurde. Die nach § 87d Absatz 1 oder 2 angemeldete Aufhebung der Stiftung ist in das Stiftungsregister einzutragen, wenn eine behördliche Aufhebungsentscheidung erlassen wurde.

(2) Ist eine Liquidation der Stiftung nicht erforderlich, wird mit der Auflösung oder Aufhebung auch die Beendigung der Stiftung eingetragen. (2) Ist die Liquidation der Stiftung erforderlich, sind mit der Auflösung oder Aufhebung der Stiftung die angemeldeten Liquidatoren einzutragen. Die

nach § 87d Absatz 2 des Bürgerlichen Gesetzbuchs angemeldeten bestellten Liquidatoren sind in das Stiftungsregister einzutragen, wenn diese ordnungsgemäß bestellt wurden. Mit den Liquidatoren ist auch deren Vertretungsmacht sowie wirksame Beschränkungen ihrer Vertretungsmacht nach § 87c Absatz 2 in Verbindung mit § 48 Absatz 2 und § 84 Absatz 3 des Bürgerlichen Gesetzbuchs einzutragen.

(3) Eine nach § 87d Absatz 3 des Bürgerlichen Gesetzbuchs angemeldete Änderung bei den Liquidatorenoder deren Vertretungsmacht ist in das Stiftungsregister einzutragen, wenn die zur Eintragung angemeldeten Änderungen wirksam sind.

(4) Die Beendigung der Stiftung ist in das Stiftungsregister einzutragen, wenn sie nach § 87d Absatz 4 des Bürgerlichen Gesetzbuchs von den Liquidatoren angemeldet wurde.

§ 9 Eintragungen bei Insolvenz der Stiftung. Die Tatsachen nach § 2 Nummer 12 bis 18 sind von Amts wegen durch die Registerbehörde in das Stiftungsregister einzutragen.

Unterabschnitt 3. Verfahren bei Eintragungen und Löschungen und Festsetzung von Zwangsgeld

§ 10 Beteiligung der für die Stiftung zuständigen Behörden im Registerverfahren. (1) Die für die Anerkennung zuständige Behörde hat der Registerbehörde die Errichtung einer Stiftung mitzuteilen und in der Mitteilung folgende Angaben zu machen:

1. den Namen und den Sitz der Stiftung und
2. die ladungsfähige Anschrift der Stiftung.

Auf Verlangen der Registerbehörde hat die Behörde nach Satz 1 auch die ihr bekannten Vornamen, Namen und ladungsfähigen Anschriften der Vorstandsmitglieder der Stiftung mitzuteilen.

(2) Die Registerbehörde kann im Eintragungs- oder Löschungsverfahren zur Vermeidung unrichtiger Entscheidungen die Behörden anhören, die nach Landesrecht für die Anerkennung der Stiftung oder für die Aufsicht über die Stiftung zuständig sind.

(3) Die Registerbehörde teilt der für die Anerkennung der Stiftung zuständigen Landesbehörde mit, wenn eine Stiftung ins Stiftungsregister eingetragen wurde und wenn das Erlöschen oder die Beendigung der Stiftung in das Stiftungsregister eingetragen wurde.

§ 11 Entscheidungen im Eintragungsverfahren. (1) Die Registerbehörde gibt der Anmeldung durch die Eintragung in das Stiftungsregister statt. Die Eintragung wird mit ihrem Vollzug im Register wirksam. Die Eintragung ist der Stiftung mitzuteilen.

(2) Ist eine Anmeldung zur Eintragung in das Stiftungsregister unvollständig oder steht der Eintragung ein anderes durch die Stiftung behebbares Hindernis entgegen, hat die Registerbehörde der Stiftung eine angemessene Frist zur Beseitigung des Hindernisses zu setzen.

(3) Die Entscheidung der Registerbehörde, durch die eine Eintragung abgelehnt wird, ergeht schriftlich.

(4) Die mit der Anmeldung eingereichten Dokumente werden von der Registerbehörde aufbewahrt.

(5) Absatz 1 Satz 2 und 3 ist auch für Eintragungen von Amts wegen anzuwenden. Dokumente, auf denen die Eintragungen nach Satz 1 beruhen, sind von der Registerbehörde aufzubewahren.

§ 12 Löschung unzulässiger Eintragungen. (1) Ist eine Eintragung im Stiftungsregister wegen des Mangels einer wesentlichen Voraussetzung unzulässig, hat die Registerbehörde die Eintragung auf Antrag der Stiftung zu löschen.

(2) Die Entscheidung der Registerbehörde, durch die ein Antrag auf Löschung abgelehnt wird, ergeht schriftlich.

(3) Eintragungen nach Absatz 1 kann die Registerbehörde auch von Amts wegen löschen. Wenn die Registerbehörde beabsichtigt, eine Eintragung von Amts wegen zu löschen, hat sie die betroffene Stiftung von der beabsichtigten Löschung zu unterrichten und der Stiftung zugleich eine angemessene Frist zur Erhebung eines Einspruchs gegen die Löschung zu setzen. Erhebt die Stiftung fristgerecht Einspruch gegen die Löschung, darf die Eintragung nur gelöscht werden, wenn durch eine schriftliche Entscheidung der Registerbehörde der Einspruch der Stiftung zurückgewiesen und die Löschung verfügt wurde und diese Entscheidung unanfechtbar geworden ist.

(4) Die Löschung geschieht durch Eintragung eines Vermerks im Register. Der Stiftung ist die Löschung mitzuteilen.

§ 13 Aussetzung des Verfahrens. Die Registerbehörde kann ein Verfahren über eine Eintragung oder eine Löschung im Stiftungsregister aus wichtigem Grund aussetzen, insbesondere wenn die Entscheidung ganz oder zum Teil von einer Entscheidung der für die Stiftung zuständigen Behörde abhängt, die den Gegenstand eines anderen anhängigen Verfahrens bildet.

§ 14 Zwangsgeld. (1) Die Registerbehörde kann die Mitglieder des Vorstands, die Pflichten zur Anmeldung oder zur Einreichung von Dokumenten zum Stiftungsregister nach § 82b Absatz 2, den §§ 84d, 85b, 86i oder 87d Absatz 1 und 3 des Bürgerlichen Gesetzbuchs nicht oder nur ungenügend erfüllen, durch Zwangsgeld zur Erfüllung ihrer Pflichten anhalten. In gleicher Weise können die Liquidatoren zur Erfüllung ihrer Pflichten nach § 87d Absatz 2 bis 4 des Bürgerlichen Gesetzbuchs angehalten werden.

(2) Vor der Festsetzung eines Zwangsgelds hat die Registerbehörde den Mitgliedern des Vorstands oder den Liquidatoren schriftlich unter Androhung des Zwangsgelds aufzugeben, innerhalb einer angemessenen Frist ihre Pflichten zu erfüllen. Werden die Pflichten innerhalb dieser Frist nicht erfüllt, so setzt die Registerbehörde das angedrohte Zwangsgeld fest.

(3) Die Androhung oder Festsetzung eines weiteren Zwangsgelds zur Durchsetzung derselben Pflichten ist erst dann zulässig, wenn das festgesetzte Zwangsgeld erfolglos war.

(4) Das einzelne Zwangsgeld darf den Betrag von eintausend Euro nicht übersteigen.

(5) Für die Androhung und die Festsetzung des Zwangsgeldes gilt im Übrigen das Verwaltungsvollstreckungsgesetz entsprechend.

Abschnitt 2. Einsicht in das Register

§ 15 Einsichtnahme in das Register. Die Einsichtnahme in das Stiftungsregister ist jedermann gestattet. Dasselbe gilt für die Einsicht in die zum Stiftungsregister eingereichten Dokumente, falls der Zugang zu den Dokumenten nicht aufgrund eines berechtigten Interesses der Stiftung oder Dritter beschränkt oder ausgeschlossen wurde. Von den Eintragungen und den eingereichten Dokumenten kann, soweit sie zugänglich sind, ein Ausdruck verlangt werden; auf Verlangen ist ein amtlicher Ausdruck zu erstellen.

§ 16 Automatisierter Abruf von Daten aus dem Register. Die Einrichtung eines automatisierten Verfahrens, das die Übermittlung von Daten aus dem Stiftungsregister durch Abruf ermöglicht, ist zulässig, wenn sichergestellt ist, dass

1. beim Abruf der Daten die zulässige Einsichtnahme nach § 15 nicht überschritten wird und
2. die Zulässigkeit der Abrufe auf der Grundlage von Protokollierungen überprüft werden kann.

§ 17 Anwendung der Verordnung (EU) 2016/679. (1) Die Rechte nach Artikel 15 der Verordnung (EU) 2016/679 des Europäischen Parlaments und des Rates vom 27. April 2016 zum Schutz natürlicher Personen bei der Verarbeitung personenbezogener Daten, zum freien Datenverkehr und zur Aufhebung der Richtlinie 95/46/EG (Datenschutz-Grundverordnung) (ABl. L 119 vom 4.5.2016, S. 1;L 314 vom 22.11.2016, S. 72; L 127 vom 23.5.2018, S. 2) werden durch Einsicht in das Stiftungsregister nach den §§ 15 und 16 gewährt. Die Registerbehörde ist nicht verpflichtet, Personen, deren personenbezogene Daten im Stiftungsregister oder in den Registerakten gespeichert sind, über die Offenlegung dieser Daten gegenüber Dritten Auskunft zu erteilen.

(2) Das Recht auf Berichtigung nach Artikel 16 der Verordnung (EU) 2016/679 kann für personenbezogene Daten, die im Stiftungsregister oder in den Registerakten gespeichert sind, nur unter den Voraussetzungen und in dem Verfahren ausgeübt werden, die für eine Löschung oder Berichtigung nach diesem Gesetz sowie der Verordnung, die aufgrund des § 19 erlassen wurde, geregelt sind.

(3) Das Widerspruchsrecht nach Artikel 21 der Verordnung (EU) 2016/679 ist auf personenbezogene Daten, die im Stiftungsregister und in den Registerakten gespeichert sind, nicht anzuwenden.

Abschnitt 3. Verwaltungsrechtsweg, Ausschluss des Widerspruchsverfahrens, Verordnungsermächtigung und Übergangsregelungen

§ 18 Verwaltungsrechtsweg und Ausschluss des Widerspruchsverfahrens. (1) Für Streitigkeiten in Angelegenheiten des Stiftungsregisters ist der Verwaltungsrechtsweg gegeben.

(2) Gegen Entscheidungen der Registerbehörde findet ein Widerspruchsverfahren nicht statt.

§ 19 Verordnungsermächtigung. Das Bundesministerium der Justiz und für Verbraucherschutz kann durch Rechtsverordnung nähere Bestimmungen zur Einrichtung, insbesondere der technischen Ausgestaltung, und zur Führung des Stiftungsregisters, zu den Anmeldungen zum Stiftungsregister und zur Auskunft aus dem Stiftungsregister regeln, insbesondere über

1. das Verfahren bei Anmeldungen und Eintragungen sowie der Berichtigung und Löschung von Eintragungen,
2. die Führung der Registerakten,
3. die Einzelheiten der Datenspeicherung und Datensicherheit,
4. das Verfahren zur Einsichtnahme in das Register und in die Registerakten, einschließlich Regelungen zur Beschränkung oder zum Ausschluss der Einsicht in die zum Stiftungsregister eingereichten Dokumente,
5. die Einzelheiten des Verfahrens zum automatisierten Abrufs von Registerdaten und
6. die Anforderungen für die Anmeldung von Stiftungen, die vor dem 1. Januar 1900 errichtet wurden, und die die Voraussetzungen nach § 4 Satz 1 Nummer 1 oder Nummer 2 nicht erfüllen können.

§ 20 Übergangsregelungen. (1) Bestehende Stiftungen, die vor dem 1. Januar 2026 entstanden sind, müssen spätestens bis zum 31. Dezember 2026 zur Eintragung in das Stiftungsregister entsprechend § 82b Absatz 2 des Bürgerlichen Gesetzbuchs angemeldet werden. Dies gilt nicht für bestehende Stiftungen, die bis zum 1. Januar 2026 aufgelöst oder aufgehoben wurden.

(2) Stiftungen nach Absatz 1 Satz 1 müssen Satzungsänderungen, die vor dem 1. Januar 2026 wirksam geworden sind, nicht nach § 85b zum Stiftungsregister anmelden. Solche Satzungsänderungen sind in der Anmeldung der Stiftung entsprechend § 82b Absatz 2 des Bürgerlichen Gesetzbuchs anzugeben und der Anmeldung ist ergänzend zu den Unterlagen nach § 82b Absatz 2 Satz 3 des Bürgerlichen Gesetzbuchs ein vollständiger Wortlaut der geänderten Satzung beizufügen.

(3) Die für die Anerkennung von Stiftungen nach Landesrecht zuständigen Behörden haben der Registerbehörde unverzüglich nach dem 31. Dezember 2026 eine Liste der bestehenden rechtsfähigen Stiftungen des bürgerlichen Rechts, die ihren Sitz im Zuständigkeitsbereich der Behörde haben und vor dem 1. Januar 2026 errichtet wurden und nicht unter Absatz 1 Satz 2 fallen, zu übermitteln. Die Liste muss zu jeder Stiftung folgende Angaben enthalten:

1. den Namen und den Sitz der Stiftung und
2. die ladungsfähige Anschrift der Stiftung.

Auf Verlangen der Registerbehörde hat die Behörde nach Satz 1 auch die ihr bekannten Vornamen, Namen und ladungsfähigen Anschriften der Vorstandsmitglieder der Stiftung zu übermitteln.

Sachverzeichnis

Die fetten Zahlen bezeichnen das Kapitel, magere die jeweilige Randnummer.